Seibicke - Babbeljahn un daddeldu

Friedrich Seibicke

Der DSR-Report

Babbeljahn un daddeldu

QSD – ein Sau-Drücker räsoniert

Engelsdorfer Verlag
2008

Bibliografische Information durch die Deutsche Nationalbibliothek:
Die Deutsche Nationalbibliothek verzeichnet diese Publikation in der Deutschen Nationalbibliografie; detaillierte bibliografische Daten sind im Internet über http://dnb.d-nb.de abrufbar.

ISBN 978-3-86703-723-5

Titelbild: Das Wrack der MAGDEBURG in der Themse, 1965
Innentitel: Das verkohlte Notruder der HALBERSTADT

Hergestellt in Leipzig, Germany (EU)
www.engelsdorfer-verlag.de

12,00 Euro (D)

Eine Tragikomödie in vierzehn Akten,

welche die seltsamen Umstände sozialistischer Seefahrt komisch behandelt, an denen ein Seemann jedoch eher hätte verzweifeln können. Von einem, der dabei gewesen ist, mit einem verhaltenen Schmunzeln zur Erbauung der Nachwelt ausschweifend erzählt.

„Die gute alte Zeit – Jugend und die See.
Aller Zauber und die See!
Es gibt nichts Herrlicheres als die See,
die See allein – oder macht es die Jugend?“

Joseph Conrad

Prolog von der angeblichen Weisheit des Alters – oder: Warum ich „schreibender Arbeiter“ wurde

„Babbeljahn“ heißt eine kurze Tabakspfeife der Seeleute, wie sie auch der old sailor boy Popeye im Mundwinkel trägt. Der Name steht auch historisch überliefert bedeutungsgleich für einen kleinen Snack im Vorschiff - auf der Back vor dem Festmachen oder im Kabelgatt vor dem Feierabend - bei dem deutsche demokratische Seeleute noch bis ins Jahr 1990 hinein ihre zumeist humorvollen „Stories“ austauschten, ehe ihnen das Lachen verging. Deren Gehalt an ungeschminkter Wahrheit, rücksichtsloser Enthüllung und geschlechterübergreifendem Aufsehen möchten die folgenden Geschichten widerspiegeln.

„Daddeldu“, sagte der Steward, als er die letzte Flasche Weinbrandverschnitt der Marke Weinblattsiegel (auch WBS oder Webs genannt) aus der Tür der Transitlast in die langen Gesichter seiner Kundschaft reichte. Dieses Idiom aus dem Wortschatz heimatloser Seeleute, die Verballhornung des englischen „That will do!“, heißt auch: Etwas ist fertig, vorbei und erledigt - und mag als Synonym dafür stehen, dass alles, von dem hier zu berichten ist, der Vergangenheit angehört und mehr und mehr für immer vergessen sein wird. So vergessen, dass sich bald kein Schwanz mehr daran erinnern kann, wie einst der Genossenschaftsbauer vom letzten richtigen Sommer zu sagen pflegte.

Der **„Sau-Drücker“** ist eine Eselsbrücke hin zur Buchstaben-Kombination **QSD**, einer der vielen Q-Gruppen zur internationalen Verständigung im einstigen Seefunkdienst. Sie verwies auf einen „old man“, dessen Texte der Morsetaste in einem gänzlich unverständlichen Rhythmus entfleuchten. Diese Schmierereien umschrieb die Q-Gruppe vornehm mit: „Ihr Geben ist mangelhaft“, soll aktuell heißen, manchem humorlosen Altkader wird das Folgende gewöhnungsbedürftig sein.

Wer schließlich weiß, dass **„räsonieren"** soviel bedeutet wie unbefugt und lärmend mitzureden, zu widersprechen sowie am Stammtisch zu tadeln und zu nörgeln, der ist über das, was beim Weiterlesen auf ihn zukommt, schon fast im Bilde!

Im Hause des Gehenkten wird nicht vom Strick gesprochen. Das mag wohl der marktwirtschaftlich gebeutelte ehemalige Werktätige denken, so wie mancher brave Ehemann nur allzu gerne seinen Hochzeitstag vergessen machen möchte. Nach der „Abwicklung" der Deutschen Seereederei Rostock (DSR) ähnlich der einer Inderin aus ihrem Sari, bis beide nackt und bloß dastanden, traf diese Spruchweisheit nicht im mindesten zu. Über die Nach-Wende-Jahre hinweg als auch schon in den Jahren davor ist eine kaum noch überschaubare Anzahl von Publikationen zur Geschichte der Deutschen Seereederei erschienen, wie über keine andere deutsche Reederei. Diese reichen von der glorreich-simplifizierenden TV-Serie „Zur See", die im Fernsehen eine Wiederholung nach der anderen erfährt, über prachtvolle Jubiläums-Bildbände, nüchterne Sachbücher, bemerkenswerte Lebensläufe von Seeleuten mit Einblicken in die Interna der Reederei, Reiseberichte von mehr oder weniger renommierten Autoren, die einst mit DSR-Schiffen auf die Welt losgelassen wurden, humorvolle und facettenreiche Romane von Laien-Schriftstellern bis zu einer immer weiter zunehmenden Anzahl individuell gestalteter Seiten im World Wide Web und zu den begehrten Bänden der BORDGESCHICHTEN des DSR-Seeleute e.V. im sächsischen Freiberg. Es fehlen auch keine jubilierenden Niederschriften im Verlautbarungsstil, wie toll doch alles gewesen sei und was für feine Kerle wir allesamt waren, und schließlich Zusammengegoogeltes, das in der Aussage gipfelt, in Nordkorea gebe es neben den Kommunisten noch weitere den Seemann brennend interessierende Lebensformen: Amphibien, Reptilien, Säugetiere, Vögel und Fische, die meistens auf Bäumen leben, ausgenommen die Kommunisten. Die lebten ausschließlich auf Bäumen.

Mithin für einen jungen Autor kaum eine publizistische Lücke, in die hineinzustoßen sich noch lohnte. Lediglich mit der Verpflegung und dem Getränkekonsum schien sich bisher niemand kritisch auseinandergesetzt zu haben. Ein Aufschrei der Anständigen und Allesfresser wäre die Folge, wollte man sich diesen Themen widmen.

Die meisten Publikationen beweisen allerdings eines: Entgegen anders lautender Erwartungen von Partei und Regierung fuhren auf diesen Schiffen des Lesens und Schreibens kundige, mündige, aufgeklärte Seeleute, die wussten, was in der Welt und wie ihnen geschah.

Das Bedürfnis ehemaliger Seeleute der DSR, sich nach dem Niedergang des Unternehmens in der Erinnerung mit ihrer Fahrenszeit auseinander zu setzen, ist noch nach Jahren ungebrochen. Ein Grund könnte darin zu suchen sein, dass die Seefahrt in der DDR ein Politikum, einen Anachronismus, darstellte. Für die Seeleute der DSR als Kinder ihrer Zeit erwiesen sich deren Schiffe fernab vom sozialistischen Vaterland nicht als Inseln der Glückseligkeit. Das Bordleben bildete immer und überall wie ein Spiegel die sozialistische Gesellschaft mit all ihren Höhen und Abgründen ab, mit ihren damaligen Verletzungen und daraus entstandenen nachträglichen Verdächtigungen. Mancher Seemann traut noch heute nicht dem anderen über den Weg.

Viele Landbewohner beäugten den Seemann misstrauisch. Gehörte auch der zu den einhundertfünfzigprozentigen Genossen? Wie anders hätte ein unbescholtener Bürger über die Mole Warnemünde hinaus kommen sollen! Ganz im Gegenteil, die weltgewandten, aufgeklärten Seeleute stellten das beliebteste Angriffsziel der Vertreter vom „Schwert und Schild der Partei“ dar. Sie wurden allesamt bereits „operativ bearbeitet“, als manche Bundestagsabgeordneten noch an den Zipfeln ihres Pionierhalstuches kauten.

Zugleich glich unsere sozialistische Seefahrt dem Fahren wie unter allen anderen Flaggen jener Tage, jedoch in einer ganz eigenartig-einzigartigen widersprüchlichen Atmosphäre. Dieses besondere Klima im mittleren Drittel des Bestehens der Deutschen Seereederei, das zu ihren besten Jahre gehörte, analog denen, die seinerzeit die Republik erlebte, voller Sturm und Drang, soll hier eingefangen werden.

Einmal Seemann, immer Seemann, heißt es landläufig, selbst wenn mit der Seefahrt vor Zeiten abgeschlossen und der einst geliebte und oft genug aus vielerlei Gründen verfluchte Beruf an den berüchtigten Nagel gehängt wurde. Wohl hält der Nagel in der Wand, doch irgendwann reißt der Aufhänger. Der Seemann steht gerade darunter. Plötzlich hat er nach Jahren sein Bordpäckchen wieder in der Hand, wenn dies aus vielerlei Gründen meist auch nur noch symbolisch sein kann. Widerfährt ihm solches, dann schreibt er ein Buch, geht aufs Eis tanzen oder kombiniert leichtsinnigerweise beides miteinander.

Als in Deutschland auch alle ehemaligen routinierten Zusammenfalter der Einheitswahlliste schreiben durften, was sie wollten, hatte es den Anschein, als sei zum Thema „Sozialistische Seefahrt aus Rostock“ bald alles gesagt. Für mich in der Blüte meiner Jahre schien die Zeit für eine Lebensretrospektive noch weit entfernt zu sein. Weder verspürte ich Verlangen noch gab mir irgend etwas Veranlassung, ebenfalls mit Selbstbeweihräucherungen, berechtigten Anklagen oder überflüssigen Rechtfertigungen ans Licht der Öffentlichkeit zu treten.

Die Jahre vergingen. Weder Romancier noch Philosoph, weshalb sollte ich nun im fortgeschrittenen Alter die Zunft der „schreibenden Arbeiter" verstärken? Weil ich mit zunehmender Altersweisheit und anderen Erkrankungen lernte, meine mir lieb gewordenen Erinnerungen mit dem Hier und Heute zu verknüpfen, von der „Es war nicht alles schlecht"-Nostalgie bis hin zur „Nie wieder Sozialismus"-Demagogie. Ich musste mir einfach Luft machen.

Eines Tages, ich grub gerade Mist im Garten ein, reifte in meinem Hinterkopf die Konzeption für ein Buch heran. Zickezacke, Hühnerkacke, frisch ans Werk! Ich lag damit schlicht in der Familientradition. Mir widerfuhr nun ähnliches wie meinem Vater. Der ließ als ehemaliger U-Boot-Fahrer der Kriegsmarine die Kontakte zu seinen damaligen Bordkameraden, mit denen er 1944 vor Neufundland den Verlust seines Bootes U 1229 überlebte, im Alter über alle Grenzen hinweg wieder aufleben, sehr zum Missfallen staatlich beauftragter Brieföffner. Er wollte seinem Nachwuchs und der Nachwelt seine mit Abstand der Jahre neu gewonnene Sicht auf die damaligen Dinge hinterlassen und handelte, bevor es zu spät schien. Er schrieb seine in ihrer Dramatik kaum zu überbietenden Memoiren nieder.

Dem Vater auf die See folgend zählte ich mich zwischen 1963 und 1978 beruflich zur Gattung der „christlichen Seefahrer". Ich durfte auf Handelsschiffen ein Seemannsleben in seiner fast idealen Vollendung erleben und wahrhaftig nur zu oft auch genießen. Wenn ein solches auf Frachtschiffen jemals zumindest in Teilen romantisch gewesen sein sollte, in jener Zeit erfolgte dessen letzter Abgesang. Danach blieb nichts mehr wie zuvor. Seefahrt wird nie wieder so sein, wie sie meine Bordkameraden zusammen mit mir noch erlebten, bevor zuerst „Ordnung und Sicherheit" und dann der blanke Kapitalismus obsiegten. Diese meine Kriegs- und Nachkriegsgeneration wuchs damals in ihre besten Jahren hinein, wie zuvor jene, die mit U 1229 im Durchschnittsalter von zweiundzwanzig Jahren unterging.

„Wenn es Fragen gibt, warum wir starben, sag ihnen, weil unsere Väter gelogen haben", ließ Rudyard Kipling („Das Dschungelbuch") auf den Grabstein seines gefallenen achtzehnjährigen Sohnes schreiben. Jenen großmäuligen Strategen, die vierzig Jahre lang Hass auf und Unversöhnlichkeit mit einem imaginären Klassenfeind predigten, müssen wir es nicht danken, sondern eher dem Gleichgewicht der militärischen Blöcke, dass uns ähnliches erspart geblieben ist. Zum leibhaftigen Klassenfeind jenseits der gut bewachten Grenzen erklärten diese Lügenbolde den Autobauer aus Wolfsburg, den Bettler aus Bombay und das leichte Mädchen aus Santos ebenso wie den deutschen Seemann auf einem HANSA- oder HAPAG-Dampfer. Den musste der DSR-Seemann in den 1980er Jahren wie der Teufel das Weihwasser meiden, ja geradezu fürchten, wenn er Beruf und Seefahrtsbuch behalten wollte.

Riesige von Antennengemeinschaften in den „Schluchten" errichtete Masten zum Empfang des West-Fernsehens genossen im letzten Jahrzehnt der Republik stillschweigende Toleranz. Niemand im Binnenland verlor seinen Arbeitsplatz, nur weil eine West-Tante in der Nachbarschaft Pflaumenkuchen aß. Zu dieser Zeit verstiegen sich die „Betreuer" des Seemannes in einen mit klarem Verstand nicht mehr fassbaren Verfolgungswahn. Sie setzten die Daumenschrauben an und kehrten in die Vorzeiten der Heiligen Inquisition mit ihren hochnotpeinlichen Befragungen zurück. Die Erde, sie bewegte sich doch, und viele ehemals loyale Seeleute, die schon bessere Zeiten bei der DSR erlebt hatten, begannen daraufhin vom rechten Glauben abzufallen wie einst die Niederlande von der spanischen Monarchie. „Und sperrte man uns ein in finstere Kerker, das alles, das waren vergebliche Werke. Denn unsre Gedanken zerrissen die Schranken - und Mauern entzwei, die Gedanken sind frei!"

Trotz eines sich immer weiter verschärfenden Kalten Krieges auf See erlebte ich während meiner Jugendzeit eine Seefahrt im tiefen Frieden, ohne nach Periskopen Ausschau halten zu müssen und ohne die Angst, in einem stählernen Sarg auf den Meeresgrund zu fahren, ohne heutige moderne Piraterie und den Terror islamistischer Fundamentalisten, fast ohne Bedrohung der persönliche Habe oder gar des Lebens durch marodierende Jugendbanden und Straßenräuber in den Häfen der so genannten Dritten Welt. Noch krähte auf DSR-Schiffen kein Hahn danach, wer mit wem wie lange und wohin an Land ging. Diese Tage gehörten in jene Zeiten, bevor durch partei-politische hohle Holzköpfe das Prinzip von „Ordnung und Sicherheit" nach und nach die „Freiheit der Meere" für den Seemann aus Rostock erstickte. In diese Zeit fielen auch die Jahre, als die Besatzungen lediglich aus den Landstrichen zwischen Kap Arkona und Fichtelberg stammten, als an jeder Gangway „Man spricht nur deutsch" hätte stehen können, als eben diese größte deutsche in Rostock beheimatete Universalreederei 200 Schiffe zählte, auf denen es überwiegend tolerant und kollegial zuging. Als mitreisende Ehefrauen fast immer zur Besatzung gehörten, freundliche Stewardessen kurze Röcke trugen und die Kapitäne 28 Lenze zählten.

Die Zeiten änderten sich jedoch nicht nur politisch. Technisch setzte in jenen Jahren weltweit ein den Seetransport revolutionierender Wandel ein. Damals führten alle Stückgutfrachter noch einen Wald an Masten und Ladebäumen an Deck, wie den berühmten „10-Masten-Zirkus“ der Typ IV-Schiffe. Doch der Siegeszug des Containers setzte endgültig mit dem Vietnamkrieg ein, als das Pentagon Wege zur Versorgung des Kriegsgebietes im Rahmen der vorhandenen Infrastruktur suchte. Die letzten Jahre der konventionellen Stückgutfrachter wurden eingeläutet. Noch liefen die größten Schiffe der Deutschen Seereederei die kleinsten Häfen an und brachten dort Tage oder gar Wochen mit dem Laden oder Löschen zu. Somit sollten diese Erinnerungen auch als ein nicht allzu ernster, völlig unwissenschaftlicher und total subjektiver Nachruf auf das große Zeitalter der traditionellen Stückgutschifffahrt verstanden werden und nicht zuletzt als eine Reminiszenz an das Berufsbild des Funkoffiziers.

Angesichts des Säbelrasselns zwischen den Blöcken während meiner Fahrenszeit hätte meine seefahrerische Laufbahn ebenso übel wie die meines Vaters enden können. Die Konstruktion der Schiffsneubauten erinnerte nachhaltig an den erwarteten Ernstfall. Zum „worst case“ ist es nicht gekommen. Um so mehr weiß jeder DSR-Seemann sein Leben und Erleben in jenen Tagen zwischen Yokohama und Buenos Aires, Havanna und Surabaya, auf allen Ozeanen, auf großen und kleinen Schiffen, bei Sturm und Flaute, bei Hafenbräu und Weinblattsiegel zu schätzen.

Mancher meiner Bordkameraden mag unter Umständen nicht mehr gerne an jene Tage zurückdenken, an unsere damalige Unbeschwertheit, Fröhlichkeit und Unbekümmertheit. Er trauert vielleicht noch immer voller Groll seinem Parteibeitrag nach, den er vor die Säue warf. Oder er leidet unter einer schweren Psychose, weil er nicht darüber hinweg kommt, welch seltsames selbstverleugnerisches Gebaren er damals an den Tag legte. Allein wie er sich auf offiziellem Parkett auszudrücken pflegte, das mag noch heute weh tun. Be cool, seaman! Seeleute mussten schon beschwerlichere und gefährlichere Zeiten bestehen als bei der Deutschen Seereederei mit einem Politoffizier an Bord zu fahren!

„Kommt her zu mir, alle, die ihr mühselig und beladen seid, ich will euch erquicken.“ (Matthäus 11, 28) Mögen diese Verzagten beim Lesen der Ouvertüre zu dieser Tragikomödie die innere Einstellung finden, auf dem Weg durch ein Stück Flottengeschichte der Deutschen Seereederei den nachfolgenden Erlebnissen und Begebenheiten an Bord und an Land mit heiterer Gelassenheit zu folgen. Kritisch – sachlich – optimistisch, wie es K.-H. Gerstner am Ende des Magazins PRISMA im Deutschen Fernsehfunk einst zu sagen pflegte.

Wem an diesen durch und durch authentischen Geschichten einiges „spanisch" vorkommen sollte, der wird entweder auf real existierendes Seemannsgarn gestoßen sein oder er leidet noch immer an dem berüchtigten extrem schwer heilbaren TRIBÜNE-Leser-Syndrom, von allem Geschriebenen oder Versprochenen nur die Hälfte zu glauben. Sorge dich nicht, du bleibst mit deinem Kummer auch in der heutigen Zeit nicht allein. Anderenorts zeigt sich dieses Symptom bereits nach einem Satz: „Die Rente ist sicher!"

An meiner späteren Arbeitsstätte, dem Funkamt Leipzig, erhob sich der Amtsleiter während einer Gewerkschaftsversammlung und sprach: „Kollegen, was faul ist im Staate Dänemark, das wissen wir doch alle. Darüber brauchen wir nicht zu diskutieren. Bitte eure Meinung." Hier die meine, leicht verspätet.

Viel Spaß dabei!

Bescheinigung

Frau/Fräulein/Herr

geb. am wohnhaft

erhält von der Schiffsleitung

des D/MS M/S „Ronneburg"/DDXO die Erlaubnis,

den Gen.

in der Zeit von bis

zu besuchen. Für Übernachtung an Bord wird gesorgt.

~~Kapitän~~ / I. Offizier / ~~Wachh. Offizier~~

II 15 85 Cng 33/73 40 959

Ouvertüre von Seeleuten, die das Fürchten lernten – oder: Die Versenkung von U 1229 vor Neufundland

Der Begleitflugzeugträger der US Navy, USS BOGUE, hatte die meiste Zeit des Juli 1944 in Norfolk verbracht, wo er mit einer neuen Flugzeugstaffel, Radar und Suchscheinwerfern ausgerüstet worden war. Zum Monatsende lief er für Übungsfahrten wieder aus. Er führte nun neun Wildcat- und vierzehn-Avenger-Flugzeuge an Bord mit. Am 1. August 1944 verließ er die Bermudas. Nordwärts zur Grand Bank vor Neufundland fahrend, kreuzten sich die Kurse von USS BOGUE und des deutschen U-Bootes U 1229, das am 26. Juli 1944 aus Trondheim ausgelaufen war und einen Spion an der US-amerikanischen Küste absetzen sollte, etwa 300 Meilen südöstlich von Cape Race.

Am 20. August um 10.53 Uhr startete der Pilot einer Avenger, Lieutenant (Ing.) Brokas, vom Flugdeck des USS BOGUE. Zu seiner Besatzung gehörten noch der Funker und Radar-Operator sowie der Bordschütze. In den Abwurfschächten ruhten zwei Bomben. Brokas suchte dicht unter der Wolkendecke aus einer Höhe von etwa 1500 Fuß die Wasseroberfläche des Atlantik ab. Der Himmel war mit einer Stratocumulus-Bewölkung völlig bedeckt. Die Sicht schwankte zwischen 8 und 10 Seemeilen. Der Wind wehte aus 40 Grad mit fünf bis acht Knoten. Die See war leicht bewegt bei einer mäßigen Dünung.

Um 12.27 Uhr entdeckte der Radar Operator auf seinem Schirm ein schwaches Signal in einer Entfernung von fünf Meilen. Er war noch dabei, das Signal deutlicher zu stellen und hatte diesen Kontakt noch nicht dem Piloten mitgeteilt, als jener selber eine halbe Minute später ein vollständig aufgetaucht fahrendes U-Boot in einer Entfernung von fünf Meilen sichtete. Das U-Boot steuerte einen Kurs von zehn Grad und machte ungefähr zehn Knoten Fahrt. Das Flugzeug befand sich immer noch auf einer Höhe von 1500 Fuß. Der Pilot schwenkte auf das U-Boot ein und erhöhte die Geschwindigkeit auf volle Kraft. In einer Entfernung von etwa drei Meilen eröffnete das U-Boot das Feuer auf das Flugzeug und setzte das Abwehrfeuer bis zum Bombenabwurf fort, ohne das Flugzeug zu treffen. Der Pilot feuerte im Anflug mehrere Raketensalven ab.

Die meisten Salven gingen zu kurz, aber die letzte traf innerhalb der Wirkungsgrenzen von 67 Fuß. In diesem Moment begann jedoch das Boot eine ausweichende Kursänderung nach Backbord zu vollziehen, wodurch die letzten beiden Raketen das Boot in einem spitzen Winkel erreichten.

Der Turm von U 995 am Marine-Ehrenmal Laboe

Der ausweichende Dreh auf einen Kurs von ungefähr 340 Grad führte dazu, dass das Boot dem Flugzeug seine Steuerbordseite für einen perfekten Wasserbombenabwurf bot. Lieutenant Brokas warf seine zwei Bomben kurz nacheinander ab. Am Abwurfpunkt flog das Flugzeug auf einer Höhe von 100 Fuß und besaß eine Geschwindigkeit von 230 Knoten. Die Bomben trafen die Backbordseite, eine sehr nahe am Bootskörper exakt quer ab des Turmes und die andere etwa 40 Fuß vom Bug entfernt. Als das Flugzeug hochzog und nach Backbord abdrehte, feuerte der Bordschütze mit seiner Kanone auf den Kommandoturm. Im Ergebnis der Bomben-Explosion sah er dabei Trümmer vom Turm wegfliegen. Die Gefangenen bestätigten später, dass fünf Leute durch die Explosion vom Turm geschleudert wurden und eine Kanone über Bord ging. Der gleichzeitige Raketenangriff und Bombenabwurf entsprach zwar nicht den Dienstvorschriften der US-Navy, aber Brokas wollte sich mit den Raketen den Weg freischießen. Er war von der Treffsicherheit seines Bombenabwurfes auch deswegen überzeugt, weil er einige Tage zuvor übungshalber mit Bomben einen Wal in die Luft gesprengt hatte.

Als das Flugzeug eine Acht am Himmel drehte, machte das U-Boot im Wasser zeitgleich einen ebenso engen 360 Grad-Dreh nach rechts und dann einen solchen nach links. Das U-Boot setzte dabei sein Abwehrfeuer nicht mehr fort. Es zick-zackte kurz und tauchte über das Heck ab.

Als das U-Boot um 12.33 Uhr von der Wasseroberfläche verschwand, setzte Brokas eine Horchboje genau im Wasserwirbel des abgetauchten Bootes ab. Der Bordfunker hörte die Boje für zwölf bis fünfzehn Minuten ab. Der rhythmische Klang von Propellerschlägen erlag nach 55 Sekunden. Nur metallisches Hämmern und andere laute Geräusche waren danach noch zu hören, die auf Reparaturen hindeuteten. Ein weiterer Beweis für eine Havarie wurde in dem Ölfleck gesehen, den das Boot hinterließ - ein Fleck, der sich etwa eine halbe Meile vom Standort des Abtauchens über eine scharfe Kurve nach links, dann über eine weitere halbe Meile ausdehnte und dort endete. Der Fleck wurde mit einer Rauchboje markiert.

Mittlerweile waren auf USS BOGUE Flugzeuge und die begleitenden Überwasserkräfte mobilisiert worden, um Lieutenant Brokas zu unterstützen. Drei Flugzeuge, die sich in einem anderen Sektor in der Luft befanden, wurden zur Szene beordert. Vier weitere Flugzeuge wurden zu ihrer Ablösung gestartet. Vier der fünf Zerstörer, die den Träger eskortierten, wurden umgehend ins Zielgebiet geschickt. Um 13.36 Uhr wurde eines der Flugzeuge auf eine Höhe von 7000 bis 8000 Fuß dirigiert, damit der Kontakt zu Brokas nicht verloren ging sowie um dem Flugzeugträger eine Radarpeilung und sichere Kommunikation zu ermöglichen. Dadurch konnten die anderen Flugzeuge genau und schnell das Gebiet erreichen. Um 13.49 Uhr kamen drei weitere Flugzeuge vor Ort an. Lt. Brokas lenkte die Aufmerksamkeit dieser Jagdgruppe auf den Ölfleck, besonders auf das Ende, unter dem er das U-Boot vermutete. Um 13.55 Uhr wurde er zum Träger zurückbeordert.

Die Suche mit Hilfe der Sonarbojen wurde fortgesetzt. Seit dem Tauchen hatte das Boot einen Ölfleck von einer Meile hinterlassen, der aus der Luft wie ein grobes U oder V aussah. Um 14.19 Uhr stellte Lt. Watson die unscharfen Umrisse des U-Bootes unter der Wasseroberfläche an dessen östlichen Ende fest und alarmierte die Jagdgruppe. Von dem Moment, als Lt. Watson das U-Boot lokalisierte, bis es 24 Minuten später komplett vernichtet war, griff die Jagdgruppe von drei Torpedo- und zwei Jagdflugzeugen mit allem, was sie besaßen, das Unterseeboot an, einschließlich Bomben, Raketen und Maschinengewehren. Falls die Vernichtung des U-Bootes länger gedauert hätte, standen zwei Reservepiloten bereit. In dem 24 Minuten währenden Angriff verschossen die Piloten ihre sämtliche Munition und luden alle ihre Bomben ab. Sobald das getauchte U-Boot gesichtet wurde, setzte ein Flugzeug eine weitere Sonarboje ab. Als fünf

Minuten später zwei Sehrohre und der Schnorchel über der Wasseroberfläche erschienen, flogen zwei Piloten im Übereifer zeitgleich einen Bombenangriff. Als sie feststellten, dass sie sich von nahezu gegenüber gefährlich einander annäherten, warfen sie ihre Bomben ungefähr 200 Fuß zu kurz vom Ziel ab und wichen scharf einander aus. Durch die fehlende Koordination im Übereifer des Gefechts wurde dieser Angriff vereitelt. Der einzige Pilot, der noch Raketen an Bord mitführte, schloss sich unmittelbar danach mit einem Raketenangriff an, welchen er sehr erfolgreich abschloss. Er traf mit den Raketen das überspülte Deck des U-Bootes.

Es stellte sich als schwierig heraus, festzustellen, welcher Angriff schließlich das Verlassen des Schiffes verursachte. Fakt war, dass zwei Minuten nach dem Raketenangriff, als das Boot vollständig auftauchte, Besatzungsmitglieder auf dem Turm und anschließend mit Schwimmwesten und Rettungsbooten an Deck erschienen. Etwa vier oder fünf Minuten später sprangen sie in großer Zahl über Bord. Als die Mannschaft begann, über Bord zu springen, erfolgte der dritte und letzte Bombenangriff auf das Boot. Der Pilot drückte seinen elektrischen Auslöseknopf für den Bombenabwurf bei einer Höhe von 300 Fuß und einer Geschwindigkeit von 220 Knoten. Eine Bombe schlug auf der Backbordseite nahe dem Heck auf, genau am Ende des U-Bootes, aber sie explodierte unglücklicherweise nicht. Die andere Bombe blieb im Bombenschacht hängen.

Etwa um 14.40 Uhr ereignete sich eine mysteriöse Explosion an der Steuerbordseite des Turmes. Diese erfolgte bereits nach der Aufgabe des Schiffes. Unmittelbar danach begann das Boot über den Bug zu sinken. Eine Minute später befand sich der vordere Teil des Bootes bereits unter Wasser ebenso wie teilweise der Turm. Zwei Minuten später erschien das Heck wieder über der Oberfläche, der Bug ging vornüber und das ganze Schiff ging in einem spitzen Winkel unter. Eine schwere Explosion erschütterte das sinkende U-Boot und warf Wasser und Trümmer 100 Fuß hoch in die Luft. Das U-Boot sank auf der Position 42 Grad 20 Minuten Nord und 51 Grad 39 Minuten West.

Alle Piloten sagten aus, ihr Zielpunkt wäre der Turm gewesen, um die Mannschaft von der Selbstversenkung des Schiffes abzuhalten. Am Ende wurden anderthalb Dutzend leblose Körper auf der Brücke und deren Umgebung gesehen. Ungefähr diese Anzahl fand der Zerstörer später im Wasser treibend.

Das Gefechtsgebiet überfliegend, zählten die Piloten 40 Überlebende im Wasser. Später wurden 42 entdeckt. Einer der Piloten warf Leuchtbojen neben einzeln schwimmende Schiffbrüchige, um den Zerstörern deren

Auffinden nach ihrer Ankunft zu erleichtern. Eine Jagdgruppe von vier Flugzeugen setzte das Überfliegen des Untergangsgebietes bis zur Ankunft des ersten Zerstörers um 15.45 Uhr und drei weiterer fort. Dann kehrten sie zur Basis zurück.

Besatzungsmitglieder von U 1229, zweiter v. li. stehend, F. Seibicke

Der Zerstörer USS JANSSEN war zusammen mit USS WILLIS, USS WILHOITE und USS HAVERFIELD um 13.05 Uhr von USS BOGUE abkommandiert worden, um das feindliche U-Boot anzugreifen. Um 15.50 Uhr wurden zwei Gruppen von Rettungsschlauchbooten, die Überlebende trugen, in einer Entfernung von 1500 Yards gesichtet. Starke Dünung verhinderte eine frühere Sichtung. Bei der Ankunft der JANSSEN am Ort des Geschehens wurden folgende Feststellungen gemacht: Zahlreiche Tauchretter, ein großer Ölfleck, eine Anzahl von Holzstücken und zwei Gruppen von Schlauchbooten, die Leute trugen, trieben im Wasser. Alle Rettungsflöße in jeder der beiden Gruppen waren miteinander gelascht. In jeder der beiden Gruppen saß ein Schwerverwundeter in der Mitte.

USS JANSSEN ging so nahe wie möglich längseits der Rettungsflöße, ohne die Überlebenden dabei zu gefährden, und mit Hilfe von Netzen und

Rettungsleinen wurden alle überlebenden deutschen U-Boot-Leute an Bord genommen. Diese Prozedur fand eine Viertelstunde später ihren Abschluss. Andere Eskorte-Schiffe begannen das Gebiet nach toten Besatzungsmitgliedern oder Material, welches von Wert für den Marine-Geheimdienst sein könnte, abzusuchen. Mittlerweile traf USS BOGUE, begleitet vom Zerstörer WILLIS, am Ort der Rettungsaktion ein. Beide wurden ein paar hundert Yards voraus angeführt von fünf kanadischen Korvetten, welche aus einer anderen Richtung dazu stießen.

42 Überlebende wurden gerettet. Nach der Rettung starb der Stabsobersteuermann an einem Schock, aller Bemühungen des Sanitätsoffiziers und der anderen Assistierenden zum Trotz. Trotz künstlicher Beatmung, der Gabe von Adrenalin und Sauerstoff konnte er nicht gerettet werden. Nach seinem Tod wurde er in Übereinstimmung mit den Traditionen der Marine in Anwesenheit des dienstältesten überlebenden deutschen Offiziers auf See bestattet. Der Sanitätsoffizier behandelte außerdem zwei Schwerverletzte. Er amputierte den rechten Arm eines Mannschaftsdienstgrades und bereitete einen anderen für die Amputation eines Beines vor, dessen Oberschenkel besonders schwer verletzt war.

Nach der Neueinkleidung wurden sämtliche Kleidungstücke der Überlebenden eingehend untersucht. Unter anderem fanden sich dabei folgende Gegenstände von besonderem Interesse: Theatertickets aus Trondheim, datiert vom 20. Juli, eine Anzahl Fotografien, verschiedene Papierstücke, die den Untersuchenden nichts sagten, aber eventuell für den Geheimdienst nützlich waren, zwei oder drei Faltblätter, in denen Fotos gefunden wurden und ein Telegramm, datiert vom 27. Juli 1944 und adressiert an den Ob. Masch. Fritz Seibicke, U-1229 – Herzlichen Glückwunsch - 5. U-Flottille, mit der Mitteilung, dass ihm in der Heimat ein Sohn geboren worden sei.

So fand ich indirekt Eingang in Kriegsprotokolle der US-Navy. Ich erblickte das Licht der Welt, mein Erzeuger soff ab. Der Beginn meines Lebens stand unter keinem guten Stern - wenn der Klassenfeind so frühzeitig von meiner Existenz Wind bekam!

Das Untergangsszenario konnte ich mit Hilfe der verschiedenen inzwischen veröffentlichten englischsprachigen Original-Protokolle rekonstruieren.

Die Vergangenheit meines Vaters hatte ich seit früher Kindheit immer vor Augen. In unserer Stube hing ein Ölbild, welches er einst im Prisoner-of-War-Camp McCain, Mississippi, malte. Ein U-Boot durchbrach bei stürmischer See einen Wellenkamm. Dank seines Überlebens ist die Versenkung von U 1229 einer der wenigen Fälle im U-Boot-Krieg, in denen ein solch tragisches Ereignis von beiden Seiten dokumentiert ist. Mein Vater schrieb in seinen Erinnerungen:

„Es war Sonntag, der 20. August 1944. Ich musste mittags 13 Uhr den anderen Obermaschinisten Fritz N. auf Wache ablösen. Zuvor saß ich beim Mittagessen, mir gegenüber der Stabsobersteuermann B. Beim Essen sprachen wir über dies und das und plötzlich sagte B: „Was meinst du, ob wir im Leben noch mal ein Weib zu fassen kriegen?“ Ich konnte nicht mehr darauf antworten, denn plötzlich ging die Alarmglocke : kurz– kurz-lang-kurz (das F im Morsealphabet). Fliegeralarm!

Die Flakmannschaft sauste auf den Turm. Ich eilte in die Zentrale und setzte mich auf eine Werkzeugkiste. Es gab für mich momentan nichts zu tun. Die Dieselmotoren liefen Höchstfahrt und die 2-cm-Flak begann zu schießen. Dann erfolgte eine scharfe Kursänderung. Plötzlich gab es einen ohrenbetäubenden Schlag. Das ganze Boot wurde empor gerissen. Das Licht erlosch und ich wurde von meiner Kiste geschleudert. Für einen Augenblick war alles reaktionsunfähig. Da rief mich der Leitende Ingenieur an: „Mensch, mach doch Licht!“. Ich eilte durch die Zentrale und schaltete den Hauptschalter auf den Reservestromkreis um. Es wurde auch sofort wieder hell. Die Alarmglocke schrillte und die Brückenwache samt der Flakbedienung kam die Leiter heruntergerutscht in die Zentrale.

Obwohl viele Instrumente zu Bruch gegangen waren, schien das Alarmtauchmanöver zu klappen. Nur wenige Schäden waren sofort sichtbar. Durch das Turmluk drang ein wenig Wasser ein. Der Wassereinbruch konnte aber ohne Schwierigkeiten abgedichtet werden. Als wir jedoch die E-Maschinen auf höhere Umdrehungen bringen wollten, wurde das Licht immer dunkler. Wir brauchten einige Zeit, ehe wir zu dem Schluss kamen, dass die Batterien Schaden genommen haben mussten.

Der Maschinen-Gefreite Richard S. ging hinunter, um die zweite Batterie zu kontrollieren. Die andere Batterie sollte der Gefreite Lothar R. überprüfen. Er fehlte. Recherchen ergaben, dass er beim Tauchmanöver nicht mehr ins Boot hineingekommen war. Desgleichen fehlte der Sanitätsmaat. Auf meiner Koje lag der Maschinen-Gefreite D. und stöhnte. Er hatte einen Steckschuss im Oberschenkel und blutete stark. Vor meiner Koje stand im Gang eine große glitschige Blutlache. Im Boot war ein wüster Mief entstanden. Wenn mit schnell laufenden Dieselmotoren getaucht wurde, wurden stets Auspuffgase ins Boot gedrückt. Durch die Explosion der Bombe war außerdem der Schnapsvorrat des Kommandanten und eine große Flasche Chloroform zu Bruch gegangen.

Als wir auf 60 Meter Tiefe ankamen, „regnete es durch die Decke“, was auf einen undichten Druckkörper hindeutete. Am Batterieluk war eine Winkelschweißnaht gerissen. Das Seewasser lief in die Batterie und vermischte sich in der Bilge mit der ausgelaufenen Schwefelsäure. Theoretisch hätte sich daraus Chlorgas entwickeln müssen. Ich hatte aber ziemlich viele U-Bootgeschichten aus dem 1. Weltkrieg gelesen und vorgebeugt. Unter der Batterie hatte ich die doppelt- und dreifache Menge an Kalkmilch aufschütten lassen als die Vorschrift besagte.

Im Boot herrschte bereits ein wüstes Durcheinander. Im Bugraum waren die Halteschellen eines Torpedo gerissen. Der ganze Aal hatte einen Satz nach vorne gemacht und war mit dem Gefechtskopf auf einem Eisenträger aufgeschlagen, so dass das Blech des Kopfes eingebeult war. Dank des guten deutschen Sicherheitssprengstoffes war aber weiter nichts passiert.

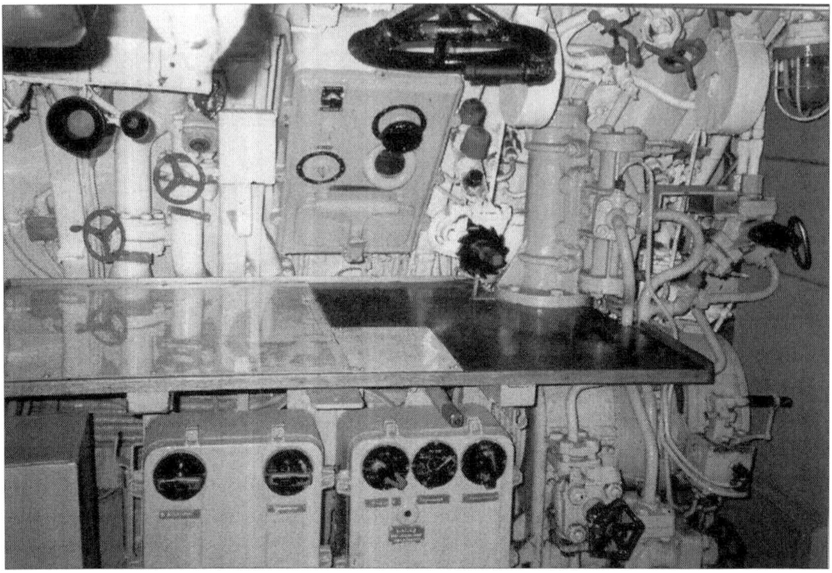

Der Kartentisch in der Zentrale, U 995

Wir stellten eine Reihe von Zellen fest, die gerissen waren und in denen keine Säure mehr über den Platten stand. Zur Reparatur solcher Schäden befanden sich etwa 30 Überbrückungsschienen hinter den Schalttafeln im E-Maschinenraum. Der Gefreite Gustav M. war schmal genug, um hinter die Tafel zu kriechen und diese Schienen von der Wand los zu schrauben. Im Verlauf der Arbeiten mussten wir feststellen, die vorhandenen Schienen würden sicherlich nicht ausreichen.

Um den Wassereinbruch etwas zu mildern, wollten wir auf 30 Meter Tiefe gehen. Da uns aber für Tiefenruder und andere Hilfsmittel nicht mehr genügend Spannung zur Verfügung stand, stieg das Boot weiter und brach bis zur Oberfläche durch. Wir richteten den Luftmast auf und wollten uns mit Dieselfahrt unter Wasser möglichst schnell davonmachen. In der allgemeinen Aufregung sprang der Steuerbord-Dieselmotor nicht an und soff außerdem noch ab, das heißt er lief über den Auspuff voll Wasser. Plötzlich kam ein neues Geräusch hinzu: Etwas prasselte in Serien auf den Bootskörper. Das mussten die Einschläge von Flugzeugwaffen sein! Was nun, wenn der Ami noch eine weitere Bombe wirft? Einige Augenblicke mag wohl eine gewissen Ratlosigkeit geherrscht haben. Da kam der Gefreite S. in die Zentrale gesaust mit dem Ruf: „Batterie zwo brennt!".

Der LI, der das Kommando im havarierten Boot übernahm, besann sich nicht mehr lange und rief: „Nun aber raus! Klar bei Tauchretter und Schwimmwesten!“.

Jetzt etwa zwei Stunden nach dem ersten Angriff begann das Aussteigen. Jeder sah zu, dass er so schnell wie möglich die Leiter zum Turmluk emporkam. Es entstand keine Drängelei, noch fiel ein lautes Wort. Ich habe für die Vorgänge um mich herum kaum einen Blick mehr verloren und sah nur zu, dass auch ich aus dem Boot kam.

Das Turmluk, U 995

Als erstes musste ich mir einen Tauchretter beschaffen. Mein eigener befand sich nicht mehr an seinem Platze. Später musste ich feststellen, eine Schwimmweste wäre zweckmäßiger gewesen. Ich überlegte noch, da wir uns mitten im offenen Atlantik befanden, wäre ein Aussteigen ohne Mitnahme eines Schlauchbootes so ziemlich zwecklos. Ich habe mir also auch noch den Beutel eines Einmann-Schlauchbootes auf den Rücken gehängt. Endlich stand ich auf dem Turm und sah ein einmotoriges Flugzeug auf uns zukommen, aus dessen Tragflächen laufend die Abschüsse der Bordkanonen blitzten. Unter mir sah ich Kameraden, die um den Turm herumliefen und Deckung suchten. Das Boot lag unter schwerem Beschuss und ich versuchte, so schnell wie möglich davon Abstand zu gewinnen.

Ich nahm mir noch die Zeit, das Schlauchboot mit der Pressluftflasche aufzublasen und vor mir her ins Wasser zu werfen. Dann sprang ich hinterdrein hinein in eine ungewisse Zukunft. Ich tauchte wieder auf und versuchte vom Boot wegzuschwimmen. Dabei kam mir zu Bewusstsein, dass ich ziemlich tief im Wasser lag. Der Grund lag darin, dass der Luftsack meines Tauchretters überhaupt nicht aufgeblasen war. Das holte ich nach. Die Pressluftflasche reichte aber nicht aus. Ich musste mit dem Mundstück nachblasen. Danach befasste ich mich wieder mit dem Schlauchboot. Auch das hatte sich nicht restlos aufgeblasen und schwamm schlaff auf der Wasseroberfläche. Ich musste mich auch hier daranmachen und das Schlauchboot weiter mit dem Mund aufblasen.

Ich wollte gerade ins Schlauchboot klettern, als der Matrosengefreite R. angeschwommen kam – ohne Tauchretter und Schwimmweste. Was wollte ich machen? Ich habe R. in das Einmannboot klettern lassen und habe mich an ihm festgehalten. Der nächste, den wir trafen, war der Steuermann Fritz B. Er hatte zwar den Tauchretter um, tat sich aber mit dem Schwimmen ziemlich schwer. Er hielt sich dann von der anderen Seite an R. fest. Ich merkte, dass mich die hohen Arbeitsschuhe beim Schwimmen behinderten. Daraufhin zog ich sie aus und hängte sie zusammengebunden ans Schlauchboot. Ich habe sie nie mehr gebraucht.

Inzwischen sammelten sich immer mehr Besatzungsmitglieder um das Schlauchboot herum. Sie stützten sich auf dessen Rand, das Boot geriet unter Wasser und der gute R. guckte nur noch mit dem Oberkörper heraus. Unterdessen waren die Jagdbomber der Amis weiterhin im Kreis herumgeflogen und hatten das U-Boot unter Beschuss genommen. Mir schien es so, als würden sie auch Raketen einsetzen. Schließlich und endlich ging U 1229 für immer mit dem Bug voraus im spitzen Winkel auf Tiefe und die Knallerei hörte endlich auf.

Inzwischen kamen unserer Gruppe Schiffbrüchiger noch drei weitere Schlauchboote in Sicht, die sich schon zusammengefunden hatten. In jedem saß ein Mann bis zur Brust im Wasser und ringsum hatten sich bei jedem neun Mann festgehalten. In einem der Boote saß der LI. Die anderen waren aber mit schwer verwundeten Kameraden besetzt. In dem einen saß der Oberbootsmann. Er hatte ein zerfetztes Knie und einen Armdurchschuss. Er litt unter starken Schmerzen. Im anderen Boot saß der kleine Richard S. Der hatte ein 12,5 mm Explosivgeschoss auf den linken Handrücken bekommen. Das Ganze sah aus wie durch den Wolf gedreht.

Kameraden hatten ihm mittels eines Schnürsenkels den Arm abgebunden und mit seiner rechten Hand hielt er die linke fest, die nur noch an ein paar Fäden baumelte. Ob es nun der Anblick von S.'s Arm war oder die Auswirkung der sehr hohen Dünung, ich weiß es nicht, jedenfalls verspürte ich Brechreiz und musste mich übergeben. Gott sei Dank wurde alles durch das Wasser vom Tauchretter, den ich vor der Brust trug, abgespült. Dabei wurde ich daran erinnert, dass es mittags Kotelett mit Rotkohl gegeben hatte, denn schließlich war es Sonntag.

Wir waren mit den Schlauchbooten schon eine geraume Zeit unterwegs, als auf einem Wellenkamm ein einzelner Mann auftauchte. Als er uns entdeckte, hat er gewunken und ist auf uns zugeschwommen. Als er langsam näher kam, erkannten wir den Maschinenmaat G. Als wir in Rufweite heran waren, merkten wir ihm seine Erleichterung an: „Menschenskinder, ihr seid ja auch noch da! Ich habe schon gedacht, ich wäre ganz alleine übrig geblieben. Ich war schon auf Heimatkurs gegangen!" Der Kerl hatte noch Humor in so einer Situation. Dann hat er uns berichtet: „Den kleinen H. habe ich unterwegs getroffen. Der hing in der Schwimmweste, den Kopf nach hinten. Er war schon tot."

Inzwischen bekamen wir mit, dass sich die Jagdbomber ablösten. Es musste also ein Flugzeugträger in der Nähe sein. Scheinbar wollten uns die Piloten zum Durchhalten ermuntern und haben herab gewinkt.

So nach und nach machte sich auch die Abkühlung durch die Wassertemperatur unangenehm bemerkbar. Ich klapperte zeitweilig vor Kälte mit den Zähnen und klammerte mich an R. fest, durch dessen Körperwärme ich wenigstens keine steifen Arme bekam. Ein Kamerad, der mit nacktem Oberkörper ins Wasser gesprungen war, bekam nach einiger Zeit blaue Lippen und konnte sich kaum noch mit den Händen am Schlauchboot festhalten. Wir banden sie mit Schnürsenkeln am Schlauchboot fest.

Moralisch war es von großem Wert, dass sich laufend zwei Maschinen über uns befanden, die abgelöst wurden. Nach unendlich langer Zeit tauchten am Horizont vier dünne Masten auf. Viele riefen: „Hurra - Schiffe!" Der LI sagte daraufhin: „Jubelt nicht allzu laut, immerhin gehen wir in Gefangenschaft!"

1. Akt vom langen, steinigen Weg zur Seefahrt – oder: Am Anfang waren die Träume

Am 2. November 1959 schrieb ein Schüler der 10. Klasse in einer Hausarbeit mit dem Thema „Mein Lebenslauf" die Sätze: „1950 wurde ich in der Zentralschule Karsdorf eingeschult. Während meiner gesamten Grundschulzeit habe ich gute Zeugnisse erhalten. Das Abschlusszeugnis der 8. Klasse bestand ich mit „Zwei". Ich gehörte 8 Jahre der Pionierorganisation an. Im 5. – 7. Schuljahr war ich im Freundschaftsrat, bzw. im Gruppenrat tätig. Im September 1958 wurde ich Mitglied der FDJ und im Mai 1959 Mitglied der DSF. Seit September 1958 besuche ich die Oberschule Nebra, wo ich zur Zeit einen Posten in der Leitung der FDJ-Grundorganisation bekleide." Schlechter Stil, erklärte die Lehrerin zum letzten Satz. Das wäre eine verantwortungsvolle Funktion und kein Posten. Posten stünden nur auf Wacht für den Frieden oder beim Äpfel klauen. Der Lebenslauf endete mit den Worten: „Ich habe den Wunsch, Fernmeldemechaniker zu lernen, um später einmal Funker bei unserer Handelsflotte zu werden." Wie ich heute weiß, inspirierte mich schon damals die unbewusste Nähe zur berühmten Himmelsscheibe von Nebra, später unter einem Firmament glitzernder Sterne auf einer güldenen Barke um die Welt zu reisen. Der hat wohl eine Scheibe, kommentierten die Klassenkameraden meine Pläne.

Knapp vier Jahre später saß ich, just neunzehn Jahre alt geworden und zu meinem Bedauern mit noch recht spärlichem Bartwuchs, in den späten Nachmittagsstunden des 3. September 1963 vor der Abfahrt des D-Zuges gen Norden mit meinem väterlichen Erzeuger erwartungsfroh und wehmütig zugleich auf einer Parkbank in Naumburg an der Saale. Ich wusste mit einem Kloß im Halse nicht, womit ich zum Abschied seine Nerven hätte reizen können. Am nächsten Tage sollte das Studium an der Seefahrtschule Wustrow beginnen. In diesen unvergesslich ins Bewusstsein eingebrannten Minuten passierten die Anstrengungen der letzten Jahre, dieses Ziel zu erreichen, vor meinen Augen noch einmal Revue.

Ich hatte es der leitenden väterlichen Hand zu danken: „Da geht's lang, mein Sohn", dass sich für mich der Wunsch aus meinem Aufsatz in der 10. Klasse nun realisieren sollte. Dieser Wunsch entsprach nicht zuletzt dem meines Vaters, der sich den Traum von der Seefahrt über einen Stellvertreterposten seines Sohnes noch einmal erfüllen wollte. Sein freiwilliger Eintritt in die Kriegsmarine 1935 wurde ihm ebenso wie seine vierjährige Kriegsgefangenschaft in den USA und Großbritannien von entnazifizierten Antifaschisten in den 1950er Jahren schwer angekreidet. In einer Art

Sippenhaft verweigerten sie mir die weiterführende Schulbildung bis zum Abitur mit der Begründung, Kinder von ehemaligen„Berufssoldaten“ seien im Arbeiter- und Bauernstaat dieser höheren Weihen unwürdig. Gleichzeitig machten in diesen Jahren Berufssoldaten Karriere bis zum Kapitän und später gar bis zum Präsidenten der See- und Hafenverkehrswirtschaft. Scheinbar fehlte meinem alten Herrn die notwendige Flexibilität, um den Mantel in den richtigen Wind zu hängen.

9.-Klasse-Fasching in der Marine-Kluft des Vaters

Mein präziser Berufswunsch im handschriftlichen Lebenslauf kam nicht von ungefähr. Für mich als noch Unmündigen hatte mein weiser Erzieher mit seinem reichen Erfahrungsschatz entschieden, dass ich als Funker auf einem Frachter eine gute Figur machen würde. „Mein Junge, das ist der beste Beruf, den dir die Seefahrt bieten kann. In jedem Hafen Landgang, wenn andere an Bord schwitzen.“

Ich ließ mich nur zu gerne durch seine lebenserfahrenen Empfehlungen in meiner Berufswahl lenken, besaß ich doch mit vierzehn Jahren überhaupt keine konkreten Berufsvorstellungen. Diese Unentschlossenheit konnte mir niemand vorwerfen, heutzutage tragen selbst Achtundzwanzigjährige schwer daran. Ich wollte hinaus in die Welt oder besser gesagt, heraus aus der kleinen Republik. Bleibe im Lande und nähre dich redlich, so wie es meine Klassenkameraden beabsichtigten, kam nicht in Betracht.

Diese wollten ihr Berufsleben bis zur Rente auf einem Stellwerk der Reichsbahn abwettern, frei nach dem Reim: Am Bahndamm stand ein Sauerampfer, der sah nur Züge, niemals Dampfer. Manche suchten ihr Heil auf Lebenszeit im Staube von Großbetrieben der sozialistischen Grundstoffindustrie und in Wurstfabriken oder vergruben sich bei einem handwerklichen Krauter.

Während eines Berufsschulausfluges nach Ost-Berlin drückte mir ein westdeutscher Student eine amerikanische „Life"-Illustrierte in die Hand. Die konnte er unbehelligt durch die Grenzkontrolle am Checkpoint Charly bringen, weil sie in englischer Sprache für jeden Grenzer eine Art Keilschrift aus dem Zweistromland beinhaltete. Die lockte mich mit ihren bunten Bildern wie der krumme Zeigefinger der Hexe bei Hänsel und Gretel.

Mein Vater machte aus seiner Abneigung gegenüber den „Genossen" keinen Hehl, die sich gegenseitig die Pfründe zuschanzten und eben jene „Posten" untereinander aufteilten. Diese Ressentiments beruhten auf Gegenseitigkeit. Als er sich Anfang der 1950er um eine Anstellung als Berufsschullehrer bewarb, wurde ihm seine amerikanische Kriegsgefangenschaft als schwerer Klotz am Bein vorgeworfen. „Klotz am Bein" - diese Redewendung hatte ich vorher noch nie gehört und ich stellte mir solch ein Handicap grausam vor. War es auch. „Sollte ich euch zuliebe bis nach Russland schwimmen!?" warf er dem Kaderleiter die Brocken vor die Füße und die Tür hinter sich zu. Mag sein, dass sein Intellekt mit der Diktatur des Proletariats kollidierte. Plötzlich würgten Bäckerburschen und Dachdecker am Rad der Geschichte herum. Mag sein, dass er sich als Kriegsgefangener auf amerikanischen Baumwollfeldern freier gefühlt hatte als nun im eigenen Land. Andererseits durchschaute er während seiner langen Gefangenschaft die Amerikaner und jene, die sich später für „unsere amerikanischen Freunde" überschlugen. Der schändliche Abgang der USA in Vietnam bedeutete ihm eine späte Genugtuung. Eines meiner früheren Brotschiffe, die HALBERSTADT, wurde im Hafen von Haiphong im April 1972 bei einem Luftangriff beschossen. Ich kam nicht umhin, ihm zuzustimmen.

Um den Tenor des Nachfolgenden einordnen zu können, einige Episoden aus meinen mich prägenden Kindertagen. Während des Ungarn-Aufstandes 1956 kam ich im blühenden Alter von zwölf Jahren auf die glänzende Idee, kleine Zettelchen im Schulhof zu verteilen, auf denen in großen Lettern „STREIK!" geschrieben stand. Ich hatte beschlossen, meine zu Weihnachten geschenkt bekommene kleine Gummistempel-

Druckerei einmal nicht für Spielereien, sondern wie die Geschwister Scholl zu verwenden. Ein Klassenkamerad, der später bei der DSR als E-Mix fuhr, fand die Idee toll. Er schrieb in großen Lettern diese sechs Buchstaben auf die Wandtafel, die wie bei der Feuerzangenbowle sichtbar wurden, als der Lehrer die Tafel umdrehte. Leider ließ sich das Kampfwort der werktätigen Schichten im Westen nicht als Absichtsbekundung für besonders fleißiges Lernen im Osten umdeuten. Mein alter Herr wurde in die Schule zitiert. Er traf auf ein Lehrerkollegium in Endzeitstimmung. Aus dessen Mitte heraus wurde ihm klipp und klar erklärt, aus seinem Sohn würde niemals im Leben etwas werden, wenn der nicht fortan eine sozialistische Erziehung bekäme. Wäre ich älter gewesen, hätte man mir sicherlich die Flucht nach vorn in Richtung Westberlin nahegelegt.

Manchem braven Zeitgenossen, der felsenfest glaubt, schon immer dagegen gewesen zu sein, nur weil er kurz vor Toresschluss sein Parteibuch gegen Bananen tauschte, sei versichert, dass die Zeiten 33 Jahre später, als die Knöpfe viereckig wurden, uns beiden zwölfjährigen Vorrevolutionären zu verdanken sind. In der Pflege der revolutionären Traditionen der DSR wird posthum ein neues Kapitel aufgeschlagen.

Meine Neigung zur westlichen Dekadenz ließ mich beizeiten in der Schule negativ auffallen. Ich kaute meinen Kaugummi und prompt verunstaltete die Lehrerin mein sauber geführtes Tagebuch mit dem Satz: „Fritz isst während des Unterrichts." Vorher stand immer nur drin: „Fritz schläft während des Unterrichts." Ich hatte lediglich meditiert, mich unbewusst auf meine spätere Profession vorbereitend, beim Empfang der sozialistischen Schiffspresse die Welt um mich herum zu vergessen.

Es gefiel mir immer einmal wieder wie nun bei Niederschrift meiner Rückbesinnung ein wenig zu provozieren. Provokateur, Herausforderer – dieses Wort besaß für mich etwas Prickelndes wie heutzutage „Linkspartei". Mein schönes blaues Pionierhalstuch zog ich eines Tages durch den braunen Lederknoten eines Halstuches vom Bund Deutscher Mädchen und marschierte damit stolz in die Schule. Diese Tragweise fand ich als junger Neuerer viel praktischer und eleganter als den zusammengewürgten Knuddel unterm Kehlkopf. Meine Junglehrer hatten diesen aus Lederriemen geflochtenen Pfadfinder-Knoten bei der HJ und dem BDM alle selbst getragen. Ich glaubte, damit bei ihnen auf große Wiedersehensfreude zu stoßen. Doch es schien ihnen sichtlich unangenehm, daran erinnert zu werden. Ich musste auf der Stelle den prächtigen Knoten entfernen und zwei halbe Schläge machen. Diese Ersatzhandlung stellte sich später als der erste Schritt in Richtung seemännischen Handwerks heraus. Mein Vater rückte mal wieder in der Schule an. Von ihm erhielt ich für diese Streiche weder halbe noch ganze Schläge. Er mag still in sich hinein gegrinst haben, strich mir zärtlich über das Haar, nahm mich mit nach Hause und gut war es. Er meinte zu meiner Mutter: Ein schorfiges Ferkel wird oft das beste Schwein. Jedenfalls hatte vor allem mein Vater seine helle Freude an mir. In der Schule schrieb ich glatte Einsen – die anderen Zahlen kriegte ich nur verwackelt hin.

Als ich in sehr jungen Jahren meine Worte wenig diplomatisch noch nicht wohl zu setzen wusste, wagte ich ihm vorzuschlagen, doch wieder nach Amerika auszuwandern. Er gab mir dazu oftmals allen Anlass. Mein Erzieher fackelte nämlich ansonsten nicht lange. Eine stabile Haselnussgerte, die drohend hinterm Küchenschrank auf ihre Verwendung wartete und die ich Scherzbold hin und wieder schon einmal anzusägen pflegte, wusste er kunstvoll zu schwingen. Sie tanzte, wenn ich ihn herausforderte und nicht pünktlich genug nach Hause eilte, die Aufsicht des kleinen Bruders vernachlässigte oder bei anderen ähnlich harmlosen Scherzen. Wie sich die Sachen auch immer entwickelten, mein alter Herr griff zu seiner Beruhigung und meiner Befriedung erst mal zur Rute.

Mein Brüderlein hatte gerade neue Plattfußeinlagen geschenkt und eine Mondfinsternis gezeigt bekommen. Ich platzte vor Neid. Darum sollte er beizeiten merken, dass das Leben nicht nur aus Vergnügungen besteht. Ich ließ ihn vorsätzlich auf eine heiße Herdplatte fassen. Anschließend sprang ich in unserer Küche vor meinem Vater her mal wieder ums Karree und mein Brüderchen hat seine Lektion wohl spätestens „im Keller“ von MS J.G.FICHTE endgültig gelernt.

Und so machte ich Schluss mit dem Revoluzzertum, passte mich an und wurde wie unsere Bundeskanzlerin ein vorbildliches Mitglied der FDJ. In allen Beurteilungen konnte jeder fortan lesen, dass ich hinter den Beschlüssen von Partei und Regierung stünde, ich müsste es nur mehr zeigen. Ich zeigte es lieber weniger, dass die mir ziemlich irgendwo vorbei gingen. Mein Streben nach Unabhängigkeit und der Hang zu kleinen Eulenspiegeleien blieben. Folgerichtig beschaffte ich mir in der Dorfbibliothek vom Russisch-Lehrer den „Braven Soldat Schwejk“. Dies veranlasste meinen Vater, sich beim Verleiher zu beschweren, auf welcher Grundlage sozialistischer Moral und Ethik solch pornographisches Material an Minderjährige ausgeliehen werden könne. Er gehörte halt noch der Generation an, die den Muff von tausend Jahren unterm Talar mit sich herumschleppte und sich bereits moralisch empörte, musste eine Briefmarke mit einer Nackten von Peter Paul Rubens angeleckt werden. Die '68er, die ich von der anderen Straßenseite her viel später interessiert beobachtete, ließen noch auf sich warten. Der Lehrer bekam schreckliche Angst und behauptete, ich hätte behauptet, das Buch im Auftrage meiner Eltern auszuleihen. Die Welt der Erwachsenen – sie bestand aus Heuchelei und Lügen. Diese frühe Erkenntnis bewahrte mich vor politisch-ideologischen Fehlschüssen, Parteieintritten, einer gespaltenen Zunge, übergroßen Vietnamspenden, einer glänzenden Karriere als sozialistischer Hohlleiter, Redeinhalten, an die ich selber nicht glaubte, und möglicherweise auch vor dem vorzeitigen Ende der Seefahrt. Mit anderen Worten, ich riss das Maul zukünftig weder in die eine noch in die andere Richtung auf und glaubte, mich damit inmitten der schweigenden Mehrheit zu finden, bis ein Messias aus dem Lande der Nibelungen heran eilte, der mit allem winkte, was wir Seeleute schon kannten. Plötzlich brach die Herde nach rechts aus und stürzte sich kopflos, wie der Zug der Lemminge, über die Kaikante in die Freiheit. Dort paddelt sie noch heute.

Mit pubertären Querschüssen hielt ich mich später ebenfalls zurück. Mein Erzeuger dankte es mir mit einer wunderschönen schwarzen Lederjacke mit Strickbündchen und aus feinstem Ziegenleder, die auf unerklärliche Weise eines Tages in unserem Dorfkonsum zum Verkauf aushing. Das gute Stück erinnerte den edlen Spender an den amerikanischen Piloten, der ihm sein Boot unter dem Hintern weggeschossen hatte. Den lernte er während eines Verhöres auf dem Flugzeugträger USS BOGUE persönlich kennen. Es handelte sich um eine feine Bomberjacke, als deren Ruf noch nicht durch faschistoide Unterschichtenangehörige in den Schmutz gezogen wurde. Mit ihr konnte ich alsbald den schon gefahrenen Lords auf der Seefahrtschule einigermaßen Paroli bieten, die sich beim Schiffshändler Van Hulle in Antwerpen gefechtsmäßig mit Lederjacke, Khakizeug und Deutschlandgürtel für das Niedermachen sächsischer Urlauberinnen gerüstet hatten.

Wie sich bald herausstellen sollte, traf ich meine Berufswahl genau richtig. In den 1950er Jahren herrschte im Lande eine Atmosphäre der Einschüchterung, Intoleranz und abstruser Friedensheuchelei, immer mit einem Bein am atomaren Abgrund, unsäglicher Agitation und Propaganda, in der auf einen harmlosen Witz ein gnadenloses Gerichtsurteil wegen Boykotthetze folgte. Ich erlebte bei vollem Bewusstsein die Kollektivierung der Landwirtschaft mit, als die Hälfte der Bauernschaft ihre Scholle bereits in Richtung Westberlin verlassen hatte. Täglich rollten Lautsprecherwagen ins Dorf, die ihre Parolen gegen die geschlossenen Hoftore brüllten. Deren Fahrzeuginsassen erwiesen sich als die ersten Terroristen, die ich in meinem jungen Leben als solche wahr nahm, bornierte Verfechter einer Ideologie, die für asiatische Steppen und die Magdeburger Börde gleichermaßen taugen sollte. Mir ging trotz jugendlichen Alters das Messer in der Tasche auf. Seltsamerweise lehrte dieses Konzept später der frühzeitlichen Dreifelderwirtschaft in Niederbayern das Fürchten, fuhren erst einmal statt IFA-Traktoren Landmaschinen von JOHN DEERE, FERGUSON, CATERPILLAR oder NEW HOLLAND über die Felder.

Bis auf den antifaschistischen Widerstandskampf der Kommunisten und die Judenvernichtung wusste ich nichts vom Dritten Reich. Die Schule schwieg - aus gutem Grund. Je mehr ich aus anderen Quellen darüber erfuhr, um so mehr kam mir vieles aus eigenem Erleben bekannt vor. Die Apologeten einer schönen neuen Gesellschaftsordnung, in der jeder ausreichend zu essen und viel später dann nach fünfzehn Jahren eine Rennpappe bekommen sollte, dachten überhaupt nicht daran mit mancher tausendjährigen Gepflogenheit, von Fahnenappellen und Aufmärschen bis hin zum „Abholen“ im Ledermantel, zu brechen. Wir pflegten die Rituale, die dort drüben die Täter, eine gesamtdeutsche Schande. „Gott schenke uns das Fünfte Reich. Das Vierte ist dem Dritten gleich.“

Verstärkt durch den Mauerbau 1961 kam mir die Seefahrt daher in den 1960er Jahren noch wie eine Oase im alltäglichen, real existierenden sozialistischen Wahnsinn vor. Befand sich das Schiff erst einmal außerhalb der Sichtweite des Warnemünder Leuchtturmes und der Reichweite des demokratischen Rundfunks, lebte es sich an Bord wie in einer Gesellschaftsordnung, die erst noch erfunden werden musste, wie in einer Ordnung, die die Ideale der Französischen Revolution auf das Glücklichste miteinander vereinte: Freiheit, Gleichheit, Brüderlichkeit. Hie und da mit Abstrichen, mag sein. Wo er eigentlich lebte, dessen wurde sich der Seemann immer erst bewusst, wenn der Dampfer im Überseehafen festmachte. Die Ein- und Ausklarierung in Rostock kam dem Grad der Demütigungen nach gleich hinter jener in Chungjin/Nordkorea, als hätten wir es verdient, wie Transitreisende von Helmstedt nach Drei Linden schikaniert zu werden. Offensichtlich waren die Staatsorgane jedes Mal stinksauer, kehrte Hein Seemann wieder heim. Anders ließ sich eine solche Behandlung nicht erklären. Ab Mitte der Siebziger begann sich das hinlänglich aus der Heimat gewohnte Klima auch an Bord einzustellen.

Doch zurück zum langen Weg in Richtung Seefahrt. Mein alter Herr nahm die Fäden in die Hand. Um am großen Ziel festzuhalten, fragte er bereits im Februar 1959 bei der Deutschen Seereederei nach Ausbildungsmöglichkeiten für Bordfunker nach. Irgendwie musste ein Anfang gefunden werden. Die sozialistische Handelsflotte steckte in ihren Kinderschuhen und über Google nachzuforschen, lohnte sich auch noch nicht. Mitte März traf ein Schreiben vom Kaderinstrukteur Holtfoth ein, die DSR bilde diesen Beruf nicht aus, sondern die ausgebildeten Funker würden von der Seefahrtschule in Wustrow auf dem Fischland übernommen. Im Briefkopf stand: „ Gemeinschaftsliniendienste nach der Vereinigten Arabischen Republik und Finnland – Liniendienste nach der Volksrepublik China, Volksrepublik Albanien, Union der Sozialistischen Sowjetrepubliken, Finnland, Holland und Belgien“. Das beeindruckte mich ungemein und noch am gleichen Tage schickten wir nach einem Blick auf die Landkarte, oh Gott, wo lag denn dieses lausige Nest Wustrow, eine Anfrage zu den Ausbildungsmöglichkeiten an der Seefahrtschule ab. Am Tage des Frühlingsanfanges 1959 schrieb der Kaderbearbeiter der Seefahrtschule betreffs Seefunkausbildung zurück. Dem Schreiben lag ein Merkblatt über die dortigen Studienmöglichkeiten bei.

VEB DEUTSCHE SEEREEDEREI
ROSTOCK

Gemeinschaftsliniendienste nach der Vereinigten Arabischen Republik und Finnland · Liniendienste nach der Volksrepublik China, Volksrepublik Albanien, Union der Sozialistischen Sowjetrepubliken, Finnland, Holland und Belgien

DSR

Herrn
Fritz Seibicke

K a rsd o r f (Unstrut)
Ortsteil Wetzendorf

Str.d.DSF

Fernruf: 7681 Rostock
Fernschreiber: 013254
Telegrammadresse:
Seereederei Rostock
Bankkonto:
Deutsche Notenbank, Rostock
Konto Nr. 3424
Postschließfach 188

Bei Rückantwort Aktenzeichen angeben, sonst Bearbeitung nicht möglich.

Ihre Zeichen	Ihre Nachricht vom	Unser Zeichen	ROSTOCK, den
	25.2.1959	LP/Ho/Ba.	12.3.59

Die Seefahrtschule Wustrow ist unwiederbringlich verloren. Deshalb in memoriam an dieser Stelle über deren Profil einige ausführlichere Details. Zwei Fachrichtungen wurden angeboten. In der Fachrichtung Nautik konnten die Patente für den „Kapitän auf kleiner Fahrt“ und den „Kapitän auf großer Fahrt“ erworben werden, ebenso wie Patente für die kleine und große Hochseefischerei.

In der Fachrichtung Seefunk lauteten die Studienziele:

- „Seefunksonderzeugnis“, Studiumsdauer: 1 Studienjahr

- „Seefunkzeugnis I. Klasse, Studiumsdauer: 2 Studienjahre (zuzüglich 3 Jahre praktischer Funkdienst nach Beendigung des Studiums)

Die erste Voraussetzung für die Zulassung zum Studium an der Seefahrtschule hieß: „Positive Einstellung zur Politik der Regierung der Deutschen Demokratischen Republik“. Hier musste ich noch ein wenig an mir arbeiten, um ein guter Opportunist wie viele andere zu werden. Auf „Kehrt schwenkt, marsch!“ ließen die im März 1990 plötzlich Old Kalle Marx einen Superproleten sein und begannen Big Helmut, den größten Landschaftsgärtner aller Zeiten, anzubeten.

Für die Lehrgänge zum „Kapitän auf großer Fahrt“ taugte der Abschluss der 10-klassigen Mittelschule. Wer es nur bis zur 8. Klasse schaffte, erlangte durch ein Vorsemester die notwendige Qualifikation. Demnach stand jedem diese glänzende Karriere offen, der sich nicht unbedingt auf Herzspezialist oder Atomphysiker festlegen wollte. Ich grübelte, sollte ich nicht doch lieber Kapitän werden, neben Lokomotivführer der Berufswunsch aller kleinen Jungs, um mir die knifflige Sache mit den Morsezeichen zu ersparen?

In der Fachrichtung Seefunk galten als Voraussetzungen

- für den Sonderfunker für den Seefunkdienst eine abgeschlossene Lehre als Rundfunkmechaniker, Elektromechaniker oder einem ähnlichen Beruf
- für den Funkoffizier I. Klasse der Abschluss der Oberschule mit Abitur und Nachweis eines Jahres praktischer Arbeit in der Produktion oder ein Mittelschulabschluss und eine abgeschlossene Lehre als Rundfunkmechaniker oder Elektrotechniker sowie außerdem gute Kenntnisse in mindestens zwei der Fremdsprachen: Englisch, Russisch oder Französisch.

Der Bewerber musste für ein einjähriges Studium das 20. Lebensjahr, für ein mehrjähriges das 19. Lebensjahr vollendet haben. Die Seetauglichkeit war nachzuweisen.

Weibliche Bewerber konnten damals für keine Fachrichtung zugelassen werden. Ein politisch nicht korrekter Kommentar über spätere diesbezügliche Öffnungsklauseln wird hier nicht schriftlich niedergelegt. Nur soviel: Die Damen schmälerten durch ihre relativ kurzen Fahrenszeiten die Urlaubsmöglichkeiten ihrer langjährig fahrenden männlichen Kollegen.

Bis zum 1. April eines jeden Jahres mussten die Bewerbungen unter Beifügung aller Unterlagen bei der Seefahrtschule Wustrow eingereicht werden. Dazu gehörte auch ein Delegierungsschreiben des Beschäftigungsbetriebes oder einer „demokratischen Organisation“, womit höflich umschrieben wurde, dass eher die Kasernierte Volkspolizei (KVP) oder später die Nationale Volksarmee als der Kulturbund gemeint war.

Das Bestehen der staatlichen Abschlussprüfung an der Seefahrtschule berechtigte zum Führen besonderer Berufsbezeichnungen, wie „Kapitän auf großer Fahrt“ oder „Seefunkoffizier“. Die Studierenden würden während des Studiums von der Seefahrtschule Wustrow verpflegt und wohnten im Internat, stand im Prospekt zu lesen. Jeder Seefahrtschüler erhielt ein Stipendium nach den gesetzlichen Bestimmungen. Dieses betrug etwa 160 DM. Auf Unterkunft und Vollverpflegung entfielen monatlich 62,- DM. Das las sich alles sehr spannend und ab sofort war meine Marschrichtung vorbestimmt.

Um diesen gehobenen Anforderungen gerecht zu werden, musste ich meinerseits das Profil noch etwas schärfen. Es begann eine jahrelange Vorbereitungszeit, um das Rüstzeug für den zukünftigen, inzwischen äußerst erstrebenswerten Traumberuf zu erlangen. Ich akzeptierte alles, was dieser Zielstellung hätte dienlich sein können und wenn es Klavierspielen gewesen wäre. Zuerst ließ ich mich von meinem Elternpaar dazu überreden, in der 10. Klasse einen fakultativen Stenographiekursus zu besuchen. Meine Mutter konnte mir dabei unter die Arme greifen. Hier lag die Familienführung mit ihrer Lebenserfahrung allerdings völlig daneben, denn für diese Fertigkeit fand sich später im Beruf keinerlei Verwendung. Ich musste nie mit dem Stenoblock beim Alten erscheinen. Einziger Trost, ich entwickelte mich zum Hahn im Korb. Außer mir glaubten verständlicherweise nur einige Mädchen an einen beruflichen Erfolg, wenn sie diese zusätzliche Stunde in der Schule absaßen. Geschadet hat mir die Sache nicht, ich konnte zukünftig immer mitreden, falls von Auf- und Abstrichen geredet wurde, auch wenn es sich dabei nicht um süße Zörbiger Marmelade oder saftige Gonokokken aus Santos handelte.

Bald nachdem ich in der Schule jenen Lebenslauf zur Vorbereitung auf künftige Bewerbungen geschrieben hatte, begann auch schon die Suche nach einer Ausbildungsstelle. Einen besonderen Geschmack zu besitzen, stellte den künftigen Lehrling schon früher vor besondere Schwierigkeiten. So gefiel mir am Ende der Spatz in der Hand besser als die Taube auf dem Dach. Im Januar 1960 bewarb ich mich als Elektromonteur im VEB Zementwerke Karsdorf. Anfang März kam die Zusage, ich könne ab dem 1. September 1960 eine Ausbildung beginnen. Es folgten zweieinhalb Jahre, in denen das harte Brot eines Elektriker-Lehrlings gegessen werden musste.

Der 13. August 1961 kam und alle Stifte der Lehrwerkstatt sollten sich freiwillig zum recht langen Friedensdienst an der Waffe verpflichten. Früher wurde auf ähnliche Weise den Seeleuten der Dienst in der Royal Navy empfohlen, die sich nach einem Kneipenbesuch unverhofft auf hoher See wieder fanden. Dem psychologischen Druck gaben wir schließlich alle nach. Ich formulierte eine Verpflichtung, in der ich schlitzohrig zugestand, während des voraussichtlichen Studiums an der Seefahrtschule in den Semesterferien waffenkundliche Lehrgänge für Reservisten zu besuchen. Die Lehrausbilder ließen es dabei bewenden und mehr ist aus meinen Drohgebärden mit der Kalaschnikow tatsächlich und glücklicherweise im gesamten wehrfähigen Alter nicht geworden. Die Verteidigungsbereitschaft der Republik litt darunter nie auch nur im geringsten, ganz im Gegenteil.

„Du musst Schreibmaschine schreiben lernen", lautete die nächste Weisung des großen Familien-Vorsitzenden. Ich belegte ein Semester an der Volkshochschule in Laucha an der Unstrut. Ein einsamer, schüchterner siebzehnjähriger Jüngling saß ziemlich bedeppert inmitten einer Schar jüngerer und älterer Frauen, die ebenfalls ihre Karriere voranzutreiben gedachten, vor einer großen Optima-Büro-Schreibmaschine, wie ich sie später auch an Bord vorm Bauch hatte. Ich übte die Grundstellung der Finger auf der Tastatur. „ASDF – JKLÖ" - diese Buchstabenkombination begleitet seither mein Leben und erleichterte mir auch noch nach der Wendezeit unter den bewundernden Augen aller Bürodamen den Schwenk aus der Technik in den Computeralltag. Die erworbenen Fähigkeiten an der Schreibmaschine zahlten sich später im Studium sehr aus. Wenn andere Mitkämpfer im muffigen Seminarraum während ihrer Freizeit vor der Schreibmaschine hockten und das Übungsheft abschrieben, ging ich am Strand spazieren und ließ meinen Erzeuger hochleben. Denn diesmal hatte der Herr Papa Recht behalten, obwohl es mir anfangs doch ziemlich albern vorkam, mich auf solch eine niedere Frauenarbeit einzulassen. Die Tastatur zu beherrschen ist heutzutage ein Muss. Früher schämte sich ein Mann, einzugestehen, er könne ganz toll Schreibmaschine schreiben genauso sehr, als würde man ihn in Strapsen mit Guido erwischen.

Nun brauchte ich noch Kenntnisse in einer zweiten Fremdsprache. Fünf Jahre Russischunterricht mit Brief und Siegel plus null Ahnung reichten als Alibi für die Erstsprache. Obwohl mein Vater als anglo-amerikanischer Kriegsgefangener ein ausgezeichnetes Englisch sprach und selbst vor der Übersetzung komplizierter Fachtexte nicht zurückschreckte, sah er sich außerstande, seinem Sprössling die Grundlagen der englischen Sprache beizubringen. Solche Vorhaben werden im Familienkreise mit wenig Konsequenz verfolgt und enden meistens nicht erfolgreich. Auch hier bot die Volkshochschule Kurse für potentielle BBC-, Radio Free Europe- und Voice of America-Hörer an, allerdings nur im 25 Kilometer entfernten Naumburg. Dort belegte ich zwei Semester Englisch. So schaukelte ich einmal pro Woche nach getaner Lehrlingsausbeutung mit der Unstrut-Bahn in die Metropole am schönen Saalestrand, um kurz vor Mitternacht wieder zu Hause einzutreffen. Angesichts des regen Zuspruchs schienen sich tatsächlich manche Leute mit der schulischen Russischausbildung allein nicht genug bedient zu fühlen. Zum orgiastischen Höhepunkt der wöchentlichen Studienreisen kam es immer in der MITROPA-Bahnhofsgaststätte, wenn ich dort zu später Stunde mit Hochgenuss eine Tasse kräftige BSE-freie Rinderbrühe mit Ei für ein paar Groschen schlürfen durfte. Dieser Luxus prägte sich genauso tief wie die Englisch-Vokabeln im Gedächtnis ein. Letztlich stellte er ein gutes Training dar, um später an der Bordbar gegen jeden guten Geschmack und menschliche Vernunft ein Dutzend glibbrige Prärieaustern zur Erhaltung der Potenz und des Cholesterinspiegels herunterzukippen.

Die Seetauglichkeit solle mal inzwischen der Medizinische Dienst des Verkehrswesens im Bahnbetriebswerk Merseburg bestätigen, informierte Kaderbearbeiter Boelter bei Eingang meiner Bewerbungsunterlagen. Ob meine Konstitution als „Strich in der Landschaft“, wie mein allzeit kritischer Vater zu sagen pflegte, für die eines kernigen Seemannes wohl ausreichen würde? Zum Auf- und Abbewegen der Morsetaste würde es wohl langen, konstatierte der Doktor. Heute wäre ich glücklich, könnte ich meine Rippen noch einmal im Spiegel zählen.

Die Studienanforderungen im Fach Seefunk hatten sich gegenüber 1959 mittlerweile auf ein höheres Niveau bewegt. Ernst Leitzsch, Fachrichtungsleiter Seefunk, informierte in einem Schreiben, dass sich die Ausbildung zum Seefunkoffizier nun über drei Studienjahre erstrecken würde. Nach dem Abschlussexamen bekäme jeder zunächst das Seefunkzeugnis II. Klasse ausgehändigt. Laut Informationsblatt berechtigte es zur Ausübung des Seefunkdienstes auf allen Schiffen in nicht verantwortlicher Stellung. Diese Einschränkung ließ sich niemals durchsetzen, denn hatten die Absolventen mit dem Zeugnis II. Klasse die Schule verlassen, durften sie auf einem Typ IV-Schiff in verantwortlicher Stellung sofort nach Fernost fahren oder mit der FIETE SCHULZE untergehen.

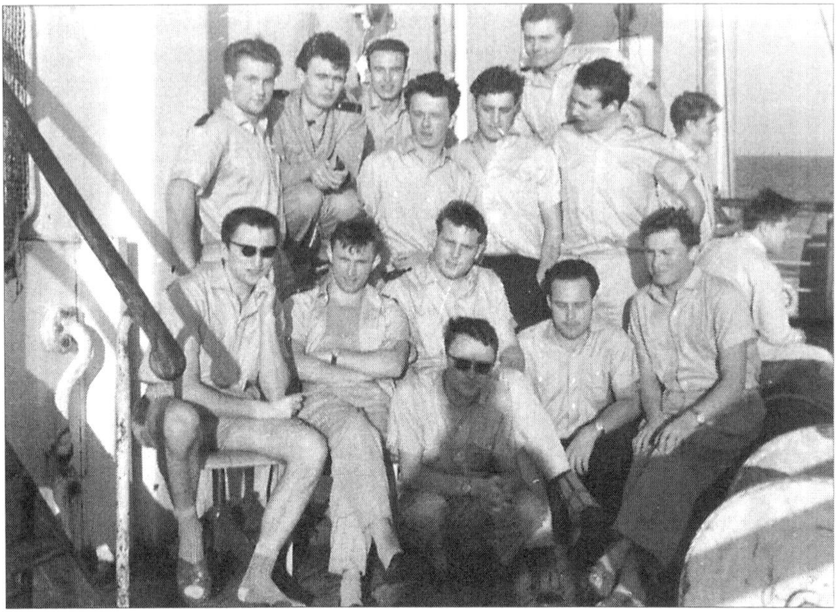

Die späteren Kommilitonen

Nach dreijähriger Tätigkeit und Anfertigung einer klitzekleinen schriftlichen Arbeit würde dann ohne erneuten Schulbesuch das Seefunkzeugnis I. Klasse ausgehändigt. So hieß es vielversprecherisch. Erst in den 1980er Jahren kam der Erwerb des Zeugnisses I. Klasse in Schwung. Vorher schienen die Verantwortlichen wegen zu geringer Lohnmittel, Konkurrenzneid oder weil der Kurs für das Gold auf den drei Kolbenringen gerade gestiegen war, nur auf beharrlichen Druck geneigt zu sein, den Funkoffizieren diese geistigen Ergüsse abzukaufen.

Im März forderte die Seefahrtschule Wustrow auf, mich auf Grund der Bewerbung als Seefunker zu einer Eignungsprüfung im Wasserstraßenamt Halle zu melden. Dieser Wissenstest mit Ernst Leitzsch und Assistent Heitmann ging über einen Small Talk nicht viel hinaus. Einige meiner Mitbewerber hauten allerdings dermaßen mit ihren angeblichen Fachkenntnissen auf die Pauke, dass mir als Jüngstem in der Runde Hören und Sehen verging. Ich sah alle Felle davon schwimmen. Vierzehn Tage später entschied die Aufnahmekommission, mich für das Studium zum Seefunksonderzeugnis zuzulassen. Damit wollte sie zwar nicht meiner Bewerbung zum F1-Studium entsprechen, nahm aber als Kompromiss von der Forderung Abstand, für ein einjähriges Studium mindestens das 20. Lebensjahr vollendet haben zu müssen. Ich würde bei Studienbeginn gerade einmal neunzehn Jahre alt werden.

Die Lehrzeit zum Elektromonteur endete im Februar 1963. Am 1. März unterzeichnete ich als Schichtelektriker einen Arbeitsvertrag mit dem VEB Zementwerke Karsdorf. Der Grundlohn betrug 1,65 Mark pro Stunde. Ich wusste zwar nicht, was mich diesbezüglich bei der Seefahrt erwarten würde, zumindest könnte es für das gleiche Geld weitaus interessanter werden. 525 Mark brutto betrug ein gutes Jahr später die Heuer als Zweiter Funkoffizier auf Motorschiff HALBERSTADT. Mit zusätzlich 90 Mark Fahrtzuschlag und 120 Mark Größenzulage machte ich als Berufsanfänger damit einen guten Schnitt. Fünfzehn Jahre später vollbrachte ich fast wieder eine Punktlandung auf diese Gehaltsgröße, als ich eine Tätigkeit bei der Deutschen Post aufnahm. So scheint es kein Wunder, dass sich bei diesen Traumgehältern mancher zum "Sklaven der Seefahrt auf ewig" befördern ließ.

Kurz vor der Abreise in die Fremde traf eine Postkarte vom Fischland ein. Direktor Schirdewahn schrieb: „Zur Aufnahme bzw. Fortführung Ihres Studiums bitten wir Sie am 4. 9. 63 bis 14 Uhr hier anzureisen. Arbeitskleidung bitte unbedingt mitbringen." Aha, auch an der Küste tobt die Ernteschlacht, ging es mir durch den Kopf, Strohballen aufschichten, Kartoffeln lesen, Zuckerrüben zusammen klopfen. An das Herauskratzen von Erzladung aus den Unterzügen von Typ IV-Schiffen im Überseehafen Rostock habe ich nicht im geringsten gedacht.

Der Zug rollte an. Ein letztes Winken. In jenem Moment wurde die Nabelschnur zum Elternhaus durchtrennt. Der Sohnemann war flügge geworden und flatterte sogleich davon. Im August 1964 begann meine Tätigkeit als Funkoffizier beim VEB Deutsche Seereederei Rostock. Die weite Welt wurde für etliche Jahre das neue Zuhause. Doch vorher gereichte mir das hinter den sieben Wassern liegende Ostseebad Wustrow mit seiner Seefahrtschule zur Stätte einer wahrhaftig spannenden, politisch ziemlich toleranten, oft kurzweiligen beruflichen Ausbildung. Jetzt kamen die lustigen Tage und das erste Seefunkzeugnis hielt ich in der Hand, als ich noch keine zwanzig Lenze zählte.

2. Akt von der Wiederentdeckung der Neuen Welt - oder: Eine Traumschiff-Reise mit MS J.G.FICHTE

In diesen frühen 1960ern, als der Schiffsbestand sowohl bei der Deutschen Seereederei als auch bei den Fischkombinaten Rostock und Sassnitz rasch zunahm und der Bedarf an Schiffsoffizieren sprunghaft wuchs, platzte die Seefahrtschule Wustrow aus allen Nähten, vor allem die notwendigen Unterkünfte für die Schüler betreffend. 1963/64 harrte der Mittelbau zwischen dem älteren Neubau mit Internat und Messe und dem bereits neuen Teil mit den Seminarräumen, Aula und Turm noch auf seine Fertigstellung. Im U-förmigen Hofkarree stand eine größere Baracke, in deren einem Zimmer sechs Schüler unserer Klasse unterkamen und unter den Dielen eine Rattenfamilie mit ebenso viel Jungen. Die Studiosi hausten teilweise in noch abenteuerlicheren Unterkünfte irgendwo im Dorf oder in dessen Umgebung, so auch im Saal der alten Gaststätte „Deutsches Haus“, in dem eine ganze Nautikerklasse kampierte. Dort war Rauchen und offenes Feuer vom Direktor strengstens untersagt worden – wegen der morgendlichen Explosionsgefahr.

Fortan mit Stolz getragen – Der Schriftzug am linken Ärmel der blauen Uniform

Die prekäre Lage ließ sich trickreich entspannen. Das legendäre Fracht- und Lehrschiff J.G.FICHTE/DCZK, das ein Jahr zuvor angekauft worden war, konnte fortan als quasi schwimmendes Wohnheim mit seinen Ausbildungsmöglichkeiten, die seit kurzem dort bestanden, genutzt werden. Für die nautischen Klassen entsprach eine Ausbildung unter Bordverhältnissen der Logik. Für die Ausbildung im Seefunkdienst schien damit keine wesentliche Effizienzsteigerung verbunden zu sein. Für die 40köpfige Teilnahme an der Sicherheitswache im Funkraum hätte sich der dortige Funkoffizier sehr bedankt oder seinen Dienst quittiert. Unter dem Gesichtspunkt, dass die meisten Bewerber für diese Studienrichtung vorher noch nie ein Schiff unter den Füßen gehabt hatten, konnte die Ausbildung an

Bord allerdings nicht in Gold aufgewogen werden. Sie erleichterte diesen Absolventen nach Studiumsende den sofortigen Einstieg als vollwertiger Funker und bunter Vogel, der fraß oder an seiner Morsetaste starb.

Darüber hinaus bedeutete eine Reise auf der FICHTE, egal in welcher Studienrichtung, für jeden Teilnehmer die höchst willkommene Gelegenheit, den damaligen räumlichen Bedingungen in Wustrow für kurze Zeit zu entfliehen. Das Interesse der begleitenden Dozenten, endlich mal wieder Seeluft zu schnuppern, sich dabei von ihren ehrenwerten Kollegen und teuren Gemahlinnen zu erholen, bildete die Triebfeder des Ganzen. Im Studienjahr 1963/64 bereitete die Sektion Seefunk für meine Seefunksonderklasse und eine F1-Klasse aus all diesen Gründen eine Praktikumsreise nach Kuba vor. Für uns bedeutete die Reise mehr als nur eine Auszeichnung, durften wir doch innerhalb des einjährigen Studiums noch mehrere Wochen zur See fahren. Nachdem alle Formalitäten, einschließlich der innig erhofften, mit vielen Unwägbarkeiten verbundenen, reibungslosen Ausstellung eines Seefahrtsbuches, ihren Abschluss fanden, gingen wir nach einem Vierteljahr Barackenleben am 2. Dezember 1963 an Bord. Einen Kommilitonen musste die Klasse leider zurücklassen. Ihm wurde der „Sichtvermerk zum Überschreiten der Seegrenze der DDR" verweigert. Als Kind hatte er im Garten des Abschnittsbevollmächtigten der VP als verkappter Regimekritiker Kirschen geklaut. Das wurde ihm zum Verhängnis. Eine ganz miese Pointe.

Jeder Mensch, der sich um ein Seefahrtsbuch bemühte, war hilflos der Willkür seiner Zeitgenossen ausgeliefert. Wenn dem zuständigen IM im Dorf oder Wohngebiet, dem Abschnittsbevollmächtigten der Volkspolizei, dem Kaderleiter im Betrieb oder anderen Zuträgern die Nase des Bewerbers nicht passte, starb mit einer negativen Auskunft an die obligatorischen Ausforscher der Staatssicherheit, herbei gelogen oder nicht, die Seefahrt für immer. Solch ein „operativer Vorgang" nannte sich „Ermittlungsbericht Aktion Leuchtturm" und beinhaltete Aussagen über die politische Einstellung und Zuverlässigkeit, zu den Ehe- und Familienverhältnissen, Verbindungen der ausgeforschten Person und der nächsten Angehörigen in das NSW (nicht sozialistische Wirtschaftsgebiet) und andere operative Hinweise. Zu den letzteren gehörten auch Auskünfte über den „Umgang mit negativen und anderen operativ aufgefallenen Personen, Schmuggeltätigkeit, Einschleusung von Schund- und Schmutzliteratur und 'abgedeckte' Beziehungen in das NSW". Diese Spitzeleien offenbarte meine Akte später. Es machte betroffen, darüber nachzudenken, dass ich nicht zur See gefahren war, weil ich das so wollte, sondern weil niemand dagegen sein

Veto einlegte. Gehörte ich damit schon zu den Günstlingen des Regimes, wie es manch Außenstehender glauben mochte? Besaß ich im heutigen Sinne bereits eine schmutzige Weste, nur weil ich im Dorf wohlgelitten war? Muss ich mich für diesen „Freibrief“ schämen? Wie auch immer sich dieser Vorzug deuten ließ, Genosse ohne Genosse zu sein, hieß man mich ab sofort allemal.

Nach vielen Jahren traf ich eines Tages meinen Ex-Kommilitonen, der nicht würdig schien, die deutsche demokratische Seegrenze zu überschreiten, auf dem Leipziger Hauptbahnhof wieder, als er im Blauhemd der FDJ eine Schulklasse herum dirigierte. Er hatte sich damals geschworen, die Diktatur des Proletariats von hinten aufzurollen und ließ sich zum Lehrer im sozialistischen Bildungswesen ausbilden. Das Vorhaben ist ihm mit vielen Gleichgesinnten offensichtlich geglückt. Die führende Partei war auch zuuu dumm, sich eine außerparlamentarische Opposition heranzuziehen.

Unter der Leitung von Ernst Leitzsch wurden die beiden Funk-Klassen von den Seefahrtschul-Dozenten Wulff und Jürgens begleitet. Alle drei erfreuten sich höchster Wertschätzung durch ihre Zöglinge. Wir Sonderfunker bedauerten, dass unser beliebter Klassenleiter, „Laki“ Lakowski nicht dabei sein konnte, den alle mehr in einer Vaterrolle als in der eines gleichgültigen Stoffvermittlers sahen. Er konnte so schön erzählen, wie er als Bordfunker in der Messerschmidt die Gegner nur mit seiner Langdraht-Antenne vom Himmel wischte.

Wegen der Wohnmisere in Wustrow pressierte es derartig, dass unser „Einschiffen“ bereits erfolgte, als die FICHTE noch zur Reparatur in der Warnowwerft lag. Nach Reparaturende verholte der Dampfer an die Querpier des Überseehafens und wartete dort, bis die THEODOR KÖRNER den Liegeplatz zur Ladungsübernahme frei machte. Die sollte vor uns den Klassenauftrag ausführen, die Amerikaner ins Grübeln zu bringen.

Motorschiff J.G.FICHTE, die frühere französische CLAUDE BERNARD, eben jene FICHTE aus der Fernsehserie „ Zur See“, wurde seinerzeit für die Fahrt in die tropischen Breiten französischer Kolonialbesitzungen, zum Beispiel nach Indochina, und nicht für winterliches Ostseewetter gebaut. Vietnam ging für Frankreich verloren, der Dampfer hatte mit seinen Schwächen wohlfeil zum Verkauf gestanden. In der Werft noch durch Landanschluss beheizt, wurde es im Hafen an Bord erbärmlich kalt. Und wer denkt bei einer geplanten Fahrt nach Kuba schon an die langen Unterhosen! Alle Lehrlinge wurden beurlaubt. An Unterricht konnte unter diesen Bedingungen nicht mehr gedacht werden. In der Koje ließ sich die

Kälte noch am ehesten ertragen. Allerdings befiel mich darinnen immer ein gewisser Ekel, dachte ich daran, dass vor mir französische Kolonialbeamte drin schnarchten, die das vietnamesische Brudervolk mit der neunschwänzigen Katze traktierten.

Um uns durch Bewegung etwas warm zu halten, törnten wir in den unterschiedlichsten Bereichen zu, bei der Proviantübernahme des Schiffes und im Hafen, in dem immer Arbeitskräfte gebraucht wurden. So stiegen wir bei Intercontrol zum Abmessen und Abwiegen von kubanischen Pampelmusen und Gurken mit ein, welche die SCHWERIN mitbrachte. Ein anderes Mal stauten wir zweieinhalb Stunden lang spanische Apfelsinenkisten aus einem westdeutschen Frachter in Eisenbahnwaggons. Die Weihnachtsglocken läuteten und die Bevölkerung fasste ihr jährliches Kilo Südfrüchte ab. In der Gurken-Halle herrschte angenehme Wärme und für die Arbeit im Eisenbahnwaggon wurde ein Salär von 20 Mark gezahlt. Das lohnte sich hie wie da. Anstrengender gestaltete sich da schon das Löschen von Zuckersäcken aus den Luken der FREUNDSCHAFT. Fern am Horizont grummelte der Hexenschuss.

So lernte jeder Seefahrtsneuling zwangsläufig unfreiwillig auch noch andere Seiten der maritimen Wirtschaft kennen. Sie gehörten wohl eher zu deren Schattenseiten. Im Sinne ausgleichender Gerechtigkeit für diese Erschwernisse nutzten einige meiner Kollegen, die schon während der „Fahne“ den Nutzen des Alkohols zum Vertreiben trüber Stunden kennen lernen durften, den Aufenthalt in den Schuppen für einen kleinen Max-und-Moritz-Streich. Rumfässer aus Kuba ließen sich mit einem Nagelbohrer leicht anzapfen und mit einem Streichholz wieder verschließen. Einige Bierflaschen füllten sie im feinen Strahl mit dem Elixier, um der Kälte an Bord besser zu begegnen. Eine derart freizügige Auslegung des Begriffs „sozialistisches Eigentum“ fand weite Verbreitung. Dank dieser praxisnahen Anwendung der Lehren von Marx und Engels über die Entwicklung der objektiven Realität und des Denkens unter Einbezug der methodischen Erkenntnis und Veränderung der Wirklichkeit, in der die Springquellen des gesellschaftlichen Reichtums voll fließen werden (parteideutsch – darum schwer verständlich), steckte seit der Inbetriebnahme des Überseehafens mit Sicherheit eine Jahresproduktion Riesaer Zündwaren in den Fässern. Kein Wunder, dass die Hafenarbeiter nicht aus dem Knick kamen und nach jeder Parteiversammlung erst einmal zu den Fässern eilten, um jene Quelle fließen zu lassen (Sehr verständlich - mittelhochdeutsch).

Als sich das Auslaufen des Schiffes immer weiter hinauszögerte, entließ man auch die Seefahrtschüler mit guten Wünschen in den Weihnachtsurlaub. Der währte nur kurze Zeit und endete schon kurz nach Heiligabend in einem ebenso kalten Reichsbahnabteil.

Am zweiten Weihnachtsfeiertag 1963 um sechzehn Uhr passierte bei diesiger Sicht und spiegelglatter See MS J.G. FICHTE unter Kapitän Schütt die Mole Warnemünde. Einige meiner Kollegen, die es aus guten Gründen vorgezogen hatten, erst gar nicht nach Hause zu fahren, lagen immer noch schwer betrunken in ihren Kojen. Durch den gezapften Rum und das tagelange Kopulieren in fremden Betten verschliefen sie ihr erstes In-See-gehen. Der auf die Rostocker aus alter Zeit überkommene archaische Brauch der Obodriten, zur Wintersonnenwende vorüber ziehenden Fremden die eigenen Frauen zu leihen, zeigte seine Wirkung.

Für mich seefahrerisch unbedarften Neunzehnjährigen begann eine Reise, die so ähnlich tausendfach auf DSR-Schiffen erlebt und erlitten wurde. Das tiefe Durchatmen, endlich auf See und der Erfüllung meiner Jugendträume nahe zu sein, hielt bis Skagen an. Kaum bog der Dampfer gegen siebzehn Uhr des folgenden Tages um diese Landspitze herum, meldete sich das Mittagessen mit großem Hallo zurück: „Da bin ich wieder, du Kotzbrocken!“ Ich musste erstmalig „Kette stecken“. Dass der Magen so sensibel auf die neue Umgebung reagierte, ohne vorher auch nur ein einziges Bierchen gesehen zu haben, gehörte zu den Schlüsselerlebnissen der ersten Tage. Vorher bekam ich dieses diffuse Gefühl des Schwebens mit butterweichen Knien und blutleerem Hirn immer nur nach dem Besuch diverser Wustrower Kneipen. Mein tiefes Durchatmen wandelte sich in ein nach Luft ringen, bis periodisch die Presswehen einsetzten.

Obwohl es sich bei diesem sanften Wiegen in Erinnerung an postnatale Zeiten – als Büblein klein an der Mutterbrust, juchheisa, bei Regen und Wind - moralisch am Boden liegend in der Koje am schönsten lag, musste das Tagesgeschäft weiter gehen. Es kostete alle verfügbare Kraft, in voller Nüchternheit, aber quasi besoffenem Zustand den Ausführungen über Kapital, Mehrwert und Akkumulation mit gequältem Gesichtsausdruck zu folgen. Mit irgendetwas mussten wir uns das Abendbrot ja verdienen. Wir konnten nicht den ganzen Tag nur Morsezeichen vor uns hinpfeifen. Der Seegang verging, die entgleisten Gesichtszüge blieben, kam die Rede auf das Kommunistischen Manifest. Es musste sich unter dem erlittenen physischen Druck irgendein Pawlowscher Reflex verfestigt haben.

Die Nordsee zeigte sich bald spiegelglatt, der Mensch lebte wieder etwas auf. In den folgenden Tagen änderte sich das Lebensgefühl analog der herrschenden Windstärken. Dieser Umstand wuchs sich zur Tragik jener Tage aus. Gemessen an den Wustrower Erfahrungen gehörte die Bordverpflegung zum Haute-Cousin-Olymp, ausgezeichnet mit einer Reihe von Michelin-Sternen. Jeder erzwungene Verzicht darauf bedeutete eine seelische Grausamkeit. Höchstens Bulimie wäre eines Versuches wert gewesen. Alles genießerisch in sich hineinzustopfen, um sich dann um so genussvoller übergeben zu können.

Die Azoren passierten wir in den späten Abendstunden des 1. Januar. Den ganzen Neujahrstag stürmte es heftig. Die alte FICHTE ächzte in allen Fugen und das opulente Bord-Dinner bestand aus dem Knabbern von trockenem Zwieback. Da standen nun die neugebackenen Seefahrer an Deck, mit wehenden Rockschößen, zerzausten Haaren und weichen Knien, ließen sich die salzige Gischt ins Gesicht mit dem verzweifelten Mienenspiel blasen und hielten sich krampfhaft am Handlauf einer Reling fest. Diese bewahrte sie vor dem grausigen Abgrund, wenn der Dampfer sich wieder einmal bedenklich auf die Seite legte und die vorüber tosende graugrüne Welle zehn Meter tiefer sich zischend und brodelnd mit weißen Schaumkronen an der Bordwand brach. Echt gruselig. Humanistisch gebildet, fielen mir dazu spontan nur die Worte des Dichterduos Schiller/Erhard ein: „Wer wagt es, Knappersmann oder Ritt, zu schlunden in diesen Tauch? Einen güldenen Becher habe ich mit, den werf' ich jetzt in des Meeres Bauch!" Oh weh!

Die vorangegangene fröhliche Silvesterfeier trug mit ihren leichten Vergiftungserscheinungen zusätzlich zum Wohlbefinden bei. Sie stand als Kostümfest im Programm. In Ermangelung professionellerer Requisiten griffen die meisten genialen Verkleidungskünstler auf ihre noch jungfräulich-unbefleckten Bettlaken zurück, die sie sich kunstvoll und variantenreich um die Lenden schlangen. Ich streifte die FDJ-Bluse über, legte den Orden „Für gutes Wissen in der Schule" an und steckte mir eine Ausgabe der Zeitschrift JUNGE GENERATION in die rechte Brusttasche. Der Polit guckte etwas pikiert, dachte, ich wolle provozieren, und der Rest rätselte, was ich wohl damit verkörpern könnte. Natürlich die junge Generation – inmitten eines Käfigs voller alter Narren!

Zur körperlichen Stärkung stand am Abend eine Portion Kartoffelsalat mit vier Frankfurtern aus Halberstadt auf der Back. Zum Glück stellte sich der Appetit gerade mal wieder ein. Jeder Partyteilnehmer bekam zur allgemeinen Überraschung und zu treuen Händen außerdem eine Weihnachtsstolle überreicht. Die konnte er im stillen Kämmerlein vertilgen. Es blieb ihm freigestellt, damit eventuell die Fische auch auf direktem Wege zu füttern. Wegen des verzögerten Auslaufens aus Rostock schien die Kombüse auf dieser Weihnachtsbäckerei sitzen geblieben zu sein. Wer nie seine

Stolle bei Seegang in der Koje aß, der weiß auch nicht, wie Puderzucker kleben kann.

Kostümfest – vorn die Dozenten Leitzsch, Wulff und Jürgens, v. li.

Nach den Azoren setzte der Kapitän den Kurs südlicher auf die Mayaguana Passage mitten durch die Bahamas ab. Die See kam nun von dwars und das Schiff begann stark zu rollen. Daraus ergab sich eine weitere neue Erfahrung. Sie hieß „Das fliegende Klassenzimmer". Lehrer und Schüler verloren oft ihre Haltung. Tische und Stühle führten ein Eigenleben. Eine Seefahrt, die ist lustig und sie begann, Spaß zu machen. Nun endlich fühlte ich mich als Sieger der Geschichte, zumal mir das flüssige Lachen in den Einzylinder erst einmal vergangen war. In der Koje tauchte erstmalig die immer währende Frage auf, die sich bis an das Ende der Fahrenszeit nicht eindeutig beantwortet ließ: „Schläft es sich bei einer Rollperiode von fünfzehn Sekunden oder weniger und einer Krängung von dreißig Grad oder mehr besser in Längsrichtung oder quer zum Schiff?" Wenigstens konnte dieses Problem in späteren Jahren als brauchbares Alibi für die einsetzende Lichtung des Haupthaares herhalten. Bei schwerer See rieb sich der Hinterkopf im halben Kopfstand liegend periodisch im Abstand von zwanzig bis dreißig Sekunden an der Wand hinter der Backskiste. In späteren Jahren, als mich mein Eheweib begleitete, zog ich bei Schlechtwetter grundsätzlich von der schmalen Koje auf die Backkiste um. Das stundenlange nächtliche Übereinanderherrollen hätte ich mir wohl vor der Hochzeit gefallen lassen. Nun hatte dieser Ringkampf der Leiber nach Art der alten holländischen Meister mit inniger Liebe nichts mehr zu tun.

Wir erreichten das Sargasso-Meer, den Schrecken aller ehrlichen Seefahrer, in dem Seetang und Golfkraut so dicht an der Oberfläche schwimmen sollten, dass sich Schiffsschrauben drin verheddern konnten. Wir schauten ängstlich über die Reling. Es trieben nur einige müde Tangfetzen dahin. Die Glasaale gingen bei unserer Vorbeifahrt in Hab-acht-Stellung. Bis bald am Ostseestrand für Westgeld!

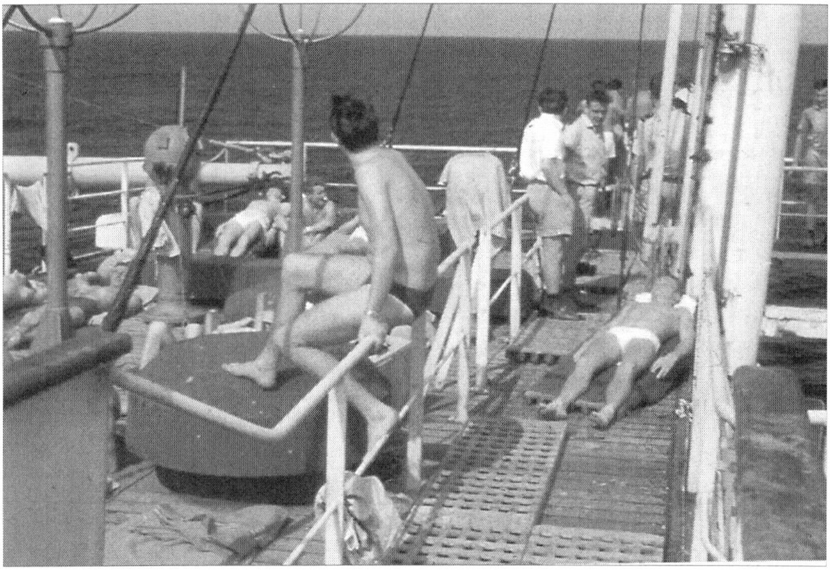

Die Vorfahren der „All-inclusive-Touristen"

Am 3. Januar verkündete der Bordlautsprecher den Eintritt in die Sommerzone. Fortan trugen wir Khakiuniform und weißen Mützenbezug. Der einengende schwarze Binder wurde entbehrlich. Schluss mit der Manager-Krankheit! Endlich bekam das Gehirn wieder genügend Sauerstoff.
Um der Uniformordnung auch in tropischen Gewässern gerecht zu werden, waren die Seefahrtschüler aus dem Fundus der Seefahrtschule leihweise mit Khakizeug ausgestattet worden. Bei mir hingen diese Stücke ausgesprochen salopp am Körper herum. Mit solch einer Montur breitarmig

Unter den Linden stehend, hätte sich kein Spatz getraut, die Engerlinge vom Baum des Sozialismus abzufressen.

Weiter südwärts vordringend begann sich der Atlantik von einer besseren Seite zu zeigen. Staunend beobachteten wir tagtäglich den Variantenreichtum des Himmels und der See an Farbe und Bewegung. Jede freie Minute nutzten einige Schönlinge zum Sonnenbaden. Sie wollten sich den unschätzbaren Vorteil verschaffen, im Februar als einzige zwischen Rostock und Plauen mit einer kernigen Sommerbräune Frauenherzen erobern zu können. Mit tatkräftigem Einsatz musischer Mitglieder der F1-Klasse musizierte an manchen Abenden im Hippodrom, allen FICHTE-Fahrern ein wohl bekannter Salonraum, eine Bordkapelle. In einem Hippodrom darf man auf gemieteten Pferdchen reiten. Was sich die Franzosen wohl dabei gedacht hatten?

Ein Schifferklavier spielender Mitschüler wandelte gekonnt auf den Spuren von Hans Albers. Diese Kunst verlangte mir höchste Bewunderung ab, versuchte ich doch in frühen Jahren auf väterlichen Druck hin ebenfalls, eine Quetschkommode zu vergewaltigen, um dem blonden Hans nachzueifern. Über das Abgreifen von „Lustig ist das Zigeunerleben“ brachte ich dieses maritime Handwerk leider nie hinaus.

Auf dem Achterdeck liefen nun bei einbrechender Dunkelheit Vorstellungen im Freilichtkino. Dieses Erleben zählte für mich zu den beglückendsten Momenten der Seefahrt, wenn ich bei sternenklarem Himmel, lauen Winden und dem Rauschen der sich brechenden Wellen an der Bordwand der Filmhandlung folgte. Hämisch dachte ich dabei an die Lieben daheim, die sich in der Januarkälte den Hintern abfroren. Das erste Mal stellte ich mich voll zufrieden hinter meine Berufswahl. Was könnte es wohl Schöneres geben und wer hätte jetzt noch mit seinen Schulfreunden tauschen mögen. Die gingen an Land einem stumpfsinnigen Brotbüchsen-Job nach, während wir zum Frühstück duftende französische Croissants nach dem überlieferten Rezept eines malaiischen Schrumpfkopfherstellers serviert bekamen! Der Bäcker behauptete, es eines Tages in einer Schweineblase versteckt hinter dem Teigrührgerät gefunden zu haben.

Am 10. Januar kam nach fünfzehn Tagen Überfahrt die Silhouette der Stadt Havanna entlang der von Gischt besprühten Uferpromenade in Sicht. Das Bermudadreieck befand sich noch unerforscht in den Köpfen phantasievoller Science-fiction-Schriftsteller, der Fliegende Holländer machte gerade den Pinguinen in der Antarktis mächtig Angst und so erreichten wir wohlbehalten und unbehelligt diese lieblichen Gestade. Dank der ausgefeilten Navigationskünste der Nautiker auf der Brücke, die wie unsere Genossenschaftsbauern und Stahlwerker tapfer Kurs Richtung Hauptaufgabe hielten, der Einheit von Wirtschafts- und Sozialpolitik, scheiterten wir weder wie die TITANIC zwischen den nebelverhangenen Eisbergen bei Neufundland noch liefen wir wie Dutzende andere Schiffe am tückischen Cape Hatteras vor North Carolina auf Grund.

Blick hinüber nach Havanna del Este und die Festung El Morro

Nein, nach Columbus hatten auch wir das alles von uns abverlangende Abenteuer der Atlantiküberquerung glücklich bestanden und die Neue Welt für uns und den Rest der Welt wiederentdeckt, zusammen mit 2358 anderen Seefahrern auf allen möglichen Schiffen vieler Nationen allein an diesem denkwürdigen Tage. Somit hielt sich unser Ruhm ebenso wie unsere Mission in Grenzen. Die Kubaner hätten eine Landnahme durch uns nicht unwidersprochen hingenommen, selbst wenn wir eine Vereinsfahne des SC Empor Rostock oder eine Thälmann-Büste vorangetragen hätten. Dessen waren wir uns sicher. Der alte Columbus traf es einst besser mit seinen vertrauensseligen unwissenden Indianern.
Ohne den Haken wegzuwerfen lief das Schiff gleich auf die Innenreede durch. Um 15.30 Uhr passierten wir das Castillo de los Tres Reyes del

Morro, das koloniale Wahrzeichen Havannas, gebaut zwischen 1589 und 1597, an Backbord, an der flachen Steuerbordseite zugleich das die Einfahrt bewachende Castillo la Punta. Im selben Zeitraum gebaut sollte es die Verteidigung der Stadt durch das Castillo del Morro unterstützen. Eine kurze, aber für immer im Gedächtnis haften gebliebene zutiefst beeindruckende Fahrt durch den Eingangskanal zur Bucht von Havanna begann. Die Seefahrtschüler staunten von ihrer Lehrbrücke überwältigt und geschlossen auf Amerika herab. Von welchen Gefühlswallungen mögen einst die spanischen Seefahrer ergriffen worden sein, die nach gefahrvollen Wochen auf dem Atlantik, bedroht durch Stürme und Flauten, bedrängt durch Drake, Raleigh und Frobisher, unter dem Schutze dräuender Kanonen in den geschützten Hafen einliefen? Vamos Amigos, die Muchachas warten!

An Backbord glitten die wehrhaften Mauern der Festung San Carlos de la Cabana vorüber, welche die gesamte Bucht dominieren. Früher uneinnehmbar, besitzen sie heute nur noch einen historischen Wert. Im angrenzenden Stadtteil Casa Blanca krönte auf einem Bergrücken eine gewaltige Jesus-Statue die Szenerie. An Steuerbord fiel unser Blick auf die gepflegten Grünanlagen entlang der Avenida del Puerto zwischen dem Maximo Gomez Monument mit dem Präsidentenpalast im Hintergrund und dem Castillo de la Real Fuerza von 1544, dem ältesten Fort Havannas und dem zweitältesten in der Neuen Welt. Viel mehr als die Architektur rechts und links beeindruckte uns der Umstand, das erste Mal im Leben Palmen plastisch und nahe zu sehen, jene majestätischen charakteristischen Königspalmen der Insel Kuba. Auf dem Wege zum Ankerplatz in der Bucht passierten wir die bereits auf Innenreede liegende THEODOR KÖRNER. Diese bereitete der FICHTE einen triumphalen Empfang, als wäre jene das einlaufende Flaggschiff der spanischen Armada. All ihre Lehrlinge standen wie die unseren im traditionellen Teerjacken-Outfit, dem weißen Kieler Hemd mit offenem Halsausschnitt und blauem Exerzierkragen, angetreten an der Reling und schmetterten mit Fanfaren ein Begrüßungssignal zu uns herüber. Dieser Uniform, vor der jede Jungfrau noch heute in die Knie geht, während er den Hosenlatz runterklappt, durften sich die Matrosenlehrlinge nicht mehr lange erfreuen. Bald darauf wurden sie mit dem praktischeren Päckchen, wie vom Rest der Besatzung bereits getragen, ausgestattet.

Inmitten von etwa 25 weiteren Schiffen, meist sowjetischen „Freunden", fand die FICHTE für die nächsten zehn Tage einen ruhigen Ankerplatz. Diese Reede-Tage zogen sich und zogen sich hin. Die Spannung, endlich einen Fuß an Land setzen zu können, steigerte sich von Tag zu Tag. Tröstlich erschien uns nur ein Vergleich: Lieber Innenreede Havanna als Holzbaracke Wustrow.

Beim sehnsuchtsvollen Rundumblick kamen Gedanken an die ruhmreiche Vergangenheit dieser Stadt auf, als sich in der Bucht die spanischen Interventionsflotten sammelten und formierten, die von hier aus den amerikanischen Kontinent erobern sollten. Nachdenken über die Schatzschiffe mit dem Gold der Azteken keimte auf, die von diesem Ort mit Kriegsschiffen nach Spanien eskortiert wurden. Kein anderer Hafen der Welt wäre als Symbol für den Start einer Seefahrerkarriere besser geeignet gewesen. Ein großer Teil von DSR-Seeleuten vor und nach mir konnte seinen beruflichen Aufstieg auf das Ankerwerfen in der Bahia de la Habana gründen. Allein auf der FICHTE erhielten zwischen 1962 und 1977 viele hundert auszubildende Vollmatrosen in der Bucht von Havanna ihren seemännischen „Ritterschlag".

Abwechslung stellte sich vorerst nur ein, wenn das Schiff um seine Ankerkette schwoite. Einmal fiel der Blick aus dem Bullauge auf die Raffineriefackel von Regla, einmal lag einer der benachbarten Vorankerlieger im Blickfeld. Mit dem Feldstecher schauten wir sehnsüchtig in Richtung Land, jedes sich bewegende Objekt einschließlich der WARTBURGS neben den CADILLACS oder die bis auf den letzten Mann gefüllten vorbei rauschenden Hafenbarkassen in Augenschein nehmend. Verlockend und verheißungsvoll schillerten bei einbrechender Dunkelheit die Leuchtreklamen „Coca Cola", „Canada Dry" oder „Marino Club opened all night" herüber.

Schließlich charterte das Schiff eine Barkasse, um die Crew an Land gelangen zu lassen. Landgang wurde möglich, schien aber nach Unterrichtsschluss kaum noch sinnvoll, da der Barkassendienst feste Abfahrtzeiten besaß, die nicht unseren Bedürfnissen entsprachen. Einige Ungeduldige ließen sich nicht zurückhalten. Sie erlagen den süßen Verlockungen an Land bereits nach dem ersten Ausflug, als sie geradewegs aus dem Hafentor heraus in ein Lokal mit lauter werktätigen Ich-AG-Frauen stolperten. Schöne Zeiten taten winken. Doch am nächsten Tag verhängte der Kapitän ein Landgangsverbot, aus was für Gründen auch immer. Durch den Pluralismus auf heimischen Wahlscheinen verwöhnt, erlagen meine nun landgangserprobten Studienkollegen der irrigen Annahme, an Bord ginge es auch so demokratisch zu wie bei der Nationalen Front. Ihnen schien noch nicht geläufig zu sein, dass ein Kapitän keine anderen Götter neben sich duldete und an Bord einen uneingeschränkten Alleinvertretungsanspruch wie die Bonner Ultras praktizierte. So klopften sie beim Alten an, um bescheiden anzufragen, ob diese Einschränkung ihres Rechtes auf körperliche Entfaltung wirklich vonnöten wäre. Es dürfe einfach nicht sein, kaum habe man den ersten Puff seines Lebens entdeckt, da mache der Kapitän die Schotten dicht. Der Alte schwelgte gerade in einem seiner guten Tage. Er schmiss sie hochkant raus. Anschließend monierte er bei unserem Chef, Ernst Leitzsch, was der für einen Sauhaufen liebestoller Spätpubertierender angeschleppt gebracht habe. Dementsprechend väterlich energisch und bestimmt klang dessen Rüffel gegenüber meinen schießwütigen Kommilitonen mit ihrer bis zum Anschlag vorgespannten Trieb-Feder.

Vor der Bucht von Havanna zieht eine Gewitterfront auf

Bevor die FICHTE an einem Montag an der Pier festmachte, nutzte die Funksonderklasse gemeinsam den davor liegenden unterrichtsfreien Sonntag, um Havanna einen halben Tag lang ausführlich per pedes zu erkunden. Die Truppe umschwärmten permanent Kinder, die „Russo, Russo“ skandierten und unseren Rauchern die Zigaretten förmlich aus der Hand rissen. Was verschaffte uns die Ehre, mit den stürmisch auf dem Wege zum Kommunismus voranschreitenden Menschen aus dem Vaterland aller

Werktätigen verwechselt zu werden? Ja, auch wir eilten mit stolzem Schritt voran, Havanna war groß. Spätere Erfahrungen lehrten mich, zog solch eine Meute mit weißen Hemden und schwarzen Hosen durch die Hafenstraßen, das konnten tatsächlich nur Sowjetmenschen sein. Von diesem ethnologischen Erkennungsmerkmal, die wir uns ebenso fein rausgeputzt hatten, wussten wir damals freilich noch nichts. Vielleicht riefen die Gören auch „Rommel, Rommel" und wir hörten nur nicht richtig hin. Der Rest der Besatzung, der sich bei Van Hulle in Antwerpen mit Khakipäckchen und Deutschlandgürtel eindecken konnte, wurde jedenfalls von den Kids sofort als „Aleman" identifiziert.

Unser Weg führte entlang der schon von See her gesichteten Uferpromenade Malecon bis in den Stadtteil Vedado zum Hotel „Nacional de Cuba". Super modern wie der gesamte übrige Stadtteil mit seinen Bars und Restaurants präsentierte sich das in den letzten Tagen der vorrevolutionären Zeit errichtete „Habana Libre", das ehemalige „Havanna Hilton". Die Reception im „Nacional" bot die letzten verkäuflichen Ansichtskarten in der gesamten Stadt wenn nicht gar Kubas an. Sie gehörten zur Hinterlassenschaft jener Tage, als Havanna noch den Reichen und Schönen aus den United States als das „Paris von Amerika" galt. Vieles hatte sich nach der Flucht Batistas am 1. Januar 1959 in den seither vergangen fünf Jahre bereits verändert, nicht nur politisch und sexuell.

Von Vedado führte der Weg zurück ins Altstadtzentrum hin zum Capitol und den vielen Sehenswürdigkeiten in dessen Umgebung. Nicht umsonst wurde Havannas Altstadt später unter den Denkmalschutz der UNESCO gestellt. In einem Reiseprospekt aus dem Jahre 1956 stand zu lesen, in der vierten Querstraße hinter dem Capitol, der Galiano Avenue liege das „El Encato"-Kaufhaus, von dem man sage, dass es eines der besten Kaufhäuser in der Welt sei, in dem es praktisch alles zu kaufen gäbe. Aus und vorbei. Demnächst sollten hier Experten der Handelsorganisation (HO) eintreffen, um den Kubanern zu erläutern, wie man mit FIT-Flaschen drei Regale füllt.

Als real käufliche Ware blieb mir neben gewissen sexuellen Angeboten nur die Zigarettenmarke VENCEREMOS - „Wir werden siegen"- in der Erinnerung. „Ein wahrhaftig starker Tobak", meinte mein Großvater, der die Giftgasangriffe des Ersten Weltkrieges vor der westflandrischen Stadt Ypern überlebte, nach dem ersten Zug. Diesen Markennamen versuchte Ernesto Che Guevara auch in Lateinamerika populär zu machen. Zehn Jahre später drang die Kunde sogar über den Großen Teich, als anlässlich der Weltfestspiele 1973 in Berlin die Singeclubs der FDJ in Ermangelung von Hanfprodukten diese erbgutverändernde kubanische Krebslulle von den Bühnen herab inbrünstig besangen.

Das Denkmal für den Freiheitshelden Jose Marti am Platz der Revolution

Als die Abenddämmerung über Havanna hereinbrach, intensivierten wir unseren Forscherdrang. Was könnte sich hinter den vom Schiff aus gesichteten Leuchtreklamen wohl verbergen? Bald stellte sich heraus, sie stellten in zweifacher Bedeutung des Wortes größtenteils nur noch einen schönen Schein dar. Das Nachtleben der '50er existierte nicht mehr. Eines der Etablissements, das schon von den Voraustrupps entdeckt werden konnte und noch von diesen kritisch zu hinterfragenden goldenen Zeiten der Metropole ganz in Hafennähe schräg gegenüber dem Centralbahnhof kündete, nannte sich APPLE CLUB, in Anspielung auf die Sauerei, mit der Eva im Paradies den Adam hereinlegte. Schöne kaffeebraune Mädchen verschafften hier dem Seemann Kurzweil, die nach freundlicher Anbahnungs-Konversation bei sparsamster Beleuchtung, um die ungeschminkte Wahrheit in den Gesichtern der Muchachas zu kaschieren, sich eine Etage höher noch steigern ließ. Wer in den oberen Räumlichkeiten wie Frau

Holle die Betten durchschütteln wollte, konnte sich den Weg über die Treppe dorthin mit einem Sesam-öffne-dich erkaufen. Das Zauberwort hieß: "Five for me and two for the room". Oben ging es heiß her. Hein Seemann wankte nach kurzer Zeit, englisch „short time" als Ausdruck der Dauer dieser innigen Geschäftsbeziehung, etwas derangiert und am Hosenlatz nestelnd die Treppe wieder herunter. Sieben Pesos investiert und schon besaß er wieder viel Raum unter der Schädeldecke.

Für diesen entspannenden Zweck und zum Wohle intimer Beziehungen unter Brudervölkern trennte sich mancher Verehrer der rassigen Kubanerinnen im Verlaufe der Liegezeit selbstlos, wenn auch mit Herzklopfen wegen des gestrengen Zolls am Hafentor, von Rasierklingen, Pullovern, Hemden, Schuhen einschließlich Socken, Sakkos und Uhren. Die Landgänger kehrten öfter sichtbar schlanker an Bord zurück als sie von dort aufgebrochen waren. Mancher fand offensichtlich seine neue Berufung darin, die gesamte Aussteuer an den Mann oder die Frau zu bringen. Dieser kleine Handel wurde durch den völlig unrealistischen Umtauschkurs von einem Peso zu einem US-Dollar aus unserer Not heraus geboren. Einen Peso Handgeld aufzunehmen gehörte zur Pflicht und dabei blieb es dann auch für die meisten. Das Schmuggeln war uns zuvor natürlich strikt untersagt worden, doch wer mochte schon diesen kleinen Warenverkehr im tiefsten Herzen verdammen. Derartige Geschäfte heizten den Kreislauf, auch späterhin und anderswo, tüchtig an, so prickelnd, anregend und einträglich wie sie sich abspielten. Der moralisch gefestigte sozialistische Schiffsoffizier ließ noch auf sich warten. Erst Jahre später wurde er zwischen zwölf und zwölf Uhr dreißig vor einem Schaufenster in der Hamburger Mönckebergstraße gesichtet.

Nachdem der Dampfer an der Pier festgemacht hatte, ging jeder beim Landgang seiner eigenen Wege. Man traf sich spätabends wieder im APPLE CLUB. Dieser lag erfreulicherweise nur wenige Schritte vom Liegeplatz des Schiffes an der Ward Line Pier entfernt. Diese repräsentierte den Typ einer amerikanischen Fingerpier mit doppelgeschossigen Lagerschuppen und ohne Krananlagen, an der es jungfräulich eng zuging. Am darauf folgenden Sonntagmorgen brach ich zum langen Marsch quer durch Havanna auf, der mich bis zum Platz der Revolution mit dem großen Jose-Marti-Monument führte. Dort fand, wie es mir schien als Belohnung für den weiten Weg, gerade mit Tschingterassa-Bumm und roten Halstüchern ein großer real-sozialistischer Aufmarsch statt, der mich verzückt zum Fotoapparat greifen ließ. Es ging zu wie daheim. Erstmalig sah ich mit eigenen Augen, Kuba gehörte uns. Die Stationierung von Atomraketen gut anderthalb Jahre vorher unterstrich zusammen mit den Patria-o-Muerte-Rufen vertrauensvoll die Bündnistreue unserer kubanischen Freunde.

Der Not in der Geldbörse gehorchend bedeutete dieser Ausflug den Beginn einer Landgangsstrategie für die nächsten Jahre, unabhängig und auf mich gestellt, Land und Leute zu erkunden, soweit die Füße trugen. Solche Wegstrecken wie sie der DSR-Seemann zurücklegte, bewältigten in der Vergangenheit nur deutsche Kriegsgefangene, die aus den Bergwerken Jakutiens unbedingt nach Hause wollten, und Dr. Richard Kimble auf der Flucht.

Einen der Unterrichtstage durften wir einem organisierten Badeausflug opfern. Auf der Ladefläche eines sowjetischen LKW passierten wir in rasender Fahrt den Tunnel unter der Hafeneinfahrt hindurch. Verdammt, wir vergaßen die rote Fahne, die gewöhnlich von solchen Fahrzeugen beim Staudammbau an der Wolga oder bei der Fahrt über den Ladoga-See herab weht, bevor das Eis bricht. Weiter brausten wir fünfzehn Kilometer in Richtung der berühmten feinsandigen östlichen Strände Havannas bis nach Santa Maria del Mar. An dessen Strand konnten wir nicht eine Menschenseele entdecken, alle ehemaligen Urlaubsunterkünfte standen leer und verwaist. Wo früher fette Amis und anderes Ausbeutergesindel herumlungerte, sonnten sich nun Arbeiterkinder aus Dresden und Halle sowie Bauernsöhne aus Kötzschenbroda und Kleinkleckersdorf. Viva la Revolucion!

Wir erlebten einen herrlichen Badetag im salzigen Wasser der Karibik, der mit einem kleinen Missklang endete. Fünfzehn Leute der Tagesurlauber marschierten mit weißem Hemd und Khakihose, so wie sie vom Baden hungrig und erschöpft das Schiff erreichten, abends in die Offiziersmesse. Dieser Frevel an der Uniformordnung brachte ihnen einen Landgangsscheinentzug auf vorerst unbefristete Zeit ein. Die Schulterstücke mit den blauen Streifen als Rangabzeichen für Seefahrtschüler fehlten! Angesichts dieses harten Urteils blieb nur zu vermuten, an uns sollte ein Exempel statuiert werden. Der Vierte Steward erklärte, in der jüngsten Vergangenheit hätten sich schon öfter Mannschaftsdienstgrade unter dieser Deckung in die Offiziersmesse eingeschlichen, um der Offiziersgang den kostbaren Kaviar wegzufressen. Großer Frust, Dienst nach Vorschrift, innere Kündigung.

Die FICHTE in Taraffa/Nuevitas

Gegen elf Uhr des 31. Januar verließ das Schiff Havanna und nahm Kurs auf den Zuckerhafen Taraffa/Nuevitas, den es schon am nächsten Tage nach einer Kreuzfahrt entlang der kubanischen Ostküste gegen fünfzehn Uhr erreichte. Das Fahrwasser in der Lagune besaß gewaltige Tücken, von denen sich das MS FREUNDSCHAFT später noch überzeugen konnte. Deren Besatzung fühlte sich plötzlich und unerwartet derartig fest verwurzelt mit dieser Insel, dass sie gemäß ihrem verpflichtenden Schiffsnamen gar nicht wieder weg wollte von diesen lieblichen Gestaden. Unser Dampfer brauchte von der Einfahrt bis zur Pier drei Stunden. Hier in ländlicher Umgebung sollte die FICHTE 800 Tonnen der im KONSUM so heiß begehrten gelblich-grünen, ursprünglich für die United Fruit Company zur Saftherstellung heran gezüchteten Kuba-Orangen laden. Hafen und Umgebung standen im starken Kontrast zur Hauptstadt Havanna. An drei Fingerpiers lagen drei Frachter, die Hafeneinrichtungen beschränkten sich auf nicht viel mehr als den Gleisanschluss. Die Ladung wurde mit einer vorsintflutlichen Lokomotive angeliefert, die schon Billy the Kid bei deren Entern über den linken Fuß gerollt war, einem Solidaritätsgeschenk der Union Pacific Eisenbahngesellschaft von 1893, und mit dem eigenen Geschirr übernommen.

Das etwa drei Kilometer entfernte Städtchen Nuevitas fügte sich mit seinen überdachten Side walks in diese klischeehafte Western-Romantik der rauchenden Colts, Pendeltüren und durchtriebenen Frauenzimmer mit ihren bis zum Nabel gerafften Röcken gar zu prächtig ein. Die Stadt ließ sich am bequemsten per Anhalter mit einem LKW erreichen, sofern sich der Verwegene beim Mittagessen etwas zurückhielt. Das Skagerak war von einem Seemann eher zu verkraften.

Die Main Street in Nuevitas

Als touristischer Leckerbissen wurde uns Seefahrtschülern ein Ausflug nach Florida im Landesinneren der Provinz Camaguey angeboten. Wir ließen das Panorama einer weiträumigen Landschaft mit Gruppen von Königspalmen und vereinzelten Reitern zu Pferde, die einer lichten Zukunft entgegen ritten, auf uns wirken. Dann besichtigten wir eine Rohrzuckerfabrik, ohne vorher die Machete im sozialistischen Takt und leicht angerußt schwingen zu müssen, und auch eine Zigarrendreherei lag am Wege. Stolz präsentierten sich selbst Nichtraucher den Fotografen mit zwanzig Zentimeter langen Stinkaderos der Marke Cohiba Robusto im Mundwinkel, diesen kubanischen Giftnudeln, die im Hurrikan gemixt, mit Stinkwut gedreht und vom Alt-Kanzler Schröder geraucht werden.

Am 7. Februar 1964 endeten die Ladearbeiten. Die J.G.FICHTE trat die Heimreise an. Jedem Teilnehmer der Ausbildungsreise graute es vor der Zukunft. Alles Übel dieser Welt wartete auf jene, die einst in aller Bescheidenheit auszogen und nun von Klima, Verpflegung, Bordleben und Landgang völlig verwöhnt, sich dem alten Kontinent wieder nähern mussten. Die Uhren wurden vorgestellt, die Temperaturen nahmen merklich ab und das Schreckgespenst Wustrow mit seinen überquellenden Fleischtöpfen und der Mehrfruchtmarmelade kam mit jedem Tag näher.

Am 20. Februar 1964 lief das Fracht- und Lehrschiff J.G.FICHTE wieder in Rostock ein. Statt Sonne und Palmen begrüßte uns eine tief verschneite Landschaft. Wir gaben wie Columbus unser Bestes, den Reichtum des Volkes zu mehren, doch niemand jubelte uns wegen der saftigen Kuba-Orangen in den Luken von der Mole Warnemünde her zu. Eine Reise von ca. 14 000 Seemeilen stand vor ihrem Ende, die einige Seefahrer-Klischees bestätigte und sich tiefer als alle nachfolgenden in das Gedächtnis einprägen sollte, bis auf jene, als in Hamburg meine Holde im vollen Ornat in die durch sozialistische Industrieabwässer leicht angedickte Elbe fiel.

In Wustrower Gefilden angekommen, änderten sich unsere Wohnverhältnisse zum Besseren. Wir kamen nun in 3-Mann-Zimmern im alten Teil des Internates mit dem gediegenen Interieur aus echtem Fichtenholz unter, das alles längst der Spitzhacke wendewütiger Bilderstürmer zum Opfer gefallen ist, nachdem sich die Wustrower das Mobiliar für ihre Ferienwohnungen gesichert hatten.

Leider wurde in der Messe nicht mehr bedient und jeder durfte sich bei der Essenausgabe wie ehedem wieder hinten anstellen.

3. Akt von Champagner, Vloradreck und Wüstensand - oder: Mit MT LEUNA I durch den Suezkanal

Zwischen den beiden Aufenthalten an der Seefahrtschule in Wustrow 1963/64 und 1966 - 1968 lagen zwei Jahre Fahrenszeit auf verschiedenen Schiffen der Deutschen Seereederei. Das einjährige Studium zum Erwerb des Seefunk-Sonderzeugnisses näherte sich im Sommer 1964 seinem Ende. Am 29. Juni und damit noch vor Vollendung des 20. Lebensjahres wies ich vor Prüfern der Bezirksdirektion Rostock der Deutschen Post die Befähigung zur Bedienung einer Telegraphie- und Sprechfunkanlage nach. Ich bekam die Berechtigung, den Funkdienst auf Seefahrzeugen der Deutschen Demokratischen Republik innerhalb der durch das Zeugnis gesetzten Grenzen auszuüben. Das Seefunkzeugnis trug das Ausstellungsdatum vom 1. August und drei Wochen später, am 21. des Monats, musterte ich als II. Funkoffizier auf dem Tanker LEUNA-I/DHZO an, der den Namen des großen Chemiekomplexes bei Merseburg über die Meere schipperte. Bekanntlich trug jener den ehrenvollen Zusatz „Walter Ulbricht“, doch auf den verzichtete die Schiffsnamensgebungskommission. Ein unverzeihlicher Fehler. Die Nachfolger zögerten dann auch nicht lange, Schiffe zu Ehren von Hauptstädten und Fliegerkosmonauten bei ihrem richtigen Namen zu nennen, sofern die Bordwand dafür ausreichte.

Das Schiff lief am 15. Dezember 1957 in der Admiralitätswerft Leningrad als erstes einer Serie für die Deutsche Seereederei vom Stapel. Die Übergabe erfolgte am 6. Oktober 1958, dem Vorabend des Tages der Republik. Dieses Datum könnte als offizieller Beginn der DSR-Tankschifffahrt gelten. Somit besaß das Schiff eine Bedeutung von historischer Dimension, die nur vom Schwesterschiff BÖHLEN übertroffen wurde. Die BÖHLEN schaffte es noch im Untergang, den Franzosen mehr zu schaden als das die Amerikaner bei ihrem Landgang auf Position Omaha Beach 1944 gemeinsam mit den Deutschen fertiggebracht hatten.

Der Tanker entsprach der typischen Bauweise der 50er Jahre mit Brücke mittschiffs und der Maschine mit darüber liegenden Decksaufbauten achtern. Er besaß eine Länge über alles von 145,50 m und eine Tragfähigkeit von 11.670 Tonnen. Die Hauptmaschine mit zwei Dieselmotoren von je 2000 PS verlieh dem Schiff eine Geschwindigkeit von zwölf Knoten. Das reichte bei einigem Wohlwollen an den Durchschnitt eines modernen Behindertenfahrstuhls heran.

Meine erste Reise mit einem richtigen Heuervertrag begann. Dies ist die traditionelle Bezeichnung für den Arbeitsvertrag des Seemannes, kraft dessen ihm Lohn, Unterbringung und Verpflegung sowie billiger Schnaps und preiswerte Zigaretten zustehen. Nach allen angestrengten Bemühungen meines Erzeugers, mich an Bord zu hieven, folgte ich nun erstmalig einer seiner früheren Kurslinien. Sie führte ins Mittelmeer. Mein Vater kam 1936 zu dem fragwürdigen Vergnügen, zugegen zu sein, als der Schwere Kreuzer ADMIRAL SCHEER auf Freundschaftstour spanische republikanische Küstenstädte in Schutt und Asche legte. Derartiges lag uns fern. Sehr fern sogar, denn vierzehn Tage nach dem Passieren der Mole Warnemünde lag LEUNA I mit dem Zielhafen Odessa gegen Mitternacht bereits im Bosporus mitten im Zentrum von Istanbul. Wir warteten auf die Weiterfahrt unter Lotsenberatung. Die letzte Funkwache verschob sich auf dieser östlichen Länge sehr unüblich in die Zeit zwischen 23 Uhr und 01 Uhr bis tief in die Nacht hinein.

Motortanker LEUNA I bei rauer See

Vor dem Einlaufen in die Dardanellen verlor der Dampfer wegen schlechtem Wetter in der Ägäis einen ganzen Tag. Zeitweilig lief darüber hinaus wegen eines Maschinenschadens nur eine Maschine. Mit diesen Handicaps legte das Schiff lediglich 23 Meilen pro Wache (40 km in 4 Stunden) zurück. Bevor Thor Heyerdahl auf die Idee mit dem Schilfboot kam, grübelte er darüber nach, ob die alten Ägypter diese Leistung auch mit sowjetischen Tankern geschafft hätten. Im Schwarzen Meer ließ der Kapitän absichtlich nur mit einer Maschine drehen, um das gemeldete ETA (estimated time of arrival – geschätzte Zeit der Ankunft) für Odessa am 7. September gegen sechs Uhr nicht zu unterschreiten.

Odessa als erster Anlaufhafen nach der Ausbildung steht für den Beginn meiner Karriere als freier Unternehmer. Ich unternahm mancherlei in den kommenden Jahren. Die Liegezeit in Odessa lieferte das dazugehörige Schlüsselerlebnis. Im Gegensatz zu allen späteren Aufenthalten in neunzig Häfen dieser Welt kann ich mich an keinerlei Details dieser Hafenstadt erinnern, nicht mal an die berühmte breite Potemkinsche Treppe von der Altstadt hinunter zum Hafen. Die werde ich wohl erst gar nicht gesehen haben. Das lag sowohl an der kurzen Dauer des Ladevorganges als auch an dem daraus resultierenden einzigen Landgang. Dieser erfolgte im Rudel und führte, viele Besatzungsmitglieder schwärmten bereits Tage zuvor voller Erwartung davon, in das nächstgelegene Restaurant. Dort sollten die Rubel, die wir für das Limit von 32 Mark der Deutschen Notenbank eintauschen durften, in Sovjetskoje Champanskoje umgesetzt werden. Wie von anderen Schwarzmeerhäfen anscheinend schon gewöhnt, bestand die Besatzung auch hier auf der Einhaltung dieser schönen Tradition. Meine Erinnerungssplitter an diesen Umtrunk beschränken sich auf die lange Back mit dem großen Obstteller in der Mitte, um die alle Lords herumsaßen und sich mit dem edlen Tropfen zuprosteten. Die verheerenden Folgen ließen nicht lange auf sich warten. Mond und Straßen, Häuser, Sterne wirbelten mir alsbald um meine Birne.

Um weitere derartige Blackouts zu verhindern, nie mehr im Rudel an Land, hieß fortan meine Devise. Insgesamt bestand die Crew nicht aus Kostverächtern. Kapitän und Chief marschierten mit wehender Fahne voran, dicht gefolgt von der Kombüsenbesatzung. Wenn die sich voll wie die Strandhaubitzen hinter den Herd traute, kam der Seemann ins Grübeln, was ihm da wohl zur Mittagszeit serviert wurde. Der Gulasch ließ sich an Schärfe nicht überbieten. Wer ihn überlebte, konnte ruhigen Gewissens einen Heizerposten in der Hölle antreten. Eine gute Schule, sich mit der orientalischen Küche anzufreunden. Wenigstens der Kuchen am Donnerstagnachmittag zählte zur Kategorie „Gutbürgerlich“. Bei den morgendlichen Brötchen mussten des Bäckers Erfahrungen in der hohen Schule der Backkunst hingegen schon wieder angezweifelt werden. Sie trugen das Prädikat „wetter-, hieb- und stichfest“ und besaßen die Elastizität alter Autoreifens. Eines Tages fiel es dem Chefkoch ein, auf dem Herd Samba zu tanzen, nachdem er halluzinierte, eine Kakerlake groß wie ein

Kalb in der Kombüse gesehen zu haben. Er kickte die Töpfe von der Kochplatte. Die Halberstädter Bockwürste mussten das Schlimmste für ihre Pelle befürchten und gingen erst mal hinter dem Hackeklotz in Deckung.

Für den Ersten Funkoffizier, zum Glück kein Trinker und ein Nichtraucher, bedeutete meine Anwesenheit ausgesprochenes Glück. Seine Ehefrau durfte ihn auf dieser Reise begleiten. Nach einigen eindringlichen Hinweisen überließ er den Wachdienst seinem Vize, um sich voll und ganz seiner Liebsten zu widmen. Dabei hielt er sich in Reichweite für eventuell noch notwendige dringende Hilferufe auf, falls eine Küstenfunkstelle an meinem Dilettantismus verzweifeln sollte. Dieser Wurf ins kalte Wasser erzog rechtzeitig zur Selbständigkeit. Kleine Verrichtungen, wie der Empfang des Wetterberichtes oder die Arbeit mit dem DSR-Leitschiff gingen mir bald nonchalant von der Hand. Nur wenn ich Rügen Radio auf Kurzwelle rief, schlug mein Herz noch bis zum Hals oder rutschte in die Hose. Was würde passieren, wenn der mich tatsächlich hört und nicht ahnt, welchen Saudrücker er gerade aus dem Äther fischt?

Die ersten vier Wochen der wachfreien Zeit brachten mich an den Rand der Verzweiflung. Während dieser kurzweiligen Stunden beschäftigte ich mich intensiv damit, je einen goldenen „Kolbenring“ auf die Ärmel der blauen Uniformjacke zu heften. Entweder befand sich der Rhombus auf der Innenseite des Ärmels oder immer wieder ähnelte das Ergebnis dieser Handarbeitsstunde einem Alpenrelief. Schließlich fiel die Mecklenburger Schweiz von weitem betrachtet gar nicht mehr auf und ich ließ es dabei bewenden. Später lernte ich bei der Seefahrt dann auch noch Knöpfe annähen und Strümpfe stopfen, letztere meistens durch das Bullauge.

Mitte des Monats ging der Tanker mit seiner Heizöl-Ladung vor dem jugoslawischen Rijeka auf Reede vor Anker, um bald darauf einzulaufen. Der Hafen an der Kvarner Bucht entpuppte sich als ein landschaftlich herrlich gelegenes Städtchen. Auch kulturell beeindruckte die Stadt, nicht so sehr durch ihre Architektur, sondern vielmehr durch das Angebot in den Geschäften und das Treiben in den vielen Straßen-Cafes. Marschall Tito sah den Sozialismus nicht so verbiestert. Er wurde deshalb vom Rest der sozialistischen Staatengemeinschaft als Renegat verdammt. Dass die Kioske voller „West“-Zeitschriften hingen, erstaunte mich sehr, ebenso wie die Tatsache, dort auf Einheimische zu treffen, die Wiener Dialekt sprachen, ein Nachklang aus der k.u.k. Monarchie des Kaisers Franz-Josef. Damals hieß die Stadt noch St. Veit am Flaum, später unter italienischer Herrschaft Fiume.

Letztlich wurde mir dieses Fluidum zum Verhängnis. Ich erlag der Versuchung, erstmalig im Leben eine West-Illustrierte, den STERN, käuflich zu erwerben. Später bekam ich diesen Schund wie auch die QUICK, den SPIEGEL, die BUNTE, die NEUE REVUE, die PRALINE und das NEUE BLATT oder die St. Pauli Nachrichten, schon etwas angelesen aber immer noch wunderbar zersetzerisch, auf allen möglichen Wegen frei Haus an Bord geliefert. Was sollte ich mit den 185 schmuddeligen Geldscheinen im Werte von je 100 Dinar auch sonst unternehmen? Dieses erste westliche Blatt bedeutete mir als Beleg meiner neuen Freiheit sehr viel. Ich scheute mich davor, Blatt und Freiheit an der Ansteuerungstonne Warnemünde über Bord zu werfen. Prompt fand der Zoll die Illustrierte in meinem Schreibtischfach, auf das er zielsicher zusteuerte. Sie kannten wohl ihre Pappenheimer, die noch nicht die Zeit gefunden hatten, aus Erfahrung klug zu werden. Dieses Missgeschick verschaffte mir das zweifelhafte Vergnügen, auch auf den nächsten Reisen vom Zoll behelligt zu werden. Ein Rätsel noch heute, wie dieses Organ seine Strichlisten führte, so ganz ohne elektronische Datenverarbeitung.

In einem Straßen-Cafe kam ich ins Gespräch mit einem jungen westdeutschen Pärchen, das aus dem Staunen nicht herauskam, hier ein zwanzigjähriges Jüngelchen von „hinter dem eisernen Vorhang“ anzutreffen. Aus Solidarität luden sie mich in ihren VW Käfer ein und zeigten mir die Schönheiten der Umgebung einschließlich des mondänen Seebades Opatija, wofür ich ihnen heute noch dankbar bin. Dieser Höhepunkt der eintönigen Tankerreise bleibt mir unvergessen, besonders weil mir zuletzt ganz fürchterlich die Blase drückte und ich den beiden nicht ans Hinterrad pinkeln mochte.

Das Heizöl aus Odessa wurde binnen dreier Tage gelöscht. Das Schiff lief im Ballast Richtung Ägypten aus, um Erdöl aus dem Golf von Suez für Rostock zu laden. Somit brachte die Suezkanalpassage doch noch etwas Abwechslung in die Reise, vor allem weil das Schiff für einige Stunden in Port Said festmachte und Bumbootsmänner mit ihrem Angebot an Kamelledertaschen und -sitzkissen sowie anderem Klimbim und viel Unverfrorenheit in ihren Preisvorstellungen den Dampfer enterten.

In Port Said standen eine Reihe von Liegeplätzen an Tonnen für die ersten Schiffe des Konvoi zur Verfügung. Sie bedeuteten für die Schiffe zusätzliches Festmachen und damit zusätzliche Arbeit. Die Hafenbehörden hingegen freuten sich über die dadurch entstehenden einträglichen Gebühren (Wachmann, Abfallschute, Schlepperassistenz etc.), die sie einnehmen konnten. Das Festmachen bot meistens die einzige Gelegenheit, einmal in

Port Said an Land zu gehen oder an Bord in Ruhe in einem größeren Sortiment an Marketenderware zu suchen und sich dabei von windigen Gestalten, die mit den Jahren und Cannabis die Hoheit auf deutschen Bahnhofsvorplätzen eroberten, übers Ohr hauen zu lassen.

Der MOND Numero EINS machte an den Tonnen fest. Logischerweise hieß das Schiff im Sprechfunk nur LUNA ONE. Gegen Mitternacht wurde es in den gen Süden gehenden Konvoi eingegliedert Der zweite südgehende Konvoi bricht auch heute noch von Port Said täglich im Laufe des Vormittags auf. Für die Kanalpassage dieser Konvois schrieben die Suez Canal Authorities einen exakt terminierten Wachdienst für den Funkoffizier auf der Arbeitsfrequenz von Ismailia Radio/SUQ (420 kHz) vor. Die Schiffe im Kanal antworteten auf 425 kHz oder 468 kHz.

Das Gebäude der Suezkanal-Verwaltung in Port Said

Die erste Wache im Mitternachtskonvoi führte der Funkoffizier vom Einlaufen in den Kanal bis zum Kilometer Sechs durch. Anschließend genoss er einige ruhige Stunden, während das Schiff mit seinem Suezkanal-Scheinwerfer die Kanalufer ausleuchtend durch die Dunkelheit glitt. Die LEUNA I musste sich diesen Scheinwerfer in Port Said ausleihen. Er wurde provisorisch auf der Back aufgestellt.

Suezkanalpassagen, die für Passagiere auf Kreuzfahrtschiffen als ein Höhepunkt der Reise gelten, erlebten die Besatzungsmitglieder auf Frachtern gemäß ihren Aufgaben an Bord mehr oder weniger intensiv, die nautischen Offiziere während ihrer Wachzeiten hochgradig angespannt, den Assistenten im Maschinenraum betrafen die Umstände weniger. Der Funkoffizier nahm am reibungslosen Passieren der Wasserstraße partiell teil. Sein Dienst während der Passage unterschied sich grundsätzlich von dem auf hoher See. Im Kanal regelte er sich nach den Vorschriften der Suez-Kanal-Behörde und den Anweisungen des Lotsen. Beim Einlaufen in den Hafen Port Said wurden Seefunkwache und Funkverkehr eingestellt, wie es für jeden anderen Hafen auch galt. Trotz der voraussichtlichen Dauer von weniger als 24 Stunden für den Aufenthalt in den ägyptischen Territorialgewässern, während denen der Sender nur eingeschränkt „in der Luft" sein durfte, schien es sinnvoll zu sein, sich für den einseitigen Empfang von Telegrammen bei Rügen Radio anzumelden. Schließlich verbrachten Schiffe nach dem 5. Juni 1967 acht lange Jahre im Kanal.

Unseren Konvoi führte ein weißer Schwan der Weltmeere an, die CANBERRA im Liniendienst zwischen Großbritannien und Australien. Hinter dem schmucken Passagierschiff kam an zweiter Stelle im Konvoi schon die „Ölkanne" LEUNA I. Uns packte ein gewisser Neid, wenn wir die Größe der uns folgenden Tanker im Verband sahen, die dann im Golf von Suez mit Kurs auf Kuwait, Irak oder Iran an uns vorüber rauschten.

Im Morgendunst strich bereits die Wüstenlandschaft mit den Wanderdünen zwischen El Ferdan und Ismailia am Bullauge vorüber. Dem östlichen Ufer brauchte kein längerer Blick gewidmet zu werden, es blieb zwischen Port Said und Suez beständig unwirtlich. Der Lotsenwechsel in Ismailia stand kurz bevor. Der Funkraum wurde auf Weisung des Lotsen bis zu diesem Zeitpunkt erneut besetzt. Bei Ismailia stieg die Uferböschung etwas an. Unmittelbar am Böschungsrand dominierte ein großes mehrstöckiges modernes Gebäude das Kanalufer. Es sei ein Krankenhaus, hieß es. War dies tatsächlich der Fall - es kursierten noch andere Vermutungen bis hin zum Edelpuff - besaßen die Patienten einen wohl einmaligen therapeutischen, die Gesundung beschleunigenden Ausblick auf die dahingleitenden Schiffe. Dem schloss sich ein gepflegter Gebäudekomplex mit Moschee und Minarett an. Nun fiel die Terrasse ab, öffnete den Blick auf den Timsahsee und wenige Meter entfernt passierte das Schiff ein idyllisches Strandbad. Von diesem konnte nach der Wiedereröffnung des Suezkanals 1975 nicht die geringste Spur mehr entdeckt werden.

Der Lotse für die zweite Hälfte der Passage kam hier an Bord. 78 Kilometer hatten wir im Kanal inzwischen zurückgelegt, es blieben noch 84 Kilometer bis Port Tawfik am Kanalausgang im Golf von Suez. Ich beendete meine Wache und besaß nun genügend Muße, mir die vorüber gleitende Landschaft einzuprägen, in einen kleinen Tauschhandel mit den in Port Said übernommenen ägyptischen Festmachern zu treten oder zu frühstücken. Rechtzeitig ließ sich dann noch ein Blick zum Doppelobolisken auf dem Djebel Marjim am südlichen Ufer des Timsahsees werfen. Die nun folgenden vierzehn Kilometer bis zum Großen Bittersee galten als besonders abwechslungsreich und attraktiv, sofern ein Wachfreier oder Passagier dafür ein Auge besaß. Wir erreichten Deversoir, ein altes englisches Militärlager am Eingang zum Großen Bittersee. Von hier bis zum Ankerfallen wies der Lotse an, den Funkraum erneut zu besetzen. Nach und nach gingen alle Schiffe des südgehenden Konvois im See verstreut vor Anker.

Bald darauf tauchten vom Süden her im Lichte der gleißenden Mittagssonne die ersten Schiffe des nordgehenden Konvois auf und querten wie an einer Perlenschnur aufgereiht geradezu wie die Zirkuselefanten die 13 Kilometer und 23 Kilometer langen Wasserflächen des Kleinen und Großen Bittersees. Nun kam die Passage in ihre heiße Phase, sowohl von der Mittagstemperatur als auch vom Dienst im Funkraum her. Der Lotse kündigte den Beginn der nächsten Wache auf 420 kHz an. Jetzt steigerte sich die Spannung bis zum Zerreißen eines Papiertaschentuches. Irgendwann nach einer mehr oder weniger langen Zeit der öden Warterei mit weit aufgesperrten Ohren rief Ismailia Radio die Schiffe nacheinander mit ihrem Rufzeichen an. Die Küstenfunkstelle teilte in einer Dienstnachricht die neue Reihenfolge im Konvoi mit, die sich aus was für Gründen auch immer zur bisherigen Reihenfolge von Fall zu Fall hätte geändert haben können. Fußkranke mit der Neigung, den Dampfer dunkel und mit der Kanalböschung Bekanntschaft zu machen, wurden ausgegliedert und am Ende des Konvois eingeordnet.

Das Telegramm händigte ich umgehend dem Lotsen aus. Nun fand ein besonderes Zeremoniell statt, das darauf schließen ließ, auf welchem Dampfer der Funkenpuster sich gerade zur Mittagstafel niedergelassen hatte. Ismailia Radio rief die Schiffe einzeln in Reihenfolge auf und forderte eine Empfangsbestätigung der Nachricht ab. Manchmal bedurfte es mehrerer vergeblicher Anrufe, bis die Schiffe dieser Aufforderung nachkamen.

„Anker auf", hieß das Kommando und LEUNA I nahm Fahrt auf. Der Konvoi „rollte" wieder und nach dem Passieren der Signalstation Kabret am Eingang zum Kleinen Bittersee durfte die Funkwache für diese Kanal-Passage endgültig beendet werden. Gerade rechtzeitig, um ein riesiges Heerlager an militärischem Gerät unter schattigen Bäumen im Feldstecher zu bestaunen, was letztlich die Ägypter auch nicht vor ihrer schweren Niederlage im Sechs-Tage-Krieg bewahren konnte. Nasser hatte das Heerlager mitsamt der schönen Bäume und Mannschaften verheizt.

Festmachen in Ras Gharib

Die Funkwachen im Konvoi, der südgehend Port Said morgens verließ, wurden anders eingeteilt, bedingt dadurch, dass dieser Konvoi in der Ballah-Weiche nördlich von El Ferdan festmachte - wie auch heute noch - um den Nordgehenden des Tages passieren zu lassen. Dann erst konnte er seine Fahrt unbehindert fortsetzen.

In der Abenddämmerung passierten wir Port Tawfik. An der Uferpromenade grünten Bäume, das Volk flanierte auf der Uferpromenade in der erfrischenden Abendbrise im Angesicht der vorüber gleitenden Schiffe. Nach den kriegerischen Auseinandersetzungen ließ sich 1975 hier kein Baum, kein Strauch mehr entdecken. Das Denkmal Ferdinand de Lesseps grüßte unser Schiff beim Verlassen des Kanals, noch nicht zum Torso zusammengeschossen. Es bedeutete einen Abschied auf Zeit, für nur sechs Tage. Dann würde die LEUNA I wieder vor Suez liegen.

Der Ölverladeplatz Wadi Feiran im Golf von Suez

Nach der Lotsenabgabe steuerten wir unseren Zielpunkt an, den Ölverladeplatz Wadi Feiran an der Sinai-Küste im Golf von Suez. Bei zwölf Knoten Fahrt Voll Voraus erreichten wir ihn nach etwa acht Stunden. Wie in Ras Gharib, dem zweiten Ölverladeplatz im Golf von Suez, den DSR-Tankschiffe anliefen, machte der Tanker hier an Tonnen fest. Ein Schlauch wurde aus dem Wasser gehievt, über den nach dem Abpumpen des Ballasts pro Stunde 500 Tonnen des schwarzen Goldes von ganz allein in die Ladetanks flossen. Glücklicher Ladungsoffizier! Der Verladeplatz Wadi Feiran lag mindestens ein, zwei Seemeilen von der Küste entfernt. Es ließ sich mit bloßem Auge erkennen, dass auf dem flachen Strand unmittelbar am Ufer in zwei Reihen mehrere große Öltanks und dazwischen ein hoher Stahlgittermast standen. Rechts davon ein Komplex, vermutlich das Pumpenhaus. Das war's. Am Horizont erhob sich eine sanft geschwungene mittelgebirgsähnliche Landschaft, jedoch ohne Baum, Strauch und Grashalm. Ein Einschnitt in diesen Bergrücken ließ vermuten, er sei jenes Wadi

Feiran, von dem der Platz seinen Namen bekam (Wadi – trockenliegendes Flussbett). Vermutlich zog einst Moses mit seinen israelitischen Truppenteilen unter unserem Kiel hindurch und durch das Wadi hinauf zum Berge Sinai, wo er sich die Zehn Gebote aufschwatzen ließ. Anschließend wandelte sein Volk vierzig Jahre in der Wüste, weil er zu stur war, vom einmal eingeschlagenen Weg abzuweichen. Hoffentlich teilte sich das Meer nicht ein zweites Mal und die Israelis kamen darin zurück. Dann hätten wir ganz schön auf dem Trockenen gesessen, zusammen mit den Ägyptern. Wie auch immer, für Frieden und Völkerfreundschaft zerschnitt unser Bug die See genauso schön wie Moses mit seinem Wanderstab für die Legendenbildung. Womit sich nun auch der Begriff „Christliche Seefahrt" erklärt hat.

Der ägyptische Lademeister brachte seinen Regierungschef mit an Bord und pinnte ihn an die Wand des Ladebüros. Was mich an meinen bisherigen Menschen- und Geschichtskenntnissen zweifeln ließ, war die Tatsache, dass er mir dabei erklärte, die größten bisher geborenen Erdenbürger seien Nasser, Hitler und Kennedy. Da blieb einem doch glatt die Spucke weg. Es schien wohl angeraten zu sein, ihn bei seiner irrigen Meinung zu lassen, um keinen schweren diplomatischen Konflikt heraufzubeschwören. Wir hatten es gelernt, abstruse Propaganda von uns abgleiten zu lassen. Die Ägypter glaubten noch an die Stories über große Staatsmänner wie einst wir, dass im Kreml noch Licht brannte, weil Väterchen Stalin über uns wachte.

Ehe wir uns an dieser idyllischen Landschaft richtig satt sehen konnten, lagen wir schon wieder auf Reede vor Suez. Am nächsten Morgen liefen wir in der Frühe mit dem nordgehenden Konvoi Richtung Mittelmeer. Der Wachdienst für den Funkoffizier beschränkte sich auf die Zeit während des Einlaufens in den Kanal und die Passage von der Signalstation Geneffe bei Kilometer 134 bis zum Passieren der Ballah Weiche. Mit dem Teleobjektiv konnten hinüber zur Weiche interessante Motive geschossen werden, denn Wasser, in dem Schiffe fahren konnten, ließ sich weit und breit nicht entdecken. Die Tanker und Frachter in der Ballah-Weiche machten den Kamelen als Wüstenschiffe echte Konkurrenz. Bei hereinbrechender Dunkelheit passierten wir mit Lotsenhilfe Port Said. Über der Silhouette der Stadt grüßte die Leuchtreklame des Johnnie Walker-Mannes zum Abschied.

MT LEUNA I löschte seine Ladung im Ölhafen Rostock. Die Liegezeit im Heimathafen reichte gerade einmal für einen achtstündigen Landgang aus. Diese Zeit genügte so recht und schlecht, um vom Ölhafen ins Rostocker Stadtzentrum und wieder zurück zu kommen.

Zu den Häfen, welche in der Gunst des Seemannes an vorderster Front lagen, gehörten solche, in denen er auf möglichst kurzem Wege die Stätten seiner Begehrlichkeiten (Piesel, Puff, Post) erreichte. Die Zahl solcher Anlegestellen hielt sich in Grenzen. Bombay gehörte zu diesen günstigen Plätzen, wo Jan Maat vom Alexandra-Dock aus dem Hafentor tretend ohne vorherigen finanziellen oder zeitlichen Aufwand schon im Zentrum der Metropole stand. Jeder Kenner der geographischen Verhältnisse kann sich ausmalen, welche Stelle in einer landgängerischen Beliebtheitsskala der Überseehafen Rostock eingenommen hätte. Diese Abgeschiedenheit wird zum guten Teil dazu beigetragen haben, dass Rostock nicht mit klassenfeindlichen ausländischen Seeleuten überschwemmt wurde. Die gingen höchstens mal zwischen Schüttgutpier und Ölhafen Blümchen pflücken. Wenn sich deren Landgang dennoch nicht verhindern ließ, wurden sie von den selbstlosen Mädchen im Interclub mit Beschlag belegt, der unsere proletarisch-internationalistische Antwort auf den Nepp und Kommerz der sündigsten Meile der Welt in Hamburg, St. Pauli darstellte. „Sympathico“ nannte sich solch eine non-monetäre Geschäftsbeziehung.

Beim DSR-Seemann milderte sich das schlechte Abschneiden des Rostocker Hafens nur dadurch, weil der Name jener Stadt als Heimathafen am Heck stand. Wenn dieser sich kein Taxi leisten wollte, und wer konnte das schon mit der Heuer in den 60er Jahren lässig heran winken, blieb nur der Rückgriff auf einen privaten Trabbi, um an diesen abgelegenen Ort zu gelangen, an dem sich vor kurzem noch Fuchs und Hase Gute Nacht sagten. Wer besaß die Rennpappe schon in den 60er Jahren? Der Seemann musste die öffentlichen Verkehrsmittel nutzen, um auf seinen Dampfer zu kommen. Reiste der Seemann mit dem Nachtzug aus dem Sachsenlande an, stand er früh um fünf Uhr auf dem lausigen und zugigen Rostocker Bahnhof, übermüdet und durchgefroren oder weichgekocht im überhitzten Liegewagenabteil. Dann ließ sich mit einem Taxi allerdings schneller dieser Qual ein Ende setzen. Die Taxifahrt besaß zusätzlich den unschätzbaren Vorteil, der dem Seemann noch zugestanden wurde, bis vor die Gangway gefahren zu werden. Er musste noch nicht seinen Seesack wie Jack London die Goldgräberausrüstung entlang des zugefrorenen Klondike-River über viele Kilometer am Kai von Hafenbecken A oder B entlang schleppen.

Ansonsten offerierte die Reichsbahn neuerdings eine attraktive Fahrt. Für eine ganze Mark fuhr ein Personenzug über zwölf Kilometer vom Rostocker Hauptbahnhof bis zum Haltepunkt Überseehafen Nord. Und das im stündlichen Rhythmus, allerdings nicht über den ganzen Tag hinweg. Zwischen neunzehn und ein Uhr sprang der VEB Nahverkehrsbetrieb mit einer Omnibus-Schnelllinie im erweiterten Linienverkehr zwischen Rostock und dem Überseehafen ein. Die Fahrt kostete ebenfalls eine Mark. Die traditionelle Verbindung zwischen dem Überseehafen und dem Stadtzentrum lief jedoch noch jahrelang die Bahn ignorierend über die Dörfer am rechten Warnow-Ufer. Die Fähre über die Warnow zwischen Rostock–Kaputzenhof und Gehlsdorf kostete fünfzehn Pfennige. Vom Kirchenplatz kurvte der Linienbus über Langenort, Oldendorf und Krummendorf hin zum Überseehafen Petersdorf. Mit dieser Linie galt Gehlsdorf als der vom Überseehafen am ehesten erreichbare Punkt der menschlichen Zivilisation, an dem Hein Seemann die Puppen tanzen lassen konnte. Die Gaststätte „Zur Linde“ genoss unter dem Namen „Zum dicken Pisser“ in den Pioniertagen der Seereederei Anfang der 1960er einen geradezu legendären Ruf.

Hatte Hein Seemann die Überlandreise aus Rostock bis zum Überseehafen auf welche Art auch immer erst einmal bewältigt, liefen die Tankerfahrer immer noch anderthalb Kilometer bis zum Ölhafen weiter, ein fröhliches Lied auf den Lippen, den Beutel auf dem Rücken, die Klampfe in der Hand. Deshalb war die Tankerfahrt bei der DSR nicht für unmusikalische Fußkranke geeignet.

Tanker in der Ballah-Weiche des Suezkanals

Und schon passierte der Tanker die Mole Warnemünde für seine nächste Reise. Kurz vor Skagen überholte die MAGDEBURG unsere alte Tante LEUNA I im strahlenden Sonnenlicht. Ein letztes, beeindruckendes Bild dieses stolzen Schiffes in Fahrt, bevor ich es als Wrack in der Themse-Mündung wieder sah. Mir wurde gleich ganz schlecht. Nicht wegen hellseherischer Fähigkeiten - die raue Nordsee brachte sich wieder einmal unangenehm in Erinnerung, als der Dampfer bei Skagen um die Ecke bog.

In Port Said kam Post mit einem Zeitungsbild der havarierten MAGDEBURG an Bord. Das ging von Hand zu Hand. So schlimm hatte sich niemand das Desaster vorgestellt. Darunter stand: „Nach einer im dichten Nebel erfolgten Kollision mit zwei ausländischen Schiffen ist der 10 000 tdw große DDR-Frachter MS „MAGDEBURG" in den frühen Morgenstunden des 27. Oktober in der Themsemündung bei Gravesend gesunken. Alle Besatzungsmitglieder wurden gerettet."

Bei Gibraltar wussten wir immer noch keine Einzelheiten über unseren Bestimmungshafen, wahrscheinlich Ras Gharib im Golf von Suez, hieß es. Am 4. November bekam das Schiff die Order, zuerst Ras Gharib anzulaufen, um 5000 Tonnen Erdöl zu laden. In Vlora/Albanien sollte dann auf 11000 Tonnen komplettiert werden.

Von dem Flecken Ras Gharib (Ras – Fels) auf der afrikanischen Seite des Golfes sah der Seemann nur eine Ansammlung von verstreut an einem Hang liegender unverputzter Baracken mit Wassertanks auf den Dächern wie in den heimischen Laubenkolonien. Auf dem Kamm der Anhöhe standen eine Anzahl von Öltanks, die sich scharf gegen den Himmel abhoben. Die vom Ufer stetig ansteigende Böschung versperrte ansonsten den weiteren Blick ins Land. Die Umgebung zeigte sich dem Betrachter in einem ebensolch trostlosen Zustand wie auf der gegenüberliegenden Seite des Golfes von Suez. Als sich die dortigen Ölvorräte dem Ende neigten, wurde die Infrastruktur schnell in eine Ferienanlage für deutsche All-inclusive-Pauschaltouristen umgewandelt, wusste später ein vom jüngsten Terroranschlag verschont gebliebener Reisender zu berichten.

Alles lief wie am Schnürchen. Nach der erneuten Kanalpassage von Nord nach Süd steuerte das Schiff diesen Ladeplatz an. Über Nacht wurde der Ballast außenbords gepumpt, tagsüber flossen zehn Stunden lang je 500 Tonnen in die Tanks und am Morgen darauf um sieben Uhr legte der Tanker wieder ab. Er traf acht Stunden später in Suez ein. Nach der Kanalpassage verließen wir Port Said mit Kurs auf Vlora. Auch dort lag der Tanker weit ab von Land entfernt und wurde über Schlauch mit „Vlora-Dreck" versorgt. So wurde nichts aus meinem Vorhaben, dem Land der

Skipetaren einen Besuch abzustatten, weshalb ich meine Uhr von damals immer noch besitze. Das Öl stank den Rest der Reise über aus allen Löchern ganz erbärmlich nach Plumsklo. Durch einen Schlauch, der mitten in der Adria endet, entsorge die Stadt Vlora umweltfreundlich ihre Fäkalien, hieß es einmal in einem Kommunique über die ökonomischen Erfolge des Bruderlandes. Wir hatten bestimmt den verkehrten Schlauch aus dem Wasser geholt und angeschlossen.

Das Rettungsboot bekommt einen signalfarbenen Anstrich

Nach dem Einlaufen in Rostock musterte ich ab. Dieses amtliche Zeremoniell beobachtete ich mit schierem Entsetzen. Mein neues, wohl behütetes, geliebtes Seefahrtsbuch belegt durch einen dahin gekrakelten Schriftzug noch heute: Der den Eintrag vornehmende Erste Offizier litt unter einer schweren akuten motorischen Störung. Warum auch nicht, angekommen zu sein war immer ein Grund für die Nautik, sich sinnlos zu betrinken.

4. Akt von einem Würstchen auf HALBERSTADT – oder: Mit einem Typ IV-Schiff rund um Indien

„Typ-IV-Fahrer gewesen zu sein, ist ein Gütesiegel. Viele Seeleute, die auf diesen Schiffen fuhren, geraten immer wieder ins Schwärmen. Abgesehen von der viel gepriesenen, gelungenen Schiffsarchitektur waren es die sehr hohe Stabilität, die fabelhafte Seetüchtigkeit – auch bei schwerstem Wetter –, die große Kameradschaft und die Möglichkeit, auf den „10 000ern" viel zu lernen." So steht es auf dem Klappentext des Buches „TYP IV – DIE LEGENDÄREN FRACHTER DER DSR" von Kapitän Gerd Peters.

Es handelte sich um eine der typischen Indienreisen, wie sie Mitte der 1960er so ähnlich in den Schiffstagebüchern der meisten Typ IV–Schiffe stand, zu welcher das Motorschiff HALBERSTADT/DAYJ am 24. Januar 1965 aus dem Rostocker Überseehafen auslief. Die Segelliste verhieß bis zum Einlaufen in Calcutta am 23. März eine Reisezeit von zwei Monaten. Während dieser Zeit sollten elf Unterwegshäfen angelaufen werden. Die Reise nach Hamburg führte erfreulicherweise, jedoch risikoreich auf kurzem Wege durch den Nord-Ostsee-Kanal, eine Premiere in meiner

Seefahrerlaufbahn. Wenige Stunden nach dem wohl behüteten Auslaufen aus Rostock bereits von klassenfeindlichen Jungbullen angestarrt zu werden, die mit mahlenden, speicheltriefenden Kiefern, geblähten Nüstern und scharrenden Hufen an der Uferböschung postiert wurden, um uns Rote Garde des Proletariats einzuschüchtern, ließ jedes Mal auf's Neue erschauern.

Das Schiff machte im Südwesthafen am Togo-Kai fest. Vom Afrikahöft gelangte ich mit der Fähre auf die andere Elbseite und erstmalig auf die Reeperbahn, diesen viel gerühmten Sündenpfuhl. Die Türsteher riefen: „Kommen Sie rein, kommen Sie ran. Hier kostet das Bier nur zwei Mark fuchzig!" Zu viel für einen, dessen Tagessatz an Devisen diese Summe nicht überschritt. Erstaunlicherweise kostet heutzutage in jeder billigen Kneipe ein Glas Bier das Doppelte, ohne auf jedem Tisch nackte Girls Hula tanzen zu sehen. Offensichtlich ist seither ein starker Verfall der Sitten eingetreten, wodurch für das gleiche Geld nur noch die halbe Leistung erbracht wird.

In Hamburg ging das Laden zügig voran und am Abend des 27. Januar lag das Schiff bereits vor Hoek van Holland. In Rotterdam kam es zu einer ungeplanten Verzögerung, als sich die Liegezeit aus nicht bekannten Gründen für Landgänger erfreulicherweise auf fünf Tage verlängerte. Vielleicht wollte man uns Moffen, wie die Holländer die muffligen Deutschen nennen, als die Zerstörer Rotterdams ungerechtfertigterweise eine auswischen? Da hätten sich die Holländer wohl an den falschen vergriffen. Mit ruhigem Gewissen mussten wir uns über den Grund der modernen Bauten im Zentrum der Stadt keine Gedanken machen. Die Partei sprach uns als geborene Antifaschisten von allen Verbrechen der Vätergeneration frei. Im Osten umgaben uns seit August dem Starken nur Brudervölker. Die Deutschen seien bei den Belgiern, Holländern, Dänen, Norwegern, Franzosen und Briten nicht wohl gelitten? Zum Glück hatten wir mit jenen Deutschen nichts gemein.

Ob es nun daran lag oder nicht, manchmal wurden auch die Westeuropahäfen ihrem guten Ruf nicht gerecht. Über Antwerpen führte die Reise weiter nach Lissabon. Dort machte das Schiff am Passagierkai fest. Vor dem Bug der HALBERSTADT lag das Passagierschiff VERA CRUZ mit einem besonderen Auftrag. Das Salazar-Regime schickte militärische Verstärkung in die Kolonien. Ungefähr 1000 Soldaten oder mehr nahmen Abschied vom Heimatland und wurden eingeschifft.

Mit Tschingterassa, ihren Flaggen und Standarten sowie ihren tierischen Regimentsmaskottchen paradierten die Truppenteile in ihren Felduniformen an der HALBERSTADT vorüber. Schade, dass bei uns kein 1. Sekretär mitfuhr, der solche Vorbeimärsche liebte. Während des Ablegemanövers des Passagierschiffes beobachteten wir ein herzergreifendes Szenario: An Land heulende und jammernde Frauen und Kinder, auf dem Schiff schreiende und johlende Männer. Es deuchte mir, das Achterschiff der VERA CRUZ wäre in einen Ameisenhaufen gefallen. Alle Soldaten strebten dieser Stelle des Schiffes zu, um noch einen Blick auf ihre Familien zu erhaschen. Überall standen und saßen die armen bedauernswerten Geschöpfe, hockten in den Rettungsbooten oder klammerten sich an die Masten. Sie erwartete in Angola oder Mocambique kein Zuckerschlecken. Für den unbeteiligten Zuschauer, der nicht wusste, wie es ist, wenn der Soldat in den Krieg ziehen muss, war es eine einprägsame Mahnung.

An der Passenger-Pier in Lissabon

Als die VERA CRUZ mit ihrer unseligen Fracht den Blicken entschwand, wurde begonnen, unser gesamtes Hauptdeck mit Hilfe des eigenen Ladegeschirrs mit sperrigen Industrieausrüstungen voll zu packen, die in Port Sudan gelöscht werden sollten. Am nächsten Tage ging das Schiff im Tejo vor Anker. Die SANTA MARIA, ein Schwesterschiff der VERA CRUZ, sollte unseren Platz an der Pier einnehmen. Diese hatte damals bereits

Geschichte geschrieben, als sie von einem durchgeknallten Hauptmann mit undurchsichtigen Motiven während einer Südamerikareise gekapert worden war. Im Fluss übernahmen wir die restliche Ladung. Dieser Umstand bedeutete für uns keinerlei Einschränkung der Landgangsmöglichkeit, weil Besatzungen von Kommunisten-Dampfern seinerzeit generell kein Landgang in Portugal gewährt wurde. Dort glaubte man tatsächlich, auf den DSR-Schiffen führen nur Politniks, geheime Sondereinsatzkommandos der Weltrevolution, und die ganze Frachtschifffahrt ringsherum wäre nur eine gelungene Tarnung. Dabei befanden sich höchstens einer oder zwei undurchsichtige, windige Gesellen in geheimer Mission an Bord und die widmeten sich lediglich den eigenen Leuten.

Bald hieß es: Geschafft, endlich wieder auf Großer Fahrt. Es gehörte zu den schönsten und beruhigendsten Augenblicken, aus dem Bullauge zu schauen, nur die See vorüberziehen zu sehen, ab und an einen Dampfer am Horizont zu entdecken und zu wissen, in den nächsten Monaten wirst du auf der Rostocker Langen Straße mit Sicherheit von keiner Straßenbahn überfahren werden.

Die Bordroutine begann, auch bei unserem Doktor. Der impfte die Besatzung gegen Cholera durch. Danach konnte er sich für den Rest der Reise schon sorgenfrei fühlen. Er musste nur noch darauf warten, ob jemand vom Mast fiel oder das Essen aus der Kombüse nicht vertrug. Uns hingegen schmerzte das Kreuz, denn die Kanüle platzierte er im Rücken genau unter dem Schulterblatt. Auf seiner Jungfernreise durfte sich unser Doc nun wie der Rest der Besatzung den an Bord ganz öffentlich kursierenden Illustrierten wie STERN und QUICK hingeben, die ihn zu einem teuflischen Plan veranlassten. Er haute auf der Rückreise in Hamburg ab!

In Port Said löschten wir lediglich 25 Tonnen, bevor das Schiff durch den Suezkanal lief. Rings um die Insel Sinai, vorsichtig das Gordon-Riff umfahrend, auf dem Jahre später MS GLEICHBERG ins Trockendock wollte, lief das Schiff nach Akaba, dem einzigen Zugang Jordaniens zum offenen Meer. Dort lag das Schiff zwei Tage, um ebenfalls nur wenige Tonnen zu löschen. Weiter führte die Reise durch das Rote Meer nach Jeddah, dem Eingangstor für reisende Pilger in Richtung Mekka. Der Hafen meldete, wie noch über viele Jahre hinaus, eine schwere Verstopfung, für die selbst unser Doc keine Medizin besaß. Um zweihundert Tonnen zu löschen, hätte die HALBERSTADT mehrere Wochen wartend auf Reede liegen müssen. Die Reederei ordnete an, diese Ladung an WERNER SEELENBINDER zu übergeben, welche seit zwölf Tagen dort auf Reede lag. Die HALBERSTADT ging längsseits, die Schubkarren für den großen Sprung nach vorn aus den Beduinenzelten in die Marmorpaläste rings um die arabische Halbinsel wechselten in Eigenregie die Luken.

Am Abend des 24. Februar lief das Schiff in Port Sudan ein. Nach dem Löschen füllten die dank ihrer Haarpracht berühmten Stauer vom Stamme der Fuzzi Wuzzi, von denen sich mancher unbedarfte Jüngling die Rasta-Frisuren abguckte, den nun verfügbaren Freiraum mit Baumwollballen. Alle Stammesmitglieder dieser Wüstensöhne trugen als Zierde in ihrer Haarpracht, die sie mit Kamelbutter geschmeidig hielten, eine Mistforke aus Holz. Sie wird bei der wasserfreien Reinigung der Kopfhaut ihren guten Zweck zu erfüllen gehabt haben. Mit rhythmischen kraftvollen Gesängen, bei deren Hörgenuss sich jeder Rostocker Shanty-Chor den Offenbarungseid notariell bestätigen ließ, ging ihre Arbeit zügig voran.

Die HALBERSTADT in Port Sudan

Wir hängten ein Mikrofon in die Luke, nahmen die archaischen Laute mit dem Tonbandgerät auf und spielten sie über die Deckslautsprecher wieder ab. Auf diesen Scherz schien vor uns noch niemand gekommen zu sein. Die Gesänge aus der Konserve und aus der Luke erklangen leider nicht synchron, die Sängerknaben kamen aus dem Tritt und warfen die Baumwollballen kreuz und quer durch die Luke. Nein, eher machte sich stolze Freude auf ihren Gesichtern breit, dass ihre Arbeitsgesänge derartige Aufmerksamkeit fanden. Zum Dank schickten sie uns einen ihrer typischen Sahara-Jodler nach oben: Jippie-ei-yeah, jippie-ei-yooh, we like Marlboro.

Während in Jeddah auf der asiatischen Seite des Roten Meeres die Tagestemperaturen noch im Rahmen des Erträglichen lagen, stiegen sie in Port Sudan beträchtlich darüber hinaus. Ein Swimmingpool im Seemannsclub verschaffte den Freiwachen angenehme Erfrischung. Allerdings grenzte ein Versuch, dorthin zu gelangen, an eine Mutprobe aus dem Dschungel-Camp. Auf der Pier wimmelte es von riesigen Kakerlaken, welche die Dimensionen atomkriegsverseuchter Mutanten erreichten. Sie taten sich an den Brosamen, die von der Ladung abfielen, gütlich. Der Seemann besitzt bekanntermaßen ein inniges Verhältnis zu diesen Tierchen. Einige einsame, nach Anhang suchende, liebebedürftige Herrchen, deren Haupt schon mehrfach von der Sonne Indiens verwöhnt worden war und die nach Bekunden unseres Doc auf der Vorreise einen Tropenkoller mit bleibenden Schäden überlebten, fingen die prächtigsten Exemplare von der Straße weg und versuchten, sie auf den Strich gehen zu lassen.

Die Chitin-Panzer der Insekten knackten beim Darauftreten beeindruckend und mancher geübte Stepper legte beim Absprung von der Gangway in seinen Zehenspaltern mit nackten Füßen ein Staccato wie ein irischer Veitstänzer nach zehn Glas Guinness hin.

Bis zum ersten Hafen des indischen Subkontinents erreichte das Schiff eine Durchschnittsgeschwindigkeit von 15,25 Knoten. Es lag damit gut im Vergleich zum vorherigen Brotschiff LEUNA I, auf dem die Nautiker sich beim Wachwechsel mit immer dem gleichen Papierblumenstrauß gratulierten, wurden 45 Meilen in der Wache geschafft. Trotzdem mussten wir bei Eintreffen auf der Reede von Karachi eine Woche Verspätung zu den Terminen der Segelliste registrieren, die sich durch eine Woche Reedezeit umgehend verdoppeln sollte. Während dieser Zeit gab es für uns Funker kaum mehr zu tun, als Wagenrad große Quallen zu beobachten, die gemächlich, schlapp und matt an der Bordwand entlang zogen, gerade wie ein öffentlich Bediensteter nach dem dritten Motivationstraining.

Zwischen Karachi und Bombay begann es für die Crew ausgesprochen ungemütlich zu werden, aus völlig anderer Richtung, als sonst üblich verbunden mit den Unbilden des Wetters. Am Nachmittag gegen sechzehn Uhr verließ die HALBERSTADT Karachi und nahm Kurs auf Bombay.

Kurz vor Mitternacht in der letzten Stunde der Funkwache fiel mein gelangweilter Blick durch das Fenster des Funkraumes auf die Brückennock, die hell erleuchtet schien. Mein erster Gedanke ging dahin, vom Peildeck her würde ein anderer Frachter mit dem Scheinwerfer angemixt. Plötzlich tönte Feueralarm durch das Schiff, vermutlich ein Übungsalarm zu ungewöhnlicher Zeit, nur die Ruhe, der liebe Gott verlässt keinen guten Kommunisten. Schon kam mein Kollege von einer Party atemlos herein gehastet und rief aufgeregt: „Wir brennen ...“. „Einen oder zwei? Hast du die Flasche gleich mitgebracht?“

Doch der Humor blieb uns nach einem nostalgisch rückwärts gewandten Blick im Halse stecken. Fucking hell fire, was passierte dort achtern? Eben genau das! Ein plötzliches Höllenfeuer ließ seine Flammen höher als die Masten schlagen. Ein Matrose kam schreiend von achtern über Deck gerannt: „Feuer, Feuer“, als hätten wir die Bescherung nicht längst zur Kenntnis genommen. Uns bot sich ein beklemmendes Szenario, ringsherum rabenschwarze Nacht, das Achterschiff in dieser Festbeleuchtung. Luzifer hätte seine helle Freude daran besessen. Noch wusste niemand, was brennt und welche Ursachen die Katastrophe auslösten. Nur dass dort hinten irgendwo das hochentzündliche Herz des Schiffes, die Maschine lag, dessen wurden wir uns sehr schnell bewusst. Wir heizten den Hauptsender vor und entwarfen eine Seenotmeldung. Die Brücke ließ die Fahrt aus dem Schiff nehmen und die Mannschaft schickte sich an, dem Desaster beizukommen. Alle Leute behielten glücklicherweise einen kühlen Kopf. Durch den beherzten und umsichtigen Einsatz der Besatzung konnte der Brand binnen einer halben Stunde gelöscht werden. Mit Dankbarkeit registrierte ich, der Trupp löschte nicht nur das Feuer, er sorgte darüber hinaus auch dafür, dass bei mir die Hose sauber blieb.

Am nächsten Tag trat die Crew einen Pilgerpfad zur Stätte des Unglücks aus. Die rasche und immense Brandentwicklung besaß ihre Ursache in Gefahrgutfässern, die rings um Luke Fünf an Deck standen. Die sollten einen Tag später in Bombay auf Innenreede gelöscht werden. Bombay Radio hatte diese Information bereits übermittelt. Es handelte sich um Fässer mit Nitrocellulose, landläufig als Schießbaumwolle bekannt, durch die schon napoleonische Fregatten vor Trafalgar in die Luft flogen. Wir lagen gut in der Tradition. Deren Verwendungszwecke sind vielfältig, zum Beispiel für Feuerwerkskörper oder als Bindemittel in NC-Lacken. Nitrocellulose wird durch die Behandlung von Baumwolle mit Salpeter- und Schwefelsäure hergestellt, wodurch in den Molekülen sehr viel Sauerstoff gebunden wird. Diese chemische Zusammensetzung führt unter bestimmten Umständen zu einer spontanen Verbrennung ohne Rauchentwicklung. Der Grund einer derartigen Reaktion könnte in einer Austrocknung unter der intensiven Sonneneinstrahlung der letzten Tage zu vermuten gewesen sein, falls ein Fass undicht geworden wäre.

Der Inhalt der Fässer lief rings um Luke Fünf breit und floss auch ein Deck tiefer über die Bullaugen der achterlichen Kammern hinweg und auf die Manöverstation. Das am Bullauge herunterlaufende Feuer trieb den Matrosen „Feuer!" schreiend über Deck. Luke Fünf, vollgestaut mit Baumwolle aus Port Sudan, wurde unter CO2 gesetzt. Ein bereits glimmender Baumwollballen wurde wie fast alle noch an Deck stehenden Fässer außenbords befördert. Einige Fässer, die zur Beweissicherung an Bord blieben, hatten sich wie Luftballons aufgeblasen. Das Feuer verrichtete innerhalb kurzer Zeit ganze Arbeit. Zwei Arbeitsboote und der Kran brannten völlig aus und wurden unbrauchbar. Die Decksplanken verkohlten ebenso wie das ein Deck tiefer stehende wunderschöne, hölzerne Notruder, das sich nur noch als Grillkohle verwenden ließ. Dazu kamen weitere Schäden, die großflächig heruntergebrannte Farbe, verbrannte Elektroinstallationen, geborstene Laternen. Angesichts der Betrachtung dieser Verwüstungen im Lichte des nächsten Tages bestand bei allen an Bord darüber Einigkeit: Noch einmal mit einem blauen Auge davongekommen. Verletzte mussten wir nicht beklagen, jedoch saß allen der Schreck noch lange in den Gliedern. Viele Bilder mögen in den Jahren verblasst sein, das Achterschiff der HALBERSTADT im tobenden Flammeninferno wird der damaligen Crew für immer im Gedächtnis haften bleiben.

Am 19. März lief das Schiff in Bombay ein. Die Liegezeit hielt sich in Grenzen. Um das Gefahrgut musste sich niemand mehr Sorgen machen. Nach sechs Tagen legte das Schiff wieder ab und nahm Kurs auf Cochin im indischen Bundesstaat Kerala. Bereits vier Tage später wurde die Südspitze Ceylons, wie die Insel damals noch hieß, umrundet. Die Sonne stand am Zenit. Ich beobachtete erstaunt, dass 1,87 Meter Körpergröße nur zwischen den Füßen ein schattiges Plätzchen schufen. Selbst große Dinge warfen in diesen geographischen Breiten ihre Schatten nicht lange voraus. Runde Jahrestage, Pfingsttreffen, Lenin-Geburtstage und andere bedeutsame Ereignisse traten völlig überraschend ein.

Am 31. März verließen wir Madras, Hauptstadt des Bundesstaates Tamil Nadu. Alle Liegezeiten verliefen schiffs- und hafenseitig routiniert und zügig. Nach einem halben Tag Reedezeit auf den Sandheads vor dem Gangesdelta lief der Dampfer den River Hoogly hinauf. Er machte nach einer spektakulären Schleusendurchfahrt, eine Kaimauer stellte sich unserem stolzen Schiff in den Weg, im Hafenbecken an Tonnen fest. An denen lagen bereits ein Inder und ein Sowjet-Frachter. Das Schiff hatte mit elf Tagen Verspätung zur Segelliste Calcutta, den geographischen Wendepunkt der Reise, erreicht.

Noch heute wird im Verein der Typ-IV-Fahrer das Hohelied auf diese Frachter gesungen. Dort gefahren zu sein, bedeutet ein Gütesiegel für selbstlosen Einsatz, materielle Bescheidenheit und proletarische Solidarität. Eilfertig beteuerten selbst zwei Hanseaten: „Wir sind Typ-IV-Fahrer!“, als sie von der Treuhandanstalt für einen Korb Äpfel und eine Pappe Eier dreiundsechzig Dampfer in die Hand gedrückt bekommen wollten.

Die Typ-IV-Schiffe standen für superlange Reisen. Diese schweißten die Besatzung zusammen, besonders wenn der Dampfer kaum schneller als eine portugiesische Karavelle oder eine polnische Karausche mit nur einer Maschine statt vieren rings ums Kap der Guten Hoffnung in Richtung Heimat schlich oder wie eben dieses Schiff nach langer Belagerung und schwerem Beschuss in Haiphong der amerikanischen Umklammerung endlich entkam.

Der schnittige Bug des MS HALBERSTADT in Hafendock Calcutta

Die Besatzung der HALBERSTADT von über 50 Köpfen bestand aus eingefleischten Indienfahrern. Das Schiff fuhr nach seiner Indienststellung im Mai 1961 außer anfangs nach Amerika nirgendwo anders hin. Anscheinend hatten sich Anfang 1965 die Besatzungen der DSR-Schiffe nach dem 13. August 1961 immer noch nicht konsolidiert. In Hamburg segelte ganz unspektakulär ein Maschinenassistent achteraus. Zur Strafe wurde er aus der Besatzungsliste gestrichen, ade. Auf der Rückreise fehlten nach dem Löschen in Hamburg ein weiterer Maschinenassistent und wie bereits angedeutet unser Doktor, ein international anerkannter Gehirnchirurg, der seine erste und damit auch letzte Reise im Auftrage des Medizinischen Dienstes des Verkehrswesens machte. Somit verband er seine vermutlich von langer Hand geplante „Republikflucht" voller Cleverness mit einer Sightseeing-Tour nach Indien. Als ich auf den Landungsbrücken St. Pauli vom Landgang zurückkehrte, sprang er mir fröhlich winkend mit einer Aktentasche von der Fähre herab entgegen und ward nie mehr gesehen. Der Mann hatte Nerven! Echt cool, mag so mancher darüber denken und ich frage mich noch heute, was war in seiner Aktentasche? Einmal saubere Unterwäsche?

Die Besatzungsgröße entsprach nicht ganz dem sonst üblichen Maß für Typ IV-Schiffe. Der Bootsmann beklagte, dass an Deck nur neun Leute fuhren. Ein Vierter Nautischer Offizier wurde ebenfalls schmerzlich vermisst. So kam dem Zweiten Funkoffizier die Ehre zu, bei Revierfahrten das Manövertagebuch zu führen und „VV Bb“ (Voll Voraus Backbord) oder „HZ Stb“ (Halbe zurück Steuerbord), das Schiff besaß zwei Schrauben, in die Kladde einzutragen. Für jemanden wie mich, der Seemannschaft nicht von der Pike auf lernen durfte, bedeutete der Aufenthalt auf der Brücke während der Fahrt in den westeuropäischen Revieren eine gute Lehre, meinen Söhnen nie eine nautische Laufbahn ans Herz zu legen.

Der Abgang des Doc musste besonders für den Kapitän, der eine Vertretungsreise fuhr, ein herber und enttäuschender Verlust sein. Beide beklagten während der Reise ihre Langeweile und führten viele tief schürfende hochintellektuelle philosophische Gespräche in der Brückennock. Bereits kurz nach Reisebeginn outete sich der Alte als ein Anhänger britisch-kolonialer Traditionen, besonders der einen: *„A little drink in the morning time is better than gar kein.“* Nach dessen Genuss verwickelte er als ausgemachter Zyniker seine Gegenüber in banal-peinliche Diskussionen, mit denen er sich besonders bei seinen nautischen Offizieren beliebt machte. Die qualifizierte er ab, als hätten sie allesamt zwei Dosen zu wenig im Six-pack. Vom Hauptdeck zur Brückennock schauend hätte ihm mancher im Sturmgebraus nur zu gerne ein „Leck mich!“ entgegen geschleudert. Nur das Schicksal von Fletcher Christian und Kapitän Blight mit ihrer BOUNTY hielt sie davon ab. Zugleich gab sich der Master jovial und großväterlichlieb, ein absolut tödlicher Charakter-Cocktail. Dem Inhalt seiner Reden nach hätte ihm bei anderer Fügung des Schicksals eine glänzende Karriere als Parteifunktionär bis in die höchsten Ämter bevor gestanden. Schweigsam sein und viel hinunterschlucken – er hielt es mit den Fischen, aber nur im Letzteren.

Im Gegensatz zu seinen Nautikern, die dank seiner Führungsstärke durch die Bank betonten, die Nase von der christlichen Seefahrt gestrichen voll zu haben, offenbarte er sich immer noch als ein begeisterter Seefahrer. Obwohl nicht eine einzige mitreisende Ehefrau an Bord weilte, zeichnete er die Kurse stets hart unter Land ein, damit er wenigstens dem Doktor etwas von der Welt zeigen konnte, wenn sie in der Nock plauderten.

Anderen Lebensgenüssen schien er ebenfalls nicht abhold zu sein. Die neu aufgestiegene hübsche und ledige 21jährige Stewardess, die freundschaftliche Kontakte zur Funkerei pflegte, berichtete uns eines Tages mit Befremden, der Master habe in einer heißen indischen Tropennacht in ihrer Kammer uneingeladen lange tiefsinnige Betrachtungen ihrer schweißglänzenden weiblichen Anatomie angestellt, bevor er auf seiner Sightseeingtour leise wieder verschwand. Sie wagte vor Schreck nicht einmal, entspannt wie sie ruhte, die Beine zu schließen. Die Kammertüren standen während der ganzen Zeit in den Tropen weit offen. Wir einigten uns darauf, diese durchaus verständliche Wissbegier gehöre sich trotzdem nicht. Es entsprach ganz und gar nicht der feinen englischen Art, das bisher unbescholtene Schiff zum Peep-Dampfer zu degradieren.

Mit zunehmender Dauer der Reise tropfte auch dem Rest der Besatzung der Zahn, wenn sie dieses Fräulein mit ihren Essnäpfen über Deck eilen sah. Hübsch und ebenso intelligent hütete sie sich im Reiseverlauf davor, vor die Lafette eines Seemannes zu laufen, eine bemerkenswerte Ausnahme unter Debütantinnen. Allerdings wohnte sie vorn im Schiff und stand somit unter dem besonderen Schutz der nautischen Offiziere. Als Gleichaltriger pflegte ich mit ihr einen kameradschaftlichen Umgang. Wir plauschten zwischen Tür und Angel, wenn sie in ihrer Pantry im Vorschiff herumwirtschaftete. Manchmal saß sie auch auf ein Schwätzchen im engen Funkraum und erzählte von ihrer Begeisterung für Pferde. Sie habe als Dresdner Mädel seit früher Kindheit Reitunterricht genommen und glaubte, dadurch hätten sich ihre Beine dem Pferderücken angepasst. Um anatomisch zu belegen, dass es trotzdem keine O-Beine geworden seien, schürzte sie ihr Kleidchen bis zum Schoß. Was mögen wohl kleine Mädchen so Faszinierendes an einem die Figur verhunzenden Pferdesattel finden? Wir saßen da, starrten grübelnd auf ihre wohlgefälligen Oberschenkel und dachten an das Abendbrot.

Die räumlich getrennte Anordnung von Mannschaftsmesse und Kombüse achtern und der Offiziersmesse in den vorderen Aufbauten bescherte dem Wirtschaftspersonal besondere Herausforderungen. Solange das Schiff in Rostock lag, nahmen wir die Mahlzeiten gemeinsam achtern in der Mannschaftsmesse ein, weil die Wirtschaft noch nicht vollzählig an Bord weilte. Auf See hieß es nun „Jedem das Seine" und bei Schlechtwetter schauten wir zur Mittagszeit mit knurrendem Magen interessiert von der Brückennock nach achtern, ob und wie der Obersteward die lange Strecke über das Hauptdeck bei Wind, Regen und Seegang mit den Essenkübeln bewältigen würde. Zwischen Lissabon und Port Sudan wurde ihm zusätzlich ein Hürdenlauf über die Decksladung zugemutet, durch welche er sich mit seinen Töpfen darüber, darunter und zwischendurch kämpfte. Hut ab, wir bekamen auf unserem Außenposten immer etwas zu essen.

Am 22. Februar übermittelte die Besatzung ein Grußtelegramm an Walter Ulbricht, der sich mit der VÖLKERFREUNDSCHAFT auf der Reise von Dubrovnik nach Alexandria zu einem Staatsbesuch bei Gamal Abdel Nasser befand. Er solle nicht seekrank werden und schön verhandeln.

W.U. bedankte sich in einem Telegramm und wünschte der HALBERSTADT eine glückliche Reise. Einen Tag später stand alles im SED-Zentralorgan NEUES DEUTSCHLAND nachzulesen. Der ungewöhnliche Staatsbesuch per Schiff bedeutete eines der Highlights in der Geschichte der DSR. Das Passagierschiff wurde kurzerhand zur Staatsjacht ernannt und dafür in Teilen umgebaut. Auf der Überreise ins Mittelmeer ging in der Nordsee bei Windstärke 10 die See hoch und mancher hauptamtliche Mitarbeiter der Staatssicherheit wird das erste Mal im Leben seinen Job total zum Erbrechen gefunden haben. Für die Besatzung hingegen fiel eine Reihe individueller Orden ab und das Schiff wurde für seine Verdienste mit dem „Banner der Arbeit“ geehrt. So schnell konnte man in Verruf kommen.

HALBERSTADT und WERNER SEELENBINDER

Das erste gemeinsame Bordfest unserer Besatzung, gewöhnlich dem „Zusammenraufen“ dienend, feierten wir nach dem Einlaufen in Port Sudan. Als großer Bordkarneval ausgerufen, hielt sich die Kostümierung in Grenzen. Nur unsere Stewardess verkleidete sich als Planrückstand. Sie kam verschleiert. Der Abend startete in der Offiziersmesse mit einem kleinen Kulturprogramm und gegen zwanzig Uhr öffnete die Bar mit wahrhaftig durchschlagendem Erfolg ihre Pforte. Kurz vor Mitternacht hatten sich die Lords dermaßen „abgefettet“, dass sie sich wortwörtlich zusammenzuraufen begannen. Ein schreckliches Schlachtefest zwischen Deck und Maschine hub an. Die Parteien hauten sich dermaßen auf die Nasen, dass alsbald alle wie die Fleischer herumliefen oder -lagen. Die schönen weißen, in Hamburg frisch gekauften Nylonhemden litten sehr darunter. Die Offiziere fühlten sich dazu berufen, Ordnung zu schaffen und sprangen dazwischen. Sie bekamen ihren Teil ab. Der Bootsmann kam plötzlich über die linke Flanke und landete beim Chief einen rechten Haken. Tor, Tor, Tor! Seltsam, seltsam, was verband die beiden auf so innige Weise miteinander? Die Komplexbrigaden waren doch noch gar nicht aus der Taufe gehoben und schon brach sich lange angestauter Frust seine Bahn. Noch relativ unerfahren, dachte ich, es ginge auf allen Typ IV-Schiffen so fröhlich und ausgelassen zu.

Am nächsten Morgen wusch die Decksgang das Blut von den Wänden. Auf dem Verandadeck vor der Offiziersmesse hatten wir PKW Wartburg als Decksladung gestaut, die während der Keilerei Schaden nahmen. In die Beule auf einer Motorhaube hätte exakt ein runder Kopf gepasst. Es konnte nicht mehr ermittelt werden, wessen. Der Ladungsoffizier deklarierte diesen Schaden in einem Claim als Meteoriten-Einschlag.

Wie sich noch herausstellen sollte, schien es auch auf diesem Schiff Sitte zu sein, dass der ganze Dampfer einen Absacker größeren Stils nahm, sobald das Schiff nach einem längeren Seetörn den ersten Tag auf Reede zubrachte. Wenigstens nahmen bis auf den Kapitän alle ihre Verantwortung ernst, es auf See nüchterner angehen zu lassen.

James Bond ist aus der Geschichte der Kinematographie während der letzten vierzig Jahre nicht mehr wegzudenken. Wir erlebten die Anfänge dieser Erfolgsgeschichte. In Karachi lief der Bond-Film „From Russia with Love“. Die Crew hatte sich auf einer vorangegangenen Reise den ersten 007-Film „Dr. No“ angesehen, der immer noch als Gesprächsthema taugte. Sie wollte den zweiten Teil auf keinen Fall verpassen. Obwohl der Film bereits die 10. Woche lief, kam keiner von uns in die Vorstellungen rein. Die Pakis gebärdeten sich wie die heimatlichen Bananenjäger und hingen in Trauben an den Ticket-Schaltern, um die alltägliche westliche Lebensart und die stets halb nackten Gespielinnen von Bond, James Bond kennen zu lernen. Wer die englische Sprache ausreichend beherrschte wie der Zweite Nautische Offizier beschied sich mit den originalsprachigen Paperback-Ausgaben von Ian Flemming, die in Bombay jeder Straßenhändler feilbot und welche noch viele filmische Fortsetzungen erwarten ließen.

Karachi wurde der erste Hafen des Orients, den ich nach einem schweißtreibenden Fußmarsch etwas näher in Augenschein nehmen konnte. Dem Zollbeamten am Hafentor entgleisten vor Entsetzen die Gesichtszüge, als ich ihm verklarte, ich habe weder englische Pfund, noch amerikanische Dollar, ja noch nicht einmal pakistanische Rupies in der Tasche. So ein armes Schwein mit weißer Hautfarbe schien ihm noch nie über den Weg gelaufen zu sein. Alle Taxi-Driver, die mich schon von weitem als fette Beute ausspähten und stoppten, bekamen das Nachsehen. So fühlte ich doch noch eine gewisse Genugtuung angesichts meiner leeren Taschen.

Die neuen Eindrücke nahm ich gemächlich zu Fuß schlendernd um so intensiver in mich auf. Vieles registrierte ich zum ersten Mal, welches später als Selbstverständlichkeit galt und über das sich kein Seemann mehr größere Gedanken machte. Dies betraf nicht nur das weit verbreitete Elend in allen indischen Häfen, wenn junge Frauen mit ihren halb toten Kindern im Arm teilnahmslos am Wege hockten oder auf den Bürgersteigen über zerlumpte Gestalten gestiegen werden musste, die sich dort auf „den Sack zu hauen“ pflegten. Fliegende Händler priesen ihren frisch gepressten Orangensaft aus bereits im großen Umfang halb geschnittenen Früchten an, auf denen sich alle Fliegen Karachis zu einem Stelldichein versammelt zu haben schienen. An den Straßenecken hingen ausgemergelte Gestalten an den Drehkurbeln ihrer Zuckerrohr-Saftpressen wie unsereiner an den Radmuttern beim Winterreifenwechsel. Gewürz- und Tuchhändler saßen wie die Kraken inmitten ihres farbenprächtigen Angebotes. Im Straßenverkehr ließen sich die dreirädrigen bunt bemalten Motorrollertaxis, im Seemannsjargon „Dreikantfeilen" genannt, nicht übersehen. Die Mortalitätsrate der Insassen überstieg den Durchschnitt anderer Verkehrsteilnehmer. Trotzdem lief der Verkehr sehr diszipliniert und vor allem fast lautlos ab. Beim Landgang in Jeddah übertönten sich die Autohupen ohne ersichtlichen Grund gegenseitig. Selbst die Radfahrer drückten dort kräftig auf ihre elektrischen Signalhörner. Der Imam schien ihnen eingeredet zu haben, sie säßen in einem Auto, geradezu wie es Partei und Regierung mit den Trabbi-Fahrern versuchten.

Der Seemann tat bei seiner „All inclusive"-Tour rings um die Welt gut daran, die Völkerschaften so zu nehmen, wie sie ihm begegneten. Dabei wird jeder Seefahrer seine persönliche Beliebtheitsskala entwickelt haben, vor allem was das weibliche Geschlecht betrifft. Truppenteile, die es offensichtlich darauf anlegten, ihn mit viel Palaver übers Ohr zu hauen und dabei zur Verstärkung Allah anriefen, rangierten nicht an oberster Stelle, genauso wenig wie jene elenden Backschisch-Kreaturen, die aus der gleichen geografischen Ecke stammten.

Die indische Rupie kostete seinerzeit 0,88 Valutamark, in Rotterdam ließ sie sich schon für 56 Pfennige eintauschen, musste dann allerdings ins Land geschmuggelt werden. Noch mehr fiel ihr Kurs, wenn Mr. Johnnie Walker als Money Maker in Aktion trat. Der kam in Begleitung des Schiffshändlers in Antwerpen recht konspirativ an Bord und auf Reede Bombay verließ er bei Anbruch der Nacht das Schiff auf leisen Sohlen in eine an der Bordwand wartende Barkasse wieder. Der reibungslose Transit seiner Whiskyflaschen wurde professionell gemanagt. Nicht umsonst befand sich ein Purser an Bord, der alle Fäden in der Hand hielt.

Der berechnete außerdem pünktlich monatlich fein säuberlich den Verdienst jedes einzelnen und reichte einen Lohnzettel zur Kontrolle des Verbrauchs herüber. Ungläubiges Entsetzen über die Getränke- und Transitrechnung stellte sich deshalb am Reiseende wie auf späteren Reisen erlebt nicht ein. Eher gingen die Mundwinkel angesichts des monatlichen Netto nach unten, das mit 450 Mark zu Buche schlug. Allerdings hatte der Purser hierbei schon die 90 Mark für die Devisen abgezogen und 80 Mark Tropenzuschlag kämen später noch hinzu. Die Summe bedeutete alles im allem zur damaligen Zeit immer noch einen respektablen Verdienst.

Nach dem Eintritt in die Tropen brauchte sich niemand mehr über kalte Füße zu beklagen. Während der Liegezeit in Calcutta setzte dann jener

Zustand ein, der allen Besatzungen der Typ IV-Schiffe am meisten zu schaffen machte. Die Hitze im unklimatisierten Schiff erreichte weitab vom Meer mit seiner kühlenden Brise ein unerträgliches Maß. Mehr als vierzig Grad zeigte das Thermometer in den Kammern an. Der Ventilator verbreitete nur noch einen Gluthauch. Nachts schliefen viele Leute an Deck, falls die Luftfeuchtigkeit diese Verzweiflungstat zuließ und sie im Morgentau mit ihrer Matratze wegen Aquaplanings nicht quer über das Deck ungebremst ins Hafenbecken schlitterten.

Unsere hellwachen, offenen Bullaugen sprachen sich unter den ansässigen Moskitostämmen umgehend herum. Die offensichtlich von Voraustrupps mit Duftstoffen markierten Fensteröffnungen verwandelten sich in eine beliebte Einflugschneise zum Auftanken von hochoktanigem Kraftstoff mit leichter Weinbrand-Note. Der Seemann führte einen erbitterten und erfolglosen Kampf gegen diese Plagegeister, wie ihn schon vor Zeiten christliche Seefahrer auf Südseeinseln beschrieben. So schlimm erging es uns noch nicht, um abends wie diese unter einen Kupferkessel kriechen zu müssen. Dort stellten sie mit Erstaunen fest, die Moskitos stachen selbst hier hindurch. In der nächsten Nacht nahmen sie Kerze und Hammer mit unter den Kessel. Steckte ein Moskito den Rüssel hindurch, nieteten sie ihn fest. Die Seefahrer nieteten fleißig und am Morgen des dritten Tages flogen die Moskitos mit dem Kessel davon. Die Viecher gehörten zu einer osteuropäischen Bande, die sich auf den Diebstahl von Buntmetall spezialisiert hatte.

Ähnliche klimatischen Belastungen hielten während der Reise über geschlagene vierzehn Wochen an. Zu unser aller Glück lagerten in den Lasten noch ausreichend Getränke. Während der gemeinsamen Liegezeit in Calcutta mit MS HALLE und MS FREUNDSCHAFT labten sich deren Mannschaften an den Reserven der HALBERSTADT. Unsere Kollegen hatten es geschafft, im Reiseverlauf ihre sämtlichen Lasten leer zu trinken. Dieses glückliche Zusammentreffen der drei Schiffe wurde weidlich genutzt, um die Diskussionen zum Erreichen der Planziele, wann sich die Lasten auf der HALBERSTADT eines ähnlichen Zustandes erfreuen dürften, bis vier Uhr morgens zu führen.

Die zwischenmenschlichen Begegnungen während dieser Reise beschränkten sich nicht nur auf die gegenseitigen Besuche der Typ IV-Fahrer, welche sich in Indien allenthalben begegneten. Sie gestalteten sich wesentlich vielfältiger und wurden in ihrer damaligen Qualität nie wieder erreicht. In späteren Jahren hätte man als Konsequenz der gesamten Besatzung komplett den Sichtvermerk entzogen.

In Akaba nahmen wir ein Globetrotterpärchen als „Überarbeiter“ nach Indien an Bord. Sie Amerikanerin, er ehemaliger DDR-Bürger. Deren Beförderung zu übernehmen, wäre einige Jahre später ein Ding der Unmöglichkeit gewesen. Ihren VW Bully stellten sie an Deck ab. In ihrem Gefolge und auf ihr gutes Zureden hin gestatteten die Behörden meinem Kollegen und mir in Jeddah sogar mit Fotoapparat an Land zu gehen. Wenn Amis auf diesem Dampfer mitfuhren, dann besaß wohl alles seine Richtigkeit. Manch anderem Seemann der DSR, ebenso mir in späteren Jahren, erscheint dieses Entgegenkommen dank der in Saudi Arabien gemachten Erfahrungen wie Seemannsgarn. Lediglich eine Warnung erhielten wir. Wir sollten die Toleranz nicht auf die Spitze treiben und keine Lady in Black knipsen. Uns würde sonst irgendetwas abgehackt.

In Port Sudan stiegen vierzehn Angehörige einer indischen Großfamilie auf, die nach Bombay zu reisen gedachten. In der Offiziersmesse verfolgte der Obersteward, der fein säuberlich Messer und Gabel auf weißem Tischtuch bereitlegte, ihre Mahlzeiten mit Entsetzen. Er hätte es als Indienfahrer eigentlich wissen müssen: Messer, Gabel, Schere, Licht sind für kleine Inder nicht. Ihren folkloristisch geprägten Essgewohnheiten folgte ein ebensolches Ende des Verdauungsganges. Es brauchte schon ein gerütteltes Maß an Völkerfreundschaft unsererseits, um sich mit nacktem Hintern vorurteilsfrei auf einer dreckig getrampelten Klobrille niederzulassen. Wer diese Toleranz-Schwelle überschritt, dem wurde später die Ehrenmitgliedschaft bei den Grünen angetragen.

Beim intoleranten Rest der Vorschiff-Bewohner, die aus langjähriger Gewohnheit ihr Geschäft im Sitzen nach der Art ihrer Vorväter zu erledigen trachteten, löste der Anblick der Brille den Drang aus, ihr Problem noch fünfzig Meter weiter bis nach achtern zu tragen. Zweifellos festigte es die Solidarität, wenn sich die gesamte Besatzung ein und denselben Zylinder teilte. Die reinlichen Inder wandten sich ab mit Grausen. Die bunte, farbenprächtige Truppe bekam auch bald ein Einsehen mit dem blutleeren Gesicht des Oberstewards und nahm die Mahlzeiten lieber in geselliger Runde fröhlich schnatternd und schmatzend an Deck ein. Ihnen verging der Appetit, wenn sie mit ansehen mussten, wie sich die Offiziersgang mit ihren hochgradig gefährlichen eisernen Esswerkzeugen im Gesicht herumstocherte.

Einen Tag bevor wir in Karachi einliefen, legte sich die BRAUNFELS der Bremer HANSA-Reederei neben die HALBERSTADT auf Reede. Am darauf folgenden Morgen kam ihre Delegation wie selbstverständlich mit dem Rettungsboot längsseits. Eine deutsch-deutsche Begegnung auf unterster Ebene lange bevor die Mauer fiel.

BRAUNFELS und MARIENFELS (in Fahrt) auf Karachi Reede

Als wir Anker auf gingen, um einzulaufen, kam uns die MARIENFELS entgegen. Mit der hatten wir uns schon über UKW zu einem Plausch von Mann zu Mann verabredet, der leider durch ihr frühes Auslaufen platzte. Die WERDENFELS lag ebenfalls einen Tag neben uns auf Reede, lief am nächsten Tag ein und in der Nacht wieder aus. HANSA-Dampfer und die HALBERSTADT begegneten sich in den indischen Häfen schon mehrfach. Sie pflegten freundschaftliche Kontakte miteinander. Später in Bombay lag die BRAUNFELS auf dem übernächsten Liegeplatz und ein reger Besucherverkehr setzte ein, der sich nicht auf einmalige gegenseitige Stippvisiten beschränkte.

Damals befanden sich für die Niederschrift der DSR-Schiffspresse noch spezielle Kopfbögen an Bord. Für die Presse, welche der Funker auf HANSA-Schiffen empfing, existierten ebenfalls Kopfbögen aus feinstem weißen, holzfreien Papier. Wir kamen nach mehreren Flaschen BECKS auf eine Idee: „Tauschen wir doch mal unsere Kopfbögen.“ So lag am nächsten Tag auf der HALBERSTADT die sozialistische Schiffspresse unter dem großformatigen Logo des HAMBURGER ABENDBLATTES, der Ersten Schiffahrt-Funk-Ausgabe der größten deutschen Abendzeitung aus dem Verlag Axel Springer & Sohn in der Messe aus. Die Enttäuschung der Massen war gewaltig, trotz dieser Verheißung den gleichen Schmu wie an allen anderen Tagen lesen zu müssen. Ein harmloser Schabernack, der es überhaupt nicht verdiente, erwähnt zu werden, wenn nicht ein Dutzend Jahre später bei gleichem Tatbestand Reederei-Granden gewinselt hätten, als wäre ihnen auf den Schwanz getreten worden. Es beeindruckte mich ungemein, über die Jahre zu verfolgen, mit welcher Kontinuität das Selbstbewusstsein der Partei in die Knie ging. Ein weiteres dutzend Jahre später stand sie im Begriff sich aufzulösen. Leider bekam der Seemann diesen Verfall der Sitten mehr als jeder andere Bürger am eigenen Leibe repressiv zu spüren.

Hamburger Abendblatt

Erste Schiffahrt - Funk - Ausgabe der größten deutschen Abendzeitung
Herausgegeben in Zusammenarbeit mit dem Verband Deutscher Reeder

Axel Springer & Sohn, Verlagshaus Hamburg · Hamburg 36, Kaiser-Wilhelm-Straße 6 · Telefon 34 91 91 · Der Schiffahrts-Sonderdienst wird täglich über Norddeichradio gesendet

Wir DSR-Seefahrer zählten auf den sieben Meeren eher zur Kategorie Waisenknabe. Die berüchtigte Crew der BRAUNFELS hingegen zog kurz darauf in Khorramshar/Iran mit dem Ankerspill und einer Manilarope die „Drei-Titten-Bar“ über die Pier!

Eines Abends schneiten überraschend drei Leute in die Kammer, die sich als der Funkoffizier, der Schiffsarzt und der Vermessungsingenieur des bundesdeutschen Forschungsschiffes METEOR vorstellten, das einige Liegeplätze entfernt lag. Am nächsten Abend erfolgte unser Gegenbesuch auf der METEOR. Dort stießen noch ein Kapitän, der seinen Urlaub (!) an Bord der METEOR verbrachte und zwei Hubschrauberpiloten zu der illustren Runde. Der Funkoffizier gehörte zu den ehemaligen Weltkrieg-II-U-Bootfahrern. Dieser Umstand beförderte die gegenseitige Sympathie. Am Nachmittag des Folgetages durften wir das ungewöhnliche Schiff unter der Führung des Zweiten Offiziers ausgiebig von oben bis unten besichtigen. Erst ein Jahr zuvor in Dienst gestellt, besaß es die modernste Ausstattung. Auf Bugstrahlrohr und Aktivruder richtete sich der besondere Stolz des Nautikers. Die verschiedensten Radargeräte und wissenschaftlichen Labors hinterließen einen nachhaltigen Eindruck. Für die Bedienung der modernen Technik befanden sich fünfzig Mann Besatzung und dreißig Wissenschaftler an Bord. Die METEOR befand sich im Rahmen der International Indian Ocean Expedition 1964/65 von Bombay nach Kuwait unterwegs, um gemeinsam mit Schiffen anderer Nationen den letzten Geheimnissen des Indischen Ozeans auf die Spur zu kommen.

Um die Crew der HALBERSTADT nicht in Dummheit sterben zu lassen, entrümpelte die Mannschaft der METEOR zur beiderseitigen Freude ihre Kammern. Sie versorgte uns mit der übelsten westlichen Schundliteratur, die sich aus unverständlichen Gründen auch im Besitz ansonsten hochintelligenter Meereswissenschaftler befand, die bei uns nur die EINHEIT gelesen hätten. Mit ruhigem Gewissen lagen nun als sanftes Ruhekissen für trübe Stunden zwei Dutzend BASTEI-Wildwestromane im Spind. Die ganzen Revolverhelden soffen am Reiseende auf Warnemünde Reede ganz erbärmlich ab, obwohl ich es mir wünschte, es würde wenigstens einer bis zum nächsten Strandkorb schaffen.

Die HALBERSTADT pflegte im Laufe ihrer Indienreisen gute Kontakte zu einem Transformatoren-Werk der Firma SIEMENS in Karachi. An einem Sonnabend trug unsere Mannschaft auf dem zum Werksgelände gehörenden Fußballfeld ein Match gegen deren Betriebsmannschaft aus. Gegen zwei Deutsche und den Rest Pakistani in der Mannschaft besaß DAYJ nicht den Hauch einer Chance. Das Spiel verloren wir ehrenvoll 0:4. Als Entschädigung für die Niederlage stieg im Anschluss in der Villa eines leitenden Angestellten hoch über den Dächern von Karachi bis früh um drei Uhr eine ausgelassene Party, bei der nicht an landestypischen Speisen wie Fladenbrot und Tandoori Chicken gespart wurde. Im Gegenzug deckten sich die Chefs von SIEMENS mit Lebensmitteln der HALBER-

STADT ein, die der deutsche Gaumen in Pakistan sonst schmerzlich vermisste. Der Parteisekretär flüsterte bei deren Übergabe: „Möge ihnen der Rollmops samt Pumpernickel im Halse stecken bleiben“. Das beteuerte er fünfzehn Jahre später vor einer Parteikontrollkommission überzeugend, als er sich energisch von seiner eigenen Meinung distanzierte.

Fußballspiel zwischen MS HALBERSTADT und SIEMENS Karachi

Rückreisend traf unser Dampfer auf Reede Bombay das Schwesterschiff BERLIN. Man ließ die Boote zu Wasser, um sich zu besuchen. Einen Tag später lagen beide Schiffe hintereinander am Kai im Alexandra-Dock. Wir feierten den 1. Mai 1965. Beide Schiffe flaggten über die Toppen und mit einem Fahnenappell einschließlich Nationalhymne aus der Konserve, der Kapitän schlug sich vor der Front bei einem Blick zur Sonne die Hacken blau, begannen die Feierlichkeiten. Die Bekannten beider Schiffe starteten zu gemeinsamen Unternehmungen, viele zum Baden nach Beach Candy, in einen der Kinopaläste oder zum Wett-Kopulieren in die Falkland Road. Der nächste Kampfappell wurde für den 8. Mai, Tag der Befreiung, anberaumt. Die dazugehörige Feier fand Himmelfahrt statt.

Ansonsten blieb die Besatzung auf diesem Schiff von der hohen Politik weitestgehend und wie auf keinem anderen Schiff wieder erlebt verschont. Ein Politoffizier befand sich nicht an Bord und der Parteisekretär hielt sich in Deckung. Es hätte mich nicht gewundert, wenn er es gewesen wäre, der für den reibungslosen Whiskyschmuggel sorgte. Die einzige gesellschaftliche Arbeit bestand für mich im Empfang und für den Rest der Besatzung im Lesen der sozialistischen Schiffspresse. Auf diesen zwei, drei Seiten stand damals so oft das Wort „Westdeutschland“ - die „BRD“ existierte noch nicht im sozialistischen Sprachgebrauch - dass ich mich gar nicht mehr konzentrieren musste, um diese Morsezeichenfolge herauszuhören. Die Klangfolge eines Notrufes hätte dagegen kaum bestehen können.

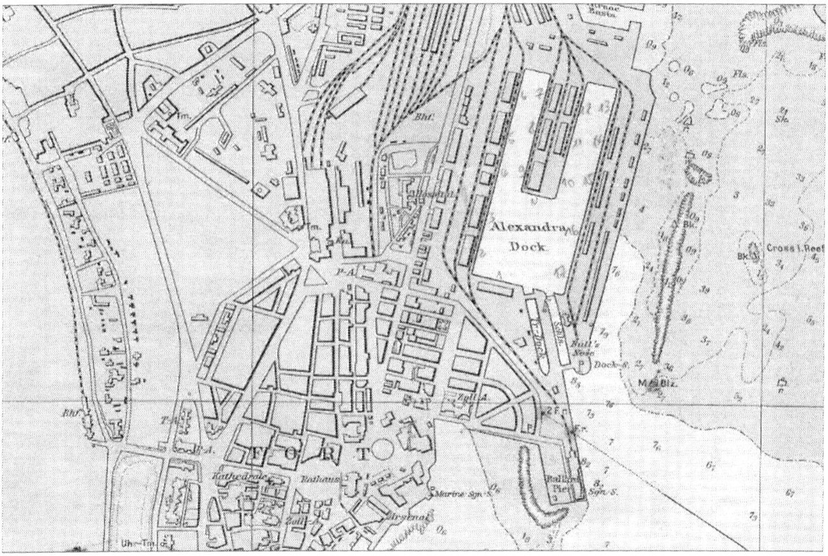

Alexandra-Dock in Bombay, Detail aus einer Seekarte der British Admiralty

Der pflegliche Umgang mit der deutschen Sprache in den Beiträgen der Presse verdiente eine glatte Fünf. Sollte ich der penetranten marxistisch-leninistischen „Herr Lehrer, ich weiß was“-Methode der politisch-ideologischen Aufklärung glauben, so ging es zwischen Wattenmeer und Karwendel täglich weiter bergab. Das musste dem Seemann nicht extra verklickert werden, davon konnte er sich an de Alster, an de Elbe, an de Bill selbst überzeugen. Wer das heruntergekommene Hamburg mit seiner verlausten Mönckebergstraße kannte, der verliebte sich auf Anhieb in Bombay mit seinen gepflegten Grünflächen, den schattigen Arkaden und den Bettlern und Kühen, die darunter Gassi gingen.

Doch kehren wir nach allen rhetorischen Ausschweifungen wieder zurück nach Calcutta und hin zum geographischen Wendepunkt der Reise. Die FREUNDSCHAFT lag bereits am Kai, an dem die HALBERSTADT am 5. April ebenfalls zum Löschen festmachte. Die HALLE traf zwei Tage später ein. Sie lief am 11. April wieder aus. Unseren Dampfer schoben die Port Authorities am gleichen Tage zum Bedauern der Besatzung wieder an die Tonnen ab. Der Hafendurchlauf zog sich weiter in die Länge. Am Ostersonntag gegen Mittag verließen wir nach vierzehn Tagen Liegezeit Calcutta. Das Schiff hatte bereits einmal mehr als sechs Wochen in diesem Hafen zugebracht. Alle erreichten durch die extreme Hitze während der vergangenen Tage die Grenzen ihrer physischen Belastbarkeit. Jeder freute sich darauf, bei der Reise über den Golf von Bengalen wieder den Fahrtwind zu spüren, vor allem wenn er der Stewardess an Deck unter das Kleid blies.

Heftiges Wetterleuchten begleitete das Schiff während seiner Reise rund um die Küste Ceylons. Vom lauen Fahrtwind umweht gegen Mitternacht in der Nock zu stehen, das Rauschen der sich brechenden Bugwelle ins Ohr dringen zu lassen und einen von Blitzen erfüllten Himmel ohne Donnergrollen zu beobachten, aus dem kein einziger Tropfen Regen fiel, dieses Erleben gehörte zu den unwiederbringlichen Momenten der Seefahrt, das für manche Entbehrung entschädigte. Nur ein Bruchteil der Menschheit darf entspannt ein derartiges Schauspiel der Naturgewalten mit ansehen, es sei denn, ein tapferer Held rettet sich vor einem Gift und Galle speienden Hausdrachen ins eigene Auto und verriegelt es von innen.

Nach einem Tag Reedezeit lief der Dampfer in Cochin an der Malabarküste ein, um innerhalb von drei Tagen 850 Tonnen Stückgüter zu laden. Der Landgänger stieß hier zwischen Palmenhainen ganz unvermutet auf die sakralen Hinterlassenschaften europäischer Eroberer. Weiter ging unsere wilde Jagd zum nächsten Ladehafen, nach Bombay. Der wurde nach vier Tagen morgens wieder verlassen. Die übernommene Ladung fiel aus dem üblichen Rahmen von Expeller und Knochenschrot. Der Alte akzeptierte eine Decksladung indischer Busse, die für Somalia bestimmt waren. Gegen Mitternacht des gleichen Tages traf der Dampfer vor Veraval im Unionsstaat Gujarat ein. Hier verzögerte sich das Laden. Nur sechs Gangs standen zur Verfügung, die zu zweit auf den bereits auf Reede liegenden drei Frachtern arbeiteten. Die HALBERSTADT musste warten, bis die HALLE ihre Beladung abschloss und von hier nach Avonmouth ablief.

HALBERSTADT an der Pier in Cochin

Der Zweite Offizier als Ladungsoffizier kam ins Schwitzen. Stündlich wurden die avisierten Ladungsmengen zwischen 2000 und 5000 Tonnen umdisponiert. An Deck standen die Busse für Mogadiscio, über welche die mächtig krümelnden Hieven in die Luken gingen. Deren Dächer mussten notdürftig abgedeckt werden. Den Fahrzeugen stand eine große Zukunft bevor. Sie wurden zum großen Finale ihres langjährigen Einsatzes während der 1990er in Mogadishu als Barrikaden gegen unsere amerikanischen Friedensfreunde auf den Straßen quergestellt.

Nach der bisher kennen gelernten anonymen Architektur von großen indischen Hafenstädten, zeigte sich hier schon vom Schiff aus das orientalische Indien der Maharatschas und Sahibs. Direkt am Strand ließen sich zwei Tempel ausmachen, die förmlich zu einer Visite einluden, davon in etwa fünf Kilometer Entfernung von Veraval der berühmte Shiva-Tempel von Somnath. Doch die Crew entschied sich, eine andere touristische Attraktion aufzusuchen, um die Liegezeit kurzweiliger zu gestalten. Für diesen Zweck charterten wir für zwanzig Rupies pro Nase einen grünen klapprigen Bus. Unser Ziel, der 55 Kilometer von Veraval entfernte Gir Forest Nationalpark. Dieser beherbergt auch heute noch auf einer Fläche von 259 Quadratkilometern die letzten frei lebenden Löwen Asiens. Umgeben wird er vom mehr als viermal so großen Gir-Wildreservat als Pufferzone. Hügeliges Gelände mit offenem Buschland sowie trockenen Teak- und Akazienwäldern bestimmen das Landschaftsbild. Da der Gir-Wald von europäischen Touristen kaum heimgesucht wird, bot dieser Ausflug der Besatzung die seltene und einmalige Gelegenheit, diese Bestien in freier Wildbahn exklusiv zu beobachten. Den Löwen kannten die meisten von uns nur als das Charaktertier der afrikanischen Savanne oder aus dem Leipziger Zoo.

Die Population im Gir-Wald zählt heute bis zu 300 Tiere. Indien lässt ihnen allen Schutz angedeihen, repräsentieren doch drei Löwen im Wappen die Indische Union. Früher von Südosteuropa über den ganzen Nahen und Mittleren Osten verbreitet, ist dieser Nationalpark letztes Rückzugsgebiet des Königs der Tiere. Wir befanden uns vom Wetter her am Ende der Trockenperiode vor Einsetzen des Monsuns. Dementsprechend staubten die Straßen. Alle Scheiben ließen sich im Bus herunterleiern, bei der Gluthitze, die über dem Land lag, eine zwingende Notwendigkeit. So bunt gekleidet wie die Gesellschaft das Gefährt bestieg, so einheitlich erdfarben stiegen alle wieder aus. „Khaki“ ist das Hindu-Wort für „Staub“. Wir ahnten es. Ziemlich knülle kam die Crew an der Lodge des Nationalparks an. Dort nahmen wir einen kühlen Drink, bevor nach einer kurzen Erholungspause die Entscheidung heranreifte, wer wen in der nächsten Stunde fressen würde.

Wer sich unsere Truppe aus der Nähe betrachtete, musste annehmen, die Zeiten der Großwildjäger seien wieder angebrochen. Im Khakizeug und mit Tropenhelm schritten wir majestätisch dahin, statt der Elefantenbüchse mit dem Dum-Dum-Geschoss eine schussbereite Fotografiermaschine mit Jenoptik unter dem Arm. Den Parkwächtern wurde von den Anhöhen zugetrommelt, wo Löwen zu finden seien und so hielt unser urtümliches motorisiertes Gefährt irgendwo in der Savanne wieder an. Alle stiegen aus, gingen noch ein paar Meter und dann standen wir vor ihnen, den Königen der Wildnis. Vielmehr handelte es sich um ein Pärchen. Das lag so da, aalte sich und tat, als könne es nicht bis drei zählen. Und ringsherum in doppelter Kaugummispuckweite standen etwa dreißig Leute von der HALBERSTADT, palaverten und hantierten mit ihren Kameras. Den gelangweilten Mienen der Raubtiere konnten wir ansehen, dass diese Konfrontation nicht das erste Zusammentreffen mit Zweibeinern für sie bedeutete. Schließlich gefiel ihnen unsere Gesellschaft nicht mehr, sie zogen sich nach einem angewiderten Mähneschütteln diskret zurück und überließen uns unserem Schicksal.

Für diese kurze Audienz hatte keiner der Lords die zwanzig Rupies hingeblättert. Wir stolperten auf ihrer Verfolgung weiter durch den Busch. Unsere Nerven waren zum Zerreißen gespannt. Da plötzlich, ein Geräusch. „Hi, hi", scheuste das Grinsal und astete von Hüpf zu Hüpf, doch bei näherem Hinsehen kommentierten nur zwei quietschende Affen unseren Vormarsch. Schließlich stellten wir die Großkatzen in einer taktischen Zangenbewegung, mit der schon General Kutusow Napoleon hereingelegt hatte, noch einmal. Zur Einschüchterung der Löwen oder der Jan Maaten, es ließ sich nicht genau feststellen, standen an den Rändern der Gesellschaft zwei Wildhüter mit einem alten Vorderlader bei Fuß, den portugiesische Eroberer einst ins Land gebracht hatten. Einer führte ein Zicklein an der Leine, über dessen nähere Zukunft nur spekuliert werden konnte. Sollte es den Löwen zum Fraß vorgeworfen werden oder sie nur bei Laune halten? Wir hätten es zu gerne aufgefressen gesehen, doch allen Tierschützern zum Trost, es überlebte nachweislich diese Großwildjagd. Ohne Teleobjektiv machte das Fotografieren keinen großen Sinn, denn immer noch lag ein gebührender Abstand zwischen den beiden Parteien. Etliche Suchbilder für die langen Winterabende am heimischen Kamin entstanden: „Wo ist der Löwe?" Jetzt stellte sich die Geduld der Löwen als die größere heraus, sie hielten stur die Stellung, darauf hoffend, dass das Zicklein zurückgelassen würde. Nachdem sich Hein Seemann die Beine zehn Zentimeter in den Bauch gestanden und gegafft hatte, zog sich die

Truppe ohne Verluste zurück. Nach der ebenso strapaziösen Rückfahrt mussten wir als letzte Hürde dieser Safari die Jakobsleiter an Bord aus einem heftig dümpelnden Boot heraus überwinden.

Nach zehn Tagen versegelte das Schiff von Veraval nach Bedibunder im Golf of Kutch, um lediglich 500 Tonnen Expeller zu übernehmen. Von dort schlug der Frachter wieder einen Südkurs entlang der indischen Westküste ein und lief nach Mormugao in der ehemaligen portugiesischen Kolonie Goa. Diese war erst drei Jahre zuvor von Indien besetzt und als Bundesstaat integriert worden. Wir sollten abschließend 700 Tonnen laden. Während der anderthalb Tage Liegezeit musste ich meine bisherige Meinung über den angenehmsten indischen Hafen, Cochin, revidieren. Goa stellte sich als ein herrliches Fleckchen Erde heraus.

Die Umgebung des durch einen Bergsporn gegen den Südwestmonsun geschützten Hafens an der Flussmündung des River Zuari erschien uns wegen der vorwiegenden Eisenerzverladung wie rötlich eingepudert. Das Städtchen Vasco da Gama lag von unserem Liegeplatz etwa drei Kilometer entfernt und damit für einen erholsamen Spaziergang unerreichbar. Einen kürzeren Spazierweg fanden wir über den Bergsporn, auf dessen Plateau sich an der seeseitigen Spitze ein altes portugiesisches Fort befand. Von diesem führte ein Pfad wieder hinunter durch eine Pforte in der ehemaligen Festungsmauer zu einer idyllischen Badebucht mit einem herrlichen Sandstrand von etwa 200 Meter Länge. Diese Südseeromantik mit einem an schroffen Felsen aufsteigenden Palmenhain kosteten wir einen Nachmittag lang in der Brandung des Arabischen Meeres aus. Die Tourismusbüros entdeckten Goa als Badeferien-Destination erst viel später. Inzwischen sind die Strände weltbekannt für ihre unvergleichliche Schönheit und ihre koksenden Besucher.

Dieser überaus angenehme Eindruck vom Bundesstaat Goa verstärkte sich noch während einer vormittäglichen Rundreise im PKW gemeinsam mit dem Alten und dem Doc in die Hauptstadt Panjim und nach Alt Goa. Der Weg führte durch eine liebliche tropische Landschaft. Der jahrhundertelange portugiesische Einfluss hinterließ deutliche vorteilhafte Spuren. In einer der vielen alten Kirchen bestaunten wir als Reliquie den große Zeh des heiligen Antonius und die wunderschön erhaltenen Schädel und Rippen einer Anzahl erschlagener Missionare. Vor einem Hindutempel ließ sich der Master barfüßig fotografieren, ohne vorher zu versäumen, mir seinen Krückstock in die Hand zu drücken. Er litt unter einem Bandscheibenvorfall und hütete zuvor trotz aller Bemühungen des Doc tagelang die Koje, sehr zur Erleichterung seiner Nautiker.

Die Badebucht „hinterm Berg" in Mormugao

Bald darauf fanden die Ladearbeiten auf dem indischen Subkontinent ihren Abschluss. Wir liefen aus. Ende gut, alles gut - weit gefehlt. Ein Unfall überschattete unser Ablegemanöver. Ein Matrose brach sich den Arm, als die Vorleine um sich schlug. Wir mussten den Verunfallten in Goa zurücklassen.

Voll bis an den Stehkragen trat das Schiff die Heimreise an. Sogar auf den Luken stapelten sich die Säcke mit Ölkuchen. Der Master trat vor dieser gewagten Operation mit Petrus ins Zwiegespräch. Es würde nicht regnen und stürmen, segnete der unsere Überplanbestände ab. Quer über das Arabische Meer lief die HALBERSTADT nach Mogadiscio, der Hauptstadt Somalias, wie sie damals noch auf Italienisch hieß. Vor der Silhouette der Stadt löschte dort auf Reede die eigene Mannschaft die Busse binnen zwanzig Stunden in Schuten.

Am Morgen des 2. Juni erreichte der Frachter die Außenreede Suez. Er lief am Nachmittag auf die Kanalreede. Die Schiffe aus dem südgehenden Konvoi, mit ihr die SCHWERIN, passierten uns erst am nächsten Vormittag, weil sich im Kanal ein Schiff quergelegt hatte. Die Reederei telegrafierte, in Hamburg solle die Besatzung reduziert werden. Ein Schelm, wer Böses dabei dachte. Es ging lediglich darum, von dort mit einer Mindestbesatzung nach Gdynia zu laufen.

Im Suezkanal gaben die Tropen der Besatzung einen heißen Abschiedskuss, bevor Europa seine kalte Hand nach dem Schiff ausstreckte. So schnell konnte keiner die warmen Socken zusammensuchen und anziehen, wie es frisch wurde. Alle Schotten, die seit Mitte Februar offen gestanden und den Kollektivgeist auf Typ IV befördert hatten, gingen geräuschvoll wieder zu. Jeder richtete sich häuslich in seiner Kammer ein, freute sich auf die Koje und konnte sogar wieder darinnen schlafen, ohne danach das Laken auszuwringen. Das Kopfkissen wurde wieder als kuschelig und nicht mehr als schweißtreibend empfunden.

Mitte Juni lag die HALBERSTADT für fünf Tage im britischen Avonmouth nahe Bristol, um 1500 Tonnen Expeller zu löschen. Wir bewunderten den eigentümlichen Arbeitsstil der Briten. Keine Nachtschicht, keine Samstags- und Sonntagsarbeit, Arbeitsantritt gegen acht Uhr, eine Stunde Mittagspause und um 16 Uhr bereits wieder Feierabend. Die Tommys ließen es sich gut gehen bis Maggie Thatcher kam. Die hätten sich mal den Tag- und Nachtbetrieb im Überseehafen Rostock ansehen sollen, wo in fünf Tagen rund um die Uhr mindestens ebenso viel umgeschlagen wurde!

Nach den Monaten in Staub, Sand und Hitze bot sich die englische Parklandschaft zwischen Avonmouth und Bristol als eine äußerst erquickliche Augenweide dar. Werde Seemann und du lernst eine grüne Wiese zu schätzen!

Schließlich erreichten wir den alten Kontinent. In einer Kantine im Hamburger Kaiser-Wilhelm-Hafen kam es zu einer in die Zukunft weisenden Begegnung. Ein Stauer fragte uns provozierend, ob denn die Besatzung überhaupt runter dürfe von dem Ostzonen-Dampfer. Er tat ganz erstaunt, als dies bejaht wurde. Er legte noch einen nach. Der Purser trug seine Uniformjacke. Deshalb fragte der Stauer, ob der Uniformierte zur Bewachung mit wäre. Wir nahmen ihm seinen derben Scherz nicht weiter übel und klopften uns anschließend auf die Schulter. Keiner konnte ahnen, dass seine Fragen zwanzig Jahre später fast ins Schwarze trafen und darum der Ständige Vertreter der Bundesrepublik in Ost-Berlin wegen Vergiftung der deutsch-deutschen Beziehungen einbestellt worden wäre. Damals aber war die Politik der DSR noch besser als der Ruf der „Zone“.

Und weil es die Zeiten noch hergaben, nutzte ich in Hamburg die Gelegenheit, um eine Schulfreundin zu besuchen, die in der 10. Klasse plötzlich nicht mehr zum Unterricht erschien und nun im Alsterpavillon am Kuchenbufett stand. Die verstand die Welt auch nicht mehr, als ich ohne Politoffizier bei ihr aufkreuzte. Mein stolzes Schiff durfte ich ihr ebenso stolz von oben bis unten zeigen.

Vor der Eisenbahnbrücke Rendsburg im Nord-Ostsee-Kanal

Nach drei Tagen Liegezeit in Hamburg lief das Schiff via Nord-Ostsee-Kanal und quer durch die Kieler Woche zur Reede vor Warnemünde, um einen Besatzungswechsel vorzunehmen. Mein Kollege ging in den Urlaub. Anschließend versegelten wir binnen achtzehn Stunden nach Gdynia.

Wieder einmal folgte ich den Spuren meines alten Herrn. Er weilte gerade mal gut zwei Dekaden früher hier, als die Stadt noch Gotenhafen hieß. AGRUFRONT hatte ihn dorthin geführt, das Kürzel für „Ausbildungsgruppe für Front-U-Boote“ - ein Schulungszentrum für U-Boot-Besatzungen, das im Herbst 1941 auf der Halbinsel Hela eingerichtet worden war. Mit Tauchtests bei Danzig, Torpedoschießen bei Gotenhafen und Flak-Übungen bei Swinemünde bereitete sich hier U 1229 auf seinen Fronteinsatz mit integriertem Untergang vor.

Wir hingegen kamen in friedlicher Absicht, ebenso wie ein waffenstarrender Flottenverband der Volksmarine, der unmittelbar neben unserem Dampfer festmachte. Auf diese Art und Weise fand eines der vermutlich seltenen Rendezvous der blauen Jungs von der Volksmarine mit der Besatzung eines Groß-Schiffes der DSR statt. Der Kontrast konnte nicht größer sein. Hier die von der Sonne gegerbten Seelords, die ihren Pott schon an jeder Pier in Indien festgemacht hatten, dort die feschen Seemollis mit den Kieler Hemden, die sich stolz in die Brust warfen, es bis Gdynia geschafft zu haben. Letzteren wurde der Landgang bis 23 Uhr gestattet und als Barmittel bekamen sie zwanzig Zloty ausgezahlt. Diese Summe entsprach fünf Mark der Deutschen Notenbank. Hein Seemann durfte 32 MDN in polnische Währung umtauschen und niemand scherte sich um sein Fernbleiben über Nacht, solange der Job gemacht wurde und er nicht in einen Kohlensack gekleidet wieder an Bord erschien. Ich traf überraschend meinen Klassenkameraden in seinem Parade-Päckchen wieder, der beim Ungarn-Aufstand das hässliche Wort STREIK an die Wandtafel gekritzelt hatte. Diese Begegnung zweier völlig verschiedener Welten löste nicht nur bei ihm eine große Sogwirkung von der Volksmarine hin zur DSR aus, vor der selbst langgediente Offiziere nicht verschont blieben.

Am 7. Juli 1965 musterte ich nach fünf Monaten und sechzehn Tagen vom Motorschiff HALBERSTADT ab. Von ähnlich lockeren Reisen konnten DSR-Seeleute in den 1980er Jahren nur noch träumen, nicht nur, weil das letzte Typ IV-Schiff, MS GERA, im November 1980 außer Dienst gestellt wurde.

Tachometer (Log) am Heck des Schiffes

VEB Deutsche Seereederei Rostock

Lohnabrechnungszettel

für Seibicke, Friedrich Monat April 1965

Heuer	DM	525,-
Sprechfunkzulage	DM	
Treueprämie	DM	
Fahrtzuschlag	DM	90.-
Größenzuschlag	DM	120.-
Bereitschaftswache ... Stunden	DM	
Ueberstunden Grundstunden	DM	
Steuerpflicht. Betrag	DM	735.-
SV-pflicht. Betrag DM 600.-		
Stunden 25 %		
Stunden 50 %	DM	–
NP 52 Stunden 10 % 26.-		
Stunden 100 %	DM	26.-
Sonstige Zuschläge (Tropenzulage)	DM	84.-
Sonstige Zuschläge ( )	DM	
Sonstige Zuschläge ( )	DM	
Kinderzuschläge ( )	DM	
Ehegattenzuschläge ( )	DM	
Krankengeld von ... bis	DM	
Lohnausgleich von ... bis	DM	
Bruttolohnsumme	DM	845.-

Abzüge

Lohnsteuer	DM	133.90
Soz.-Vers.-Beitrag	DM	60.-
Pfändungen, Darlehn	DM	
Aufbau	DM	
Sparvertrag	DM	
Uniformgeld	DM	20.-
Transit	DM	-.15
Getränke	DM	25.15
Telegramme	DM	20.94
Devisen	DM	
	DM	
	DM	
Abschlag	DM	
Ziehscheine	DM	
	DM	260.14
Auszahlungsbetrag	DM	584.86

Der Geldbetrag ist **sofort** nachzuzählen.
Spätere Reklamationen werden nicht anerkannt!

IV/14/83 Irrling, Magdeburg-SW — Ag 307/63/8413 11 50000

MS HALBERSTADT - Vom Purser monatlich ausgegebene Lohnabrechnung für die Barauszahlung der Heuer am Reiseende

5. Akt von den Damen-Nylons für Ventspils - oder: Eine Urlaubsvertretung auf MT SCHWARZHEIDE

Plötzlich und unerwartet, wie es der Seemann aus der Praxis der Arbeitskräftelenkung schon leidgeprüft kannte, erreichte mich nach 41 Tagen Heimaturlaub im Anschluss an die Indien-Reise mit der HALBERSTADT ein Telegramm der Reederei: „Dienstantritt MT SCHWARZHEIDE 17. 8. 65“. Ich befleißigte mich, pünktlich nach Rostock zu kommen. Die SCHWARZHEIDE jedoch enteilte mir. Als ich auf der Funkinspektion eintraf hieß es, der Tanker sei gerade am Auslaufen – bound for Warnemünde Reede.

Für verdiente Veteranen aus der Generation der Weltkrieg-Zwo-Teilnehmer, die ein Jahr vor ihrer Altersrente standen, in Rostock wohnten und ihre Seetauglichkeit trotz zunehmender Gebrechen gerade noch einmal so herüberretten konnten, bedeutete die Musterung auf den beiden Tankern SCHWARZHEIDE und LÜTZKENDORF die göttliche Vollendung des Kapitels Seefahrt. Seit Jahr und Tag wurde mit den beiden Relikten frühkapitalistischer Entwicklung Erdöl aus Ventspils (Windau) in der Sowjetrepublik Lettland in die Öltanks nahe des verschlafenen von Schafen umgrasten Heidedorfes Peez befördert. Die Reise von Rostock nach Ventspils dauerte etwa dreißig Stunden. Ebenso die Strecke zurück, baustellenbedingte Umleitungen kamen selten vor. Mit 151,25 Meter Länge und einer Breite von 18,45 Meter entsprach mein neues Brotschiff dem Schnitt der DSR-Großschiffe, gehörte aber wie auch die LEUNA I im Vergleich zu dem, was an Tankern bereits fuhr und noch in Dienst gestellt werden sollte, ebenfalls in die Kategorie „erbärmliche Ölkanne“.

Beide Tanker lagen in der Regel zwischen den Ladeterminen bis zu acht Tagen im Überseehafen. Dem jüngst verflossenen Termin am 11. August sollten welche am 26. August, dann am 4., am 12. und am 20. September folgen. Die verbleibende Wartezeit lag die SCHWARZHEIDE normalerweise an der Ölpier gemütlich vor sich hin. Jeden Morgen peilte der Kabelgattmatrose, ob sich der Dampfer nicht schon festgeschissen hatte. Oder das Schiff verholte an die Querpier zwischen den Hafenbecken A und B, wenn der Platz für einen anderen Tanker gebraucht wurde. Im Juni hatten beide Tanker drei Wochen im Hafen herumgelegen. Ein Wandersmann kam daher und erzählte, die Pipeline sei verstopft, in Orenburg wäre ein Rentier in die Pumpstation gefallen.

Nun wurde an der Querpier gebaut und so handelte es sich praktisch um das erste Mal, dass die SCHWARZHEIDE raus auf Reede musste, bevor sie nach Ventspils ablaufen konnte. Auf diesen beiden Tankern gemustert zu werden, bedeutete wie wir bereits wissen für manchen ein sehr angenehmes Fahren. Doch niemand konnte ahnen, was unter den Haaren der schönen Frauen aus der Arbeitskräftelenkung vor sich ging, ob sie nicht doch für eine Flasche TOSCA aus dem Internationalen Basar schwach wurden und danach ihre Favoriten auswählten. Wer auf diesen Job spekulierte und ganz gerne mal die Seele hätte baumeln lassen, der wurde von ihnen mit Sicherheit und Typ IV nach Fernost verschickt. Es ging in der aufblühenden Reederei arbeitskräftetechnisch noch alles kreuz und quer durcheinander.

MT SCHWARZHEIDE im Ölhafen mit Blick auf das Tanklager Peez

Über den Plänen für die Seemannsherberge „Haus Sonne" grübelten zu jener Zeit noch die Architekten. So kam ich für eine Nacht mit Quartierschein im „Haus der Hochseefischer" am Holbeinplatz unter, um dann am nächsten Tag mit einer Proviant-Barkasse zur Ablösung des Funkoffiziers an Bord zu gehen. Die Übergabe fand dann wie allgemein üblich im fliegenden Wechsel während der Proviantübernahme statt. Die längste Zeit davon beanspruchten die Randaufgaben Devisenabrechnung und Basarware. Die Technik hakten wir am Rande ab. Sie schien auch nicht so wichtig zu sein. Den Kurzwellensender konnte mir der Kollege nicht erklären, weil er ihn noch nie benutzt hatte. Selbst wenn er es gewollt hätte, für das „feedback“, den Empfang auf Kurzwelle, besaß das Schiff eine völlig ungeeignete Ausrüstung.

Aus alter Gewohnheit glaubte ich die Gelegenheit wahrnehmen zu müssen, mich wenigstens an den DAYY-Programmzeiten der DSR-Schiffe zu beteiligen, obwohl die SCHWARZHEIDE dort noch nie in Erscheinung getreten war. Der alte DABENDORF-Empfänger verfügte nur über ungenügend gespreizte Kurzwellen-Bänder, so dass sich die Frequenzen einfach nicht auffinden ließen und dem anderen, etwas besseren geerbten Gerät fehlte die Frequenzstabilität. Die „Piepser“ besaßen eine inflationäre Tonlage. Sie steigerte sich mehr und mehr in die Höhe bis sich der Empfänger in eine Hundepfeife verwandelte und die Kaffeekanne auf der Brücke zerbarst. Ich fühlte mich ziemlich gehandicapt, fast scheintot. Nur BILD sprach damals mit den Toten – und Rügen Radio, falls man nahe genug dran war. Drum trauten sich die beiden Tanker kaum weg von der Insel.

Den Grenzwellensender für diese Zwecke schaute ich erst mal skeptisch an. Ich arbeitete auf den Vorgängerschiffen nicht im Sprechfunkbereich. Wir gewöhnten uns beide schnell aneinander. Der Umgang mit ihm stellte sich als herrlich bequem heraus. Rügen Radio meldete sich immer auf der Stelle. Wenn ich vernahm, wie in Glowe ein Kollege von der Küstenfunkstelle das Mikrophon öffnete und der Raum darum herum förmlich gehört werden konnte, musste mit der Verbindung einfach alles klappen.

Nach einem Jahr Studium an der Seefahrtschule besaß ich für dieses Schiff eine totale Überqualifikation. Gemäß den Vorschriften musste der Tanker dem zum Trotz mit einem Funkoffizier bemannt sein. Mein sonst wichtigstes Handwerkszeug, die Morsetaste, verstaubte in der Ecke. Dort stapelte sich auch ein Berg von Berichtigungen für den Nautischen Funkdienst und die internationalen Dienstbehelfe. Mein Vorgänger verfuhr offensichtlich nach der Prämisse, nur Arbeiten auszuführen, die Sinn machten. Diese Berichtigungen besaßen für die Fahrt auf dem ausgetretenen Pfad nach Ventspils und zurück keinerlei Bedeutung.

Die Ausstattung der Kammer entsprach einem gehobenen Vorkriegsniveau, das sich bald nach 1918 bei Schiffsneubauten zu einem wohnlicheren Stil wandeln sollte. Ich hätte mit keinem blinden Passagier tauschen mögen, der unter der Persenning eines Rettungsbootes nächtigen musste. Diese Behausung wählte ich als drittbeste unter meinen bisherigen drei

Schiffen. Bei äußerst begrenzten Raumverhältnissen wusste ich mit meinen Siebensachen, von denen ich wahrlich keine Kofferladungen voll heranschleppte, kaum wohin. Wer auf dieser Freundschaftslinie fuhr, brauchte sich nicht auf Monate hinaus mit zwei Dutzend Tuben Chlorodont, Biox Ultra oder anderen Körperpflege-Utensilien einzurichten. Seefunk-Vordrucke aller Art blockierten die wenigen Schubfächer unter der Koje. Sie würden weit über den Abwracktermin des Schiffes hinaus reichen. Wenigstens in dieser Richtung musste ich mir keine Sorgen machen. Der gute Anzug ließ sich zur Not an die Kabelpritsche hängen, die quer durch die Kammer lief.

Von der Kammer führte eine Tür in den Funkraum und von dort eine weitere in den Kartenraum. Durch eine Tür für den „Freigang" kam ich aus der Kammer hinaus auf das Brückendeck. In Nachbarschaft lag als sinnvolle, praktische Ergänzung eine Durchgangstoilette, die von draußen und aus dem Funkraum begangen und auch benutzt werden konnte. Später besaß ich nie wieder die Chance, erst einmal für mein Horoskop einen Blick durch die Klobrille zu werfen, bevor ich den Funkraum betrat. Von den Nautikern wurde das Örtchen rege genutzt, um sich beim Ein- und Auslaufen nicht in die Hosen machen zu müssen.

Die Verschalung des gesamten Brückenaufbaus bestand aus tropischen

Edelhölzern. Dies schienen die Reminiszenzen an eine Zeit zu sein, als noch eiserne Männer auf hölzernen Schiffen fuhren. Die warme Tönung des Holzes gab meiner schwimmenden Dachterrasse eine heimelige Atmosphäre. Blieb die Brücke im Hafen unbesetzt, verirrte sich kaum jemand hierher. In diesem meinem kleinen Refugium lebte ich mit einem gewissen Handicap. Es kam kein warmes Wasser aus der Leitung. Besatzungsmitglieder aus Rostock, von dorther oder aus der näheren Umgebung kamen sie fast alle, hatten an diesem Problem weniger zu tragen. Drei Tage hintereinander mal nicht waschen, davon hatten kleine Jungs schon immer geträumt. Mindestens einmal wöchentlich konnten die Einheimischen im trauten Heim in die Badewanne gleiten und sich von der Gemahlin den Rücken schrubben lassen, wenn sie nicht gerade aus den Dörfern der Rostocker Heide stammten, wo noch Plumsklo und Waschzuber regierten. Ich gewöhnte mir recht bald einen sparsamen Umgang mit Wasser an. Eine Askese, die zum statistisch erfassten geringeren Wasserverbrauch der Ostdeutschen in der Markwirtschaft beiträgt, vor allem wenn es das Mischungsverhältnis im Grog betrifft.

Jedenfalls schloss ich mit dem nassen Element meinen Frieden. Es störte mich auch nicht mehr, wenn sich schwere Regenwolken durch das Peildeck hindurch auf meinen Schreibtisch ergossen, solange dieses Problem sich nicht auf die Kurzschlussfestigkeit meiner technischen Anlagen auswirkte. In der Werft in Malmö hatte man mit nobelpreis-verdächtiger Hochtechnologie versucht, das Peildeck dicht zu bekommen, aber alles vergebens. Und so stand der Funker weiter im Regen.

Eine Telefonanlage existierte nicht an Bord. Diese Kommunikationsform war den schwedischen Erbauern 1947 noch unbekannt. Von der Brücke konnte niemand achtern in der Kombüse anrufen, um die Lotsenplatte zu bestellen, nur ein reitender Bote ließ sich über den Laufsteg schicken. Die Verständigung funktionierte nach dem Prinzip einer sächsischen Haustürklingel: „Familie Pätzold, dreimal bleeken“(hochdtsch. blöken). Es kann nur vermutet werden, dass durch diese harte Schule auch die Nautiker der BÖHLEN gingen, die versäumten, hinten Bescheid zu geben, dass sie vorne absoffen.

Rundfunkanlage und Kommandolautsprecher gehörten zu den großen Fremdwörtern. Die Crew hörte Radio Moskau übers Kofferradio und die Offiziere besaßen alle einen Rundfunkempfänger in der Kammer. Auch der Empfang des demokratischen Rundfunks ließ sich jederzeit gewährleisten. In Anbetracht des dadurch ungebräuchlichen Empfangs der Schiffspresse benutzte ich keine mächtige Büroschreibmaschine wie auf anderen

Schiffen, sondern nur eine kleine Erika aus dem Koffer, in den Gisela oder Heidi leider nicht reinpassten. So sorgten nur die Ausflugsdampfer der Weißen Flotte während der Reedezeiten vor Warnemünde für Kurzweil. Die durften sich damals noch über die Mole Warnemünde hinaus wagen, damit sich ihre Fahrgäste in aller Ruhe übergeben konnten. Manchmal umrundeten sie auf Wunsch einzelner Damen die auf Reede liegenden Schiffe. Wenn sich solch ein Schifflein näherte, ging ein Ruf wie Donnerhall durch das Schiff: „Fleischdampfer in Sicht!" Dann stürzte alles zu den Gläsern, der Vierte Offizier sich in die Uniform. Die vom Seegang Gebeutelten im kleinen Schiffe ergriff es mit wildem Weh. Sie schauten nicht auf die Felsenriffe, sie schauten nur hinauf in die Höh. Dort stand unsere Stewardhelferin und dachte überhaupt nicht daran, sich extra deswegen das lange blonde Haar zu kämmen. Wir peilten die Lage, freuten uns wie die Urlauber über die Abwechslung und die UNDINE da unten kriegte hinter unserem Heck ordentlich die Kurve.

Über die Verpflegung musste ich nicht meckern, wenn auch der Einstieg mit Krautrouladen, meinem „Lieblingsfraß" aus Kindertagen, erfolgte. Die Bratkartoffeln, Seemanns Lieblingsspeise, es ließ sich an ihnen nicht viel verderben, unterschieden sich nicht wesentlich von denen auf der HALBERSTADT. Die Vollmilch, die ich anderswo als zünftiger Seemann so schmerzlich vermisste, ging nie aus. Zumindest der Koch konnte stets auf frische Ware zurückgreifen. Das gelang den Lords weniger. Im Seemannsclub in Ventspils saßen immer die gleichen Komsomolzinnen.

In den Wäldern bis hin zum Ural herrschte Pilzzeit. Der Smut kaufte in aller Herrgottsfrühe um sechs Uhr, die Uhren an Bord wurden während der Überfahrt nicht jedes Mal auf Moskauer Zeit vorgestellt, auf dem Markt in Ventspils frische Pfifferlinge ein. Der Meiler in Tschernobyl blubberte noch still vor sich hin. Nicht ein einziger Pilz leuchtete im Dunkeln. Niemand musste fürchten, dass nach dem Verzehr der noch unbestrahlten Waldfrüchte seine Frau das Kind von einem andern bekam.

Die Zuständigkeiten für den Vertrieb der Marketenderware lagen auf viele Schultern verteilt. Der Steward beschränkte sich auf den Verkauf von Bier und Brause, der III. Offizier verwaltete die Transitlast mit dem guten Weinblattsiegel und der Funkoffizier nahm die Sachen in Kommission, die der Seemann nur über ein Devisenopfer erhielt. Als Sonderposten übernahm ich von meinem Vorgänger eine Wagenladung Nylonstrümpfe aus Dederon für 1,90 Valutamark das Paar. Im sozialistischen Einzelhandel besaßen sie den stolzen Preis von 11,60 Mark der Deutschen Notenbank. Diese Beinbekleidung am Strumpfhaltergürtel machte selbst aus jedem

Wattejacke und Filzstiefeln tragenden Tally-Mädchen im Überseehafen ein hocherotisches, verruchtes Frauenzimmer, bis das weibliche Geschlecht auf die abtörnende Idee kam, sich Feinstrumpfhosen überzuziehen. Seither spricht die Geburtenstatistik vom Strumpfhosen-Knick.

Mit diesen „Weichmachern" bezahlten die Leute der Stammbesatzung ihre amourösen Abenteuer in Ventspils oder sie brachten die Strümpfe statt Blumen mit. Während meiner Anwesenheit an Bord stagnierte deren Absatz. Die potentiellen Kunden verbrachten noch den Sommerurlaub bei ihren getreuen Gattinnen, die Komsomolzinnen saßen auf ihrer Datsche oder ließen sich inzwischen nicht mehr so billig abspeisen. Bald setzte sich auch bei ihnen der Drang zur Strumpfhose zwecks Geburtenkontrolle durch. Außerdem ließen sich beim Striptease auf dem west-östlichen Diwan in eine Strumpfhose viel mehr Rubelscheine hineinstopfen als unter die Strapse.

Durch die kurzen Reisen und langen Liegezeiten in Rostock entwickelte sich die Besatzung zur reinsten arbeitskräftepolitischen Jongliermasse. Es ging an Bord zu wie in einem Taubenschlag. Wusste die Arbeitskräftelenkung nicht wohin mit dem Mann, wurde er erst mal auf die SCHWARZHEIDE abgeschoben. Ein Neuaufsteiger für die Maschine stellte gar nach seiner ersten Reise Rostock – Ventspils und zurück fest, diese Seefahrt bedeute keinesfalls die Erfüllung seiner Träume von palmenbesäumten Stränden und barbusigen Inselschönheiten. Seit der Meuterei auf der BOUNTY waren halt einige Jahre ins Land gegangen. Er verabschiedete sich nach einer Woche wieder aus der Company, völlig überrascht, dass er in diesem Job relativ selten entspannt an die Reling gelehnt den Möven in den Arsch gucken konnte. Er hatte auf die falsche berufliche Laufbahn gesetzt. Am Anfang einer Seefahrer-Karriere auf einem Tanker und der „Brücke der Freundschaft" nach Ventspils fahren zu müssen, solch ein Schicksalsschlag musste erst einmal verkraftet werden, wenn andere Schiffe nach Bombay, Rio und Shanghai oder Murmansk ausliefen.

Eines Tages zerrte einer dieser Grünschnäbel einen riesigen Schraubenschlüssel aus der Maschine im Rückwärtsgang über den Laufsteg, von der Brücke her amüsiert beobachtet. Hatte mal wieder der Wachoffizier gelangweilt einen neuen Decksmann beauftragt, den Kompassschlüssel aus der Maschine zu holen. Der kam in der Verarsche kurz nach dem Moker zum Pollerrichten und gleich hinter der Begründung, „Ordnung und Sicherheit" an Bord müssten gegen den Ansturm holländischer Pyromanen durchgesetzt werden, die versprachen, DSR-Schiffe mit ihren Besatzungen provisionsfrei in die Luft zu sprengen. Dabei entwickelte sich dieses

Gewerbe erst viele Jahre später. Stand die Welt mal wieder am Abgrund, wir waren propagandistisch immer schon einen Schritt weiter.

Trotz der Fluktuation stand der Dampfer hervorragend in Farbe und erschien im Vergleich zur LÜTZKENDORF wie ein wahres Schmuckkästchen. Die SCHWARZHEIDE belegte damals den ersten Platz im Wettbewerb der Tankerflotte. Damit hatte sie sich entgegen früherer Wahrnehmungen in ihrem Aussehen stark verändert, wie eine Achtzigjährige nach dem dritten Face-Lifting.

Durch das ständige Kommen und Gehen bereiteten die Buchführung der Devisen und der Basarwarenhandel einen Haufen Arbeit. Ich musste höllisch aufpassen, dass keiner verschwand, ohne die Zeche zu begleichen. Mit der Besatzung kam ich ansonsten prima aus. Keiner von ihnen musste sich dem psychosozialen Stress von Langreisen aussetzen und war entsprechend locker drauf. Man sah kaum jemanden, der nicht singend über den Laufsteg eilte. Der Alte gehörte zu den integren Persönlichkeiten. Er begann dem Vernehmen nach seine nautische Laufbahn bereits bei der Kriegsmarine, wie es viele Männer der ersten Stunde und ohne Vergangenheit bei der DSR getan hatten. Bei der HAPAG hätte er sich das Ritterkreuz über die Koje hängen können, bei uns wurde darüber nur unter vorgehaltener Hand getuschelt. Trotzdem erfreute er sich bei der Crew einer hohen Wertschätzung.

Die finanziellen Mittel, welche die Besatzungsmitglieder in Ventspils verbrauchen wollten, lieferte der Makler nicht an Bord, sondern diese musste der Funkoffizier im „Interclub“ besorgen. Das verschaffte mir viel Lauferei, zumal diese Institution orientalische Öffnungszeiten besaß, auf die sich niemand verlassen konnte. Auf Anhieb ließ sich nicht erschließen, wozu die Massen die Kopeken überhaupt brauchten. Nun gut, sie wurden im KOSMOS in Sovjetskoje Champanskoje umgesetzt. Die Stadt verfügte auch über ein größeres Kaufhaus am Platze, das unchristlicherweise selbst sonntags seine Pforten öffnete und damit den Ladenöffnungszeiten in Deutschland weit voraus war. So bewahrheitet sich noch heute die Parole: „Von der Sowjetunion lernen, heißt siegen lernen.“

In unserer kleinen Republik besaß jeder die große Freiheit, sich über seine finanziellen Notlagen auszulassen, während heutzutage die Devise gilt, vom Geld spricht man nicht, genügend Geld beschafft man sich vorrangig auf unlautere Weise. Es dürfen schon mal sechzig Millionen Euro Jahresgehalt sein. Trotzdem sei erwähnt, in meiner Funktion hätte ich auf 590 Mark Grundheuer, 150 Mark Größenzulage, 120 Mark Tankerzulage sowie 10 Mark Nachtzuschlag und einige wenige Prozente aus dem Basarwarenhandel zurückgreifen können. Auf 90 Mark Fahrtbereichszulage musste ich gänzlich verzichten. Das „Rechts um die Ecke“ fiel gerade noch so in die Kleine Fahrt, kleiner ging es wirklich nicht mehr. Trotzdem ein fürstliches Salär im Vergleich zu dem, was damals an Land verdient wurde. Noch nie zuvor hatte ich mit leuchtenden Augen solche Unsummen auf dem Lohnzettel gesehen. Der Rubel konnte somit in jeder Beziehung rollen, denn der Umtausch bei „Karl-Heinz“ unterlag keinem Limit mehr.

Die Gerüchteküche brodelte. Zwischen dem Fährschiff WARNEMÜNDE und MS RÜGEN wurde auf der Welle sogar eine weitere Lohnerhöhung ab Oktober diskutiert. Man wollte den Seemann durch materiellen Wohlstand bei der Stange halten. Geniale Denker kamen später auf den Dreh, dass dies mit Gruppenlandgang viel billiger zu realisieren sei. Wesentlich mehr aber erregte die Gemüter zu jener Zeit, dass die Reederei ab September die Entlohnung über Gehaltskonten bei der Reichsbahnsparkasse Greifswald organisieren wollte. Jeder Seemann musste sich ein solches Konto einrichten. Die Sparkasse redete allen mit tröstenden Worten gut zu. Trotzdem gab es fürchterlichen Stunk unter den Seeleuten wegen dieses niemodschen Krams. Niemand konnte sich vorstellen, wie das Leben weitergehen sollte, bekäme Hein Seemann zukünftig sein sauer verdientes Geld am Reiseende nicht mehr bar auf die Kralle. Er verlöre bestimmt die Übersicht über seine Finanzen und die Ehefrau erhielte sie im Gegenzug.

Ende September 1965 musterte ich entgegen aller Vorhersagen, die mir einen Verbleib an Bord bis zum Verbrauch aller dienstlichen Formulare in zwanzig Jahren angedroht hatten, schon wieder ab. Der Stammfunker kam wieder zurück. Er wollte nun doch nicht mit Typ IV nach Fernost fahren. Zuerst mit großer Skepsis aufgestiegen, trauerte ich dem Schiff doch ein wenig nach. Ich begriff, dass man auf solch einem Dampfer wie ein Fährmann an der Elbe stets mit einer Handbreit Wasser unterm Kiel gut und gerne bis zur Rente glänzend über die Runden kam, gerade die rechten Zeiten, ohne sich in Sehnsucht zu verzehren oder seiner Trauten mit ihrem kuckucksartigen Nachwuchs überdrüssig zu werden. Noch wusste ich nicht, welche heimtückischen Gedanken die Funkinspektion über meine weitere Verwendung plagten. Die Mittelmeerdampfer als Alternative befanden sich alle in festen Händen. Vor einigen Tagen hatte ich am Kai der ablegenden LEIPZIG, die Kurs auf Indien nahm, mit einem tränenden Auge nachgeschaut. Wenn es doch wieder auf Große Fahrt ginge!

Das zukünftige Brotschiff, die KÖRNER, wartet bereits im Überseehafen

6. Akt von Politniks, Lehrlingen und einem Kapitän – oder: Mit THEODOR KÖRNER nach Tampico

Tampico – heute ein Ortsname, den kaum ein Landbewohner kennt. Anfang der 1960er weckte die Erwähnung dieser mexikanischen Hafenstadt in der deutschen Volksseele noch einen gewissen wohligen, sehnsuchtsvollen Schauer, weil Freddy Quinn, der große Schlagerbarde, in einem seiner Seemannslieder diesen Hafen besang. Und Heino, der Blonde mit der schwarzen Brille, setzte später noch einen drauf: „Die Caballeros tragen Sombreros in Tampico. Die Senoritas, die tragen nie was in Tampico." Oh la la, dieses erotische Schlaraffenland möchte der Seemann einmal mit eigenen Augen sehen! Dank dessen besaß die Stadt den gleichen Bekanntheitsgrad wie weitaus berühmtere Hafenstädte, etwa Bombay oder Shanghai, die einst Hans Albers unter das sangesfreudige Volk brachte. „Einmal in Tampico sein", wo keiner lange allein blieb – dieser dahin gejodelte schmachtende Seufzer sollte sich für die Besatzung des Fracht- und Lehrschiffes THEODOR KÖRNER/DHZW Anfang 1966 mit Leben erfüllen und ich zählte dazu! Auf, auf, in die Stadt der nackten Frauen!

„ Kanada, kennst du Kanada? Jetzt in Kanada, das wär' schön. Mexiko, kennst du Mexiko? Einmal Mexiko musst du seh'n!" Mit diesem Schlagertext von Freddy im Hinterkopf stieg ich im Oktober 1965 erwartungsfroh und skeptisch zugleich auf das Fracht- und Lehrschiff THEODOR KÖRNER / DHZW als Zweiter Funkoffizier auf. Die Rahmenbedingungen, unter denen ich hier anmusterte, unterschieden sich sehr stark von den Vorschiffen. Ein Job auf einem Lehrschiff war das letzte, was ich mir hatte träumen lassen. Ich musste auf Gedeih und Verderb das beste aus der neuen Heuer machen. Nach der zivilisierten Indien- und Tankschifffahrt wieder auf preußische Etikette Wert zu legen, bedeutete eine gewaltige Umstellung. In der Messe geschniegelt, gebügelt und nüchtern zu erscheinen, hieß die erste Pflicht eines Offiziers und Gentlemans.

Wie große Lettern auf beiden Seiten des Schiffes verkündeten, fuhr der Frachter im Gemeinschaftsliniendienst CUBALCO aus dem Baltischen Meer nach Kuba. Auf der bevorstehenden Reise sollten zusätzlich die beiden mexikanischen Häfen Vera Cruz und Tampico bedient werden.

Am Samstag, dem 11. 12. 1965, traf die KÖRNER mit einer Ladung Rum in Fässern aus dem kubanischen Matanzas und einer Schüttgutladung Mais aus Mexiko nach der wievielten Atlantiküberquerung wieder einmal in Rostock ein. Lehrlinge und Ausbilder verließen zum Weihnachtsurlaub das Schiff. Auch der Erste Funkoffizier verabschiedete sich in den lange geplanten Urlaub und an dessen Stelle trat ich als sein Second. Die Umstände auf dem Lehr- und Ausbildungsschiff THEODOR KÖRNER verwandelten sich dadurch fast in solche wie auf einem normalen Frachtschiff, abgesehen vom anhaltenden Uniform-Zwang und dem angedeuteten Hacken zusammenschlagen, wenn ich fortan schüchtern beim Alten um Landgang nachzufragen gedachte.

Nach drei Tagen Liegezeit in Rostock versegelte das Schiff mit dem auf das unbedingt erforderliche Maß reduzierten Teil der Stammbesatzung nach Stettin, um den Mais aus Coatzacoalcos, den auch Puerto Mexiko genannten Hafen am Isthmus von Mexiko, zu löschen. Anschließend sollte das Schiff in den schwedischen Häfen Utansjö und Köpmanholmen, laut Seehandbuch Ortschaften mit 500 beziehungsweise 2500 Einwohnern im Mittelteil des Bottnischen Meerbusens, in alle Luken voll Schiff Zellulose laden. Danach stand nochmals ein Anlauf von Rostock zur Proviantübernahme und dem Wiederaufstieg der Lehrlinge im Reiseplan. Über London würde es dann wie auf der vorangegangenen Reise wieder in Richtung Kuba gehen. Dort bekäme das Schiff, so hieß es jetzt schon, eine volle Zuckerladung für Rostock. Keine berauschenden Aussichten für das neue Jahr, erst recht nicht für jemanden, der noch ganz wild auf neue Häfen und Kontinente aus war. Aber der liebe Gott zeigte sich gnädig und lenkte die

Geschicke des Schiffes innerhalb der nächsten Tage in eine etwas andere, alles in allem erfreulichere Richtung.

In Deutschland herrschte Eiseskälte, im Westteil wie immer sozial, im Ostteil wetterbedingt. Obwohl erst Winteranfang bedeckte das Oderhaff bereits eine dicke Eisschicht. Auf der Fahrt nach Stettin schrammten in der Dunkelheit die Eisschollen rumpelnd und knirschend, geradezu mit grässlichen Geräuschen, an den Platten und Nieten der Außenhaut des betagten Frachters entlang. Der bereits vorsorglich empfangene schwedische Eisbericht verhieß für die nördlicheren Gefilde der Ostsee nichts Gutes. Nach dem Löschen der Maisladung passierte das Schiff Swinemünde drei Tage vor Weihnachten auslaufend, nunmehr einen nördlichen Kurs steuernd. Auf diesem könnte der Dampfer am Donnerstag bei gutem Wind in Utansjö eintreffen, so hieß es.

Zwischen Frühstück und Mitternacht des Folgetages machte sich wegen überstürzender Nachrichten und Ereignisse eine ständige Präsenz im Funkraum erforderlich. Um die Bedeutung der Funkerei in jenen Tagen hervorzuheben, Mitte der 1990er in dieser Form vom technischen Fortschritt überrannt, soll ganz nebenbei die Achtung der Nachwelt auf dieses historische Tätigkeitsfeld gelenkt werden.

Mein Tagewerk begann noch recht gemächlich, als für ein weihnachtliches privates Gespräch eine Telefonieverbindung mit Rügen Radio/DHS unter nicht gerade optimalen Bedingungen hergestellt werden musste. Vorher empfing ich bereits den Wetterbericht für die südöstliche bis nördliche Ostsee von Kiel Radio/DAO. Die geschätzte Ankunftszeit für Utansjö schien gesichert zu sein. Mit einem Telegramm über Tingstäde Radio/SAE bestellten wir den Lotsen für das Einlaufen. Es schlossen sich der Wetterbericht und der Ice Report von Stockholm Radio/SDJ an. Nun konnte sich der Funkoffizier dem stark zunehmenden weihnachtlichen Telegrammverkehr zuwenden. Ich übermittelte mit der Morsetaste ein Dutzend Telegramme an Rügen Radio. Die Küstenfunkstelle kündigte an, sie habe vier Botschaften für die KÖRNER im Fach liegen. Eine davon lautete: „sofort erkundungen über die eislage in den bestimmungshäfen einziehen, nicht in eis einlaufen, eventuell rückreise antreten.“ Diese Mitteilung kam aus der Technischen Inspektion. Dort wusste jemand, dass die KÖRNER keine von der DSRK bestätigte Eisklasse besaß. Die Befrachtung schien offensichtlich ziemlich blauäugig vorgegangen zu sein, uns in den hohen Norden zu schicken. Der Kapitän hegte keine Einwände dagegen, Befehl ist Befehl. Eigentlich hätten beide von der beschränkten Einsatzfähigkeit dieses alten Kastens, Baujahr 1938, wissen müssen, auf dem im Funkraum die Lampenfassungen durch die Decke von oben her voll Wasser liefen und es auf der Brücke durch das Peildeck hindurch ins Schiffstagebuch hineinregnete. Wir betraten den Funkraum deshalb grundsätzlich nur mit gut isolierten Schuhen und niemandem sonst außer dem Kapitän, er besaß leider keine isolierten Schuhe, wurde der Zutritt gestattet.

„Jeder murkst für sich allein. Schiet elender", dachte ich so in mich hinein. Immerhin musste ich anerkennen, offensichtlich machte sich so kurz vor Weihnachten noch jemand Sorgen um uns, der nicht der Ideologie anhing: Freitags nach eins macht jeder seins. Ein weiser Inspektor sah das Unheil am Horizont heraufkommen. Die Reederei wollte ihre Anweisung bekräftigen. Rügen Radio wartete bereits darauf, dass das Schiff einen Telefonanruf für den Kapitän entgegennähme. Als die Verbindung nach allerlei Stöpseleien zustande kam, eilte ich auf die Brücke, um den Alten zu informieren. Vor lauter Nervosität begann er, mich auf dem steilen, finsteren Niedergang zwischen Brücke und Funkraum von hinten her zu schubsen und mokierte sich darüber, dass Leute, die anderthalb Kopf größer als er seien, immer so langsam liefen. Sich über mein Gardemaß auszulassen, das einzige worauf ich stolz war, das nahm ich ihm echt übel.

In dem Telefonat wurde der Inhalt des Telegramms noch einmal bestätigt. Nun war erst einmal guter Rat teuer. Wie und wo sollten vom Schiff Erkundungen über die Eislage in den Bestimmungshäfen eingezogen werden? Schließlich kamen die Nautiker auf die Idee, beim Hafenkapitän von Härnösand nachzufragen. Über Härnösand Radio/SAH schickten wir die Bitte, uns über die Eislage zu informieren. Die Zeit verstrich, der Alte trat von einem Bein auf das andere. Die stündlichen Sammelanrufzeiten mit der Ankündigung vorliegender Mitteilungen wollte er nicht abwarten. Deshalb fragte ich jede Viertelstunde bei SAH nach, ob eine Nachricht für uns vorläge. Schließlich besaß die Küstenfunkstelle eine Information für uns. Die lautete lapidar, der Kapitän solle sich doch bitte mit solchen einfältigen Fragen an den Agenten oder an den Eisbrecher YMER wenden. Leider war der Eisbrecher gerade in Örnsköldsvik eingelaufen und momentan über Funk nicht zu erreichen. Der einzig gangbare Weg mit ihm Kontakt aufzunehmen, bestand darin, über Härnösand Radio ein Telegramm auf dem Landweg an die YMER zu senden, mit der Bitte um Auskunft über die Eislage. Zur Abwechslung wickelte ich erst einmal wieder Weihnachtsverkehr mit Rügen Radio ab. Während dieser Zeit lief der Eisbrecher wieder aus und rief nun nach DHZW, dem Rufzeichen der THEODOR KÖRNER, auf der Seenot- und Anruffrequenz 500 kHz.

Wohl hörte ich im Funkraum der KÖRNER den Anruf, doch der Eisbrecher konnte unsere prompte Antwort nicht empfangen. Härnösand Radio vermittelte auf meine Bitte hin einen Wechsel auf eine Arbeitsfrequenz im Mittelwellenband. Dort sandte der Eisbrecher einen telegrafischen Ice report, aus dem hervorging, nach Utansjö und Köpmanholmen würden wir auf Festeis mit Eisrinne treffen. Für die entsprechende Rückinfo an die Reederei wurde Rügen Radio diesmal wegen der zunehmenden Entfernung bereits auf Kurzwelle gerufen. Ich musste mich als dritter in eine Warteschlange stellen. Als der Kurzwellen-Arbeitsplatz die KÖRNER endlich aufrief, kam keine Verbindung mehr zustande. Der liebe Gott hatte diesen Weg wegen der Ausbesserung von Schlaglöchern in der Stratosphäre inzwischen geschlossen. Es erfolgte ein erneuter Versuch auf Grenzwelle. Hier durfte ich mich als sechster in die Reihe stellen. Der Weihnachtsverkehr der DSR-Kümoflotte verstopfte alle Kanäle. Rügen Radio zeigte Einsicht und öffnete den zweiten Grenzwellenkanal, so dass sich die Wartezeit wesentlich verkürzte. Ich setzte das Telegramm über die Eislage an die Reederei ab, zwei kamen an. Eines davon lautete: „nach rücksprache mit technik auf keinen fall in eis einlaufen egal wie stark, weitere order 23/12". Hatte sich also doch noch jemand bei der Company vor dem nahen Feierabend zu einer vorläufigen Entscheidung durchgerungen. Inzwischen zeigte die Uhr auf Mitternacht. Alle Nachrichten schienen bisher zur vollsten Zufriedenheit aller Beteiligten ausgetauscht worden zu sein. Der Aufwand darum ließ sich durch Außenstehende kaum nachvollziehen. Jeder Tastenklick aus Dutzenden Anrufen musste im Funktagebuch ausführlich und gerichtsfest mit Durchschlag dokumentiert werden.

Auf MS THEODOR KÖRNER besaß der Funkoffizier einen schweren Stand. Sein Kapitän wusste vieles besser, stolz darauf, in den 1930er Jahren die Funkerei als Nautiker so ganz nebenbei gelernt und betrieben zu haben. Bei ihm würde dieser ganze Düdelkram viel schneller gehen, aber er müsse ja leider auf der Brücke stehen. So kam dem Mann an der Taste bei diesen herablassenden Kommentaren über die „reichlich brotlose Kunst der Funkenpusterei" ganz schnell der kalte Kaffee hoch.

Am 23. 12. fragte ich noch vor dem Frühstück bei Rügen Radio an, ob Verkehr für THEODOR KÖRNER vorliege. Eines der Telegramme lautete: „erwarten sie vor der eisgrenze weitere order innerhalb der nächsten drei stunden". Der Kapitän wurde informiert. Er gab mir ein Telegramm an die Reederei mit auf den Weg, das Schiff habe Eisstreifen gesichtet und werde bis zur Eisgrenze dampfen. Inzwischen rückte die Empfangszeit für den nächsten Wetterbericht heran. Anschließend wurde das Telegramm abgeschickt. Kurz darauf setzte das Schiff ein weiteres Telegramm an die Reederei über Rügen Radio ab mit der Information, dass zwanzig Seemeilen vor Härnösand Eisschollenfelder von zwei Seemeilen Ausdehnung anzutreffen seien und die Maschine gestoppt wurde. Nun vertrieb ich mir die Zeit damit, laufend nach neuen Nachrichten bei Rügen Radio nachzufragen. Die Nautiker wurden immer ungeduldiger und traten auf der Brücke von einem Bein auf das andere. Mit dem nächsten Schwall an Weihnachtstelegrammen kam die erlösende Nachricht: „rückreise antreten via nord-ostsee-kanal, hamburg 200 to stückgut für mexico dann zurück via nok nach rostock 1500 to stückgut für kuba, dann nach antwerpen 200 to für mexico, dann nach london schienen und busse laden.“ Die Schiffsführung beriet die Lage und riss das Ruder herum. Der Reederei wurde der Empfang der Anweisung per Diensttelegramm bestätigt. Nun rief Härnösand Radio die KÖRNER für den Aufbau einer Telefonieverbindung. Der Agent wollte sich mal ein bisschen nach uns erkundigen. Er wusste natürlich von nichts und wunderte sich, dass wir beim Lotsen nicht angekommen waren. Offensichtlich hatten sich alle Beteiligten darauf verlassen, der Agent werde schon irgendwie informiert. Es wäre sicherlich für die Reederei nicht allzu beschwerlich gewesen, sich über Telex beim Agenten nach der Eislage zu erkundigen. Soweit dieser Einblick in die Arbeit eines Funkoffiziers, eines Berufsbildes, welches wie das manch anderen tapferen Handwerkers der technischen Revolution zum Opfer fiel. Seither darf sich auf den meisten Schiffen wie damals schon herbei gewünscht der Kapitän mit dem Informationsaustausch befassen.

Zum Heiligabend lag die Insel Rügen querab. Die Umrisse des vom Mond beschienenen Eilandes riefen ein komisches Gefühl mit einem Grummeln in der Magengegend hervor, so nah und doch unerreichbar, Sentimentalitäten keinen Platz lassend, an der weihnachtlich gestimmten Heimat vorbeizusegeln. Dort saßen jetzt die Familien unter dem Weihnachtsbaum. Wenigstens konnte jeder, dem Gesäß und Seele auf Grundeis gingen, mit seinen Angehörigen sprechen. Vor der Haustür von Rügen Radio bedeuteten Telefonie-Verbindungen kein Problem. Leider brauchten die freundlich-hilfsbereiten Kollegen teilweise eine drei viertel Stunde, um mit Hilfe der Fräuleins vom Amt und der Technik aus der Zeit der Gründerjahre bis in die weihnachtlichen Stuben zu den Eltern, Frauen und Kindern der Seeleute ins Binnenland vorzudringen.

Am 1. Weihnachtsfeiertag erreichten wir mit einiger Verspätung wegen dichtem Nebel gegen fünfzehn Uhr die Schleuse Kiel Holtenau. Die einzig wahre Hafenstadt Hamburg wartete.

EDGAR ANDRE/DEVA übernahm später die für uns vorgesehene Zellulose-Ladung. Der Kurswechsel brachte unserer Besatzung eine Reihe interessanter Häfen und nach unserer Rückkehr aus Hamburg den Jahreswechsel im Überseehafen Rostock ein. Ich besaß das ausgemachte Vergnügen, im Rahmen der Truppenbetreuung im Interclub zwischen liebreizenden, aufopferungswilligen Tally-Mädchen Silvester feiern zu dürfen. Mein Alter war froh, mich danach an Bord wieder zu sehen.

Nun stiegen die Lehrer und Lehrlinge der Betriebsschule wieder auf und am 5. 1. um sieben Uhr morgens lief das Schiff aus Rostock aus. Die Befrachtung hatte die Anlaufpunkte der Aus- und Heimreise bereits festgemacht. Wie viel Zeit tatsächlich darüber in den Häfen ins Land gehen würde, das lag wie das Schicksal auf hoher See in Gottes Hand. Der nächste Ladehafen nach Rostock hieß Antwerpen mit einer geplanten Liegezeit von einem Tag. Weiter gehen sollte die wilde Fahrt nach London mit voraussichtlich drei Tagen Liegezeit. Das Löschen der Ladung würde in Havanna, Vera Cruz und Tampico erfolgen. Danach im Ballast nach Kuba zurück, um dort in ein oder zwei Häfen den Bauch mit Zucker für Europa voll zu laden.

Auf der Überfahrt nach Antwerpen zeigte sich der Wettergott zum Eingewöhnen bis Skagen bei leicht bewegter See recht gnädig. In der Nordsee begann das Schiff bei südwestlichen Winden von 7 bis 8 zu stampfen und zu schlingern, bevor sich die See vor der holländischen Küste wieder beruhigte. Gegen vierzehn Uhr übernahmen wir vor Vlissingen den Scheldelotsen. Kurz vor Mitternacht machte der Dampfer im Hansa Dock von Antwerpen fest. Der Landgang am nächsten Tage wurde lediglich bis zur Mittagszeit gewährt. Erst um neun Uhr fuhr von „Spek en Eieren“, der allseits bekannten Hafenkneipe, der erste Bus in Richtung Stadt. Hektik machte sich unter der Besatzung breit. Der ungestüme Drang an Land unter diesen zeitlich knappen Umständen ließ sich nur mit den eher bescheidenen Landgangsmöglichkeiten erklären, die Kubafahrer auf Lehrschiffen in der Regel in Westeuropa besaßen. Jeder wollte die Chance nutzen, um beim Schiffshändler eine Garnitur Khakizeug zu kaufen, eine gut sitzende Trevira-Hose, das blusige Hemd mit Schulterklappen und großen Brusttaschen aus derbem Stoff, einem afrikanischen Buschhemd ähnlich, sowie als Accessoire den berühmten schwarz-rot-gold durchwobene Drahtschlingen-Gürtel mit der deutschen Flagge auf der goldenen Gürtelschnalle. Wir Seeleute besaßen keinerlei nationalistische Anwandlungen, aber der Deutschlandgürtel bedeutete ein Muss. Aus diesen Teilen bestand die inoffizielle Reedereiuniform jener Tage, die das Seevolk den weniger attraktiven Stücken aus der Kleiderkammer der Reederei entgegen setzte.

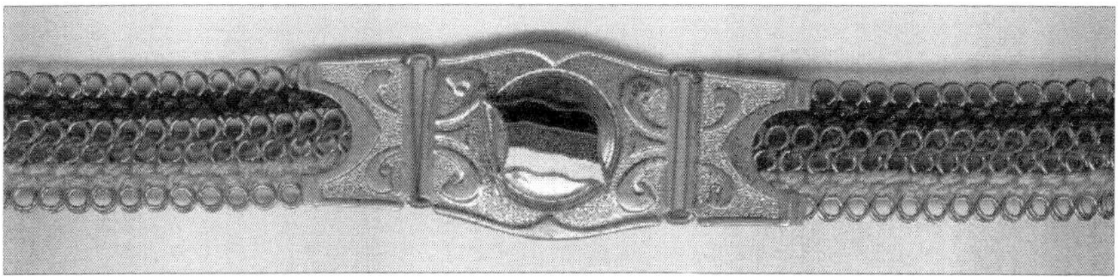

Bereits um elf Uhr trafen wir per Taxi wieder an Bord ein. Meine beiden mitfahrenden Stewards mussten die Crew mit Bohneneintopf verwöhnen, den schlimmsten, den ich je gerochen habe, vom Herunterwürgen ganz zu schweigen. Dazu gesellten sich im Reiseverlauf solche exorbitanten kulinarischen Köstlichkeiten wie Fußlappen mit Flöhe (Weißkrauteintopf mit Kümmel), Kalbsnierenbraten, geschlagenes Hirn, Lungenmus und Nierchen auf Mailänder Art. Sämtliche Innereien aus Mecklenburger Schlachthöfen schienen auf der KÖRNER zu landen. Größter Beliebtheit erfreute sich Fegsel aus der Last, welches seine Herkunft verbrämend Namen wie Bulette, Klößchen, Klops, Beefsteak, Frikadelle, Cevapcici, Hackbraten oder Fleischhaschee (Gulasch für Zwerge) trug. Manchmal lagen die Gerichte schwer im Magen. So schwer, dass selbst das Meer zu toben begann und zum Glück lagen sie dann nicht mehr lange dort. Zum Frühstück wurde hin und wieder Haferschleim gereicht, den sonst nur Sterbenskranke als letzte Ölung bei Pest-Epidemien verabreicht bekamen. Der zu den Mahlzeiten dargebotene Pfefferminztee besaß herausragende medizinische Eigenschaften – er führte zu tagelangem Erbrechen, ein gängiges Gegenmittel beim Verschlucken von Terpentin oder an unverdaulichen Parteitagsparolen.

In manchem Lehrling baute sich darüber hinaus ein unbändiger Hass gegen spezielle Speisen oder eine irreparable Essstörung auf. Der Master empfahl ihnen nachdrücklich, ungeliebte Gerichte, die Geschmäcker sind nun einmal verschieden, gegen ihren Willen bis zum letzten Löffel zu vertilgen, sonst würden sie es niemals bis zum A6-Patent schaffen. Welch demütigende seelische Folter eine solche Zurechtweisung eines jungen Erwachsenen vor versammelter Mannschaft bedeutet, konnte ich nachvollziehen, der in seiner Kindheit ebenso vor einem halb vollen Teller mit Kälberzähnen (Graupeneintopf) sitzen musste, bis dieser bis zur Neige aufgegessen war. Kurz nach 1945 musste diese väterliche Strenge der Not gehorchen, dass von dem wenigen, was nach dem Kriege auf den Tisch kam, nichts vergeudet werden durfte. Doch inzwischen wurde der Sozialismus aufgebaut, die Volkswirtschaft schwamm in Graupen und gelben Erbsen. Die Erziehungsmethoden von 1970 konnten nicht mehr jene von 1950 sein. Als pubertierender Jugendlicher hatte man es mit seinen absonderlichen Eltern schon schwer genug. Da kam einem ein solcher Kapitän gerade recht.

Eines Tages riss ein Abgasschieber in der Maschine. An jenem Abend wurde die Crew zu ihrem großen Verdruss um die angekündigten und heiß ersehnten Bratkartoffeln, das Mahl der Woche, betrogen. Während der heiklen Havarie brach ein Brand aus und ein Übereifriger hielt den Schaumlöscher in die geschälten Kartoffeln, die am Schott zum Maschinenraum abgestellt worden waren. Dass dieser tragische Moment es noch heute wert ist, erwähnt zu werden, wirft ein bezeichnendes Licht auf den kulinarischen Notstand an Bord des MS THEODOR KÖRNER. Zum Glück beförderten die Umstände junge ungestüm Heranwachsende, die sich für jeden Happen, den sie abbekamen, gegenüber Partei und Regierung dankbar zeigten.

Bereits um 18 Uhr legte das Schiff in Antwerpen wieder ab, warf am nächsten Tag mittags auf Reede Southend Anker und machte gegen 19

Uhr in Dagenham fest. Mit einem Tele-Objektiv schoss ich im Vorbeifahren einige Bilder der schon wieder halb aufgerichteten MAGDEBURG.

Der Politoffizier trug sich vor dem Einlaufen in London wieder einmal in die Effektenlisten als gewöhnlicher AB-man ein, obwohl er mit drei Kolbenringen am Ärmel daherkam. Ich fühlte mich zwar in der Bibel nicht sonderlich bewandert, aber aus der Passionsgeschichte wusste ich, Jesus sprach zu Petrus: „Wahrlich, wahrlich ich sage dir: Der Hahn wird nicht krähen, bevor du mich nicht dreimal verleugnet hast.“ Ich kam darüber ins Grübeln, wie ein Sieger der Geschichte sein Licht derartig unter den Scheffel stellen konnte. Manchmal handelte es sich bei den Parteiarbeitern um eigenartige Gesellen, die in der Schule fehlten, als das Tuten und Blasen im Lehrplan stand und die sich trotz alledem mit wehender roter Fahne auf die Back zu stellen getrauten, wenn der Wind nicht gerade von vorn blies. Vorwärts unter dem unbesiegbaren Banner des Marxismus, dem Völkerfrühling der Menschheit entgegen! Wow!

Eine Reise später transportierte die KÖRNER Industrieausrüstungen nach Alexandria. Während der Liegezeit brach die Besatzung in Grüppchen gen Kairo und zu den Pyramiden auf. Der Politoffizier leitete als ranghöchster Offizier eine solche Reisegesellschaft. Halb acht Uhr fuhr der Linienbus in Alexandria los. Nach drei Stunden erreichten wir Kairo. Die Truppe sollte am Hilton Hotel im Stadtzentrum aussteigen, wo sie der Bus der Handelsvertretung erwartete, der uns zu den Pyramiden und weiteren Sehenswürdigkeiten bringen würde. Diese Order behielt der Polit mit Gottvertrauen aber für sich allein und wir unsererseits setzten unser blindes Vertrauen in ihn, so wie wir es in der Schule gelernt hatten. Um an der richtigen Stelle auszusteigen, wartete er andächtig auf einen rechtzeitigen Wink Lenins. Beide kamen nicht. Die Mannschaft fuhr treu und brav im Angesicht des Hilton-Hotels an diesem vorüber. So landete die illustre Gesellschaft verraten und verkauft nach einer Fahrt quer durch Kairo an der Endstation der Buslinie in einem abgelegenen Vorort Richtung Assuan-Staudamm. Völlig orientierungslos hätte man uns ebenso gut gleich an den Quellen des Nil zurücklassen können. Wie sollte nun der bestellte Bus gefunden werden und wie fanden wir den Weg zurück in die Stadt? Keiner aus dem versprengten Haufen sprach ein Wort Englisch. Es fiel der Crew sichtlich schwer, nach den vielen Kubareisen das Spanisch zu vergessen und wieder englisch zu kauderwelschen. Besonders der Polit erwies sich in dieser Hinsicht als ein Phänomen. Er hatte im Ergebnis einer Schnellbesohlung an der Seefahrtschule Wustrow das höchste nautische Patent hinterher geworfen bekommen, konnte aber englisch nicht bis Zehn zählen. Dass eine Botschaft, die er nun anzurufen gedachte, auf englisch EMBASSY und nicht MESSAGE hieß, schien ihm noch nie untergekommen zu sein. So musste ich meine bescheidenen Kenntnisse aus einem Jahr Wustrow in die Waagschale werfen. Kein Telefonbuch enthielt die Nummer unserer Botschaft, weil es die zu jener Zeit in Kairo noch gar nicht gab. Schließlich befand sich jemand in der Leitung, der deutsch verstand und dem die ganze Litanei vorgetragen wurde. Es handelte sich um die italienische Botschaft, die die Interessen der Bundesrepublik Deutschland mit vertrat. Von dort erhielten wir die Nummer des Generalkonsulates unserer Republik. Dort hockte jemand am Telefon, der nur Bereitschaft schob und natürlich von unserer Irr-Fahrt ins Morgenland keinen blassen Schimmer besaß. Wir einigten uns, falls sich der Busfahrer dort melden würde, wolle man ihn zum Nil-Eingang des Hilton-Hotels schicken. Per Straßenbahn und zu Fuß trampten wir zu diesem neuen Treffpunkt. Und das wiederum quer durch Kairo! Der Polit telefonierte bei Ankunft am Hilton erneut. Dabei brachte er in Erfahrung, der Bus stehe inzwischen an der Endhaltestelle der Buslinie, von der wir uns vor einer Stunde hinwegbegeben hatten. Kurz vor zwei Uhr kam das Gefährt an unserer neuen Wartestelle endlich angerauscht. Zu diesem Zeitpunkt wollten wir schon längst mit Schauer im Rücken vor dem langen Atem der Geschichte an den Pyramiden stehen. Die kamen dann eine halbe Stunde später in Sicht, als hätten sie schon immer dort gestanden und gerade noch auf uns gewartet. Diese „Hier stehe ich, ich armer Tor"-Tour hätte eigentlich schon damals ein Fingerzeig darauf sein müssen, dass die große Sache unter Führung der Partei der Arbeiterklasse in die Hose gehen würde.

Zurück zu unserer Kubareise. London mit seinen Attraktionen konnte dem Landgänger einiges bieten. Nach dem Abendbrot brach ich mit Fotoapparat und Stativ in Richtung City auf. Es entstanden hervorragende Nachtaufnahmen auf ORWO-Color. Ich nahm alles auf, was mir vor die Linse kam, vom Picadilly Circus bis zur Westminster Abbey. Noch zwanzig Jahre später ergötzten sich demokratische Frauengruppen in den Hinterzimmern Altenburger Kneipen an diesen Schnappschüssen, als ich bei der URANIA mit zwanzig Mark pro Vortrag ordentlich Kohle machte und schon mal beim Volk die Reiselust anfachte.

Nach drei Tagen verließ die KÖRNER mit einer Zuladung von 1000 Tonnen Eisenbahnschwellen, einer Decksladung Leyland-Busse und zwei Besatzungsmitgliedern weniger swinging London. Zwei siebzehnjährige Lehrlinge segelten achteraus, wie es so schön in der Seemannssprache heißt, wenn jemand nur noch die Rücklichter vom Zug sieht. Die Stifte hatten in Gruppen Landgang in Begleitung der Lehrer bekommen. Unsere zwei Abgängigen setzten sich heimlich, still und leise von der Truppe ab. Zu den beiden gehörte zu allem Ungemach der Sohn des Stellvertreters des Verkehrsministers. Nun würde wohl in Berlin, ritsche, ratsche, wegen urplötzlicher Westverwandtschaft die große Säge in Aktion treten, falls eine Krähe der anderen tatsächlich ein Auge aushackte, dachte ich mir so in meiner Naivität.

In Dagenham werden Leyland-Busse für Havanna geladen

Das Achteraussegeln der beiden erzeugte einen gewaltigen Aufruhr auf dem Schiff. Mein Kaptein gab sich untröstlich. Wie sollte er vor den Eltern den Quasi-Tod ihrer Sprösslinge rechtfertigen? Es ließ sich nichts mehr hinbiegen, sie befanden sich bereits in den Händen des Klassenfeindes. Der rückte die beiden Hänsel, die sich im Londoner Großstadtdschungel politisch verliefen, nicht wieder raus. Man munkelte später, sie wären bald darauf als Spätheimkehrer wieder bei Muttern gelandet. Flüchteten sie vor den Zuständen in der Republik oder vor denen auf dem Dampfer? Man wird es nie erfahren.

In jenen Tagen lag Spannung in der schicksalsgeschwängerten Luft aller Parteibüros. Mitte Dezember hatte das 11. so genannte Kahlschlag-Plenum getagt. Dort wurden verschiedene Künstler öffentlich angeprangert. Die Partei sprach von „modernistischen", „anarchistischen" und „pornographischen" Strömungen in Literatur, Film und Jugendkultur. Verschiedene Bücher und die gesamte Jahresproduktion der DEFA wurden verboten, die Künstler abgestraft. „Unsere DDR ist ein sauberer Staat. In ihr gibt es unverrückbare Maßstäbe der Ethik und Moral, für Anstand und gute Sitte", hieß es. Und Schweine könnten fliegen, wenn sie Flügel hätten. Kein Wunder, dass die Jungs die Kurve kratzten.

Die Partei hatte ein Machtwort gesprochen und schon fand sich ein willfähriger Lehrer, der die neueste harte Partei-Linie an Bord durchzusetzen begann. Er beschlagnahmte meine Tonbänder mit der Beat-Musik des englischen Piraten-Senders Radio Caroline und des niederländischen Radio Veronica, wenn ich sie im Bordstudio auflegte. Aus war es mit „The Who", „The Animals" und „The Small Faces".

Zwei Tage später befand sich das Schiff in der Biscaya. Es steamte ordentlich, der Hinterkopf rubbelte wieder einmal am Bettgiebel entlang. J.G.FICHTE kam mit Zucker aus Kuba für Antwerpen und Oslo entgegen. Bei ihrer Ausreise im November mussten sie wegen grober See in der Nordsee einen Seeschaden von 80 000 Mark hinnehmen. Neben anderen Kleinigkeiten wurde ihnen durch schwere See die Back zerschlagen, berichteten sie. Für die KÖRNER entwickelten sich die kommenden Tage auch nicht zur Schönwetterreise. Nach einer Woche im Atlantik lag die Besatzung am Boden. Die See machte dem Schiff schwer zu schaffen. Im nördlichen Atlantik stand ein kräftiges Tief, südlich des Kurses vom THEO lag ein Hoch. Es blies mit Stärke 6 bis 7 genau von vorn. Dieser Wind wehte beständig, auf dem Atlantik bildeten sich beachtliche Wellen, die ihre Wirkung entfalteten. Das Schiff quälte sich stampfend mühsam voran. Ab und zu schlug Neptun mit der Handkante auf die Back, dass sich der alte Zossen fünf Minuten lang schüttelte. Zwar schmeckte das Essen immer noch, aber der Tagesablauf bestand aus Wache gehen und „Abwettern" auf der Backskiste. Wenn der alte Kasten in seinen Verbänden knorkste wie ein schlecht geöltes Scheunentor, traute ich ihm nicht mehr viel zu. Und das empfanden alle so an Bord. Doch der Kenner genoss, schwieg und betete für gutes Wetter. Drei Tagesreisen hinter THEODOR KÖRNER lief EDGAR ANDRE nach Havanna. Auf diesem Typ-X-Schiff befand sich die Ladung, die ursprünglich THEO im Bottnischen Meerbusen übernehmen sollte. Auf unsere Frage, was sie wohl in Schweden getrieben hätten, kam die Antwort zurück, sie wären jeden Tag bei minus 30 Grad Schlitten gefahren, mithin in einer Kälte, bei der man die Eier eines Messingaffen hätte einfrieren können, wie die alten Schweden zu sagen pflegten. Viel konnten wir am Polarkreis offensichtlich nicht verpasst haben. Sie litten wie wir unter den Wetterbedingungen. Ihre in London übernommenen an Deck stehenden Busse waren bereits in der Biscaya schwer in Mitleidenschaft gezogen worden.

„Zwei Tage hielten wir den Kopf des Schiffes nur auf die See und machten dabei Fahrt achteraus. Der Sturm fegte über die Busdächer und brachte das Blech der Dächer dermaßen zum Vibrieren, dass sich Lampenfassungen, Fenster und Innenverkleidungen lösten und zerbrachen. Nachts hörte ich sonderbare Geräusche in der Luke und verständigte deshalb den Alten. Im Laderaum mit den Bussen bot sich uns ein entsetzlicher Anblick. Die Zelluloseballen hüpften wie Medizinbälle durch die Gegend und begruben langsam die Busse unter sich. Da war nichts mehr zu retten," erinnert sich Kapitän Wolfgang Schneider, damals Zweiter Nautischer Offizier auf EDGAR ANDRE, in seinem Buch mit Geschichten aus der sozialistischen Seefahrt.

Auf der KÖRNER fiel das alte RCA-Radar aus, das schon Sehrohre von deutschen U-Booten erfasst hatte. Es ließ sich nicht reparieren. Im Reiseverlauf versagte auch noch das DECCA-Radar seinen Dienst, nachdem es fast ununterbrochen gelaufen war. Auf der HALBERSTADT wurde seinerzeit der Gebrauch des heiligen Radargerätes streng reglementiert. Es durfte nur bei dringendem Bedarf angestellt werden und dann höchstens für eine Stunde. Der Kapitän wies den Wachmatrosen an, die Kiste wie seinen Trabbi jeden Sonntagmorgen mit Fit-Wasser zu warten und abzuledern.

Durch die See von vorn verlor das Schiff viel Fahrt und traf dadurch einen Tag später als geplant erst am Nachmittag des 28. Januar nach vierzehntägiger Schaukelei über den Atlantik in Havanna ein. Die EDGAR ANDRE erwischte es achteraus noch schlimmer. Der Typ X-Frachter fiel weiter zurück, weil er bei Windstärke 11 und See 10 mit Langsam Voraus das Wetter abreiten musste.

Bereits in der Florida-Straße lag unser Dampfer wieder ruhig. Das Wetter zeigte sich wie eine spröde Blondine ausgesprochen kühl in diesen karibischen Breiten. Wir maßen eine Temperatur von 14 Grad Celsius. Die Jungs von Miami Vice mussten ihre Jackenärmel herunterkrempeln und die Girls in Miami Beach die Bikinis mit Fellbesatz überstreifen. Die Heizungen an Bord liefen auf Volldampf. Während der Liegezeit in Kubas Hauptstadt stiegen dann die Temperaturen auf phantastische 18 Grad an. Meine geliebte Lederjacke hatte es sich nicht träumen lassen, dass sie jemals bei Licht, Luft und Sonne einen Blick auf Westindiens Traumstrände werfen dürfe.

Die Steuerbord-Brückennock der KÖRNER (Kapitänsfußbank nicht im Bild)

Vor Key West bahnte sich der Frachter seinen Weg durch eine US-Flotte an U-Booten, Zerstörern und kleineren Einheiten. Der obligatorische US-Navy-Aufklärer drehte seine Runden über dem Schiff. Dem musste der Dampfer langsam suspekt vorkommen bei seinen vielen Havanna-Anläufen. Vor dem Erreichen der kubanischen Hoheitsgewässer hielt der Alte einen Vortrag über die einschlägigen Zollbestimmungen. Diese wurden immer verrückter. Jetzt sollten schon Seife, Regenschirme, Perlonstrümpfe und andere persönliche Utensilien deklariert werden. Wir würden dem Aufbau des Sozialismus im Bruderland enorm schaden, wenn wir einem Stauer ein Stück Seife überließen, damit der sich seine dreckigen Pfoten waschen könne. Nun ja, so ganz aus purer Solidarität wollten wir ihm das Stück auch nicht in die Hand drücken. Dafür sollte schon eine rauschende Ballnacht im „Tropicana“ herausspringen. Der Landgang in Sandalen wäre nicht anzuraten, weil dieses Schuhwerk ein Privileg der Homos sei, besonders wenn die Sandalen braun und die Strümpfe weiß wären. In diesen Verdacht wollte nun tatsächlich niemand geraten, der für heterosexuelle Zwecke seine Seife verkloppte. Entsprechend abgelatscht präsentierten sich die schwarzen Halbschuhe nach der Hafenliegezeit.

Nach dem Löschen der Busse an einer stadtfernen Pier verholte der Dampfer an die San Francisco Piers. Dieser Liegeplatz stellte sich als äußerst günstig für den Landgang heraus, denn von hier führte der Weg quer durch die Altstadt geradewegs zum Capitol. Havanna bot einen unschätzbaren Vorteil: Hein Seemann brauchte nur vom Dampfer herabzusteigen, hundert Meter bis zum Hafentor laufen und schon befand er sich mitten in der Stadt. Ein Blick ins Capitol lohnte sich immer. Es beherbergte in einer Anzahl von Ausstellungsräumen museale Gegenstände von den Indianerkulturen bis zum ausgestopften Affen. Ob die Kubaner auch die Affen wie das ganze Capitol aus Washington übernommen hatten?

Erstaunlicherweise hatte sich in der Stadt seit der letzten Anwesenheit vieles zum Positiven gewandelt. Manche Ecken erkannte ich gar nicht wieder. Viele Gebäude befanden sich in der Restaurierung, neue Leuchtreklamen schmückten die Fassaden. Vorher staunte man, strahlte überhaupt noch etwas vom alten Glanz herab. Der abgelatschte Rasen vor dem Capitol musste wohl neu ausgesät worden sein. Just in diesen Tagen fand die so genannte Trikontinentalkonferenz statt, während der eine Solidaritätsorganisation der Völker Afrikas, Asiens und Lateinamerikas gegründet wurde. Darin musste vielleicht der tiefere Grund für diese Aktivitäten gesucht werden. Ähnliches Vorgehen kannte jeder Leipziger zu Messezeiten zur Genüge, wenn die Fassaden im Erdgeschoss jener Straßen gestrichen wurden, in denen das Staatsoberhaupt im Tschaika entlang brauste.

Das Wetter blieb die ganze Liegezeit über unbeständig und kühl. Es wehte eine steife Brise, welche die Wogen aus dem Golf von Mexiko über den Malecon trieb. Das bedeutete für den Seemann ein ungewöhnliches Naturschauspiel, wenn sich ein Brecher aus grünem Wasser auf den vorüberfahrenden Autos brach. Für einige Besatzungsmitglieder verhieß eine vom Interclub organisierte Stadtrundfahrt den Höhepunkt der Liegezeit. Eine Stunde auf einen klapprigen Bus wartend, kamen plötzlich fünf chromglänzende amerikanische Straßenkreuzer, die noch gut im Lack standen, von achtern auf und luden zum Mitfahren ein. Das ließ sich niemand zweimal sagen. Wer durfte schon vorher mal in einem roten Cadillac mit wuchtigen Heckflossen sitzen. Selbst heute bekommt jedes Hochzeitspärchen an diese Kutsche denkend leuchtende Augen. Aquarium, Zoo, Revolutionsmuseum, der Badeort Santa Maria und Havanna del Este, die moderne Platte auf der gegenüberliegenden Seite der Hafenbucht, hießen die Ziele unserer Tour, bei der uns vor Staunen der Mund austrocknete.

Fünf Tage später passierte die KÖRNER auslaufend die Festung El Morro. Im Laufe dieses Tages traf auch EDGAR ANDRE glücklich in Havanna ein. Wider Willen und Erwarten lief unser Dampfer teilweise bis zu neunzehn Knoten über den Golf von Mexiko hinweg. Keiner mochte es glauben. Achtzig Seemeilen vor dem Loch wurde der Maschine „Halbe Fahrt“ verordnet, um nicht vor der avisierten Ankunftszeit einzutreffen. Nach drei Tagen Überreise lag THEO mit drei Tagen Verzug zur Reisevorgabe in Vera Cruz an der Pier. Das Wetter zeigte sich endlich den geographischen Breiten angemessen. Auf dem Kalenderblatt stand ein Sonntag, als das Schiff festmachte. Abends herrschte an Land eine völlig andere Atmosphäre als in Havanna. Wir sahen ein berauschendes Leben und Treiben auf den Straßen, vor allem rings um die Plaza mit dem bereits aus Coatzacoalcos bekannten Brauchtum des „Heiratsmarktes“, wenn junges Volk beiderlei Geschlechts sich auf getrennten Bahnen gegensätzlich im Kreis bewegte, um im Vorübergehen verstohlene Blicke auszutauschen. Wer sich über die Dauer eines Sieben-Jahr-Planes die Haarfarbe seiner Braut endlich fest eingeprägt hatte, durfte um ihre Hand anhalten.

Meinem Freund Walter wurde auf einer seiner Reisen mit der MAGDEBURG (2) dieses besondere Fluidum fast zum Verhängnis. Er erzählte: „Der abendliche Besuch der Plaza in Vera Cruz gehört bei fast allen Seeleuten, die jemals das Flair dort erlebt haben, zu den bleibenden Erinnerungen. Nachdem ich die Schiffspresse im Kasten hatte, pilgerte ich zur Plaza. Ein Großteil der Besatzung befand sich an jenem Tage auf einem Ausflug nach Mexiko City und ich traf dort nur wenige Bekannte an – den Ersten Nautischen Offizier, den Bootsmann und den Lehrbootsmann. Ran zu ihnen an die Back. Eine Flasche Whisky war schon geleert. Also eine zweite bestellt. Kurz vor deren Ende glaubte der I. NO, mich zu einem Tequilla einladen zu müssen. Runter von den Straßenstühlen und ran an die Bar. Und dort habe ich dann nur einen getrunken. Es war ein Blattschuss allererster Güte. Fortan wusste ich später von nichts mehr.

Den ersten Lichtblick hatte ich, als ich merkte, ich sitze auf dem Sockel des Denkmals auf dem Mittelteil der Straße nahe der Plaza Richtung Hafentor. Wer die Straße kennt weiß, der Fußgänger hat schon am Tage Mühe, sie zu queren. Es müssen mich irgendwelche Schutzengel über die Fahrbahn geleitet haben. Einen Unfall hätte ich wohl nicht einmal wahrgenommen. In diesem lichten Moment nahm ich auch zur Kenntnis, dass ich mich vor dem Denkmal fürchterlich ausgekotzt hatte. Ein Glück, dass zu dieser Zeit kein Hüter des Gesetzes unterwegs war. Die waren in ihrer nationalen Würde noch eigen. Nach vielen Versuchen gelang es mir, aufzustehen und mich in Richtung Hafentor zu trollen. Irgendwie fehlt dann wieder ein Stück Film.

Die Plaza in Vera Cruz

In der nächsten Erinnerung saß ich vor einem Schuppen und kotzte mich weiter aus. Viel kam da ja nicht mehr. Der Magen machte Trockenübungen. Wie lange das dauerte, habe ich nicht registriert. Ich saß auf dem Erdboden und traute mich nicht aufzustehen. Es hätte mich unweigerlich auf die Stürze geschnauzt, hick. Irgendwann klappte es doch und ich suchte meinen Dampfer. Da stand ich dann vor einem reedereigrauen Rumpf. Rechtzeitig merkte ich, es handelte sich um ein Schießeisen der mexikanischen Marine. Die hätten sich ganz sicherlich über den nächtlichen Besuch gefreut. Mit der Zeit schaffte ich es aber bis zum eigenen Schiff und fand dort meine Koje. Auch wieder nur ein Glücksumstand, dass ich unterwegs nicht im Hafenbecken gelandet bin. So mancher Seemann fand seinen Tod nicht auf See, sondern eben dort." Soweit Walter J. über einen seiner Landgänge in Vera Cruz.

Am darauf folgenden Mittwoch brachen die gesamte Betriebsschule und einige Leute der Stammbesatzung für wenige Pesos mit drei hochkomfortablen Reisebussen zu einer Fahrt in das Hinterland der Hafenstadt auf. Die Fahrt führte rund um den Pik von Orizaba (Citlaltepetl – 5700 Meter). An der ersten Raststätte des Highway konnten wir an der Wand ein überdimensionales Autogramm vom Vater des Rock'n Roll Bill Halley andächtig bewundern. Bis zum Wendepunkt der Reise in Fortes de Flores faszinierten fortan mehr die landschaftlichen Ansichten, vor allem immer wieder der schneebedeckte Vulkangipfel des Pik, so von einem Kirchendach, das wir ohne Netz und doppelten Boden über den Glockenturm pietätlos erklommen. Zum kulturellen Höhepunkt der Ausfahrt gestaltete sich die Besichtigung einer Bierbrauerei in Orizaba, die mit einem Ausstoß von vier Millionen Flaschen täglich nicht zu den kleinen gehörte. Ein gebürtiger Bayer, der für die Qualität der Erzeugnisse und das deutsche Reinheitsgebot bürgte, führte die Schiffsoffiziere im Betrieb herum und ließ anschließend in einer urbayrischen Bierstube von seinen Produkten kosten. Die Lehrlinge bekamen einige Kisten Cerveza in den Bus gestellt, so dass auch sie fröhlich zechen durften. Dass die Besucher von einem barco aleman del este, einem deutschen Schiff aus dem Osten des fernen Landes kamen, interessierte keinen Menschen und wir legten keinen besonderen Wert darauf, das ausdauernd zu betonen noch besaßen wir Berührungsängste gegenüber einem guten bayrischen Bier. Um neben dem Vergnügen auch die Bildung nicht zu kurz kommen zu lassen, wurde als letzte Station des Ausfluges die Stadt Cortoba gewählt, in der im Jahre 1821 die Unabhängigkeit Mexikos besiegelt worden war.

Für rund einhundert Pesos ließ sich in jenen Tagen der Drang von Individualisten, welche die Seefahrt weiterhin als großes Abenteuer und nicht nur als Job zum Bestreiten ihres Lebensunterhaltes betrachteten, mit einer Reise im Linienbus von Vera Cruz nach Mexiko Stadt noch eingehender befriedigen.

Während der Liegezeit in Vera Cruz lag auch ein Dampfer unter liberianischer Flagge an der Pier. Er fuhr mit einer westdeutschen Besatzung, die zu einem guten Teil aus Seeleuten mit DSR-Vergangenheit bestand, die vor oder nach dem 13. August 1961 die Fronten wechselten. Es mag schon als Ironie der Geschichte gelten, dass diese Flaggen-Konstellation, liberianische Flagge, deutsche Besatzung, dreißig Jahre später für viele DSR-Seeleute wiederum zur einzigen Chance wurde, weiter ihren Beruf auszuüben.

Der Pik von Orizaba im Hinterland von Vera Cruz

Ein reger gegenseitiger Besucherverkehr setzte ein. Die KÖRNER wurde mit westlicher Hetz- und Schundliteratur überflutet. Um sich dieses populärwissenschaftliche Material zu beschaffen, das viele Stunden intensiven Studiums in der Koje sichern half, stürzten sich die Sailors auf solche Dampfer wie die Fliegen auf den bekannten warmen Haufen. Sollten sie ruhig. Stolz hin, Stolz her, wer bedürftig, durstig und hungrig ist, fragt nicht lange. Wenn es die Situation ergab, ließ sich jeder gern mit derartiger Second-hand-Ware beschenken. Die Gegenseite kannte die Bedürfnisse nur zu genau und freute sich, Gutes zu tun, so wie wir in Bangladesh Genugtuung empfanden, einen guten Teil des Putzlappenvorrates über Bord zu befördern. Niemandem tat dabei etwas weh. „Einen fröhlichen Geber hat Gott lieb" (2. Kor. 9.7.) Warum sollten wir unseren Landsleuten nicht den Stein im Brett beim lieben Gott gönnen? Sie würden dafür von uns demnächst mit dem Sozialismus überrascht werden.

Während der Hafenliegezeit trieb sich noch anderes heimatloses Volk mit deutschem Pass an Bord der KÖRNER herum, das wie der Fuchs am Hühnerstall durch das Schiff schnürte. Weiß der Teufel, in welchen Landstrichen Mexikos diese schwankenden Gestalten von unserer Gastfreundschaft vernahmen und plötzlich alle her kamen. Ein gebürtiger Bayer, der in Kanada als Holzfäller arbeitete, nun ein Vierteljahr Urlaub herumbrachte und in dieser Zeit einen kleinen Trip durch Nord- und Mittelamerika unternahm, lungerte tagelang an Bord und vor allem um die Kombüse herum. Befanden wir uns weit genug entfernt von Rostock, herrschte gemäß den Idealen von Rosa Luxemburg auf DSR-Schiffen noch eine fremdenfreundliche freiheitlich-demokratische Grundordnung. Von westdeutschen Schiffen wären solche Beachcomber schon nach dem ersten Anklopfen heruntergeflogen. Als drei Offiziere, die im A-Deck ganz weit oben wohnten, ihre Fotoapparate und Barmittel vermissten, ließ der Alte jegliche Besuche verbieten. Diese Maßnahme wurde von der Besatzung angesichts des penetranten Belagerungszustandes einhellig begrüßt. Andere Maßregelungen entpuppten sich als kritikwürdiger und so manchen an Bord verband mit dem Alten eine Art Hassliebe, nicht nur, wenn das arme Würstchen seine Suppe nicht essen wollte. Schließlich befanden wir uns auf einem Lehr- und Frachtschiff, auf dem sozialistische Schiffsoffiziere heran keimten. Wenn hier nicht Zucht und Ordnung herrschten, wo sonst?

Mir ging dieses Prinzip in einem Falle dann doch zu weit. Eines Tages kam der Obersteward eilfertig angewetzt und bestellte mich zum Kapitän. Ich marschierte los. Es begann eine der Konversationen, die der Mensch ein Leben lang nicht vergisst. Der Alte gab sich betont höflich: "Nehmen Sie Platz", obwohl er sonst immer nur „Jungchen" zu mir sagte, „also, räusper, räusper, ich bin dafür, dass Sie in die Partei eintreten." Diese Offerte kam auf diesem Schiff nicht überraschend, zumal ich mich für die Teilnahme am Parteilehrjahr angemeldet hatte, um ideologisch gefestigt mein Aufbaustudium in Wustrow anzutreten. Zuvor musste sich schon mein lieber Kollege Klaus einer entsprechenden „Spezialbehandlung" unterziehen und wir hatten uns im Ergebnis dessen über die Anwerbemethoden ausgetauscht. Ich wollte nicht. Der Alte fragte, ob ich denn keine Ideale habe. Ideale besaß ich schon, doch die standen in keinem dialektischen Zusammenhang zur SED. Sie besaßen eher anmutige Körperformen, lange blonde Haare und ein bezauberndes Lächeln. Immerhin würde ihm mein Eintritt so viel bedeuten, dass er persönlich an mich herangetreten sei und kein popeliger niederer Dienstgrad. Als sich mein Kollege bearbeiten lassen musste, wurde ihm angedeutet, sein Zweiter als penetranter Infiltrierer der Crew mit Beat-Musik sei noch nicht reif für dieses attraktive Angebot. Nun traf aber in der Zwischenzeit ein Telegramm ein, erstaunlicherweise gänzlich unverschlüsselt, in dem von der Politabteilung bei der Schiffsleitung angemahnt wurde, doch bitte das „Kandidaten-

Gewinnungssoll", was für eine Wortschöpfung, nicht aus dem Auge zu verlieren. Das trug auf wundersame Weise zu meiner sittlichen Reifung bei. Das Werben um junge Menschen, um sie vom Baum der Erkenntnis naschen zu lassen, es gebe nirgendwo ein Paradies, in dem sie nicht von Klassenfeinden umstellt seien, schien auf der KÖRNER genauso planbar zu sein wie der sparsame Verbrauch von Putzlappen in der Maschine. Alles nur eine Frage der Materialökonomie. Die noch lebensunerfahrenen Lehrlinge an Bord gaben dafür die entsprechende Jongliermasse ab. Nur um eine Planziffer zu erfüllen, mich für die Partei rekrutieren zu lassen, dafür war ich mir dann doch zu schade. Die Diskussion wogte eine Stunde hin und her. Der Alte meinte: „Wenn Sie noch hier an Bord in die Partei eintreten, kümmert sich wenigstens jemand um Sie. Auf der Seefahrtschule kümmert sich keiner mehr." Ich dachte, holla, es wird zwar alles teurer, aber halte mal durch bis zur Seefahrtschule. Außerdem ließ sich nicht so genau definieren, was mein Kapitän unter dem Wort „Kümmern" verstand. Um was in alles an der Welt und an mir wollte wer sich kümmern? Standen schon Stewardessen bereit, mir das Mark aus der Wirbelsäule zu massieren? Dann her mit dem Parteibuch!

Wer ähnliches erlebte weiß, wie schwer sich der Mensch den Argumenten von einer glänzenden Karriere als zukünftiger Retter des Weltfriedens entziehen konnte. Ich holte zum Befreiungsschlag aus und fragte, ob ein Parteiauftrag so weit gehe, dass ich Vater und Mutter verraten müsse. Das war's. Hopfen und Malz, Gott erhalt's, schienen an mir verloren. Er setzte mich nicht spontan vor die Tür, sondern trat diplomatisch den Rückzug an: „Also das ist wirklich schade, dass Sie nicht schon in der Partei sind. Dann könnten wir Sie jetzt postwendend rausschmeißen. Machen wir es kurz, in drei Tagen bringe ich den Antrag vorbei und da füllen Sie ihn aus!" Er hat meine Unreife wohl richtig gedeutet, denn er kam bis zum Reiseende mit dem Antrag nicht vorbei. Er legte mir für den Besuch der Seefahrtschule auch keine Steine in den Weg, was ich ihm nach diesem Diskurs hoch anrechnete. Obwohl Kind seiner Zeit gehörte er nicht zu den hinterhältigen Intriganten und bornierten Parteiarbeitern. Er war eine ehrliche Haut. Tief im Innern fühlte auch er sich als ein Rocker, der heimlich die Lederjacke anzog und auf dem Klo Westradio hörte. Sonst hätte es mit dem Feeling für seine Lehrlinge nicht so gut geklappt. Zumindest er tolerierte meine Beschallung des Dampfers mit den Hits der '60er aus der Rundfunkzentrale heraus, die ich vom Tonband abspielte oder bei gutem Empfang auf der Kurzwellenfrequenz von Radio Luxemburg hereinholte. Diesen Spaß gönnte er seinen Jungchens.

Ansonsten galt dieses Fracht- und Lehrschiff offensichtlich als die Speerspitze der Partei in der DSR-Flotte. Von der gesamten Decksgang zählten nur drei Leute zu den Partei- und Prinzipienlosen und zu diesen Renitenten gesellten sich die beiden wichtigsten Leute an Bord, wie es plötzlich und auf einmal hieß, die Funker, hinzu.

Die Matrosenlehrlinge bedauerte ich, die sich vermutlich einer ähnlichen Spezialbehandlung unterziehen durften. Schließlich unterschrieb mancher, ohne zu wissen, was er tat, den Kandidatenantrag, bevor er in der Flotte verkam. Jene handelten nach der Devise: Wo man singt, da lass dich ruhig nieder, sagte der Bauer und setzte sich in den Bienenschwarm. Deshalb musste die Partei ihr Feld auf den Fracht- und Lehrschiffen ordentlich und rechtzeitig bestellen. Einige wenige ahnten freilich, dass solch ein Pakt mit dem Teufel die Karriere ungemein befördern würde. Für das eigene Gewissen wäre es immer noch besser, unter diesem leichten Druck Genosse zu werden, als später der Not gehorchend angekrochen zu kommen, nur weil das Kapitänspatent auch vom Dienstrang her voll ausgeschöpft werden sollte. Warum hätte es auch anders gewesen sein sollen. Heute schieben sich die Parteifreunde in den öffentlichen Ämtern die Posten immer noch zu.

Es ließ sich vermuten, dass der Master sein Kandidaten-Gewinnungssoll doch noch ohne meine Mitwirkung erfüllte, denn am 1. Mai des Jahres avancierte er zum Verdienten Aktivisten und Träger der roten Mainelke. Er hielt vor versammelter Mannschaft einen langen Speech an Deck und die Senderröhren bekamen bei den endlosen Danksagungen und neuen, noch höheren Verpflichtungen in Richtung Rostock vor Scham rote Bäckchen.

Die Stammbesatzung verhielt sich bei derartigen Jubelfeiern überaus bedeckt, im Gegensatz zu dem fröhlichen Treiben, welches aus solchen Anlässen auf anderen Frachtern herrschte. Gründe mussten in den Hinweisen auf die immer von allen zu berücksichtigende Vorbildwirkung auf die Lehrlinge und in der übergroßen väterlichen Autorität des Alten gesucht werden. Auf meinem eher neutralen Beobachterposten in relativer Unabhängigkeit musste ich ihn nicht als Ersatz-Papi abgöttisch lieben wie die Lehrlinge, um fern der Heimat seelisch unbeschadet über die Runden zu kommen. Diese Reederei-Ikone mit ihrem ostpreußischen Dialekt und dem Monokel im Auge stellte schon einen echten Kauz mit einer Reihe skurriler Macken dar. Bekannt wie ein bunter Hund auch ohne Fernseh-Präsens, zählte er zu den wirklich großen Kapitänen der DSR. Wer kennt schon noch die Namen all der anderen, wenn nicht mit ihnen einst zusammen gefahren wurde. Er gehörte zu den integren, honorigen Persönlichkeiten, die für propagandistische Zwecke vereinnahmt wurden. Bestes Beispiel dieser Art: Siegmund Jähn. Somit gehörte er zu den Personen öffentlichen Interesses und in dieser Funktion muss er selbst post mortem immer noch Lobpreisungen, Huldigungen und manche sanfte Kritik über sich ergehen lassen. Allen Kapitänen, die einst bei ihm in die Lehre gingen, hinterließ er sein stilles Vermächtnis: „Es gibt niemals nur zwei Alternativen zu jedem Problem, sondern immer drei Wege der Lösung – den richtigen, den falschen und meinen Weg. Und mein Weg ist immer der beste." Davon schienen auch seine ehemaligen Zöglinge allesamt später felsenfest überzeugt gewesen zu sein. Viele entwickelten sich zu wahren Koniferen auf diesem Gebiet.

Am Dienstag, dem 15. Februar, verließ THEODOR KÖRNER nach neun Tagen Vera Cruz und nahm Kurs auf Tampico, welches am nächsten Morgen erreicht wurde. „Tampico ist die reichste Stadt im mexikanischen Tamaulipas, allerdings auch die feuchteste. Das kommt daher, dass sie im Osten den Ozean hat, im Süden die Baia de San Juan, westlich den Rio San Juan, rundherum Sümpfe, noch weiter rundherum Erdölfelder, in der Stadt mehrere tausend Kneipen und über sich einen dicken Dunst von Petroleum und Alkohol. Dieses Übermaß an Flüssigkeit macht es denn auch, dass von den 60 000 Einwohnern der duften Stadt 1483 Personen im Gelde schwimmen, weitere 20 500 mit List und Tücke bestrebt sind, flott zu bleiben oder zu werden, die restlichen 38 017 hingegen mehr oder weniger auf dem Trockenen sitzen, sofern ihnen der Schweiß nicht bis unters Gesäß geflossen ist.“ Das kann so in den unglaublichen, aber durch Atlanten, Seekarten, Archive und Umfragen in aller Welt nachweisbaren Tatsachenberichten eines Toby Swagger nachgelesen werden. („MUTAFO - Das Ding, das durch den Wind geht“, Pflichtlektüre eines jeden, der einmal zur See fahren will)

Das Schiff lief eine ganze Strecke den Fluss aufwärts an der Stadt entlang, sofern die Slums aus Wellblechhütten am Ufer schon zu dieser gehörten. Die Außentemperaturen fielen bei regnerischem Wetter wieder auf 15 Grad. Das größere Tampico unterschied sich von Vera Cruz grundsätzlich. Industriell durch die Erdölverarbeitung geprägt, stand es Vera Cruz in Sauberkeit und dem allgemeinen Eindruck sehr nach. „Die Luft in Tampico ist so stark von Erdölbestandteilen gesättigt, dass alles nach Petroleum duftet und schmeckt: das Brot, der Braten, das Obst, der Käse, der Wein und der Schnaps, ja sogar die Mädchen.“ Das wusste wiederum Toby Swagger zu berichten. Der Hafen schien nur aus einer Pier für drei, vier Schiffe zu bestehen. Uns allen erschloss sich nicht, wieso Freddy Quinn darauf kam, dieses Kaff zu besingen.

Vom Liegeplatz mussten wir bis zum Hafentor fünfzig Meter zurück legen. Dahinter stand der Seemann schon im Zentrum der Stadt. Dieser Umstand bedeutete einen unschlagbaren Vorteil jeder Hafenstadt, besonders für den Seemann aus Rostock, der nicht nur für eine Schachtel Camel meilenweit rennen musste. Auf welche Kleidungsstücke der Senoritas sich die oben erwähnte Feststellung von Heino bezog, ließ sich in der Kürze der verfügbaren Zeit nicht ergründen. Nackt wie erhofft liefen sie jedenfalls nicht umher. Wenigstens reichte meine Zeit aus, um auf kurzem Wege an den Farmer im US-Staat Mississippi, auf dessen Feldern mein Vater während seiner Kriegsgefangenschaft Baumwolle pflücken durfte, eine Ansichtskarte zu schicken. Bevor ich Seefahrer wurde und alle Brücken der Völkerfreundschaft zur Sicherung meines Sichtvermerks hinter mir abbrach, korrespondierte ich auf Betreiben der beiden mit einer hübschen Farmerstochter aus dessen Nachbarschaft.

Auslaufend Tampico erreichte uns die Order, nicht Antilla wie vorgesehen, sondern Manzanillo im Süden Kubas für die Zuckerladung anzulaufen. Das Wetter präsentierte sich immer noch im wahrsten Sinne des Wortes zum Erbrechen. Einen Tag später klarte es allmählich auf. Bei

Hellwerden entdeckte ich von der Brücke aus recht voraus ein zartes Morgenrot, das bessere Zeiten versprach. Tatsächlich endete damit die Schlechtwetterperiode der Reise. Es herrschte nur noch eitel Sonnenschein. Aber alles Gute ist nie beieinander, das Trinkwasser an Bord musste wieder einmal rationiert werden. Waschen war nicht mehr opportun, nur noch abtupfen. Endlich mal ein Umstand, von dem jeder schon in frühester Kindheit träumte, den man einst als Baby im vollen Wassereimer wie eine Ladung Wäsche gnadenlos gestaucht hatte.

Am 21. des Monats morgens traf das Schiff beim Lotsen für Manzanillo ein. Nachdem auf Reede Post aus Mexiko für Kuba übergeben wurde, versegelte die KÖRNER zur Pier von Niquero, um 3500 Tonnen Zucker für Rostock zu laden. 1956 landete Fidel Castro mit der GRANMA, ebenfalls von Mexiko kommend, in der Nähe dieses Ortes und zog sich von hier unter schweren Verlusten in die Sierra Maestra zurück. Von den unseren wird noch zu berichten sein.

Unser Schiff machte dieser Logik folgend in einer totalen Einöde fest. Von der Stadt Niquero, deren Namen die Pier trug, konnte weit und breit keine Spur entdeckt werden. Dieser Haltepunkt in der Wildnis bot Platz für je einen Dampfer auf beiden Seiten. Rechts und links davon erstreckte sich eine durch Mangroven bewachsene Küste mit vorgelagerten Korallenbänken. Zum Landungssteg führte aus dem Landesinneren heraus lediglich eine desolate Schmalspurstrecke, auf welcher der Zucker mit Plattenwagen hinter einer urtümlichen Lokomotive heranrollte. Auf den Zuckersäcken hockten die Stauer. Täglich, so versprach man uns, sollten 800 Tonnen geladen werden. Skepsis schien angesagt. Doch die Arbeiter rannten mit ihren Sackkarren wie die Schäftelmacher, dass es eine wahre Pracht war, ihnen zuzuschauen. Der ganze Dampfer staunte über dieses Arbeitstempo, welches hier vorgelegt wurde. Ein Held der Arbeit aus dem Überseehafen Rostock habe kürzlich vorbeigeschaut, versuchten sich die Companeros auf unsere verwunderten Fragen hin zu entschuldigen. Der Politnik meinte daraufhin, offensichtlich hätten wir etwas falsch verstanden.

Bald roch das ganze Schiff rübensirupähnlich nach teilraffiniertem Zuckerrohrsaft. Diesen Duft kannte ich noch von den Unterrichtstagen in der sozialistischen Produktion her, als ich mich in einer Zuckerfabrik verdingte, die wegen ihres biblischen Alters nachwendezeitlich umgehend einer Umgehungsstraße weichen musste. Bereits das tapfere Schneiderlein schmierte vor Zeiten seine Bemmen mit Rübensirup aus ihrer Produktion. (Möge mir der ehemalige Leser des ND diese einzige Unwahrheit auf vielen Seiten verzeihen. Das Schneiderlein strich natürlich Mühlhäuser Pflaumenmus auf!)

Gleisbauarbeiter in Niquero

Die Möglichkeiten, die Füße an Land zu vertreten, unterlagen einer starken Einschränkung, denn nur der Bahndamm führte durch das sumpfige Gelände. Keine Straße, nicht mal ein Trampelpfad ermöglichte das Fortkommen. Nach einer Viertelstunde wurde unser Versuch, über die Bahnschwellen wie ein Känguru hüpfend ins Landesinnere vorzudringen, aufgegeben. Soweit das Auge reichte, ließ sich keine menschliche Behausung entdecken. Darüber hinaus hingen die Moskitos mit heraushängender Zunge in der Luft und freuten sich über jeden Landgänger, der es wagte den idyllischen Strand zu betreten. Damit blieben zum Ausfüllen der Freizeit nur Ausflüge auf dem Wasser zu den vorgelagerten Inseln als sinnvolle Alternative übrig. Angesichts dieser beschränkten Landgangsmöglichkeiten musste es einfach mit Gorch Fock heißen: Seefahrt tut not. Die Gelegenheit dazu wurde mit Rettungsbooten und der Barkasse fleißig wahrgenommen.

Zwei Rettungsboote blieben während der fünftägigen Liegezeit ständig ausgesetzt. Mit denen wurde zu Ausbildungszwecken der Betriebsschule oder zur allgemeinen Belustigung gesegelt. Für eine dieser Segelpartien fand sich eine illustre Gesellschaft zusammen. Sie bestand aus dem Chief Mate, dem Doktor, dem Ersten Elektriker mit Frau, den beiden Funkoffizieren, dem Politoffizier, der Verwaltungsassistentin, dem Ersten Steward und einer Stewardess. Am Vortage kehrte die Motorbarkasse havariert von einer Fahrt zurück, weil der Bootsführer die besonderen nautischen Sicherheitsmaßnahmen bei einer Revierfahrt sträflich missachtete. Das Boot rammte in voller Fahrt ein Korallenriff. Mit Mühe schaffte es die Crew, zur Hälfte schon abgesoffen, zum Dampfer zurück. Auf eine bequeme Ausfahrt mit Motorkraft konnten wir nun nicht mehr zurückgreifen. Trotzdem sollte es eine Vergnügungsfahrt der besonderen Art werden. Aber nur für die Leute, die das Drama mit dem Fernglas vom Schiff her beobachten konnten, wurde es ein Vergnügen. Wir planten zu einer der vorgelagerten Inselchen zu segeln, um dort nach Seesternen zu fischen, die sich hier im flachen Wasser in beachtlicher Größe und Anzahl finden ließen. Von der Pier kam das Boot gegen vierzehn Uhr gut weg. Der Wind stand jedoch ungünstig und so mussten wir versuchen, mit Kreuzen ans Ziel zu gelangen. Bald stellte sich jedoch heraus, dass die Segeleigenschaften des schwerfälligen Bootes mit denen eines Seekreuzers beim Admirals Cup nicht mithalten konnten. Das Boot bewegte sich in alle Richtungen der Windrose, nur nicht in die beabsichtigte.

Nach einer reichlichen Stunde Fahrt unter dilettantischen Manövern trieb das Boot in zunehmendes Flachwasser. Der zur Lotung eingesetzte Riemen zeigte weniger als drei Fuß Wassertiefe an. Ein Desaster schien sich anzubahnen. Die berühmte Handbreit Wasser unterm Kiel wünschten sich alle dringlichst herbei. Es dauerte nicht mehr lange und das Boot lief mit seinen Insassen ruhig und gemächlich auf eine Korallenbank auf. Soweit so gut, eigentlich wurde ja ähnliches von uns beabsichtigt. Verbinden wir das Unangenehme mit dem Nützlichen, hieß die Devise. Der Haken wurde weggeworfen und die Crew jumpte außenbords. Teilweise reichte das Wasser nur bis zu den Knöcheln. Es stellte sich als ungemein interessant heraus, die Unterwasserflora und -fauna auf einem Korallenriff zu beobachten, ohne den Kopf ins Wasser stecken zu müssen. Seegurken lagen träge im Sand und ein Rochen sonnte sich im warmen Wasser. Allerdings erschien es ratsam, das Schuhwerk an den Füßen zu belassen, denn auch Seeigel in großer Zahl mit ihren gefährlichen Stacheln gehörten zu den Riffbewohnern. Unvorbereitet auf ein derartiges Abenteuer stieg jeder mit dem, was er an den Füßen trug, in den Bach, ich mit meinen besten und einzigen Sandalen, mit denen ich in Calcutta schon über so manchen

Kuhfladen schlidderte, dass es nur so flutschte. Seesterne fanden wir leider nicht, nur einige lose Korallenstücke, die von kleinen Krebsen wimmelten, welche sich nur durch unser heftiges Schütteln solidarisch aneinander geklammert von ihrer Heimstatt trennen wollten. Bald stellte sich heraus, die Untiefe besaß ihre Tücken in Löchern voller losem Sand zwischen den Korallenstöcken, in denen der Wasserwanderer beim Hindurchwaten bis zu den Knien versank. Die sollten dann auch der Reisegesellschaft zum Verhängnis werden. Als alle genug vom Schauen und dem mulmigen Gefühl hatten, schiffbrüchig auf einem Riff gelandet zu sein, versuchten wir die Fahrt mit dem Boot fortzusetzen. Dieses war mittlerweile ganz auf das Riff getrieben. So blieb uns nichts anderes übrig, als es mit vereinten Kräften schiebend wieder in freies Wasser zu bugsieren. Frohen Mutes ging die Mannschaft ans Werk. Als wieder eines der tückischen Sandlöcher unverhofft unter dem Boot auftauchte, kam nach einem tiefen Schritt nur eine meiner Sandalen zurück an die Oberfläche. Die andere hatte der gierige Sand als Dessert verschluckt. Eine unbequeme Suche mit den Händen im Sand wühlend und dabei das Kinn mühsam über Wasser haltend begann, aber alle Bemühungen stellten sich als zwecklos heraus. Inzwischen entfernte sich das Boot immer weiter von meinem Standort. So musste ich mit einer Sandale hinterher humpeln, allzeit darauf bedacht, auf keinen Seeigel zu treten. Glücklich im Boot angekommen, harrte ich, gehbehindert wie ich mich nun fühlte, der Dinge, die sich die anderen einfallen lassen würden. Wir kamen einfach nicht von der Bank herunter. Überall wohin wir schoben, saß das Boot über kurz oder lang fest. Es dauerte auch gar nicht lange, da meldete der Erste Steward den Verlust eines Gummistiefels. Wie ein Storch im Salat stand er da und hielt scharfen Ausguck nach seiner entschwundenen Beinbekleidung. Schließlich gab er resigniert auf. Auf dem Marsch zum Boot betrat er einige wehrhafte Seeigel, die eine volle Breitseite Stacheln in seine Fußsohle schossen. Er puhlte im Boot eine Stunde an seiner nackten lädierten Standfläche herum. Der Rest der Gehfähigen probierte es mal hier und mal dort, bis sich der Doktor wähnte, den rechten Weg aus dem Labyrinth gefunden zu haben. Aber nach anfänglichen erleichtert registrierten Erfolgen erwies sich auch diese Richtung als Sackgasse.

Als der Chief Mate seine navigatorischen Fähigkeiten in die Waagschale warf und nach einer Furt suchte, führten seine Bemühungen lediglich zu dem Ergebnis, dass auch er eine Sandale vermisste und beim nächsten Schritt der zweiten verlustig ging. In Socken, denn die hatten sich noch nicht die Korallen für kalte Tage geholt, kam er zum Boot zurückgetrabt.

Der Polit kramte nach den jüngsten Losungen zum 1. Mai, aber zur Bewältigung dieses Problems fand er nicht eine einzige passende. Er skandierte: „Forscher, Konstrukteure und Technologen! Mit kühnen Ideen und Tatkraft zu neuen wissenschaftlich-technischen Spitzenleistungen!“, aber die Pinasse tat überhaupt nicht dergleichen. Schließlich schien doch noch ein Weg gefunden zu sein, der uns aus dieser hinterhältigen Falle führen sollte. Dazu musste aber das Boot von allem Ballast befreit werden, zu dem auch ich gehörte. So zog ich den linken Gummistiefel vom Ersten Steward über und schnallte mir meine linke Sandale ans rechte Bein und stieg wieder auf das Riff. Die Verwaltungsangestellte, eine ältere, ziemlich vollschlanke Dame, musste nun auch in den sauren Apfel beißen und siehe da, als sie außenbords komplimentiert werden konnte, bekamen wir das Boot sofort flott. Keiner hätte vermutet, dass das Boot lediglich durch eine versäumte Punkt-Diät so tief im Wasser lag. Man frage nicht nach Sonnenschein, was es anschließend für ein Mordsgaudi wurde, im tieferen Wasser die bewussten Fleisch- und Fettmassen wieder ins Boot zu hieven. Mit vereinten Kräften gelang uns das Manöver aber doch und mit einem vollendeten Bauchklatscher auf Bootsriemen und Korallen fand diese Tragikomödie ihren Abschluss. Nach diesem Experiment am lebenden Material begann einem tatsächlich davor zu grausen, bei Schiffsuntergang mal in eine Rettungsinsel krabbeln zu müssen.

Schließlich und endlich kamen wir frei und konnten wieder Segel setzen, was mit Fleiß und Raffinesse betrieben wurde. Im allgemeinen Trubel dieses Manövers fiel mir ganz nebenbei der Baum auf den Kopf. Aua. Der Erfolg des Segelsetzens zeigte sich bald. Das Boot rührte sich keinen Deut von der Stelle. Strömung und Wind befanden sich im militärischen Gleichgewicht. Um wenigstens etwas Fahrt zu machen, griffen der Polit, der Steward und ich unter dem Absingen von Mao-Zitaten in die Riemen und pullten drauf los. Beim Rest der Mannschaft ließen sich keinerlei derartige revolutionäre Bewegungen erkennen. Wir hatten uns bereits fünfzehn Meter von der Stelle bewegt, als der Chief Mate, der faul daneben saß und sich aus irgendeinem Grunde in seiner seemännischen Ehre gekränkt fühlte, auf die glorreiche Idee kam, es doch noch einmal mit dem Segeln zu versuchen. Nach zehn Minuten befanden wir uns wieder dort, von wo wir uns die letzte halbe Stunde unter Aufbietung aller Kräfte hinweg bewegt hatten.

Ladearbeiten auf MS THEODOR KÖRNER

Nun verlor selbst ich als der geborene Durchreißer die Lust am Rudern, Segeln, Fische fangen und rudi-rudi-rallala. Inzwischen verstrich die Zeit, die Sonne strebte bedenklich der Kimm entgegen, um sich zu verabschieden, und so musste dann einer nach dem anderen wohl oder übel zu den Riemen greifen, um das Boot voranzubringen. Das Segel wurde ganz geborgen und alle ruderten gemeinsam wie die Galeerensklaven drauflos. Nachdem der Polit zwangsverpflichtet wurde, das vergossene Schweißwasser aus dem Boot zu pützen, wurde es in eine Lagune gesteuert, um nach all den Strapazen wenigstens noch ein erfrischendes Bad zu nehmen. Dabei verfiel jemand auf die Idee, doch gleich einmal die Schwimmwesten auszuprobieren. Sie trugen, potz blitz. Allerdings liefen dabei die damals noch daran hängenden Farbbeutel aus, die das Wasser giftgrün einfärbten. Konnte jemand in einer solchen Brühe schwimmend, welche Assoziationen mit dem berühmten Pfefferminztee weckte, tatsächlich im Ernstfall auf sich aufmerksam machen? Bei Jacques Cousteau hieß es, bei einem solchen Anblick würde den Haien vor Schreck die Kinnlade herunterklappen und sie bekämen vor Staunen das Maul nicht wieder zu. Wie auch immer, am Ende des Ausfluges sah es im Boot wie nach dem Fall Roms aus. Breitgetretene Korallen, nasse Kleider, das Segel mit der Farbe der Beutel lindgrün dekoriert. Immer darauf bedacht, nicht zu viele Krebse beim Pullen zu fangen, ruckste sich die geschlagene Truppe hin zum Dampfer. Diese verlustreiche Partie blieb ein Erlebnis, das keiner der Teilnehmer so schnell wieder vergaß. Die Stunden waren sehr kurzweilig vergangen. Ihre Dokumentation mit dem Fotoapparat wurde in der Hektik völlig vergessen und die stechend stinkenden Korallen übergaben wir kurze Zeit später mit Liebesgrüßen aus Kuba wieder feierlich dem Meer. Obwohl damit alle Beweismittel fehlen, wird hiermit versichert: Dies ist kein Lügenmärchen, sondern auf Seemanns Ehre und Gewissen eine absolut wahre Geschichte!

Nach fünf Tagen erschien das Motorschiff THEODOR KÖRNER wieder auf der Reede von Manzanillo, um seine Ladung abschließend zu komplettieren. Die Stadt lag in idyllischer Hanglage landschaftlich sehr schön. Das Zentrum bestand, wie überall in spanisch geprägten Städten, aus einer sehr gepflegten Plaza mit der obligatorischen Kirche. Abends traten die Berge der Sierra Maestra aus dem Dunst heraus, von denen tagsüber kaum etwas erkannt werden konnte.

Ein Fußballspiel der Crew gegen eine heimische Mannschaft gewannen wir mit 3:0. Das Match trug zur stetigen Festigung der immer währenden deutsch-kubanischen Freundschaft bei. Die Sailors schienen die Sensation des Jahres in diesem Landstrich zu sein. Sämtliche Kinder Manzanillos belagerten sie: „Chiclets, Chiclets!". So heißt der ordinäre Kaugummi auf Spanisch. Vermutlich erhielten sie in ihrem jungen Leben noch nie die Gelegenheit einen durchzukauen und sie wussten gar nicht, wie ekelig der nach drei Stunden schmecken kann. Das gleiche Phänomen ließ sich gut zwei dutzend Jahre später beobachten, als plötzlich im Tal der Ahnungslosen alle „Helmut, Helmut!" zu rufen begannen. Viele von denen mögen vorher notgedrungen mit den Wölfen geheult haben. Aber war das ein Grund, nun mit den Schafen zu blöken?

Am 4. März fand das Laden ein Ende. Die Reede verließen wir erst am Morgen des darauf folgenden Tages. Nachts wäre die Fahrt durch die vielen Untiefen wegen der schlechten Befeuerung und Betonnung im Golf von Guacanayabo ein zu großes Risiko gewesen. Die Heimreise führte entlang der kubanischen Südküste zu den Bahamas und von dort ging das Schiff auf Loxodromkurs Abako – Ushant. Die nördlichste Azoreninsel passierten wir auf 90 Seemeilen Entfernung im Norden. Am 23. März 1966 erreichte das Schiff die Ansteuerungstonne Warnemünde. Die innigst herbeigesehnten und auf der Reise schwer vermissten Spaghetti mit Tomatensoße bei Muttern, deren Zubereitung während der gesamten Reise über den Wissenshorizont der Kombüse hinausging, rückten in greifbare Nähe.

7. Akt vom Werftleben auf THEODOR KÖRNER – oder: Als Schmalhans Küchenmeister war

Nach einer Mittelmeerreise mit Industrieausrüstungen für Alexandria und rückreisend voll Schiff aus Famagusta auf Zypern mit Frühkartoffeln für die Republik machte das Motorschiff THEODOR KÖRNER/DHZW von Mitte Juni bis Ende August 1966 mit dem größten Teil der Stammbesatzung und dem Politoffizier, der sich die Werftzeit mit Meditationen vertreiben wollte, eine Reise in die Werft Mercantile Marine Engineering & Graving Docks in Antwerpen. 1938 war das 1958 bei der DSR in Dienst gestellte Schiff bei J. Cockerill S.A. in Antwerpen-Hoboken gebaut worden. Vermutlich trug dies zur Wahl der Reparaturwerft bei. Die Werftarbeiter begrüßten den alten Schlorren als guten Bekannten mit Handschlag.

Zur technischen und ideologischen Vorbereitung der Besatzung auf den Werftaufenthalt fand während der Überfahrt von Rostock kommend kurz vor dem Loch eine Bordversammlung statt, auf welcher die Crew über die notwendigen Details, soweit sie schon bekannt gegeben werden konnten, informiert wurde. Der Kapitän teilte unter anderem mit, die Kombüse müsse ihren Dienst für voraussichtlich drei Wochen einstellen. Die Besatzung müsse sich in dieser Zeit selbst verpflegen. Diese Nachricht ließ die Sonne in der Messe aufgehen und weckte fröhliche Gesichter unter den Zuhörenden. Auf dieses Beschwernis in der Lebensführung schienen die meisten sehnsüchtig spekuliert zu haben, wie seltsam das auch klingen mag. Die Einnahme der Mittagsmahlzeiten wäre in der Werftkantine möglich. Die Organisation alles anderen läge in den Händen eines jeden selbst. Zum Begleichen des dadurch entstehenden Aufwandes für die Beschaffung der Verpflegung während dieser Zeit würden belgische Franc im Wert von siebzehn Valutamark pro Tag ausgezahlt. Die Ohren der Massen in der Messe bekamen Besuch von ihren Mundwinkeln. Die übrigen Werfttage schlügen mit fünf Valutamark zu Buche. Sämtliches Geld gäbe es zusätzlich zur Heuer. Es würde nicht wie das sonst übliche Handgeld in Mark der Deutschen Notenbank von der Heuer abgezogen werden. Die reguläre Handgeldzahlung würde für die Dauer der Werftzeit ruhen. Für den Einkauf im BASAR, den Duty-Free-Shops im Heimathafen, dürfe das Werfttagegeld nicht genutzt werden. Die Devisenwirtschaft der Republik könnte sonst schweren Schaden erleiden. Ein Umtausch in Mark der Deutschen Notenbank, falls etwas übrig bleiben sollte, wäre jederzeit möglich. Das letztere Angebot schien rein rhetorischer Art zu sein. Es lag abseits jeglicher Erwägungen der versammelten Mannschaft, die sich auf einen derartigen Transfer nur nach Puderung mit dem Klammerbeutel eingelassen hätte. Als während der vorangegangenen Reise querab Algeriens Küste bekannt gegeben wurde, das Schiff ginge nach Antwerpen in die Werft, zogen die Leute vom Stamm singend durch den Dampfer. Viele schmissen ihre bisherigen sommerlichen Urlaubspläne über den Haufen, verschoben Hochzeiten, entsagten sich der Familie oder bekamen Weisung von der gestrengen Gattin, erst nach der Werftzeit wieder bei ihr aufzutauchen, nur um an diesen in Aussicht gestellten schnöden Mammon heranzukommen. Den tauschte doch niemand in Alu-Chips um!

Seeleute kamen oft auf die tollsten Ideen. Deshalb untersagte der Master schon mal vorbeugend, über die arbeitsfreien Wochenenden zu privaten Besuchen in Richtung Westdeutschland zu trampen, falls jemand derartige Ambitionen verspüren sollte. Er könnte eventuell ohne Visa nicht wieder nach Belgien reingelassen werden und müsste im Westen bleiben. Das wollte keiner, jetzt wo wir so fürstlich entlohnt wurden. Auch eigenmächtige Rundfahrten durch Flandern und Wallonien seien behördlich nicht gestattet, ebenso wenig wie Stippvisiten in die Hauptstadt Brüssel. Der Landgang habe sich auf die Stadt Antwerpen zu beschränken. Die Werft würde unter Umständen Ausflugsfahrten organisieren, um den Wissensdurst der Seeleute über Land und Leute zu befriedigen. Gegen private Besuche aus dem Bundesgebiet an Bord bestanden jedoch keine Einwände. Im Verlaufe der Werftzeit fielen Heerscharen von Tanten und Omas aus Flensburg und Garmisch auf der THEODOR KÖRNER ein.

Allein die Erwähnung solch theoretischer Reisemöglichkeiten, ohne zur Begrüßung mit einer Garbe aus der Kalaschnikow bedacht zu werden, weckte Begehrlichkeiten in mir. Zeit spielte erstmalig keine Rolle beim Landgang und ich spielte mit dem Gedanken, dies zu nutzen und mir vom hiesigen Konsulat einen (bundes-)deutschen Pass ausstellen zu lassen, mit dem ich dann unbehelligt reisen konnte wohin ich wollte. Dieses Papier in Rostock durch das Hafentor zu tragen, schien mir jedoch nicht besonders angeraten zu sein und ich verwarf meine Pläne wieder, die doppelte Staatsbürgerschaft zu erlangen.

Beinahe wäre schon ein simpler Schlüsselanhänger zum Stolperstein in meiner Karriere geworden. Den bestellte ich während der Werftzeit beim flämischsprachigen Programm von Radio Luxemburg, das im Funkraum aus sprachwissenschaftlichen Gründen vor sich hindudelte. Dort wurde für das gute Stück eifrig die Reklametrommel gerührt, man solle nur ein Passbild und einige Franc einschicken. Mein Exemplar, das ich stolz überall herumzuzeigen gedachte wie ein modernes Arschgeweih, erreichte mich während der Werftzeit nicht mehr. Ein halbes Jahr später, ich konnte mich schon gar nicht mehr daran erinnern, bekam ich mein Souvenir aus Antwerpen an der Seefahrtschule in einer offenen braunen Tüte übergeben. Die Werft hatte die Post nachgeschickt und irgendein Wissbegieriger schien das gute Stück mit meinem Konterfei in oder außerhalb der Reederei-Poststelle monatelang auf Kassiber, Mikrofilme und DNA-Spuren von Jack the Ripper oder Leo Trotzki untersucht zu haben.

Am Freitag, dem 24. Juni 1966, machte die THEODOR KÖRNER am Werftkai fest. Am darauf folgenden Mittwoch sollte sie ins Trockendock verholen. Auf dem Werftgelände befanden sich vier nebeneinander liegende Docks sowie ein weiteres für Großtanker mit Toren zum Hansa-Hafendock hin. Alle waren während der Zeit gut ausgelastet, sodass die Werft später Pleite ging.

Ab 30. Juni saßen das Schiff und die Besatzung im wahrsten Sinne des Wortes auf dem Trockenen. Der Dampfer lag im Dock. Ab diesem Datum musste jeder, der ein sanftes Drücken verspürte, zu einem Gewaltmarsch in Richtung der ungastlichen Toiletten an Land aufbrechen. Mit beiden Beinen immer fest an Deck ist Rennen eine für den Seemann unnatürlich Fortbewegungsart, außer angesichts einer Sturzsee oder eben auf dem Weg zur Toilette. Wer mit zusammengedrückten Knien die Gangway herunter zu trippeln begann, bei dem schien alles zu spät zu sein. Dieser über uns verhängte Ausnahmezustand sollte nach vorläufigen Schätzungen etwa vier Wochen andauern und dafür gab es auch im Gegensatz zur Esseneinnahme überhaupt keine finanzielle Entschädigung.

Die wöchentlichen Auszahlungen des Verpflegungsgeldes durch den Purser, allerseits voller Inbrunst erwartet, begannen umgehend. Wie sich bald herausstellen sollte, wurden die Valutamittel durch die Bank für alle möglichen Bedürfnisse und zur Erfüllung der Erwartungen der Lieben daheim verplant, nur nicht um Speis und Trank für das körperliche Wohl zu beschaffen. Meine Hand wage ich nicht dafür ins Feuer zu legen, dass niemand aus der Besatzung während der Zeit mit dieser Kohle auch die Schipper Straat mit ihren verwerflichen sexuellen Angeboten zur Rundum-Befriedigung aufsuchte. Für Verpflegungszwecke fanden die Mittel jedenfalls nur sparsamste Verwendung. Einmal durchgekaut und hintergeschluckt, war der mit harten Devisen bezahlte Proviant ein für allemal gegessen. Die in den Regalen der Antwerpener Geschäfte auf ihre Käufer wartenden Waren hingegen versprachen, einmal gekauft, auf längere Sicht privilegierten Besitz außerhalb des Warenangebotes von HO und Konsum.

Unter Umständen brachten sie im kleinen Tauschhandel begehrte Winterreifen oder Autostellplätze über die Dauer einer Fernostreise in Mecklenburger Dorfscheunen ein. Endlich durfte sich der Seemann das gönnen, worauf er schon lange ein Auge warf. Mit dem regulären Handgeld einer Reise wären diese Wünsche nie und nimmer zu finanzieren gewesen. Über manches Mitbringsel sprachen die Lieben daheim dann anerkennend: „Da hast du dir ja ein tolles Ding geleistet!"

-SEAMEN'S BAZAR-

NAPELSTRAAT 130 - ANTWERPEN
Telefoon : 32.14.01 H.R.A. 91574

Spezialgeschäft für Seeleute
Reiche Auswahl von Gebrauchsgegenständen aller Art.
Kurzwaren aller Art. Reiseandenken (Souvenirs)

Khakyzeug, Nylonmäntel, Leder und Wildlederjacken für Damen und Herren, Teppische usw., Uhren für Damen und Herren in reichen Auswahl zu mässigen Preisen.
Wir nehmen **alle** ausländische Währungen an.

Alle unserer Kaufwahren sind von bester Qualität und zu vorteilhaften Preisen.
Verkauf von Briefmarken und Postverzendung ohne Preiserhöhung.
Ueberzeugen Sie sich selbst ! Jeder Kauf ist ein Vorteil für Sie !
. . . Geöffnet von 9 bis 23 Uhr. . . .

Irgendwie musste sich der Seemann, um nicht plötzlich an Skorbut und anderen Mangelerscheinungen zu erkranken, für diese vornehme Zurückhaltung in puncto Speis und Trank einen Ausgleich schaffen. Viele Besatzungsmitglieder hatten sich aus Rostock vorsorglich vitaminreiche Büchsenwurst und andere haltbare Konserven mitgebracht. Auch ich verfügte über eine seenotproviantmäßige Ausstattung. Im Spind stapelten sich Kekse und Waffeln. Ein Matrose stellte sich wahrhaftig vierzehn Gläser Rindergulasch unter die Koje. Kein Wunder, dass in Rostock die Versorgung der Bevölkerung mit Grundnahrungsmitteln zusammenbrach, wenn ein Dampfer in eine westliche Werft auslief und Hein Seemann sich vorher auf Beutezug begab.

Die gegenüber von „Spek en Eieren" gelegene Ölraffinerie

Bevor die Kombüse zum Zeitpunkt des Eindockens endgültig ihre Töpfe in die Ecke schmiss, warf sie auch ihre letzten Reserven aus den Lasten auf den Markt. Bezahlen konnten wir diese am Reiseende in leicht zu verschmerzender Mark der Deutschen Notenbank. Vorher kaufte die Wirtschaft beim Schiffshändler noch einmal für eine Henkersmahlzeit ordentlich Proviant ein. Am ersten Sonntagabend in der Werft würgten wir als Abschied vom kalorienhaltigen, balaststoffreichen und geschmackfreien Essen der Bordverpflegung voller Ekel einen kleinfingerdicken Räucheraal hinunter, bevor die Fastenzeit einsetzte.

Ein Teil unseres Tagewerkes, und es sollte nicht dessen geringster Teil werden, bestand nun darin, sich mit der stundenlangen Zubereitung der Mahlzeiten individuell über die Runden zu helfen. Eine ungewohnte Herausforderung für Hein Seemann, der sonst vom Frühstück bis zum Abendbrot alles vor die Nase gesetzt bekam. Für den ersten Hunger verkaufte die Kombüse noch einmal gebratene Koteletts. Für den zweiten mussten nun die Neigen aus den leer geräumten Proviantlasten herhalten. Aus denen standen Dosen zu je zwanzig Wiener Würstchen und Stiegen mit zwanzig rohen Eiern zum baldigen Verzehr unter der Backskiste bereit. Die anhaltende Vertilgung der Würstchen weckte einen starken Drang, sich nach der Werftzeit nur noch vegetarisch zu ernähren. Die Eier kochte ich unter schwierigsten Bedingungen in der Kaffeekanne. Sie passten kaum durch den engen Hals der Kanne hindurch und schlugen jedes Mal am Boden hart auf. Ich hatte leider vergessen, den Schrank mit den Küchengeräten von daheim mitzubringen.

Teilweise bildeten sich Grüppchen, die im Rahmen eines Wissenstransfers ihre Mahlzeiten gemeinsam zubereiteten. E-Ingenieur und E-Mix funktionierten ihre Werkstatt zur Kombüse um. Ein im bisherigen Leben stets verschmähter Weißkrauteintopf, der dort nach einem geheimen Rezept des Apothekergesellen Johann Friedrich Böttcher zusammengebraut wurde, schmeckte mir einfach nur noch köstlich. Hunger war schon immer der beste Koch. Für Frondienste, wie Kartoffel schälen und Gemüse putzen, gewährten mir die beiden großzügig die Teilnahme an weiteren Atzungen.

Nach vierzehn Tagen im Trockendock neigte sich ein Grundnahrungsmittel, das gute Mischbrot aus meiner Kommode mit der Reizwäsche, dem Ende entgegen. Ein Rechenexempel drängte sich auf: Das Brot von gestern kostet heute die Hälfte. Was darf die Bäckersfrau für vierzehn Tage altes Brot verlangen? In Rostock den alten Preis. Was auch immer in Antwerpen herausgekommen wäre, wir fanden weit und breit keine Bäckersfrau. So dachten wir. Damit lagen wir völlig daneben. Vom Brückendeck des Dampfers bestand eine prima Aussicht hinüber zu den benachbarten Liegeplätzen im Hansa-Dock, an denen laufend DSR-Schiffe als Stammkundschaft festmachten. Auf denen wurde tagtäglich noch dampfendes, knusprig frisch gebackenes Brot zum Verlieben und zum Frühstück gereicht. An die Solidarität unter DSR-Seeleuten appellierend, schnorrte ich zunächst von der DARSS ein solches frisches Brot. Ich erlebte dabei ein völlig neues Landstreicher-Gefühl. Als Entschuldigung machte ich geltend, dass es in Belgien nur flauschiges, pappiges Weißbrot in diversen Variationen zu beißen gab. Nur für solch ein Sandwich-Brot einen stundenlangen und teuren Weg in die Stadt zu nehmen, lohnte sich einfach nicht, wenn Braunschweiger Wurst und Fischdosen noch als Aufstrich im Spind lagen. Im Vergleich zu dieser belgischen Pappe, die sich nur an den ersten beiden Tagen mit Anstand genießen ließ, löste vierzehn Tage altes treudeutsches Roggenbrot höchste Glücksgefühle aus.

Frühmorgens servierte ich mir nun immer Kekse. Alle Mahlzeiten - Honigbrot, Käse oder gekochtes Ei - wurden mit einem Schluck Vita Cola runtergespült.

Als der Purser so um die 350 Valuta-Mark an jedes Besatzungsmitglied ausgezahlt hatte, pflegten die meisten auf einem Berg von 300 Einheiten dieser imaginären Währung zu sitzen. Den Rest verloren sie im Kampf gegen den Hunger. Für die Zufuhr an wertvollen und lebensnotwendigen Vitaminen machte sich bald ein Einkauf in der Stadt unumgänglich, sonst wären uns tatsächlich wie einst bei Magellan die Zähne ausgefallen. Bananen und Tomaten schleppte ich über viele Kilometer herbei. Der schwere Gang mit weichen Knien durch die Lebensmittelabteilungen der Kaufhäuser machte auf noch vieles mehr Appetit. Rote Kirschen für zwei Mark das Kilo, Gänseleberpastete aus den Ardennen und Käse von Frau Antje aus Holland verlockten zum Kauf, fällt mir heute noch ein. Unter diesen Bedingungen die Gelüste des Gaumens im Zaum zu halten, bedeutete eine gewaltige Herausforderung an die Einhaltung guter Vorsätze. Wenn der Magen angesichts der teuren Leckereien allzu laut knurrte, für zehn Franc ließ er sich an jeder Straßenecke durch eine reichliche Portion Fritten mit Mayo erst einmal beschwichtigen. Diese Bratkartoffeln bedeuteten einen absoluten Hochgenuss in diesen Zeiten der Selbstverpflegung. Wir philosophierten darüber, wie es wäre, nach dem Ende der Fahrenszeit in der Kröpeliner Straße eine Frittenbude aufzumachen, die sagenhaften Gewinn und eine Datsche in Ahrenshoop abwerfen könnte, was leider Partei und Regierung nie zulassen würden. Die brauchten die Kartoffeln nötiger, um daraus Wodka als Droge für das Volk zu brennen.

Gleichwohl ergab sich während der Werftliegezeit außerhalb der Wochenenden oder zum späten Feierabend hin letztlich nur zweimal die Gelegenheit, tagsüber in die Stadt zu fahren. Das schränkte die Beschaffung von Frischproviant von vornherein merklich ein. Für die Fahrt in das viele Kilometer entfernte Zentrum von Antwerpen bot sich die Gelegenheit an, zum Schichtschluss der Werftarbeiter deren Werksbus mit zu nutzen, ein gelbes Ungetüm, ein Sattelschlepper mit Niederfluraufl ieger ohne Sitzplätze, in dem jeder über Kopf lediglich eine Schlaufe zum Festhalten besaß. Wie die Schweinehälften im Schlachthof schaukelte die Fuhre in die Stadt. Zurück fuhr der Linienbus vom Rooseveltplaats für vierzehn belgische Franc. Er hielt nach zwanzig Minuten vor dem Werfttor beim Restaurant „Spek en Eieren", Kaai 403. Diese Kneipe besitzt noch heute bei ehemaligen DSR-Seeleuten einen legendären Ruf, weil sich so mancher nach einer langen Fernostreise mit frischem guten belgischen Bier vom Fass darinnen hatte volllaufen lassen. Sie stellte weit und breit die einzige Oase in der fast futuristischen Hafenlandschaft aus Öltanks, Kränen und Kaimauern dar.

Unterbodenpflege im Trockendock

Vorerst bestand jedoch wenig Interesse, an Land zu gehen. Die Brieftaschen mussten sich noch etwas reichlicher füllen. Überwiegend herrschte den ganzen Juli hindurch zudem ein kühles Schauerwetter, das die Brücke in eine Tropfsteinhöhle verwandelte. Abends lud der E-Mix anfangs täglich zu Kinovorstellungen ein. An Land ging das Filmangebot in den Kinos rund um den Hauptbahnhof in eine etwas andere Richtung als in die des sozialistischen Realismus. Dafür kostete dort die Vorstellung mindestens 40 Franc. Im Verlaufe der Werftzeit konnte auch ich den Offerten der bunten Kinoreklame nicht widerstehen.

Um das belgische Fernsehen empfangen zu können, stellte die Werft urtümliche, riesige Fernsehempfänger mit winzigen Bildröhren an Bord auf. Hier saßen die meisten Leute der Crew jeden Abend davor, um ihrer Langeweile beizukommen. Sie schauten sich mit leeren Augen alles an, was das Programm bot. Plötzlich wurden sie munter. In diesem Sommer fand in Großbritannien die Fußballweltmeisterschaft statt und diese Spiele begleitete die Crew mit großer Anteilnahme. Die bundesdeutsche Mannschaft unterlag im Endspiel der britischen Mannschaft bekanntlich mit 2:4, d i e nationale Katastrophe nach der Kapitulation 1945.

Am 4. Juli lief in der Werft Boel & Zonen in Temse, einige Kilometer scheldeaufwärts gelegen, der zweite Bananenjäger, der in Belgien für die

DSR gebaut wurde, vom Stapel. Er wurde auf den Namen THEODOR FONTANE getauft. Ein großer Teil der Besatzung der THEODOR KÖRNER folgte einer Einladung, daran teilzunehmen. Wenige Minuten nach ihrem Eintreffen befand sich diese handverlesene Auswahl an Repräsentanten der DSR bereits im Zustand absoluter Fahruntüchtigkeit. Vor der Heimfahrt musste ein Lord offiziell als verschollen erklärt werden. Er trampte über das deutschsprachige Belgien, um sich den Weg erklären zu lassen, nach Antwerpen zurück. Der nächste kotzte im Bus seinem Vordermann in den Kragen. Aber dennoch hat sich Bolle ganz köstlich amüsiert.

Ein DSR-Kümo im Trockendock der Mercantile-Werft

Nebenan im Dock lag ein HANSA-Dampfer aus Bremen. Die Mannschaften pflegten den Erfahrungsaustausch bei einer Buddel Bier. Es schienen nicht die Intelligentesten zu sein, die bei HANSA zur See fuhren. Sie gehörten zu den windigen Gestalten, die von Stufe zu Stufe sanken, ehe sie zuletzt im Hafen gesehen wurden. Mancher rasante Abstieg ließ sich in prägnante Worte fassen: „Cousine gef..., zur See geschickt“. Die Reeder an Elbe und Weser standen Schlange, wenn in Santa Fu (JVA Fuhlsbüttel) Entlassungstag war. Einer dieser Rabauken klaute mir durch das offene Fenster das vom Politoffizier als Einschlaf-Lektüre geborgte NEUE DEUTSCHLAND und haute damit seinem Kumpel die ZK-Reden um die Ohren. Solche schlagkräftigen Argumente müssen weh getan haben! Schlimm, schlimm, ich traute mich gar nicht dem Polit zu beichten, dass das Zentralorgan in die Hände des Klassenfeindes gefallen ist.

Auch der Funkraum sollte während der Werftzeit auf den technisch neuesten Stand gebracht werden. Mitte Juli kam die BEREITSCHAFT, das Versorgungsschiff der Seereederei, in der Werft vorbei, um letzte Teile der zukünftigen funktechnischen Ausstattung anzuliefern. Für die Arbeiten hatte sich nach einer Ausschreibung die Firma ELIMAS mit ihrem günstigeren Angebot gegen die renommierte Firma ANTWERP MARINE RADIO durchsetzen können. ELIMAS bestand aus ehemaligen Mitarbeitern von Antwerp Marine Radio, die sich von ihrer früheren Firma getrennt hatten. Das Leben in der Marktwirtschaft lehrt, das Billigste muss nicht immer das Beste sein. Die Arbeiten zogen sich sehr schleppend dahin. Für einen Teil der Besatzung gestaltete sich die Zusammenarbeit mit ELIMAS hingegen außerordentlich vorteilhaft. Über sie kam ein schwunghafter Handel mit elektronischen Geräten bei einem dreißigprozentigen preislichen Nachlass in die Gänge. Die Offiziere ließen sich Tonbandgeräte der Marke PHILIPS, Stereo-Schallplattenspieler, Kofferradios liefern. Stereovorbereitet und vierspurig stellten die Tonbandgeräte gegenüber den heimatlichen vom Typ SMARAGD einen echten Qualitätssprung dar. Im Anblick dieser Wertsachen leckte schließlich die halbe Besatzung Blut.

Der 21. Juli ist in Belgien Nationalfeiertag aus Anlass der Gründung des Königreiches im Jahre 1831. Die Arbeit auf der Werft ruhte. Auch an diesem Tage fand zum allgemeinen Erstaunen Markttreiben wie an normalen Sonntagen statt, wenn der berühmte Antwerpener „Vogelmarkt“ abgehalten wurde. Diese Märkte konnten sich stets einer großen Anzahl an Besuchern erfreuen. Zwischen den Ständen gab es kaum ein Durchkommen. Außer Kino und Stadtbummel bot der Landgang in Antwerpen noch mehr Abwechslung. Die Fahrt mit dem Aufzug zur Aussichtsplattform auf das höchste Gebäude von Antwerpen, der Kreditbank, kostete läppische zehn Franc. Von hier ließ sich ein Überblick bis weit ins Land hinein und über das ausgedehnte Hafengelände verschaffen. Das berühmte Rubenshuis, das Wohn- und Atelierhaus des Pieter Paul Rubens mitten im Zentrum der Stadt, musste jeder gesehen haben, der in Antwerpen an Land ging. Mancher wunderte sich beim Rundgang darüber, wie maßstabgerecht seinerzeit Rubens die aktuellen Körperformen seines eigenen Eheweibes vorausahnen konnte.

In jenem Sommer 1966 begann sich die Minimode durchzusetzen. Nicht bei den Meisjes mit den dicken Schenkeln, aber bei den schönsten schlanken Mädchen endete der Rocksaum plötzlich kurz unterm Poansatz. Der einsame Seefahrer traute seinen Augen nicht. Wenn solche Beine am Steenplein-Anleger der Flandria-Ausflugsdampfer am Scheldeufer entlangflanierten, dann waren diese Prachtexemplare ein Erinnerungsfoto wie von der altehrwürdigen Liebfrauen-Kathedrale gegenüber wert, um denen daheim zu zeigen, was die da drüben unter Materialökonomie verstanden.

Das Schelde-Ufer mit Anlegestelle der Flandria-Ausflugsdampfer

DSR-Besatzungen, die mit ihren Schiffen in Antwerpen lagen, standen alle Wege offen, ganz konkret – zwei. Der erste führte im Rahmen organisierter Freizeit, nicht zu verwechseln mit organisiertem Verbrechen, in die Landeshauptstadt und weiter ins Landesinnere hinein, wenn nicht gar fast darüber hinaus. Belgien gehört nicht zu den Flächenstaaten und der Besucher stößt ganz schnell an seine Grenzen. Die zweite Route brachte dem Seemann den verlorenen Glanz ehemals großer flandrischer Hafenstädte näher. Neben Sluis im niederländischen Seeland gehörten dazu Gent und Brügge. Den Leuten von der KÖRNER wurde angetragen, sich ein wenig in der Mitte des Landes umzuschauen. An einem Wochenende starteten je zwanzig Besatzungsmitglieder zu einer Belgienrundfahrt. Frühmorgens um acht Uhr brachen wir zu unserem ersten Ziel, dem Atomium, Wahrzeichen der Weltausstellung von 1958 in Brüssel, auf. Viel Zeit nach der Berichterstattung darüber war seither noch nicht ins Land geflossen. Das Bild dieses Bauwerkes trug jeder im Kopf. Deshalb gehörte die Begegnung mit diesem Monument des Atomzeitalters zu einem der bewegenden, beeindruckenden und stolzen Momente im Seefahrerleben. Ähnlich erging es jedem Bürger unserer Republik, der sich zum ersten Mal im Leben in ihrem großartigen Palast am Spreeufer, Erich's Lampenladen, den Asbeststaub von der Lunge husten konnte.

Das Denkmal auf dem Schlachtfeld von Waterloo

Weiter führte unser Weg nach Namur, der Hauptstadt Walloniens, hinauf auf deren Zitadelle und weiter im Tal der Maas entlang bis zum Eingangstor in die belgischen Ardennen, nach Dinant. Die Brandfackel des Krieges wurde oft über die belgischen Kartoffeläcker hinweggerollt. Hier in den Ardennen schlugen sich einst Deutsche und andere Völkerschaften in zwei Weltkriegen gegenseitig den Schädel ein. Ein Soldatenfriedhof über Dinant kündete von diesem sinnlosen Abschlachten. Hätte man nicht früher auf den Gedanken von EUROPA kommen können, allen miteinander verschwägerten Königshäusern zum Trotz, unter denen es seit jeher Stunk gab?

Wir frönten weiterhin dem Katastrophentourismus und warfen einen

Blick vom nachträglich aufgeschütteten Feldherrenhügel auf das nicht minder blutige Schlachtfeld von Waterloo herab. Mit klingendem Spiel und wehenden Standarten schlug damals wiederum Europa aufeinander ein. Den Anblick dieser weiten Ebene vor Augen, tutete beim Seemann angesichts des Hollywood-Filmes „Waterloo“ sofort die Trillerpfeife im Sprachrohr. Dieser Film musste irgendwo in den schottischen Highlands gedreht worden sein. Die Kameraden suchten sich damals einfach das falsche Schlachtfeld aus. Es wäre für Warner Brothers dramaturgisch günstiger gewesen, Blücher und Wellington hätten ihre Bataillone von den Hügelketten der nicht weit entfernten Eifel herab stürmen lassen. Aber wer nimmt schon noch Belehrungen aus Amerika an, nicht mal Angela Merkel.

Der Große Markt von Brüssel, der architektonisch alles bisher Gesehene übertraf und alle Fährnisse der Geschichte unbeschadet überstand, bildete den Abschluss unseres höchst kurzweiligen Sightseeing-Programms. Eine beliebte Reise, die immer wieder so ähnlich von den Besatzungen der DSR-Schiffe gerne wahrgenommen wurde.

Die halbstündige Fahrt mit der Eisenbahn von Antwerpen nach Brüssel und zurück kostete 80 Franc. Preis und Fahrtzeit verlockten geradezu, auch einmal privat in die Landeshauptstadt zu reisen. Die Warnung auf der erwähnten Bordversammlung, auf jedem Bahnhof würden Geheimpolizisten allen an ihrer Kleidung leicht erkennbaren Ostzonenbewohnern auflauern und sie festnehmen, schlug ich in den Wind. Entgegen aller Befürchtungen blieb ich bei meinem Ausflug völlig unbehelligt von den verhassten Vollstreckern eines kapitalistischen Unterdrückungsapparates. Alle Sehenswürdigkeiten im Zentrum der Stadt konnte ich einer eingehenden Visite unterziehen. Dazu gehörte in einer ruhigen Gasse in Marktplatznähe auch Männeken Piss, ein winziger Knabe auf hohem Sockel, der, von Frauen andächtig bewundert, schwer an seinem gewaltigen Ruhm trug, welcher sich wiederum auf Winziges gründete. Die glänzenden Fassaden der EWG-Bürohochhäuser betrachtete ich interessiert, nicht ahnend, dass neben dem Handelsembargo gemäß COMECON-Liste uns unbescholtenen Sozialisten von dort dereinst auch noch das Rauchen verboten werden würde. Doch gemach, gemach, noch wurde das Volk zwischen Binz und Plauen nicht derartig geknechtet.

Ende Juli gaben sich bereits DSR-Inspektoren der verschiedensten Schattierungen die Klinke in die Hand. Sie nutzten die günstige Gelegenheit, nach frischer Luft hechelnd, frei nach Clint Eastwood „for a few dollars more“ ihr Gehalt aufzubessern. Der Neidfaktor gegenüber den fahrenden

Berufskollegen ließ sich dadurch etwas begrenzen und sie fuhren wesentlich glücklicher nach Hause als sie gekommen waren.

Durch verschiedene Zusatzaufträge, die sich im Verlaufe der Reparaturmaßnahmen regelmäßig überraschend ergaben, konnte die Werft den alten Fertigstellungstermin nicht halten. Sie blieb auf der Hut, sich auf neue verbindliche Termine festzulegen. Den Werftarbeitern, unpolitisch wie sie sich gaben, erging es unverdientermaßen blendend. Um sie vom Klassenkampf abzulenken, schickte sie der Unternehmer bereits am Freitagabend in das Wochenende. Die wie fleißige Bienen den Mehrwert heranschaffenden Ausgebeuteten ließen sich durch diese hinterhältige Offerte einlullen und den Klassenkampf Klassenkampf sein. Sie fühlten sich wohl in ihrer Scheinidylle aus Opel Kadett, gekochten Hinterschinken, Amstel Bier und Italienurlaub – bis zur nächsten Rezession mit Massenentlassungen und Hungersnöten. Da kam Grigori Kossonossow mit höchstrichterlicher Genehmigung auf Dienstreise vorbei, der Wächter einer sowjetischen Fliegerschule. „Nun, was ist, Genosse Kossonossow," sagten die Kollegen im Donez beim Abschied, "da ihr schon dort hinfahrt, könnt ihr vielleicht ein bisschen agitieren...", doch diese belgischen Kaltblüter ließen sich einfach nicht belehren.

In unserer Republik erfreuten sich die Werktätigen nur aller vierzehn Tage eines langen Wochenendes, doch dafür gehörte ihnen der Presslufthammer, mit dem sie im Ronneburger Revier untertage stolz Uran für den Weltfrieden aus der Erde schürfte – bis zu ihrem Krebstod.

Aus diesem Grund herrschte an Samstagen und Sonntagen eine himmlische Ruhe auf dem Dampfer. Die Woche über tobte ein infernalischer Höllenlärm auf allen Decks, in jeder Ecke ratterte und klapperte irgendetwas. Vor allem das Auswechseln der Nieten in der Außenhaut verursachte unüberhörbare Geräusche, als säßen wir mitten in einem karibischen Steel-Band-Benzin-Fass.

Zwischenzeitlich hatte es noch einmal einige Tage Brot an Bord zu kaufen gegeben, bevor sich die Reserven endgültig dem Ende neigten. Das Schiff besaß keinen Bäcker mehr, der etwas hätte dagegen unternehmen können. Er musste auf die GERA umsteigen. Die ging von Rostock ohne Bäcker auf Indienreise. Zum Abschied buk er noch einmal 200 Brote für seine alte Besatzung. Hein Seemann musste sich wieder auf andere Quellen einstellen. Vorerst staubte ich von der VOGTLAND ein Brot ab. Wie sich kurz danach herausstellte, fuhr auf der WERRA ein Studienkollege, der am nächsten Tage Butter, Wurst, Fischdose, Camembert, ein paar Radieschen und zwei frisch gebackene Brote „organisierte". Jetzt suchte ich auch die Werftkantine zum Mittagessen auf. Die Portion kostete nur fünfzehn Franc, etwa zwei DM. Dafür erhielt jeder einen ordentlichen Schlag Kartoffeln und darauf oder darunter verstreut diese und jene Beilagen.

Obwohl in Belgien wahrlich keine Mangelwirtschaft herrschte, betrieben die Kollegen Arbeiter auch dort einen internationalen Sport, vor dessen Ausuferungen in Werftzeiten mich schon mein alter Herr warnte. Dieser offensichtlich ansteckende Nervenkitzel hieß „Zappzarapp, weg war es". Was nicht niet- und nagelfest, verschwand auf Nimmerwiedersehen. Eines Tages musste ich resigniert den Abgang eines Tischschraubstockes aus dem Funkraum feststellen, den ein Werftarbeiter dringend in seinem Hobbykeller brauchte. Kupferner Antennendraht löste sich in nichts auf. Ein Matrose wurde bei mir vorstellig, in seiner Kammer hänge der Lautsprecher aus der Wandverkleidung heraus. Die Begutachtung des Schadens ließ nur den Schluss zu, dass sich jemand durch das offene Fenster daran zu schaffen gemacht hatte. Den Schaden wollte ich nach dem Abendbrot beheben. Kurz danach rief der Matrose an, weitere Bemühungen wären zwecklos, jetzt sei der Lautsprecher endgültig verschwunden. Stolz auf seine abendländische Kultur, schien mancher rechtschaffene Docker unbeobachtet keinen moralischen Schritt von Ali entfernt zu sein, der sich in Alexandria an Deck hockte und voller Dreistigkeit die Messing-Beschläge der Frischwassertanks unter seinem Hintern abschraubte. So hielten sich die Werftarbeiter solidarisch vereint an unserem sozialistischen Eigentum schadlos – wie im Heimathafen des Schiffes.

Am 9. August begannen die Arbeiter mit dem Unterwasseranstrich. Ein Zeichen, dass THEO noch einige Tage im Dock zubringen würde. Drei Tage später wurde das Schiff endlich ausgedockt. Die ursprünglich drei prophezeiten Wochen ohne Kombüse hatten sich in satte sechs verwandelt, was für ein Geld! Doch nun reichte es mit der Fastentour, die Rippen guckten bereits. Auf solch einfache, unkomplizierte Weise ließ sich manches erreichen, wofür heute Weight Watcher, Slim fast und Punkt-Diät herhalten müssen.

Blick über die Docks der Mercantile Werft

Der Dampfer schwamm wieder und am Nachmittag traf bereits frischer Proviant an Bord ein. Nun erwiesen sich einige private Lebensmittelreserven im Spind als zu reichlich bemessen. Von den Werftarbeitern wollte niemand auch nur in aller Bescheidenheit die Rostocker Leberwurst-Konserven als Solidaritätsgeschenk annehmen. Schade, so blieb diesem Produkt eine Zukunft als Exportschlager von der Warnow verwehrt. Am darauf folgenden Morgen servierte die Wirtschaft in den Messen das erste Mal wieder Kombüsen-Frühstück. Vor uns stand eine mehlige Eierpampe, wahrlich ein gelungenes Startessen. Die Kombüse musste in den vorangegangenen Wochen vor lauter Töpfe-Auskratzen und Lasten-Scheuern das Kochen verlernt haben. Die weiteren Mahlzeiten bedeuteten aber mit den beim Schiffshändler eingekauften Zutaten ein reines Vergnügen. Die gesamte Besatzung haute ordentlich rein, damit wieder etwas Fett auf die Rippen käme. In den nächsten Tagen stand keine viele Monate alte Sieben-Türme-Wurst auf der Back, sondern frischer und feinster französischer Camembert, fruchtiger Joghurt, hauchzarte Schinkenscheiben und andere Köstlichkeiten der gehobenen Küche, wie sie heute jeder bei ALDI nicht mit dem Hintern anguckt.

Letztmalig empfingen wir belgische Franc. Insgesamt betrug die demokratisch an jedes Besatzungsmitglied, egal ob Offizier oder Motorenhelfer, ausgezahlte Summe etwa 800 Valutamark. Das bedeutete mehr harte Währung als ein Matrose in einem Jahr an Devisen regulär erhalten konnte. Kein Wunder, dass mancher sprichwörtlich vor Mord nicht zurückschreckte, um eine Werftzeit im Ausland zu ergattern. Mit den letzten 1000 Franc, etwa 150 DM, brach ich am Samstag zu einer hemmungslosen Einkaufstour durch die Kaufhäuser auf. Der Lustgewinn ähnelte jenem, beim Shopping auf der Hamburger Mönckebergstraße in den letzten zwanzig Westmark der Reise zu schwelgen. Daran schloss sich ein langes Wochenende der Erholung an, denn am darauf folgenden Montag ruhte in Belgien wiederum die Arbeit. Der Politnik lag völlig falsch, als er uns etwas von Generalstreik erzählen wollte. Diesmal wurde Maria Entschlafung, der Tod der Gottesmutter oder kurz Muttertag gefeiert.

Zum Ende der Werftzeit hin bekam die KÖRNER noch einmal Gesellschaft durch ein DSR-Schiff. Die ELSTER machte ausreisend am Werftkai fest, um ein defektes Rettungsboot reparieren zu lassen. Am Freitag, dem 19. August 1966, um sechs Uhr morgens verließ unser Schiff die Mercantile Werft Antwerpen. Nach einer Probefahrt lief der Dampfer in Richtung London, um eintausend Tonnen Eisenbahnschwellen für Mexiko zu laden. Zwischendurch hieß es doch tatsächlich einmal, der Pott würde nach der Werft eine Reise ins Rote Meer machen. Böse Zungen behaupteten, so könne mit einer dreimonatigen „trockenen“ Reedezeit vor Jeddah in Saudi-Arabien eine Entziehungskur für die versoffene Lehrergang eingespart werden. Das war eine faustdicke Unterstellung. Sie saßen ja daheim im Urlaub und konnten es nicht hören. Ich hatte selbst einmal zu ihrer Rehabilitation gehört, wie sich zwei Lehrlinge unterhielten, dass ihr Englisch-Lehrer den ganzen Tag nüchtern war.

In den letzten Augusttagen traf das Schiff wieder in Rostock ein. Für mich begann das Aufbaustudium an der Seefahrtschule.

Wenn in späteren Jahren mein neues Brotschiff im Hansa-Dock festmachte, erinnerte mich der in der Luft liegende Gestank der benachbarten Ölraffinerie stets an jene Zeiten, als Schmalhans Küchenmeister an Bord gewesen war, an geschlauchtes Brot und aus der Dose gefingerte, kalt genossene Bockwurst.

Ungeachtet dessen bedeutete eine derartige Werftzeit einen der glücklichsten Momente in jedem Seefahrerleben. Acht Wochen im Sommer an einem trotz purer Hafenlandschaft angenehmen Flecken zu verweilen, der sonst während einer Liegezeit von ein oder zwei hektischen Tagen nur fragmentarisch wahrgenommen wurde, ließen ein Gefühl von Unbeschwertheit und Freisein aufkommen. Der Seemann aus Rostock fühlte sich als Gleicher unter Gleichen - bei der gemeinsamen Arbeit an Bord, beim Mittagessen in der Werftkantine oder an der Kasse im Supermarkt. Und das in einem vom Klassenfeind beherrschten Land. Jene Wochen griffen dem ungezwungenen Umgang mit allen europäischen Nachbarn vor, der erst nach 1990 selbstverständlich werden sollte. Heute würde mancher ehemalige Trabbi-Fahrer schon ganz gerne wissen, zu welchem der ungezwungenen Völkerstämme ringsherum sein neues Auto samt umhäkelter Klopapierrolle in der Hutablage verschwunden ist.

8. Akt von Nierenragout und anderen Katastrophen – oder: Ein Jahr an der Seefahrtschule Wustrow

Das Ostseebad Wustrow gehört nicht zu den beliebigen Gemeinden, von denen es gar viele im Lande gibt. Um diesen Umstand zu würdigen, wäre es wahrhaftig sinnvoller gewesen, während des Studiums in der Fachrichtung Marxismus-Leninismus der Vergangenheit dieses Seefahrer-Dorfes eine dialektische Stunde zu widmen, statt sich jahrelang mit der Geschichte der KPdSU herumplagen zu müssen. Die wenigen Gespräche am Biertisch mit Einheimischen halfen kaum, dieses Defizit aufzuarbeiten. Sie sprachen so komisch. Erst viel später konnte ich mir einschlägige Aha-Erlebnisse verschaffen als 1984 beim Hinstorff Verlag ein Buch erschien, in dem Namen wie Bradhering, Fretwurst, Permien und Zeplien, immer noch bekannte Wustrower Familien, auftauchten: „Vom Fischland in die Welt".

Die beiden Wahrzeichen des Ostseebades Wustrow

Diese Worte galten noch immer. Allerdings brachen nun vorzugsweise junge Männer vom Stamme der Preußen und Sachsen von diesem Landstrich in die weite Welt auf. Jene glückliche Periode in der zweiten Hälfte des 20. Jahrhunderts sollte nach dem politischen Wandel nicht mehr lange anhalten. Bald darauf war das Schicksal der Seefahrtschule Wustrow, nun Teil der Ingenieurhochschule für Seefahrt, ein für allemal besiegelt. Ein Bruch der Jahrhunderte langen Wustrower Tradition erfolgte. Im Dezember 1993 erschien in der Zeitschrift „Das Parlament", dem Blatt des Deutschen Bundestages, ein engagierter Beitrag von Manfred Hessel, Dozent an der einstigen Ingenieurhochschule: „Trauriges Ende einer Kapitänsschule". Das Kultusministerium in Schwerin hatte die Schule geschlossen. Wie auch immer, Wustrow wurde wie auch bei vielen anderen Seefahrern zu einem Teil meines Lebenslaufes. Und die dort verbrachte Zeit gehört nicht zu dessen schlechtesten Kapiteln.

Nach zwei Jahren des Einsatzes als Zweiter und Erster Funkoffizier mit dem Seefunksonderzeugnis entschloss ich mich im Herbst 1966 zur Fortsetzung des Studiums an der Seefahrtschule in Wustrow. Mit mir ehrenwerte Persönlichkeiten, die im Verlaufe der vorangegangenen zehn Jahre irgendwann dieses Zeugnis erwarben und bereits auf teils bemerkenswerte berufliche Karrieren als Funkoffizier verweisen konnten. Ich durfte mich unter ihnen mal wieder als Nesthäkchen fühlen.

Nach einem Intermezzo an der Offiziersschule der Volksmarine in Stralsund während der Semesterferien, setzten wir in der Klasse FS/FI/2 am 5. September 1967 unser Studium im zweiten Studienjahr fort. Gemeinsam mit Walter J. bezog ich das gleiche Zimmer, welches wir im Vorjahr bereits bewohnten. Die wilden Zeiten an der Schule, wie wir sie 1963 noch kennen lernen durften, schienen vorbei zu sein. Wie unter Männern üblich, herrschte anfangs ein großes Einzugschaos, als wären die Vandalen auf ihrem Wege nach Afrika durch unseren zwölf Quadratmeter großen Verschlag hindurch gezogen. Der lag auf der Sonnenseite, im obersten Stockwerk des Mittelbaues, der auf den Grundmauern der alten Seefahrtschule errichtet worden war, mit Blick auf die Straße Richtung Dierhagen und hinein in die Boddenlandschaft. Diese sonnige Lage besaß einen gewaltigen Nachteil: Das Horn der etwa einen Kilometer entfernten Nebelstation tutete vor allem nachts kräftig in unser Fenster hinein, wenn es draußen pottendick wurde. In solchen Nächten plagten uns wüste Albträume von fliegenden Holländern, die gespenstisch und lautlos mit flatternden Gaumensegeln zwischen wallenden Nebelschwaden auftauchten, eine enge Halse nach der anderen fuhren und durch einen missglückten Williamson Törn mit ihren Wohnwagen die A2 nach Berlin-West blockierten. Außerdem bekam die in Ermangelung eines Kühlschrankes draußen auf der Fensterbank zur Kühlung abgestellte Flaschenmilch durch das

Sonnenlicht einen unangenehmen Beigeschmack wie ein Parteieintritt aus Karrieregründen.

Ein Blick auf den Stundenplan im neuen Semester stimmte uns recht optimistisch. Er bot die Gewähr, nicht unter anhaltenden Stress-Symptomen leiden zu müssen. Stress bekam in Wustrow nur derjenige, der wie der Wolf in die Herde paarungswilliger Urlauberinnen fuhr. Sozialistische Leitungstätigkeit und Betriebsökonomie hießen die neuen Fächer. Bald stellte sich heraus, dass in diesen beiden Fächern sowie in Marxistischer Philosophie die Hürden der Bewusstseinserweiterung besonders hoch lagen. Mit Müh und Not folgten wir dem Stoff soweit wie eine fette LPG-Sau hupfen konnte. Dieses so recht und schlecht erworbene Wissen ließ sich mit dem ersten Schritt auf die Stufen einer Gangway in die Tonne stampfen. Keiner brauchte derartiges an Bord. Der Rest der Weltflotte hätte sich sonst ohne Marx im Hinterkopf gegenseitig in den Grund gebohrt. „Können Sie die Parteilichkeit der Weltanschauung der Arbeiterklasse charakterisieren?“ Mit solchen Fragen versuchten die Lehrkräfte, uns in der Marxistischen Philosophie den Lebensmut zu rauben.

In Betriebsökonomie, auch nicht gerade ein Fach, in dem sich ungehemmte Wissbegier stillen ließ, dozierte wenigstens ein Dozent, den wir für in Ordnung befanden. Sein Vortrag erschöpfte sich nicht nur in Lobpreisungen – Bruno Jenssen. Der erzählte uns, es gäbe bei der Reederei per 31. Juli 1967 298.947 unabgegoltene freie Tage. Davon besaßen die Offiziere 59 Stück pro Nase. Die gesamte Flotte könnte demnach über zwei Monate lang bezahlten Urlaub nehmen. Keine Leute, au weia, und im nächsten Jahr steckten wir wieder in dem Schlamassel. Es sollte noch schlimmer kommen als erwartet. Ein paar Jahre später konnte nicht nur ich mich auf einem Konto von vierhundert freien Tagen beruhigt zurücklehnen, wenn sie mir denn zum Abfeiern zugestanden worden wären.

Die erfreulichste Erscheinung unter der Lehrerschaft hieß Miss Tippeltown, die Englisch-Dozentin. Leider blieb sie den grobschlächtigen Nautikern vorbehalten und wir feinfühligen, musischen Funker besaßen nicht das Vergnügen, ihre nähere Bekanntschaft machen zu dürfen. Man sah den Studenten förmlich an, wie sie vor Ehrfurcht und Verehrung zur Salzsäule erstarrten, wenn dieses Fräuleinwunder in ihren luftig-duftigen Kleidern an ihnen vorüber schwebte. Ja, damals trugen die Frauen noch Kleider mit Beinen drunter!

Die Erstsemester befanden sich noch im Kinderferienlager in Markgrafenheide. Dort rissen sie bei Sandkastenspielen und Hopsereien ihre vier Wochen militärischer Ausbildung herunter. So blieben die alten Seefahrtschulhasen noch unter sich. Mit Bangen sahen wir dem Augenblick entgegen, wenn der restliche Haufen eintreffen würde. Ab diesem Zeitpunkt käme es darauf an, beim Spurt zum Mittagessen recht schnell zu sein, um nicht stundenlang vor der Essenausgabe in der Schlange stehen zu müssen. Es zählte jede Minute, die unser Dozent früher als seine Kollegen das Buch zusammenklappte, um sodann im Sturmschritt den Ort der Atzung zu erreichen.

Blick vom Turm in den „Schulhof"

Schon bald spielte sich alles wieder auf dem gewohnten Pegel ein. Fortan gab es kaum noch Veranlassung diesen großen Bau zu verlassen. Höchstens tagsüber schnell zur Post oder in die Buchhandlung und abends auf einen Sprung in die Schänke zum Biertrinken. Diese Exkurse reichten zur körperlichen Ertüchtigung aus. Die Erfahrungen mit Waldläufen hielten sich auch an Bord stets in engen Grenzen. Ganz Mutige verirrten sich und guckten einmal wöchentlich zum Strand, ob die Ostsee noch ihre Wellen an den Strand treckte. Im Herbst, wenn die Westwinde bliesen, blieb vom Wustrower Strand sowieso nicht mehr viel übrig. Das Wasser stand dann fast bis an die Düne, nagte gar emsig an dieser oder an der Steilküste unter den Hintern der Grenzbrigade Küste auf ihrem vorgeschobenen Posten.

Eine gehäufte Zahl von Urlaubern und -innen der Nachsaison, auf letztere legten die Seefahrtschüler besonderen Wert, bevölkerte noch wider Erwarten das Dorf. Eigentlich konnten die mir leid tun, ihren sauer verdienten Jahresurlaub bei solchem Wetter an einem solch öden Ort zu verbringen, an dem sie per FDGB-Landverschickung strandeten. Jedes Jahr ging ein Teil der Urlauber am dritten und letzten heißen Tag des Sommers ins Wasser und kam aus Gram darüber nicht wieder zurück. Neben Ostsee-Wasser konnten sie wenigstens frische Luft zuhauf schlucken. Bei Bier und Kaffee mussten sie sich allerdings schon wieder mit den Seefahrtschülern um die Stühle im „Sonnenhof" streiten.

Ende September begann es an der erotischen Ausstrahlung des Ostseebades zu hapern. Die Badesaison neigte sich dem Ende, die letzten Urlauber flüchteten. Selbst Kinovorstellungen wurden immer seltener. Die gehörten für manche Kommilitonen neben zaghaften Fingerspielen und kühnen Griffen im nächtlichen Strandkorb zur beliebtesten Freizeitbeschäftigung. Die Vorstellungen fanden im Komplex der Seefahrtschule statt. Der Ort kultureller Befriedigung und des Vergnügens ließ sich in Filzlatschen erreichen, ein Vorzug, den nicht ein einziges Etablissement auf St. Pauli genoss. Das „Filzlatschenkino" wurde im Zeitalter der sexuellen Befreiung bald zu einem feststehenden Begriff. Deshalb trat der Seefahrtschul-Kinoclub nun wieder in Aktion. Sich stattdessen nochmals eine halbe Stunde an den Strand zu setzen und die vergangene Jagdsaison Revue passieren zu lassen, hätte der Gesichtsfarbe und dem Gemüt sicherlich besser getan.

Der Herbst brach herein. In früheren Jahren startete zu diesem Zeitpunkt eine Studentenbewegung, die hieß nicht „Lenin-Buchstabieren" sondern „Kartoffel-Lesen". Nein, in die Kartoffeln mussten wir nicht mehr. Die Katastropheneinsätze der Studenten zur Erntezeit hatten die vorangegangenen Jahre kontinuierlich nachgelassen, obwohl die größten Feinde des Sozialismus – Frühling, Sommer, Herbst und Winter – weiterhin beharrlich an der Tür der Planwirtschaft scharrten. Irgendwann musste auch studiert werden. Reservistendienst, Praktikum, Semesterferien, Exkursionen und dann noch Ernteeinsätze, die Fach- und Hochschulen hätten gleich dicht machen können und die Studenten zur Melioration ins Oderbruch oder in die Wische schicken können.

Weil die Seefahrtschule eine besondere Schule war und die dort Studierenden besondere Menschen, wurden diese statt zum Kartoffellesen auch zu besonderen Arbeiten herbeigerufen. Wir gingen in den Überseehafen und löschten Apfelsinenkisten oder schleppten uns wieder mal mit kubanischen Zuckersäcken ab. Im vorangegangenen Semester setzte uns die Schulleitung zu Arbeitseinsätzen im Hause ein. Dort wurde viel umgebaut und nebenher durften wir viel aufräumen. Der neue Mittelbau war mit einer völlig fehlkonstruierten Warmluftheizung errichtet worden, die leider nicht an die Heizkraft ähnlicher Anlagen im kleinasiatischen Troja heranreichte. Sie wurde nun wieder herausgerissen. Eine große Sauerei – in vielfacher Hinsicht. In allen Quartieren brachen die Handwerker große Löcher in die Wände. Die wurden umgehend dazu benutzt, Abfälle diskret zum Nachbarn zu befördern. Der Wind blies durch die hehren Hallen wie durch die leeren Fensterhöhlen der Burgen am schönen Strand der Saale. Die Bettdecke staubte wie ein alter Mehlsack, wenn sich der Student erschöpft drauf fallen ließ. Selbst beim Zuschlagen der „Politischen Ökonomie“ entwich dem Buch eine Staubwolke wie beim Vorübertorkeln einer Steppenhexe in den Weiten Kasachstans.

Gar bald gewöhnten wir uns auch wieder an die ausgesuchte Qualität der Speisen. Mittags reichten die Küchenfrauen einen Rinderbraten über die Theke, vor dem selbst ein Hund winselnd zurückgewichen wäre, hätte man ihm den in den Fressnapf geklatscht. Diese Beinscheibe ohne Knochen mit der gummiartigen Konsistenz eines holländischen Furzkissens musste von einem saudummen Handochsen stammen, der schon mit Hannibal über die Alpen gen Rom gezogen war. Das Rezept der Soße wurde in den Wendewirren von einem GeWi-Lehrer für teures Geld an die NASA verhökert, mit schönem Gruß aus den Leuna-Werken „Walter Ulbricht“. Zur Ehrenrettung der Kombüse sei verraten, aus diesem Verpflegungssatz ließ sich nicht mehr machen. Für diesen Preis eine individuelle Verpflegung zu organisieren, die jedem schmeckte, gelang weder dem besten Fünf-Sterne-Koch, noch meinem zukünftigen Schwiegervater, wenn der als bäuerlicher Proletarier am Abend das Futter für seine Schweine zusammenrührte.

In der Kombüse in Wustrow werkelten ältere Frauen, die die besten Jahre ihres Lebens schon hinter sich wussten. Denen nahm der sonst allzeit bereite Seemann i. R. den Teller völlig vorurteilsfrei aber hochkritisch aus der Hand. An Bord reichten mehr oder weniger hübsche Stewardessen die Schüssel herüber. Ihnen zuliebe würgte mancher die schwersten Verbrechen des Kochs am Gemeinwohl herunter.

Der Liegeplatz der Fischerboote am Strand von Wustrow

Am 26. 9. sank die FIETE SCHULZE. Unter der Überschrift „Der Teufel schlug den Takt“ las ich im NEUEN DEUTSCHLAND: „Die Biscaya machte in dieser Nacht ihrem Ruf, Heimat der Stürme zu sein, alle Ehre. Der Sturm brüllte und schrie, und haushoch schlugen die Wellen. Der Teufel musste den Takt schlagen. Alle Shakespeareschen Wortschöpfungen über den Sturm im Meer fanden ihre Erfüllung.“ Hier schien wohl das Zentralorgan ein klein wenig in die Niederungen der BILD-Zeitung abgerutscht zu sein. Vierzehn Tote musste die Reederei beklagen, darunter fünf Absolventen der Seefahrtschule: den Kapitän, den 2. NO, den 3. NO, den 4. NO und den Funkoffizier. Die drei letzteren kannte ich vom Sehen. Der 3. und 4. NO beendeten ihr Studium erst im Juli wenige Wochen zuvor. Glücklicherweise befanden sich auch drei Bekannte unter den Geretteten. Den 1. NO Hans-Dieter E. kannten wir ebenfalls vom Studium her. Ich kannte den Bootsmann sehr gut, mit dem ich auf der KÖRNER fuhr. Mit dem „Eisbär“ machte ich auf der HALBERSTADT die Indienreise. Jeder von uns wusste jemanden auf diesem Dampfer und jeder fragte sich, wie das passieren konnte. Wir jedoch lebten noch. Nicht jedes Schiff musste sinken oder jeder Seemann einmal absaufen, obwohl es in jenen Tagen bei der DSR fast danach aussah. Immerhin ereilte dieses tragische Schicksal schon das fünfte Schiff seit 1957. Einige Tage später besuchten wir die

Trauerfeier für unsere toten und verschollenen Seefahrer-Kameraden. Mehr als das, was wir im NEUEN DEUTSCHLAND lesen konnten, erfuhren wir vom Direktor nicht.

Die erste Heimfahrt zum Tag der Republik, im Studentenjargon „Waschtag“ genannt, rückte heran. Selbst pflegeleichte schwarze „Transatlantik-Hemden“ – die ließen sich vierzehn Tage hintereinander unbeschadet tragen - mussten von Muttern mal durch's Wasser gezogen werden. Die Bahnreise bedeutete für die meisten, die aus den Südbezirken stammten, eine rechte Strapaze. Am letzten Tag vor der Rückreise nach Wustrow verging einem der Wunsch weiter zur See zu fahren, weil die Reichsbahn dem Seemann harte Brocken auf dem Weg an die Küste in den Weg legte. Zweieinhalb Stunden harrten einmal der Zug und ich stehenden Fußes vor dem Bahnhof von Halle aus, um auf Einfahrt zu warten. Der Fahrplan sei kein Dogma, sondern eine Anleitung zum Handeln, bügelte die Reichsbahn den Reisenden progressiv ab. Verspätung hieß nur eine der Herausforderungen. Zu oft stand ich im D-Zug von Naumburg bis Magdeburg so für mich hin, an nichts zu denken, das war mein Sinn. Dieser Zustand kam mir nur von mancher Philosophiestunde her bekannt vor.

Im Wartesaal von Magdeburg kristallisierte sich bereits die Seefahrtschule heraus. Fünfzig Prozent der Wartenden gehörten ihr an. Außerhalb der Saison zog es offensichtlich keinen Werktätigen auf die Mecklenburger Weiden und an die Ostseeküste. Lagen die Kommilitonen aus dem tiefen Süden zwölf Stunden auf der Bahn, um sich bis nach Ribnitz-Damgarten durchzuschlagen, erschien das jedem schon rekordverdächtig und sie tranken am Abend bei „Bobka“ einen darauf. Ich genoss das ausgesuchte Vergnügen, meistens schon gegen Mitternacht in Rostock einzutreffen. Es existierten keine besseren Verbindungen. Im heimelig anmutenden Wartesaal zwischen den Gleisen saß ich mitten drin im Rostocker Nachtleben die fünf Stunden bis zum ersten Zug in Richtung Stralsund ab, bis ich nach sechzehn Stunden am Ort des Geschehens eintraf. Eine halbe Stunde vor Unterrichtsbeginn auf Bude, ließ ich den Unterricht nach der durchmachten Nacht leise an mir vorüber rauschen. Leider kannten die Dozenten kein Pardon. Nach so einer Anreise hielt ich einmal in der vierten Stunde in Funkbetriebskunde ein 40-minütiges Referat im Halbschlaf. Walter Wipper urteilte am Schluss, alles okay. Gleichwohl müsste ich in Zukunft mein Sächsisch doch noch etwas kultivieren, um nicht von Rügen Radio bei meinem Anruf als Dampfer aus Belutschistan identifiziert zu werden. Wie er das auch immer meinte, durch die Bank herrschte zwischen uns und den Fach-Dozenten ein gutes Einvernehmen. Nachdem ich im Englischunterricht einmal den Nachrichtensprecher der „Stimme Amerikas“ imitierte, schien mir auch Mister Methling wohl gesonnen zu sein. Er lieh sein Ohr vermutlich der gleichen Welle und ich kam von der Eins in Englisch einfach nicht mehr runter.

Inzwischen befanden sich auch die Neuen unter uns. Sich jetzt bis zum Fressnapf durchzuschlagen bedeutete tatsächlich ein Kunststück. Bereits zum Frühstück stand eine Riesenschlange vor dem Schalter, zu einer Zeit, zu der vorher nur drei, vier Leute im Saal saßen. Die Neuen hatten die Zeichen der Zeit noch nicht erkannt. Sie würden sich wohl bald das opulente Frühstück abgewöhnen und die Butter aufsparen, wenn sie merkten, dass sie mit der Abendration nicht auskamen, um sich drei Stullen zu schmieren. In unserer Klasse mehrten sich wieder einmal die Beschwerden über das Essen. Fischgulasch und Lungwurst im Speiseplan gaben dazu allen Anlass. Manchmal ließ sich das Essen durchaus genießen, aber wenn für den nächsten Tag wieder einmal Nierenragout auf dem Speiseplan stand und die Autofahrer am Ortseingang von Wustrow bereits die Nase zu rümpfen begannen, wurde einem schon vorher ganz übel.

Wir, die schon bessere Zeiten gesehen hatten, ließen uns in einer Klassenversammlung kritisch über das Essen aus. Unser Klassenleitungskollektiv wurde daraufhin zum Direktor bestellt. Ändern tat sich dadurch freilich nichts, er wollte nur ein bisschen agitieren. Doch wie sagt es Bertolt Brecht? Zuerst kommt das Fressen und dann kommt die Moral. So kaufte ich mir einen Tiegel und andere Kochutensilien, um abends aus purem Selbsterhaltungstrieb heraus noch einige Eier oder andere delikate Sachen in der Etagenkombüse zu braten.

Andere meiner Leidensgenossen machten sich einen beliebten Sport daraus, die Küchenfrauen mit den Essenmarken auszutricksen. Die Wertmarken wiederholten sich in der Farbe, besaßen also nach einigen Wochen wieder Gültigkeit. Die cleveren Jungs griffen in die Schale mit den Marken hinein, statt die ihre dort abzulegen. Trotzdem reichte das Essen nicht vorne und nicht hinten. Jeden Abend konnte auch der Gutsituierteste nicht bei „Schröder-Meier“ einrücken, um dort Bauernfrühstück oder Schaschlik zu verdrücken. Das ging langsam ins Geld. Wir gewöhnten uns aus lauter Verzweiflung an, zur Aufwertung des Abendbrotes preiswerte Zwiebeln in reichlichen Mengen zu verputzen. Es roch danach allerorten überwältigend, um nicht zu sagen, dort stank es gewaltig.

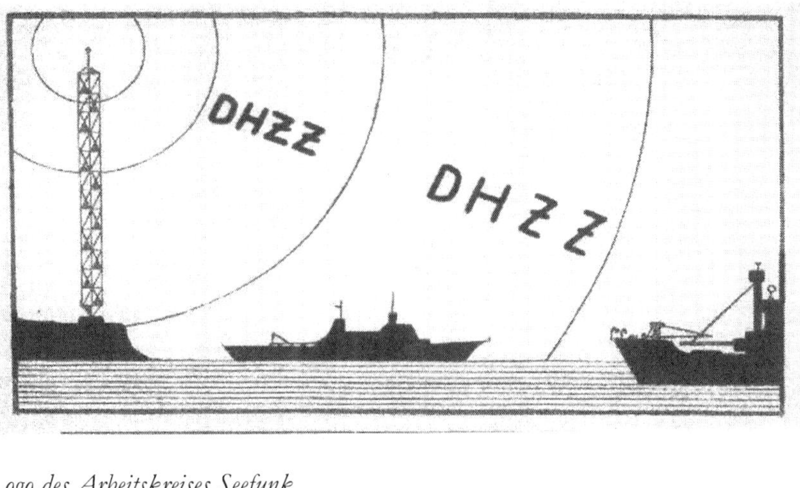

Logo des Arbeitskreises Seefunk

Am 12. Oktober erlebten wir eine der seltenen Abwechslungen in der Eintönigkeit des rastlosen Büffelns. Wir fuhren nach Rostock zu einer Tagung des „Arbeitskreises Seefunk“. Dieser besaß den Ruch einer fast konspirativen Vereinigung. Wo bliebe die internationale Solidarität, wenn jeder auf die Idee käme, einen Verein zu gründen, noch dazu, wenn der mit den Direktiven von Partei und Regierung rein gar nichts am Hut hat? Seine Arbeit beschränkte sich doch tatsächlich auf rein fachliche Themen, bei denen der Kanonenschuss des Kreuzers AURORA als proletarisch-probates Kommunikationsmittel nur am Rande vorkam.

Ansonsten fehlte es nicht an Kurzweil und wenn wir uns nur in das Kammerreinschiff reinknieten. Selbst dieses empfanden wir als ausgewachsene Männer nun wie eine Selbstverständlichkeit. An Bord erledigten diese Drecksarbeit immer ausgeschlafene, hübsche Stewardessen, die uns frühmorgens die Bettdecke wegzogen, wenn sie sich leicht geschürzt mit ihrem Feudel über die Koje beugten. In Ermangelung von Raumpflegerinnen hielten die Seefahrtschüler auch die Klassenräume sauber, neuerdings und allerdings gegen Bezahlung. Vor drei Jahren pflegten wir die Stunden noch im Nationalen Aufbauwerk abzurechnen. Später hießen derartige Fronarbeiten Subbotnik, eine aufopferungsvolle Tätigkeit, die durch die friedliche Revolution zum Ein-Euro-Job aufgewertet wurde.

Am 18. Oktober herrschte im wahrsten Sinne des Wortes die Ruhe nach dem Sturm. Am Vortage fegten orkanartige Winde über den Norden hinweg. Die Straßenverbindung nach Prerow wurde auf dem Darss durch umfallende Bäume unterbrochen, auf dem schmalen Land zwischen Meer und Bodden fällte der Sturm die Strommasten reihenweise. Seit sechzehn Uhr des Vortages tappten wir nicht nur ideologisch im Dunkeln. Das kam auf dieser vorgeschobenen Bastion, der Autonomen Republik Fischland, des öfteren vor. Der Herbststurm deckte den Dachfirst der Schule fast komplett ab. Diverse Fehlstellen im Dach und Löcher in den Fensterscheiben ließen sich hämisch bestaunen. Eine Ausstellung im Turm über die hohe Qualität sozialistischer Leitungstätigkeit in der Deutschen Seereederei wirbelte der Wind nach dem Eindrücken zweier Fenster total durcheinander. Dafür wird der liebe Gott wohl seinen guten Grund besessen haben.

Wir konnten ohne Licht mit den Hühnern ins Bett gehen, lagen aber in Bereitschaft zum Ausbügeln der Sturmschäden in Wustrow und im gesamten Kreis Ribnitz-Damgarten. Am nächsten Tage rückten wir geschlossen zu Aufräumarbeiten im Dorf aus. Von der blauen Uniform in die blauen Jeans, darüber die Litewka, die damals noch zur Ausstattung des Seemannes gehörte. Die schicke blaue Litewka der Ölprinzen besaß einen entscheidenden Nachteil: Beim Waschen ging die Farbe aus wie bei den Bluejeans und danach reichten die Ärmel bei normalen Menschen nur noch bis zu den Ellbogen. Durch diesen Trick gerieten die Bilgenkrebse nicht so schnell in rotierende Teile oder konnten so tun, als hätten sie die Ärmel aufgekrempelt.

Trostlos sah nun alles aus. Der Wind hatte die letzten Blätter von den Bäumen gerissen und die Herbstromantik gleich mitgenommen. Wozu nun noch die Nase bis zum Frühlingsbeginn aus dem Bau stecken? Zur beliebtesten Unterhaltung unseres Klassenkollektivs avancierte eine Annonce in der WOCHENPOST. „Welche Dame über 25 wünscht diskreten Briefwechsel?“ Beim ersten Schwapp erreichten uns fünfzig Antworten. Jede Menge Naive darunter, die glaubten, der Verfasser der Annonce interessiere sich für Hobbys wie Musik, Theater, Schach oder Halma. Es fanden sich aber auch einige Kennerinnen darunter, die den tieferen Sinn der Anzeige begriffen. Die sprachen von hohen sexuellen Ansprüchen, erotischem Bildmaterial und gebrauchten viele andere nicht jugendfreie, regimekritische Formulierungen. Die fünfundzwanzig Mark hatten sich allemal gelohnt. Verschiedene Leute wühlten den Packen durch und suchten sich je nach sexueller Neigung Adressen für eine Korrespondenz heraus. Schon im vorigen Winter betrieben wir derartig derbe Späße. Damals antwortete auf zwei grundverschiedene Anzeigen zweier Kollegen ein und dieselbe Dame mit Bild. Nun befand sich die Dame zum dritten Male dabei. Sie schrieb, sie sei verheiratet. Da konnte der Seefahrer schon den Glauben an das weibliche Geschlecht verlieren.

Der ganze Schabernack besaß einen bitterernsten Hintergrund. Wer bisher noch nicht die Gelegenheit besaß, sich dem weiblichen Geschlecht bedenklich und dauerhaft anzunähern, der musste die Chance des längeren Landaufenthaltes nutzen, um doch noch zum Zuge zu kommen. Die meisten Urlauberinnen schienen fernab von zu Hause lediglich an einem Flirt interessiert und die im Produktionsaufgebot ihr Bestes gebenden werktätigen Frauen besaßen nicht die Muße, um sich wie das NEUE DEUTSCHLAND als interessante Abendlektüre (Wochenendausgabe) abonnieren zu lassen. Mit dem Zentralorgan konnte man sich nach großer Enttäuschung wenigstens den Hintern wischen und alles mit dem Hebel „Push“ außenbords spülen. Das ging bei Frauen nicht! Ein Reinfall besaß Endgültigkeit.

Am 27. November schneite Wustrow das erste Mal in dieser Saison ein. Prompt überanstrengte sich mein lieber Zimmerkollege. Nicht weil er einer armen Seefahrer-Witwe beim Schneeschippen half, sondern beim Rollen eines Riesenschneeballes. Den setzten er und seine Sauf- und Sangesbrüder am Ende ihres Weges einer Wustrower Familie zwischen die Gartentür-Pfosten, als sie spätabends aus der Reuter-Kneipe heimkehrten. Mit diesen kleinen Späßen der Seefahrtschüler mussten die Wustrower leben. Und sie lebten gut damit.

Ende November kursierte ein Gerücht, wir sollten unser Studium schon ein halbes Jahr früher beenden. Dieses Ansinnen stieß auf unsere breite Ablehnung. Es verdeutlichte ziemlich anschaulich die Personalmisere in der Reederei. Wenn alle vier Wochen ein neues Schiff in Dienst gestellt wurde, ließ das nichts anderes erwarten. Bis 1970 wolle die Reederei 230 Schiffe ihr eigen nennen, erzählte uns Funkinspektor Peter Volk. Wenn es dann auch nicht ganz so viel geworden sind, wir gehörten zu den Männern, um die sich nicht nur Frauen rissen.

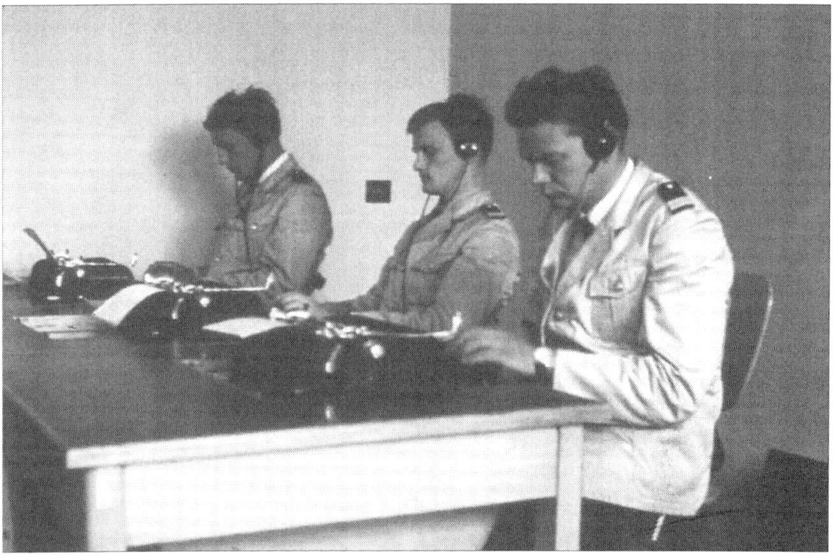

Letztlich stellte sich das Gerücht tatsächlich als solches heraus. Man konnte auf uns verzichten, durch den Untergang der STUBBENKAMMER stand wieder ein Funkoffizier zur Verfügung. Der Alttonnagefrachter sank am 25. 11. vor Hoek van Holland nach der Kollision mit einem Tanker. Dieser Verlust wirbelte in der Presse nicht so viel Staub auf wie der Untergang der FIETE SCHULZE. Es ging ja nur der Obersteward mit dem Schiff unter. In Seefahrerkreisen sorgte das Desaster dennoch für genügend Aufregung. Meine Freundin kam nun langsam ins Grübeln, was sie sich für einen Hochseilartisten und Glücksritter an Land gezogen hatte.

Die Verhandlung über den Seeunfall fand später als Lehrbeispiel in Wustrow statt.

Ein Tag verging wie der andere, nur die Mahlzeiten hielten die Studenten auf Trab. Wieder einmal wollte ich nach dem mühseligen Versuch, Funkempfänger zu reparieren, mich meinem kärglichen Mittagsmahl zuwenden. Dort stand eine Schlange von fünfzig Leuten an. Zurück auf Bude, um den nächsten Versuch eine Viertelstunde später zu starten. Ein anderes Mal wurden uns Mecklenburger Ananas (Kohlrüben) kredenzt. Die lehnte die Klasse geschlossen ab. Meine Kollegen gingen in die Kneipe. In der glücklichen Lage eine Bratpfanne zu besitzen, bereitete ich mir eine Mahlzeit selbst zu. Neben der Kohlrübensuppe bedeutete mir vor allem der Weiße-Bohnen-Eintopf ein Gräuel. Die ganze sozialistische Erziehung fruchtete nach diesem anrüchigen Gericht nicht mehr. Für einen Tag ruhte der Schulbetrieb. Jeder glaubte plötzlich, er wäre zum Bläh-Boy geboren.

Gemäß einer neueren Verordnung durften wir unsere auf See getragenen Rangabzeichen an der Schule weiter zur Schau stellen. Das stärkte unser Selbstwertgefühl. Mit zwei Kolbenringen schmeckte die Kohlrübensuppe auch schon viel besser.

Als einzige größere Institution auf dem Fischland kam der Seefahrtschule die ehrenvolle Aufgabe zu, die Bevölkerung kulturell zu versorgen. So wurde im Winter ab und zu ein Tanzabend veranstaltet. In der Saison erübrigte sich das. Da konnten die Lords anderenorts die Puppen tanzen lassen, und was für welche! Wir Tastenquäler befanden uns eindeutig im Nachteil. Die wenigen einheimischen Mädchen spekulierten eher auf einen Nautiker, der einmal zum Kapitän aufsteigen würde, als auf so einen popeligen Funker. Die meisten von ihnen zogen sicheren Wohlstand ausgemachter Schönheit vor.

Der nächste Schwoof fand zu Ehren des 11.11. statt. Ich konnte aus meinem vom tiefen Süden herangeschleppten Kleiderfundus nur zwischen blauer Uniform und schwarzer Lederjacke wählen. Letztere Variante reichte nur zum Biertrinken. Die Uniform besaß den Wert einer Arbeitsklamotte. Damit hätte ich nur in den Schluchten eine Mieze aufreißen können. Also ließ ich es bleiben, mir die Hüfte auszurenken.

Weihnachten rückte heran. Ein kleiner Nikolaus-Stiefel, der aus der Heimat in einem Paket mit hausschlachtenen Wurstringen als winterliche Überlebenshilfe eintraf, deutete in unserem Kämmerlein auf dieses Fest hin. Nebenan hängten die Kollegen einen Adventskranz auf. Die weinten dann beim Kerzenschein abends leise in die Kissen.

Die trüben Wochenenden wurden nun viel schlafend, mäßig lernend, regelmäßig fernsehend und etwas biertrinkend verbracht. Insgesamt kam das Lernen nicht zu lang. Bereits nach zwei Bierchen am Abend befand ich mich morgens im Zustand völliger Übermüdung und Desorientierung. Im Unterricht schützte mich dann die getönte Brille vor dem ratlosen Gesicht des Dozenten. Die Pause nach der dritten Stunde gehörte zu den schönsten. Dort wurde in der Regel die Post von zu Hause ausgeteilt. Der schönste Tag des Monats lag um den 24. herum, wenn das Stipendium gezahlt wurde. Etwas mehr als einhundert Mark blieben übrig, zuzüglich dreißig Mark Leistungsstipendium. (Diese Pointe ist nun ausnahmsweise mal kein Witz!)

In der letzten Zeit entwickelten sich unsere Flurnachbarn aus einer anderen Funkerklasse zu wahren Sängerknaben, vor allem wenn sie nachts gegen 24 Uhr aus der Kneipe zurückkehrten, junge Genossen, die erst noch Funkoffiziere werden wollten. In den nächsten Tagen stiegen sie auf die J.G. FICHTE für eine Praktikumsreise nach Kuba auf. Danach herrschte wieder Ruhe im Bau, abgesehen vom Wind, der durch die Türritzen pfiff. In manchen Gängen und an manchen Türen blies der Wind oftmals mit Stärke Sechs, so zog es. Fünf Mann mussten sich gegen die Türen stemmen, um sie zu öffnen. Bloß gut, dass die Seefahrtschule nicht absaufen konnte. Wir wären nicht mehr beizeiten rausgekommen.

In meiner Hausarbeit zum Erwerb des akademischen Grades Ingenieur wollte ich mich der perspektivischen beruflichen Entwicklung des Funkoffiziers an Bord widmen. Also sprach ich bei der Reederei wegen der dortigen Bildungskonzeption für zukünftige Funkoffiziere vor. Zu meinem Erstaunen besaßen die ganz andere Vorstellungen als die Seefahrtschule. Parallel dazu entwickelte das Institut für Schiffbau ebenfalls eine Konzeption. Sollte ich Größenwahnsinniger mir eine vierte aus dem Ärmel schütteln? Schwierig, schwierig, niemand besaß eine klare Linie. Nur dass es nicht so bleiben durfte, wussten alle, im Gegensatz zu unserer Regierung. Die Revolution in der Telekommunikation deutete sich bereits an, wenn auch in Wustrow der erste Transistor noch als das Nonplusultra technischen Fortschritts gefeiert wurde.

Endlich einmal wieder in einer großen Stadt! Erst in Rostock merkte ich, Weihnachten stand vor der Tür. Die Kröpeliner Straße erstrahlte im Lichterglanz, die Auslagen der Geschäfte waren weihnachtlich geschmückt, der Weihnachtsmarkt gut besucht. Ich merkte mal wieder, wie abgeschieden die Menschheit in Wustrow vor sich hinlebte. Etwas Einsamkeit mochte für das Lernen gewiss gut sein. Zu viel davon ging auf das Gemüt.

Diese Gefahr bestand auch auf See, ließ sich aber dort mit einer billigen Flasche Fusel effektiv bekämpfen. Funkermacke und Tropenkoller wären sonst fast unheilbare Krankheiten gewesen. Deshalb zog es später ein guter Teil meiner Kommilitonen vor, nach Ende des Studiums umgehend oder nach wenigen Monaten Fahrtzeit in irgendeinem Teil der unübersichtlichen Verwaltung der DSR unterzutauchen.

Am Liegeplatz der Wustrower Fischer, 11. Januar 1968

Der Weihnachtsurlaub ging vorüber. Das Jahr 1968 begann mit einem Paukenschlag. Am Donnerstag, dem 11. Januar, brach ein schreckliches Unglück über das Fischland herein. Ein höllischer Wintersturm tobte. Die Klimakatastrophe erreichte Wustrow, es wusste bloß noch keiner. Im Ergebnis besaß das liebliche Ostseebad keine Stranddüne mehr. Sie wurde stellenweise restlos weggespült. Rettungstürme vom Badestrand lagen zertrümmert am Boden, vom Bootsliegeplatz der Küstenfischer blieben nur Fragmente erhalten.

Am Freitagnachmittag wollten wir uns dieses Chaos näher betrachten. Herrliche Fotomotive boten sich an. Der festgefrorene Meeresschaum besaß fast einen halben Meter Dicke. Auf der Suche nach einem besonders schönen Motiv stürmte ich zu einem umgestürzten Rettungsturm. Ich kam bis heute dort nicht an. Ein über Nacht gebildeter Graben mit einer trügerischen Eisschicht, unter der sich nun die alten Kameraden der Wustrower Bürger ins Meer ergossen, ließ sich im allgemeinen Chaos nicht erkennen. Ich stand plötzlich bis zum Steiß im eiskalten Wasser. Mühevoll zog mich Walter heraus. Die Röhrenjeans machten jetzt ihrem Namen alle Ehre, sie froren sofort steif und fest. Im Schweinsgalopp eilte ich zurück zur Seefahrtschule. Dort verwandelte sich unsere Wohnhöhle beim Abtauen in ein Sodom und Gomorra. Loths Weib erstarrte angesichts dieses Anblicks einst zur Salzsäule – Wunschtraum jedes Ehegatten, der seine dreckigen Klamotten mal eben so hinschmeißt.

Nach dieser kleinen Katastrophe wandten wir uns der großen zu. Um 23 Uhr wurden wir aus den Kojen geholt. „Gegen 23 Uhr 45 alles antreten zum Schneeschippen an der Bahnstrecke Ribnitz-Stralsund!" Schnell hinein in die warmen Sachen und die geborgten Gummistiefel. Diese gehörten einst Rübezahl. Sie schlappten immer noch, nachdem ich drei Paar Strümpfe und ein Monatsabonnement vom NEUEN DEUTSCHLAND drin verstaut hatte. Um 24 Uhr trafen die Busse ein. Ab im Galopp ging die wilde Fahrt, juchheisasa. Während dieser Petersburger Schlittenfahrt konnten wir uns davon überzeugen, warum Wustrow schon seit zwei Tagen von der Welt abgeschnitten war, ohne Post und ohne Milch, dem Leib- und Magengetränk jedes redlichen Seemannes. Der Bus fuhr durch meterhohe Schneewehen wie durch einen Hohlweg. In Damgarten bat man uns höflich, den Bahnhof frei zu schippen. Die Wehen überragten uns gewaltig. Wir schaufelten optimistisch die Laderampe frei, bis man uns erklärte, es gäbe da noch ein paar Durchfahrtgleise, die auch unbedingt gebraucht würden, sollte jemals wieder ein Zug hier vorbeikommen. Wir vermuteten dort eine Böschung , aber es handelte sich um mindestens vier Meter hohe Schneewehen. Wohin nur mit dem Schnee? Der Raum zwischen den Gleisen reichte nicht aus. Also stapelten wir in zwei Etagen nach oben wie im Heustadel. Gegen drei Uhr reichte man uns Erbsensuppe mit Bockwurst aus der Gulaschkanone. Nach solcher Arbeit schmeckte es einfach nur lecker. Von dieser Suppe hätten wir unsere Küchenfrauen gerne mal kosten lassen. Lag es vielleicht daran, dass wir uns im Studium nicht ausgelastet genug fühlten, um ihre Zubereitungen unbesehen zu schlucken?

Um fünf Uhr hatten wir endgültig die Nase voll, verzogen uns in den leidlich warmen Wartesaal und warteten auf den Bus für die Heimfahrt, der uns um sieben Uhr abholen sollte. Kurz vor sieben Uhr raus in die klirrende Kälte. Der Bus kam um halb neun Uhr um die Ecke gebogen. Wir waren echt sauer, so sauer, dass jede Qualle verreckt wäre, hätten wir in die

Recknitz gespuckt. Nachdem wir unterwegs noch einen LKW und unseren eigenen Bus aus dem Schnee schieben mussten, landeten wir wieder in Wustrow. Das schönste Fleckchen im ganzen Erdenrund!

Nach dem vierwöchigen Heimaturlaub zum Schreiben der Hausarbeit machte sich ab Ende Februar schon eine Art Feierabendstimmung in der Runde breit. Ab und zu brachte eine Leistungskontrolle eine gute Note ein. Ein Beweis, dass mein Intellekt beharrlich gegen das gehäufte Maß an gesellschaftswissenschaftlichem Unterricht ankämpfte. Dozenten wechselten. In Marxistischer Philosophie bekamen wir einen berüchtigten Pauker zugeteilt, vor dem wir gewarnt wurden. Der würde uns den Notendurchschnitt restlos versauen, hieß die Prophezeiung.

Am 24. Februar fand der Karneval der Seefahrtschüler statt, die Karten gingen weg wie warme Semmeln. Meine Jeans und meine großkarierte kanadische Holzfällerjacke erlebten eine tolle Nacht. Die borgte ich einem Kollegen zur Kostümierung. Seltsam, was andere zum Karneval anzogen, trug ich mit Stolz als Alltagsbekleidung. Allerdings gab es die Jacke nur einmal auf der Welt. Ich ließ sie vor Jahren aus einer guten Couchdecke maßschneidern. Ein Kunde von KONSUMENT und HO musste sich halt zu helfen wissen. Der Direktor untersagte die Durchführung dieser Veranstaltung in den Räumlichkeiten der Schule. Die Gefahr zeichnete sich ab, dass die Kavaliere von der Kavallerie in den Tanzpausen die Nähe ihrer Kojen für mitternächtliche Reitübungen schamlos ausnutzen würden. So verlegten die Veranstalter den Mummenschanz in das FDGB-Heim „Helgoland".

Die Company schob Mitte März fünfzig Mark Büchergeld herüber. Früher zeigte sie sich mit dem Doppelten erkenntlicher. Uns erreichte eine freudige Nachricht. Funkoffiziere bekämen ab sofort bei der Reederei ebenfalls alle sieben Tage einen freien Tag. Bisher galt die 10-Tage-Regel. Die nautischen Offiziere erhielten von Einführung der 5-Tage-Woche an einen freien Tag pro Woche. Die Gewerkschaft hatte sich ganz gewaltig für uns ins Zeug gelegt. (Das ist der erste Satz in diesem Buch, der völlig aus der Luft gegriffen ist.)

Der Untergang der FIETE SCHULZE wäre nun auch geklärt, hieß es. Ein Verschulden der Besatzung wurde ausgeschlossen; es hätte jeden treffen können. Trotzdem - wenn ich die Ostsee so im Sonnenschein vor dem Fenster glitzern sah, dann hätte ich doch zu gerne mal wieder an den dänischen Inseln vorbeifahren mögen. Lag Langeland querab, dann wusste der Seemann, er hatte es mal wieder geschafft. Seegrenze und Trennungsschmerz lagen hinter ihm. Die Lust auf Indien hielt sich noch in Grenzen, aber der Appetit kommt bekanntlich beim Essen.

Inzwischen versank der wagemutige Spaziergänger bis zu den Knöcheln im Schlamm, wenn er vor die Tür trat. Böse Zungen behaupteten, das Beste an Wustrow wäre die Hauptstraße. Nicht weil die als einzige ordentlich befestigt war oder wegen der drei Geschäfte, die daran lagen, sondern weil man auf ihr den Ort in zwei Richtungen schnurstracks wieder verlassen konnte. Mitte März eignete sich das Wetter immer noch nicht für Frühlingsträume, nur Regen und Sturm und eine kalte Bude. Der Wind pfiff durch alle Fensterritzen. Dabei hatte Walter schon einen Fensterflügel zugekittet, damit ihm beim Schlafen nicht zu sehr das schüttere Haar weht.

Der Empfangstechnik-Raum für die Seefunk-Ausbildung

Nach Ostern lief das Fracht- und Lehrschiff J.G. FICHTE wieder einmal nach Kuba aus. Wieder einmal gingen lärmende Nachbarn mit auf Reise. Diesmal handelte es sich um eine Nautikerklasse ehemaliger Vollmatrosen. Die schienen noch nicht begriffen zu haben, dass sie nicht mehr auf dem Hauptdeck von einem Typ IV-Schiff hausten.

Mitte April war ich mal wieder als „Offizier vom Dienst“ an der Reihe. Der Rest der Kameraden flog bei herrlichem Frühlingswetter mit Ball und Kofferradio in Richtung Strand aus. Ich trug als OvD den ganzen Tag die blaue Uniform mit einer roten Binde am Arm. Der blaue Dress heizte schon mächtig ein. Es wurde Zeit, dass auf Khaki umgestellt wurde. Von den etwa 500 Schülern übten nur die offiziersbefahrenen Genossen den OvD-Dienst aus. Von dieser Gattung existierten fünf Klassen, sodass jeder von ihnen zwei- bis dreimal im Jahr mit diesem verantwortungsvollen Dienst beauftragt wurde, falls plötzlich eine Regierungsdelegation aus Berlin hereinbrechen sollte, sich Froschmänner der NATO auf unziemliche Weise diesem strategischen Zentrum maritimer Ausbildung näherten oder der Mann vom Großhandel nicht wusste, wohin mit den Bananen.

Eine Woche später stellte sich echter Ärger mit der Vollverpflegung ein. Die Kombüse schaffte die Arbeit nicht mehr. Zu wenig Personal. Offensichtlich gehörte das Fischland personaltechnisch gesehen zum reinen Notstandsgebiet. Heute vermutlich wieder, nur unter anderem Vorzeichen. Über das Wochenende hinweg mussten wir schon immer unser karges Abendmahl mittags mit auf die Bude nehmen. Zu diesen Heiligen der letzten Tage gehörten sechs Leute der Klasse, die sich an den Gestaden der Ostsee fern der Heimat befanden. Die restlichen Klassenbrüder ließen sich in der Wismar-Wolgast-Range an diesen Tagen den Rachen von ihren Frauen voll stopfen wie die jungen Kuckucke.

Nun sollten die Seefahrtschüler auch noch Geschirr spülen, Gemüse putzen und andere niedere Arbeiten verrichten. Diese Fron kam allerdings für uns befahrene Offiziere nicht in Betracht. Man dachte wohl, die lieben guten, mit Bewusstsein voll gestopften Schüler würden es schon richten. Schließlich entschloss sich die Schulleitung, an Sonnabenden und Sonntagen die Verpflegung komplett wegfallen zu lassen. 150 Schüler, die übers Wochenende festsaßen, mussten zusehen, wie sie zu einer warmen Mahlzeit kamen. Meine Bratpfanne erlebte eine wiederholte Renaissance. Ein lustiges Spiegel- und Rühreiessen würde anheben. Dank dieser in Wustrow erlangten Qualifikation konnte ich später meinem Eheweib zum Frauentag nicht nur einmal jährlich die Kohlen aus dem Keller holen, sondern auch an diesem Tage zum Frühstück ein Spiegelei braten.

Am 28. April gab die Kombüse mit Leber, Salat und Kartoffelbrei ihren Ausstand für das Sonntagsessen. Von nun an hieß es, sich selbst über die Runden zu helfen. Au weia, die Finanzen! Und jedes Wochenende die Qual der Wahl, sich aus dem reichen Angebot von Fertiggerichten im Konsum zu bedienen! Greife ich das Glas mit den butterweichen Spaghetti in Tomatensoße rechts oder links aus der zwei Meter langen Reihe im Regal? An Feiertagen gönnte ich mir mal einen Griff in die Mitte. Nach Abwechslung lechzend probierte ich eines Tages Rouladen aus dem Glas –

total versalzen. Und so kam Spaghetti aus dem Glas über das ganze Wochenende verteilt auf den Teller oder als Abwechslung Spaghetti mit Spiegelei mit sonntäglicher Wiederholung. Schlecht, wenn man dann beim Wochenendeinkauf die letzten fünf Eier erwischte und ein Dutzend ursprünglich auf der Speisekarte stand.

Die Erneuerung der Seetauglichkeit erfolgte Ende April. Die Signale zum Aufbruch wurden immer lauter geblasen. Meine Beurteilung für das Abschlusszeugnis schrieb ich als Vorlage schon mal selbst. Diesen unschätzbaren Vorzug bekamen die Studenten nur in Wustrow. An der 1. Mai-Demo im Dorf nahmen wir nicht teil. Von 500 Schülern opferten sich etwa 25 bis 30 Leute auf, die zum allgemeinen Spektakel durch die sandigen Straßen schlurften. Die hatten im Politunterricht die falschen Worte gebraucht und nun etwas gut zu machen. Vorher fand in der Aula eine Kino-Pflichtveranstaltung für Reservisten der Nationalen Volksarmee statt, für die tagelang vorher die Propagandatrommel gerührt wurde. Als der Film zwanzig Minuten nach Beginn der Vorstellung immer noch nicht lief, verließen die Seefahrtschüler kurzerhand den Saal. Schluss, aus, Ende der Vorstellung. Diese kleine Opposition tat der Seele irgendwie gut.

Für einige Tage lag nun nicht viel an. Wir konnten abends öfter mal auf ein Bierchen unsere durchgelegenen Kojen verlassen. Das Wetter entwickelte sich prächtig, nur vom Grünen der Natur ließ sich noch nicht viel sehen. Wenn ich da an die Alleen blühender Kirschbäume und Streuobstwiesen an den sonnenverwöhnten Hängen von Saale und Unstrut dachte! In Wustrow blühte nur der Salpeter an den Häuserwänden.

Mein ausgedehnter Mai-Spaziergang mit einem Kollegen über drei Stunden hinweg führte nach Ahrenshoop. Auf diese Strecke machten sich besonders durchtrainierte Kommilitonen immer wieder, um sich auf die späteren Landgänge vorzubereiten. Vor einem herannahenden Schauer erreichen wir wieder unser „Hilton Wustrow“. Mit dieser Namensgebung wusste ich die Lacher auf meiner Seite. Einige Tage zuvor verging ich mich an dem großen Schild „Seefahrtschule Wustrow – Betreten verboten“. Ich überklebte das Wort „Seefahrtschule“ mit dem Schriftzug „Hilton“ und verwandelte damit die sozialistische Bildungsstätte in eine Nobelherberge der dem Seemann wohl bekannten Hotel-Kette. Alle Studenten freuten sich diebisch, wussten sie doch den Vergleich ihrer Suiten mit den Besenkammern der Hilton-Hotels zu schätzen, zumal wir uns die Tage eher mit ideologischen Sackratten vertrieben als mit Vögeln in Zeitnot. In der Kneipe diskutierten sie über diesen Witz, während ich in mich hinein schmunzelte. Wenn sonst schon nichts passierte, jemand musste die

Initiative ergreifen, um den Laden in Schwung zu halten. Das Schild konnte ich Mitte der 1990er noch meinen Kindern zeigen, bevor ein guter Teil der Anlage der Abrissbirne zum Opfer fiel. Schande über jene, die diesen Frevel zu verantworten haben!

Dörfliche Idylle im Ostseebad Wustrow

Die erfreulichste Tätigkeit des Tages bestand nun im Abstreichen der Tage am Kalender. Altgediente NVA-Genossen griffen traditionell zur Schere und kürzten das Bandmaß um einen Zentimeter. Eine Woche vor Pfingsten zogen wir den obligatorisch dazugehörigen Ausflug vor und unternahmen eine Exkursion in unsere Hauptstadt. Dort besuchten wir auch das Werk für Fernsehelektronik (WF). Wir bekamen die neu entwickelte erste Mikrowelle der Republik vorgeführt. Die darinnen erhitzten Bockwürste schmeckten besser als die im Brühwasser ausgelaugten. Leider schaffte es dieses Gerät in den folgenden zweiundzwanzig Jahren sozialistischer Planwirtschaft nicht mehr bis zur Serienreife.

Nach dem Pfingsturlaub begutachteten wir schon wieder die frisch importierten Sachsen-Urlauber. Meistens gehörten sie in der Vorsaison zu den älteren Semestern. Die Strandkörbe standen vor ihrer ersten Belastungsprobe, wenn auch die abendliche Kühle noch aktives Handeln lähmte. Es schienen nämlich auch ein paar ledige Sächsinnen unter deren

Benutzerinnen zu sein. Die Seefahrtschüler stürzten sich nach der winterlichen Abstinenz wie die Aasgeier darauf. Der stille Beobachter staunte immer wieder, wer alles irgendwen ins Schlepptau nahm. Die überwältigende männliche Potenz der Seefahrtschüler, das blieb über alle Jahre die große Attraktion von Wustrow! Dieser Vorzug schlug sich sogar in den Reiseprospekten nieder. „Kein Glück in der Liebe? – Probieren Sie es doch einmal mit einem Urlaub im Ostseebad Wustrow!“

Im Laufe der Monate Mai und Juni schrieben wir die Abschlussarbeiten in den Fächern. Sehr zu meinem Vorteil stand in der Prüfungsordnung, jene bräuchten die Arbeit nicht mitzuschreiben, welche die ganze Zeit über auf der Note 1 oder 2 gestanden hätten. Manche bedauernswerte Kollegen versuchten sich an acht schriftlichen Prüfungen, während ich nun in den Genuss kam, dem Müßiggang zu frönen. Der 12. Juni zählte als letzter regulärer Unterrichtstag. Ein Lehrgang über Einseitenbandtechnik außer der Reihe schloss sich an. Einen Tag zuvor wurden die Nautikerklassen „verkauft“, das heißt sie erfuhren, auf welche Schiffe sie aufsteigen würden. Am 4. Juli kam die Reederei, um uns Funker zu kaufen. Sie blies uns gleich ordentlich den Marsch. Schon am 8. August sollte ich mit der LEIPZIG nach Indien auslaufen oder alternativ am 25. August mit der HALBERSTADT nach Fernost. Letzteres passte mir erst recht nicht. Ein Kollege verließ umgehend die Schule. Er sollte in Dänemark einen Dampfer aus der Werft holen. Ein anderer stieg am 18. Juli auf, ein weiterer flog Anfang August nach Algier, um die THEODOR FONTANE zu übernehmen. Jetzt wo es ernst wurde, merkte ich erst einmal, wie herrlich und unbeschwert es sich an der Schule hatte leben lassen. Jetzt merkte ich, es fiel mir verdammt schwer, wieder zu fahren.

Ein absoluter Höhepunkt wartete noch auf uns. Am Sonntag, dem 7. Juli, mussten wir zeitig aus den Federn, um zur Eröffnung der Ostseewoche nach Rostock zu fahren. Dort reihten wir uns in einen Aufmarsch armer Irrer ein, die versäumt hatten, einen Sinn für's Lächerliche zu entwickeln. Wir demonstrierten an Walter Ulbricht vorüber, hurra, hurra, hurra. Von ihm unbeeindruckt zog es uns ganz schnell wieder nach Wustrow. Hier wartete der nächste Höhepunkt auf mich - ein halbes Glas Spaghetti. Ich sah im Traum schon nur noch Spaghetti.

Schließlich begann die Laufzettelrennerei. Ist er nicht komplett unterzeichnet, gibt es kein Zeugnis, erzählte man uns. Die Leute, welche mit der Note Gut oder besser bestanden, durften sich ein Buch aussuchen. Vierzehn Kollegen gehörten dazu. Die Schule musste für uns ein letztes Mal tief in die Tasche greifen.

Zum großen Halali am 17. Juli konnte ich mein Herzblättchen für zwei Tage an der Seefahrtschule einquartieren, nachdem mich zwei Monate vorher der stellvertretende Direktor Hessel noch abwimmeln wollte. Gleich nach Semesterschluss müsse das Kinderferienlager des Verkehrsministeriums untergebracht werden. 1990 endete diese Art von Nutzung endgültig. Die neue Landesregierung erwog, zur Tourismusförderung die Zimmer der Seefahrtschüler oder diese selbst an allein stehende Urlauberinnen aus den alten Bundesländern zu vermieten. Letztlich scheiterte das Projekt daran, dass gleich im ersten Durchgang eine von ihnen Feuer fing und ein Teil der Schule abbrannte.

„Arrivederci Hans!", klang der Abgesang der Absolventen durch alle Säle, denn Hans Ebeling hieß der Direktor. Dieses Fluidum beeindruckte die mir Liebste dermaßen, dass wir uns auf der Stelle verlobten. Sie hat mich auch geheiratet und fuhr mit mir jahrelang zur See, aber das ist schon wieder eine ganz andere tolle Geschichte. Doch erst einmal hieß es: „Wustrow ade. Auf nach Indien!"

9. Akt von Pleiten, Pech und auch Pannen - oder: Mit der BOIZENBURG rund Cape Hope bis zum Irrawaddy

Die halbe Nation ist heutzutage fasziniert, fällt bei den privaten TV-Sendern ein Vierjähriger vom Dreirad oder landet ein Wasserskiläufer einen Bauchklatscher. Das Leben hält immer unliebsame Überraschungen bereit. Auch auf DSR-Schiffen wurde niemand davon verschont, sein kleines oder großes Waterloo zu erleben. Manche Reise verlief nicht so, wie es zu erwarten gewesen wäre, wie sie sich der einzelne oder die Reederei gewünscht hätten. Letztlich basieren die Schnurren und Stories, die ein Seemann erzählen kann, auf eben diesen Ereignissen, Zufällen und Merkwürdigkeiten. Die gingen oft über die allgemeine Feststellung des Seefahrers hinaus, dass die Welt rund ist und keine Scheibe, die von der Elbe diagonal durchflossen wurde. In der Nachbetrachtung lösen solche Babbeljahns meistens ein Schmunzeln aus. Zum Zeitpunkt des Geschehens war den Beteiligten in den meisten Fällen weniger zum Lachen zumute. Auch individuelle und kollektive Glücksmomente blieben im Seefahreralltag nicht aus. Die in Schlaglichtern geschilderte, in keine Annalen der Deutschen Seereederei eingegangene völlig normale Reise des Motorschiffes BOIZENBURG ist dafür ein beredtes Beispiel.

Lampen für Rettungswesten mit Wasserakiver Baterie

VERWENDUNGSZWECK: die leuchtende Lampe zeigt den Ort an, wo sich ein Mensch befindet, der ein Unglück im stürmischen Meer hatte und in der Nacht im Wasser freigt. Sie kann auch als Havarielichf benutzt werden.

TECHNISCHE DATEN

1.	Leuchtzeit nicht weniger als	10 h
2.	Sichtbarkeit in dunkler Nacht	2n mile
3.	Zeit für Aktivität im Meerewasser	1 — 2 min
4.	Zeit für Aktivität im Flusswasser	15 — 20 min
5.	Aufbewahrungstemperatur	— 40 bis +60°C
6.	Garantiefrist für Aufbewahrung	5 Jahre

GEBRAUCHSANWEISUNG: Die Batterie wird in der Speziel-tasche der Rettungsweste gestellt. Die Lampe ist so auf dem oberen Teil der Rettungsweste angenäht, dass sie sich bein Schwimmen über Wasser hält.

Nachdem die Schnur, nnd die beiden seitlichen Pfropfen herausgezogen werden sind, bringt das Wasser durch die Öffnungen in die Batterie ein und die Lampe fängt an zu leuchten.

Herstellungsdatum: . . . 20. APR 1968 . . . . . .

Werk „MUSALA" — Bulgarien

Anfang August 1968 erklomm ich mit dem nagelneuen F2-Patent in der Tasche die Gangway „des“ und nicht „der“, wie es uns alle Massenmedien einzureden versuchen und wie es selbst Gefahrene inzwischen nachquasseln, also des MS BOIZENBURG/DDXG, um den dortigen Funkoffizier während seines Urlaubs für die Dauer einer Indienreise abzulösen. Mich überraschte die Offerte ungemein. Ich freute mich wie Stimpelrulzchen, gleich nach dem Ende des Studiums die erste Reise auf einem modernen Schiff machen zu dürfen, wurde mir doch beim letzten Kadergespräch der Job auf einem Typ IV-Schiff angedroht. Die gepflegten Umgangsformen der Schlagenden Verbindung auf MS HALBERSTADT, frisch, frei, froh, fromm, waren mir noch in allzu guter Erinnerung.

Die auf der Warnowwerft Warnemünde gebaute BOIZENBURG war erst elf Monate vorher in Dienst gestellt worden. Einen solchen Frachter als Stammschiff zu übernehmen, daran konnte ich vorerst überhaupt nicht denken. Langgediente Funkoffiziere, die jahrelang auf Typ IV vor sich hin schwitzten und beim Aufstehen den Stuhl am Hintern mit forttrugen, besaßen größere Anrechte auf den einzigen wohl temperierten Arbeitsplatz eines Typ XD-Schiffes, an dem sie durch die Luke zum Kartenraum hin unter ständiger scharfer Beobachtung des Kapitäns und der nautischen Offiziere standen. Das bedeutete, ständig gerade zu sitzen, nicht zu popeln und keine Beine auf den Tisch!

Nach der üblichen hektischen Betriebsamkeit, die ein hohes Tier aus Berlin zusätzlich schürte - nomen est omen, doch Schürer, Chef der Staatlichen Plankommission, hieß er wohl nicht - verließ das Motorschiff BOIZENBURG am 13. August 1968 gegen ein Uhr in der Frühe mit vierzig Besatzungsmitgliedern, darunter zwei mitreisende Ehefrauen, den Rostocker Überseehafen vorerst zu einer Probefahrt. Anschließend stiegen die Werftarbeiter auf Warnemünde Reede wieder ab, obwohl mancher von einem Gefühl überwältigt wurde wie beim Anblick der bunten Laster auf der Transitautobahn und gerne noch ein Stückchen mitgefahren wäre. Doch das familienfreundliche Grenzregime sorgte dafür, dass alle pünktlich zum Abendbrot wieder bei Frau und Kindern eintrafen.

Gegen siebzehn Uhr machte das Schiff in der Schleuse Kiel-Holtenau fest. Wir waren exakt sieben Jahre nach dem Bau der Mauer wieder einmal unter dem Eisernen Vorhang hindurch geschlüpft. Weiter über Hamburg, Rotterdam, Antwerpen und das Kap der Guten Hoffnung schickten wir uns an, den ersten indischen Hafen Bombay mit großer Plantreue am 16. September zu erreichen. Daheim kämpften die Werktätigen um einen stabilen Kohlestrom in die Kraftwerke und um die Zunahme des Lebendgewichts bei Schweinen. Unsere Mission hingegen bestand lediglich darin, klassenbewusst irgendwo anzukommen.

Die Besatzung bestand aus einer bunten Mischung germanischer Völkerstämme, die es bei den großen europäischen Völkerwanderungen im 5. Jahrhundert und 1945 nicht weiter als bis an die Elbe geschafft hatten. Das fröhliche Volk der Sachsen schien wie so oft in der Überzahl zu sein, sodass es mit Hochdeutsch als Bordsprache ein wenig haperte. Doch dafür konnten die Jungs alles andere, zum Beispiel Mecklenburger Landputen schwängern. Jene wussten die umtriebigen, charmanten Südmänner mit ihrem staatstragenden Idiom sehr zu schätzen. Die komplette Kombüsenbesatzung kam aus den Schluchten. Eingedenk der bisher gemachten Erfahrungen mit Rostocker Sieben-Türme-Wurst, über die ein durchaus zwiespältiges Urteil gefällt werden musste, würde sich noch herausstellen, ob die Thüringer Grienen Klies für den Rest der Crew Glück oder Pech bedeuten sollten. Bei meinen hochsensiblen Geschmacksnerven, mein Vater meinte immer, an mir wäre ein Verkoster in einem Delikatessenladen verloren gegangen, konnte ich nicht der Maßstab für Vielfraße in der Mannschaft sein. Eines stand jedoch schon so fest wie das Amen in der Kirche: An Land ließ sich eine abwechslungsreiche Kost eher realisieren, selbst wenn der stille Genießer täglich nur Gulaschsuppe aß - jeweils in einem anderen Restaurant.

VEB DEUTSCHE SEEREEDEREI
ROSTOCK

DSR

BESATZUNGSLISTE
CREW-LIST

MS/TMS/D M/S „Boizenburg" Rufz. DDXG

Manche Köche, geachtete Prügelknaben durch und durch, beharrten auf ihrem angestammten Geschmack wie die alten Genossen vom Rot-Front-Kämpfer-Bund auf ihrer Gesinnung. Die Crew befand sich ohne die Möglichkeit des Zugriffs auf die mit Grundnahrungsmitteln gut gefüllten Regale der HO futteristisch immer in einer aussichtslosen Zwangslage, in der der Selbsterhaltungstrieb der Massen schamlos ausgenutzt wurde.

Oftmals versammelten sich an Bord vierzig verschiedene Geschmäcker, aber es gab nur eine Sauce. Passierte es, dass die Besatzung im Reiseverlauf die Soßenkreationen geschmacklich als relativ neu empfand, hantierte der gewiefte Koch mit zwei Soßentanks - dem Tank Bino und dem Tank Suppina. Aus ersterem schöpfte er in der ersten Woche der Reise, aus dem Tank Suppina in der zweiten und dritten Woche. In der vierten und fünften Woche bediente er sich wieder aus dem Tank Bino, aus dem er vorher nur eine Woche geschöpft hatte. Damit wurde die Soße nun relativ neuer im Geschmack empfunden als aus dem anderen Tank. In der sechsten und siebten Woche kam wieder die Soße aus Tank Suppina auf den Tisch, aus dem er vorher nur zwei Wochen geschöpft hatte und die Soße deshalb neuer schmeckte als aus dem Tank Bino. Und so ging das weiter bis ans Reiseende, getreu der Weisung des sozialistischen Einzelhandels „Koche mit Liebe – würze mit Bino."

Über den Gaumen gepeilt schmeckten die ersten Mahlzeiten erst mal, naja. Als Dank für seine mir erwiesene Koch-Gunst durfte ich dem Smut die Speisepläne abschreiben. Stand etwas Leckeres drauf, tropfte der Speichel in die Tastatur. Bei anrüchigem Herzragout und stinkendem Hammelbraten, die Tasten der Schreibmaschine verklemmten sich vor Abscheu, hörte meine Freundschaft mit der Kombüse auf. Sie fing erst wieder bei Kartoffelpuffer und -salat an, sofern sich darin nicht Karosserieteile einer Küchenschabe finden ließen.

Nach dem langen Landaufenthalt von zwei Jahren unter den treu sorgenden Fittichen des sozialistischen Staatswesens tat es gut, sich mal wieder in Hamburg die Beine zu vertreten. Mit einem tiefen Durchatmen kostete ich die wiedergewonnene Freiheit bei einem Fußmarsch quer durch die Stadt vom Hauptbahnhof bis nach Altona intensiv aus. Die satten Bundesbürger wissen gar nicht, wie gut es ihnen geht, ging es mir bei meiner Wanderung so durch den Kopf, mit ihren tollen Autos und ihren universellen Allergien. Einige Protestler der Hippie-Generation lümmelten auf der Reeperbahn herum. Sie malten aus Solidarität mit Vietnam grellbunte Losungen auf das Pflaster: „Make love not war". An diesem Ort völlig überflüssig. Wer hier aufkreuzte, führte anderes im Schilde, als mit einer geladenen Pump-Gun in den Busch zu kriechen. Oder gerade eben das? Dann in Rotterdam lag unser Schiff neben einem Rotchinesen, der seine Aufbauten mit Losungen aus der Kulturrevolution vollgemalt hatte, die dem Munde des großen Vorsitzenden einst entfleuchten. Auf die wäre außer den Chinesen niemand sonst gekommen. „Hundert Blumen sollen blühen". Toll, auch Mao ein Blumenkind!

MS ORANIENBURG als Entgegenkommer vor der Elbchaussee

In Antwerpen kam die Besatzung jenem Slogan auf dem Pflaster der Reeperbahn schon etwas näher. Dort lief im Kino der Film „Das Wunder der Liebe". Die Aufklärungswelle von Oswald Kolle rollte durch Westeuropa. Der ganze Dampfer sprach bereits seit Rostock davon, weil sich die Massen das Filmchen schon auf Heimreise unter verhaltenem Wiehern angeguckt hatten. Die Bundesbürger schienen, abgeschnitten von den freien Nackten am Strand von Prerow, keine Ahnung vom Tuten und noch weniger vom Blasen zu haben. Nach dieser pseudowissenschaftlichen Fleischbeschau wussten die jungfräulichen Lehrlinge endlich, falls sich die Liebesdienerinnen in der Falkland Road zu Bombay aus dem Sari wickelten, wie sie ihr inniges Anliegen keinesfalls weiter voranzutreiben brauchten. Zärtliche Blicke fielen dort in die Kategorie Perversitäten, Cash musste rüberwachsen. Die Stifte nahmen in froher Erwartung ihren Kuttenlecker fortan noch fester in die Hand.

Während des Törns durch die westeuropäischen Häfen Hamburg, Rotterdam und Antwerpen kam niemand zur Ruhe, auch der Funkoffizier durch seine zahlreichen Nebenbeschäftigungen wie Zahlmeistertätigkeiten und Handlangerdienste für die Ein- und Ausklarierung nicht. Vor allem die mühsame Zusammenstellung der Besatzungsliste in Rostock mit den anhaltenden Korrekturen durch Springerablösungen verursachte Schweißausbrüche. Ich wünschte mir dringend einen Laptop herbei. Der liebe Gott lag mächtig im Gatt und reagierte erst dreißig Jahre später auf die Bitte. Um die Liste nicht weiterhin -zigfach abschreiben zu müssen, sollte sie bei SOGEMAR in Antwerpen, unserer reedereieigenen Agentur, für die indischen Häfen vervielfacht werden, auf dieser Reise noch ganz ohne Polit gut getarnt zwischen den Reihen der Decksleute.

Ich fühlte mich nach dem Studium der jüngsten Ausgabe der EINHEIT, der ABC-Zeitung für Klassenkämpfer, verpflichtet, dem eigentlichen Job auch noch etwas Zeit zu gönnen. Immerhin zählte ich mich zu den neuen Besen an Bord, die besonders gut kehren wollten. Es kostete alle Kraft, mich mit dem Stand der Dienstbehelfe, der Beschreibung der technischen Gerätschaften und dem Inhalt des Ersatzteillagers kurzfristig vertraut zu machen. Im letzteren fand ich etliche Utensilien, die wahrscheinlich seit der Gründung der Warnowwerft zur Grundausstattung eines Schiffsneubaues gehörten. Jemand musste vergessen haben, sie in den '50ern aus der Lieferliste zu streichen, als die Reparationsleistungen für die Sowjetunion ausliefen. Niemand vermisste sie an Bord, nachdem sich der Funker die heiße Ware während der Ausrüstungszeit unter den Nagel gerissen hatte. Offensichtlich schien es bei neuen Schiffen gang und gäbe zu sein, den ganzen Fundus an Deck zu schütten und jeder konnte sich daraus bedienen. Ich fand dort, auch später noch auf dem Schwesterschiff RONNEBURG, Federhalter, Federn, Tintenfässer und -löscher, die schon Goethe veranlasst hätten, Schiller damit eine Freude zu machen. So also lautete unsere Antwort auf das herannahende Computerzeitalter, ehe Honecker in Jena einen 1-MB-Chip aus dem Zylinder zauberte, in dem unten ein gewaltiges finanzielles Loch klaffte. Weiterhin fand ich Thermometer für die Maschinisten, Stoppuhren für die Nautiker, Brennspiritus für die Grillparty, Benzinkanister für den privaten WARTBURG, Schustergarn für das Notsegel, Waschpulver für die Unterhosen, das gute Putzmittel Sidol für die Wachmatrosen, vier Paar Gummistiefel für Schiffbrüche mit anschließender Durchquerung des Amazonas-Beckens und auch einige Sachen, die ein Funkoffizier für seine tägliche Arbeit tatsächlich brauchte.

In einer stillen, aus gutem Grund von weitem nicht einsehbaren Ecke des Funkraumes stapelte sich ein Berg mit Berichtigungen für den Nautischen Funkdienst und die internationalen Dienstbehelfe. Das sollte alles auf Vordermann sein, wenn ein aller Ehren werter Inspektor am Reiseende in Rostock danach sehen möchte. Die Aufarbeitung würde in den indischen Häfen eine angenehme Sonntagsarbeit werden, um den freien Tag heraus-

zuarbeiten. Immer aktuell brauchte ich den Nautischen Funkdienst. Aus dem ließ sich alles dienstlich Notwendige entnehmen, alle Informationen über die Küstenfunkstellen, Frequenzen, Zeiten, Rufzeichen, Wetterberichte, Wachzeiten, ausgenommen die Zeiten der nachmittäglichen Ruhe des Alten und wann bei ihm die Zeichen auf Sturm standen.
Meine anfängliche Skepsis über all die neue Technik überwand ich dank exzellenter Erfahrungen recht bald. Die neuen Empfänger von RFT stellten nach meinen bitteren Erfahrungen auf der SCHWARZHEIDE eine Klasse für sich dar. Der russische Wetterkartenschreiber LADOGA funktionierte tadellos, wenn auch manchmal die erzeugten Karten einer Lageskizze der Frontbewegungen am Kursker Bogen ähnelten. Der Hauptsender stammte aus Schweden, besaß 1400 Watt Leistung und konnte auf Mittel-, Grenz- und Kurzwelle betrieben werden. Er nahm halb so viel Platz ein wie alleine der Mittelwellensender auf Typ IV-Schiffen. Weiterhin gebot ich nun über Notsender, Autoalarmzeichengeber und -empfänger, Notempfänger, Fernschreiber mit Demodulator, Rechenmaschine, Telefone, Uhren, Antennenkommutatoren, ein 4-Spur-Tonband aus der CSSR, eine gewaltige Schreibmaschine, vor deren Schwester ich schon einmal mit sechzehn Jahren hockte, und eine kunstlederbezogene Backskiste, die leider von den Empfängern viel zu weit weg stand, um mir dienstbar zu sein. Außerhalb des Funkraumes lagen ein Raum für Ersatzteile, einer für die Notbatterien und einer für das Antennenmaterial in meiner Obhut. Ein kleines, aber wichtiges Ressort innerhalb des Schiffsbetriebes, auf das sich jeder in höchster Not gerne verließ, sei es bei Schiffsuntergang oder zur Beschwichtigung einer ungeduldig wartenden Ehefrau. Die Reederei erklärte sich bereit, mir für alle meine Unkosten 1150 Mark Grundheuer und in den Tropen 80 Mark Tropenzulage zu zahlen. Das brachte zwei volle Rentenpunkte ein, wie ich heute weiß.

Wer eine schnelle Rundreise erhoffte und sich schon auf das Weihnachtsfest wieder bei den Lieben daheim einstellte, der erlebte die erste Pleite beim Verlassen von Antwerpen. Das Schiff musste wegen dichtem Nebel über der Nordsee einen Tag auf Reede Vlissingen vor Anker gehen. Danach liefen wir mit halber Fahrt durch den diesigen Englischen Kanal in die Biscaya. Die Verzögerungen sollten sich im Reiseverlauf potenzieren. Jedoch der kluge Seemann beugte vor. Die Weihnachtsbäume, die noch zu ihrem Recht kommen sollten, harrten in der Kühllast bereits seit Rostock auf ihre ferne Bestimmung.

Am 21. August 1968, wie der 13. August 1961 ein Datum von welthistorischem Rang, stand das Schiff im Englischen Kanal. Ruhe war eingekehrt.

Die Nautiker steckten nach dem hektischen Hafendurchlauf alle Viere von sich. Im Funkraum fand ich endlich Zeit, die Fernschreibtechnik zu testen. Ich kurbelte die Bänder am Allwellenempfänger nach einem brauchbaren Signal durch. Eine Kurzwellenfrequenz schien mir Erfolg versprechend zu sein. Der Demodulator brachte eine saubere Anzeige. Ich landete einen Volltreffer. An jenem Tage sandte auf dieser Frequenz die staatliche tschechoslowakische Nachrichtenagentur CETEKA non stop aktuelle Informationen über den Einmarsch der Verbündeten der Vertragsstaaten des Warschauer Paktes in die Tschechoslowakei. Ich ließ den Fernschreiber tickern, so lange der Empfänger nicht für andere Zwecke gebraucht wurde. So konnte ich mir aus erster Hand ein Bild über die Invasion machen. Noch druckte der Fernschreiber Fakten zum Fortschreiten der Okkupation, Solidaritätsbekundungen für die Regierung und Appelle gegen die Eindringlinge aus:

„Appell, Prag 21. August CETEKA
Durch den Verband der tschechoslowakischen Journalisten, den Verband der tschechoslowakischen Schriftsteller und den Schauspielerverband wurde ein Appell an die tschechoslowakische Bevölkerung veröffentlicht, heute Mittag für zwei Minuten die Arbeit einzustellen, Transporte zu stoppen, Handel und Dienstleistungen sowie alle Bewegungen auf den Straßen einzustellen.
Der Appell ruft auch die Bevölkerung dazu auf, während dieser zwei Minuten aus Protest gegen die Okkupanten des Landes und um ihre Loyalität mit den rechtmäßigen Repräsentanten der souveränen Tschechoslowakei nachdrücklich zu beweisen, Sirenen und Hupen ertönen zu lassen."

Dieser verzweifelte Aufruf hielt die Invasoren nicht davon ab, zu versuchen, das Rad der Geschichte zurückzudrehen. Den Untergang vieler Hoffnungen, die auch unsere Bevölkerung in den Sozialismus mit menschlichem Antlitz setzte, so weit entfernt hautnah mitzuerleben, das machte arg betroffen. Ich konnte zu jenem Zeitpunkt nicht ahnen, dass die Niederschlagung des Prager Frühlings und die daraufhin auch in der Republik einsetzenden Repressalien ohne mein Zutun unmittelbaren Einfluss auf meine weiteren Geschicke besaßen. Das sollte sich nach dem Ende dieser Reise herausstellen.

Die Besatzung konnte die weitere Entwicklung nur aus der Ferne durch spärliche Meldungen der parteikonformen Schiffspresse verfolgen. In der

Politik blieb alles wie gehabt. Keiner musste mit einschneidenden Veränderungen nach der Rückkehr in den Heimathafen rechnen - wenn er seine Klappe hielt. Nach einigen Tagen, die Parteileitung musste sich erst einmal sammeln und eine Meinung bilden lassen, telegrafierte ich eine ellenlange Zustimmungserklärung des Schiffes an die Reederei. Die Besatzung fände den Einmarsch prima. Das brachte Punkte im Wettbewerb. Schon wieder - toll.

Konservierungsarbeiten am Schwergutmast

Kaum verließen wir den Englischen Kanal, ging das Schiff ab wie Schmidts Katze. Das merkte jeder, der achtern in die quirlende Hecksee schaute. Teilweise machte das Schiff bei günstigen Wind- und Strömungsverhältnissen 86 Meilen in der Wache. Natürlich gab es einen engen Zusammenhang zwischen der Parteiarbeit an Bord und unserem stürmischen Vorwärtsstreben, wer wollte das bestreiten. Im Kartenraum ließ sich selbst auf einem Übersegler gut erkennen, wie es voranging. Und das war gut so, wir wollten schließlich um die halbe Welt. Zu den wenigen Abwechslungen auf der langen Reise nach Indien rund ums Kap zählten die entgegenkommenden Frachter der Reederei. RUDOLF BREITSCHEID und HALLE aus Indien, LILO HERRMANN aus dem Roten Meer kamen entgegen, die UNSTRUT lief in Richtung Dakar mit. Bei diesen Gelegenheiten wurden kleine Tips ausgetauscht oder das Neueste aus der Heimat in Erfahrung gebracht. Kein Funker konnte ein Schiff der Company vorbeifahren lassen, ohne einen Snack mit dem Kollegen drüben gemacht zu haben. Schlimm wurde es nur für den, der am anderen Ende auf eine Schlabberschnauze stieß, die sich in Kaffeekränzchenlaune befand. Dann bot sich die Gelegenheit, zwischendrin im Funkraum mal ordentlich Großreinschiff zu machen.

Am 26. August lag Las Palmas querab. Bei günstigen Winden erreichten wir bald darauf den Breitengrad Null. Dort zeigte sich der Himmel leicht bedeckt - wie die Hintern unserer liebreizenden Stewardessen. Die weiteren Aussichten blieben deshalb die Reise über in jeder Hinsicht erfreulich.

Der Kapitän hielt sich streng an die Anweisungen der Reederei, die zu jener Zeit die Äquatortaufe an Bord ihrer Schiffe als anachronistischen Widerspruch zur sozialistischen Moral und Ethik heftig unterdrückte. Diese restriktive Einstellung ließ sich nicht lange halten. Als Ausgleich fand in den '80er Jahren auf allen Schiffen jeden Tag eine Art Äquatortaufe statt, so wurden die Seeleute von den Trabanten und Vasallen des großen Vorsitzenden eingeseift und über den Löffel barbiert.

In Äquatornähe wurde es empfindlich kühl, die Wassertemperatur zeigte nicht mehr als zwanzig lausige Grad an. Unter diesen Bedingungen machte es sowieso niemandem Spaß, während eines Taufzeremoniells mit dem kühlen Nass an Deck herum zu matschen. Die Taufe für 23 Besatzungsmitglieder der BOIZENBURG wurde im Rahmen eines gemütlich-beschaulichen Bordfestes in der Mannschaftsmesse in Szene gesetzt. Das wurde selbstverständlich von den Täuflinge finanziert. Neptun verzichtete auf sämtliche psychischen und physischen Qualen der die Passage Erheischenden. Diese Nachsicht bedeutete ausgesprochenes Pech für die verkappten Sadisten unter der Besatzung, die sich für die ihnen seinerzeit angetane Schmach und Schande bei der Linienquerung dringlichst zu revanchieren gedachten. Zur Befriedigung ihres abartigen Triebes auf der langen Überreise sorgten nur Kino-Veranstaltungen in der Messe. Hier ging die Vätergeneration durch Garben aus der Kalaschnikow reihenweise ihrer gerechten Strafe entgegen. Wir errangen einen großen vaterländischen Sieg nach dem anderen.

Wenig später begann sich nach dem Nicht-Tauf-Ereignis die Kap-Umrundung mit zunehmendem Seegang anzukündigen. Der am Kap stehende Tanker MERSEBURG meldete Windstärke 9. Daraufhin schrieb die mitreisende Ehefrau des Ersten Kochs Abschiedsbriefe an ihre Familie und verschwand für einige Tage todsterbensseekrank in ihrer Koje. In der Morgendämmerung des 6. September kam nach siebzehn Tagen endlich wieder Land in Sicht, die Felsen des Kaps der Guten Hoffnung, das wir bei nun ruhiger See und klarer Sicht passierten. Die Stimmung an Bord wuchs in Erwartung des Bunkerhafens Durban und der erhofften dort lagernden Post. Zum allgemeinen Optimismus trugen die Sendungen der südafrikanischen UKW-Stationen in Englisch, Afrikaans oder der einheimischen Schnalz- und Klick-Sprache Xhoosa bei, die während der Umrundung Südafrikas über die Kammerlautsprecher klangen. Bei der letzteren dachte der naive Zuhörer immer, jemand drücke beim Sprechen die Druckknöpfe an seinen Gamaschen zu. Der Seefahrer fühlte sich wieder als Teil der Erdenbürgerschaft, nicht mehr auf sich allein gestellt in einer weiten, uferlosen Wasserwelt.

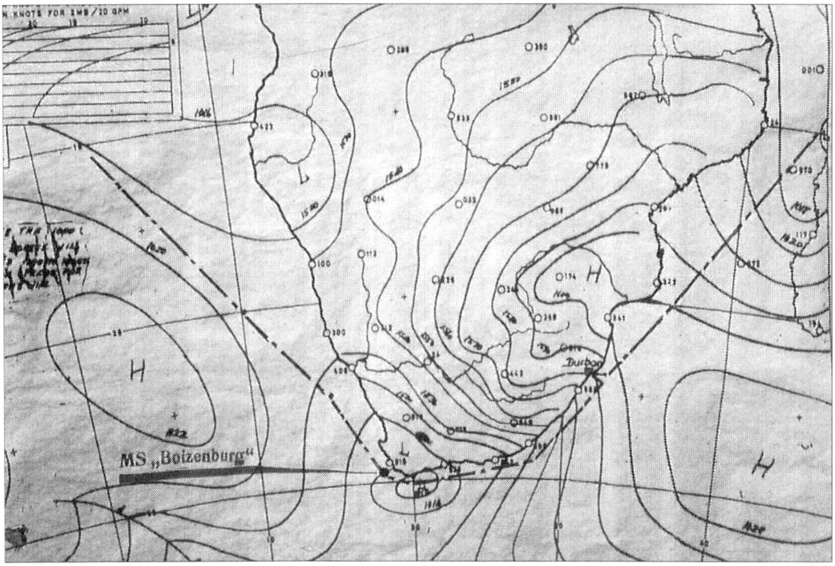

FAX-Wetterkarte vom Kap der Guten Hoffnung

Zwei Tage später an einem Sonntagmorgen, nachdem bereits ein Tag vorher die Propeller-Drehzahl reduziert worden war, um zur angekündigten Zeit einzutreffen, Plan ist Plan, lief der Frachter in Durban ein. Binnen zwölf Stunden ließen wir uns an der Bunkerpier die Treibstofftanks für die Indienrundreise mit Schweröl füllen. Mir fiel sofort ins Auge, die Seeseite von Durban besaß täuschende Ähnlichkeit mit jener von Havanna. Allerdings war von der Stadt nicht nur diese seeseitige Silhouette hoher Appartmenthäuser an der Strandpromenade zu erkennen, sondern wesentlich mehr. Sie erstreckte sich raumgreifend über sieben Hügel bis hin zum Horizont. Als größter Gegensatz zu Havanna drohten vom Bergrücken an Backbord, „the famous bluff of Durban", keine spanischen Festungsanlagen herab. Unmittelbar an das Hafengelände schloss sich ein Vorortviertel mit beeindruckenden Einfamilienhäusern im Bungalow-Stil an. Die gepflegten Vorgärten, ohne hohe Zäune und stacheldrahtbewehrte Einfriedungen, die unsere Republik so auszeichneten, strotzten im satten Grün. Als wir nach dem Festmachen diese Siedlung durchstreiften, stolperten wir über frische große Erdhaufen. Die Schwarzen begannen gerade, den Weißen das Wasser abzugraben.

Vor der Hafeneinfahrt von Durban

Bis 1964 wurde Durban von DSR-Schiffen in der Ostafrikafahrt bedient. Danach verhängte die UNO ein Boykott gegen das Apartheitregime. Die mit Schweröl fahrenden Typ XD-Schiffe liefen Durban noch einige Zeit im Gegensatz zu allen anderen DSR-Schiffen aus- und heimreisend zum Bunkern an. Vermutlich musste Südafrika noch eine Großrundstrickmaschine oder einen Sonderposten MALIMO-Handtücher für Soweto abbezahlen. Diese Liegezeiten stellten immer einen politisch unkorrekten

Lichtblick während der vierwöchigen Überfahrt von Westeuropa nach Indien oder Südostasien dar. Jeder konnte Post empfangen oder abschicken, Frischproviant in verbürgter Qualität wurde übernommen, die Wurst schmeckte ausgezeichnet. Ganz Flinke schafften es beim Landgang über vier oder sechs Stunden sogar bis ins Zentrum von Durban vorzudringen. „Hoe kan ek in die stad kom?“ „U kan per taxi gaan.“ Der Geldbörse des DSR-Seemannes eher angemessene Omnibusse blieben den Schwarzen vorbehalten. Rote Weiße wie wir durften den Bus ebenfalls nicht benutzen. So bekam auch der DSR-Seemann die Rassendiskriminierung zu spüren. Die Republik Südafrika machte eben ihr eigen Ding. Es schien angeraten zu sein, zu wissen, was „Slegs nie-Blankes/Non-Whites only“ bedeutete, um nicht im Hafen in der Frauen- Toilette aufgegriffen zu werden.

Als wir ein halbes Jahr später mit der RONNEBURG in Durban einliefen, beobachteten wir von der Brücke her, wie ein großer Wal angelandet und auf einen Plattenwagen der Bahn verfrachtet wurde. Nach dem Festmachen beschlossen der Dritte und ich uns das seltene Schauspiel dessen Zerlegung aus der Nähe anzuschauen. Wir folgten den Schienen bis auf die der Stadt aus guten Gründen abgewandte Seite des Bergrückens. Bald trafen wir auf die Walkocherei. Als wir dort ankamen, war von dem Wal schon fast nichts mehr übrig. Pech für uns und Pech für den Wal, der sich nie im Leben hätte träumen lassen wegen einer läppischen Magenverstimmung so schnell unters Messer zu kommen.

Wir liefen aus und folgten nun der Küste Ostafrikas. In der Straße von Mocambique kam uns der Bananenjäger THEODOR FONTANE mit schäumendem Bug entgegen. Erst wurde er gar nicht als Schiff unserer Reederei erkannt. Das Schiff lief unter Charter und trug eine andere Schornsteinmarke. Beim Passieren in 250 Meter Abstand ohne vorherigen UKW-Kontakt freuten sich beide Seiten gewaltig. Die FONTANE lief von Somalia mit tropischen Früchten nach Genua. In den '90ern wurden von dort statt Bananen nur noch geschändete GI's abtransportiert, wie es der Hollywood-Streifen „Black hawk down“ so mitreißend und anschaulich zu schildern weiß. Dieser Umstand verdient Erwähnung, wird der Seemann doch nur allzu oft durch aktuelle Ereignisse der Weltpolitik an seine blasenverursachenden Lauferfahrungen und hochinfektiösen Sexualbegegnungen auf allen Kontinenten erinnert. Sprengt sich heute in Bangkok ein Attentäter mit dreiundzwanzig seiner Geiseln in die Luft, kommentiert Hein Seemann: „ Ja, ja, saugefährlich die Ecke, dort holte ich mir mit dreiundzwanzig auch mal den Tripper!“

Des nachts passierten wir die Komoren. Noch sechs Tage quer über den

Indik bis nach Bombay. Die Klimaanlage nahm der Eisbär erst jetzt wieder in Betrieb, nachdem der Chief andächtig hinter seinem Schreibtisch sitzend zu schwitzen begann. Die Besatzung drängte sich im Swimming Pool. Der Obersteward zog sich beim Herumtoben eine Sehnenzerrung zu. Die setzte ihn für einige Tage außer Gefecht. Leider ereigneten sich öfter derartige Badeunfälle bei der Company. Wir erinnerten uns in diesem Zusammenhang an den jüngsten Unfall eines jugendlich übermütigen Seemannes von der NAUMBURG im Seemannsclub von Calcutta mit tödlichem Ausgang. Er brach sich das Genick. Unser Steward hingegen gehörte zu den Sonntagskindern. Als er sich wieder fit fühlte, durfte er sich im Brotbacken versuchen. Der Bäcker fiel wegen eines grippalen Infekts aus. Die Kakerlaken, die dieser im Brot für die Nachwelt wie im Bernstein zu konservieren trachtete, hatten erst einmal Ruhe vor ihm.

Großes Pech verfolgte die Funkerei in der Indienfahrt. Die indischen Behörden wünschten gemäß einer Verfügung des British Empire aus dem Jahre 1876 für jeden Hafen schulheftdicke Zolllisten. In handschriftlicher fünffacher Ausfertigung verlangten sie zu wissen, wie viele Latrinen, Pferdeställe, Schwerter, Steinschlossgewehre und Bajonette sowie Pianos, Grammophone und Bartbinden sich an Bord befänden. Was doch so vor einhundert Jahren alles an Ausrüstung um die Welt gekarrt wurde! Die Einklarierung bereitete in jedem Hafen einen Haufen Ärger. Das Gesetz von der Trägheit der Massen, die sich nicht rechtzeitig in die Effektenlisten eintrugen, trieb den Funkoffizier in den gelinden Wahnsinn. Wurde es beim Einlaufen wirklich eng und ich bat die Genossen Matrosen und Maschinenassistenten auf den Knien, ihre drei Kreuze zu machen, fragte mancher ganz entrüstet, ob das denn ausgerechnet jetzt sein müsse, wo er das vorbeiziehende Panorama genießen wolle.

Dieser Ärger bedeutete jedoch nichts gegen die Panne, als der Dritte, der Vierte Offizier und meine Durchlaucht auf die Idee kamen, in der großen Bordwaschmaschine einen gemeinsamen Kessel Buntes zu waschen. Es blieb unklar, was wir uns dabei gedacht hatten. Keiner wusste hinterher, wem welche Feinripp-Unterhose gehört. Die doch noch erfolgreiche Trennung der Unterhosen nach dem Reihum-Anprobieren begossen wir auf der Innenreede von Bombay im Liegestuhl bei lauen Abendlüften und angesichts der strahlend funkelnden Silhouette der Stadt mit einer Flasche Rotkäppchen Sekt. Wäre uns die Trennung nicht gelungen, hatten wir schon beschlossen, das ganze Knäuel nach unserer Heimkehr der DFD-Gruppe im Haus der Schiffahrt als Fetisch zu spenden.

Nachdem das tagelange Rumoren der Hauptmaschine erlag, genossen wir die befreiende Tropennacht inmitten anderer hell erleuchteter Reedelieger als kleine Entschädigung für die Mühen der langen Überfahrt. Drei Jahre nach meinem letzten Landgang in Bombay konnte ich bald darauf beim Gateway of India, dem Monument der indischen Unabhängigkeit, erstmalig wieder den Fuß auf indischen Boden setzen. Die bordeigene Barkasse setzte uns über. Ich dachte an König Georg, der hier den umgekehrten Weg ging, als Indien in die Unabhängigkeit entlassen wurde.

Leider besaß ich als Bordneuling nicht die Connections, um eine Containerladung Whisky zu schmuggeln. Ich konnte daher nicht das süße Leben der Maharatschas mit 1000 Rupies und mehr in der Skybar des Sheraton-Hotels wie einige abgebrühte Bordkameraden genießen. Ich wäre schon zufrieden gewesen, wenn ich mit Hilfe der sechzig Rupse, die ich in der Hand hielt, meine Briefe auf der Post losgeworden wäre, doch die streikte vor sich hin. Prinzipiell zog ich es vor, allein meiner Wege an Land zu gehen. Diesmal stieß ich zum Glück auf einige Kameraden vom Dampfer, die mir den Weg zum Seemannsclub wiesen, in dem ich meine Heimatpost abgeben konnte. Der Weg führte durch bedenklich finstere Gassen. Im Gefolge des mächtigen obligatorischen abendlichen Gewittergusses, der die rote Betelbrühe von den Häuserwänden auf die Bürgersteige spülte, lagen sie wie ausgestorben vor mir. Ich bewegte mich buchstäblich auf Glatteis mit Spucke. Was tun bis um Mitternacht, ehe die Barkasse wieder zurück fuhr? Das billige Vergnügen eines Kinobesuches bot sich an. Überkam den Seemann auf der Straße noch das große Würgen über all das Elend ringsum, im Kino fühlte er sich in eine andere Welt versetzt, nicht nur wegen des Geschehens auf der Leinwand. Mit einer Klimaanlage, wohl temperiert, und weichen Ledersesseln, die sich wie Autositze verstellen ließen, machte Bollywood für wenig Geld seinem Namen alle Ehre, vor allem bei dem unguten Gefühl, auf einem Platz zu sitzen, den vorher ein Lepra-Kranker eingenommen hatte.

Etliche Jahre später, im Oktober 1974, lagen wir mit dem Schwesterschiff RONNEBURG wiederum zehn Tage in der Bucht von Bombay auf Reede. Um während dieser Zeit seiner mitreisenden Ehefrau etwas Abwechslung und Kurzweil zu bieten, veranlasste der Kapitän einen Bootsausflug zur Insel Elephanta, wie sie von den Portugiesen im 16. Jahrhundert genannt worden war. In der Landessprache heißt sie Gharapuri. Sie liegt querab der Hafenanlagen mitten in der weiten Bucht. Die Insel beherbergt einen der gewaltigsten Felsentempel Altindiens aus dem 7. Jahrhundert, der inzwischen zum Weltkulturerbe der UNESCO erklärt wurde. Die Insel ist eine heilige Pilgerstätte der Hindus. Sie wird von einheimischen Touristen rege besucht. Doch von dieser Schwere an Bedeutung wusste niemand an Bord, nur dass es dort etwas zu gucken gäbe. Unser motorgetriebenes Rettungsboot steuerte auf gut Glück die Insel an. Als am Ufer ein wackeliger Landungssteg in Sicht kam, machte das Boot fest. Die Besatzung brach zur Erkundung der Insel auf. Dabei überfielen wir ein friedliches dörfliches Anwesen und nahmen es im Handstreich. Dessen Einwohner blieben mit offenem Mund am Wegesrand stehen. Sie sahen gerade die ersten Europäer, die ihren Fuß auf diesen Fleck indischen Bodens setzten, oder zumindest jene, welche am abenteuerlichsten gekleidet waren. Mich als bekennenden Sandalengänger hinderten auf allen weiteren Wegen glitschige Tretminen in Form von Kuhfladen am Fortkommen. Erst beim langen Marsch durch die Reisfelder wetzte sich die olivgrüne Bescherung wieder ab. Zum Glück trug ich graugrüne statt der sonst üblichen weißen Tennissocken.

Die Suche nach der vermuteten Attraktion auf der Schatzinsel erweiterten wir taktisch den Berg hinauf, bis uns ein Stacheldrahtverhau den Weg versperrte. Das ließ sich nur überwinden, indem alle Mann und die Frau Kapitän in einer ausgewaschenen Regenrinne darunter hindurch krochen. Die Offiziere in den Gräben vor Verdun hätten ihre wahre Freude an der

Geschmeidigkeit unserer fülligen Schiffsmutter gehabt. Wenige Schritte später öffnete sich der Weg zum Heiligtum. An dem herrschte reger Besucherverkehr. Die konnten doch nicht alle durch den Stacheldraht gekrochen sein! Und siehe da, eine breite Treppe führte von dort den Berg hinunter zu einem gemauerten Landungssteg, an dem mehrere Boote ihre Insassen ausluden. Es überraschte uns völlig, dass an dieser Stelle des Zutritts zu den Heiligtümern Eintrittsgeld verlangt wurde. Hier wäre unsere Expedition gescheitert, hätten wir nicht das Feld von hinten aufgerollt. Keiner von uns besaß auch nur eine einzige Rupie. Wer nimmt schon Kohle in die grüne Hölle mit!

Nach der somit wahrhaftig raffiniert erschlichenen kostenlosen Besichtigung des Heiligtums mit einer übergroßen steinernen Skulptur des Gottes Shiva zog sich die Mannschaft begleitet von Backschisch-Geschrei der Eingeborenen und den drohenden Gebärden der Tempelhüter, denen das Erscheinen dieser seltsamen Truppe nicht unbemerkt geblieben war, wieder durch die Regenrinne zum Liegeplatz des Bootes zurück. Sonst hätten wir um die halbe Insel herum zu unserer Jacht schwimmen müssen. Jeder hatte zwei Rupies Eintritt gespart und so konnten wir den Ausflug als vollen Erfolg im sozialistischen Wettbewerb verbuchen. Valuten gespart ist Seemanns Art!

Nur unsere Frau Kapitän traf es auf dem Rückweg ausnehmend hart. Sie gehörte zur Gattung der resoluten älteren Damen mit weit ausladenden Körperformen und trug ein offenherziges luftiges Kleidchen. Diese Gelegenheit nutzte eine der zahllosen indischen Krähen schamlos aus. Sie schiss unserer Frau Kaptein haargenau in den Ausschnitt. Der Haufen traf diese Weichteile wohl eher weich als hart. Der Master, völlig irritiert über die Entweihung heiß geliebter edelster Körperteile seines Weibes, ergriff einen Fetzen Packpapier, der dort am Wegesrand lag. Auf den hatte ein Inder schon sein rotes Monogramm zur Markierung seines Grundbesitzes gespuckt. Mit diesem DNA-belasteten Beweismittel versuchte er den Schaden zu beheben. Sein sorgfältig zusammengelegtes Taschentuch blieb dem Schweiß auf seiner Stirn vorbehalten.

Kehren wir zu unserer Reise zurück. Die Hafendurchläufe in Bombay und Madras verliefen problemlos. Zwischen Madras und Calcutta passierte unser Dampfer den Rand der Schlechtwetterzone eines tropischen Wirbelsturmes. Bei Windstärken 8 bis 9 ging für uns die Sache noch recht glimpflich ab. Die JOHN SCHEHR befand sich auf Gegenkurs nach Kakinada. Sie fuhr mit Kämpfertum und Gottvertrauen in den Schlamassel rein. Als letzte Nachricht von ihr hörten wir im atmosphärischen Geprassel und bei abnehmender Lautstärke, sie habe mit Windstärke 10 zu kämpfen und gehe bei langsamer Fahrt - gegen an, nicht unter.

Am 2. Oktober erreichten wir die flachen Sandheads vor der Hoogly-Mündung. Wir warfen den Anker weg. Der Lotse ließ auf sich warten. Eine starke Dünung machte sich in diesem Flachwasser kurz vor der Brandungszone sehr unangenehm bemerkbar. Nachdem in einigen Kammern das gehegte und gepflegte Grünzeug sich fein säuberlich in die Bestandteile Topf, Erde und Pflanze zu separieren begann und die andauernde Schaukelei für die Crew immer unerträglicher wurde, zogen wir den Haken wieder hoch und das Schiff dampfte gegen an.

Beliebter Anlaufpunkt - die Hafenmole von Madras

Die ROSTOCK teilte mit unserem Dampfer das gleiche Schicksal. Sie lief zwischenzeitlich in Diamont Harbour ein, um Wasser zu bunkern. Das Schwesterschiff führte österreichische Rassepferde an Deck mit, die sich bei diesem Seegang auch nicht besonders wohl fühlten. Sie brauchten eine Erholungspause vom ewigen Wiener-Walzer-Schunkeln. Die Pferde ließ sich der König von Bhutan bestellen, um Palasträubern hinterher jagen zu können, veräppelten uns die Kollegen. Nach dem Bunkern erschien MS ROSTOCK wieder auf Reede. Beide Besatzungen tauschten per Barkasse

Filme, Wein und Besucher aus. Zwei Tage später, als die beiden Schiffsmannschaften in Luke Drei gerade gegeneinander Volleyball spielen wollten, lief unser Schwesterschiff endgültig in den Hoogly River Richtung Calcutta ein. Wir trauerten ihm hinterher. Die Leidensgenossen von der gleichen Company über Tage hinweg zwei Kabellängen entfernt zu sehen und über UKW zu hören, weckte familiäre Gefühle. Schade, dass nicht noch ein drittes Reederei-Schiff dazu stieß. Dann hätten wir eine heilige Messe über die göttliche Dreieinigkeit oder einen kleinen Parteitag zelebrieren können.

Die BOIZENBURG schien ein überaus fruchtbares Schiff zu sein. Im bisherigen Reiseverlauf konnte sich bereits ein Besatzungsmitglied über seine Beförderung zum Papa freuen. Drei weitere warteten auf die entsprechende Botschaft vom alten Hiob. Von diesen vier Genossen hatte sich bisher nur ein einziger vergattern lassen und der auch nur aus diesem Grunde. Heute ist es fast die Regel, erst einmal abzuwarten, ob die Mutter mit den Kindern klarkommt, bevor sie vom Vater ihrer Sprösslinge geehelicht wird.

Mangels anderer Höhepunkte gesellschaftlicher Art, wie Singetage, Freundschaftsstafetten oder Abende am Samowar, nahm die ganze Besatzung an solchen Geschehnissen regen Anteil. Traf das ersehnte Telegramm ein und stand vielleicht noch darin zu lesen, Hein Seemann sei Vater einer Tochter geworden, dann ging es hoch her. Die Schadenfreude kannte keine Grenzen. Nicht mal zu einem Sohn langte die Kraft seiner Lenden. Ich überbrachte dem nächsten jungen Herrn Papa die freudige Nachricht. Der schien von seiner Beförderung gar nicht angetan zu sein, als er von der Mitternachtsfeier anlässlich eines Geburtstages noch duhn in der Koje lag. Tochter und Nachricht kamen etwas zu früh. Statt dem Überbringer der Glücksnachricht erleichtert um den Hals zu fallen und ihm eine Flasche Hafenbräu anzubieten, raufte er sich die Haare und schmiss mit ganz ordinären Schimpfworten um sich. Ja, was konnte ich dafür?

Bei der Feier des frisch gebackenen Papa auf der Reede vor Calcutta schauten alle Gäste bis in die Nacht hinein tief ins Glas, darunter auch der Vorsitzende des Schiffsrates in Begleitung seiner mitreisenden Ehefrau. In der Frühe um drei Uhr jagte jener seine Gemahlin im Bademantel wutschnaufend durch den Dampfer und wollte ihr Gewalt antun. Die fiel dabei einen Niedergang herunter und holte sich blaue Augen. Einer von beiden wird im abgefüllten Zustand ausgeplaudert haben, was er schon immer nüchtern dachte. Es geschieht nichts ohne Ursache, sagte die Stewardess, als ihr das Kleid zu eng wurde.

Als die Parteien gewaltsam voneinander getrennt waren, bezog die Ehefrau die Passagiersmesse. Ein Matrose wurde davor als Erzengel Gabriel mit einem Rosthammer postiert. In seiner Rage darüber, dass ihm der Zutritt ins Paradies verwehrt blieb, stopfte der Gemahl zur Krönung der Feierlichkeiten alle greifbaren Kleidungsstücke seiner Holden durch das Fenster und vertraute sie den Gewässern des Golfes von Bengalen an. Nur ein einsames Stück Reizwäsche, Unnerbüchs oder Büstenhalter, flatterte morgens noch auf der Gangway. Der Rest befand sich auf dem Wege den Golf hinunter Richtung Andamanen, wo die halb nackten Ureinwohner schon sehnsüchtig auf die neue Sommerkollektion warteten. Drei Jahre später fragten sich ein Dutzend Völkerkundler bei Entdeckung der archaischen Stämme, wie die zu der Kleidung gekommen sein könnten. Auf Grund des gefundenen Namensläppchens wurde vermutet, dass einst die Mecklenburger von dort auf ihren Weg nach Europa aufbrachen.

Auf der ROSTOCK führte der Kapitän ebenfalls seine Ehefrau am Mann. Die kramte in ihren Koffern, was sie eventuell an überflüssigen Kleidungsstücken entbehren könne, und spendete großzügig. Eingepackt hatte sie sowieso zu viel.

Ein möglicher Grund, der einen derartigen Familienzwist provoziert haben könnte, mag an der Tatsache gelegen haben, dass von 1100 Flaschen Spirituosen, mit denen das Schiff aus Rostock auslief, sich rückreisend am Kap der Guten Hoffnung noch etwa dreihundert in der Transitlast befanden. Auf die Nase kamen somit zirka zwanzig Flaschen Verbrauch an Hochprozentigem in siebzehn Wochen. Dem Alkohol die alleinige Schuld an diesem Ehedrama zuzuweisen, schien allerdings nicht angebracht zu sein. Es soll auch Kapitäne gegeben haben, die nüchtern aber völlig zerprügelt auf die Brücke kamen, wenn ihr tatkräftiges Eheweib mit von der Partie war.

Der Ladebeginn in Calcutta signalisierte den Beginn der Rückreise. Kaum lag das Schiff einen Tag in Calcutta, schon besaß die halbe Besatzung einen Vogel. Ach, was heißt einen, die meisten hatten drei oder vier unter der Haube. Fliegende Händler boten Reisfinken und Sperlingsartige an, die offensichtlich vom nächstgelegenen Kuhfladen weggefangen gegen alte Nylonhemden eingetauscht wurden. Ihr Gefieder glänzte rot, blau, gelb oder grün. Auf Sonderwunsch wurden auch welche in den deutschen Nationalfarben geliefert. Die sah der Parteisekretär allerdings nicht so gerne. Die Vögel pickten sich gegenseitig nur allzu schnell den Ährenkranz vom Flügel. Für ein dauerhaftes Make up war tunlichst zu vermeiden, den Vögeln ein Vollbad zu gewähren. Danach waren alle Spatzen grau. Die Inder halfen bei der Farbenpracht mit dem Airbrush-Pinsel etwas nach. Jedermann wusste das inzwischen, trotzdem wurden die Sänger gekauft.

Kuddel Daddeldu ließ grüßen. Seeleute sind nun einmal tierlieb, besonders wenn das Hobby etwas mit Vögeln zu tun hat. Bis zur Ansteuerungstonne Warnemünde pflasterten wir fortan unseren Weg mit gefiederten Leichen.

Während einer organisierten Stadtrundfahrt besuchte ich aus dem kühlen Grunde der Tierliebe und aus heißer Solidarität zum dritten Mal den Eisbär im Zoo von Calcutta. Wir waren in diesen Breiten ja fast Landsleute. Wenn wir uns in dem herrschenden Klima schon unwohl fühlten, wie musste erst dieses arme Tier leiden. Seither kommt mir beim Gedanken an eine Wiedergeburt das große Grauen, ist zu befürchten, eines Tages als Eisbär im Zoo von Calcutta aufzuwachen. Wir Glücklichen konnten bald wieder diesen gastlichen Hafen verlassen, während dieser arme Bär sich in der unerträglichen Tageshitze wünschte, er läge recht bald auf kühlenden Fliesen vor einem knisternden Kamin.

Zum makaberen Höhepunkt der Sightseeing Tour wuchs sich die Stippvisite auf einem Verbrennungsplatz am Ufer des River Hoogly aus. Nichts für Zartbesaitete, als mit viel Gesang und schlenkernden Gliedmaßen eine neue Leiche herbeigetragen wurde. Das Wort von der Vergänglichkeit des Seins bekam eine ganz neue Dimension, wenn die Toten beim Platzen der Schädeldecke in der Flamme knisterten. Falls der Holzstapel zum Durchbrennen nicht ganz reichte, wurde die Reste des Stapels in den Fluss geschaufelt. Kein Wunder, dass schon der britische Hafenkapitän die Schiffsbesatzungen vor dem Baden im Fluss warnte. Nicht wegen des Kontaktes mit Grill-Teilen, aber wegen der Krokodile, die dort unter der Böschung zwecks Resteverwertung auf die vorbei schwimmenden Leckerbissen warteten.

Mit der Einklarierung kam ein Schreiben an Bord, aus dem in der deutschen Übersetzung ungefähr folgendes zu erfahren war:

Der Beauftragte für den Hafen von Calcutta.

Rundschreiben

ICH KANN die Kapitäne aller Schiffe im Hafen nicht eindringlich genug darauf hinweisen, dass es nicht ungefährlich ist, irgendjemandem das Baden im Fluss zu erlauben, weil es dort zahlreiche Haie und Krokodile gibt, welche unter der Flussböschung liegen und auf ein Opfer warten. Ich hoffe, die Kapitäne werden diese Mitteilung so verstehen, wie sie gemeint ist. Sie zielt lediglich darauf, ihre jungen Offiziere und Mannschaften zu schützen, welche möglicherweise durch das kühle Wasser verlockt werden könnten, ein Bad zu nehmen.

B.S. Davies Comdr., R.N. (im Ruhestand) Dy. Conservator

1. Januar, 1931

H. M. 13
Rev.—1-31.

The Commissioners for the Port of Calcutta.

CIRCULAR

I CANNOT too strongly impress upon the Commanders of all vessels in the Port that it is not safe to permit anybody to bath in the river, as there are numerous sharks and alligators that lie under the banks on the off chance of getting a victim. I hope the Commanders will accept this intimation in the spirit it is offered, which is merely to protect their young officers and men who may be temped by the cool water to take a swim.

B. S. Davies Comdr., R. N. (Retired)
Dy. Conservator.

1st January, 1931.

Wer das Verlangen verspürte, im Hoogly zu baden, in den zwei Kilometer flussaufwärts die Leichenreste von den Verbrennungsplätzen geschippt wurden, dem konnte nicht mehr geholfen werden, mit oder ohne Krokodile.

Die Hafentage vergingen bei mäßiger Beschäftigung nur schleppend. Die für Indien angesparte Berichtigung der internationalen Dienstbehelfe mauserte sich zu einer hochinteressanten Beschäftigung, vergleichbar mit dem Ausschneiden eines Bastelbogens aus der „Frösi" („Fröhlich sein und singen" – bekannteste Kinderzeitschrift in der Republik). Früh um sieben Uhr hörte ich für Telegramme an das Schiff auf vorher vereinbarten Frequenzen in den Blindfunk oder Einseitigen Dienst hinein. Zwischen 19 und 21 Uhr beschäftigte ich mich dann nochmals mit Schiffspresse und Blindfunk. Bei diesem mäßigen Arbeitsanfall graute es mir schon vor der Heimreise und dem Einlaufen in Rostock, wenn sich wieder die Crew mit ihren Zollerklärungen, die Inspektoren mit meinen Abrechnungen und Funkreiseberichten in der Hand und die Arbeitskräftelenkung mit überraschenden Angeboten auf mich stürzen würden. Noch mehr Muße schien allerdings der Leitende Ingenieur zu besitzen. „Mein Feld ist die Welt" - er drückte sich vor Langeweile überall herum. Auf See stand er den halben Tag lang auf der Brücke. Dem Kapitän stieg jedes Mal der Blutdruck, wenn er in der Nock auftauchte. Im Hafen sprang er an Deck herum, begutachtete die Lösch- und Ladearbeiten und gab dem Ladungsoffizier nützliche Hinweise bis zu jenem Tage, als ein Gespenst in der Flotte umherging und das hieß Komplexbrigade. Ab diesem Datum gingen die Chiefs im Zauberinternat Hogwarts bei Lord Voldemort in die Lehre, um Übermenschliches zu lernen, nämlich wie sie ihren Dampfer im Sozialismus am Laufen halten könnten.

Stauholzsammler auf dem River Hoogly

Während der Liegezeit in Calcutta wurde jeden Tag eine andere Sau durchs Dorf getrieben. Die Ladehäfen rotierten wie die Vorstandsposten bei den Grünen. Schließlich kristallisierte sich heraus, das Schiff solle erst einmal Kurs auf das benachbarte Chalna nehmen. Die telegrafischen und telefonischen Verbindungen nach dort gestalteten sich durch die brüderliche Feindschaft zwischen Ost- und West-Bengalen sehr schwierig. Ab 28. Oktober würde dort drüben gestreikt, drang schließlich die Kunde zu uns durch. Anschließend sollten wir in Kakinada, Bundesstaat Andhra Pradesch, an der indischen Ostküste 2000 Tonnen Ölkuchen für London laden. Am 5. November solle dann das Schiff in Rangoon eintreffen, danach in Colombo Süßöl laden. Dann würde man weiter sehen. Der Ladungsoffizier, damals noch der Zweite Nautiker, schien der Verzweiflung nahe. Er soff täglich einen halben Kasten Vita Cola aus, weil er jeden Tag seinen Stauplan umwerfen musste. Darüber hinaus wurde die Chalna-Ladung allgemein für den Kontinent deklariert, so dass er nicht wusste, sollte er die Jute in den Unterraum, ins Zwischendeck oder sich darunter packen.

Vier Tage vor Streikbeginn lief die BOIZENBURG durch die mangrovenbewachsenen Sundarbans des Ganges-Deltas rechts und links an den Ufern des Pussur River nach Chalna hinauf. Bis auf die durch das Scheinwerferlicht angelockte Motteninvasionen in jeder der lauen Nächte lag das Schiff idyllisch. Die Frachter lagen wie an einer Perlenschnur den Fluss hinauf aufgereiht. Die Jute kam in Schuten längsseits, die schwimmenden Lagerschuppen ähnelten. Ein sozialistischer Architekt klaute das Design für eine Bauserie von HO-Kaufhallen.

Der kleine Warenaustausch florierte wie bei James Cook vor Tahiti, einmal abgesehen von den Frauen. Kokosnüsse, Bananen und Wasserpfeifen konnten wir erhandeln. Die Staude Bananen kostete zwei Hafenbräu, zehn dieser wunderbaren Flaschen brachten eine lebendige Gans ins Haus, ohne erst um ihre Hand anzuhalten. Die Crew der ROSTOCK besorgte sich dieses Federvieh für den privaten Kochtopf. Die hätte ich Federn rupfen sehen mögen! Sie erstanden sogar ein Stachelschwein für den Rostocker Zoo. Unser Kapitän wollte im Nachahmungstrieb ein solches für den Tiergarten Stralsund besorgen, aber er besaß kein Glück. Stachelschweine befanden sich gerade nicht mehr am Lager. Und wenn schon, mir deuchte, ich hätte drei von ihnen beim Rostklopfen an Deck gesehen. Es war nur ein Albtraum, verursacht durch den Umgang mit Kombüsenhengsten, Messemiezen, Bilgenkrebsen und anderen Arbeitstieren.

Die ruhigen Gewässer der zum Ganges-Delta gehörenden Flusslandschaft luden uns zu einer Fahrt mit der Barkasse entlang der zahlreichen Wasserläufe ein. Die meistenteils mit Mangroven bestandenen, durch die Wirkungen von Ebbe und Flut verschlammten Ufer der berühmten Sundarbans, dem Revier der berüchtigten menschenfressenden Bengal-Tiger, die sich glücklicherweise nicht blicken ließen, zeigten sich wenig einladend, um an Land zu gehen. Die Eingeborenen beobachteten unser vorbeifahrendes Boot interessiert, entsprach doch die Kleiderordnung der Insassen kaum den moslemischen Landessitten. Die Einheimischen schmauchten dabei ihr Wasserpfeifchen, bestehend aus einer Kokosnuss mit gedrechseltem Pfeifenrohr, auf dem ein Kopf aus gebranntem Ton saß. Eine Flasche Hafenbräu stellte einen guten Preis für dieses Souvenir dar. Auf Grund der politischen Spannungen zwischen Ostpakistan und Indien, die später offen ausbrachen, wurde uns das Fotografieren der schlammigen Uferböschung nicht erlaubt. Schade um die herrlichen Fotomotive, die sich beim Festmachen in der Nähe eines dörflichen Anwesens boten. Nachdem das Land Bangladesh hieß, zogen wir bei späteren Liegezeiten eine Bootsfahrt nie wieder in Erwägung. Die Verhältnisse hatten sich rapide gewandelt. Die Schiffsführung wurde vor Banden gewarnt, die sich das Hafenbräu ohne Gegenleistung anzueignen gedachten.

Auf dem Pussur-River

Als wir Chalna verließen und südlichen Kurs auf Kakinada nahmen, mussten wir im Golf weiträumig einem weiteren Wirbelsturm ausweichen. Die See war rau, es stand eine mächtige Dünung, die Brecher stürzten auf die Back, der Dampfer wackelte wie ein Lämmerschwänzchen. Welch unseemännischer Begriff, aber er tat wirklich so! Zur allgemeinen Überraschung der Nautiker peilten sie die erste Landmarke vor Kakinada, einem offenen Reedehafen, vier Stunden zu früh und 150 Seemeilen nördlicher als geplant. Das wäre ungefähr so, als wolle jemand von Düsseldorf nach Berlin fahren und er käme in Nürnberg raus. Navigation war mal wieder Glückssache gewesen. Die Nautiker ließen sich öfter überraschen, welche Küsten sie gerade ansteuerten. Sie ließen sich auf ebenso simple Art verblüffen. Ich machte mir den Spaß, mit jedem neuen Nautischen Offizier um die Wette Besteck zu rechnen. Meistens besaß ich eher ein Ergebnis, wenn es auch nicht so ganz genau stimmte. „Zeige mir mal, wie du das gerechnet hast“, sagte einmal unerwartet der Nautiker. „Ganz einfach, wir laufen 18,5 Knoten. Morgen um 12 Uhr sind wir in Bombay. Jetzt ist es 19 Uhr 45. Also 16 Stunden 15 Minuten mit je 18,5 Knoten auf der Kurslinie mit dem Zirkel zurückgreifen – Hier! Hier sind wir, das kannste mir glauben.“ „Ja, aber woher willst du denn wissen, dass wir morgen um 12 Uhr in Bombay sind? Das wollen wir doch gerade erst durch richtige Kurs- und Fahrtbestimmung so einrichten!“ „Morgen um 12 Uhr sind wir in Bombay!“ „Und woher weißt du das?“ „Das hat der Alte so in einem Telegramm an den Agenten formuliert!“ Und damit hatte ich das Nachrichtengeheimnis, auf das ich eingeschworen worden war, auf das schändlichste verletzt.

Auf Reede Kakinada kamen mit zeesbootähnlichen Wasserfahrzeugen 2500 Tonnen Ladung angesegelt. Bei Flaute erlag der Ladungsumschlag. Beim leisesten Lufthauch brach eine ganze Armada von Seglern zu den drei auf Reede liegenden Frachtern auf. Nach einigen Tagen kam der nächste Wirbelsturm den Bay of Bengal entlanggezogen. Die kleinen Segler jumpten an der Bordwand auf und nieder. Für einen leidlichen Schutz wurden sie nach mittschiffs verholt. Dadurch mussten die Säcke, die mit eigenem Geschirr an Bord gehievt wurden, von Luke Drei nach Luke Eins auf dem Rücken über Deck getragen werden. Das fleckte mit den ausgemergelten Gestalten nicht besonders. Als noch 200 Tonnen ausstanden, war der Seegang so stark geworden, dass die Segler nicht mehr von Kakinada auf die Reede heraus konnten. Der Alte spielte verrückt. Er wollte auf seine 200 Tonnen nicht verzichten. Es gab ein großes Palaver, man einigte sich auf ein Ladeende, doch die Stauer hielten sich noch an Bord auf. Niemand getraute sich, sie abzuholen. Schließlich lief das Schiff nach mehr als einem Tag Verzug von Kakinada Reede ab, nachdem wir die Stauer ihrem weiteren Schicksal überlassen hatten.

Während dieser Zeit kam das dritte Vaterschaftstelegramm an und immer noch standen zwei aus, denn ein Glücklicher hatte den Volltreffer bisher geniert verschwiegen. Wie das Leben so spielt, spielte sich die Vermehrung des Staatsvolkes nicht nur fern in der Heimat ab. Auch an Bord war eine indische Krähe vom Klapperstorch beauftragt worden, eine Stewardess in die Wade zu beißen. Der blaue Fleck und die damit verbundene Schwellung ließ sich nicht mehr verbergen. Es herrschte in der Republik allerorten ein unbändiger Wille, sich fortzupflanzen. Der WARTBURG ließ zwanzig Jahre auf sich warten. Versuchen wir mal für das erste, unseren

Frust nicht auf der Straße, sondern an einem Kind abzureagieren.

Stewardessen der DSR – weltweit bewundert

Die Währung „Hafenbräu" garantierte auf Reede Kakinada einen schwunghaften Handel mit frisch gefangenen halbmeter großen Krabben. Der Storekeeper rückte einen Wassereimer mit Formalin heraus. Darein wurde das Meeresgetier versenkt. Die Krabben rissen vor Begeisterung ihre Klappen mächtig weit auf. Sie konnten wie auf der Weihnachtsfeier für Parteiveteranen gar nicht genug von dem Stoff runterschlucken. Zur letzten Ehrenbezeugung schlugen sie kurz darauf die Scheren zusammen und mit einem schweren Leberschaden gingen sie für immer auf Grund.

Zum wiederholten Male machte sich während der Reedezeit der chronische Trinkwassermangel bemerkbar. Das Wasser reichte zwar noch aus, um nicht zu verdursten, aber das Duschen wurde nur noch auf schriftlichen Antrag gestattet. Zwei Trinkwassertanks durften aus hygienischen Gründen nicht benutzt werden, weil sie nach der Indienststellung des Schiffes noch nicht entgiftet worden waren. Sie standen noch voll unter Drogen. Über den Verdampfer ließ sich kein Wasser herstellen, wenn die Hauptmaschine nicht lief. Gegen Ende der Reedezeit floss kein Tropfen

Wasser mehr aus der Leitung. Jeder durfte sich morgens und abends einen Eimer Kondensat der Klimaanlage aus der Maschine holen, das dort in Zinkwannen aufgefangen wurde. Wer ein inniges Bedürfnis verspürte, der brachte einen Eimer Seewasser aus der Feuerlöschleitung an Deck zum Nachspülen mit. Da die Ladearbeiten gut voranschritten, wurde darauf verzichtet, zwischendurch Visakhapatnam, den nächsten richtigen Hafen, zum Trinkwasser bunkern anzulaufen.

Fischer auf der Reede von Kakinada

Dank der noch gut gefüllten Bierlast litt niemand an Austrocknung. Die Verpflegung hingegen entwickelte sich zum Problemfall. Aus was für Gründen auch immer schmeckten Fleisch und Eier bis zur Ungenießbarkeit ganz ekelhaft nach Kühllast. Auf dem Eigelb der Spiegeleier bildete sich eine seltsame Rinde, der ich im Leben später nie wieder begegnete. Eines Tages ließ sich das Fleisch auf dem Mittagstisch nur mit gebratener Gummilösung vergleichen. Manche Lords machten aus der Not eine Tugend, schnitten diese chemisch nicht erklärbare Masse in Streifen und zogen sie als Schlüpfergummi in die Hosen. Prager Schnitzel aus undefinierbaren zähen Fleischfetzen und gefüllte Kalbsniere lösten schon beim Lesen auf der Speisekarte einen Würgereiz aus. Am besten ließ sich der Magen noch mit Kartoffelbrei und Leber voll schlagen, dabei konnte der

Koch nicht viel verderben. Stets unübertroffen im Geschmack – die Frühlingssuppe von KNORR an Sonn- und Feiertagen. In Durban hatten wir Kartoffeln in einer Qualität gebunkert, die ich mein Lebtag noch nicht aß. Die schmeckten ganz phantastisch und strahlten gekocht in einem blendenden Weiß. Jeder sah bei einem Blick auf seinen Teller sofort, aha, heute gibt es wieder Rassisten-Aartappels. Die mussten zwangsläufig weiß erscheinen.

Der Chefkoch besaß wie viele Söhne seiner Klasse den Ehrgeiz, sehr sparsam mit seinen Ressourcen umzugehen, woran es grundlegend nichts auszusetzen gilt, wenn das die Mannschaft akzeptierte. Spiegeleier zum Frühstück kamen aller drei Wochen einmal auf den Tisch, dafür jeden zweiten Tag Frikadellen, Buletten und Klopse in Variationen. So viel gab es gar nicht zu fegen in seiner Last wie er davon auf die Back brachte. Er kannte seine viel fressenden Pappenheimer und wusste deren Appetit gekonnt zu zügeln. Zum Verdruss der Besatzung rückte der Smut bei Gerichten, die schmeckten und gut nachgefragt wurden, keinen Nachschlag heraus. Diese Verweigerungshaltung führte eines Tages mit viel Aufruhr zu der in die Geschichte des Schiffes eingegangenen „Großen Sozialistischen Bratkartoffelrevolte". Sein Regime musste sich heftiger verbaler Angriffe erwehren. Es drohte der Sturm auf seine Frikadellen-Bude. Er klemmte schnell den Hackeklotz unter die Vorreiber des Kombüsen-Schotts. Schließlich gelobte er Besserung und versprach, die Leckerli in Zukunft reichlicher zu spendieren.

Manche Köche fühlten sich den Traditionen ehrbarer, züchtiger Hausfrauen und der CDU zu Wahlkampfzeiten verpflichtet: Keine Experimente! Zum Glück der Kombüse hielten es die meisten Seeleute wie die Genossenschaftsbauern auf heimatlicher Scholle – was sie nicht kannten, das fraßen sie nicht. Und so dominierte die gutbürgerliche Küche, so weit sie der reichhaltige Fundus an ausgesuchten Köstlichkeiten aus der volkseigenen Schiffsversorgung zuließ. Zum Frühstück servierten die Stewardessen montags Eierkuchen mit Apfelmus, dienstags Frikadelle mit Zwiebeln, mittwochs eine Bockwurst, donnerstags Spiegelei mit Schinkenscheibe, freitags Frühlingsschnitte, samstags Jägerschnitzel und am Sonntag Rumpsteak mit Zwiebeln. Wem diese Speisenfolge bekannt vorkommt, der ist auf einem Rostocker Frachter zur See gefahren. Im Verlauf der oft monatelangen Reisen entwickelte sich manches Gericht zum puren Morgengrauen.

Wer frühmorgens mit nüchternem Magen einem dieser kleinen Imbisse zustrebte und im Gang zur Offiziersmesse auf den 2. Ingenieur stieß, der ihm als Gruß ein fröhliches „Heute schon gekotzt?“ entbot, der wusste, dass ihm wieder ein guter Tag in einem hervorragenden Bordkollektiv bevorstand.

Ab und zu kamen Gerichte mit deutlich politischer Aussage auf die Back, wie Königsberger Klopse, Amerikaner zur Coffeetime oder Wahleier zum Frühstück. Die Amerikaner hat vor allem der Parteisekretär gefressen. Die Wahleier stammten vom Rhein. Von dort wurde die Tradition nach Berlin verlagert, sich bei mancher Wahl ein tüchtiges Ei zu legen. An Bord bedeuteten sie lediglich eine Herausforderung für Pantry und Kombüse. Immerhin mussten sich die Stewardessen von dreißig Leuten merken, ob diese die Eier gekocht, gespiegelt, gerührt oder gekrault haben wollten.

Zu diesem Zeitpunkt neigte sich zu allem Überfluss auch noch mein persönliche Vorrat an Socken dem Ende entgegen, zumindest an denen ohne eine Anzahl von Löchern. Der spärliche Rest musste für den Landgang reserviert werden. Der Kunststopferei war ich noch nicht mächtig. Ein Satz Socken fiel einem kleinen Missgeschick zum Opfer. Nach der Pflege der Notbatterien lösten sich diese einen Tag später am Fuß auf. Wenn sich der Säurefraß wenigstens auf die Socken beschränkt hätte, aber nein, einen Tag später besaßen auch das Hemd und die Shorts eine erkleckliche Anzahl winziger Löcher. 37 Löchlein, durch welche die Sonne hindurch schien, zählte ich in der Hose. Aus denen las in Colombo eine versierte Wahrsagerin meine Zukunft bei der DSR heraus. Beim genaueren Hinsehen ließen sich deutlich der Große Wagen, Schütze und Wassermann in besonderer Konstellation zu Jupiter und Mars erkennen. Die Bockschürze aus Gummi hing also nicht grundlos im Store. Die Kleiderkammer der DSR lieferte gottlob ausreichend Nachschub an Uniformstücken, zumindest um einen weiten Kreis der Verwandtschaft mit Khakihemden einzudecken. Als nur noch eine heile Socke im Schubfach lag, musste ich mich wohl oder übel an das Abenteuer des Kunststopfens heran wagen. Danach ließ sich kein einziges Loch mehr entdecken, nur waren sie jetzt zwei Nummern kleiner. Der zusätzlich entstandene Wulst drückte nur gelinde auf die Hühneraugen.

Von der Reederei erfuhren wir zu diesem Zeitpunkt, dass sie ab 1. Januar 1969 Mitglied der Indien-Pakistan-Schiffahrtskonferenz sein würde. Durch diesen Beitritt mussten nicht mehr so viele Schiffe nach Indien fahren, um die Kapitalisten mürbe zu machen. Die Reederei konnte in die Südamerikafahrt einsteigen. Herrliche Zeiten mit kurzen Reisen und einem gepfefferten Maß an Geschlechtskrankheiten taten winken.

Nach einer zwei Tage dauernden Überquerung des Golfes von Bengalen lief der Frachter einen Mündungsarm des Irrawaddy hinauf, Rangoon, der Hauptstadt Burmas, entgegen. Dort fuhren wir ein höchst kompliziertes Anlegemanöver. Der dafür notwendige Steuerbordanker konnte nicht klar gemacht werden. Beim anschließenden Ausbringen der Gangway fiel ein Matrose in den Bach. Sofort trieb er ab, was damals in Burma vor allem bei Mehrlingsgeburten noch strafrechtlich verfolgt wurde. Mit der Flut kam er zurück, um den vergessenen Landgangsschein zu holen.

Bereits auf Kakinada Reede mussten wir den Storekeeper wieder an Bord hieven. Der wollte mit zwanzig Jahren in den Freitod gehen. Er hatte von seiner Freundin einen Liebesbrief bekommen, der keiner war, nämlich dass es Schluss sei mit ihm und seiner blöden Seefahrt. Er stürzte sich einen rein und in seinem Kummer über Bord, der Dussel. Er wollte einfach nicht kapieren, dass dieser Korb für ihn der Anfang einer Glückssträhne sein würde. Eine Welt voller Frauen wartete fortan auf ihn.

Dutzende von Beamten ergossen sich in Rangoon noch während der Ankerzeit im Fluss an Bord. Sie stellten Landgangsausweise mit Passfoto, abfotografiert vom Seefahrtsbuch, in fünffacher Ausfertigung aus. Das bedeutete für den Funkoffizier, fein säuberlich alle Personaldaten in zweihundert derartige Dokumente einzutragen. Who is who – hieß es beim Sortieren der Bilder. Die Seefahrtsbücher wurden vor Jahren ausgestellt und die Bilder, hauptsächlich bei den Offizieren, stammten noch aus deren Jungmannenzeit. Da konnte man wieder einmal sehen, was die Zeit mit den Menschen so anrichtet. Diese lausige Arbeit ließ sich noch nicht einmal durch Stangen von Zigaretten beschleunigen, die sonst die Bemühungen der Port Authorities zu Höchstleistungen anspornten.

Eine große Anzahl von Stauern stand bereits wartend an der Pier. Diese arbeitswütige Menge stellte für uns einen ganz ungewohnten Anblick dar. In anderen Häfen schwenkten sonst immer mit Blumengirlanden winkende und viel versprechende halb nackte Hula-Girls am Kai die Hüften. Die Gangs erstürmten nach der Einklarierung das Schiff und wollte den Dampfer leer machen. Der aber kam, um 2000 Tonnen Reis zu laden. Burma gehörte damals noch zu den größten Reisexporteuren der Welt. Die Gangs zogen unverrichteter Dinge ab. Am nächsten Morgen gegen fünf Uhr kam die nächste Gang mit Arbeitsmitteln und Fahrzeugen angerauscht. Die wollte wiederum mit den Löscharbeiten beginnen. Sie hätte den Dritten Nautischen Offizier fast gelyncht, als der nicht die Luken für sie öffnen wollte. Die im sozialistischen Wettbewerb höchst motivierten Werktätigen sahen es schließlich ein, dass beim besten Willen auf diesem Dampfer keine Solidaritätsfracht zu holen sei.

Im Verlaufe der Hafenliegezeit zog statt der beim Einlaufen erträumten Hula-Mädchen eine Horde Junger Pioniere vom Generalkonsulat der Republik lärmend durch das Schiff. Die weiblichen Besatzungsmitglieder wurden von der Frau Generalkonsul zu einem Kaffeekränzchen eingeladen. Sie freute sich, mal jemanden aus der Heimat in ihren Rattanmöbeln begrüßen zu dürfen, obwohl für uns die Heimat weiter entfernt lag als für die Mitarbeiter des Konsulates. Die bekamen jeden Tag die neuesten Zeitungen aus Berlin geliefert, die nach dem Studium der ZK-Reden an unser Schiff abgegeben wurden. Wir empfanden sie immer noch als brandaktuell, vor allem was das Datum betraf.

Außer goldenen Pagoden und der erstaunlichen Tatsache, dass in Rangoon Frauen die dicksten Zigarren aus gerollten Maisblättern und geschroteten Mohnkapseln, herangeschafft aus dem Goldenen Dreieck, rauchten, schien die Stadt nicht viel zu bieten, soweit das der Seemann bei drei Stunden Landgang überblicken konnte. Während einer organisierten Stadtrundfahrt brachten wir den Besuch der berühmten Swe-Dagon-Pagode, sehr sehenswert, und die obligatorische Zoobesichtigung hinter uns. Bei einer Affenhitze Affen anzugucken, die es auch in Leipzig bei wesentlich verträglicheren Temperaturen zu bestaunen gab, war nicht jedermanns Sache. Die burmesischen Mägdelein hingegen bedeuteten eine echte Augenweide. Die Menschen erschienen insgesamt sympathischer als auf der anderen Seite des Golfes. Es war frappierend, nach den indogermanischen Völkerstämmen der vorangegangenen Häfen urplötzlich mit Menschen konfrontiert zu werden, die mandelförmige Augen besaßen. Als Negativposten mussten wir eine Motteninvasion über uns ergehen lassen, die durch eine zweifache Käferinvasion abgelöst wurde. Zum einen schwirrten letztere durch die Lüfte, dass sich nachts die Scheinwerfer verdunkelten. Morgens lagen die toten Viecher wie Getreidestreu über den ganzen Dampfer verteilt an Deck und wir schlitterten darüber hinweg. Zum anderen taten sich Tierchen an der Reisladung gütlich. In Rostock würde das Schiff vor dem Löschen wohl ausgegast werden müssen.

Während der Liegezeit pflegten alle Besatzungsmitglieder die internationalen Kontakte. Von einem holländischen Frachter tauschte der E-Mix den Film „Eine Hand voll Dollar“ mit Clint Eastwood heran. Dieser Streifen bescherte der Mannschaftsmesse ein volles Haus. Ich besuchte meinen Berufskollegen auf einem britischen Schiff. Beim Gegenbesuch zeigte er sich von unserem Schiffchen ganz begeistert. Er hätte nie gedacht, dass ein Schiff so „beautiful“ sein könne. Dieses Urteil ließ mich endgültig mit meiner Wohnhöhle auf dem Brückendeck Frieden schließen. Die Unterhaltung auf Englisch klappte so recht und schlecht. Auf der Plaza in Vera Cruz hatte man mir auch schon einmal vorgeworfen, ein gutes Amerikanisch zu sprechen, das kein Engländer versteht. Es fehlte bei uns nicht an Experten, die ohne jegliche Englischkenntnisse auf so einen Tommy marschierten und dort um eine kleine Kollekte für wissensdurstige Germans from the East baten. Mit einem Packen Herrenmagazine kamen sie zurück. Was hatten wir nicht alles über den proletarischen Internationalismus gelesen und gehört. Nun hielten sich die Leute streng an die Vorgaben. Unverständlich, dass ideologisch verblendete Kader in Rostock dieses Engagement plötzlich nicht für koscher befanden.

Nach dem Ende der Ladearbeiten musste das Schiff noch für vier Tage an Tonnen in den Fluss, weil es erst dann zum Auslaufen genügend Wasser unterm Kiel haben würde. Das dafür zuständige Gewitter lag noch über Südchina. Am 16. November um Mitternacht begann für das Schiff und seine Besatzung eine Fahrt ins Blaue. Bereits seit dem Eintreffen in Indien hatten sich Lade- und Löschhäfen einschließlich der Ladungsmengen für die Rückreise aller zwei Tage teils radikal geändert. Zum Glück bestanden für das Schiff keine großen Möglichkeiten in der Kurswahl. Ihm stand nur der Weg in südliche Richtung offen. Den schlug es prompt ein.

Der Kapitän fluchte zwei Tage vor sich hin. Letztlich blieb sein Frust am Funkoffizier hängen. Vergeblich belagerte ich die Küstenfunkstellen Madras, Colombo und Bombay für neue Nachrichten. Plötzlich querab von Colombo lagen auf drei indischen Küstenfunkstellen fünf Telegramme vor. In deren Ergebnis bemühte ich mich, zwölf Telegramme hurtig, hurtig an vier verschiedene Küstenfunkstellen zu schicken. Ein Nachrichtenstau schlimmer als seinerzeit vor Härnösand, als THEODOR KÖRNER im Eis fest lag. Sender an, Sender aus. Viele Male vergeblich die Küstenfunkstellen auf Kurzwelle rufen. Immer bedacht, dies preußisch-exakt nach den Vorschriften zu tun, um keinen Funkverstoß zu riskieren. Die Deutsche Post gebärde sich bei der Überwachung der Funkfrequenzen wieder einmal wie toll, hieß es aus gut informierten Kreisen. Wenn der Anruf dann doch irgendwann irgendwo von irgendwem gehört wurde, warten, warten bis das Schiff an die Reihe kam. Diese Art von Herausforderung ist in der heutigen Zeit mit e-mail und Internet nicht mehr nachvollziehbar und mancher schließt daraus, die Funkerei wäre ein Betätigungsfeld für Pappnasen gewesen.

Nun wussten wir, Allepey an der indischen Westküste hieß der nächste Reedehafen zum Laden von Kokosfaserprodukten. Dazu gehörten auch bunte Fußabtreter, die den Gegenwert von einer Flasche Hafenbräu besaßen. Später sorgten derartig wertvolle Präsente dafür, einer Schwiegermutter in spe die Tochter abspenstig zu machen. Zukünftigen Schwiegervätern drückte der Seemann für gewöhnlich eine Stange HB in die Hand, worauf der mit einem „Gehet hin in Frieden" seine Tochter entließ.

Binnen acht Stunden versegelten wir von Allepey nach Calicut, ebenfalls ein Reedehafen. Hier luden wir verschiedene Partien Logs, ganze Baumstämme Rosenholz als Decksladung. Das erledigte sich auch innerhalb eines Tages. Uns blieb nur der Stolz, vor einer ruhmreichen Küstenstadt geankert zu haben, die 1498 Vasco da Gama erstmalig ansteuerte. Auf der Reede von Colombo vertrödelten wir einen Tag, bis wir uns im letzten Ladehafen dieser Reise binnen Tagesfrist die Süßöltanks mit Kokosöl voll pumpen ließen. Mit rund 500 Tonnen für Lissabon, 2000 für London, 1500 für Antwerpen, 1000 für Rotterdam und 3000 für Rostock ging die BOIZENBURG wenige Tage später auf Heimreise. Wenn ich vom Ladungsdienst auch keinen blassen Schimmer besaß, derartige Zahlen schickte ich über die Jahre hinweg reichlich in den Äther. Funkwellen und Plastikmüll seien das einzige, was von der Menschheit übrig bleibe, heißt es. Schön, wenn eines Tages mein Ladungstelegramm im Andromeda-Nebel ankäme.

Über den Indischen Ozean hinweg blieb das Wetter viele Tage das gleiche, Luft 28 Grad, Wasser 30, Wind Stärke 3 und die See ging mit 2, der Himmel heiter bis wolkig und der Mond schien schön. An Bord ging das Leben seinen gewohnten Gang. Ein Tag auf See verging wie der andere, nur der markierte Standort des Schiffes auf der Seekarte im Kartenraum veränderte sich. Und noch eines hatte sich grundlegend verändert - es ging nach Hause! Ich saß auf meinem Drehstuhl im Funkraum und dachte vor mich hin, ob die Freundin noch so wäre wie ich sie vor langer, langer Zeit verließ. Ein Ölprinz aus dem Heimatort, der auf der HEINZ KAPELLE im Keller fuhr, hatte meine vornehme Zurückhaltung sabotiert und der jungen Dame inzwischen die verrufenen Seefahrer in den schauerlichsten Farben geschildert. Sie reagierte darauf ganz sauer. Der Brief mit ihren Vorhaltungen in dieser Sache war an jener Stelle wie Lakmuspapier richtig blau angelaufen.

Ich dachte darüber nach, wie ich mir bei Muttern die Rouladen schmecken lassen würde. Ob der Motorroller denn noch fuhr, den der kleine Bruder bei voller Geschwindigkeit in einer am Straßenrand stehenden Obstpflückerbude abgestellt hatte? Was könnte ich mir wohl von der nächsten Reise für unsäglichen Plunder mitbringen, der erst nach der Wende als solcher erkannt werden würde? Jeder Indienfahrer präsentierte mit stolz geschwellter Brust seinen Rosenholz-Elefanten und die geschnitzte Buddha-Statue, bis er sie auf jedem Trödelmarkt wieder fand. Was bliebe noch übrig an Devisen für die letzten Einkäufe im Überseehafen-Basar, nach dessen Warenkorb der devisenlose Bürger lechzte? Ich ließ mir in Gedanken den Geschmack einer Rostbratwurst und nicht nach Kühllast schmeckender Spiegeleier auf der Zunge zergehen. Ich grübelte darüber nach, was mir die Arbeitskräftelenkung in Rostock über meinen nächsten Dampfer erzählen würde. ERFURT, DRESDEN oder SCHWERIN, alles unklimatisierte zehn Jahre alte Schiffe, standen nach meiner Vorahnung zur Auswahl. Sie lagen seit Monaten in der Werft. Irgendwann mussten sie ja mal fertig werden. Während der vier Wochen langen Überfahrt blieb für jedermann genügend Zeit zum Denken und Träumen, auch wenn dieser oder jener mit WBS und Hafenbräu etwas nachhelfen musste. Leider war es nach deren Genuss mit dem Denken auch schon bald wieder vorbei.

Tropische Regenschauer südlich des Äquators machten den Nautikern zu schaffen. Es klappte nicht so recht mit dem Mittagsbesteck. Mittlerweile befand sich das Schiff auf der Position Pi mal Fensterkreuz geteilt durch die letzte AWG-Miete. Über den Standort im Ungewissen, lief die Maschine eine Nacht lang mit halber Kraft, um der Insel Diego Garcia im Chagos Archipel nicht zu nahe zu kommen.

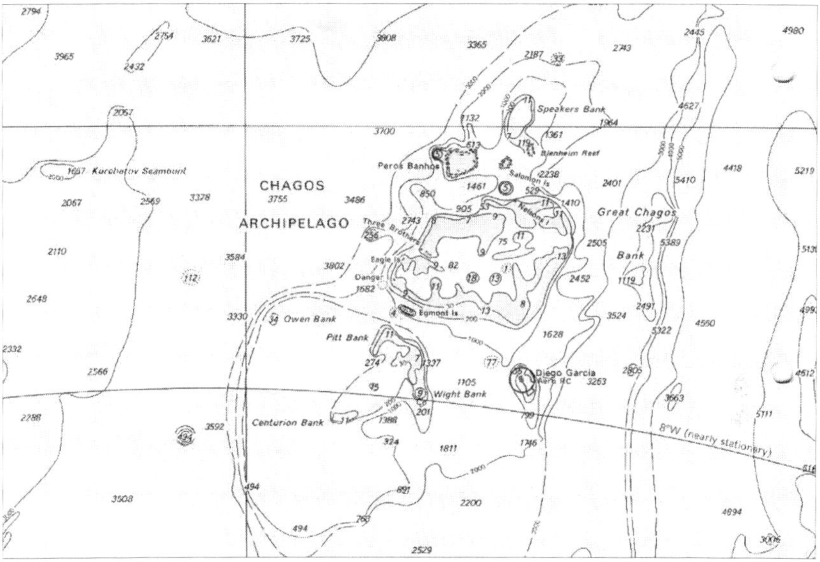

Das Chagos-Archipel, Detail aus einer Seekarte der British Admiralty

Am Morgen des 29. November passierten wir dieses Eiland des ehemaligen British Empire in Sichtweite, das von den Amerikanern als stationärer Flugzeugträger für ihr strategisches Bomberkommando genutzt wird. Keine Kreuzfahrerroute führt daran vorüber, keine Schifffahrtslinie von irgendwo nach nirgendwo. Nicht viele Menschen besitzen heutzutage die Gelegenheit, zum Palmensaum dieses flachen Atolls in den Weiten des Indischen Ozeans hinüber zu schauen. Entgegen dieser Vermutung liegt die Insel keineswegs jotwede. Von diesem herrlichen Fleckchen Erde aus lässt sich der Iran ganz wunderbar mit einer Flotte von B52-Bombern binnen kürzester Zeit erreichen.

Dem Dritten Offizier überbrachte ich das Telegramm zur Geburt einer Tochter. Es gab etwas zu feiern auf der Überreise. Am 1. Advent gegen siebzehn Uhr erschien die berühmte Briefmarken-Insel Mauritius im Dunst. Das Wetter wurde täglich angenehmer, nicht mehr so drückend heiß und schwül. Von einer vorweihnachtlichen Stimmung an Bord konnte trotzdem nicht gesprochen werden. Zum Kaffeetrinken servierte der

Steward Dresdner Stollen. Die hätte mancher auch lieber zu Hause gegessen. Am späten Nachmittag des 5. Dezember lief das Schiff für neun Stunden zum Bunkern in Durban ein. Die westeuropäische Zivilisation hatte uns an diesem Ort wieder eingeholt. Die vom Landgang im Stadtzentrum zurückkehrenden Besatzungsmitglieder zeigten sich begeistert. Alles pikobello sauber und ähnliche Komplimente konnten die an Bord Gebliebenen vernehmen. Für jeden leidgeprüften Indienfahrer musste dieser ordentliche Eindruck überwältigend sein. Jeder, der spaßeshalber nach Kanada auszuwandern gedachte, schwärmte ab sofort von einem neuen Traumland – der Republik Südafrika. Dort galt der Mensch noch etwas als Weißer! Dort wurde er noch nicht wegen seiner schlecht sitzenden Boxershorts, aus denen käsige Beine guckten, ausgelacht.

Mittagsbesteck im Indischen Ozean, im Hintergrund der Chief

Viele Briefe von den Lieben daheim nahm die Besatzung in Empfang. An Tütenmilch, frischem Obst und Gemüse mussten wir nun nicht mehr darben. Ab sofort standen Apfelsinen, Pampelmusen, Tomaten, grüne Gurken, Radieschen und Salat vom Chicoree auf dem Speiseplan. Alles schmeckte nach der langen Zeit der Entbehrungen lecker. Aus dem gleichen Grund sehnten viele seefahrende temporäre Weißkraut-Fresser das Ende ihres Heimaturlaubs herbei.

Das Kap umrundend drehte die Maschine wie der Teufel. Gen Norden eilte nun das Schiff mit Heimatumdrehungen dahin. Die sächsischen Mädels begannen zu trecken, wir machten pro Wache 80 Meilen. Tageszeitlich fühlten wir uns der Heimat schon nahe. Die Uhren an Bord zeigten wieder mitteleuropäische Zeit an, die ebenso gut angolanische oder togolesische Zeit hätte heißen können. Doch soweit ging unsere political correctnes noch nicht.

Eines Tages entdeckte jeder eine beim Schiffshändler in Durban gekaufte Apfelsine und eine Schokoladentafel Cadburry auf dem Teller. Wem verdankten wir wohl die süßen Sachen? An den Nikolaus dachte niemand im Arbeitsalltag, aber Heiligabend würden wir schon nicht verschwitzen. Mit mehr als einhundert Weihnachtstelegrammen über Rügen Radio wollte sich die Besatzung wieder der Heimat in Erinnerung bringen. Solch eine große Anzahl musste ich bei weitem nicht zurück erwarten. Niemand an Land wusste die Stimmungslage des Seemannes zur Weihnachtszeit gefühlvoll einzuschätzen. Einerseits bedauerten wir, zum Fest voraussichtlich nicht daheim weilen zu können, andererseits nahmen wir unsere Abwesenheit nicht so tragisch, weil wir von dem ganzen Rummel rein gar nichts merkten. Den Volksarmisten auf Friedenswacht, der sich Weihnachten bei Schneegestöber die Beine vor einem Munitionsbunker in den Bauch stand, traf es schlimmer. Die Wetterlage trug ebenfalls nicht zum Befördern derartiger Sentimentalitäten bei. Am Kap drehte der Eisbär erstmalig seit langer Zeit die Klimaanlage zu. Zwei Tage vor dem Äquator wurde es noch einmal etwas wärmer. Es ließ sich bei sämtlichen geöffneten Fenstern und Türen gerade noch angenehm nachts schlafen.

Im Südatlantik passierten wir die beiden Tanker BUNA und BITTERFELD, die gerade nebeneinander liegend Filme tauschten. Andere DSR-Schiffe liefen mit oder kamen uns entgegen. Es ging zu wie auf einer volkseigenen Ameisenstraße.

Langsam kündigte sich das alte Europa wieder an, als der Kurs entlang der afrikanischen Westküste haargenau nach Norden führte. Es wurde empfindlich kühl, so kühl, dass es angeraten schien, mal wieder einen Schlips zu tragen, um sich keine Bronchitis zu holen und dem Ruf als sozialistischer Schiffsoffizier gerecht zu werden. Mit Rügen Radio konnte ich inzwischen zu jeder Tageszeit wieder gut arbeiten. Die viel befahrenen europäischen Gewässer meldeten sich zurück, als mich kurz vor den Kanaren gegen Mitternacht ein SOS-Ruf mit viel Geklingel aus der Koje warf. Es handelte sich nicht um einen blinden Alarm, doch wir mussten nicht eingreifen, der Seenotfall war viel zu weit entfernt. Landsend Radio an der Westspitze von Cornwall strahlte den Notruf aus. Ein Holländer bekam durch einen Rudermaschinenschaden in der Biscaya ernste Probleme. Alle Funkoffiziere zwischen dem Nordkap und Dakar wurden aus den Kojen geworfen. Die Mittelwellen-Frequenzen besaßen um diese Uhrzeit in der Nord-Süd-Richtung hervorragende Bedingungen zur Ausbreitung. Der Bayerische Rundfunk ließ sich auf der Mittelwelle selbst noch vor Kapstadt hören, wenn sich nicht gerade alle Gewitter Afrikas auf dieser Frequenz mit sinnlosem Geprassel ähnlich dem einer Debatte im Deutschen Bundestag austobten.

Der Golf von Biscaya machte einmal mehr seinem Ruf alle Ehre. Ein kräftiges Tief stand über England. Wir begannen noch weit im Süden schon mächtig zu kämpfen. See und Wind kamen von vorn, wir liefen nur noch sechzehn Knoten. Einen Tag später lagen in der Dunkelheit die Kanaren querab.

Kurz darauf erlebte die Nautik ihr Waterloo. Bei inzwischen schönstem Mützenwetter und sämtlich verfügbaren Navigationshilfen, einschließlich Radar, rauschte das Schiff am Capo da Roca vorüber, obwohl wir eigentlich die Absicht besaßen, Lissabon anzulaufen. Glücklicherweise bemerkte noch jemand den Fehler, bevor wir bei Kap Finisterre um die Ecke hätten biegen müssen. Die Brücke riss das Ruder herum und es ging wieder retour. Peinlich, peinlich. In der Tejo-Mündung erwischte den Dampfer völlig unvorbereitet eine verheerende Grundsee, dass er fast gekentert wäre. Er wollte sich überhaupt nicht wieder aufrichten. Jeder Insider kann sich die entstandenen Verwüstungen im Schiff vorstellen. Der Steward allein beklagte einen Leergutschaden in seiner Bierlast von mehr als sechshundert Mark. Zu guter Letzt leistete sich der Dampfer in Barreiro ein tollkühnes, wahrlich Bahn brechendes Anlegemanöver, bei dem wir einige Tonnen überfuhren und Schlepper-Besatzungen angstschreiend um ihr Leben bangten. Volle Kraft zurück! Anschließend verfasste der Chief ein Schreiben an das Dieselmotorenwerk Rostock, um sich für die Qualität der Hauptmaschine zu bedanken, die ein solch haarsträubendes Umsteuermanöver anstandslos mitmachte.

Diktator Salazar hatte inzwischen das Zeitliche gesegnet. Durch die spätere Nelkenrevolution schrammte Portugal haarscharf am Sozialismus vorüber. Wir durften an Land. Das überwältigende Panorama von Lissabon lockte. Leider lag es am anderen Ufer des Tejo. Die Landgänger mussten die Fähre benutzen, immer dabei auf der Hut, nicht einem Dampfer zu begegnen, der wie die BOIZENBURG angepprescht kam.

Obwohl wieder in Europa, blieb uns die Sprache der Eingeborenen wie im tiefsten Indien völlig unverständlich. Es war schon ein Malheur, kein Mensch verstand unser qualifiziertes Englisch-Gestammel. Ein Gastarbeiter auf Urlaub sprach drei Worte Deutsch, ansonsten erfolgte der Informationsaustausch nur mit ausgeklügelten Hand- und Fußgesten. Die Damen in den Bars sprachen ein internationales Idiom, doch in ihrer Nähe kam es nun wieder nicht so sehr auf die Sprache an. Liebe braucht keine Worte. Dreimal mit der flachen rechten Hand auf die geballte Faust der linken zu schlagen bedeutete keinesfalls „Konterrevolution". Unter dieser Geste verstand selbst der Pope nur „poppen".

Wieder in Europa und so nahe der Heimat, begann das Heimweh durchzudrücken. Lissabon erstrahlte im weihnachtlichen Lichterglanz. Unzählige Menschen tätigten ihre letzten Weihnachtseinkäufe. Im Fernsehen lief die weihnachtliche Reklame und zu allem Überfluss im Rundfunk ein gerütteltes Maß an deutschen Weihnachtsliedern, was uns sowohl erstaunte als auch angenehm berührte. Die Bonner Ultras schienen nicht nur mit frommen Weihnachtsliedern, sondern auch geschäftlich in Portugal sehr präsent zu sein, wie es uns die Fernsehwerbung verriet.

Die fünfhundert Tonnen zu löschen dauerte nicht lange. Merry X-mas und ab ging die Post. Bereits am 1. Weihnachtsfeiertag ankerte die BOIZENBURG zwischen einigen Flakinseln aus dem Zweiten Weltkrieg einsam und verloren in der Themse-Mündung vor South End, von dem sich einige Fabrikschlote am Horizont abhoben. So trübe wie das Wetter, so trübe auch das Fest. Einige Besatzungsmitglieder konnten sich am Weihnachtsmorgen über Grüße aus der Heimat freuen, die ich bis morgens drei Uhr aus dem Äther fischte. Die traditionelle Weihnachtsgrußsendung für Seeleute vom Deutschlandsender ließ sich in der Region noch gut empfangen. Briefpost erreichte uns nicht auf diesem einsamen Vorposten der Zivilisation.

Die Aufnahme der sozialistischen Schiffspresse stellte ich ein. Der Empfang deutscher Rundfunksender ließ sich jederzeit gewährleisten. Deren Sendungen wurden auf die Kammerlautsprecher gestellt, wenn sie auch kein Estraden- und Tiraden-Programm aus dem Funkhaus in der Berliner Nalepastraße abstrahlten. Der Weihnachtsbaum, der im August in Rostock übernommen worden war, erstrahlte im hellen Lichterglanz. Die letzten Nadeln fielen noch in der Last ab. Der Bootsmann spritzte routiniert das Gerippe grün und dicht behängt mit Watte, Lametta und Weihnachtsschmuck ließ sich von dem Skelett nichts mehr erkennen, nachdem die Methylalkoholanteile im Webs zu wirken begannen.

Zur Ehrenrettung der Kombüse sei festgestellt, sie zauberte aus den noch vorhandenen Vorräten ein schmackhaftes Weihnachtsmenü. Uns wurden als Vorspeise eine Champignonsuppe und Krebssalat auf Toast gereicht, als Hauptgericht ein halbes Hähnchen mit Rotkohl, als Dessert Eiscreme und den guten Johannisbeermost aus dem Vogtland. Dessen spezielle Flaschenform blieb im Handel ansonsten den Babysäften vorbehalten. Ackermann's Säfte aus Ellefeld besaßen damit für Leute, die seit frühester Jugend an der Flasche hingen, einen gewissen Wiedererkennungswert.

Wie zum Jahreswechsel üblich trafen Glückwunschtelegramme von Partei und Regierung für die stets einsatzbereiten Seeleute ein, in denen ausschweifend betont wurde, was wir doch für tolle Kerle seien. Und dann noch die tollen Angestellten an Land, die alles daran setzten, uns noch toller zu machen. Die Deutsche Seereederei – wahrhaftig ein Tollhaus!

An ein Einlaufen konnten wir in den nächsten Tagen nicht denken. Alle Räder stehen still, wenn dein starker Arm es will, hieß die Devise der britischen Docker über die Dauer der Feiertage hinweg. Silvester und Neujahr gingen ins Land. Der Trinkwasservorrat schrumpfte zum Jahresende schon wieder auf nur acht Tonnen zusammen. Diesmal konnte ihn kein Kondensat aus der Klimaanlage strecken. Glücklicherweise hatten wir zu allen möglichen Anlässen die gesperrten Trinkwassertanks inzwischen randvoll mit Unschuld gefüllt, zuletzt beim Festmachen in Lissabon, in der wir uns nun die Hände waschen durften.

Einzigen Trost verhieß die Information, das Schiff erhalte einen Liegeplatz in den zentrumsnahen Commercial Docks. Doch auch diese Hoffnungen zerschlugen sich. Am 3. Januar 1969 lief das Schiff ein - in das neuerbaute Container Terminal der vierzig Kilometer von der City of London entfernten Tilbury Docks. Betrogen bis zum jüngsten Tag, lauteten dazu die Kommentare. Weite Wege quer durch den Hafen wurden nötig, um überhaupt erst mal ins Dorf zu gelangen. Zu allem Überfluss vergällten uns die Englishmen zuvor auch die Silvesterfeier. Am 31. Dezember nachmittags hieß es plötzlich, das Schiff liefe heute noch ein. Der Alte ließ das geplante Trinkgelage abblasen. Auf das Wunder wartend sangen wir bis um Mitternacht fröhliche Lieder zur Laute bei einer Flasche Vita Cola. Die letzten Wiener Würstchen kamen auf die Back und blieben ein geringer Trost. Als Stimmungsmacher taugten sie so gut wie gar nicht.

Die schon schlechte Stimmung stieg auf den Siedepunkt, als eine Ehefrau per Telegramm voller Entrüstung mitteilte, die BOIZENBURG solle schon am 26. Januar wieder aus Rostock zur nächsten Reise auslaufen. Die Ehefrauen schienen immer besser informiert zu sein, als Teile der Reedereiverwaltung. Sie mischten mit ihren inoffiziellen Mitteilungen die Besatzungen stets ordentlich auf. Darüber hinaus wusste niemand, welche Konsequenzen das zum Jahresbeginn in der Republik in Kraft getretene neue Zollgesetz haben werde. Die Leute von der im Containerdienst Rostock – London fahrenden FALKE verbreiteten Horrormeldungen. Wogen der Empörung brandeten durch das Schiff. Sollte doch der Seemann für die Mitbringsel, die er von seinen wenigen Devisen erwarb, noch einmal kräftig abgezockt werden. Mussten vorher zwei Kilo Leder an Jacke verzollt werden, so galten nun die realen HO-Preise der Ware als Berechnungsgrundlage der Zollgebühr. Es handelte sich teilweise um erhebliche Werte. Jeder wusste, was eine NATO-Plane (Nylonmantel) unter der Hand kostete. Artikel des persönlichen Bedarfs der Seeleute, also das wenige, was sich Janmaat für seine paar Devisen mitbrachte, wurden bald darauf von den Zollgebühren ausgenommen. Dadurch waren wir entgegen allem Pessimismus besser dran als je zuvor.

Sämtliche Container, die für die DSR jemals hergestellt wurden, schienen sich im Hafen von Tilbury zu stapeln. Neben unserem Liegeplatz stand alles voll von diesen Dingern mit der Aufschrift „DSR-Lines“. Die hatte alle die FALKE, unser erstes umgebautes Containerschiff, seit der Eröffnung der Linie vor zwei Monaten heran gekarrt. Man hätte fast meinen können, wir wären schwer auf Draht. Wenn wir die großen Containerschiffe der Amis an der Pier liegen sahen und die Umschlagtechnik für diese Kisten beobachteten, dachte das schon keiner mehr.

Nach acht Tagen fand die Liegezeit in Tilbury ihr innig ersehntes Ende. Über die Häfen Antwerpen, Rotterdam und Bremen lief das Schiff nach weiteren zehn Tagen via NOK nach Rostock. Kurz vor dem Loch ein letztes Mal Trouble. Kaum passierten wir die Insel Fehmarn, schon donnerten wir mit unserem Dampfer frontal an den bewährten Wellenbrecher gegen Neonazismus, Revanchismus und Chauvinismus. Unsere Republik, sie nahm uns wieder in die Arme. Jeder der nicht geplant hatte abzumustern, hoffte auf eine längere Liegezeit im Heimathafen als angekündigt oder träumte von einer Eisbarriere vor der Mole Warnemünde.

Was bewegte den Seemann, wenn sein Dampfer nach langer Reise wieder im Überseehafen festmachte? Das konnte jeder Landbewohner am ehesten bei „Klock acht, achtern Strom“, der Fernseh-Hafenbar, anschaulich erfahren: „Heute steht keiner am Steuer, heut sind die Planken wie leergefegt. Heut gibt es auch kein Abenteuer, das uns im Sturmwind erregt. Nur einer bleibt zur Wache auf dem Schiff nach altem Törn, er kann bis hin zum Hafen unsern frohen Sing-Sang hör'n: Wir sind wieder mal in Rostock! Wir sind wieder mal zu Haus, wieder mal zu Haus! Unser Schiff liegt an der Mole, und der Uwe, Pitt und Ole, alle gehen heute ganz groß aus! Wir bummeln in den Straßen unserer Heimatstadt umher, und funken über Rügen-Radio unser Lied aufs Meer.“ (Lang anhaltender Beifall)

Dem Seemann blieb die Spucke weg. Ehrlich, dagegen stellte selbst eine Parteitagsrede den Griff ins pralle Menschenleben dar. Jan Maat trug sich wahrlich in jenen Stunden mit anderen Sorgen, als in Schmarl am Fähranleger stehend über die Warnow hinweg ein Liedchen in Richtung Überseehafen zu trällern. Vielmehr sollen mehrere Seeleute auf Heimaturlaub noch während der Sendung am Lachkrampf erstickt sein.

Ich musterte nach dieser erlebnisreichen 168-Tage-Reise rund um Indien am 22. Januar 1969 von der BOIZENBURG ab. Die schlimmsten Befürchtungen wurden wahr. Mir wurde ein Einsatz auf der FREUNDSCHAFT/DHZT angekündigt. Die FREUNDSCHAFT war im Dezember 1957 als zweites Schiff der Typ IV-Serie an die Deutsche Seereederei übergeben worden. Auf deren hölzernen Decksplanken konnten auf Dauer nur eiserne Männer zur See fahren, wovon ich mich auf der typ-gleichen HALBERSTADT bereits überzeugen konnte. Das Dienstantrittstelegramm traf schneller am Heimatort ein als ich mit der Bahn dort ankam. Im Aggregatzustand eines frisch Verliebten befindlich, musste ich meine kleine Freundin trösten und beschwichtigen. Ein privates Desaster konnte ich dank guter Beziehungen zur Riege der Weißkittel mit einer sofortigen Krankschreibung verhindern. Zum Unglück des Kollegen, der schließlich die Reise mit der FREUNDSCHAFT antrat, lief dieses Schiff in Kuba vor Nuevitas auf Grund und kam erst nach mehreren Wochen wieder frei. Mir hingegen brachte die nächste Reise nicht einen derartig zweifelhaften Ruhm ein, als ich Mitte Februar 1969 auf der RONNEBURG/DDXO, einem Schwesterschiff der BOIZENBURG, anmustern durfte.

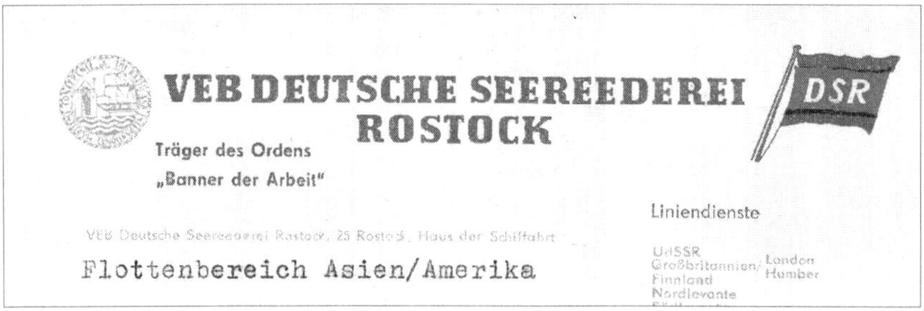
VEB DEUTSCHE SEEREEDEREI
ROSTOCK
Träger des Ordens
„Banner der Arbeit“
DSR
Liniendienste
VEB Deutsche Seereederei Rostock, 25 Rostock, Haus der Schiffahrt
Flottenbereich Asien/Amerika
UdSSR
Großbritannien/ London
Humber
Finnland
Nordlevante

10. Akt vom Gelben Meer, vom Funk- und See-Verkehr – oder: Die RONNEBURG besucht die Reiche von Mao und Kim

Die RONNEBURG war just von ihrer zweiten Reise nach der Indienststellung heimgekehrt. Bei Dienstantritt eröffnete mir der Kapitän, ich könne nicht mit einer Übergabe durch meinen Vorgänger rechnen. Dieser begab sich nach dem Einlaufen, schon sehnsüchtig erwartet, unter den Schutz des Ministeriums für Staatssicherheit. Seine Karriere als Seefahrer fand damit ihr abruptes Ende. Alle näheren Umstände blieben streng geheim. Der Kollege erfuhr erst nach der Wende beim Lesen seiner Stasiakte, was man ihm konkret vorwarf. Er hatte sich lediglich auf der Jungfernreise des Schiffes nach Kuba während eines Empfanges in Havanna öffentlich kritisch über den Einmarsch der Bruderstaaten in die CSSR geäußert. Da musste wohl einem guten Genossen etwas irgendwohin gestiegen sein und wenn es nur in die Nase war.

Dem Kapitän musste ich schriftlich versichern, ich könne den Funkdienst an Bord ausüben, obwohl „aus besonderen Gründen" keine Übergabe erfolgt sei. Bereits mit der Ausstattung der Seefunkstellen auf Typ XD-Schiffen von der BOIZENBURG her vertraut, fiel mir das Einarbeiten leicht. Lediglich in die Dokumente zur Bedienung des Hauptsenders musste ich mich vertiefen. Er stammte von einem anderen Hersteller. Natürlich lagen auch auf diesem Schiff zu meinem großen Verdruss im gesamten Reiseverlauf die Ein- und Ausklarierung und die Verwaltung der Handgeldzahlungen nach einem freundlichen Schulterklopfen in den Händen des Funkoffiziers. So blieb in Rostock durch das Erstellen der Besatzungslisten und andere Fremdarbeiten parallel zur fachlichen Reisevorbereitung nicht viel Gelegenheit, sich über Langeweile zu beklagen. Das Klagen darüber hatte ich mir durch autogenes Training auf der Backskiste sowieso längst abgewöhnt.

Am 24. Februar 1969 verließ das Schiff den Überseehafen Rostock für seine erste Reise im Liniendienst nach dem Fernen Osten. Mit 49 Lenzen gehörte der Bootsmann zur überaus seltenen Kategorie der Oldies. Das Alter des Restes der Besatzung, ausgenommen Chefkoch und ein Maschinenassistent, lag zwischen 20 und 30 Jahren. Damit handelte es sich um eines der Jugendschiffe jener Zeit, ohne diesen Titel offiziell zu führen. Lehrlinge wurden auf diesem Schiff noch nicht ausgebildet. Sie stiegen erst zu Beginn der nächsten Reise auf, sehr zur Freude der Offiziere, die sich mit ihnen abplagen durften. Diese Jungmatrosen in spe verspürten allesamt keine große Lust zur neu formierten Berufsausbildung. Die Reederei beschritt neue Wege und bildete sie gemeinsam für Deck und Maschine aus. Nun hatten einige zukünftige Seeleute bei ihrer Bewerbung kein Interesse daran gefunden, an Deck zu fahren und andere nicht in der Maschine. Die Betriebsschule schmiss sie allesamt in einen Topf und formte aus ihnen fortan den berühmten Facharbeiter für den Schiffsbetrieb. Mit dieser Qualifikation durften sie sich am Ende ihrer Ausbildung als Komplexbrigadisten verdingen, an Land „Mädchen für alles" genannt. Die Ingenieure versuchten das Beste aus ihrer Klientel zu machen. Sie bemühten sich, die lustvoll quarzende und saufende Truppe wenigstens bis

zum P3-Patent zu qualifizieren. P3 nennt sich noch heute ein Mittel zum Desinfizieren und Reinigen von Toiletten.

Doch zurück zu den Höhepunkten der Reise. Während der viertägigen Liegezeit in Hamburg erlebte ich ein technisches Wunder. Willy Brandt hatte noch nicht allzu lange vorher auf den Knopf zur Einführung des Farbfernsehens gedrückt. Ich konnte bei einem Kriegskameraden meines Vaters erstmalig die Sendung „Ein Platz für Tiere“ am nagelneuen Farbfernseher bestaunen. Für die lange Überreise rund ums Kap übernahm ich einen Jahrgang der BRAVO und andere Publikationen zu treuen Händen. Diese würden die Stunden der Freiwachen gewiss verkürzen und auch noch anderen Bordkameraden Freude bereiten. Leider versuchte in keinem dieser Hefte ein wissbegieriger Teenager von Doktor Sommer eine Auskunft darüber zu erheischen, wie eine Geisha auf's Kreuz zu legen wäre, sodass dieses der Besatzung mächtig unter den Nägeln brennende Problem zunächst ungeklärt bleiben musste.

Damals gliederte sich der Dienst des Funkoffiziers im Tagesverlauf noch über vier mal zwei Stunden Wache, zwischendrin jeweils zwei Stunden Freiwache. Dieser Wachrhythmus folgte der Greenwich-Zeit (GMT). Erster Wachbeginn und letztes Ende veränderten sich mit der Fahrt des Schiffes durch die Zeitzonen in der Regel zwischen sechs Uhr morgens und Mitternacht der Bordzeit. Unter diesen Bedingungen hätte ein Schild mit Zeiten der Anwesenheit des FO im Funkraum einer täglichen Änderung bedurft. Die etwa einstündige Telegrafie-Schiffspresse sendete Rügen Radio grundsätzlich außerhalb der Wachzeiten. Die atmosphärischen Bedingungen für Funkverbindungen auf Kurzwelle scherten sich keinen Deut um den Wachrhythmus. Elektronische Geräte auf der Brücke und im Funkraum gaben mehr oder weniger oft und schnell ihren Geist auf, wann sie wollten. Der Alte stand mit Telegrammen rund um die Uhr drängelnd im Schott. Auch die Besatzung meldete zu beliebigen Zeiten ihr Bedürfnis zur Kommunikation an. Niemand konnte wissen, wann der FO gerade Wache ging. Mahlzeiten fielen abwechselnd in die Wachen oder außerhalb jener. Somit brauchte sich der Funkoffizier um einen aufgelockerten Tagesablauf keine Sorgen zu machen. Er befand sich auf See mindestens vierzehn Stunden dienstlich auf den Beinen, ohne rundum physisch bis zum letzten Schweißtropfen gefordert zu werden. Die verbleibende Zeit in den Freiwachen reichte meistens gerade mal für einen Plausch auf der Brücke oder einen Gang rund ums Ankerspill aus. In diesen Momenten konnte ich wenigstens für Minuten dem Wummern der Hauptmaschine im

Rücken entfliehen oder den Kopf nach dem Empfang der Schiffspresse entlüften. Für den Rest das Tages bildete das Überleben in der Horizontale mit den besagten Illustrierten in der Hand eine erfrischende Alternative zu allem Stress, den Seetag unbeschadet über die Runden zu bringen. Die Hand ins Feuer legen mag ich nicht für die mehr als eintausend Berufskollegen, die an der Seefahrtschule Wustrow ausgebildet wurden, aber unter diesen Bedingungen gehörte der Funkoffizier zu den letzten, die sich an Bord betrinken konnten. Er musste damit stets wie der Kapitän bis zum nächsten Hafen warten.

Leute von der RONNEBURG, *1969*

Im Verlaufe des 1. März entließen wir bei Feuerschiff ELBE 1 den Lotsen. Der Maschinentelegraf wurde auf Voraus Volle Fahrt gelegt. Dabei stellte sich heraus, der Dampfer vibrierte im Vergleich zum Vorgängerschiff BOIZENBURG extrem stark. Vermutlich war die Teigrührmaschine in der Kombüse nicht richtig ausgewuchtet. Hoffentlich besteht die funktechnische Ausrüstung diesen Rütteltest die Reise über unbeschadet, ging es mir durch den Kopf. Sie sollte es nicht tun.

Schritt für Schritt passte ich das Funkressort meinen Vorstellungen an. Alle Dienstbehelfe hatte ich bereits in den vorangegangenen Tagen berichtigt. Nun konnten die Schubfächer und Storeräume aufgeklart und alles so umorganisiert werden, wie ich es von der BOIZENBURG her kannte, um mich schneller heimisch zu fühlen. Selbst die Schere kam auf ihren alten Platz und je eine gute Reederei-Wolldecke auf den Bürosessel und die kunstlederbezogene Backskiste. Um die Beine auf dem Tisch ruhen zu lassen, wenn der Alte die Brücke verließ, wurde die günstigste Sitzhaltung ausbaldowert.

Der Abschiedsschmerz von der Freundin, die sich in ihren Ressentiments gegenüber den Seefahrern durch meine Anwesenheit wieder beruhigt zu haben schien, nagte immer noch an meiner Seele. Die fragwürdige Aussicht, nun auch den Fernen Osten kennen zu lernen, löste keineswegs Begeisterungsstürme aus, zumal ich mit einem ganz unguten, seltsamen Gefühl der Vorahnung einen letzten Blick auf die Mole Warnemünde warf.

Bis Antwerpen stieg die Moral dann schon etwas an, ehe der Hammel mit Bohnen zum Mittagessen ihr wieder einen Dämpfer versetzte. Welche herrlichen leckeren Sachen gab es dagegen die vorangegangenen drei Wochen Heimaturlaub bei Muttern zu futtern! Irgendwie musste ich versuchen, die mir ins Gesicht geschriebene Niedergeschlagenheit ein wenig zu kaschieren. Ich ließ mir einen Bart stehen. Der Alte zeigte sich nach den ersten Tagen zwar etwas verwundert, was die drei Stacheln da am Kinn bedeuten sollten, aber er ließ mich und andere Niedergeschlagene gewähren. Bärte bei Seefahrern kamen gerade wieder in Mode. An Land jedoch wurde ich nach der Reise angegafft, als käme ich von einem anderen Stern. Ein bissel hinterm Mond, die Leute. Lag wohl daran, dass niemand damit rechnete, in unserer Gesellschaft einer von Funk und Fernsehen her bekannten Woodstock Gammel-Figur leibhaftig zu begegnen.

Langsam festigte sich auch der Anschluss an die Crew. Der Mensch fühlte sich nicht mehr so verlassen, konnte hie und da mit jemandem ein Rees an Backbord eingeflochten werden. Willkommene Gelegenheit dazu boten die Visiten auf DSR-Schiffen. Im Hansadock in Antwerpen besuchte ich einen ehemaligen Wustrower Kommilitonen, der mit der USEDOM achteraus am Kai lag. Sein Schiff fuhr nach Ostafrika und sollte Mitte Juli wieder in Rostock eintreffen. Dieser Termin war selbst für uns zu schaffen. Wie sich im Nachhinein herausstellen sollte, zog die USEDOM auf dieser Reise eine glänzende Arsch-Karte. Auf Heimreise wurde die Crew von dem absonderlichen Ansinnen der Reederei überrascht, zwei Fischkutter aus Sansibar, es handelte sich um ehemalige Solidaritätsgeschenke, ums Kap herum wieder in Richtung Heimat zu schleppen. Zehntausend Radehacken zur Bodenbearbeitung und Selbsthilfe hätten das Lebensniveau der werktätigen Massen vermutlich effizienter gesteigert. Leider lag auf diesem Werkzeug der Fluch kolonialer Ausbeutung fast wie auf unseren Kuttern.

Der Chefkoch in der Kombüse

Weil die vorangegangene Südostasien-Reise schnell gewesen war, rechnete sich bei uns jeder aus, vor Anfang August wieder in Rostock einzulaufen. Die USEDOM hingegen lief erst am 22. August wieder in den Heimathafen ein, nachdem sie im Südatlantik mit ihren Kuttern Haschen spielte, bevor sie diese der sich heftig sträubenden BODE anhängen durfte.

Mit 3606 Tonnen Ladung verließ das Schiff Westeuropa. Die nächsten drei Tage stellten an den Funkoffizier erhöhte Anforderungen, um den notwendigen Empfang von Navigationswarnungen und Wetterberichten sicherzustellen. Nicht nur das Wetter machte mir wie auch der Crew in der Biscaya zu schaffen, sondern dort fing bereits der Ärger mit der Technik an. Zu meinem großen Entsetzen fiel der Hauptsender, das Herzstück der FT-Anlage, aus. In solchen beruflichen Glücksmomenten zog eine heiße Welle ganz langsam aus der Herzgegend in Richtung Scheitel. Ich begann heftig zu transpirieren. Eine andere bewegte sich mit großem Druck in entgegengesetzte Richtung. Also hieß es, unten Arschbacken zusammenkneifen und oben eine Runde beten. Der liebe Gott bekam angesichts solcher Jammergestalt ein Einsehen. Er beschränkte seine Heimsuchung auf eine defekte Hochspannungssicherung. Selbst für diese befand sich kein Ersatz an Bord, also durfte ich mich für den Rest der Reise zurücklehnen. Schön wäre es gewesen. Ich schickte mich an, sie entgegen aller schulbuchmäßigen Lehren regelwidrig zu flicken. Der Sender lief wieder, dafür versagten kurz nacheinander beide Radargeräte ihren Dienst. Eines raffte sich hin und wieder auf, um mitzuteilen, es sei noch gut bei Laune und lieferte flugs ein Signal auf dem Bildschirm. Das andere sagte keinen Mucks mehr. Unbedarft wie die Staatliche Plankommission ging ich an die Fehlersuche. Bei jener stellte es sich als sehr hinderlich heraus, dass sich der Sende/Empfangsblock im Winschenhaus unter dem Vormast befand, sodass ich in den zwei Stunden Freiwache mehrfach zwischen Brücke und Vorschiff hin- und hertorkelte, hoch- und runtereilte, um zu beobachten, was sich am Bildschirm veränderte, wenn ich an dieser und jener Schraube drehte. Endlich stellte ich fest, die Kiste lief wieder. Ich drehte wohl aus Versehen den Knopf mal in die richtige Richtung. Auch auf späteren Reisen verlebte ich auf dem Vorschiff viele fröhliche Stunden, um abgesoffenen Hohlleitern, verstimmten Klystrons, defekten Magnetrons und anderen Macken auf die Spur zu kommen. Die an der Wand hängenden Black Boxes gaben sich sehr divenhaft. Ich zog es vor, sie wie die Schiffsoffiziere nur noch mit „Sie“ und „Genosse“ anzureden. Doch nun funktionierten die Radargeräte erst mal wieder, dafür fiel prompt die UKW-Anlage aus. Ich glaubte fast, der unheilige Gottseibeiuns habe es auf mich abgesehen.

Kurz vor den Kanaren setzte ich ein Telegramm nach Singapore ab, das Schiff werde dort in knapp vier Wochen am 4. April vorbeikommen. Dies ließ sich bei einer Durchschnittsgeschwindigkeit von 18,5 Knoten bereits absehen. Im Telegramm wurde der Freiraum mitgekabelt, um eventuell in

Singapore Ladung für Japan zu übernehmen. Unser Löschhafen in Nordkorea blieb jedoch weiterhin unklar. Der Kapitän ließ dringend danach beim Reedereivertreter in Peking nachfragen, zu jenem Zeitpunkt ein völlig überflüssiges Ansinnen.

Draußen erwärmte sich die Luft. Der Funkraum heizte sich auf 28 Grad auf. Selbst beim Bearbeiten der Morsetaste kam der Mensch schon ins Schwitzen. Zwischenzeitlich legte ich zur Erholung einen Plausch mit einem weiteren Studienkollegen ein, der auf der FRITZ HECKERT fuhr, die mit Passagieren zwischen Kopenhagen und Las Palmas pendelte.

In der Kontaktpflege über das Schanzkleid hinweg besaß der Funkoffizier unbestreitbare Vorteile gegenüber allen anderen Besatzungsmitgliedern. Es wäre schwer erträglich gewesen, weltabgeschieden wie der Rest der Besatzung ein halbes Jahr über die Meere zu schippern. Vielleicht stellte dieses Handicap für manch anderen die reine Glückseligkeit dar, nur um einmal nichts von „seiner Alten" zu sehen und zu hören.

Das Schiff hatte auf der vorangegangenen Indien-Reise, auf der sich BOIZENBURG und RONNEBURG vor Rangoon trafen, erstmalig den Äquator überquert. Alle Täuflingen durften sich danach einer gediegenen Glatze erfreuen, die auf den Landgangsscheinen für Rangoon der Nachwelt erhalten wurden. Mittlerweile fand diese Haartracht jeder an Bord chic, ein wahres Wunder in der Zeit der Langbehaarten. Die meisten unterzogen sich nun aus praktischen Gründen freiwillig dieser Prozedur. Die Linie nahte wiederum, der Kapitän hielt über die Bordlautsprecher eine eindringliche Rede an die Besatzung. Demnach würde es hoch her gehen bei dem bevorstehenden Ritual. Tatsächlich entwickelte sich die Äquatortaufe einmal mehr zum sprichwörtlichen Heidenspaß. Der Sieben-Tage-Krieg war noch nicht allzu lange her, der zur Sperrung des Suezkanals geführt hatte, und durch den allgemein üblichen Besatzungswechsel zwischen den Reisen bekam Neptun alle Hände voll zu tun.

Wir passierten die Linie, die Weiten des Südatlantik lagen vor dem Bug des Schiffes. Im Funkraum kamen und gingen die dienstlichen Mitteilungen. Die Reederei bemühte sich fleißig um zusätzliche Ladung in Ostasien, sogar zwischen Japan und Shanghai. Somit würde es wohl nichts aus der Heimkehr Mitte Juni werden, wie grenzenlose Optimisten immer noch hofften. Bordroutine begann sich während des vierwöchigen Seetörns breit zu machen. Weil sonst nichts Aufregendes geschah, erhitzte es schon die Gemüter, dass eine Tagesreise voraus die MAX REICHPIETSCH mit Kurs auf Bombay lief. Eifrig wurden Wetten darauf abgeschlossen, wann unser schnelles Schiff diesen Typ X-Frachter eingeholt haben würde. Er lief nur vierzehn Knoten, sodass sich dieses Rennen nicht ewig hinziehen sollte.

Nach einem Gespräch mit der RUDOLF BREITSCHEID, die sich auf dem Weg nach Ostafrika befand, wurde mir die Leitschiff-Funktion angeboten. Wer konnte da schon „Nein“ sagen. Damit bekam ich die kommenden sechs Tage bis zum Kap etwas mehr als üblich zu tun, um die Positionen der DSR-Schiffe im südlichen Atlantik einzusammeln und über Rügen Radio zur Reederei zu schicken. Dieses Geschäft verschaffte Kurzweil und Spaß nach dem Motto: „Alles hört auf mein Kommando“. Das Büchlein mit den Positionen der DSR-Schiffe im Seegebiet in der Durchreiche zum Kartenraum erfreute sich bei den Nautikern jeden Tag größter Beliebtheit. Sie koppelten mal kurz vor, wann der nächste DSR-Dampfer querab sein könnte. In diesem Kasten lag auch das von der Brücke geführte Heft mit den stündlich handschriftlich eingetragenen Positionen des eigenen Schiffes, um sie im Notfall parat zu haben oder umgehend den automatischen Alarmzeichengeber programmieren zu können. Der Untergang der FIETE SCHULZE mahnte und die Reederei hatte daraus die Lehren gezogen. Deshalb waren auch die Nautischen Offiziere inzwischen in den Betrieb des Notsenders eingewiesen worden, falls mir bei einem Schiffsuntergang schlecht werden oder schlimmeres passieren sollte.

Einen Tag später kam ein UKW-Gespräch mit der verfolgten MAX REICHPIETSCH zustande. Der Funkoffizier trug sein Eheweib am Mann und war trotzdem auf die Gepflogenheiten bei der Company gar nicht gut zu sprechen. Er hatte sich, um dieses Ziel zu erreichen, eine Menge Ärger einhandeln müssen. Resigniert zog er die Konsequenzen und gedachte nach dieser Reise in Berlin-Schönefeld beim Flugfunk neu zu beginnen. So gingen sie dahin und der eigene Urlaub rückte damit in weite Ferne.

Der Frühling begann und mit ihm rückte das Osterfest näher. Jedes Besatzungsmitglied, welches sonst die ganze Reise über nicht den Weg in den Funkraum fand, fühlte sich plötzlich verpflichtet, stereotype, standardisierte Ostertelegramme auf die heimatliche Sippe loszulassen. Anlässlich solcher Feste erinnerte sich mancher Säumige plötzlich der buckligen Verwandtschaft. Eigensüchtig rührte ich die Werbetrommel, um alle Interessenten rechtzeitig munter zu machen, damit sich die Flut der ausgehenden Telegramme nicht mit jener der eingehenden überschnitt. Besonders in Gebieten mit schwierigen Sende/Empfangsbedingungen gehörte es zur gängigen Praxis, die Telegramme einzusammeln, um sie im nächsten Hafen mit der Dienstpost zu Rügen Radio zu schicken. Hier hätte mancher Seemann mit einer Postkarte besser getan. Die Nummer für einen

Standardtext aus der Liste der angebotenen Möglichkeiten herauszusuchen artete hingegen nicht in eine Denksportaufgabe aus.

Zusätzlich zum steigenden Telegrammaufkommen kam ich zu dem fragwürdigen Vergnügen, die höchst informative Schiffspresse „Voll Voraus" mit der Schreibmaschine per Hand aufzunehmen. Der Fernschreiber produzierte inzwischen nur noch Buchstabensalat. So kam eins zum anderen, womit die eventuell noch vorhandene Langeweile ein Ende fand. Das konnte ich nur begrüßen, verging doch dadurch die Zeit der langen Überfahrt viel schneller und ich bekam durch die Presse eine Stunde täglich Zeit, in der mir niemand in die Parade fahren konnte.

Ein Bierchen pro Tag soll angeblich sehr gesund sein. Die Zeit des Presseempfangs nutzte ich, um dieser heilsamen Trinkkur nachzukommen. Die Zitate aus dem NEUEN DEUTSCHLAND stimmten sogleich viel heiterer - um nicht böse zu behaupten, der überwiegende Inhalt der Presse ließ sich nur im Suff ertragen. Sie konnte nicht besser sein als ihre Vorlagen ND und OZ, aus denen jemand in einer Bastelstunde die Presse zusammen schnippelte. Der Funkoffizier sah sich in seiner Mühe belohnt, nahm ein Besatzungsmitglied den Pressehefter nach den Mahlzeiten in der Messe trotzdem in die Hand.

Die Anordnung der Schreibmaschine im Funkraum der XD-Schiffe quer zur Fahrtrichtung entsprach den Eingebungen seeunerfahrener Dilettanten. Holte der Dampfer schwer über, schaffte es der Wagen nicht mehr bergauf. Nicht nur bei Zitaten des großen Vorsitzenden und 1. Sekretärs kam die Maschine dann ins Straucheln. Nach der ideologischen Pleite mit meinem Vorgänger legten Parteisekretär und Kapitän auf das komplette, pünktliche und regelmäßige Vorliegen der Schiffspresse höchsten Wert. Gleichzeitig drohten sie Kammerrundgänge zur Aufdeckung versteckter Depots von „Schundliteratur" an. Stattgefunden haben sie nicht. Die Initiatoren schienen selbst zu tief in das Lesen von STERN und SPIEGEL verstrickt zu sein und taten den Weisungen aus Rostock mit ihren Drohungen lediglich Genüge.

Inzwischen schmeckte auch das Essen und ich fühlte mich bereits als alteingesessener RONNEBURGER. Ein Tag der langen Überfahrt rings ums Kap verging wie der andere. Wetter gab es nicht mehr, zumindest nicht solches, welches den Empfang eines Wetterberichtes notwendig gemacht hätte. Vielleicht brachte die Mitarbeit im Fotozirkel etwas Abwechslung? Ich meldete mich an. Daraus entstand über die Jahre eine angenehme Freizeitbeschäftigung.

Bis zum Einlaufen in Durban, Republik Südafrika, kamen uns noch allerhand DSR-Schiffe entgegen, die für Abwechslung während der Fahrt ums Kap sorgten. Wir begannen einen regen Erfahrungsaustausch „über Wissenschaft und Fortschritt und wie uns die Reederei ins Kreuz tritt" auf der Welle zu führen. ROSTOCK, BITTERFELD, FRIEDEN und ALTENBURG gehörten zu den Gesprächspartnern. Die ALTENBURG ließ sich in Lobliedern über Hongkong aus, während von der FRIEDEN sarkastische Kommentare über einige chinesische Fernosthäfen geäußert wurden. Von nun an waren wir sehr gespannt, was uns dort erwarten würde.

Die Typ IV-Fahrer wie auf der FRIEDEN bekamen zwischenzeitlich wegen der erschwerten Bedingungen, unter denen die Besatzungen dort zur See fahren mussten, eine kleine Heuererhöhung. Die Führungsetage konnte mit keinem Argument mehr die stark differierenden Bordbedingungen in Frage stellen, nachdem ein Vergleich mit dem komfortablen Fahren auf Typ XD möglich geworden war.

Das Wetter, es gab wieder welches, zeigte sich am Kap der Guten Hoffnung durchwachsen, wie das auch aus den Wetterkarten von Pretoria Radio herausgelesen werden konnte, die mit dem Ladoga-Gerät, made in USSR, im Faksimileverfahren empfangen wurden. Ein Riesenapparat, der dazu noch feucht imprägniertes Spezialpapier brauchte, das so gut wie nie in Rostock nachgeliefert werden konnte. Jeder Funkoffizier mit solch einem Gerät an Bord zog zum Schnorren der Papierrollen auf sowjetische Schiffe. Damit sich das Papier so lange wie möglich feucht hielt, ließ ich die Rollen in der Kühllast der Kombüse einlagern. Nach einer längeren Hafenliegezeit in Rostock waren eines Tages nach meiner Rückkehr an Bord die Rollen verschwunden. Der Springerkoch hatte sie tatsächlich als Butterbrotpapier verwendet. Wie die Bemmen wohl geschmeckt haben mögen?

Bisher von rauer See leidlich verschont, geriet der Dampfer vor dem Kap kräftig ins Stampfen, rein mit dem Steven und raus mit der Schraube, rumpel, rumpel und schepper, schepper. Die dazugehörige Nacht konnte die Crew in den Skat drücken. Zwischen Port Elisabeth und East London besserte sich die Wetterlage und morgens um zwei Uhr lief das Schiff zum Bunkern in Durban ein. Um zehn Uhr lag diese Liegezeit schon wieder hinter uns. Dazwischen erfolgte die Einklarierung, die keinerlei Probleme bereitete, obwohl wir uns, sprich unser Staat, nicht gerade freundschaftlich mit der Republik Südafrika verbunden fühlten. Anschließend rückte der schon von See her bestellte Radar-Service an, der bis früh um fünf Uhr herumwerkelte. Einen grundlegenden Fehler fand er nicht, aber die Bildqualität besserte sich wenigstens etwas.

An der Bunkerpier in Durban

Nun wäre es nach dem Verlassen von Durban an der Zeit gewesen, beruhigt aufzuatmen, doch der Hauptsender gab wieder einmal den Geist auf, die Isolatoren der Hauptantenne verrußten und der Autoalarmempfänger streikte. Vorher beliebte es ihm, mich bei jedem Pieps auf der Seenotfrequenz aus der Koje zu klingeln. Ach, was heißt klingeln, das dazugehörige überdimensionierte Läutwerk hinter dem Kopfkissen konnte jedem Eimerkettenbagger im Bitterfelder Braunkohlen-Revier mit seinem Radau die Ehre machen. Es gab nur eine Ausführung, sowohl für den Maschinenraum neben den Turboladern als auch für die Funkerkammer. Allein auf den sechzehn Typ XD-Schiffen sollen über die Jahre drei Funkoffiziere, jäh aus ihrem süßen Schlummer gerissen, nach einem entsetzten Sprung aus der Koje an Herzversagen oder Genickbruch gestorben sein. Aber nun schwieg die Glocke Gloriosa. Der Autoalarmempfänger stellte zwar meine übrige Arbeit nicht in Frage. Die Besatzungen anderer Schiffe verließen sich jedoch auf eben diesen Apparat, hätten sie ein SOS absetzen müssen. Da biss die Maus keinen Faden ab, der musste wieder funktionieren, um sein Zerstörungswerk an meinem Nervenkostüm fortsetzen zu können.

Als nächster Höhepunkt der Pannenserie fiel der Stab der Kurzwellenempfangsantenne bis auf einen Stummel von etwa 1,5 Meter vom Backbord-Schwergutpfosten herunter. Die Vibrationen dort oben konnten sich im wahrsten Sinne des Wortes sehen lassen, so dass diese Havarie nicht verwunderte. In diesem Zustand war die Antenne nicht mehr zu gebrauchen. Sie konnte erst in Rostock wieder in den Originalzustand versetzt werden.

Walharpune in der Walkocherei Durban

Auch andere Bereiche des Schiffes blieben von der Defekthexe nicht verschont. Nach dem Auslaufen Durban verschafften die Turbolader der Hauptmaschine der Maschinencrew schwerwiegenden Ärger. Zur Behebung der Havarie trieb das Schiff drei Stunden vor der Küste von Madagaskar. Schließlich konnten wir vorerst mit nur 75 Umdrehungen weiter laufen. Normalerweise drehte sich der Propeller 120mal in der Minute um seine Welle.

Die zwölf Tage der Fahrt über den Indischen Ozean nutzte die Crew zu einer feucht-fröhlichen Namensgebung der Bordkapelle. Man einigte sich auf eine Wortschöpfung, in der sich Synonyme für Sex, Drugs and Rock'n Roll zu verbergen schienen. Der Obersteward mahnte bei der Mannschaft an, die Fässer mit dem Wernesgrüner Bier müssten schleunigst geleert werden, sonst würde deren Inhalt noch schlecht und das wäre ein unverzeihlicher Frevel. Immerhin hatten es die Fässer bis an die Küste Madagaskars geschafft, vor der bekanntlich in den Mündern von fröhlichen Musikanten alles zu faulen begann. Zum schwerwiegenden Verdruss einiger Leute der Decksgang, die zusammen mit ihrem Bootsmann an der Spitze gute Pichelsteiner vor dem Herrn abgaben, war der Vorrat an Brandwein-Verschnitt der Marke Weinblattsiegel äußerst knapp bemessen. Der Steward würde wohl bald „Daddeldu" sagen müssen.

Die Reise dauerte nun bereits so lange, dass die kritische Haltung zu dem, was auf den Tisch kam, wieder anwuchs. Ich stellte Vergleiche zu den Leistungen früherer Kombüsenbesatzungen an. Dort schien mir alles viel, viel besser geschmeckt zu haben. Obwohl, wenn ich es recht bedachte, auch damals musste die Kombüse den Schuldigen für alle Trübsal eines Seefahrerlebens hergeben. Worauf durfte sich der Seemann im Tagesverlauf sonst schon freuen? Was bewegte ihn mehr als der tägliche Speiseplan? Doch nicht das Rostklopfen oder das Schmieren der Kipphebel am Jockel! Im geschmacklichen Vergleich blieb die Bockwurst aus dem Glase weiterhin ungeschlagen. Deren Qualität blieb halberstadtmäßig hervorragend und ließ sich selbst durch einen periodisch getrübten Geschmacksnerv des Chefkochs nicht beeinflussen. Die Schnitzel kamen auch auf diesem Schiff in einem fetzenartigen Format auf den Teller, das selbst die Küstenlinie der Insel Rügen in den Schatten stellte. Immer wieder fragte sich der hausschlachtungserfahrene Kenner, welche Stellen vom Schwein dafür wohl hatten herhalten müssen.

Zwischenzeitlich liefen in den Agenturen die Ladungsbeschaffungen für das Schiff weiter, wie wir aus den im Funkraum eintreffenden Telegrammen herauslesen konnten. 500 Tonnen Eisenbahnschwellen von Singapore nach Hiroshima befanden sich ebenso im Gespräch wie 1000 Tonnen Timber (Schnittholz) von Port Swettenham nach Japan. Die Reederei weitete ihre Aktivitäten im Fernen Osten mit der steigenden Zahl ihrer Schiffe zunehmend aus. Seit kurzem fuhren DSR-Schiffe sogar nach Nordvietnam! Die NAUMBURG lag bereits in Haiphong und die BERNHARD BÄSTLEIN war dorthin unterwegs. Gott schütze uns vor Sturm und Wind - und Schiffen, die auf Vietnam-Kurs sind! Kein Seemann konnte auch nur ahnen, wann er auf so einem Dampfer je in die Heimat zurückkehren würde.

Am 30. März 1969 hörte ich erstmalig das Rufzeichen der NIENBURG auf der Welle. Herzlich willkommen in der Familie der Typ XD-Schiffe! Als nächstes wäre nun die FREYBURG an der Reihe, auf die Weltmeere entlassen zu werden. Die bekäme mit „Rotkäppchen-Sekt" wenigstens einen süffigen Paten. Wir mit unseren Wismut-Kumpels besaßen nur saufende.

Wie bereits bei den Kanaren abzusehen, traf unser Schiff am 4. April gegen 19 Uhr auf der Reede Singapore ein. So erstaunlich wie es schien, der Fahrplan wurde über die Zeit von vier Wochen unablässigen Rumorens der Hauptmaschine eingehalten. Die Reichsbahn fuhr auf der Strecke Magdeburg – Rostock bei vier Stunden Fahrtzeit mehr Verspätung ein. Nun gut, allzu viele eingerostete Weichen lagen nicht an unserem Wege.

Am nächsten Tag machte das Schiff an der Pier fest. Nur 100 Tonnen Ladung lagen für Singapore in den Luken. Der Reedereivertreter aus Djakarta, der sich als ebenso ein Adonis oder Hungerhaken wie ich präsentierte, borgte sich die Jacke meines Konfirmationsanzuges. Er erhielt zusammen mit dem Kapitän überraschend eine Einladung und war nur im Hawaihemd angereist. Diese Party stellte den Höhepunkt der Liegezeit dar – für meine Jacke. Ließ sich der alte Fetzen doch noch zu etwas gebrauchen. Schade, dass wir für die nächsten Jahre nicht durch den Suezkanal laufen würden. Dort hätte sich das gute Stück längst in eine Cämmelledder-Tasche verwandelt gehabt.

Erstmalig in Singapore an Land, fielen mir die teils mannstiefen unabgedeckten Rinnsteine ins Auge, in denen kleinen Leuten nach einem Gewitterguss der Ertrinkungstod drohte. Ein Trabbi ließe sich darinnen hochkant abstellen, nur dessen Import klappte nicht.

Nach dem Verlassen von Singapore verlagerte sich ein Großteil meiner Arbeit in die Nachtstunden. Erst um 22 Uhr Ortszeit taugte eine brauchbare Frequenz für den Empfang der Funkpresse. Um 23 Uhr glückte öfter eine Verbindung mit Rügen Radio. Das Hereinholen von zwanzig Ostertelegrammen, die im Blindfunk während der Liegezeit Singapore nicht empfangen werden konnten, dauerte zwei Stunden. Sie mussten dem etwas begriffsstutzigen Kollegen bei Rügen Radio förmlich abgebettelt werden. Der Blindfunk oder Einseitige Dienst ermöglichte den Empfang von

Nachrichten aus der Heimat auch in Territorialgewässern, in denen ein Sendeverbot bestand. Ihr korrekter Erhalt wurde der Küstenfunkstelle erst bei Auslaufen bestätigt. Dieser Service verfolgte mich noch Jahrzehnte, wenn ich in meinen maritimen Albträumen vergaß, mich vor dem Einlaufen dafür anzumelden. Dieser Fauxpas ist während der aktiven Zeit gottlob nie passiert. Deshalb an dieser Stelle einige generelle Bemerkungen zu den Ursachen der geheimnisumwitterten Funkermacke.

„Wasch dich, ich komme !" So lautete der Telegrammtext, den einst ein Seemann zwischen Skagen und Ansteuerungstonne Warnemünde dem Funkoffizier in die Taste diktierte. Dieser an Aussagekraft und Treffsicherheit unüberbietbare Tagesbefehl aus dem Innersten einer Seemannsseele, welche sich anschickte, die Schädeldecke anzuheben, wurde immer und immer wieder nach einer langen Reise kurz vor Einlaufen Rostock pikant-genüsslich kolportiert. Der Funkoffizier als Nachrichtenübermittler konnte durch sein Zutun indirekt Ehen stiften, ihren Bestand sichern helfen oder zu ihrem Zerbrechen beitragen. Er erwies sich als Postillion d'amour oder als Überbringer mancher Schreckensbotschaft. Während der Koch zum leiblichen Wohle der Lords beitrug, leistete der Funkoffizier seinen Anteil, um das seelische Gleichgewicht der Besatzungsmitglieder bei monatelanger Abwesenheit von der Familie aufrecht zu erhalten. Rückblickend bleibt das Fazit, diesen Beistand schienen nicht alle im gleichen Maße nötig gehabt zu haben. Je jünger, um so weniger. Die meisten Seefahrer pflegten ihr Selbstverständnis als coole, unbekümmerte Typen, die beharrlich und selbstlos ihrem schweren Job nachgingen und in ihrer Freizeit, Wind und Wellen trotzend, auf der Back dem Horizont erst erwartungsvoll, dann frustriert entgegen schauten. Drei Tage später und der Horizont war keinen Deut näher gekommen. Eine weiße Maus im Tretrad fühlte sich glücklicher.

Die Arbeit des Funkoffiziers diente neben den Verpflichtungen für die Schiffssicherheit der Wahrnehmung des Nachrichtenverkehrs für die kommerziellen Belange des Schiffes. In seinem Berufsalltag spielte trotz mancher vornehmen Zurückhaltung der Crew auch der Austausch von Informationen zwischen den Besatzungsmitgliedern und der Familie eine nicht unbedeutende Rolle. „Dein Telegramm ist weg" oder „Telegramm für dich", dieser Spruch bedeutete jedes Mal ein Erfolgserlebnis in dem Bewusstsein etwas Gutes für die Bordkameraden getan zu haben. Der Erfolg potenzierte sich, wurden wegen miserabler Bedingungen die Nachrichten mühselig aus dem Ätherrauschen herausgefischt. Dann klang schon mal ein gewisser Stolz in der Stimme mit. Der Beruf des Funkoffiziers – eine tagtägliche Erfolgsgeschichte!

Durch seine Mittler-Tätigkeit bekam der FO oft einen kleinen Einblick ins Privatleben seiner Mit-„Handelsreisenden". Manch frisch Vermählter schickte mit dem Text zum Wochenende oder dem Auftrag für einen FLEUROP-Blumenstrauß auch einen Gruß vom „Kleinen" mit auf die Reise. Die Angesprochene konnte sich bestimmt noch an den Knirps erinnern. Das Seemannsdasein war hinsichtlich der Befriedigung körperlicher und seelischer Bedürfnisse halt nicht so einfach. Und diese Qualen wurden mitgeteilt, oft durch die Blume, aber auch in eindeutigerer Weise. Wie eindeutig die brennende Sehnsucht ausformuliert und telegrafiert wurde, hing auch vom FO ab. Da musste er schon mal Hilfestellung geben, um das innere Druckgefühl des Seefahrers etwas dezenter zu beschreiben und in geordnete Bahnen zu lenken. Gegen die guten Sitten durfte der Text nicht verstoßen, auch wenn die Lords untereinander an Bord einen rauen Umgangston pflegten.

Die niedrigen Seefunkgebühren der Deutschen Post – sie stammten aus dem Jahre 1938 – trugen dazu bei, in Hochzeiten die Nachrichtenwege über Rügen Radio zu verstopfen. Bei Norddeich Radio mussten die FO's von HAPAG und HANSA nicht klagen, dort verlangte die Bundespost gepfefferte Preise. Deren Seeleute und ihre Angehörigen hielten sich mit Belanglosigkeiten entsprechend zurück.

Trotz der für jedermann bezahlbaren Telegrammgebühren entschied sich mancher Seemann bei dem Gedanken, mit der Aufgabe eines etwas ausführlicheren Schiffsbrieftelegrammes den Gegenwert von fast fünf Flaschen Hafenbräu hinblättern zu müssen, dann doch lieber für das Hafenbräu. Jedenfalls standen die Ausgaben für Telegramme in keinem Verhältnis zu seiner Getränkerechnung. Gewiss konnten in den Zeiten der Windjammer die Mütter über Monate hinweg keine Nachricht von ihren Söhnen erwarten, doch diese Abstinenz wäre in den Zeiten der Funkentelegraphie nicht mehr nötig gewesen. So war in den familiären Beziehungen alles zu spät, wurde das einzige Telegramm erst auf Heimreise kurz vor Fehmarn aufgegeben. Mit dieser überraschenden Nachricht ließ sich höchstens noch der Hausfreund vergraulen.

Der Funkoffizier besaß in der Regel seine Stammkunden und einen größeren Teil an Laufkundschaft. Die Familienmenschen ließen auf der Überfahrt an markanten Landmarken daheim von sich hören. Dazu gehörten Cap Vincent, Gibraltar, das Tor der Tränen, das Kap der Guten Hoffnung oder Mauritius. Seefahrerfamilien kannten sich aus auf dem Globus. Die Laufkundschaft beließ es bei einem Geburtstagsgruß pro Reise und wurde erst mobil, wenn Ostern oder Weihnachten nahte. Dann wurden nach Aufforderung durch den Funkoffizier wie schon erwähnt verbilligte Seefunkfesttagstelegramme an Gott und die Welt verschickt. Wie konnte ein Mensch plötzlich nur so viel Verwandtschaft sein eigen nennen! Auf dem Wege Land – See verschickten die Angehörigen natürlich keine Standardtexte und so brach drei Tage vor Heiligabend bei Rügen Radio regelmäßig das Chaos aus, wenn sich die lieben Verwandten im Binnenland plötzlich an Hein Seemann erinnerten und tausende Telegramme an die Schiffsbesatzungen aufgegeben wurden. Rügen Radio sortierte fleißig und wenn die Kollegen dieses Werk vollendet hatten, war Weihnachten auch an der Datumsgrenze vorbei.

Wie so oft lag der Mensch mit dem Einschätzen der Charaktere seiner Bordkameraden daneben. So mancher, der fast zwei Meter im Stiefel stand oder seine 100 Kilo auf die Waage brachte, setzte eine Leichenbittermiene auf, wenn er zum 24. 12. nicht ein einziges Festtagstelegramm von seinen Lieben überreicht bekam. Wahrhaftig eine schöne Bescherung!

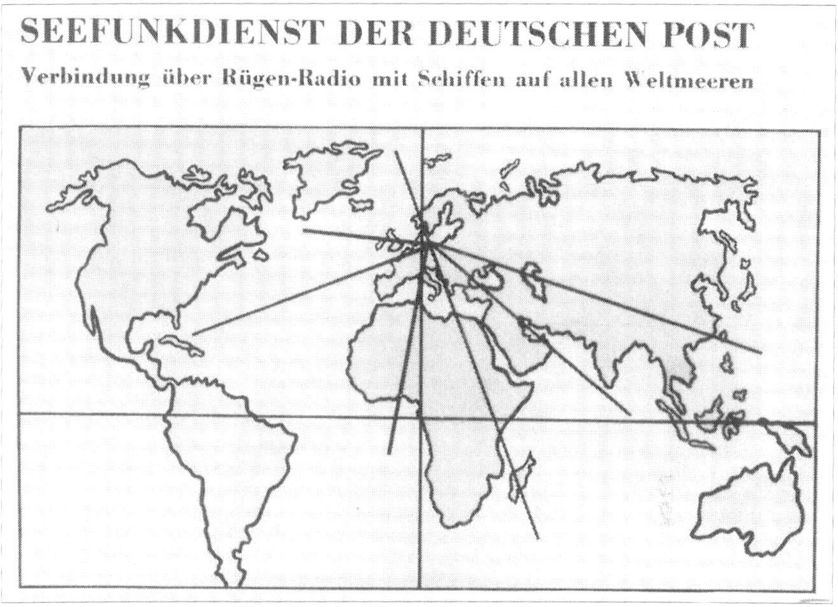

Detail einer Seefunkpostkarte

Natürlich erhielt jeder uninformierte Absender bei seiner verzwickten Telegrammaufgabe eine kompetente Beratung durch den Funkoffizier. Wir hatten schließlich viele Jahre die strengen nationalen und internationalen Regeln des Funkverkehrs studiert. So wies ich darauf hin, dass in der Anschrift die „Str. am Meerbusen" mit drei gebührenpflichtigen Wörtern zu Buche schlüge, „Strammeerbusen" hingegen nur mit einem. Gelegentlich empfahl ich LX10 - Blumengirlande oder LX27 - Irisblüte, um die Geliebte des Versenders vor Glück aufseufzen zu lassen. Dahinter verbargen sich keine Codeworte für Stellungen aus dem Kamasutra sondern zwei der etwas holzigen Schmuckblatt-Telegrammformulare der Deutschen Post. Die wenigsten Seeleute kannten ein weiteres Angebot im Seefunkdienst - die Seefunkpostkarte. Dabei handelte es sich um ein Faltblatt mit einem Foto der VÖKERFREUNDSCHAFT, zu welcher der Seemann auf einem Frachter natürlich kaum einen Bezug fand. „Herzliche Grüße von hoher See" stand darunter, Unterschrift, basta. Wer hätte sich schon herabgelassen, solch ein nichts sagendes, prahlerisches Statement nach Hause zu schicken!

Der Funkoffizier fühlte sich neben seinem wesentlichen Beitrag zur

Schiffssicherheit dem öffentlichen weltweiten Fernmeldedienst im besonderen Maße verpflichtet. Er fühlte sich nicht nur so, dieses Handeln gehörte zu seinem verdammten Job. Durch seine Kenntnis der Vollzugsordnungen für den Telegrafen- und Fernsprechdienst konnte er jedem Fräulein vom Amt auf dieser Erde den Rang ablaufen und auf dem flachen Land oder in den Schluchten nach der dritten falsch berechneten Telegrammgebühr zum Erstaunen der dortigen Postmädels Nachhilfestunden geben. Mancher an Bord glaubte daher, der FO wäre eine Leihgabe der Deutschen Post an die Reederei und gehöre wie zu Marconis Zeiten gar nicht richtig zur Besatzung. Deshalb als Postrat oder gar als „alter Postsack" tituliert zu werden, das mochte er aber doch nicht auf sich sitzen lassen. Er konnte es sich aussuchen, ob er als Sparki, Funki, Wireless, Drahtloser, Taste, Marconi, Puster oder Schnarchsack geneckt werden wollte. Zu seiner Genugtuung besaß meistens jeder an Bord seinen eigenen „Kosenamen", mit dem er sich revanchieren konnte.

Am Ostersonntag verließ die RONNEBURG Singapore mit Kurs auf Hongkong. Die Kombüse legte sich ins Zeug. Auf dem Frühstückstisch standen drei mit Zwiebelsaft gefärbte Ostereier sowie ein Osterhase aus Schokolade. Mittags servierte der Obersteward Steak mit Champignons, kulinarischer Traum eines jeden deutschen demokratischen Arrestinsassen, und eine halbe Flasche bulgarischen Stierblutes.

Schon optimistisch gestimmt, die Defekthexe hielt sich während der Überfahrt im Indischen Ozean zurück, brach im Südchinesischen Meer eine weitere Stabantenne, die für den Autoalarmempfänger, herunter. Ich hatte mich zu früh gefreut, nach dem ersten derartigen Malheur noch eine heile Antenne zu besitzen. Ihre geringere Empfangsleistung reichte gerade noch aus, um keine Notmaßnahmen ergreifen zu müssen. Gerade jetzt wurde es eng, als jede verfügbare Technik dringend benötigt wurden. Alle sogenannten Sammellisten der Küstenfunkstellen von Shanghai, Nagasaki, Choshi, Jakarta, Hongkong und Singapore mussten beobachtet werden, wer wohl eine Mitteilung für uns haben könnte. Shanghai meldete sich, jedoch ohne neue Inhalte. Der Alte ließ daraufhin in Peking nachfragen, wohin das Schiff wohl demnächst laufen dürfe, aber auch dort nur Schulterzucken.

Zur Abwechslung kämpfte sich das Schiff querab von Vietnam mal wieder durch schweren Seegang. Die physikalischen Gesetze von den Flieh- und Anziehungskräften sowie der Trägheit der Masse tobten sich in der sperlingslustigen Funkerkammer aus. An oberster Stelle in den Aufbauten gelegen, war sie durch die langen Wege, die der Standort bei rollendem

Schiff zurücklegte, besonders betroffen. Nachdem sich das Meer beruhigte, sah es in der Hütte mal wieder aus wie bei Hempels unter der Couch.

Anzeige in der South China Morning Post, Hongkong, vom 11. April 1969

Hongkong überraschte uns alle sehr angenehm. Eine überaus fotogene Stadtlandschaft erwartete dort den Seefahrer. Die phantastische Komposition von Topographie und Architektur haute den Betrachter fast um. Das musste der Mensch gesehen haben! Das Schiff machte mit der Ankerkette an einer Tonne im Victoria Harbour zwischen Hongkong Island und Kowloon fest. Die spottbilligen öffentlichen Verkehrsmittel boten sich für nähere Erkundungen geradezu an. So tobte ich mit dem Dritten Offizier in Victoria auf Hongkong Island von Ortskenntnis völlig ungetrübt mit Straßenbahnen und Omnibussen kreuz und quer über die Insel, um mich schon mal auf die Strapazen der Mitreise meiner Ehefrau vorzubereiten.

Wie lange die Liegezeit in Hongkong auch dauerte, sie stellte sich jedes mal als viel zu kurz heraus. „Fährt ein weißes Schiff nach Hongkong" - wie mag Freddy Quinn nur auf Hongkong gekommen sein? Er schien sich seinerzeit mit Bedacht den rechten Hafen für seinen sehnsuchtsvollen Text ausgesucht zu haben. Jeder, der je vom 552 Meter hohen Victoria Peak auf sein Schiffchen und das Panorama ringsum herunterschauen durfte, kam schnell zu dem Schluss: Wer das nie sah, hat das Beste bei der Seefahrt verpasst.

Für die individuelle Planung des Landganges standen glücklicherweise die Auslauftermine des Schiffes in den Tageszeitungen von Hongkong oder

Singapore. Der Kapitän und der Chief Mate bemühten sich nicht im Geringsten, derartige Informationen im Reiseverlauf öffentlich zu machen. Selbst die anderen beiden Nautiker tappten völlig im Dunkeln. In Singapore in der „Straits Times" und in Hongkong in der „South China Morning Post" konnte sich glücklicherweise somit jeder informieren, an welchem Tage das Schiff wieder auslaufen würde. Die Schiffsführung glaubte, das habe den gemeinen Mann nicht zu interessieren, der solle sein Deck entrosten oder seine Kolben ziehen, basta. In einer zufrieden stellenden Kommunikation lag der Schlüssel für einen psychologisch erfolgreichen Führungsstil an Bord, damit sich nicht Klatsch und Tratsch breit machten. Doch welcher Kapitän ließ sich schon mal zu einem kleinen Plausch mit einem Motorenhelfer herab? Auf See gehörte der Funkoffizier rein dienstlich zu den „Eingeweihten". Dem Dritten Offizier flüsterte ich trotz Nachrichtengeheimnis schon mal leise eine Neuigkeit durch die Luke zum Kartenraum ins Ohr, wenn die Schiffsführung schon nicht mit der Sprache herausrückte. Im Hafen blieb selbst für den Funkoffizier nur der Kombüsenlüfter als Info-Alternative übrig. „Was liegt an, Funker?" Keine Ahnung. Dafür wusste ich jederzeit als erster an Bord bestens über den Stand der Ernteschlacht auf den genossenschaftlichen Feldern im Thüringer Becken Bescheid. Zusätzlich versorgte ich mich mit globalen Informationen, welche der „Feindsender" Deutsche Welle verbreitete. Hier hielt ich es allerdings für angeraten, den markant hallenden Glockenklang des Pausenzeichens nicht zu laut durch die Brücke schallen zu lassen. Die Nautiker hätten sonst ebenso neugierig ihren Posten verlassen - oder ich nach dem Einlaufen in Rostock. Eine derartige Unvorsichtigkeit konnte den guten, antiimperialistischen Ruf eines sozialistischen Schiffsoffiziers nachhaltig schädigen.

Radio Berlin International, die Stimme der Deutschen Demokratischen Republik, ließ sich auch in den Fremdsprachenprogrammen selbst mit der hoch empfindlichen Technik des Funkraumes oftmals kaum empfangen, wie im Verlaufe von Testempfängen im Auftrage von RBI festgestellt werden musste. Später an Land bediente ich Kurzwellen-Sender der Deutschen Post, die diese Sendungen ausstrahlten. Vor einem zwanzig Meter langen 100-kW-Sender zu stehen, ein Programm in Suaheli in die Luft zu blasen und aus Erfahrung zu wissen, dass ich mich für den verlängerten Rücken abmühte, bedeutete viel Frustration. Nur allzu gerne hätte ich mich dann mit den Radiowellen Richtung Afrika oder Asien aus dem Staube gemacht.

Im Victoria Harbour/Hongkong wird Ladung in Dschunken gelöscht

Die schwül-warmen Tagestemperaturen in Hongkong lagen zu dieser Jahreszeit im gerade noch erträglichen Bereich. Unter diesen Wetterbedingungen bot es sich an, den Landgang auf die Nachtstunden zu verlegen. Beim Seemann erfreute sich der Kowlooner Night Market in der Temple Street einer außerordentlichen Beliebtheit. Dort packten die fliegenden Händler täglich erst zwischen 18 und 23 Uhr ihre Waren aus. Nirgendwo sonst wurde so viel Klimbim auf engstem Raum feilgeboten. Unser Dritter Offizier entpuppte sich bei diesen Unternehmungen als ein ausgemachtes Unikum. Als wir vor Ort ankamen, begann er wie ein Weltmeister zu chinchen, eine Handlung, die jeder durch Mangelwirtschaft schwer geprüfte Mitteldeutsche besser unter „kaupeln" einzuordnen vermag. Er überschüttete die Händler, die nicht ein einziges Wort Deutsch verstanden, mit einem Redeschwall in seinem Hallenser Heimatdialekt und schlug ihnen dabei kumpelhaft auf die Schulter. So unangenehm es manchmal aufstieß, in einer Gruppe an Land zu gehen, weil das die Bewegungsfreiheit erheblich einschränkte, so überraschte es immer wieder, manchen Bordkameraden dabei von einer ganz neuen, bisher unbekannten Seite zu erleben.

Nach dem Besuch dieser Chincherstraßen suchte die Abendgesellschaft ein vornehmes Restaurant für eine kleine Erfrischung auf. Als eine mitreisende Ehefrau von der Toilette zurückkehrte, teilte sie entrüstet mit, dort an der Wand hänge ein elektrischer Handtrockner der Firma Siemens, auf den habe jemand „Deutschland, Deutschland über alles" gekritzelt. Wenn andere derartig frech diese nationalistische Losung hinterlassen, dann nehmen wir ein Andenken mit, um unsere ebenso beschissene Losung herunter spülen zu können, beschlossen die beiden Damen der Gruppe. Sie steckten beim nächsten Toilettengang die ausliegenden Rollen des feinen weißen, weichen Toilettenpapiers in ihre Handtaschen.

Endlich wusste ich, wozu Damen diese Behälter für universellen Müll stets mit auf die Toilette schleppen. Ich habe der Sexualkunde in der Schule nie so recht Glauben geschenkt, die diesen Umstand lediglich damit begründete, das weibliche Geschlecht habe somit beim Pullern auch was in der Hand. Von wegen Siegmund Freud und dem Penisneid! In der nächsten Toilette unserer Tour wiederholte sich das Spielchen. Von Mundraub hörte ich schon öfter, aber wie nannte sich das jetzt? After eight ash robbery, Analklau zu später Stunde?

Jedenfalls mussten unsere beiden Herzdamen ihren zarten Allerwertesten bis zum Reiseende nicht mehr mit dem harten, nicht durchgriffsicheren, aber ökologisch wertvollen Sand-Papier aus recycelten Parteitagsreden bearbeiten. Sie konnten ihn endlich das Flair der großen, weiten Welt genießen lassen. Von jener schien er bisher noch nicht viel mitbekommen zu haben. So rau, wie er sich behandelt fühlte, glaubte der Ärmste immer noch, er würde irgendwo zwischen Schwerin und Cottbus herumhocken.

Von der marxistischen Philosophie durchdrungen reifte in uns die klassenbewusste Erkenntnis heran, trotz moderner Heimelektronik, billiger Klamotten, hoher Häuser und freundlicher Chinesen war auch in der kapitalistischen Hochburg Hongkong manches für den Arsch, das immer noch dafür taugte, deutsche demokratische Frauen glücklich zu machen.

Wir schrieben das Jahr 1969. Das Schiff nahm Kurs auf Japan, in einem weiten Bogen um die Insel Formosa herum. Unserem Kapitän schien die Taiwan-Straße immer noch nicht geheuer. Es kursierten zu viele Gerüchte über das Aufbringen von DSR-Frachtern durch Tschiangkaitschek-Schurken, wie es in einem Groschenheft über die Kaperung eines Typ IV-Schiffes in den '50ern detailliert beschrieben wurde. Die lagen auf der Lauer, um uns wegzufangen wie es die Volksmarine mit Schlauchbooten von Republikflüchtigen praktizierte. Um den Häschern zu entgehen, nahmen unsere Schiffe schon mal diesen oder jenen Taifun draußen auf dem Pazifik in Kauf.

Die Ankunft in Osaka entwickelte sich zur langen Nacht. Nach dem Empfang der Schiffspresse zwischen 23 und 24 Uhr erreichten wir die Reede um 2 Uhr und liefen sofort ein. Kaum fest, plärrte alles durcheinander: “Radio officer, radio officer!“ Die Immigration Authorities spielten verrückt. Sie stellten Landgangsscheine aus, die jeden Tag eingesammelt und abgestempelt werden mussten, weil unser Dampfer unter Kommunisten-Flagge segelte. Zusätzlich erfolgte eine Überprüfung unserer biometrischen Daten, ganz profan Gesichtskontrolle genannt. Die kannten wir sonst nur aus Rostock, wo sie von uns milde belächelt wurde. Der Zoll verlangte eine Erklärung über mitgeführte Drogen. Wir räumten unseren Arzneimittelschrank aus und begannen den Inhalt nach homöopathischen Tröpfchen zu durchsuchen. Schade, dass die Japaner den Krieg hauptsächlich gegen die Amerikaner und nur ein bisschen gegen die Russen verloren. Sie hätten preußisch-bürokratisch das Zeug dazu besessen, ein ehrbares Mitglied unserer großen sozialistischen Völkerfamilie zu werden. Den Verlust der Kurilen, das Ostpreußen Japans, hätten sie dann auch eher verkraftet, so wie wir Stettin l i n k s der Oder-Neiße-Friedensgrenze. Schlimmer kann es wohl nicht kommen, dachte ich als grenzenloser Optimist in all dem Trubel. Siehe da, der Herr erhörte mein Flehen und es kam schlimmer. Später in Nordkorea!

Wer Osaka als ersten japanischen Hafen kennen lernen durfte, erlitt einen Kulturschock. Kein Wunder, dass alle Japaner in die Drosselgasse nach Rüdesheim strömen, dort Karaoke singen und selbst Leipzig noch attraktiv finden. Landschaftlich völlig ohne Reiz, das Stadtzentrum vom Hafen eine halbe Stunde Busfahrt entfernt, sofern sich ein solches überhaupt definieren ließ in der absolut chaotischen Stadtlandschaft. Dabei sei die Kirschblütezeit in Japan so lieblich, hieß es. Die Kirschen blühten, nur ließ sich von deren Pracht im Hafen und dessen Umgebung natürlich nichts entdecken. Interessanterweise lagen die größten Verkaufsflächen unter der Erde. Dort fand sie der Landgänger bald darauf auch am Hauptbahnhof in Yokohama. Die Japaner verspürten nach den Erfahrungen des Zweiten Weltkrieges vermutlich den Drang, sich einzugraben. Sich darüber und über anderes kundig zu machen, scheiterte an der Verständigung auf Grundlage der japanischen Schriftzeichen. Nach denen ließ sich nicht einmal lallen.

Schon bald nach der Einklarierung streichelten raue Matrosenhände zerbrechliche Kaffee- und Teeservice aus feinstem Japan-Porzellan für runde 80 Valutamark. Der Händler ließ mit seiner Visite an Bord nicht lange auf sich warten. Erst in Singapore und Hongkong die Ausgaben für die Elektronik, nun diese Belastung des Devisenkontos. Aus diesem Grunde saßen einige Besatzungsmitglieder für den Rest der Reise mit ihren Valuten arg auf dem Trockenen und mancher, der sich im Überschwang sentimentaler

Gefühle angesichts der goldbekränzten Bambus-, Kirsch- und Blutahorn-Landschaften auf den Kaffeetassen und des durchscheinenden Geisha-Kopfes im Tassenboden zu einem Kaufe hinreißen ließ, hätte drei Tage später für dieses Geld lieber eine leibhaftige Geisha aus dem Kimono geschält. Die Angebote an Japan-Geschirr in Osaka gehörten zudem zur billigen Massenware. Das Dekor wurde mit Abziehbildchen drauf geklebt. Der wahre Hoflieferant der Deutschen Seereederei hieß Mampe Oshima aus Kobe, der Manager der Kagaya Tojiki Company Ltd. aus der Ikuta-Ku. Ihn kannte fast jeder Seemann. Den originellen Vornamen brachte sein Vater in den 1930er Jahren aus Deutschland mit, erklärte er, hei. Jener schien kein Kostverächter gewesen zu sein und wird den Erzeugnissen ebendieser Berliner Spirituosenfabrik reichlich zugesprochen haben, hei. Bei solch einer Seelenverwandtschaft entsprach es der Logik, dass der sympathische Händler unter den Lords eine ebenso hohe Reputation genoss als würden die Japaner vor Schloss Neuschwanstein durch eine gewisse Toyota Kraxelhuber bedient. Ihm zur Seite standen Porzellanmaler, die einen edlen Strich zogen. Davon konnte sich jeder Interessierte in seinem winzigen Häuschen überzeugen, hei. Dieses bestand aus einem Flur, einem Lagerraum und einer Kammer, in der die Brennöfen kurz davor standen, die Hütte in Flammen aufgehen zu lassen. In ihnen wurden die wertvollen Stücke nach einer Auf-Glasur-Bemalung nochmals gebrannt. Die beiden Künstler hockten in einer Nische. Sie malten mit viel Herzblut, Gold und Gefühl den Mount Fuji und eine Pagoda, umrankt von Grünzeug in der typischen den japanischen Schriftzeichen ähnelnden Manier auf die weißen Untergründe, auf jede Tasse, jeden Teller, jede Schüssel, jede Kanne, jede Zuckerdose. Der Käufer konnte sich auf diesen Einkauf einiges einbilden. Nur wenige Bürger zwischen Kap Arkona und dem Fichtelberg besitzen auch heute noch ein Tafelgeschirr, bei dessen Bemalung sie in Japan persönlich zugegen gewesen sind. Viel öfter nennen sie eine fußkranke Großmutter ihr eigen.

Auf westdeutschen Frachtern klappte das Geschäft noch besser. Von dort erhielt Mampe die Bestellungen im Voraus telegrafiert und er lieferte die Ware gleich bei Einlaufen an Bord. Die Frachter vom Norddeutschen Lloyd, die im Liniendienst nach Japan fuhren, führten entsprechende Musterkollektionen mit. Somit besaß die kleine Firma mit ihrem florierenden Absatz auf ausschließlich deutschen Schiffen ein gutes Auskommen. Schließlich handelte es sich nicht um verräterische englische Porzellanhunde, welche die alten Segelschiffer seinerzeit nach langer Reise als Mitbringsel auf den letzten Drücker im Puff einkauften. Die wurden von den

Hausfrauen des Seefahrerdorfes Wustrow stolz zur Straße hin ins Fenster gestellt. Dort stehen sie heute noch, um jedem Urlauber kund zu tun, dass der Zucker des Urgroßvater einst auch in London zuckte.

Apropos Zucker: In Kobe mussten wir auf einer der Folgereisen einen Matrosen wegen einer Hodenschwellung im Krankenhaus zurücklassen. Der Gesundheitsoffizier tippte auf einen verschleppten Tripper. Bei der Abrechnung seiner finanziellen Verpflichtungen stellte sich heraus, er durfte seit dem Reisebeginn vor zwei Monaten eine Rechnung von 900 Mark an Getränken und Transitware begleichen. Auch mit den Valutamitteln lag er weit im Minus. Beides stellte keine Ausnahme dar. Ihr Devisenkonto schöpften die meisten Besatzungsmitglieder in der Fernostfahrt in der Regel schon für die nächsten zwei Monate im Voraus aus, wenn der Devisenverwalter die Mittel mit „Augen zu und durch" freigab. Ein Kauf von Heimelektronik wäre in Singapore oder Hongkong anders gar nicht möglich gewesen. Bei 400 bis 500 Mark der Deutschen Notenbank, die netto von der Heuer übrig blieben, stellten solche Verbräuche allerdings schon beeindruckende Größen dar. Es verwundert nicht, dass viele Seeleute auf die Jahre der Seefahrt als die besten im Leben zurückschauen. Die harten Arbeitsbedingungen und die schwierigen Lebensumstände verführten gewiss niemanden zu dieser Aussage. Kein Landbewohner konnte es sich leisten, seinen gesamten Verdienst in froher Runde die Kehle herunter rieseln zu lassen. Für Hein Seemann blieb diese Freigiebigkeit ohne Konsequenzen. Er fühlte sich zwar am Ende der Reise nicht wohlhabender als vorher, aber das Leben ging weiter – mit freier Kost und Logis und jeder Menge trinkfreudiger Kumpels. Eine Familie ließ sich mit diesem Lebensstil nicht ernähren und für manche wurde das spätere Leben an Land ein ungewohnt hartes Brot, teilte ihnen erst einmal die Frau die Bierflaschen zu. Auch von der „Lehrlingsrente" blieb nicht viel übrig, wenn sich die Rechnung für einen Barabend schon auf 50 Mark belief, obwohl die Stewardessen die frisch gemixten Cocktails zum Selbstkostenpreis, absolut akzisefrei, über den Tresen schoben. Die Lords besaßen nur allzu oft Geldbörsen, hergestellt aus dem berühmten tibetischen Zwiebelleder, aus dem in der Republik auch die Preise für Farbfernseher oder Kassettenrecorder kreiert wurden. Sah diese Summen der aus Singapore verwöhnte Seemann, musste er weinen.

Ein Jahr später avancierte Osaka als Ausrichter der Weltausstellung EXPO 70 zum Anziehungspunkt für Touristen aus aller Welt. Wir befanden uns wieder einmal in japanischen Gewässern und nahmen an dem Geschehen teil. Anfang Juli 1970 kämpfte sich das Schiff vom Kap der Guten

Hoffnung kommend mühsam über den Indischen Ozean in Richtung Malacca-Straße. Es wehte eine steife Brise von vorn. Spritzwasser kam über, so dass sich die Nautiker in der Brückennock ducken mussten wie einst die Landser im Kugelhagel vor Verdun. In Sichtweite passierte die RUDOLF BREITSCHEID, die heimreisend aus Fernost kam. Im Verlaufe eines telefonischen Kontaktes schwärmten die Leute des Entgegenkommers von jener Weltausstellung. Während der Liegezeit in Kobe wäre der „ganze Dampfer“ dorthin gefahren. Die mitreisende Ehefrau des Funkoffiziers platzte fast vor Stolz, dass sie APOLLO 8 im US-Pavillon richtig anfassen durfte. Bei den „Freunden“ hingegen wären nur Weltraum-Basteleien aus Pappe nach Art der Potemkinschen Dörfer zu sehen gewesen. Im Ergebnis der euphorischen Berichte fassten wir an Bord den Entschluss, es ihnen gleichzutun, falls sich die Gelegenheit dazu bieten sollte.

Die Japan World Exposition (Expo'70) unter dem Motto „Fortschritt und Harmonie für die Menschheit“, die erste Weltausstellung in Asien, wurde am 15. März 1970 auf einer Fläche von 330 Hektar mit 84 ausländischen und 32 heimischen Pavillons eröffnet und dauerte über 183 Tage bis zum 13. September 1970. Genügend Zeit also, um einer Reihe von Fernost-Fahrern der DSR einen Besuch zu ermöglichen. Von Millionen Japanern abgesehen, besaßen sonst nur wenige Menschen die Möglichkeit, jenes Areal in den Senri-Hügeln bei Osaka auf sich wirken zu lassen.

Am 28. Juli lag unser Schiff im Hafen von Kobe an den Tonnen und einige mutige Besatzungsmitglieder brachen zur Sannomiya Railway Station auf. Wir folgten dabei unserem Instinkt. Die Kobeaner sahen sich durch die Weltausstellung keineswegs veranlasst, ihre Schriftzeichen durch lateinische Lettern zu ergänzen. Vier weitere private Bahnlinien neben den National Railways fuhren von den Bahnsteigen ab, ein fröhliches Miteinander, wie wir es erst in Zukunft am Leipziger Hauptbahnhof kennen lernen werden. Nach umständlichen Verhandlungen per Gestik und Mimik glaubten die Eingeborenen zunächst, uns in Richtung einer Zahnarztpraxis schicken zu müssen. Zuletzt konnten wir doch noch auf dem richtigen Bahnsteig den richtigen Zug erklimmen. Den Fahrpreis von 300 Yen für die Hin- und Rückfahrt bezahlten wir freudigen Herzens, denn 100 Yen entsprachen damals gerade einmal einer runden Mark. Nach einem ebenso mühseligen Umstieg in Osaka hielt der Zug vor dem West- Eingang des Spektakels. Wir stürzten uns für eine Tageskarte von 800 Yen hinein in das Gewimmel.

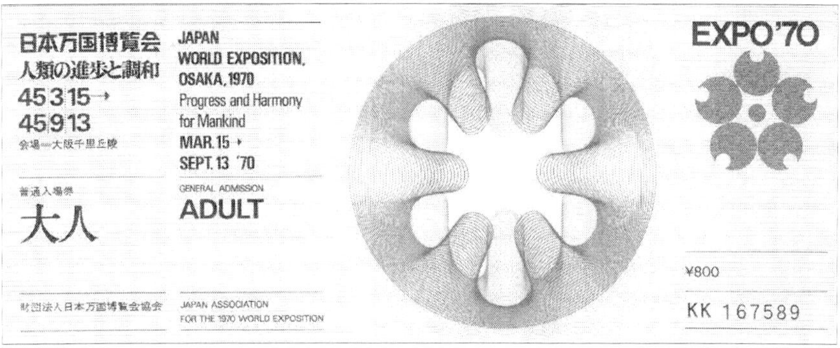

In Japan begannen gerade die Sommerferien. Die Familien zogen mit Kind, Kegel und Kimono hin zum Ausstellungsgelände. Unter der Überschrift „EXPOpulation“ stand tags darauf in einer englischsprachigen Zeitung zu lesen, an jenem Tage hätten 378.834 Menschen die Ausstellung besucht. Für den nächsten Tag standen bereits 410.000 Besucher in den Startlöchern. Vierzig Millionen waren zu diesem Zeitpunkt bereits hindurch geschleust worden. Dementsprechend drängten sich die Besucher vor den Ausstellungspavillons bereits frühmorgens in kilometerlangen Schlangen, besonders an den Eingängen zum sowjetischen und dem US-Pavillon. Die Leute von der BREITSCHEID hatten uns jedoch bereits in sarkastischen Worten geschildert, wie in ersterem der 100. Geburtstag von W. I. Lenin mächtig, gewaltig ausgeschlachtet würde. Danke, das kannten wir schon. Auch die Ausstellungen der verschiedenen japanischen Konzerne, wie Matsushita, Toshiba, Fuji Group oder Hitachi Group erfreuten sich größter Beliebtheit. Eine Oase in diesem Gedränge bildete der deutsche Pavillon, in dessen Hallen die Zuschauer am Vormittag noch ohne Schlange stehen vorankamen. Doch zu fortgeschrittener Stunde, als wir vom Rundgang erschöpft und vor der unbarmherzig vom Firmament brennenden Sonne flüchtend dort noch einmal verschnaufen wollten, bestand auch hier keinerlei Aussicht mehr ins Innere zu gelangen. Den bundesdeutschen Pavillon aus vier runden miteinander verbundenen unterirdischen Hallen, im Inneren übergossen mit Lichtkaskaden und akustischen Effekten, den oft erlebten Tropengewittern über See nicht unähnlich, krönte oberirdisch eine riesige Kugel, das so genannte Auditorium. Darinnen erklang klassische und zeitgenössische deutsche Musik aus der Konserve. Wir ließen uns über Dutzende Lautsprecher von oben, unten, rechts, links, vorn und hinten, einem angeblichen Novum der Tontechnik, mit einem Beethoven-Stück beschallen.

Während des Hörgenusses schmatzten wir unsere mitgebrachten Bemmen und Äpfel hinunter, Kunstbanausen wie wir nun einmal waren. Als futuristische Kompositionen von Karlheinz Stockhausen folgten, die einem Massencrash auf der Autobahn mit anschließendem Anrücken schwerer Bergungstechnik nicht unähnlich klangen, verging uns der Appetit. Wir brachen zum Genuss eines Bierchens in die nebenan gelegene klimatisierte deutsche Kneipe auf. Dort schmiss uns der Kellner mit ausgesuchter deutscher Höflichkeit wieder hinaus, weil wir zum Bier nichts weiter konsumieren wollten. Seine Speisekarte offerierte ausgesuchte gutbürgerliche Speisen mit gepfefferten Preisen, die den Devisenanspruch eines jeden von uns gesprengt hätte. Also mussten wir unter Japans unbarmherziger Sonne ein „Löwenbräu" draußen vor der Tür genießen. Die deutsche Kellnerin, die uns dort bediente, schüttete uns, froh einmal auf Landsleute zu treffen, ihr Herz aus. Sie habe die Nase voll - von den Japanern selbst, die immer nur „Hei!" und „Harakiri!" riefen, vom Land an sich und auch vom Wetter. Die Temperaturen lagen seit Tagen über 30 Grad. Nichts ginge über einen deutschen Sommer mit viel Regen und steifen Westwinden, meinte sie.

Im benachbarten Vergnügungspark außerhalb des Ausstellungsgeländes frönten die Japaner der „german gemutlichkeit" in einer urbayrischen Gaststätte, einem Gastgeschenk der Stadt München. Dank des durchschlagenden Erfolges solcherart gewiefter Verkaufsstrategie brachen anschließend 100.000 Tagesgäste zu einem Trip ins Hofbräuhaus auf. Wer wollte es ihnen verdenken, selbst unser Obersteward verspürte den Drang, nach jedem besichtigten Pavillon, die hübsche Kellnerin erneut aufzusuchen. Nicht ihretwegen – er kam von dem „Löwenbräu“ einfach nicht mehr los.

Fünf Tage lag das Schiff in Kobe, eine ungewöhnlich lange Zeit. Alle Offiziere, außer Kapitän und Chief Mate, die gesamte Wirtschaft und ein Maschinen-Assi nutzten die Tage, um sich das Weltereignis der Expo'70 nicht entgehen zu lassen. Für den Rest der Crew blieb der Aufenthalt in Kobe lediglich eine der verpassten Gelegenheiten. Dieses überwältigende, jedem welterfahrenen Seefahrer angemessene Erlebnis wäre für alle Besatzungsmitglieder realisierbar gewesen. Sie hätten nur zwanzig Mark investieren müssen. Der landgangsfaule Seemann hingegen meinte, wer bei diesem Klima derartige Strapazen während seiner Freizeit freiwillig auf sich nehme, der müsse ja wohl schon vorher einen Stich haben!

Nach Osaka enttäuschte uns auch Yokohama auf den ersten Blick. Die touristischen „points of interest“ erschlossen sich erst nach dem zweiten. Durch die amerikanischen Flächenbombardements des Zweiten Weltkrieges schien hier wie auch in anderen japanischen Städten kein Stein auf dem anderen geblieben zu sein und keine papierne Schiebetür die lodernden Brände überstanden zu haben. Auch in Tokio blieben damals nur der Kaiserpalast und die Ginza vom Untergang verschont.

Die Kommunen wurden scheinbar ohne jede städtebauliche Konzeption wieder errichtet. Eine winzige Oase im chaotisch wirkenden Häusermeer von Yokohama bildete der unmittelbar am Hafen liegende Yamashita Seaside Park mit dem alten Passenger Liner HIKAWA MARU als Museumsschiff. Auf dem frischen Grün vergnügten sich bei den ersten Frühlingssonnenstrahlen junges und altes Volk. Zu den Sehenswürdigkeiten gehörte ebenfalls die größtenteils überdachte Shoppingmeile Isezaki-cho, auf deren Pflaster jeder Landgänger in die japanische Verkaufskultur eintauchen oder die wunderschön angerichteten Speisen der Restaurants in den Auslagen bestaunen konnte, die schon einzustauben begannen, ohne zu stinken. Es handelte sich um täuschend nachgemachte Imitate aus Plastik, die nach ihrer Ausmusterung Godzilla, das japanische Rumpelmännchen, zu fressen bekam.

Frühlingserwachen im Yamashita Seaside Park, Yokohama

Im Anschluss an die Verlängerung der Landgangsdokumente nach nunmehr drei Tagen Liegezeit in Yokohama holte niemand seinen Schein wieder ab. Alle wollten hinaus auf See und nicht weiter ziellos ohne Barmittel durch China Town oder Shopping Center irren. Kein noch so verlockender Landgang zog mehr als die Aussicht auf eine baldige Heimkehr.

Das Schiff lief aus. Nach einem erneuten Schaden an einem Turbolader und einer Schlechtwetterfahrt trafen wir vor Sibirien ein. Dieser geographische Begriff drängte sich in Ansicht des Hafens Chungjin in Nordkorea zwangsläufig auf. Wladiwostock lag gleich um die Ecke. Befanden wir uns vor wenigen Tagen noch in tropischen Gefilden, so grüßten uns nun die schneebedeckten Gipfel der koreanischen Halbinsel. Alle drei Stunden telegrafierten wir während der Annäherung mit Vorbedacht die Position des Schiffes an die Küstenfunkstelle, um schwerstem Raketenbeschuss aus dem Wege zu gehen. Die Einklarierung bildete den Gipfel hysterischer Furcht vor uns Seeleuten, die wir doch in friedlicher Absicht kamen. Es lag uns völlig fern, um den halben Erdball zu fahren, nur um Kim Il Sun am Zeug zu flicken oder die Töchter des Landes zu filmen. Die Behörden tobten sich während einer Acht-Stunden-Schicht auf unserem Dampfer wie die Hunnen nach der Einnahme von Worms ordentlich aus. Freudig erregt erkannten wir in ihren irrlichternden Handlungen nach Art der

Rostocker Zöllner ihre Zugehörigkeit zur großen sozialistischen Völkerfamilie. So recht im Herzen hundsgemein, das können nur Verwandte sein.

Unerlaubter Blick über die Bucht von Chungjin

Als auf einer der Folgereisen diese fernöstlichen Frontkämpfer des Kalten Krieges wieder einmal auf Reede längsseits gingen und begannen, sich am Fallreep hoch zu hangeln, saß mir mal wieder der böse Schalk im Nacken. Ich konnte es mir nicht verkneifen, sie über die Bordlautsprecher von der Brücke her mit dem völkerverbindenden Gelächter eines Lachsackes aus Singapore zu begrüßen. Sie guckten etwas irritiert, ihre Mienen heiterten sich nicht auf, obwohl Lachen durch alle Völkerschaften hindurch ansteckend sein soll. Ganz im Gegenteil, sie versiegelten uns mit finsterer Miene die Kartoffellast wegen angeblich eingeschleppter regimekritischer Käfer, die ganz deutlich die japanische Flagge auf den Flügeln trügen. Die Kombüse stieg während der Liegezeit notgedrungen auf die Notversorgung mit Reis um. Am Ende kannten wir uns selbst nicht wieder, so schnell veränderte sich der Schnitt unserer Augen.

Die Besatzung richtete sich auf eine längere Liegezeit ein. Es begann das Abenteuer Chungjin, von dem viele Fernostfahrer ihr Klagelied singen können. An der Gangway ging ein Marinesoldat mit Kalaschnikow in Stellung, wen auch immer er damit erschießen wollte. Böse Buben schreckte das nicht, sie neckten ihn, indem sie im Vorbeigehen hinterrücks an seinem Mäntelchen zupften. Dieser provokante Angriff auf die Koreanische Volksarmee reichte gottlob noch nicht für die Vorsprache bei einem Erschießungskommando aus. Das arme Würstchen mit der Maschinenpistole verdiente unser Mitgefühl, wenn wir es ihm denn auf andere Weise hätten mitteilen können.

Einer meiner Empfänger „dikschte“ mal wieder infolge der harten Schläge, die er während der Schlechtwetterfahrt einstecken musste. Ich bemühte mich redlich, ihm seine Macken auszutreiben. Blindfunk und Presse kamen dann recht brauchbar quer über die große Sowjetunion hinweg an. Vielleicht nahmen sie auch hinterrücks ihren Weg über die USA, wer weiß das schon. Am Inhalt hätte sich bedauerlicherweise dadurch freilich nichts geändert. Es wäre schon toll gewesen, hätte Hugh Hefner die Erfolgsberichte über die Frühjahrsbestellung mit einigen Playmates des Monats verzieren können.

Die Wochen vergingen. Es mutete schon komisch an, dass ich bis Nordkorea fahren musste, um alte Schiffskumpels wieder zu treffen. Die Lords vom ebenfalls im Hafen liegenden Getränkeschiff BOIZENBURG füllten jene von der RONNEBURG, auf der die Transitlast längst leer vor sich hingähnte, kräftig ab. Sie erzählten sagenhafte Dinge über Shanghai. Wir dürften uns freuen, diesen Hafen noch kennen zu lernen. Sie reichten schon mal die PEKING-RUNDSCHAU in deutscher Sprache auf feinstem hauchdünnen Luftpostausgabe-Papier herüber, die sich zu unserem Amüsement in Schimpftiraden über die sowjet-revisionistische Renegatenclique und die Sozialimperialisten im Kreml ausließ. Nach unserem Schulwissen, Mao hü und Mao hott, erschien es uns völlig absurd, Angriffe auf unser geliebtes Brudervolk aus dieser geografisch-ideologischen Ecke zu lesen.

Die BOIZENBURG lud in Chungjin neben Metallen eine Luke voll grober Steinzeug-Tassen für die MITROPA und die Messe der Seefahrtschule Wustrow. Leider erst wenige Stunden bevor sie auslief, verholte die RONNEBURG von ihrem bisherigen Liegeplatz auf der gegenüberliegenden Seite der Bucht ebenfalls in das durch Wellenbrecher geschütztere Hafenbecken. Von einem wehmütigen Blick verfolgt, glitt die BOIZENBURG an uns vorüber und entschwand Richtung Heimat. Am anderen Ende der Welt ein DSR-Schiff zu treffen, das besaß schon seinen besonderen Reiz, wenn die mit ihren Schnapsvorräten uns davonfuhren.

Dies passierte uns einige Monate später wieder, als wir diesmal mit der LEIPZIG zusammen in diesem grässlichen Hafen festlagen. Bei gegenseitigen Besuchen entstand der Eindruck, dass manche Schiffe auf ihre

Besatzungen abfärbten. Die Leute von der LEIPZIG pflegten durch die dortigen Lebensumstände einen weit lockereren Umgang miteinander als jene von der RONNEBURG. Die waren uns in der Einführung des Kommunismus mindestens drei Schritte voraus. Diese Empfindung erklärt den noch heute nachwirkenden Mythos vom Leben auf Typ IV-Schiffen.

Diesmal standen unsere Partner mit Getränken auf dem Schlauch. Wir gaben einige unserer Reserven an sie ab. Allerdings nur um den Preis, dass die Verhältnisse auf unserem Schiff sich denen der LEIPZIG bald darauf annäherten. Limo und Cola waren kurze Zeit später aufgebraucht. Die Solidarität mit Kollegen stand außerhalb jeder Diskussion. Jeder hätte selbst einmal in solch eine verzweifelte Lage mit Entzugserscheinungen durch den Verzicht auf die Droge Vita Cola kommen können.

Einige Tage später hätte die LEIPZIG auch noch gerne CO2-Flaschen von uns übernommen, um die uns deren Kapitän telegrafisch bat. Sie mussten im nächsten Hafen, Hsingkiang, einen Ladungsbrand bekämpfen. Dort gefiel es einem Chinesen trotz Verbots im Reis zu rauchen. Ihre eigenen Flaschen mussten sie zum Löschen des Brandes abblasen. Die leicht brennbare Ladung in unserem Schiff verhinderte diese mildtätige Spende. Graphit und Magnesium hätten uns unter Umständen ein Loch in die Außenhaut geschweißt.

Auf unserer aktuellen Reise luden wir einen Unterraum voll davon und einen anderen voll mit Tabak und Karbid. Das hätte ein Freudenfeuerwerk für jeden Lungenkrebs-Anwärter werden können! Wir benötigten für einen Ladungsumschlag von 2500 Tonnen schließlich geschlagene vierzehn lange Tage. Hin und wieder kam eine Gang Schauerleute vorbei, schmiss einige Tonnen in die Luke und kehrte nicht wieder. Sicherlich hinderte sie ein Parteilehrjahr daran, der sozialistische Wettbewerb bedurfte einer dringenden Auswertung oder sie mussten erst mal in der Theorie eine Horde Klassenfeinde abwehren. Das kannten wir als Seelenverwandte nur zu gut. Am nächsten Tage hub ein großes Umstauen an, weil entgegen der Ordner des Ladungsoffiziers in eine Luke zu viel gestaut worden war. Zum Abschied versprachen die Verantwortlichen dem Kapitän, beim nächsten Mal würde alles schneller gehen, aber es sollte sich über die Jahre nie etwas ändern. Das kannten wir schon wieder.

Durch den uns nicht zugestandenen Landgang konnte die Besatzung neben der Arbeit in ihrer Freizeit nur von einer Mahlzeit auf die andere warten. Ich schaute ab und zu von der Brücke mit dem Feldstecher ins Land. Selbst das erweckte den Protest der Koreaner, wir sollten gefälligst nicht durchs Fernglas gucken. Außer ein paar Bunkern auf den Bergen gab es nichts Bemerkenswertes zu entdecken. Das Brett über dem Verkaufstresen des Seemannsclubs präsentierte zwei Reihen von landestypischen Produkten – Flaschen mit Schlangen-Schnaps und solche mit Ginsengwurzel. Zum Genuss von Ginseng-Produkten bestand bei den jugendlichen Seeleuten noch keinerlei Veranlassung. Der Buddel mit der Schlange gaben sie allemal den Vorzug. Das Leeren derselben stellte sich als reine Mutprobe dar. Danach wurde die Flasche solange mit Weinblattsiegel nachgefüllt, bis nur noch das blanke Skelett des Reptils in der Flasche hing. Dessen angebliche Wirkung als Raketentreibstoff unterhalb der Gürtellinie wurde mit dem Nachfüllen immer mehr verweinblattsiegelt und verkehrte sich letztlich ins Gegenteil.

Selbst in Nordkorea wurde uns der innerdeutsche kleine Grenzverkehr auf westdeutsche Schiffe verwehrt. Obwohl die Behörden es nur gestatteten, uns auf sowjetischen Schiffen oder Dampfern der eigenen Company vollaufen zu lassen, spielten sich im Hafengelände und im Seemannsclub schlechtweg ans Herz gehende Verbrüderungsszenen zwischen Griechen, Ost- und Westdeutschen und Russen aller Landesteile ab. Die widrigen Umstände schweißten die Fahrensleute zusammen, vor allem wenn sich die Mannschaften zwischendurch auf dem ebenfalls im Hafengelände liegenden Fußballfeld die Schienbeine lädierten. Da die Schikanen alle Völkerschaften gleichermaßen trafen, fühlten wir uns in unserem abendländischen Wertekanon mit den bundesdeutschen Seeleuten auf Augenhöhe. In Nordkorea waren wir so frei wie sie. Es wäre eine Schmach ohnegleichen gewesen, hätten diese uns wegen der Ideologie zu den Nordkoreanern in die Ecke gestellt. Sie dachten auch überhaupt nicht daran. In Chungjin erreichte der proletarische Internationalismus jedes mal die Formen höchster Vollendung.

Zu den touristischen Pauschalangeboten unter Freunden gehörte eine Busfahrt mitten durch die Stadt Chungjin und noch ein paar Kilometer darüber hinaus in die nahe gelegenen Berge. Dort existierte so etwas ähnliches wie ein menschenleeres Naherholungsgebiet an einem murmelnden Gebirgsbach. Möglicherweise wurde es bei unserer Annäherung durch ein Trompetensignal im Rahmen einer Treibjagd von allen Einheimischen gesäubert. Der Seemann konnte sich im Bergsteigen erproben, was in seinem Beruf äußerst selten vorkommt. Nach allem Schweiß erwartete ihn auf der Rückfahrt ein erfrischendes Bad an einer sehr heißen Quelle. Was dort aus dem Erdinneren schoss, bedeutete selbst für tropenerfahrene sozialistische Reisekader eine echte Herausforderung. Das kochend heiße Wasser im Becken verhieß einen kleinen Vorgeschmack auf die ewige

Verdammnis. Saßen nicht gerade DSR-Seeleute in der Quelle, eilten die Bauern der Umgebung herbei, um ihre frisch vom Kopf befreiten Hühner darin zu brühen.

Orientierungsplan für Seeleute in Shanghai

Auslaufend Chungjin „mixte“ ich eifrig mit der LISELOTTE HERRMANN, die von Nampo kommend um die koreanische Halbinsel dort hin lief, wo wir herkamen. An deren Südküste vollbrachte die Nautik eine Meisterleistung. Bei spiegelglatter See, aber pottendickem Nebel von 50 Meter Sichtweite inmitten einer nur auf dem Radarschirm erkennbaren Flotte von Fischerbooten arrangierte sie ein Treffen mit der HERMANN, um Filme und andere Kleinigkeiten zu tauschen. Nach dem Stoppen unserer Maschine ließ sich von diesem Schiff partout nichts entdecken, nur sein Typhon röhrte querab, bis plötzlich zwanzig Meter entfernt an unserer Steuerbordseite ihr Boot wie der Fliegende Holländer gruselig-schön aus den Nebelschwaden auftauchte.

Rügen Radio/DHS unternahm damals die ersten Schritte zur Einführung der modernen Einseitenband-Telefonie. Während einer Telegrafie-Verbindung mit der Küstenfunkstelle aus dem Gelben Meer, kurz bevor wir in das Jangtse-Delta einliefen, beorderte mich die Küstenfunkstelle auf eine Telefoniefrequenz. Der Kollege von Rügen Radio verstand mich ausgezeichnet, wie er mir lediglich über die Morsetaste mitteilte. Es war ein erster viel versprechender Test gewesen. Danach bahnte ich Telefongespräche aus vielen Seegebieten an, die oftmals nur daran zu scheitern drohten, weil Rügen Radio keine freie Leitung über den Rügendamm bekam. Vom Kap der Guten Hoffnung zum Kap Arkona klappten die Gespräche immer bestens.

Calcutta liegt nicht am Ganges, Shanghai nicht am Jangtse und der Gelbe Fluss (Huang He) fließt nicht direkt ins Gelbe Meer, entgegen aller Vermutungen einstiger Geographielehrer. Mitte Mai zu Christi Himmelfahrt lag unser Schiff auf der Flussreede des Huang Pu vor Shanghai an den Tonnen fest. Der Obersteward vergaß die historische Bedeutung dieses Tages nicht, als noch Kampfgruppen saufender Männer ihren Frauen spätabends vom Fahrrad vor die Füße fielen, und servierte in der Offiziersmesse, ansonsten höchst akkurat gekleidet, barfüßig im schwarzen Frack. Der Alte outete sich als humorloser Spielverderber und ließ auf einen Wink hin von einer Stewardess Reißzwecken streuen. Die Himmelfahrtsbelustigung fand ein vorzeitiges Ende, schade. Musikalisch umrahmten den Tag wie alle anderen auch auf der Reede die mit 120 Dezibel dröhnenden Lautsprecher des revolutionären Stadtfunks. Die weiblichen Einpeitscherinnen klangen uns wie ein nächtliches Katzenkonzert zur Paarungszeit. Ertönte die Internationale, wussten wir, eine Stunde war mal wieder um.

Die Einklarierungsbehörden gaben sich überaus korrekt, das Verfahren verlief entgegen aller Erwartungen exakt und durchorganisiert. Die wilden Zeiten waren schon vorüber, als die versammelten Besatzungen im Verlaufe der Einklarierung genötigt wurden, aus den „Worten Mao Tse-Tungs", jener berühmt-berüchtigten Mao-Bibel zu rezitieren oder sich im Kollektiv diese Spruchweisheiten, vorgetragen von den Uniformierten der Einklarierungsbehörden, anhören mussten, wie es auf vorangegangenen Reisen anderer Schiffe der Fall gewesen sein soll.

Die Klimaanlage lief nicht, trotz 28 Grad in der Kammer und einer hohen Luftfeuchtigkeit. Schien wohl etwas mit Materialökonomie zu tun zu haben oder der Chief erwarb seine Verdienste einst auf Typ IV. Es herrschte Zucht und Ordnung – keine Tropenzulage, weil keine Tropen, also auch keine Aircondition. Vom Ufer her krakelten weiterhin Lautsprecher die Parolen der Kulturrevolution über das Wasser. Die Empfangszeiten des Blindfunks hatten sich in die Frühe kurz nach vier Uhr verlagert. Eines Morgens wurde ein ballonbemütztes grünes Männlein, der Wachmann Genosse Haob Kei Pfeng-Mie, welcher voller Misstrauen, revolutionärer Wachsamkeit und einer Flasche Hin-fong-Tropfen durch die Gänge schlich, von den Tönen aus dem Funkraum zu solch ungewöhnlicher

Stunde angelockt. Er fing noch im Schott an zu toben wie Rumpelstilzchen, als er den Funkraum betrat, vermutete er doch in meinen Aktivitäten zu solch früher Stunde eine geheimdienstliche Tätigkeit mit Verrat an der VR China. „Switch off, switch off", lamentierte er. Vermutlich verdächtigte er mich, ich wäre gerade dabei, die Kleiderordnung des chinesischen Volkes für den Monat Juni an die Auslandsspionage des MfS weiter zu reichen. Ich scheute mich davor, mit ebendieser blauen Wattejacke in einem Zwangslager am damals umkämpften Grenzfluss Usuri zu landen und tat ihm voller Großmut den Gefallen. Er konnte mir mal am Mors klaren. Heimlich schaltete ich das Tonbandgerät unterm Tisch ein und meine Telegramme befanden sich im Kasten.

毛主席语录
全世界人民要有勇气，敢于战斗，不怕困难，前赴后继，那末，全世界就一定是人民的。一切魔鬼通通都会被消灭。——毛泽东
QUOTATIONS FROM CHAIRMAN MAO TSE-TUNG
People of the world, be courageous, dare to fight, defy difficulties and advance wave upon wave. Then the whole world will belong to the people. Monsters of all kinds shall be destroyed. Mao Tse-Tung
上海友誼商店 FRIENDSHIP STORE
NO. 345 NANKING ROAD (E). SHANGHAI. CHINA
发票 INVOICE 送海 095837
船名 S/S 姓名 Name

Kopf eines Kassenzettels im Friendship Store

Als der Frachter schließlich an der Pier festmachte, wurden 1400 Tonnen in knapp 24 Stunden umgeschlagen. Diese Leistung hätten wir in Korea mit Kusshand entgegen genommen, hätte die uns eine schlitzäugige Schöne gereicht. Auf einer Bordversammlung informierten zwei Angehörige unserer Botschaft über die aktuelle Lage im Reich der Mitte. Einige Tage zuvor, am 1. April 1969 war der IX. Parteitag der KPCh zusammengetreten und hatte das Ende der „Kulturrevolution" verkündet. Dem ging seit Ende 1965 ein Ideologiestreit voraus, der in einen Machtkampf zwischen „Rechten" und Maoisten überging. Im Mai 1966 riefen die Anhänger Maos die „Große Proletarische Kulturrevolution" aus. Es entstanden Rotgardistenverbände mit zehn Millionen Angehörigen, die Kulturschätze und -stätten zerstörten, Kritiker durch die Straßen schleiften, folterten und töteten. Schwerste Unruhen folgten, in denen der Partei- und Staatsapparat faktisch zusammenbrach. Bis in diese Tage hinein mussten noch Aufstände niedergeschlagen werden. Zehn Millionen Jugendliche wurden schließlich in die Randzonen Chinas abkommandiert, womit ihre Rebellion ein Ende fand. Nach dem IX. Parteitag würde sich die Lage nun stabilisieren, meinten die Leute aus der Botschaft. Wir sollten uns weiterhin davor hüten, gegen die revolutionären Sitten zu verstoßen und auf Rassenschande stände die Todesstrafe, hieß es noch zur Warnung. Es schien angeraten zu sein, den Schwanz einzuziehen und den Blick wie auf vielen Plakaten abgebildet in eine frohe Zukunft und nicht auf die Schlosseranzüge Shanghaier Jungfrauen zu richten. Von denen ging an Bord die Sage, sie trügen aus revolutionären Gründen ihr kleines Schatzkästlein verquer, obwohl sich das niemand so recht vorstellen konnte. Wir wurden in unseren pathologisch-anatomischen als auch anarcho-politischen Kenntnissen von der Schiffspresse als auch durch die Verschleierungstaktik der führenden Partei schmählich allein gelassen. Somit standen die Seeleute in den Jahren der Kulturrevolution diesem ganzen Treiben völlig ahnungs- und verständnislos gegenüber.

Die Chinesen arbeiteten zügig, gaben sich freundlich und zuvorkommend. Fast jeder, vom Kleinkind bis zum Großvater, trug eine Mao-Plakette am Revers der blauen Kluft. Unsere Landgänger wurden am Bund, der alten Prachtstraße entlang des Flusslaufes und der Visitenkarte Shanghais, als Exoten bestaunt, wie es der Seemann sonst nur in den Urwaldregionen am Hindukusch kennen lernte. Die Häuserfronten hatten die Revolutionäre zum Energiesparen bis in drei Meter Höhe zehn Zentimeter dick mit Plakaten isoliert. Durch die sauber gefegten Gassen zogen immer noch revolutionäre Trupps mit roten Schärpen über der Einheitskleidung, an deren unteren Ende in einer Tasche die Mao-Bibel steckte, aus der sie vor dem versammelten Volk Verse skandierten. Ein Zitat aus diesem „Schatzbüchlein der Revolution“: „Probleme ideologischen Charakters oder Streitfragen, die im Volke entstehen, können nur mit der Methode der Demokratie, mit der Methode der Diskussion, Kritik, Überzeugung und Erziehung, nicht aber durch Zwangs- und Unterdrückungsmaßnahmen gelöst werden.“ (Über die richtige Behandlung der Widersprüche im Volk, Februar 1957) Schau an, schau an, wegen solcher Wahrheiten durfte dieses kleine rote Büchlein nicht die Mole Warnemünde passieren! Wäre doch nur einer in der Industriekreisleitung so weise wie einst Mao gewesen! Na gut, er hätte es nicht lange überlebt. Den Kassenzettel vom Friendship Store in der Nanking Road krönten „Quotations from chairman Mao Tse-tung“: „Monsters of all kinds shall be destroyed“, wenn die Werktätigen fest zusammenhielten, stand dort zu lesen. Hätte die IKL doch nur Mao studiert! Der große Führer hatte das Schicksal dieser

Gruppe konspirativer Sektierer in seiner allmächtigen Weisheit lange vorausgesagt. Doch 1989 kamen unsere Leitgenossen zu spät, um Buße zu tun. „A single spark can start a prairie fire", ein einziger Funke kann einen Steppenbrand auslösen, meinte Mao dazu. Das hatten sie nun davon.

Die Nautiker ergötzten sich im Vorspann des telegrafischen Wetterberichts an den jüngsten Weisungen des großen Vorsitzenden. Es machte höllischen Spaß, ihnen einen solcherart veredelten Report auf den Kartentisch zu packen, damit sie sich an ihrer Kaffeetasse vor Staunen verschluckten. Im Seemannsclub am Bund lagen große Mengen Propagandaschriften in allen Sprachen aus. Darin wurde nur in Superlativen gesprochen: „eine äußerst wichtige Mitteilung des Genossen Mao; auf das höchste revolutionär erregte Volksmassen; der Parteitag verlief in einer äußerst herzlichen revolutionären Atmosphäre". Die damaligen chinesisch-sowjetischen Grenzzwischenfälle am Usuri wurden weidlich ausgeschlachtet. Nieder mit den neuen Zaren! Die Schriften fanden interessierten Zuspruch unter der Besatzung. Diesen Ausfluss an Propaganda musste der Mensch einfach gelesen haben. Danach ließen sich JUNGE WELT und TRIBÜNE samt sozialistischer Schiffspresse als Klatschpostillen verkaufen.

Das Schiff lief aus, die „aufs höchste revolutionär erregten Volksmassen" ließen wir zurück, und nachdem ich die wichtigsten Telegramme abgesetzt hatte, fragte der Kollege bei Rügen Radio/DHS, wie es denn wieder mal mit einem Telefonietest wäre. Er empfing mich bestens und nachdem in Lohme auf Rügen der Sender heizte, kam ein fünfminütiges privates Gespräch mit der Heimat für zwanzig Mark zustande. Dabei drückte der Kollege beide Augen zu, es wird wohl die doppelte Zeit gedauert haben. Die Kollegen von DHS freuten sich gewaltig über die feine Verbindung. Telefonierte ja damals nicht jeder alle Tage aus dem Gelben Meer. Bestimmt trug ich mein Schärflein dazu bei, um bei ihnen ein Planziel unter Dach und Fach zu bringen.

Motorschiff RONNEBURG steuerte die Mündung des Perlflusses an, der in der Regel mit der Hafenstadt Kanton in Verbindung gebracht wird. In unserem Gefolge befand sich die LIESELOTTE HERMANN, die Korea inzwischen verlassen hatte und Kurs auf Singapore nahm. Auf dem Perlfluss vor Whampoa begann meine längste Wartezeit auf Reede. Siebzehn Tage währte sie. Die damaligen Reedelieger vor Jeddah werden bei dieser Erwähnung nur müde lächeln, 'tschuldigung. Nach einer Woche des Wartens vor Whampoa brach kurzzeitig an Bord der Wassernotstand aus, weil die bestellte Wasserschute nicht rechtzeitig herankam. Zum Glück herrschte eine absolute Flaute. Der Fluss lag wie Blei um das Schiff herum. Jeder, der das Bedürfnis verspürte, konnte durch die Achterklüse urinieren, um den Umsatz der süßwasserbetriebenen Toilettenspülung zu minimieren. Den mitreisenden Damen, die sich beim Pinkeln über die Reling zu dumm anstellten, wurde angeraten, in ihre japanischen Teekannen zu pieseln.

Die Landschaft zeigte sich reizvoll, die Hitze erschien geradezu mörderisch ohne jeden Hauch von Luftbewegung. Die armen Jungs von der Decksgang konnten einem leid tun, die draußen vor der Tür Farbe malen und Rost klopfen mussten, bis der nächste Feiertag heranrückte.

Es herrschte das beste deutsche Pfingstwunschwetter. Die Genossen Matrosen, froh mal nicht Farbe malen zu müssen, gossen aus diesem Anlass einen auf die Lampe, abends spielte das Bordkino und dann war das liebe Pfingstfest auch schon wieder vorbei. Schließlich machte das Schiff an der Pier fest und die Besatzung schloss schnell Freundschaft mit einem benachbarten griechischen Frachter. Dessen Besatzung beklagte, schon seit neun Monaten Kohle zwischen Nord- und Südchina fahren zu müssen. Die Schiffsführungen speisten wechselweise zusammen zu Mittag und die Mannschaften feierten ausgelassene Partys auf unserem Dampfer, weil wir dank moderner Technik über das angenehmere Bordklima verfügten. Je unerfreulicher sich die Rahmenbedingungen in den Häfen zeigten, um so mehr pflegten die Schiffsbesatzungen über alle Sprach- und Ideologiegrenzen hinweg den Umgang miteinander. Der Funkoffizier des Griechen, ein Brite, besuchte mich, staunte gewaltig über die Ausrüstung der Seefunkstelle und selbst über die Kammer, die auf XD-Frachtern nun wirklich keinen vom Hocker riss. Beim Gegenbesuch nahm ich seine Station in Augenschein, mit der allem Anschein nach schon Nelson in der Schlacht von Trafalgar taktische Befehle übermittelt haben musste. Unter diesen Bedingungen hätte ich nie und nimmer zur See fahren mögen. Während wir den Hafen verließen, hörten die Abschiedsrufe und das Winken auf beiden Seiten nicht auf. Spätestens 1995 hätte man sich auf dem gleichen Dampfer wieder sehen können.

Zuvor hatten sich die Chinesen bei der Ausklarierung gewaltig echauffiert. Die Revolutionswächter fanden ein Propagandablatt aus Shanghai am falschen Örtchen. In den revolutionären Schriften wurde immer wieder betont, ein Spruch aus der Mao-Bibel zitiert und alle Schwierigkeiten seien fortan wie weggeblasen. Der Chefkoch schien in seiner politischen Verblendung, verursacht durch die ideologische Indoktrination des Shanghaier Stadtfunks, gehofft zu haben, dieses Wundermittel helfe auf wundersame Weise auch bei Leibbeschwerden. Er hatte beim Abdrücken einige Mao-Zitate über den Imperialismus und alle anderen reaktionären Papiertiger vor sich hingesummt. Nach erfolgreicher Sitzung mit sicht- aber wenig fassbarem Ergebnis hinterließ er die Reste der Rezeptur frevelhafterweise einem potentiellen Nachfolger auf dem Thron. Wir mussten zerknirscht Besserung für das nächste Mal geloben und versprechen, zur Erledigung größerer Geschäfte im Reich der Mitte zukünftig wieder auf unsere bewährten rauen, grauen Papyrus-Rollen zurückzugreifen.

Wieder auf See kam eine ausgedehnte Unterhaltung mit dem Funkoffizier der FREYBURG zustande, die sich auf Jungfernreise befand und schwer mit den Schätzen des Okzidents beladen am Horizont in Richtung Hongkong dahinzog. Obwohl bereits seit 1966 im Besitz des Seefunkzeugnisses, absolvierte der dortige FO seine erste Reise nach mehr als drei Jahren einer

Landtätigkeit. Ihm war zum Ende des Studiums der Sichtvermerk entzogen worden und er musste bei Rügen Radio „überwintern“. Mit einem Studienkollegen hatte er sich zur Feier seines Abschlusses am Biertisch über die Gesäßviolinen (vulgär: Arschgeigen) aus Partei und Regierung ausgelassen. Von allem Prüfungsstress befreit amüsierten sich beide köstlich – nur übersahen sie dabei einen am Nachbartisch mit offenem Mund lauschenden Zuträger. Inzwischen konnten die Schiffe wegen fehlender Funkoffiziere fast nicht mehr besetzt werden, sodass selbst auf Verfemte zurückgegriffen werden musste. Das alles erfuhr ich allerdings erst 35 Jahre später vom Sohn seines Schicksalsgenossen, der nun an meiner Seite sein kärgliches Brot verdiente. Wie eben das Leben so spielt. Dessen Vater, ebenfalls mit Berufsverbot belegt, wurde damals genauso händeringend gebeten bei der DSR einzusteigen. Alles wäre vergeben und vergessen. Zu spät, seine Frau brauchte einen Mann, der nachts an ihrer Seite schnarchte. Sie nahm das flehende Gespräch aus Rostock entgegen und verschwieg es ihm bis zu seinem Renteneintritt. Da hatten längst alle DSR-Schiffe die Mole Warnemünde letztmalig passiert.

Auf Leute für eine Ablösung in Rostock zu hoffen zerschlug sich für die meisten schon im Südchinesischen Meer. Die Crew ließ die Köpfe hängen über die miesen Aussichten, die MS FREYBURG mitbrachte und die sich in aller Grausamkeit bewahrheiten sollten. Es gehörte zum eingefahrenen Ritual, trafen sich zwei Reedereischiffe, gab es allen Grund, auf die Company zu schimpfen. Und auf dieser Reise trafen wir viele unserer Schiffe.

Ich wurde auch sonst des Lebens nicht so richtig froh. Bei Auslaufen Whampoa fiel wieder einmal eines der Radargeräte aus. Die Taströhre wurde gewechselt. Im Getümmel der Reparatur ging zwischenzeitlich ein gewaltiger Gewitterschauer hernieder, den der Motor des anderen Radargerätes nicht vertragen zu haben schien. Der blieb prompt stehen. Nachdem ich skeptisch und vorsichtig den Mast erklomm, stellte sich heraus, dass vom Antennenmotor durch die Vibrationen alle drei Phasen am Klemmbrett abgebrochen waren. Es bedeutete damals für mich eine echte Herausforderung, mich in solch schwindelnde Höhe zu wagen. 25 Jahre später erstieg ich dank dieser Erfahrung als professioneller Arbeitsschützer bei der Deutschen Telekom sechzig Meter hohe Funktürme. Allerdings vom ersten Meter an ausreichend gesichert und nicht freihändig-unbedarft wie mancher Hobby-Artist an Bord, den im günstigsten Falle ein simpler Bauchgurt vor dem Absturz bewahrte. Erst dann begriff ich, wie leichtsinnig manchmal an Bord auf des Messers Schneide Polka getanzt wurde.

Leuchtturm in der Ansteuerung auf Singapore

Hier im Südchinesischen Meer luden die Stunden der Freiwachen wieder zum Baden im achteren Swimmingpool ein. Es verschaffte ein Quäntchen innere Zufriedenheit und Versöhnung mit der Seefahrt, vormittags mutterseelenallein, wenn die Tagelöhner an Deck beim Geprassel der Nadelentroster und im Keller beim Gesäusel der Turbolader schwitzten, der Koch mit einer Schweinehälfte durch seine Kombüse tobte, die Stewardessen gramgebeugt die Gänge feudelten, der Dritte Offizier wie ein Sack Mehl auf der Ablage in der Brückennock hängend seine Wache abriss, der Zweite seinen redlich verdienten Nachtschlaf nachholte, der Chief Mate als Frühaufsteher bei der Claimbearbeitung mit der Stirn auf die Tastatur seiner Schreibmaschine schlug, der Chief im Kartenraum die Missweisung auf der Karte als Rausschmiss verstand, der Kapitän grübelte, warum diese Reise Posaunenträger mitfuhren, die unbedingt einmal im Quartal reißen mussten, der Politoffizier noch Jahre auf sich warten ließ und der Dampfer durch die Wogen flitzte, sonnenhungrig und phlegmatisch auf den Grätings am Pool liegend, sorgenfrei der am Horizont entschwindenden Hecksee nachzusinnen. Politisch nicht ganz auf der Höhe, fiel es mir dabei allerdings nicht im Traum ein, mich bei Partei und Regierung und dem gesamten Staatsvolk überschwänglich dafür zu bedanken, dass sie mir diese Lebensweise genehmigten.

Am 14. Juni gegen 21 Uhr traf das Schiff auf Reede Singapore ein. Das eben noch goldene Blatt wendete sich. Dem Einlaufen am nächsten Tag folgte der persönliche Höhepunkt der Reise, der selbst das Ego wild entschlossener Extremsportler, Einhand-Weltumsegler und Sado-Masochisten in den Grad höchster Verzückung versetzt hätte.

Nach der Abwicklung der Einklarierung verblieb mir noch genügend Zeit für einen abendlichen Landgang, um im Post Office Briefe in die Heimat aufzugeben. Anschließend suchte ich den nach englischer Tradition gut ausgestatteten Seemannsclub auf, der sich noch immer very british gab. Der Waiter servierte jedem Gast das Ginger Ale mit einem fröhlichen *„God shave the queen"*. Die Bedienung ging mit ausgesuchter Höflichkeit gegen ihre Kundschaft vor. Als ein Seemann mit soo einem langen Bart aus purer Essgewohnheit nach vier Wochen Seefahrt mit den Worten *„May I become a beefsteak"* eine Frikadelle bestellte, wurde ihm zuvorkommend entgegnet: *„I hope never, Sir."* Seither findet dieser ausgedehnte Wortwechsel zwischen einem russisch stotternden DSRler und einem Pidgin-English radebrechenden Malaien in jedem Englisch-Unterricht mahnende Verwendung, sich nicht in der Nähe Sprengstoffgürtel tragender Jungfrauenverehrer zu Hackepeter verarbeiten zu lassen.

Gegen 22 Uhr traf ich wieder an Bord ein. Am frühen Dienstagmorgen gegen drei Uhr riss mich heftiges Bauchgrimmen aus dem Schlaf. Jeder erlebt ähnliches nicht nur einmal im Leben, falls sich mal ein Triller nach dem Genuss von Hülsenfrüchten verklemmt haben sollte, ohne an Schlimmeres zu denken. Ich vertraute darauf, dass zwei Abführtabletten aus meiner Survival-Ausrüstung, die auch Spalttabletten, Heftpflaster sowie Stopfgarn als probates Gegenmittel im Kampf gegen Montezumas Rache enthielt, der Pein ein Ende machen würden. Der stechende Schmerz ließ sich tatsächlich damit besänftigen. Ein fremdkörperartiges Druckgefühl blieb nach wie vor bestehen. Nach meinen bescheidenen anatomisch-paranoiden Kenntnissen, die ich im Gesundheitslehrgang an der Seefahrtschule erwarb, konnte der Lage der Schmerzen nach nur der berüchtigte Wurmfortsatz, lat. appendix vermiformis, der Verursacher dieser Beschwerden sein. In Kindertagen wälzte ich auf dem Dachboden ein altes Doktorbuch. In dem stand zu lesen, bei einer Blinddarmentzündung, bei Bandscheibenvorfall, Rheumatismus und der Verhütung von Schwangerschaften bestünde die beste Therapie in der Anwendung von Klistieren. Ganz so weit wollte ich die Selbstkasteiung nicht betreiben. Deshalb informierte ich vor dem Frühstück den Kapitän über mein Missgeschick. Wegen einer auszukurierenden Blinddarmreizung wäre ich vorerst nicht einsatzfähig. Beim Zweiten Offizier bestellte ich einen Eisbeutel. Der fragte sogleich anzüglich, ob er die Sektflasche auch mitbringen solle.

Da ich nun offiziell die Koje hütete, kamen Kapitän und Agent überein, einen Arzt an Bord zu bestellen. Der Doktor meinte jedoch am Telefon, an Bord wären die Voraussetzungen für das Stellen einer für ihn günstigen

Diagnose nicht vorhanden, der Patient solle doch bitte schön, falls er noch kriechen könne, in der Sprechstunde erscheinen. Hurtig in Hemd und Hose gehüpft, kletterte ich gemeinsam mit zwei Besatzungsmitgliedern, die sich dringend mehrere Zähne extrahieren lassen wollten, in das Auto des Agenten. Der Ausflug führte in eine Arztpraxis am Raffles Place. Ich erklärte dem Doktor in holprigem Englisch, dass irgendetwas *„like a rolling stone"* in meinem Bauch rumore. Viel mehr als ein Stones-Titel fiel mir an diesem *„ruby tuesday"* nicht ein, um dem Doc mein Problem zu erläutern. Ich steckte die Mick-Jagger-Zunge raus und nuschelte dabei: *„Gimme shelter, please"*. Er untersuchte mich, drückte mal hier und mal da und stöhnte erschrocken: *„It`s all over now"*. Na aber! *„Paint it not so black, Doc!"* Am Ende tat er so, als ob er sich nicht schlüssig über seinen Befund sei und versuchte mich zu trösten: *„You can`t always get what you want"*. Diesen Satz musste ich mir für die Zeiten der Ehe gut merken, um ihn meinem Weib entgegen schleudern zu können. Schließlich meinte er mit der größten *„Satisfaction"*, er wolle mich doch lieber zu einer weitergehenden Untersuchung ins Hospital delegieren, in dem es mehr Diagnosemöglichkeiten gäbe. So glaubte ich, dieses God-damn-Schlitzohr verstanden zu haben.

Die Fahrt führte aus dem Stadtzentrum heraus in das noble Diplomatenviertel von Singapore, wo das Auto vor dem Gleneagles Hospital in der Napier Road, einem victorianischer Bau aus der Zeit des British Empire, hielt. Ich betrat die repräsentative Empfangshalle. Sogleich wurde ich mit Fragen zum Ausfüllen diverser Formulare bestürmt. Ob ich verheiratet sei? Nein. Ob ich evangelisch oder katholisch wäre? Etwa für eine spätere Bestattungszeremonie? Warum wollten die das alles von mir wissen? Ich wusste gar nicht, wie weit ich in meiner Auskunftsfreudigkeit gehen durfte, um nicht das heilige Vaterland zu verraten, schließlich befand ich mich auf feindlichem Boden. Bald darauf wurde ich in ein Zwei-Bett-Krankenzimmer komplimentiert und mir wurde nach einem fröhlichen „Skol!" das freie Bett neben einem norwegischen Seemann zugewiesen. Das erschien mir auf einmal höchst bedenklich. Ich fragte das einheimische Personal: *„What`s going on here?"* und die vertellten mir mit aufgeheiterten Mienen: *„Operation, operation, juchheirasasa!"* Ich begann energisch zu protestieren: *„I dont want an operation, I dont want an operation!"*. Aber niemand wollte meine berechtigten Einwendungen gegen jegliche Art von Ausbeuterwillkür verstehen und man jagte mir, damit ich endlich den Mund hielte, eine Beruhigungsspritze in den Arm. Da war ich vielleicht von den Socken. Bis die Spritze wirkte, ließ ich mein bisheriges Leben Revue passieren. Ade, ihr Lieben, es war schön mit euch gewesen. Nun näherte sich ein malaiischer unterer Dienstgrad mit einer Schale und einem Rasierpinsel meiner Bettstatt. Er ließ vom *„mother`s little helper“* bis zu den Kniekehlen kein gutes Haar an mir. Durch die Wirkung der Beruhigungsspritze konnte ich den radikalen Angriff auf mein nachpubertäres männliches Aussehen schon relativ gelassen von oben herab verfolgen. Ich ergab mich meinem Schicksal, obwohl ich meine nunmehrige Nacktheit angesichts meiner bevorstehenden Hochzeitsnacht nach Einlaufen Rostock mit einer gewissen Skepsis betrachtete. Damals unüblich, findet man heute in jedem gut sortierten Inseratenteil die Mitteilung, ob die zukünftige Brieffreundin sich ordentlich rasiert hat oder nicht.

Es verging nicht viel Zeit nach meiner Einlieferung und ich ließ mich willenlos auf den Seziertisch packen. Dem Operationsteam saßen die Planziffern im Nacken, es stürzte sich wie eine Hyäne auf jeden Neukunden. Die Bedienung fuhr mich wie zum Flambieren bis vor eine große zweiflügelige Tür. Zwei englische Ärzte begrüßten mich dort gentlemanlike und drückten mir freundlich lächelnd die Narkosespritze in die Weichteile. Sie freuten sich offensichtlich diebisch, einmal einen „Kraut“ unter das Messer zu bekommen. Im Dahindämmern beschlich mich das ungute Gefühl, dass sie sich eventuell an mir noch einmal für Dünkirchen rächen könnten, obwohl die Frauenkirche in Dresden als Revanche gereicht haben sollte. Dann wurde es Nacht. Somit kann ich der Nachwelt keine großartigen BILD-gerechten Auslassungen über Operationsmethoden am Äquator hinterlassen. Die Narbe war nicht der Rede wert und schon am Polterabend musste meine Zukünftige tüchtig danach suchen.

Ich erwachte erst wieder in meinem Bett. Die ersten Stunden brannte die frische Wunde heftig und mir erging es wie jenem Verdurstenden im Rettungsboot, der immer „Wasser, Wasser!“ rief und sein Kumpel „Wo denn?“ antwortete. Welcher Reedereiangehörige kennt sie nicht, die Herren Sweetly und Poopdecker von der Royal Navy, denen dieses widerfuhr!

Am Abend besuchte mich mein Kapitän. Er gab sich ganz aufgelöst. Jeder wäre an Bord so recht und schlecht ersetzbar gewesen, aber ausgerechnet den Funker musste die schwer verdauliche Erbsensuppe aus der Kombüse treffen. Ersatz für ihn konnte in Singapore nicht beschafft werden. Wie sollte das auch unbürokratisch vonstatten gehen auf einem Schiff, das sich vor den Eisernen Vorhang traute. An eine aus Rostock kommende Vertretung konnte überhaupt nicht gedacht werden. Als ersten Ausweg einigte sich der Kapitän mit der kooperativen Ärzteschaft, mich vor der Überquerung des Indik nach Penang nachkommen zu lassen. Aber auch das stellte sich nicht als der Stein der Weisen heraus, denn dieses

Vorhaben verstieß immer noch gegen alle Vorschriften. Und so redete der Alte mit geschliffenen englischen Worten so lange auf den Doktor ein, bis der sein Zugeständnis gab, wenn mit mir übermorgen alles in Ordnung sei, ich wieder an Bord gehen könne.

Die kommende Nacht stellte für mich noch nicht das reinste Vergnügen dar. Am nächsten Morgen konnte ich mich schon wieder mit krummem Rücken ans Fenster schleppen. Dort eröffnete sich dem Betrachter der Blick auf einen gepflegten Park, in dem mir das Spazieren gehen in der Rekonvaleszenz sicherlich Spaß machen würde. An diesem Mittwoch genoss ich auf Kosten der DSR den Status eines Privatpatienten. Das Zimmer war angenehm klimatisiert, der Service wurde groß geschrieben. Am Morgen bekam jeder Patient die Speisekarte vorgelegt, nach der er sein Tagesmenü zusammenstellen konnte. Ich musste leider noch gewisse Auflagen erfüllen und konnte nicht ordentlich zulangen. Jede Stunde trat eine Malaiin durch die Tür und fragte an, ob die Herren Kaffee und Tee mögen täten. Mir gefiel es unter den hübschen malaiischen Schwestern, denen ich unter anderen Umständen ein *„Let`s spend the night together“* angetragen hätte, ausnehmend gut und der servierte Kartoffelbrei entpuppte sich als eine Wucht gegenüber der Bordverpflegung. Vielleicht hatte ich auch nur Hunger. Jedenfalls bedankte ich mich heimlich bei meinem Blinddarm, dass er bis Singapore ausgehalten und nicht schon in Chungjin mit dem Rebellieren angefangen hatte. Die eingelegten sauren Eier aus dem dortigen Seemannsclub wären mir bestimmt genau so sauer aufgestoßen.

Schade nur, dass ich den verkehrten Beruf an Bord ausübte und meinen Appendix nicht in Ruhe genießen konnte. Schon am darauf folgenden Donnerstagmorgen kam der Makler atemlos in mein Krankenzimmer gestürzt und teilte von einem Bein auf das andere tretend mit, dass das Schiff um elf Uhr auslaufen werde. Kurz nach Zehn gab der Doktor nach einer kurzen Visite seine Einwilligung zu meiner Entlassung. Ich schlüpfte in Hemd und Hose, sammelte noch etwas Medizin ein, welche die Schwester mit einigen Gebrauchsanweisungen auf meinem Kopfkissen malerisch ausgebreitet hatte, verließ unter dem mitleidigen Blick der Angestellten schwankend das gastliche Haus und ab ging es in wilder Fahrt quer durch Singapore hin zum Hafen. Ich hatte eine damals rekordverdächtige Verweildauer von knapp 46 Stunden im Krankenhaus hingelegt. Heute müssen selbst Patienten einer Herzverpflanzung nach dieser Zeit das Bett räumen.

Wir erreichten die Pier mit Müh und Not, in meinen Armen der Agent war tot. Nein im Gegenteil, der eilte mit Riesensprüngen die Gangway hinauf und ließ mich halbtot vor dem Dampfer allein zurück. Schon wieder empfing ich mitleidige Blicke, diesmal von mitreisenden Ehefrauen, die über das Schanzkleid gelehnt der Mutterinstinkt überwältigte, als ich auf allen Vieren die Gangway empor kroch. Sehr zu meinem momentanen Leidwesen wohnte ich nun auch noch unter dem Dach juchhe, sodass sich der Gang nach Canossa streckte. Glücklicherweise waren die Manöverstationen bereits besetzt. Ich brauchte nicht vor der versammelten Mannschaft Spießruten kriechen. Kaum befand ich mich fünf Minuten an Bord, schon legte der Dampfer ab.

Am Funkraum angekommen, fiel mein Blick auf die Stationsuhr. Gerade in diesem Moment stand der nächste Blindfunktermin vor der Tür. Das mobilisierte meine Lebensgeister, ich warf den Allwellen-Empfänger an und horchte in die Frequenz hinein. Mir war trotz meiner Abwesenheit kein Telegramm entwischt, stellte ich erleichtert fest. Just in diesem Augenblick erschien der Bootsmann, ein gesetzter älterer Herr, auf der Brücke, um nach dem Ablegen weitere Befehle in Empfang zu nehmen. Er hörte die Morsetöne und faltete mich nach allen Regeln der Kunst zusammen, was ich mir junger Schnösel wohl einbilde, so leichtfertig Thrombosen, Embolien, Darmverschlingungen und einen Elefantenfuß in Kauf zu nehmen. Ein paar Tage zuvor hatte mich in meiner Hütte schon der chinesische Wachmann heftig attackiert. Nun reichte es.

Ich dankte dem Bootsmann, dass er mir den rechten Weg zur inneren Einkehr wies und ging für zwei Tage mit meiner Koje in Klausur. Den Seefunkdienst zwischen Singapore und Port Swettenham ließ ich Seefunkdienst sein. Die Deutsche Post, die Funkinspektion und die in der Nationalen Front des demokratischen Deutschlands vereinigten Parteien mögen mir noch heute verzeihen. Hübsche Stewardessen brachten mir die Verpflegung bis an die Koje. Tatsächlich handelte es sich immer noch um die alten von vorher. Ich lag wohl im Fieberwahn. Als Aufbauhilfe spendierte die Kombüse sogar ein Spiegelei extra.

Unsere Barkasse, bevor sie für Vergnügungsfahrten auf der Warnow von Bord ging

Leider musste ich auf das Abenteuer einer Barkassenfahrt durch die Mangrovendickichte und sich daran anschließenden Palmenhaine rund um Port Swettenham verzichten. Dieses aufregende Erlebnis konnte aber auf späteren Reisen mehrfach nachgeholt werden. Die Gewässer um den Reedeplatz des Schiffes herum boten ein ausgezeichnetes Revier für Bootsausflüge. Fast immer, wenn wir Port Swettenham, später Port Kelang genannt, anliefen, wurde ein Boot ausgesetzt, mit dem ein Teil der Besatzung die Küstenlandschaft erkundete. Den der North und South Klang Strait vorgelagerten Inseln galt dabei weniger unser Interesse, da sie dicht mit Mangroven bewachsen waren, die einen Landgang unmöglich machten. Diese Gelegenheit bot sich erst, wenn das Boot an Port Swettenham vorüber entlang der Insel Pulau Lumut den hier mündenden Sungei Langat hinauffuhr. Dort lichtete sich bald das Mangrovengestrüpp. Bis an die Ufer breitete sich eine gepflegte Kulturlandschaft aus, die am nächstgelegenen Landesteg zum Festmachen einlud. Ein Pfad führte in das nächstgelegene Kampong, ein typisch malaiisches Dorf mit den auf Stelzen ruhenden Häusern, wie sie vor dem nächsten Jahrhunderthochwasser auch an den Ufern des Sachsengully bei Dresden errichtet werden sollen. Häuser und

Bewohner dämmerten, umgeben von Kaffeepflanzen und Bananenstauden, im Schatten ausgedehnter Kokospalmenhaine vor sich hin. Meistens setzte hier ein kleiner Tauschhandel zwischen den Siedlern und den Seeleuten ein. Erfolgsprodukte des sozialistischen Einzelhandels, die Zigaretten vom Typ Cabinet und Seife der Marke Nautik wechselten gegen Bananen und Kokosnüsse den Besitzer. Deshalb durften wir uns nach einem halben Jahr auch nicht wieder an der gleichen Stelle sehen lassen. Wenn die Moskitos gar zu aufdringlich gegen uns vorgingen, musste zum Rückzug geblasen werden. Im Boot stapelten sich auf der Rückfahrt die ausgetriebenen Kokosnüsse, denen ein grauenvolles Schicksal bevor stand. Dieses fasste einst ein großer deutscher Dichter in Worte, die mich mein Vater noch vor dem Schulantritt lehrte: „Eene kleene Kokospalme streckt in Sachsen ihre Halme. Und sie sagt, ich bring in Sachsen, es nicht weiter mit dem Wachsen. Nüsse krieg ich nimmermehr, das gibt's Klima hier nicht her. Um zu enden ihre Pein, ging die kleene Palme ein." Ich hatte niemals vermutet, je mit dieser bitteren Wahrheit konfrontiert zu werden. An Bord tat die Klimaanlage das ihre, um den kleinen Palmen das Fortkommen so schwer wie möglich zu machen und die letzte verwelkte Nuss wurde am Strand von Warnemünde vorüber treibend gesichtet.

Den Sonntag hatte das Krankenhaus als Termin für das Fäden ziehen vorgegeben. Diese außerordentlich qualifizierte medizinische Handlung übernahm der Kapitän höchstpersönlich. Er wusste vermutlich auch die Ärzte im Krankenhaus davon zu überzeugen, dass er diesen künstlerischen Akt zu ihrer und meiner besten Zufriedenheit ausführen könne. Um seine anatomischen Kenntnisse zu vervollkommnen, den nächsten Blinddarm wollte er persönlich unters Messer nehmen, hatte er vormals im Südstadt-Krankenhaus in Rostock hospitiert. Er wollte sich nun am lebenden Objekt beweisen. Mit der hohen Kunst des Schneidermeisters Wibbel schnitt er die Fäden hart am rechten Einstichloch ab und zog sie dann am linken heraus. Es kribbelte ein wenig. Damit fand das Faulenzerleben für mich ein Ende.

Bevor das Schiff nach zehn Stunden Versegelung am Montagabend in Penang eintraf, schickte ich bereits einen großen Stapel von Telegrammen mit Nachrichten, die sich in den vergangenen Tagen angesammelt hatten, aus dem Funkraum auf die Reise. Ganz nebenbei der Familie einen ordentlichen Schreck einzujagen, konnte ich mir nicht verkneifen. „Nach schwerem medizinischen Eingriff auf dem Wege der Besserung." Am Dienstag um Mitternacht verließen wir Penang mit Kurs auf Europa via Kap der Guten Hoffnung, nicht ohne dass ich einen dreistündigen Landgang auf der beliebten Ferieninsel zum ausgiebigen Beine vertreten nutzte. Eine der interessantesten Wochen während meiner Seefahrtszeit gehörte in die Geschichtsbücher und dort unter die Rubrik „Sozialistisches Bewusstsein".

Es hatte sich wieder einmal bewiesen, der Funkoffizier galt neben dem Kapitän als der wichtigste Mann an Bord, bevor der Politoffizier ihm den Rang ablief. Ohne den FO durfte der Kapitän mit seinem schönen Schiff nirgendwohin fahren. Den PO hingegen hätte er auf jeder einsamen Insel aussetzen können, ohne dass der jemals vermisst worden wäre - bis zu dem Zeitpunkt, als jener sich im neuen Jahrtausend überraschend mit Freitag und Papagei wegen einer Opferrente bei den deutschen Behörden meldete.

Ich nahm mir vor, zu Hause angekommen, ein Dankschreiben an das Gleneagles Hospital nach Singapore zu senden, um mich für die kurze, aber vorbildliche Behandlung und Pflege zu bedanken. Dort brauchte der Seemann keine Angst zu haben, unterwegs mal ein bisschen, aber eben auch nur ein bisschen krank zu werden. Aus gutem Grund unterließ ich es, denn viel später und im Nachhinein konnte ich froh sein, dass man mir die ganze Affäre nicht als vorgeschobenen Grund für eine Kontaktaufnahme mit der ethisch heruntergekommenen Ausbeuterclique ankreidete und kurzerhand mein Seefahrtsbuch kassierte.

Viele Schiffe blieben von ähnlichen Ereignissen nicht verschont. Auf der nächsten Reise mussten wir unseren Vierten Ingenieur in Singapore an die BOIZENBURG abgeben, weil die ihren Zweiten Ingenieur krankheitsbedingt auf der Insel Mauritius zurückgelassen hatte. Es war schon ein Jammer, trotz täglicher Schiffspresse traten immer wieder Leute auf, die vorgaben, auf der Plauze zu liegen, nur um sich einen Südsee-Urlaub zu erschleichen. Ein Appendix auf Mauritius wäre mir sicherlich auch sehr angenehm gewesen. Unser 4. Ing. zog ein gutes Los. Er machte Karriere zum Dritten Ingenieur, das Schiff lief von Singapore nach Hongkong und ging dann schon auf Heimatkurs. Wir hingegen kämpften uns wieder bis nach Chungjin durch. Derartige Glücksfälle wie für unseren Ing. gab es selten. Nieten wurden bei solchen Von-Bord-zu-Bord-Verschickungen weit öfter gezogen, vor allem wenn von dem guten Mann anschließend in Rostock das Seefahrtsbuch eingefordert wurde.

Der Funkoffizier im Zeichen höchster schöpferischer Unruhe

Leider durfte ich durch diesen Zwischenfall meinen ungehinderten Landgang in Singapore nicht voll ausschöpfen. Auf den folgenden Reisen hatte sich das politische Klima bedauerlicherweise infolge des sich intensivierenden Vietnamkrieges sehr verschlechtert. Den Besatzungen von Kommunisten-Dampfern erlaubten die Behörden nur noch Landgang zwischen 9 und 17 Uhr und dies auch nur für jeweils zehn Mitglieder der Besatzung. Diese Angstpsychose angesichts der umstürzlerischen Anwesenheit von DSR-Seeleuten im Stadtstaat konnte schon stolz machen. Was hatten die doch für einen Schiss vor uns! Und wenn dann noch ein zweiter Frachter unserer Company im Keppel Harbour lag, lungerten zwanzig deutsche ideologisch durchtrainierte, mit allen Wassern der Weltrevolution gewaschene Kommunisten auf einmal durch die Straßen und drangen bis zu den Regierungsgebäuden vor. Die von der CIA eingeflüsterten Befürchtungen schienen nur zu berechtigt. Wir drückten auf Weisung der Politabteilung unseren durchgekatschten Kaugummi in sämtliche Schlüssellöcher am Straßenrand. Das hätte der Republik Singapore beinahe den Garaus gemacht. Deshalb wurde dort das Kaugummi-Kauen unter Androhung schwerster Strafen umgehend verboten.

Nach den teilweise hektischen Wochen in den Fernosthäfen begann nun wieder die eintönige Routine der vierwöchigen Überfahrt über Indik und Atlantik, nur unterbrochen durch das Bunkern im südafrikanischen Durban. Der Indische Ozean zeigte sich nicht von seiner besten Seite. Tagelang rollte das Schiff in grober See anhaltend und heftig. Außerhalb der Wachroutine beschränkte sich der Dienst auf einen täglichen Gang zu Rügen Radio zum Absetzen und Empfangen von dienstlichen und privaten Telegrammen. Zusätzlich pflegte ich die Kontakte zu Company-Schiffen. Das Flaggschiff aller XD-Schiffe, die schon einmal ausreisend kurz vor dem Kap getroffene heimwärts gehende ROSTOCK, lief mit nördlichem Kurs über das Arabische Meer und wollte am 31. Juni in Bombay eintreffen. MEYENBURG und KARL-MARX-STADT bestätigten entgegenkommend die Personalmisere in Rostock. Dort standen weder Offiziere noch Mannschaften zur Ablösung in Reserve. Alle Inspektionen waren schon ausgefegt.

Den Funkoffizier der MEYENBURG wollte die Reederei vom Polterabend weg auf die ALTENBURG shanghaien, so klagte er sein Leid. Zum Kompromiss stieg er fünf Tage nach seiner Hochzeit auf eben dieses Schiff auf. „Die Reederei müsste mal so richtig auf den Bauch fallen!“ Diese Meinung wurde an Bord voller Groll geäußert. Wir waren doch keine leibeigenen Bauern! Partei und Regierung sahen das wohl anders, denn zum 20. Jahrestag der Republik bekam die Deutsche Seereederei den Orden „Banner der Arbeit“ überreicht. Die Crew zweifelte heftig an, ob die Firma diese Auszeichnung verdient hatte.

Irgendwie ging es dank der Einsatzbereitschaft der Seeleute auch immer wieder gut. Ich wurde bescheiden und nun schon froh über die viele

Rostock-Ladung in den Luken und die mäßige Gangart der Stauer im Überseehafen. Beides würde für zwei, drei Wochen Liegezeit reichen. Ich hoffte inständig, dass ich während dieser Zeit meinen Heiratskontrakt unter Dach und Fach brächte.

Am 30. Juni wurde unser Schiff im Dienste der Reederei ein Jahr alt. Eigentlich wäre dies ein Anlass gewesen, ein zünftiges Bordfest zu feiern, aber getränkemäßig konnte das Schiff nur noch mit einer Notstandsverordnung regiert werden. Auslaufend Penang neigte sich das gute Hafenbräu dem Ende entgegen. Jeder schleppte von den letzten Reserven noch etwas in seine Kammer. Brause und Selters rannen schon seit längeren keinem mehr die Kehle hinunter. Nur Vita Cola stand weiterhin in der Last. Die stammte noch von der Jungfernreise, hatte inzwischen das biblische Alter von zwölf Monaten erreicht und war somit nicht jedermanns Geschmack. Sie löste mittlerweile halluzinatorische Symptome aus. Welche Ingredienzien auch immer Leuna zugeliefert hatte, im Ergebnis ihrer chemischen Metamorphose durch die experimentelle Rüttelmethode nach Pfarrer Kneipp hätte sie gut und gerne als ein Elixier des Teufels über die Theke gehen können. Die Decksgang verwendete die Chemikalie inzwischen ganz profan als Rostumwandler. Die letzte Flasche Weinblattsiegel, oh Schande und Verderben, schrieb der Obersteward bereits zwei Monate nach dem Auslaufen Rostock an. Seitdem lastete ein schwerer Fluch auf ihm und er musste einen Spucknapf während der Transitausgabe vor der Last aufstellen, wenn er die Ladung nicht selbst abbekommen wollte.

Die RONNEBURG lief als letztes XD-Schiff den Hafen Durban zum Schweröl bunkern planmäßig an. Zukünftig mussten die XD-Schiffe auslaufend in Dakar und heimreisend in Las Palmas oder anderswo bunkern. Der Rest der Flotte, der mit Diesel fuhr, lief bereits seit längerem non-stop um das Kap herum. Das Einlaufen in Durban stand für uns schon derartig auf des Messers Schneide, dass im Vorfeld einige verschlüsselte Zahlentelegramme hin und her gesandt wurden. Der Kapitän brach wie die revolutionär erregten Volksmassen in Shanghai jedes Mal in Begeisterungsstürme aus, wenn ich ihm ein derartiges Dokument verhalten grinsend in die Hand drückte. Mir konnte es egal sein, mir klangen alle Morsezeichen recht. Der Alte jedoch kam über den Zahlenkolonnen mächtig ins Schwitzen. Ein bisschen Häme ließ sich deshalb beim Aushändigen derselben nicht verbergen. Was sollte diese Geheimniskrämerei hinter meinem Rücken?

Letztlich bestand für das Schiff keine andere Wahl, als den Apartheid-

Hafen anzulaufen, wenn es nicht ohne Treibstoff Richtung Antarktis vertreiben wollte. Und auf eine Karriere als Fliegender Holländer mochten wir allesamt nicht bauen.

Das enttäuschte Geheul der Besatzung klang nach dem Festmachen in Durban durch alle Gänge, weil so gut wie keine Post an Bord kam. Die Reederei hatte schon keine Dienstpost mehr hierher geschickt und viele Leute ließen sich ihre Privatpost ebenfalls über die Poststelle der Reederei zusenden. Die kurze Liegezeit verlief trotzdem überaus korrekt und während der Ölkrise Anfang 1974 begrüßte die Agentur Gundelfinger unser Schiff nicht nachtragend wegen des Abbruchs der Beziehungen wieder mit offenen Armen. Im Gegensatz zum europäisch wirkenden Durban kamen später während der Bunkerzeiten in Dakar schwarze Händler an Bord, die braune Holzmasken und bunte Perlenketten anboten. So änderten sich die Zeiten. Vor einhundert Jahren konnte der amerikanische Abenteurer Henry M. Stanley auf der Suche nach dem Afrikaforscher Livingstone und den Quellen des Nil mit Glasperlen noch ganze Völkerstämme in Schwarzafrika glücklich machen. Nun kehrte der ganze Tand zur Strafe des weißen Mannes gegen harte Valuten zu ihm zurück. Glücklicherweise zeigten die Händler keine Abneigung, auch mal eine nagelneue schneeweiße Reedereiuniform in Zahlung zu nehmen.

In den wöchentlichen Beiträgen der Schiffspresse unter der Rubrik „Schiffspositionen“, die ein größeres Interesse als alle anderen Verlautbarungen zusammen fand, von Sport und Heimatwetter einmal abgesehen, las jedermann jederzeit, wo sich gerade sein ehemaliges Brotschiff befand, wo ehemalige Kameraden sich bewegten oder welche alten und neuen Häfen durch DSR-Schiffe angelaufen wurden. Grobe Hinweise auf den Verbleib der Schiffe waren dadurch zu erhalten. „MS RONNEBURG auf der Fahrt nach Durban“, stand nie in der Schiffspresse.

Nach dem Bunkern in Durban folgten weitere vierzehn Tage Bordroutine, in denen das Schiff die Weiten des Atlantischen Ozeans immer gen Norden bis nach Westeuropa durchfurchte. Während dieser Zeit brach an Bord der Kommunismus aus - jeder hatte von jedem genug.

Noch auf halbem Wege brachte MT WOLFEN aus Rostock die Neuigkeit mit, am 1. Januar 1970 werde eine neue Reederei mit einem stilisierten Greif in der Schornsteinmarke gegründet. „Was soll der Käse“, äußerte sich das Schiffsvolk dazu einhellig. Von dreißig Prozent mehr Heuer und so viel Devisen, wie sie bisher nur die Fruchtdampfer in Charter bekämen, wurde getuschelt. Da spitzte mancher die Ohren, wollte aber dann doch nicht zu den „Schütten“ mit ihren oft öden Bestimmungshäfen und deren abgelegenen Liegeplätzen wechseln.

Am 30. Juli traf das Schiff in Rostock ein, eine Woche später schritt ich zum Traualtar, am 21. August 1969 lief der Dampfer mit mir wieder nach Fernost aus. Noch wusste ich nicht, dass zwanzig ähnliche Reisen an Bord des MS RONNEBURG in den nächsten neun Jahren in verschiedenen Fahrtgebieten vor mir lagen.

Getreideheber im Hamburger Hafen

DSR-LINES

F.E.F.C. MEMBER

HONGKONG/EUROPE SERVICE

FRIEDRICH ENGELS Loading Buoy A-24
Sails 12 Dec.

RONNEBURG Loads 2 Jan.
Sails 3 Jan.

For Rotterdam (32 days), Hamburg (34 days)
& Rostock (37 days).
Also Antwerp & Bremen Subject Inducement
(Limited Passenger Accommodation and Reefer Space
Available).

INWARD FROM EUROPE

Also Loading For Japan

RONNEBURG Loading Buoy A-10
Seils 12th Dec.

KARL MARX Loads 12th Jan.
Sails 13th Jan.

For Yokohama, Kobe

Agents

East Asia Shipping (Hongkong) Ltd.

Rm 903, LOKE YEW BUILDING, 9th Floor.
TEL H-238870
CHINESE FREIGHT AGENTS CHEONG KEE CO.
(FOR HK/JAPAN SERVICE ONLY)
LOKE YEW BLDG (7TH FLOOR) Tel: H 235384, H 235385

11. Akt von der Warnow mit Typ XD zur Insel der Träume - oder: Seefahrt im Päckchen ist schöner

Die Personallage rund um die Funkoffiziere befand sich Anfang der '70er in einer ständigen Krise. Wenn mir daher schon kein Urlaub gewährt werden konnte, musste ich versuchen, dieser permanenten Ausnahmesituation anderweitig zu begegnen. Bereits im April 1969 richtete ich einen Antrag auf Mitreise meiner Zukünftigen an die Arbeitsökonomie, mit der Drohung, bei Nichtbewilligung ganz böse zu gucken. Die Kaderkommission des Flottenbereiches Asien/Amerika beschied mir höflich und mit dem größten Bedauern, Flitterwochen auf See unmittelbar im Anschluss an die Vermählung seien zur Zeit noch nicht möglich, Anträge auf Mitreise könnten erst nach der Eheschließung bearbeitet werden und Ausnahmen dürften auch bei mir nicht gemacht werden. Ich musste die bisher gehegten Pläne, die Ramschtische bei C&A und KARSTADT gemeinsam nach einer Aussteuer (Rheuma-Bettdecken und MITROPA-Kaffeemaschine) zu durchwühlen, erst mal auf Eis legen. Fünf Monate nach dem Ja-Wort kletterte mein Augenstern im Januar 1970 erstmalig die Gangway für eine Südostasien-Reise empor. In dieser neuen Umgebung verstanden wir uns auf Anhieb prächtig. Vor der Hochzeit durften wir uns auf dem DSR-Zeltplatz in Timmendorf/Insel Poel etwas näher kommen, als ich ihr wegen einer Magenverstimmung ein durchgekautes Glas Bockwurst zu Füßen legte. Nur für sie kehrte ich das Innerste nach außen. Jener ausgesprochen unkonventionelle Liebesbeweis verband unsere Herzen fortan auf das innigste. Dieses unerwartet gute Einvernehmen in der engen Koje an Bord gab beiderseitig Veranlassung, unsere Annäherung bis hin zur friedlichen Koexistenz weiter voranzutreiben. Ein solches „gentleman agreement" erreichte in Seefahrerfamilien in der Regel seinen Höhepunkt nach zehn Jahren anlässlich der Übergabe der Bronzemedaille für treue Dienste in der Seeverkehrswirtschaft. Jeder machte seins, man traf sich zum Kinder zeugen. Seefahrt hielt die Liebe jung. Mein Ehegespons erklärte sich am Reiseende spontan zu einer weiteren Mitreise bereit. „Warte, warte noch ein Weilchen, ich muss nur noch mal schnell eine Fahrt nach Japan und Korea runterreißen", schleuderte ich ihr die ungeschminkte Wahrheit ins traurige Angesicht. Kann auch umgekehrt gewesen sein.

Nun war diese Fernostreise bereits Geschichte und am 10. Dezember 1970 verließ die RONNEBURG nach einer zehnwöchigen Werftzeit in Warnemünde mit Kurs Südostasien ein zweites Mal mit meiner mitreisenden Ehefrau an Bord wieder den Rostocker Überseehafen. Wir kamen beide daraufhin zu dem Schluss, etwas Besseres könne einem in der Schnellkochtopf-Republik, hermetisch abgeschlossen und stets unter Druck, nicht zustoßen als solch ein Seefahrerleben. Vor allem die Beschäftigten im Ambulatorium eines sozialistischen Großbetriebes reagierten bei der Ankündigung konfus, sie würden ihre junge Kollegin zukünftig nach jedem halben Jahr für vier, fünf Monate an die von Palmen gesäumten Strände der Tropen und die Einkaufsparadiese von Hamburg und Hongkong verlieren.

Das Antrittstelegramm nach den Wochen zum Abbummeln der „Freien Tage“ an Land kam trotz aller erfreulichen Zukunftsperspektiven für die nächsten drei, vier Monaten wie Gevatter Tod viel zu früh und obwohl seit längerem erwartet nun doch überraschend. Argwöhnisch hatte ich in den letzten Tagen die Straße beobachtet, auf der die Postfrau entlang zu kommen pflegte. Dann der Augenblick der Wahrheit, die gehegten Befürchtungen wurden Realität. „Dienstantritt Montag morgens“ und „Kapitän“ stand auf dem Papier, das ich mit leicht erhöhtem Blutdruck aus dem Umschlag riss. Alles war vorbei. Vorbei die Spaziergänge im nahen Wäldchen, die Besuche bei Verwandten und Bekannten, vorbei die hausschlachtenen Würste der Schwiegereltern, das verrauschte Westbild und die dadurch lieb gewonnene „Aktuelle Kamera“.

Auf der Wendeplatte im Breitling

Nun rollte der D-Zug mal gemächlich, mal schneller holpernd gen Norden durch die Nacht. In Leipzig konnten wir beiden noch zwei Plätze in einem Liegewagenabteil auf der obersten Liege ergattern. Der vorher abweisende Schaffner wandelte sich durch den Anblick einer Schachtel Marlboro in einen Menschen mit Manieren, die einem Fünf-Sterne-Hotel alle Ehre machten.

De merschten Säefoahrer gamen aus Soachsn. Viele von ihnen stiegen mit äußerst gemischten Gefühlen an ihren Heimatbahnhöfen in die Züge Richtung Rostock. Dieser Beklemmung unterm Kehlkopf mit Verengung der Speiseröhre auf den Durchmesser eines Bleistiftes konnte ich dank der großherzigen Geste der Reederei, meine Liebste für sieben Mark am Tag für ein paar Monate mit durchzufüttern und durch die Welt zu karren, für dieses Mal entkommen.

Doch Bahnfahren musste nicht immer bedrückend sein. Vor allem dann nicht, wenn Hein Seemann voller Wiedersehensfreude heiter und beschwingt mit japanischen Teeservices aus Kobe und ausgestopften Koalas aus Singapore wie Kuddel Daddeldu ins Binnenland reiste, um gemeinsam mit Kumpels den wohl verdienten Urlaub anzutreten.

So gab einmal unser Obersteward Charly seine Bahn-Story zum Besten: Nach einer langen Fernostreise fuhr er mit seinem guten Freund, dem Storekeeper, von Rostock nach Karl-Marx-Stadt, um dort in den Zug nach Reichenbach im Vogtland umzusteigen. Der Anschluss klappte überraschenderweise. Er machte es sich bequem im sonst leeren Abteil. Als unser Herrscher über die Bierlast wieder einmal einen Blick aus dem Fenster warf, stand sein Zug Richtung Reichenbach immer noch in Karl-Marx-Stadt, allerdings jetzt auf dem Abstellgleis. Auf die Reichsbahn war seit jeher kein Verlass, wen wunderte es. Diesmal konnte sie alle Schuld von sich weisen. Die zwischen der Küste und den Mittelgebirgsschluchten in der MITROPA genossenen kühlen Blonden aus Radeberg hatten ihre Wirkung nicht verfehlt. Sie beförderten den Tiefschlaf derartig, dass der Bord-Mundschenk sein Aussteigen in Reichenbach verpasste. Er rollte wieder nach Karl-Marx-Stadt zurück, verschlief selbst hier die Ankunft und alles weitere. Vielleicht fuhr er zwischen Karl-Marx-Stadt und Reichenbach mehrfach hin und her, wer weiß das schon zu sagen. Eifrige Zugbegleiter, die durch die Abteile eilten, um auf fünfzig Streckenkilometern dreimal Fahrkarten zu kontrollieren und ihn hätten wecken können, hielt die Reichsbahn damals nicht vonnöten. Die Bahn bescheißen wollten die Leute dem allgemeinen Trend folgend erst nach 1990.

Auch sonst ist unser Charly als ein Unikum in Erinnerung geblieben. Ein kühles Helles vor sich sehend, ließ er sich schon mal darauf ein, mit dem Chefkoch gegen einen vollen Kasten Hafenbräu zu wetten, einen fetten tropischen Nachtfalter, frisch vom Deckscheinwerfer weg gefangen, ohne Gemüsebeilage und Ketchup zu verspeisen. Die umstehenden Wettkampfrichter bemerkten, wie sich ihr Abendbrot bedenklich in Richtung Kehlkopf zurück bewegte, als er das heftig vor sich hin staubende Insekt zwischen die Zähne nahm. Auch dem Schmetterling schien es bei Charly nicht zu gefallen. Er fand von unten her kräftig geschoben etwas lädiert den Ausgang wieder. Unserem Charly wurde von der Jury nur ein halber Kasten zugesprochen, weil er den Falter, tot oder lebendig, wieder entkommen ließ.

Ich registrierte, meine Gedanken weilten schon an Bord. Der D-Zug aus Leipzig rollte weiter durch die Nacht. Er traf mit zwanzig Minuten Verspätung in Rostock ein, in jener Stadt, mit der sich mancher Seemann in einer Art Hassliebe verbunden fühlte, sofern er ihr nicht völlig verfiel wie ein Schiffersmann der Loreley. In diesem Falle okkupierte er eine der Arbeiterbuchten von Lütten Klein und seine Frau gebar viele Kinder.

Die frische Ostseeluft ließ nach dem nächtlichen Mief im Liegewagen tief durchatmen. Sie tat richtig gut. Auf dem Bahnsteig begegneten mir drei Bordkameraden der vorangegangenen Reise, die just am Vortage ihren Aufhebungsvertrag bei der Reederei unterschrieben hatten und frohgemut betonten, damit das Elend Seefahrt endlich hinter sich gebracht zu haben. Jeder an Bord schätzte sie als gute, engagierte, arbeitswillige und kollegiale Seeleute. Keine Frage, dieses Zusammentreffen wirkte nicht gerade motivierend auf einen Wiederaufsteiger. Vielleicht konnte ich mich damit trösten, bei ihnen würde das große Zähneklappern schon noch kommen, ebenso wie ihre späte Erkenntnis, dass kein Landberuf der Seefahrt Paroli bieten konnte. Kurz darauf traf ich auf einen Berufskollegen, der ebenfalls seinen Abschiedsbesuch bei der Company absolviert hatte. „Wieder einer weniger, der dich ablösen kann. Irgendwie bist du wohl doch auf dem verkehrten Dampfer“, ging es mir durch den Kopf.

Die Rostocker Taxifahrer luden jeden Fahrgast in Richtung Überseehafen mit Kusshand ein und spendierten ihm einen Pfefferminzbonbon. Ein Luxus, den ich mir erst bei der nächsten Rentenerhöhung werde leisten können, dieses süße Schmankerl. Diese Fahrt zu solch früher Stunde lohnte sich nur bedingt. Die Leute der Verwaltung schliefen noch den Schlaf der überzeugten Gerechten, ehe sie begannen, von der durchgepennten Nacht erschöpft hinter ihren Schreibtischen niederzusinken. Warten wir lieber auf den Personenzug, der die Strecke für eine billige runde Mark in etwa zwanzig Minuten bewältigt. Mit voller Kraft voraus - hinein ins Rostocker Hafenliegezeit-Chaos!

Der Weg vom Reichsbahn-Haltepunkt „Überseehafen/Üsh“ zur Verwaltung der Reederei betrug nur einen Katzensprung. Mehr als einen Heuerschein abzuholen, musste dort meistens nicht erledigt werden. Dabei blieb es auch diesmal. Der Seemann fand selten Muße, um für seine Anliegen durch die Flure von Pontius zu Pilatus zu hetzen. Glück für die Angestellten, dass er nach der Reise den Dampfer soweit wie möglich fluchtartig verließ und den nächsten D-Zug in Richtung Heimat derartigen Dienstbotengängen vorzog. In die Mühlen der Verwaltung zu geraten, schien überdies nicht empfehlenswert.

Ein Funker des Fischkombinates Rostock, der eines Tages die Nase voll hatte vom sturmzerzausten Nordatlantik, wollte sich Ende der '60er bei der Company bewerben, als dort mal wieder ein besonderer Engpass an Leuten herrschte. Ein Studienkollege gab ihm hinterhältig-eigennützig den heißen Tipp. Sein Eheweib köderte er damit, er könne ihr im Dienste der DSR statt stinkendem Fisch und Deputat-Kohle glitzernde Geschmeide aus Beirut und seidene Gewänder aus Bombay zu Füßen legen. Er kam auch unbeschadet ins Verwaltungsgebäude rein. Jedermann besaß damals noch freien Zugang. Suchend irrte er durch die Gänge. Plötzlich stand er auf einer oberen Etage vor einem leibhaftigen Direktor für irgendwas, der mal für ein natürliches Bedürfnis kurz über den Flur musste. Der Direktor, von unserem ratlosen Seemann angesprochen, hörte sich sein Anliegen auch kurz an, nahm seine Visitenkarte und sagte: „Hiermit gehen Sie mit schönem Gruß zur Arbeitsökonomie.“ Die Sachbearbeiterin Kader hörte unseren Mann an, nahm flugs eine Karteikarte, beschrieb sie und meinte: „Gehen Sie hiermit mal zur Funkinspektion Flottenbereich Asien/Amerika, die sind immer klamm und können Ihnen am besten Auskunft geben, ob jemand gebraucht wird.“ Im Flottenbereich Asien/Amerika schickte man ihn von einem zum andern, vom letzten Mann hinüber in den Flottenbereich Afrika. Dort sagte ein wohlwollender Genosse zu ihm: „Hier, mit diesem Zettel gehen Sie mal zum Flottenbereich Spezial.“ Bei Spezial blieb unser Fishermans Friend auch nicht lange, sondern landete mit dem Zettel eines hinterhältigen Humoristen vor der Tür der Politabteilung. Dort wurde er angeschnauzt, wie er überhaupt bis zu ihnen vorgedrungen sei, sie wären schließlich inkognito hier. Man gab ihm einen versiegelten Briefumschlag mit den Aufdrucken „Verschluss-Sache“ und „Von Unbefugten nur im Falle eines Atomschlages zu öffnen“ und befahl: „Gehen Sie damit zur Wache am Hafentor!“ Die Wache las den Inhalt durch, filzte unseren Seemann von oben bis unten, nahm seine Personalien auf und drohte ihm wegen versuchter Republikflucht den Entzug des Sichtvermerkes an, wenn er sich nicht umgehend trolle. Zu Hause trat seine Frau schon von einem Bein auf das andere: „Na, Hans-Dieter, hat es geklappt?" „Nee", sagt der, „aber das eine kann ich dir sagen, eine Organisation haben die dort! Das ist einfach großartig! Fabelhaft, kann ich dir sagen!"

Exportschlager, zur Verladung bereit, im Überseehafen

Vor der Tür der Arbeitskräftelenkung hatte sich schon ein Trupp zukünftig Heimatverlorener mit hängenden Köpfen eingefunden. „Wo liegt denn der Dampfer?" „Hafenbecken B, Liegeplatz 36". Oh, der war verdammt weit weg. Raus aus dem Reederei-Silo, quer durch die geparkten Autos auf die andere Straßenseite hin zum Hafentor. Den Seesack, schon schnaufend, wieder abgesetzt. Bei dem handelte es sich um ein mit Vorhängeschloss verschließbares Erbstück vom Vater aus seiner amerikanischen Kriegsgefangenschaft. Die Prisoner of War-Nummer obendrauf gab darüber Auskunft. Dieser Kitbag ließ sich mit einem gewissen Stolz wesentlich besser handhaben als der wuchtige, grüne und grob gewebte aus der Kleiderkammer der DSR, der bei den meisten Lords nur Arbeitsplünnen sah. Mit dem Seefahrtsbuch besaß alles seine Richtigkeit, ebenso mit dem Reisepass meiner Gemahlin. Wir durften nach kurzer Kontrolle das „Tor der Tränen“ passieren.

Es bedurfte schon gewisser Raffinessen und eines Schusses Botmäßigkeit, in den Hafen einzudringen. „Raus kommen sie alle“, könnte ein Bonmot lauten. Doch der Weg hinaus aus dem Hafentor entwickelte sich öfter ins Hochnotpeinliche. Besaß Hein Seemann zu viel Kleingeld in der Tasche und die Hose beulte aus, musste er am Hafentor garantiert eine Leibesvisitation über sich ergehen lassen. Völkerrechtswidrige Konterbande einzuschleusen, gehörte zu den Hobbys jeden Seemannes. Alles Räsonieren in Zwiesprache mit meinem sauren Magen half nichts, zum Frustabbau blieb nur ein gehöriges Quantum herablassender Verachtung übrig. Arsehole! (im Kreuzworträtsel: Austrittspforte für verdauten Speisebrei)

Die Zöllner gebärdeten sich in ihrer anbefohlenen Verschlossenheit als penible Anwender der Dienstvorschriften preußischer Provenienz, einer besonders grauslichen Variante des Sozialismus. Über den Umgang mit Bürgern, die zur Gattung Mensch und nicht Affe zählten, stand im Vorschriftenwerk leider nichts geschrieben. Wie allen „Organen“ schien ihnen der Humor völlig abzugehen. Vor Dienstantritt nahmen sie gegen jede menschliche Regung stets prophylaktisch einen Schluck aus der Essigflasche oder Zitronencreme hieß ihr Geheimrezept. Eine Fingerkuppe davon auf das Kleinhirn massiert und schon ließen sie die Mundwinkel hängen wie Angela Merkel. Die Seeleute, welche mit ihnen Umgang pflegen mussten, konnten meinen, die Graubedressten wären nicht besonders helle. Doch siehe da, als die gleichen Typen die Trabbis an den Grenzübergängen durchzuwinken begannen, verschwand dieser Gesichtsausdruck über Nacht, wie seltsam. Sie trugen plötzlich heitere Mienen zur Schau wie alle in diesen wilden Zeiten.

Während der Offizier von der Grenzbrigade Küste bei der Kontrolle der Seefahrtsbücher in der Offiziersmesse genüsslich an seiner Tasse Kaffee nippte, saßen die Zollsekretäre mit den Ladungspapieren wie die Stockfische daneben, unwissend, dass sie die einfachsten Regeln der Gastfreundschaft missachteten, wenn sie eine Tasse Kaffee ausschlugen. Vielleicht schlotterten sie nur vor Angst, die Konnossemente zu bekleckern. Die Zollassistenten machten sich zwischenzeitlich durch ihre antiimperialistische Wühltätigkeit auf dem Dampfer unbeliebt. Zum Verdruss von Hein Seemann saßen sie allesamt als Staatsgewalt am längeren Hebel. Er tat gut daran, Konflikten mit ihnen soweit aus dem Wege zu gehen, dass sie nicht in eine „Missachtung der Staatsorgane“ mündeten und seine berufliche Existenz gefährdeten. Oft genug blieb ihm nichts anderes übrig als ihren irrwitzigen Forderungen zähneknirschend nachzugeben.

Weder die Leibesvisitation am Tor noch die Ahndung des im Schubfach vergessenen „Stern“ durch beharrlich anhaltende Nachstellungen, als wären die Zöllner eifersüchtige Liebhaber, gaben zu ausgemachtem Frust Anlass. Es war nun mal so wie es war. Ihre willkürliche individuelle Auslegung der Vorschriften, analog ihrem Notendurchschnitt in der achten Klasse, stellte den eigentlichen Knackpunkt dar. Ihr Vorgehen schien in seiner unsäglichen Beschränktheit wie die Richter-Skala nach oben offen zu sein. Es gründete sich auf dem allseits bekannten, in den Verwaltungen des Landes grassierenden vorauseilenden Gehorsam, auf jener verhängnisvollen Neigung ohne Risikofreudigkeit lieber einmal zu viel als einmal zu wenig „Jawohl!“ zu brüllen. Diesem Untertanengeist fühlte sich der Seemann hilflos und demütigend ausgeliefert.

Ein anschauliches Beispiel möge dies verdeutlichen: Auf MS RONNEBURG existierte wie auf den meisten Schiffen ein gut ausgestattetes Fotolabor, in dem einige Besatzungsmitglieder ihrer Freizeitgestaltung nachgingen. Wer wollte auch schon Monate warten, um die Ergebnisse seiner fotografischen Experimente in den Händen zu halten, wenn er sie im Express selbst herstellen konnte. Mindestens zwei, drei Leute von vierzig wollten ihre Neugierde nicht auf die lange Bank schieben. Während der Liegezeit im Pussur River in Bangladesh gelangen mir einige außergewöhnliche Schnappschüsse vom Hauptdeck hinunter auf die längsseits gegangenen ärmlichen Boote. In denen hockten meist noch ärmlichere Frauen mit ihren Babys und Kleinkindern. Sie hofften wie die Gläubigen in Santiago de Compostella auf mildtätige Gaben jedweder Art von dem da oben, unserem Storekeeper. Manchmal mit Erfolg, wenn er den Putzlappenballen in der Maschine nach noch verwendbaren Kleidungsstücken durchforstete. Dabei ging er sehr gewissenhaft zu Werke. Um nicht die falsche Körbchengröße zu erwischen, ließ er sich vor der Übergabe der Miederware unter fachlichem Beistand der versammelten Maschinengang die Brüste der Spendenempfängerinnen zeigen.

Im Fotolabor vergrößerte ich einen der Schnappschüsse, ohne Brüste aber mit allem anderen Elend, mit vielen Kunstgriffen auf das größte vorrätige Fotopapier DIN A1. Ich fühlte mich mächtig stolz, dieses Ergebnis aus einem Kleinbildfilm herausgeholt zu haben. Wo sollte es von meinem großen handwerklichen Erfolg künden? Der Platz über der Backskiste in der Kammer schien dazu bestens geeignet zu sein. Das Poster entwickelte sich zur „Kunst im Schiff“. Selbst der Kapitän bestellte Abzüge.

Der Dampfer lief in Rostock ein und einer der Zöllner verspürte ein inniges Bedürfnis, meine Kammer in Augenschein zu nehmen. Bevor er sich den Schränken und Schubfächern widmen konnte und mit spitzen Fingern meine dreckigen Unterhosen nach St. Pauli Nachrichten durchsuchte, fiel ihm das Foto ins Auge. „Sofort abnehmen!“ Ich glaubte, nicht richtig gehört zu haben. Wieso musste ich mich wegen einer völlig unverfänglichen Fotoarbeit, die weder faschistische noch pornographische Elemente zeigte, hier abkanzeln lassen? Meine Erklärungen und Argumente gingen völlig ins Leere. „Sofort abnehmen!“ In einem Rückzugsgefecht nahm ich das Bild von der Wand. Diese Niederlage, als Mensch mit einer angemessenen Intelligenz vor so viel zum Himmel schreiender Dummheit - der Gute schaffte die achte Klasse mit einem Notendurchschnitt von 4,2 - kapitulieren zu müssen, ist unauslöschlich im Gedächtnis haften geblieben. Es mutete sonderbar an, dass ausgerechnet diese armen, bemitleidenswerten Bangladeshi, denen unsere ganze Solidarität galt, von ihm als Verderber des Sozialismus identifiziert wurden, gleichauf mit den Playmates des Monats in den Matrosenkammern.

Zum Ende meiner Fahrenszeit hin, die Waage neigte sich gen „Ordnung und Sicherheit“, löste mich ein Kollege in Livorno ab, der sich von seiner Frustration nach einer jüngst erfahrenen Niederlage in der Auseinandersetzung mit dem Zoll noch nicht wieder erholt hatte. Er schimpfte wie ein Rohrspatz, als er an Bord kam. In jugendlicher Unbekümmertheit und dank seiner sozialistischen Erziehung ohne Unrechtsbewusstsein hatte er den Versuch unternommen, mit dem bekannten Sticker der Atomkriegsgegner am Ärmel des Parka das Rostocker Hafentor nach draußen zu passieren. Er fühlte sich unbändig stolz, allen Bürgern des Landes seine Solidarität mit den von Presse, Funk und Fernsehen her bekannten und äußerst beliebten westdeutschen Friedensfreunden zeigen zu können. Damit lag er dermaßen falsch, falscher ging es gar nicht. Keine Atomwaffen auf deutschem Boden, recht so, aber doch nicht, wenn der neben deutsch auch noch demokratisch ist!

Der Zoll verwehrte meinem Berufskollegen ganz energisch das Passieren des Tores. Er dürfe seinen Weg in das Land, welches nach dem Antifaschismus nun auch noch die Friedensliebe exklusiv und kollektiv gepachtet habe, nur fortsetzen, wenn er den Sticker auf der Stelle abtrenne. Angesichts dieses anachronistischen Widerspruches wogte die Diskussion hin und her. Schließlich wurde er in die gegenüberliegende Dienststelle verbracht, wo er sich weiterhin bockig wie ein Suppenkasper anstellte. Er zählte noch nicht zu den Altgedienten in der Flotte, um das Kräfteverhältnis richtig einschätzen zu können. Nach mehr als einer Stunde der wörtlichen Rangeleien wurde der Kapitän des Schiffes mit dem Hinweis herbeizitiert, wenn er nicht seinen Schiffsoffizier verlieren wolle, dann solle er seinen Einfluss geltend machen. Der Kapitän flehte ihn auf den Knien inbrünstig an, seinen Stolz über Bord zu werfen, sonst sei er die längste Zeit zur See gefahren. Und so warf er, so warfen wir alle diese Last von uns. Der ganze Breitling schwamm permanent voller Stolz erniedrigter Seeleute.

Derartige Demütigungen der Seefahrer, die auf dieser Welt schon gepflegtere Umgangsformen auch im Umgang mit dem Zoll kennen lernen durften und trotzdem immer wieder heimkehrten, hinterließen Spuren. „Mögen diese unbedarften, willfährigen Erfüllungsgehilfen, die im Überseehafen und anderswo mir das Leben zur Hölle machen, in eben jener mit glühenden Zangen gezwickt, über brennende Kohlen geschickt und schließlich im siedenden Öl frittiert werden", fluchte der Seemann aus tiefstem Herzen im Wellentunnel ganz leise vor sich hin.

Doch jedem hölzernen Zöllner erging es wie einst Pinocchio. Eines Tages, im Oktober 1990, erwachte er plötzlich zum Leben. Als Angehöriger des öffentlichen Dienstes, sprich der Fortsetzung des Sozialismus mit anderen Mitteln, erfreute er sich fortan eines sicheren Arbeitsplatzes und eines auskömmlichen Gehalts ganz im Gegensatz zum abfrisierten Seemann. So viel zum Kapitel Zollbekanntschaften.

Vielleicht fälle ich über den deutschen demokratischen Zoll auch ein zu hartes Urteil und es lag nur daran, dass die Wand hinter meiner Backskiste mit einem Fluch belegt war. Zwei Reisen nach dem beschriebenen Vorfall wurde mein Master bei mir vorstellig und bat mich, meinen Erzeuger von eben dieser Wand zu nehmen, den ich dort zur Traditionspflege aufgehängt hatte. Ein weiblicher Passagier sah das fast lebensgroße Bild durch das offene Kammerfenster und beschwerte sich beim Kapitän, die Leute trügen für einen DSR-Dampfer die falschen Mützen. Und dies mir, einem Träger der Verdienstmedaille für nix und wieder nix, von einem zwielichtigen Frauenzimmer, das unser Vaterland mit Sohn, Sack und Pack und einer wertvollen Schwarzenberger Waschmaschine auf immer in Richtung Calcutta verlassen wollte. Ein Vorhaben, das bereits auf ihren Geisteszustand hinwies und das Aus für mein Traditionskabinett bedeutete.

Stein des Anstoßes: zwei U-Boot-Fahrer

Zurück zum Überseehafen! Wir befanden uns immer noch unterwegs zu unserem Dampfer. Nach dem Passieren dieser seltsamen Menschenschleuse, die jedes Mal den Blutkreislauf in Wallung brachte, brachen wir zum langen Marsch in Richtung Dampfer auf. Rechterhand passierten wir den „Internationalen Basar". Dessen Warenangebot haute den stärksten Erntekapitän vom Trecker. Was dort an erlesenen Zigarettenstangen und Schnapsflaschen im Regal stand, seinerzeit noch jenseits jeglicher Intershop-Verkaufskultur, hätte manchen diesen zwei von sieben Todsünden erlegenen Werktätigen bittere Tränen weinen lassen.

Wir lenkten unsere Schritte den Weg abkürzend quer durchs Gelände zum Hafenbecken B hin. Es herrschte ein böiger Ostwind, vom Schüttgutkai wehte eine Apatit-Fahne herüber. Mein Dampfer ließ sich weit und breit nicht entdecken. Er lag ganz vorn im Becken, fest vertäut an seinen Leinen. Vorbei an einem Typ IV-Schiff, vorbei am Freilager zwischen Kaihalle 1 und 2 - die Beine schleppten sich mühselig voran und wurden immer kürzer. Der schwere Seesack zerrte die Kutte von der Schulter. Mein Weib trug schwer an ihrem Übergepäck. Verflucht sei der Tag, an dem den Taxifahrern die Einfahrt in den Hafen verboten wurde. Den Initiatoren dieser Verfügung galt mein Wunsch, sie mit Sturmgepäck auf einen Rundkurs um die Hafenbecken zu schicken und dann auf einer Planke über die Kaikante der Querpier hinaus marschieren zu lassen.

Dann endlich - Liegeplatz 36. Kein Dampfer weit und breit in Sicht. Er hatte verholt. Verholen im Überseehafen – dieses Manöver zählte zu den größten und schönsten Hobbys der DSR-Seeleute, noch vor der Schule der sozialistischen Arbeit. Sie verzichteten sogar auf Urlaub, nur um im Überseehafen tagelang verholen zu dürfen. Diese Verholungssüchtigen bestellten ganze Familien an die Küste, damit die auch mal eine Dampferfahrt vom Hafenbecken A über die Wendeplatte zum Hafenbecken B miterleben konnten, ganz ohne Gesinnungsschnüffelei und Zollabfertigung.

Beliebter Versammlungsort der Decksgang im Überseehafen, die Back

Nun war guter Rat teuer wie die Ananaskonserven im Intershop. Mein Schiff musste der Logik nach den umgekehrten Weg genommen haben. Auf, auf zum fröhlichen Hinterherjagen. Wir nahmen den nächsten Kilometer beschwingt unter die Hacken, immer an der Querpier entlang hin zum Hafenbecken A. Am Ende der Pier, links schwenkt marsch, folgten wir den Zugvögeln auf ihrem Weg nach Süden. Am Liegeplatz 43 endlich – Schiff in Sicht! Mein Brotschiff lag längsseits eines Schwesterschiffes im Päckchen, wie fast alle DSR-Schiffe im Überseehafen in jenen Tagen. Der heutige Anblick der leeren Hafenbecken erschreckt immer aufs Neue, an denen ganze sozialistische Großbetriebe nur noch als Schrott auf ihre Verschiffung in chinesische Hochöfen warten. Dass weit über die Hälfte allen Stahls, der auf der Erde produziert wird, aus Schrott erschmolzen wird, ist jedoch keineswegs nur auf die DäDäRätä zurückzuführen.

Die letzten einhundert Meter führten an der hoch aufragenden Bordwand entlang. Ich kam mir wieder einmal nichtig und klein vor. Das Geräusch der bei jedem Schritt schwankend klappernden Gangway vermittelte mir endlich den Eindruck: „Du bist wieder zu Hause angekommen."

Nach vorn ging der Blick. Mein Weib zog mühsam ihren Koffer hinterher. Zuerst quer durch die Aufbauten des am Kai liegenden Frachters und auf der Backbordseite über das Schanzkleid hinweg mit einer Fechterflanke auf's Brotschiff und zum Funkraum hinauf.

Wir beiden nahmen mal wieder die winzige Funkerkammer in Beschlag. Endlich eine Frau im Haus, die fünfeinhalb Quadratmeter liebevoll einzurichten wusste. Wer in einem Fahrstuhl an Platzangst litt, der durfte hier nicht zu zweit einziehen. Das Quartier besaß Abmessungen, die draußen vor der Tür einen Schuhlöffel erforderlich machten.

Der Bordalltag begann. Dank der in frühester Jugend erworbenen Fähigkeiten fand sich kein besserer Mann an Bord als der Wiederaufsteiger, der die Besatzungslisten hätte zusammenstellen und abschreiben können. Die nötige Zuarbeit kam aus den Bereichen Deck, Maschine und Wirtschaft. Im Verlaufe dieses Unterfangens kam ich zu weitreichenden Erkenntnissen, die Mielkes Ziehknaben vor Neid erblassen ließen und durch die ich die zukünftigen Bordkameraden auf indirektem Wege näher und beizeiten kennen lernte. Was sich doch so alles aus den Daten herauslesen ließ! Sieh da, sieh da, ein Sachse - aha, gleichaltrig - putziger Vorname „Silvio", hat sich die Mutter wohl vor der Geburt einen italienischen Schmachtfetzen angeguckt – den kennst du doch, bloß von welchem Dampfer? – schau an, der ist mit seiner Seefahrtsbuchnummer aber ein alter Hase – oh, ein Flüchtlingskind aus Ostpreußen, och, gleich drei Leute mit dem revolutionären Ehrennamen „Lehmann" an Bord!

Für einen Aushang am Schwarzen Brett vor der Mannschaftsmesse spannte ich nun ein Blatt in die Schreibmaschine, um Infos über Hafenfolge und Makleradressen bekannt zu machen. Mit diesen Angaben konnte abends der erste Brief der Reise gefüttert und gegenüber dem Hafentor in den Kasten gesteckt werden. Wer sich unterwegs Post wünschte, der musste schon selber aktiv werden und seinen Teil dazu beitragen. Er durfte sich nicht nur auf die Reedereipost verlassen, die es so recht und schlecht richten würde. Aber wer besaß während der Liegezeit in Rostock schon die Muße, sich vor das Brett zu stellen und die Adressen abzupinseln? So wurden später im Verlauf der Reise bei der Postverteilung nicht nur einmal die Gesichter immer länger. Den Vogel schoss eines Tages wieder einmal Obersteward Charly ab. Den einzigen Brief, den er auf einer fünfmonatigen Reise erhielt, hatte seine Frau an eine Freundin gerichtet. Beim Eintüten verwechselte sie irrtümlich die Umschläge. „Viele Grüße von Karli“ stand darunter. Er meinte daraufhin sarkastisch, es käme schon sehr selten vor, dass der Mensch sich selber grüßt.

Am nächsten Morgen verholte das Schiff zum wiederholten Male, nun zum Liegeplatz 41. An Luke Fünf begann die Besatzung, Ausrüstung und Proviant zu übernehmen. Die Kisten mit Hafenbräu stapelten sich an der Pier. Daran würde es vorerst keinen Mangel geben, ließ der Seemann liebkosend seinen Blick darüber gleiten. Fünfzehn Fass Bier rollten zusätzlich an Deck, die für den ersten großen Durst reichten, ehe sie vor Madagaskar zu faulen beginnen würden, wie es bierselige Hafenrundfahrtteilnehmer besangen. Eigennützig schmiss der Obersteward als Dankeschön eine Runde Freibier nach getaner Arbeit, um die Massen auf seinen Geschmack zu bringen.

Nach so langem Landaufenthalt schon halb besoffen vor Seekrankheit nach dem Betreten der Aufbauten mit ihren speziellen Gerüchen, wurde die mit dem Laden von Schwergut verbundene Schlagseite von fast fünfzehn Grad als äußerst unangenehm empfunden. Noch reagierten die Gleichgewichtsorgane derartig sensibel, dass die geringste Bewegung des Schiffes wahrgenommen wurde. Zum Glück legte sich dieses diffuse Unbehagen jedes Mal nach einigen Stunden auf See.

Am Nachmittag nahm ein Mitarbeiter der Bezirksdirektion der Deutschen Post, Abteilung Seefunk, die Seefunkstelle technisch ab. Er stellte trotz kleiner Mängelfeststellungen eine neue Zulassungsurkunde aus.

Zum Zurücklehnen bestand somit keinerlei Anlass. Die ausgepufften Fachleute von RFT Schiffselektronik mussten heran zitiert werden. Die sollten es richten, die von der Post festgestellten Mängel noch vor dem Auslaufen abzustellen. Um das Chaos perfekt zu machen, kreuzte plötzlich ein Funkinspektor auf, stöberte ein wenig in den Dokumentationen herum und erzählte etwas von den neuen Pflichten zum Aufstellen von Wartungsplänen. An der Küste wäre es gang und gäbe, seinen Fernseher halbjährlich zum Ölwechsel in die Werkstatt zu bringen. Diese glänzende Idee hätte nun jemand als Neuerervorschlag eingereicht. Wie gewünscht steigerte sich daraufhin prompt die Ausfallquote der Elektronik um 120 Prozent. Der FO brauchte künftig über ausreichende Arbeit nicht klagen.

Mir bereits im Verlaufe der Hafenliegezeit ein Urteil über die Qualität der Speisen während der kommenden Reise zu machen musste zwangsläufig scheitern. Von der gewohnt gehobenen Esskultur an Bord - vor allem in der Mannschaftsmesse machten auf See die Stewardessen ihren erzieherischen Einfluss auf die maskulinen Ferkel geltend - blieben die Mahlzeiten im Hafen weit entfernt. Es herrschte Werkskantinenmilieu. Jeder Bordfremde konnte sich morgens für eine Mark zur Mittagsmahlzeit anmelden. Die Leute, Stamm oder Springer, kamen und gingen. Unbekannte saßen an der Back, verschlangen hastig ihr Mahl und schienen nicht zu Scherzen aufgelegt. Ich konnte nicht in Erfahrung bringen, kocht schon die Stammkombüse oder irgendeine Springergang. Am persönlichen Geschmack hätte es so und so nichts geändert. Ich erreichte im späteren Reiseverlauf mal wieder den persönlichen Schlankheitsrekord von 66 Kilogramm, nicht nur weil meine Frau mit von der Partie war. Schon bei so manchem indischen Asketen hatte sich durch meinen Anblick die Gesichtsfarbe von rosa auf grün geändert, weil er dieses Format erst nach vierteljährlicher Nahrungsverweigerung in der Heringstonne erreichen konnte. Die Schuld an der Misere war nach klinischen Tests bei den hochgebogenen Bierschinken-Scheiben zu suchen, die sich im ersten Stadium der Versteinerung befanden und Donnerstag- und Sonntagabend auf den Tisch kamen. Ein junger Erfinder kam 1976 auf die Idee, mit ihnen Asbestdichtungen zu substituieren. Für die schlimmsten Tage bei Kohleintopf oder Lungenhaschee lagerte ich darum drei aus dem Thüringischen mitgebrachte echt hausschlachtene runde, duftende Bratwürste in der Kühllast ein in der Hoffnung, dass sie mir der Koch nicht wegfraß.

Neue Gesichter und Altgediente der Crew hatten sich so schnell wie möglich zusammenzuraufen. Ein Drittel der Besatzung musterte wie so oft erstmalig an. Wie immer während der Liegezeiten im Überseehafen brach über jeden Ankömmling das große Chaos herein. Zwei Tage vor dem Auslaufen herrschte allerorten hektische Betriebsamkeit. Leute, die nach dem Einlaufen noch nicht entbehrt werden konnten, stiegen nun ab oder verabschiedeten sich in einen kurzen Urlaub. In den Westeuropahäfen sollte der Besatzungstausch fortgesetzt werden. Etliche Absteiger, für die noch kein Ersatz bereit stand, begleiteten das Schiff mit einem flauen Gefühl im Magen bis zum Ende der Liegezeit in Hamburg. Das Wohlgefühl, welches allgegenwärtig in den Messen während der Reisen herrschte, konnte sich unter diesen Umständen noch nicht einstellen. Niemand kannte seinen Gegenüber bei den Mahlzeiten. Saß mir ein Springer gegenüber, den ich nie im Leben wieder sah oder musste ich mit dem mürrisch dreinblickenden unbekannten Patron fünf Monate auf engem Raum zusammen leben? Fragen über Fragen. Wie kamen die vielen Fremden überhaupt dazu, sich auf „meinem Schiff" breit zu machen!?

Die Getränkeversorgung an Bord während der Liegezeit im Überseehafen genügte ebenfalls nicht den gewohnten Ansprüchen. Über den Steward und seine Getränkelast lief in diesen Zeiten kaum etwas. Die Zunge klebte den ganzen Tag am Gaumen. Drum suchte der Seemann nach des Tages Mühe die Hafenkantine zwecks Bekämpfung des höllischen Durstes auf. Quer über die Gleise hinweg führte der Weg stracks zur Stätte der kulinarischen Finessen, in die Kantine zwischen den Hafenbecken. Dort eine Flasche Milch und eine knackige Bockwurst mit leckerem Rostocker Senf und einem Brötchen, das nicht nur aus teurer Luft bestand, zu mitternächtlicher Stunde zu verdrücken, gereichte zum Labsal für manche wunde Seele. Ihr Genuss versprach Gaumenfreuden der besonderen Art, Momente der höchsten Glückseligkeit, denn er würde sich die nächsten Monate nicht wiederholen. Zugleich weilte der stille Genießer zwischen all den wild vor sich hin schaffenden Hafenproletariern am Pulse eines Welthafens, in dem sich unermüdlich Tag und Nacht die Kräne drehten. Die puschten den Sieg des Sozialismus mit jeder neuen Hiev voran. Still lag um diese Zeit der Rotterdamer Waalhaven, dort schliefen selbst die Schiffe an der Leine. Hier ließ sich zur Stunde Null nicht ein einziger fleißiger Werktätiger blicken, nur der Mittelwächter ging seine einsamen Runden. Wer wollte sich auch schon rund um die Uhr ausbeuten lassen, nicht mal die braven Holländer, die statt eines Politbüros ein Königshaus durchfüttern mussten.

Somit mauserte sich dieser nächtliche Weg immerhin zu einem angenehmen Zeitvertreib, als das Höchstmaß an Lustbarkeiten, um die öden Abende, die in allerhöchster Not vor dem Fernseher in der Mannschaftsmesse verbracht werden konnten, zu überbrücken. Selbst hier fehlte meistens das Publikum. Manchen jungen, erlebnishungrigen Genossen zog es eher nach Gehlsdorf in den „Dicken Pisser“ oder noch weiter weg in die Rostocker Vergnügungsstätten, um sich dort noch einmal auszutoben, bevor die Zeit der knappen Valuta, Schnapsrationierung und Enthaltsamkeit begann. Bis auf die Wachen entleerte sich der Dampfer abends fast vollständig. Außer einigen müden Schluchtenjodlern fernab von Heimat und Familie verließ der Rest der Besatzung nach Dienstschluss fluchtartig das Schiff. Wer sein Zuhause nicht weit weg wusste, der zählte zu den beneideten Glückskindern, die in der letzten Nacht vor dem Auslaufen nicht am Daumen lutschen mussten. Sie durften noch ein letztes Mal den Nippel durch die Lasche ziehen, bevor wieder die Zeiten des einhändigen Mischens anbrachen.

Die nautischen Wachoffiziere steckten bis über den Kopf in der Arbeit. Sie wollten nicht angesprochen werden. Nicht mal auf der Brücke konnte ich wie sonst auf See üblich mein Schwätzchen machen. Die richtige Konstellation, um nach den geselligen Urlaubstagen und vor Reiseantritt Trübsal zu blasen und den Überseehafen schätzen und lieben zu lernen.

Bevor der von Freunden, Verwandten und allen guten Geistern Verlassene nun das Wolgalied anstimmte, „Allein, wieder allein“, blieb als weiteres abendliches Freizeitvergnügen das Telefonieren in heimatliche Gefilde übrig. Meine Altvorderen nannten als Luxusartikel der Sonderklasse einen Fernsprechapparat ihr eigen. Im Ladebüro auf Steuerbordseite stand ein Telefonapparat mit Landanschluss. Das Telefonieren von dort entsprach den Gepflogenheiten im Sozialismus. Es kostete nicht die Bohne und dementsprechend oft genug besaß der Vorgang eine ausgesprochen fragwürdige Qualität. Für das Durchwahlverfahren fehlten noch die technischen Voraussetzungen. Ein Fräulein vom Amt saß in der Leitung, mit der so mancher einsame Seemann in verkehrsarmer Zeit ein Schwätzchen machte, immer mit dem Kalkül, vielleicht ließe sich nach Feierabend ein

Quicky herausholen. Heutzutage firmieren derartig angeregte Unterhaltungen unter dem Begriff Telefonsex. Wohl darum ließ sich das Mädel beim Vermitteln manchmal Stunden Zeit, weil sie der Seemann mit seinem Seelenstriptease zu Tränen rührte.

Sämtliche meiner Impfungen gegen die sieben Heimsuchungen der Menschheit – Pocken, Cholera, Keuchhusten/Diphtherie, Gelbfieber, Tetanus, Kinderlähmung und Haarausfall – befanden sich auf dem Laufenden. So blieb nur noch eines zu tun. Kurz vor dem Auslaufen suchte ich wie jeder andere Seemann mit dem vom Kapitän unterschriebenen Heuerschein die Musterstelle im Verwaltungsgebäude der Reederei auf. Dort nahm der Angestellte des Seefahrtsamtes den entsprechenden Eintrag in mein Seefahrtsbuch und in die Musterrolle des Schiffes vor. Gleichzeitig ließ ich in amtlicher Funktion die neu zusammengestellte Besatzungsliste und die Musterrolle durch den Mitarbeiter des Seefahrtsamtes aufeinander abstimmen. Absteiger wurden aus der Rolle gestrichen. Am Wege weg erhielten Zoll, Grenze und Dispatcher Besatzungslisten. Damit endeten die bordseitigen Amtshandlungen. Die Grenze und die Hunde vom Zoll mit ihren Herrchen konnten kommen.

Und sie ließen nicht lange auf sich warten. Voran marschierte ein Offizier der Grenzbrigade Küste die Gangway hinauf, hinterher ein Haufen niederer Dienstgrade der Zollverwaltung in Arbeitskombi, um dem Seemann sonst wohin zu kriechen. Zuvor war das Schiff nach Ladeende bereits von der Besatzung auf Überschmuggler durchsucht worden. Niemand wurde ohne gültigen Sichtvermerk gefunden, weder in den Rettungsbooten noch im Kettenkasten. Die Herrschaften nahmen im Tagesraum für Offiziere, der Clubecke in der Offiziersmesse, Platz. Der Grenzer studierte die Seefahrtsbücher und strich sie auf der Besatzungsliste ab. Zwei Zöllner beschnüffelten die Ladungspapiere. Die niederen Dienstgrade machten sich derweil im Schiff zu schaffen. Deren Treiben gab der Crew immer wieder Rätsel auf. Es verbreitete auch mit reiner Seele ein gewisses Unbehagen. Wir saßen in der Mannschaftsmesse und harrten der Dinge. Die Kammern mussten wir unverschlossen zurück lassen, um dem Zoll ungehinderten Zugriff auf die Reizwäsche meiner Gemahlin zu gewähren. Am Ende der Prozedur nahm der Grenzoffizier mit dem Karteikasten voller Seefahrtsbücher am Ausgang der Mannschaftsmesse Platz. Unter den ironischen Bemerkungen der Lords zelebrierte er die berühmt-berüchtigte Gesichtskontrolle. Nach Aufruf marschierte jedes Besatzungsmitglied aufrechten Hauptes am Wächter der Staatsgrenze vorbei, hinaus in die Freiheit der Meere.

Lecksicherungsmanöver

Kurz darauf meldete der Funkraum ein „Seeklar" an die Brücke, damit der Chiefmate seinen Seetauglichkeitsnachweis, das „Gebet einer Jungfrau" im Schiffstagebuch vollenden konnte. Demnach erfolgte der gesamte Ladungsumschlag bei trockenem Wetter. Die Luken wurden nach dem Ladeende seefest verschlossen und verkeilt, die Ladebäume nach Seemannsbrauch gelascht. Der Schwergutbaum wurde bei Luke Drei auf Stag festgesetzt. Die Besatzung befand sich vollzählig und gesund an Bord. Die gesamte Ausrüstung, Proviant und Trinkwasser sowie Brennstoff waren ausreichend und in guter Beschaffenheit an Bord. In der Schiffsapotheke standen alle Drogen an ihrem Platz. Das Schiff war für die Überfahrt nach Hamburg in allen seinen Teilen see-, reise-, ladetüchtig und stabil. Schon bald darauf ertönte das Kommando „Koomplexbrigaaadee, klar vorn und achtern!" durch das Schiff. Es war vollbracht! Als Fazit blieb erneut die Erkenntnis: Während einer Liegezeit im Überseehafen Rostock gab es nichts zu lachen.

Am Nachmittag passierte der Stückgutfrachter die Mole Warnemünde. Oftmals verließen wir den Überseehafen zu nachtschlafender Zeit, wenn bis zuletzt an allen Ecken gewühlt werden musste. Die wenigen Urlauber der Nachsaison winkten vom Molenkopf herüber. Befiel sie Fernweh beim Anblick des auslaufenden Schiffes? Ihr Wissen um die große, weite Welt lag im Bereich des Abstrakten. Darum wird ihnen das Auslaufen unseres Schiffes ziemlich gleichgültig gewesen sein, so gleichgültig wie ein vorüberfahrendes Auto. Sie werden sich nicht in die Gefühlslage der an die Reling gelehnten Janmaaten versetzt haben können. Deren letzter Blick zum Strand fiel weniger emotionslos aus. Die halbe Welt lag ihnen zu Füßen, den heimatlichen Boden verloren sie darunter. Erst in vier, fünf Monaten würde es ein Wiedersehen mit dieser Küste und dann auch wieder mit dem stressigsten Hafen der Reise geben.

Auf Reede Warnemünde mussten wir noch „funkbeschicken". Um die durch das Schiff verursachten Reflexionen der Funkwellen beim Peilsenderempfang zu kompensieren, wurde ein Diagramm mit einer Funkbeschickungskurve erstellt, deren Werte in jede Funkpeilung zur Standortbestimmung eingingen. Wie nicht anders zu erwarten machte dabei der freihändig verdrahtete polnische Funkpeiler der Marke „Mors", der im Kartenraum die meiste Zeit so vor sich hin stand, seinem Namen alle Ehre. Er wurde eh von den Nautikern nur misstrauisch beäugt. DEBEG in Hamburg würde sich gleich zu Reisebeginn über einen Reparaturauftrag freuen können. Schon an der Seefahrtschule beklagten die Dozenten, RFT habe im Zuge der Arbeitsteilung im Rat für Gegenseitige Wirtschaftshilfe die Konstruktion eines hochwertigen Sichtfunkpeilers ebenso wie den größenwahnsinnigen Flugzeugbau in Dresden einstellen müssen. Ja, auf die echt polnische Wirtschaft war schon immer Verlass. Nach der Funkbeschickung brach der Dampfer endgültig zu neuen Horizonten auf.

Ich für meinen Teil hoffte auf eine recht lange Reise unter idealen Wetterbedingungen in einem sympathischen Bordkollektiv. Dann könnte diese Reise in Begleitung meines Himmelschlüsselchens, wunderschön anzuschauen, manchmal jedoch hochgiftig, auf das vortrefflichste gelingen.

Einige Stunden später ankerte das Schiff vor der Schleuse Kiel-Holtenau. Die erste Etappe der Reise lag damit bereits hinter uns. Die Passage durch den Nord-Ostsee-Kanal zog sich diesmal hin. Um ein Uhr in der Schleuse Holtenau fest, verließ der Dampfer den Kanal in Brunsbüttel erst gegen elf Uhr. Das Schiff lief elbaufwärts nach Hamburg und machte vier Stunden später an seinem Stammplatz am Diestelkai fest.

Nachdem wir alle Bedenken des Kapitäns, er gehörte zu den Ruhigen und Ausgeglichenen seiner Gattung, zerstreuen konnten, brachen wir mit der Bahn zu einem Wochenendbesuch zur Verwandtschaft meiner Holden ins Oldenburger Land auf. Dort wurden wir schon zwei Reisen früher drei Tage lang bei Grünkohl mit Pinke und Räucheraal mit Schnaps aus dem Zinnlöffel freudig bewirtet. Diese Fahrt mutete uns eigentümlich an. An der Trennlinie zwischen den Gesellschaftssystemen wurde jeder erschossen, der sich ihr näherte, und wir fuhren zehn Jahre nach dem Mauerbau frisch, frank und frei mit der Bundesbahn durch Niedersachsen. DSR, du warst die Beste! Wie lange das wohl noch gut gehen würde bei der sich abzeichnenden Tendenz?

Auf der vorangegangenen Besuchsreise mussten wir den Kapitän nach seinem zwanglosen small talk mit unserer Verwandtschaft im Anschluss an eine ausgiebige Schiffsbesichtigung erst gar nicht lange bitten, uns für einige Tage ins Binnenland zu entlassen. Diese drei Tage „informeller Republikflucht" belasteten noch nicht einmal mein Konto an freien Tagen, weil offiziell nicht sein konnte, was nicht sein durfte. Allerdings existierten seinerzeit vor dem Hintergrund dauernder Personalknappheit Bestrebungen, die Seeleute zur Abgeltung ihrer freien Tage in ausländischen Häfen zu bewegen. Dieses Ansinnen hätte fortan derartige Ausflüge sanktioniert. Es stieß jedoch auf die einhellige Ablehnung der Seefahrer. Wer wollte sich schon mit 1,50 Deutscher Mark in der Tasche einen Tag lang auf der Hamburger Mönckebergstraße herumdrücken, ganz ohne Hund, Schlafsack und Blechteller für mildtätige Gaben.

Einziger Negativposten der höchst erfreulichen Reisebilanz ins Bundesdeutsche: Ich musste auf der Rückfahrt von Oldenburg drei schwere Pakete mit STERN und SPIEGEL bis zum Dampfer schleppen, die die Zeit der langen Überreise rund um Afrika für meine Mitreisende wunderbar verkürzen würden und sich als Tauschobjekt für noch andere auf dem Dampfer kursierende Lektüre hervorragend eigneten. Tausche einmal SPIEGEL gegen drei Exemplare GOLDENES BLATT oder ein Jahresabonnement der NEUEN BERLINER ILLUSTRIERTEN!

Außerhalb der Hafenroutine in der Hansestadt verpasste die Reederei den Seeleuten einen schweren Schlag. Sie verbot die teilweise geübte Praxis, größere Bestände an Bargeld in Hamburg aufzunehmen. Bisher wurden diese stillen Reserven im Reiseverlauf statt der jeweiligen Landeswährungen an die Besatzungen ausgezahlt. Diese konnte dadurch hauptsächlich in Ländern mit einer galoppierenden Inflation wesentlich günstigere Umtauschkurse realisieren als es die an Bord gültigen Umtauschtabellen der Staatsbank der DDR zuließen. Hein Seemann langte in Hamburg dermaßen kräftig zu, dass die Werktätigen vom Kombinat ESDA mit ihrer Planerfüllung gar nicht hinterher kamen, zum Ausgleich billige Strumpfhosen für 50 Pfennige EVP (Endverbraucherpreis) an KARSTADT und KAUFHOF zu liefern. Die Republik rutschte mit ihrer Handelsbilanz bei den Westgermanen hoffnungslos in die Miesen. Um dieses Verbot zum

Nachteil der Seefahrer etwas auszugleichen, „drohte“ die Company schon seit längerem eine dringend notwendige Erhöhung der Devisenbezüge an. Getan hatte sich freilich bisher noch nichts. Um das immer lauter rumorende Seevolk zu beruhigen, ließ jemand unter dem Siegel der Verschwiegenheit vor dem Auslaufen das Gerücht streuen, vielleicht gäbe es diese Verbesserung der Arbeits- und Lebensbedingungen der Werktätigen auf See bereits, wenn das Schiff von dieser Reise zurückkäme.

Mittlerweile hatte sich die Besatzung miteinander bekannt gemacht. Der neue Chief Mate schien ein traditionsbewusster Seemann zu sein. Er ließ sich das Etmal-Buch von mir in Schönschrift mit einem Spruch verzieren: „Gottes ist die Woge und der Wind, aber das Steuer, damit ihr den Hafen erreicht, ist euer“. Der frische Wind an Bord rührte allerdings nicht vom lieben Gott sondern vom gottgleichen Kapitän her. Alles wurde verbessert, überholt, umgewälzt und verändert. In dieser Hinsicht war manchmal ein Stammkapitän der wahre Segen, der nicht für Sternbilder fortschrittlichere Namen erfinden musste. Der neue brachte einen reichen Erfahrungsschatz aus seiner bisherigen Laufbahn als Schiffsführer mit. Besonderen Wert legte er auf das Tragen der Uniform, zumindest bei den Offizieren. Wer auf den vorangegangenen Reisen mit kurzärmligem weißen Uniformhemd inklusive Schulterstücken, schwarzem Schlips und blauer Hose ohne besonderen Anlass in der Messe erschienen wäre, den hätten die Kameraden ausgelacht. Jetzt wurde dieses geckenhafte Gebaren akzeptiert und auch gar nicht mehr als so abwegig empfunden. Zur Belohnung für dieses Wohlverhalten durften wir die Uniformhemden in Singapore in die Wäscherei geben. Von dort kamen sie fein gebügelt und gestärkt in einer durchsichtigen Folie wieder an Bord zurück. Die Wäscher machten auf dieser Reise einen guten Schnitt mit unserer Lieferung. Der Obersteward ließ aus Versehen sechzig harte Deutschmark in der Hose stecken, die er auch PERSIL-gewaschen nicht wieder sah. Ein herber Verlust, den jeder nachempfinden konnte, der für diese Summe Westgeld seinen bestellten TRABANT drei Jahre früher bekam.

Ein adrettes Aussehen versprach darüber hinaus zukünftig gute Noten im sozialistischen Wettbewerb. Der wurde nach einem Punktesystem geführt und monatlich ausgewertet. Die Traumnote für verschiedene Pflichtfiguren wie Disziplin, Ordnung, Arbeitsleistung, Arbeitsbereitschaft und gesellschaftliche Arbeit lautete: fünf Punkte, five points, pjatj punkti. Außer der Kategorie Arbeitsleistung, die den Grad der Bereitschaft dazu eigentlich bereits einschloss, gehörten die anderen gewissenhaften Heimsuchungen einer sozialistischen Persönlichkeit zum Oberbegriff Schnullifax.

Die subjektiv ermittelten Punkte hingen bald darauf objektiv am Schwarzen Brett. Sie lösten erbitterte Diskussionen um zehn Mark mehr oder weniger aus und schufen reichlich Feindschaften. Deshalb wäre der sozialistische Wettbewerb nichts für bundesrepublikanische aalglatte Weicheier gewesen. „Hallo, ich bin der Udo“, „Hier kommt Kurt“, „Theo, wir fahr'n nach Lodz“ - die scheuten sogar davor zurück, ihren Familiennamen preiszugeben. Oftmals aus gutem Grund, wenn sie einer Achtzigjährigen die Mitgliedschaft in der Luftrettung aufschwatzten, falls die sich mit ihren Skiern auf der Huckelpiste ein Bein bricht. Mit viel Protestgeschrei schoben diese Blender den Datenschutz vor ihre Moral- und Leistungsdefizite. Letztlich wurde 1990 der gesamten sozialistischen Planwirtschaft aus eben diesen Datenschutzgründen gekündigt.

Am Morgen des 22. Dezember 1970 verließ das Schiff die Zandvliet-Schleuse in Antwerpen und nahm durch den Englischen Kanal und über den offenen Atlantik Kurs auf das Kap der Guten Hoffnung. Damit erfüllten sich unsere Hoffnungen nicht, für ein ruhiges Weihnachtsfest mit ein wenig Lichterglanz ringsherum noch in Westeuropa zu verweilen. Kurzzeitig sah es fast danach aus. Nach dem Ladeende in Rotterdam mussten wir einen geschlagenen Tag auf das Auslaufen warten. Bottendicker Nebel lag über Land und Meer. Er zwang zur Einstellung des Lotsendienstes auf dem Neuen Rotterdamer Wasserweg. An einem Samstagabend gegen 23 Uhr, zu Hause brachten sich die Bürger nach einem „Kessel Buntes“ gerade in Beischlafposition, machte die Decksgang im Waalhaven die Leinen los. Gegen vier Uhr auf Reede Vlissingen angekommen, legten wir wieder eine Zwangspause bis 23 Uhr ein, bevor der Dampfer nach Antwerpen hinauf laufen konnte. Der Nebel über der Schelde ließ sich mit dem Messer in Stücke schneiden und von durchtriebenen Geschäftemachern als großherzige Entwicklungshilfe in die Sahara verkaufen.

Dieser untätige Sonntagabend bot sich als beste Gelegenheit für einen Fassbierausschank an. Der Obersteward stach bereits das vorletzte Fass des köstlichen Gerstensaftes aus Wernesgrün an. Die letzte Ölung musste er für Weihnachten in Reserve halten. Das Weihnachtsfest verlief wie so manches andere auf See. Der Zuspruch am Barabend des 1. Weihnachtsfeiertages hielt sich in Grenzen. Die meisten hatten schon arbeitsbefreit tagsüber ihren Alkoholpegel gepflegt und fühlten sich abends entsprechend matt in den Gliedern. Sie verpassten nicht viel. Die Lustbarkeiten nahmen jedes mal erst mit Dauer der Reise an Qualität und Quantität zu. Man frage nicht nach Sonnenschein, wie ein Weihnachtsfest vier Monate später ausgesehen hätte!

Bootsmanöver vor der westafrikanischen Küste

Es sollte noch mehr Gelegenheiten zum Feiern während der vierwöchigen Überreise nach Singapore geben. Als nächste Festivität stand die obligatorische Äquatortaufe ins Haus. Mein Eheweib machte auf den Schiffsplanken Karriere. Nachdem sie sich bei ihrer ersten Äquatorüberquerung als Einzelkämpferin der gesamten taufsüchtigen Besatzung erwehren musste, während ich voller Ingrimm über diese Vergewaltigung den Knopf der Morsetaste abbiss, wurde sie nun zur Belohnung in den Rang der Braut Neptuns befördert. Von dieser Warte aus beförderte sie ihrerseits leichten Fußes reichlich Senf in die Nasenlöcher der vor ihr hockenden und um ihre Gunst buhlenden Taufkandidaten. Tatsächlich wurde in späteren Zeiten keinem einzigen Täufling mehr der Mostrich so sanft um die Nase gestrichen.

Um die Feierlaune nicht abreißen zu lassen, lud die Kombüse einige Tage später die Besatzung statt zum gewöhnlichen Abendbrot zu einer großen Grillparty an Deck mit Würstchen und Thüringer Rostbrätl ein. Bei manchem Fresswütigen entfernte sich der Bauchnabel bedenklich weit weg vom Rückgrat. Die nächste Fete nannte sich Reservistentreffen. Dem Alten als Ranghöchstem der Reservisten – ihm wurde die Würde eines Leutnants zugesprochen – konnten wir einen Kasten Bier aus seinem

Repräsentationsfond abringen. Der einzige Punkt des beschlossenen Arbeitsplanes für die laufende Reise nannte sich „Fondue-Party in Port Swettenham“. So schien sich die Dienstzeit bei der Fahne für manchen Friedenswächter doch noch gelohnt zu haben. Der Storekeeper wurde beauftragt, für diesen gewichtigen Zweck eine neue Kupferschüssel zu treiben. Die alte ging während der vergangenen Werftzeit wie nach 1990 die gesamte Werft in private Hände über.

Zwischendurch genoss ich das ausgesprochene Vergnügen, den ganzen Devisenkram an den Obersteward weiterreichen zu dürfen. Der sollte auf Weisung der Wirtschaftsabteilung diese Abrechnungen in Zukunft übernehmen. Durch diesen Trick sparte die Reederei 40 Mark Verwaltungszuschlag ein. Ihm wurden täglich vier Stunden für Verwaltungsarbeiten zugestanden. Er sollte mich auch bei der Ein- und Ausklarierung unterstützen. Diese Tätigkeit ließ ich mir lieber nicht aus der Hand nehmen. Sonst hätte ich nicht mehr als äußerst wichtige Person an Bord auftreten können.

Die Bunkeraufenthalte in Durban gehörten inzwischen der Vergangenheit an. Am 11. Januar 1971 passierten wir nachts gegen zwei Uhr Mauritius. Zur Mittagszeit des Vortages lag die französische Insel Reunion etwa vier Seemeilen an Steuerbord querab. Das erste Land in Sicht seit vielen Tagen. Das Kap passierten wir wenige Tage zuvor bei ruhiger See in sehr großer Entfernung. So weit entfernt von jedem Landstrich, dass mich bei einem Blick auf die Seekarte arge Bedenken beschlichen, mit dem Schiff in die antarktische Eisbergdrift zu geraten. Ich musste wieder einmal an die Feindfahrten meines alten Herrn denken. Der Schwere Kreuzer ADMIRAL SCHEER hatte bei seinem Durchbruch in den Indischen Ozean 1940 das Kap aus nachvollziehbaren Gründen in einem ebenso großen Abstand passiert. Das großdeutsche Panzerschiff schickte im Verlaufe seiner Operation anschließend vor Mombasa vier alliierte Frachter auf den Grund des Meeres. Was für ein Wahnsinn, dafür extra nach Ostafrika zu fahren, was für ein Wahnsinn überhaupt. Wahrhaftig, wir mussten uns nicht beklagen. Wir genossen die Seefahrt, ohne rundherum Ausschau halten zu müssen, ob nicht am Horizont eine Rauchfahne mit einem grauen Schießeisen darunter aufkam.

Sieben Tage später erreichten wir gegen Abend Singapore. Drei Tage zuvor warf eine schwere Nierenkolik unseren Bäcker nieder. Er musste nach dem Einlaufen ins Krankenhaus eingeliefert werden. Bei Rückkehr des Schiffes sollte er in Singapore wieder aufsteigen. Bis dahin musste seine ebenfalls mitreisende Ehefrau uns solo weiter begleiten. Als hartgesottene Berliner Icke aus Zilles Milieu trug sie es mit Fassung. Sie ging fröhlich pfeifend an Land, während er an Bord dem Krankentransport entgegen harrte. Nicht nur Kinderlähmung, auch Frauen können manchmal grausam sein.

Kleiner Babbeljahn auf der Back vor dem Festmachen in Singapore

Während die Bäckersfrau an Land schoss, stand ein Teil der Besatzung beim Abtransport des Erkrankten betroffen am Schanzkleid. Meine Beste musste sich danach vor Erschütterung erst einmal hinlegen. Der Koch stand nun allein in seiner Kombüse und mein teures Eheweib sprang ihm beim Kartoffelschälen und Rosenkohlputzen zu Hilfe. Für ihre freiwilligen Leistungen in der Kombüse bekam sie dieses und jenes zugesteckt. Ihr Gatte durfte zur Belohnung und als kleine Aufbauhilfe sieben Eier zur Senfsoße mit Kartoffeln runterschlingen.

Wir durchstreiften Singapore bis hinaus zum noch im Aufbau befindlichen Flughafen. Wir sogen die eingeborene Atmosphäre auf dem Markt in Chinatown in uns ein, die manchmal auch ein bisschen vor sich hin stank. Für den einzigen Abend im Stadtstaat während dieser Liegezeit besorgte der Reedereivertreter, Überlebender der FIETE SCHULZE-Katastrophe, zwölf Kinokarten für einen Film über die Fußball-Weltmeisterschaft in Mexiko. Doch für dieses attraktive kulturelle Angebot bestand völliges Desinteresse. Die meisten Lords lagen erschöpft vom nachmittäglichen Landgang auf ihren Backskisten und Kojen herum. Sie hatten umfangreiche Elektronikeinkäufe getätigt, deren Ergebnisse nun begutachtet, getestet, vorgeführt und verglichen werden mussten. Die Besatzung musste sich mit diesen von langer Hand geplanten und ersehnten Einkäufen sputen. Rückreisend sollte Singapore nur zum Bunkern angelaufen werden, so dass zum Shopping keine Zeit bleiben würde. Schließlich fanden sich außer uns beiden noch zwei Interessenten, die der Reedereivertreter mit dem Auto zum Kino kutschierte und auch wieder dort abholte. Wer durfte solchen Service noch in den '90er Jahren erleben? Bitte melde dich!

Mit individuellen Barmitteln hielt die Volksmacht den Seemann aus Rostock knapp. Niemand konnte sich jedoch über das verbreitete Engagement der vor Ort ansässigen Agenten, Diplomaten und Vertreter beklagen, ihm im Rahmen des Machbaren die Freizeit kulturell aufzuwerten.

Uns fiel ins Auge, wie rasant sich Singapore zu entwickeln begann. Auf Vorreisen erstreckten sich vom Hafen bis kurz vor den Raffles Place nur Hütten mit Handwerkern aller Art. Ein Hochhaus nach dem anderen schoss nun empor. Doch das Schiff fuhr weiter.

Nach einem Tag Liegezeit in S'pore, in der wir uns von einer Decksladung gebrauchter LKW trennten, lief der Frachter ladungsbedingt zurück nach Port Swettenham. Dort traf er früh am Morgen ein und verließ den Hafen bereits wieder am Abend. Erstmalig machte das Schiff an der Pier fest. Während vorangegangener Liegezeiten hatte das Schiff stets auf Reede gelöscht oder geladen. Somit bestanden diesmal ungehinderte Landgangsmöglichkeiten, um das Umfeld zu erkunden. Port Swettenham bestand aus einer Hauptstraße, an der sich bescheidene Holzhütten zwischen Kokospalmen reihten. Die Moschee stellte das einzige repräsentative Gebäude im Dorf dar. Für Wachfreie bot der nicht weit vom Schiff entfernte Seemannsclub für 50 Cent Eintritt einen erstklassigen Swimmingpool unter Palmen und dezenter akustischer Berieselung an. Das Wasser war sehr warm, die Luft sehr, sehr warm. An diesem Ort ließ es sich angenehm davon träumen, in die Rolle von Robert Redford oder Paul Newman zu schlüpfen und in Malibu am Pool schöne Frauen abschätzig zu taxieren.

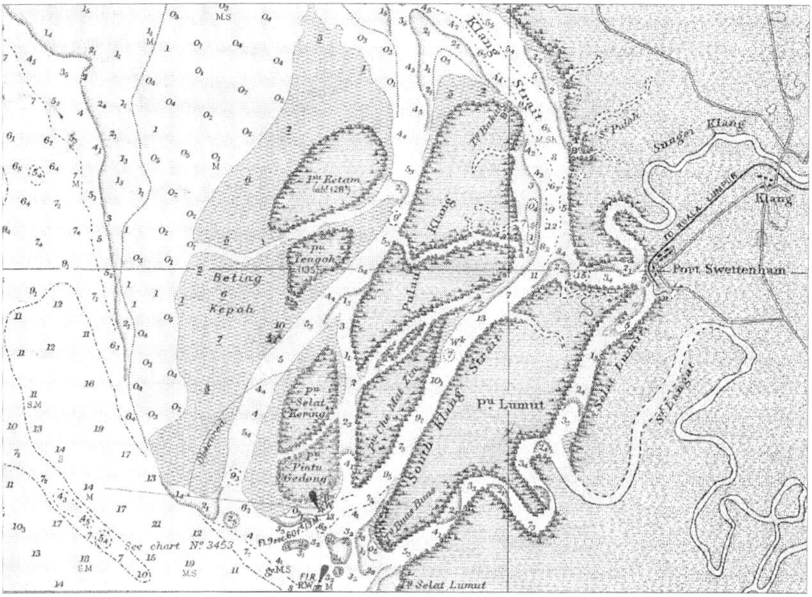

Port Swettenham, Detail aus einer Seekarte der British Admiralty

Am Abend stieg das geplante Reservisten-Fondue in der Offiziersmesse. Elf Reservisten und zwei begleitende Ehefrauen putzten etliche Kilo zartes Rindfleisch weg. Haarsträubende NVA-Geschichten wogten quer über die Back. Sie stellten das Bindeglied dar, welches die gedienten Genossen miteinander verband. Als Delegierter der Grundorganisation der Partei mit der führenden Rolle erschien der ungediente Chiefmate. Auf Einladung dieses Repräsentanten hätte besser verzichtet werden sollen. Er fraß sich durch den Fleischteller hindurch wie eine neunköpfige Raupe. Zur Einstimmung legte er gleich mal mit vier Fondue-Gabeln los. Sein unglaublicher Appetit auf Grillfesten, auch später noch als Kapitän, wurde von vielen Chefköchen der Reederei beklagt, denen er gewaltige Breschen in die Fleischlast schlug.

Am 25. Januar morgens um vier Uhr lief das Schiff nach einer stürmischen Fahrt im Nordostmonsun in der britischen Kronkolonie Hongkong ein. Kaum lag das Schiff an den Tonnen fest, kam die Schwarze Gang an Bord. Diese Spezialtruppe des Zoll kontrollierte alle Kammern und schlich kreuz und quer über den Dampfer. Ansonsten walen sie abel sehl fleundlich, besondels zu unselen Flauen. Die Crew durfte sogar noch alle nicht in der Liste deklarierten Spirituosen einschließen lassen, bevor sie den Dampfer umzukrempeln begannen. Diese unsere Nachlässigkeit hätte in Ländern der Dritten Welt einen Aufstand unter den Zöllnern verursacht, der nur mit Aktentaschen voller Whisky und Zigaretten hätte niedergeschlagen werden können.

Die letzten Säcke mit Kaugummi werden in Singapore außer Landes gebracht

Was sie eigentlich suchten wusste niemand. Vermutlich handelte es sich um illegal durch Dritte an Bord versteckte Drogen. So mancher Dampfer, der Bangkok anlief, konnte später ein Lied davon singen. Vielleicht hing es auch mit dem chinesischen Neujahrsfest zusammen, welches zwei Tage später begann. Zu diesem Anlass hätte sich wohl mancher Chinese in guter Opium-Höhlen-Tradition eine Extra-Dröhnung gegönnt.

Alle Geschäfte ließen für drei Tage und länger die Jalousien herunter. Dieser Umstand stellte den Sinn des Landganges in der Einkaufsoase Hongkong für manchen Nur-Kaufwilligen sehr in Frage. Viele setzten erst gar keinen Fuß an Land, auch weil die Temperaturen auf 15 Grad sanken. Ein eisiger Wind pfiff durch die Häuserschluchten. In den Zeitungen stand in den nächsten Tagen zu lesen, es wäre das kälteste Neujahrsfest seit 30 Jahren gewesen. Bei diesem Klima lachte das Herz zweier cooler Mitteleuropäer. Es bot ideale Voraussetzungen, die Insel Hongkong ausgiebig zu erkunden, mit dem Bus die Serpentinen hinauf zum Victoria Peak und bis hin zum Dschunkenhafen Aberdeen, nach Stanley und Repulse Bay an die Südküste. Dort stießen wir überraschend auf einen englischen Soldatenfriedhof aus dem Zweiten Weltkrieg. Beim Lesen der Grabsteine mischte sich Nachdenklichkeit in die Unbeschwertheit dieser Tage wie später im Eifel-Urlaub an den Gräbern achtzehnjähriger Jungs, ja, auch politisch unkorrekt von der Waffen-SS. Vielleicht trieften wir auch nur vor völlig übertriebener Sentimentalität, weil wir im Kindergarten noch nicht wie später unsere Sprösslinge das Lied vom fröhlichen Panzerfahrer lernen durften.

Hier in Hongkong, am 29. Januar des Jahres 1971, konnte die Besatzung eine der erfreulichsten Ausgaben der täglichen Schiffspresse in der Geschichte der DSR studieren. Ab 1. Februar gibt es mehr Handgeld, stand dort zu lesen. Außerdem würden die Valutamark nicht mehr in DDR-Mark gegengerechnet. Diese Regelung kam einer echten Heuer-Erhöhung gleich. Offiziere erhielten nun 4,00 Valutamark pro Tag, vorher 2,80 VM. Mannschaften jetzt 3,50 VM, früher 1,70 VM. Außerdem wurden Zuschläge für lange Reisen gewährt. Ab dem 100. Tag 0,50 VM, ab dem 130. Tag 1,00 VM und ab dem 160. Tag 2,00 VM mehr. Dabei blieb offen, ob der Seemann nicht gerne auf die zwei Valutamark verzichtet hätte, wenn er einen Tag eher wieder zu Hause gewesen wäre. Mitreisende Ehefrauen erhielten ab sofort pro Hafentag 4,20 VM, aber nicht mehr als 42,00 VM im Monat und 100 VM pro Reise. Diese Valutamittel bekamen die mitreisenden Ehefrauen allerdings nicht geschenkt. Ihr Wert musste durch die Männer eins zu eins in Mark der DDR beglichen werden. Die Reederei stellte ab sofort feste Valuta-Beträge für eine „organisierte Freizeit", wie Exkursionen, Museumsbesuche oder ähnliches im Ausland zur Verfügung. Diese Schiffspresse löste heftige, überwiegend freudige Diskussionen an Bord aus. Nur die Unteroffiziere beklagten sich bitter. Sie hoben sich mit ihrem Devisenanspruch nicht mehr von dem der Mannschaft ab. Da könnten sie ja gleich wieder als Assi oder Vollmatrose fahren, reagierten sie enttäuscht.

Noch ein Ereignis berührte jeden DSR-Seemann ungemein. Die Reederei hatte sich zu einem neuen Schnitt und neuen Material für die Khaki-Uniform durchgerungen. An Attraktivität und Tragekomfort, pflegeleicht und bügelarm, konnte keine Institution im deutschen demokratischen Alltag diese Dienstkleidung überbieten, nicht einmal die Verteidigungsorgane mit ihren in der Wüste Karakorum aus Jurten-Dach handgefertigten Filzmänteln. Erstmalig an Bord präsentiert, kam ich mir wie Elvis the King in Heidelberg persönlich vor. Etwas ähnliches erlebte ich schon einmal 1964, als ich zum großen Deutschlandtreffen in der Khaki-Uniform der DSR in Berlin, Unter den Linden entlang spazierte und mich alle Welt für einen Yankee hielt. Ohne Zweifel, wir sahen fesch aus in unserem neuen saharafarbenen Päckchen. Doch das ist längst vorbei. Heute beteuert meine Frau, das einzige was mir noch gut stehen würde, wäre Rot.

Um uns ebenbürtig zu werden, kauften die Leipziger Verkehrsbetriebe umgehend die Lizenz zum Kopieren auf. Sie meinten, sie wären dazu befugt, weil ihre Bahnen von Gohlis nach Probstheida ebenso schaukeln würden wie ein Wüstenschiff. Mir schwoll ehrlichen Herzens der Kamm, als ich diese eingebildeten Kameltreiber am Ruder einer Straßenbahn in meiner geliebten Uniform erstmalig wahrnahm. Wozu fuhr ich überhaupt noch zur See?! So ging es halt zu im Sozialismus, wo jedem alles gehörte. Noch schlimmer litten darunter unsere Frauen, denen im luftigen Sommerkleidchen plötzlich ein Dederonbeutel im gleichen Blumenmuster entgegenkam. Heute muss es schon ganz schön haarig zugehen, ehe einem der gleiche Jutesack über den Weg läuft.

Nach der ungewöhnlich langen Liegezeit von knapp sechs Tagen verließen wir die britische Kronkolonie am Abend des 30. in Richtung Indonesien. Das Schiff nahm Kurs auf den Hafen von Jakarta, Tandjung Priok. Mit achterlichem Wind rauschte der Dampfer durch das Südchinesische Meer dem Äquator entgegen. Sechsmal querte das Schiff im Verlaufe dieser Reise jene magische Linie, jedes mal mit einem Heidenaufwand. Der Kapitän ließ alle Tanks trimmen, damit der Dampfer ordentlich im Gatt lag. Mit Anlauf, meinte er, kämen wir somit besser darüber hinweg. Hatten wir die Linie erst einmal passiert, ging es auf der anderen Seite ganz normal weiter. Es ist schon etwas Wahres dran, wenn es heißt, lieber sechsmal den Äquator überschreiten, als einmal den Rubikon.

Der Küstenvorort Tandjung Priok lag etwa acht Kilometer vom Zentrum der indonesischen Landeshauptstadt entfernt. Heftige tägliche Regenfälle gingen hernieder. Und wir Armen sollten Futtermittel als Bulkladung übernehmen. Die Liegezeit verlängerte sich dadurch über die geplante Zeit hinaus. Landgänger berichteten, sie hätten bei einem besonders heftigen Guss urplötzlich mitten auf der Straße bis zu den Knien im Wasser gestanden. Außer Rainer, der war kleiner. Ab und zu wäre der auch noch in tiefere Löcher getreten. Landgang in Jakarta setzte einen unbändigen Überlebenswillen voraus. Diese Zustände schienen eher Regel als Ausnahme zu sein. Auch im Winter 2006 berichteten alle Nachrichtenagenturen wieder von verheerenden Überschwemmungen in Jakarta. Ausländern wird seither dringend geraten, bei der Einreise das Freischwimmerzeugnis nicht zu vergessen.

Blick auf das Arbeitsfloß beim Malen der Außenhaut

Unser Generalkonsulat organisierte für die Besatzung eine Stadtrundfahrt. Aus Hongkong kommend zeigten sich die meisten Teilnehmer mächtig enttäuscht vom gerühmten Batavia, dem Dingsda, aus dem einst die Vettern her kamen. Es schien so, als hätten nach dem Abzug der Holländer die neuen Herren alles stehen und liegen gelassen.

Als Gegenleistung lieh die RONNEBURG dem Generalkonsul sowie den Botschaftern aus der Sowjetunion und der CSSR das Motor-Rettungsboot samt dem Kühlmaschinisten und dem Dritten Offizier für eine Angelfahrt aus. Sie wollten in den Mangroven auf Sushi gehen, kamen aber mit einem Eimer Ölsardinen zurück.

Eine schöne, junge Mitreisende an seiner Seite zu wissen bedeutete einen Haufen Annehmlichkeiten. Dieser sowieso schon mit Glückseligkeit Geschlagene wurde als notwendiges Übel überallhin mit eingeladen. Diesmal zu einer Party ins Generalkonsulat, um auf die Sardinen anzustoßen. Die Whiskyflaschen zogen in diesen hehren Hallen bald einen Haufen Luft. So pflegten Arbeiter und Bauern völlig unspektakulär miteinander den Umgang. Ob solch ein Verhältnis zwischen Diplomatie und Seefahrt in heutigen Zeiten denkbar wäre? Wohl kaum. Zu „libertè“ gehören auch die Werte „ ègalitè et fraternitè“. Mit diesen beiden hapert es mitunter in einer kapitalistischen westlichen Gesellschaft ein ganz klein wenig, die nur noch aus Individuen mit Profitstreben besteht. „Und willst du nicht mein Klassenbruder sein, dann schlag ich dir den Schädel ein“, hieß es dagegen ganz offen und ehrlich in unserer Gesellschaftsordnung.

Am nächsten Morgen brach der Tag der langen Messer an. Ein großes islamisches Opferfest fand statt. Vor den Moscheen versammelten sich die Tiere wie vor der Arche Noah. Dem Reedereivertreter von Jakarta gefiel es in seiner heimtückischen Art, uns diese fremden blutrünstigen Bräuche ganz deutlich vor Augen zu führen. Als wir die Richtstätte erreichten, hatte Allah das Großvieh bereits zu sich gerufen. Nur noch Ziegen und Schafe standen an, um in den Himmel zu fahren. Denen wurde nun en gros die Kehle durchgeschnitten. Für jemanden, der sein Pfund Gulasch über die Theke der Kaufhalle geschoben bekam, bedrückende Augenblicke der Wahrheit. Nach dem Schächten zappelte das Getier in freudiger Erwartung, bald vor seinen Herrn und Schöpfer zu treten, wie ein Hampelmann noch ein bisschen vor sich hin, bis es alle Hufe von sich streckte.

Weiter führte unsere Reise nach Surabaya. Das Wetter blieb regnerisch. Surabaya-Johnny, dieser Drei-Groschen-Junge, ließ sich nicht blicken, ebenso wenig wie die Sonne. Für eine zügige Übernahme der Sackladung Expeller erwies sich der Regen auch hier als äußerst hinderlich. Das Ergebnis wurde mit dem beim Seemann äußerst verhassten Wort „delay - Zeitverlust“ - umschrieben. Dieses wurde nur noch getoppt durch „Harnröhrenabstrich“ und „Sichtvermerkentzug“.

Schließlich lief das Schiff den letzten Ladehafen auf Java an, die Hafen- und Fischerstadt Banjuwangi im Osten der Insel an der Meerenge zwischen Java und Bali. Unser Dampfer warf Anker auf Reede. Wir lagen vor einer faszinierenden Kulisse angesichts der dreitausend Meter hohen Vulkangruppe Idjen Raun auf Java an Steuerbordseite. Deren Gipfel, nur am Morgen und Abend sichtbar, entzogen sich tagsüber durch dunkle Gewitterwolken unseren Blicken. Bei guter Sicht qualmten sie wie ein Rachermannel vor sich hin. Siebzehn Kilometer betrug die Luftlinie bis zum nächsten Gipfel, eine zu kurze Distanz, um einem Ausbruch sicher zu entgehen. Uns beschlich ein mulmiges Krakatau-Gefühl. Über die Meerenge hinweg grüßten die sanfteren grünen Berge von Bali. Eine Überquerung der Bali-Straße zwischen den beiden Inseln vor dieser imposanten landschaftlichen Kulisse hätte höchsten touristischen Ansprüchen genügt, die All-inclusive-Touristen von TUI in der Regel zum Schnäppchenpreis haben möchten.

Am weißen Strand der Insel Bali bekommen Eingeborene ALDI-Tüten gezeigt

Von Banjuwangi aus bestand die Möglichkeit, das vielgerühmte Bali im Fährverkehr zu erreichen. Diese Unternehmung mussten wir aus Finanz- und Zeitgründen aufgeben. Ein Bootsausflug bot sich als Ersatzhandlung an. Alle Freiwachen nahmen Platz in unserem Motor-Rettungsboot. Wer es einrichten konnte, ließ sich diesen Tagesausflug quer über die Straße von Bali hinüber zur Insel der Träume nicht entgehen. Viele hatten es sich schon immer gewünscht, aber nie träumen lassen, einmal ihren Fuß auf deren Strände zu setzen. Bereits etwa 150 Meter vor der Küste Balis bekamen sie in froher Erwartung Harndrang, um nach gutem alten Brauch das Eiland zu markieren wie Dackel Waldi, damit sie es zukünftig auf Anhieb wieder fänden. Wir erreichten Flachwasser. Das Boot legte sich auf „Bali Reede".

Die Crew watete, wie einst Columbus mit seinen Mannen in Westindien, an Land. Keine jubelnden Indianer weit und breit. Der Küstenstreifen wirkte jungfräulich unberührt. Nur ein einsamer Katamaran im Sand wies auf die Anwesenheit von Menschen auf der Insel hin. Ein Bild von Bali, wie es vermutlich kein Tourist erleben wird und will. Ein schmaler Streifen weißen Sandes bildete den Strand, mit Bimsstein durchsetzt. Jener eignete sich prima dazu, seinen Hühneraugen zu Leibe zu rücken. Die seichten Ufergewässer wimmelten von Seesternen, die unseren Sammelinstinkt weckten. Ein Teil der Ausflügler lustwandelte am menschenleeren Strand entlang, der andere schaufelte aus dem flachen Wasser (kinder-) wagenradgroße Seesterne ins Boot. Jemand verbreitete das Gerücht, die Staatliche Münze würde 1a-Exemplare aufkaufen, um daraus Vaterländische Verdienstorden zu schmieden. Der Wissende wollte sich dafür nicht verbürgen, es könnten auch Sterne der Völkerfreundschaft gewesen sein.

Am schwarzen Strand der Insel Java zwei Prinzessinnen der Kokosnuss

Als das Boot überbordend mit Seesternen beladen zu sinken drohte, führte unsere Ausflugsfahrt hinüber zur Insel Java. Hier bestand der Strand aus vulkanischem grau-schwarzem Bimsstein-Granulat. Gleich hinter der Küstenlinie begann eine intensive landwirtschaftliche Nutzung. Vernarrt wie die Seeleute in Blumen und Gräser nun einmal sind, vor allem was die Tätigkeit der Bienen auf deren Blüten betrifft, scheiterten unsere ursprünglichen Absichten, tropische Pflanzen zu requirieren. Weit und breit nur Maisfelder. Deren Anblick kannten wir schon, seitdem uns Nikita Chrustschow die Maiskolben als Wurst am Stängel schmackhaft zu machen suchte. Somit blieben wir für den Rest der Reise davor verschont, jedem Blumentopf hinterher zu hechten, der sich auf Entdeckertour quer durch die Kammer begab, wenn das Schiff krumm machte.

Unser Nachhauseweg in der Dämmerstunde führte uns erneut in die Bali-Straße. Der Bootsführer bekam Schwierigkeiten, den Dampfer wieder zu finden. Die Straße befand sich in einem schlimmen Zustand, schlecht ausgeschildert und völlig unzureichend beleuchtet. Dabei besäße Indonesien überreiche Ölvorkommen, um jeden Kilometerstein zu illuminieren. Im Ergebnis dessen bogen wir bald darauf um die falsche Ecke Richtung Borneo ab. Doch alles ging gut. Wir stießen auf ein Lenin-Denkmal aus Sukarnos Zeiten, das uns mit ausgestrecktem Arm den rechten Weg wies.

Touristenfreie idyllische Strände auf Java und Bali binnen einer Stunde zu betreten, dieses Erlebnis zählte zu den herausragenden Höhepunkten jener Südostasienreise, ganz abgesehen von jenen, von denen manche Leute gegen drei Schachteln Zigaretten nachts in Surabaya heimgesucht wurden.

Als der Dampfer nach vier Wochen Abwesenheit wieder in Singapore eintraf, warteten einige Überraschungen auf uns. Der Bäcker war wieder gesund. Port Swettenham, bisher als Ladehafen im Gespräch, gehörte nicht mehr ins Programm. Die zu übernehmende Ladung in Singapore ging über sechzig Tonnen Holz für Rotterdam nicht hinaus. Auch in Malaysia waren kräftige Regengüsse niedergegangen, alle wichtigen Straßen standen unter Wasser. Die Ladung kam nicht heran und jene, welche trotzdem den Hafen erreichte, übernahmen die Schwesterschiffe, die mit reichlich Freiraum aus Fernost eintrafen. MS MAGDEBURG verließ Singapore just an jenem Tage Richtung St. Nazaire und MS MEYENBURG war einen Tag früher nach Rouen abgelaufen. Die RONNEBURG bekam Order, für weitere Ladung nach Indien zu versegeln.

Von einem angeblich bankrotten Kosmetik-Geschäft in Singapore kamen auf ungeklärte Weise, die Wissenden verrieten die nähere Herkunft nicht, drei große Kisten mit Kosmetik an Bord. Lippenstifte, Nagellacke in jeder Schattierung, Gesichtspuder, Cremes für alle möglichen noch nicht vorhandenen Falten. Diesen Fundus verteilte der Chiefmate an die Bordfrauen. Die meine wurde zum Empfang bei ihm einbestellt. Sie kam glücklich mit einem Papierkorb voller Lippenstifte und Nagellacke wieder angezogen. Ich fühlte mich künftig aller Sorgen zur Beschaffung von Kriegsbemalung ledig. Die Bestände reichten, bis SCHLECKER seine Filialen eröffnete.

Wenn schon keine Ladung auf uns wartete, so wartete doch seit vier Tagen ein neuer Erster Nautischer Offizier an der Pier. Der Kapitän sollte wegen anhaltender gesundheitlicher Probleme nach Hause fliegen, der Chiefmate seine Stelle einnehmen. Sein Heimflug war bereits gebucht. Er aber überlegte es sich anders und ließ sich mit Diätkost aus der Kombüse den Rest der Reise über Wasser halten. Und so trampte das Schiff nach dem Bunkern mit zwei Ersten Offizieren von Singapore Richtung Indien in eine ungewisse Zukunft, nicht mal dem Morgenrot entgegen. Denn wie im Staatsbürgerkunde-Unterricht gelehrt bekommen, ging für die unterdrückten Völker dieser Welt auch im Golf von Bengalen die Sonne im Osten auf. Konkrete Bestimmungshäfen ließen noch auf sich warten.

Auch unser Bäcker war wieder aufgestiegen. Erst einen Monat voneinander getrennt, schon kannte er seine Frau nicht mehr wieder. Die Gute hatte sich auf der Bootsfahrt in Banjuwangi einen entsetzlichen Sonnenbrand im Gesicht zugezogen, vor dem jeder Insasse des Beibootes von Kapitän Blight nach dem Abschied von der BOUNTY den Hut gezogen hätte.

Drei ruhige Seetage standen uns bevor. Die Gelegenheit bot sich an, wieder einmal ein freudiges Ereignis ausgiebig zu feiern. Der Bootsmann durfte sich nach Tagen angespannten, nervösen Wartens über die Ankunft eines Töchterleins viele tausend Kilometer entfernt freuen. Pech für ihn, er hatte sich in Hongkong vorausschauend mit blauer Kinderwäsche eingedeckt. Es sollte natürlich ein kräftiger Junge werden. Dieser Einkauf nach dem Motto „Augen zu und durch" schien wohl seine Wirkung auf das Geschlecht des Neuankömmlings so recht verfehlt zu haben.

Mitten im Golf von Bengalen erreichte uns die Order, den Reedehafen Kakinada zwischen Madras und Calcutta anzulaufen, um 610 Tonnen Reiskleie für Rotterdam zu laden. Für diese Menge sowie zusätzlich ein paar Tonnen Hirschgeweihe benötigten wir fünf Tage. Letztere erzielten außergewöhnlich gute Preise. Alle Frauen in Hamburg, die etwas auf sich hielten, rissen sich darum, sie ihren Männern als Weihnachtsüberraschung aufzusetzen oder sie raspelten das Horn heimlich als Potenzmittel in den Pudding, stand in den Sankt Pauli Nachrichten.

Morgens kamen täglich die Fischer auf ihren primitiven Flößen längsseits und boten ihre Fänge an. Gegen eine Flasche Weinblattsiegel, der Koch verbuchte sie sinnigerweise als Würzmittel, konnte er jeweils einen Eimer Garnelen an Bord hieven. Tagelang gab es immer nur ausgerechnet Garnelen. Dabei handelte es sich nicht um diese mickrigen Exemplare aus der Nordsee, sondern um die edlen King Prawns aus der Kühltruhe von ALDI. Die Decksgang berief eine Garnelenparty auf dem achteren Poopdeck ein, zu der auch leckerer Fisch in der Tonne geräuchert wurde. Unter dem Einfluss von Tropenhitze und Alkohol endete diese Veranstaltung in einem wüsten Tohuwabohu. Zu fortgeschrittener Stunde kam die Gang so richtig auf Touren, der Pool wurde von seiner schützenden Abdeckung befreit und dort hinein erfolgte der Abgang der übermütigen Schnapsleichen. Der Kapitän erzürnte sich über diesen Exzess, an dem er magenbedingt nicht teilnehmen konnte, dermaßen, dass er die gesamte Besatzung auf halbe Schnapsration setzte. Er tat ihr damit einen großen Gefallen. Die knappen Vorräte zum Bekämpfen von Entzugserscheinungen reichten dadurch noch etwas länger.

Der nur für Frachtkähne und Fäkalien geeignete Hafen von Kakinada

Nachdem seinerzeit die Ladung für die BOIZENBURG noch angesegelt kam, brachte nun ein Schlepper die Schuten hinaus auf die Reede. Landgänger vertrauten sich an einem der Tage diesem Gefährt an, das sie binnen einer Stunde an die Küste bugsierte. Nach langwierigen Zollformalitäten durften wir die Stadt besichtigen. Kakinada gesehen, Indien gesehen - lautete danach das etwas überhebliche Urteil. Meine mitreisende Ehefrau beeindruckte es ungemein, wie die auf der Straße zusammengekratzten Kuhfladen ähnlich wie an einem Pfefferkuchenhaus zum Trocknen an den Häuserwänden klebten. Manch formende Hand hatte sich wie die Fußabdrücke der Dinos im urzeitlichen Uferschlamm darin verewigt. Der beim Hineintreten unerquickliche Stoff verwandelte sich somit zu preiswertem Brennmaterial, an das sich die ländliche Bevölkerung der ausgedehnten Mecklenburger Viehweiden im Jahre 2030 dankbar erinnern wird.

Die Rückfahrt traten wir mit einem Dampfschlepper des Baujahres 1926 an. Der brauchte bei Flut und rabenschwarzer Nacht mit zwei vollen Bargen im Schlepp zweieinhalb Stunden bis zum Schiff. Unter den Mitreisenden kamen gelinde Zweifel auf, jemals dort heil anzukommen. Wir sahen uns schon mit der Strömung quer über den Golf von Bengalen treibend auf die Sandheads vor Calcutta auflaufen.

Am 1. März lief das Schiff in Colombo ein. Dieses Datum bedeutete nur eines - 15. Jahrestag der Nationalen Volksarmee. Bester Anlass, die Reservisten zu einem Großangriff auf Fonduegerät und Rinderfilet blasen zu lassen. Es stellte sich einmal mehr als unschätzbarer Vorteil heraus, dass der Koch selbst zu den Gedienten gehörte. Den Verteidigern des Vaterlandes in Ruhe mangelte es somit an nichts.

Die fünftägige Hafenliegezeit bot noch einige Abwechslung mehr. Auf der Überreise von Kakinada her überfiel den Bäcker erneut eine Kolik, durch die er im wahrsten Sinne des Wortes am Boden lag. Er musste wieder in ein Krankenhaus eingeliefert werden. Dem Kapitän blieb keine andere Wahl, als ihn und seine mitreisende Ehefrau mit dem Flugzeug und guten Wünschen nach Hause zu schicken.

Sodann gab sich die RONNEBURG als relativ neues Schiff die Ehre. Die Reederei erkor sie als Ort für ein Meeting der Indien-Pakistan-Schifffahrtskonferenz. Die Besatzung blieb davon im wesentlichen unbehelligt, sah lediglich die Herren mit den schweren Limousinen vorfahren und durfte anschließend die Reste vom kalten Buffet abräumen, welche die Stewardessen in die Mannschaftsmesse durchreichten.

Während dieser Tage pflegten wir wieder einmal die Kontakte zu den Besatzungen anderer Schiffe. Die Crew eines norwegischen Frachters ließ sich nichts ahnend zu einem Fußballspiel in noch morgendlicher Kühle herausfordern. Voll revolutionärer Wut konnten wir den Repräsentanten des Klassenfeindes endlich mal wieder so richtig ans Schienbein treten. Mit zunehmender diplomatischer Anerkennung der Republik wurden uns in den '80ern solche Übergriffe nicht mehr zugestanden. Der Staat bangte um seinen guten Ruf. Unsere ERNST SCHNELLER löschte von Rostock kommend in Colombo, fuhr danach weiter in den Persischen Golf, zurück ins Mittelmeer und wieder in den Golf. Und das alles ums Kap der Guten Hoffnung herum, die „Beneidenswerten". Die Fahrt mit der Kirche ums Dorf herum wurde daraufhin wegen Belanglosigkeit aus dem Wortschatz deutscher Redewendungen gestrichen.

Ein nicht alltägliches Ereignis auf den Weltmeeren überraschte uns über die Maßen. Wir erlebten das Wiedersehen mit einer sowjetischen Besatzung, auf deren Schiff während der vorangegangenen Reise in Nordkorea mancher Wodka die Kehle herunter geflossen war. Die mit berührenden Verbrüderungsszenen verbundene Wiedersehensfreude kam beidseitig von ehrlichen Herzen. Die sowjetischen Seeleute erwiesen sich jederzeit als die besten, die einem als Gefährten unterkommen konnten. Wir schätzten sie als Freunde ganz ohne Anführungsstriche! Na sdorowije!

Der Umtauschkurs der Sri Lanka-Rupie zur Deutschen Mark unterschied sich wie bereits angedeutet eklatant von dem Kurs, der dem Seemann in Rechnung gestellt wurde. Der Tageskurs auf der Bank lag wesentlich günstiger. Auf dem Schwarzmarkt ließen sich glatt doppelt so viele Rupies erhandeln. Die Rupies für die Handgeldauszahlung an Bord kaufte der Agent natürlich zum aktuellen Tageskurs ein. Wer auch immer dabei einen guten Schnitt machte, die Seeleute gehörten nicht dazu. Es lag in der menschlichen Natur, unter solchen Bedingungen in Sri Lanka wie auch in Indonesien völlig auf die Inanspruchnahme der Landeswährung zu verzichten. Dienstleistungen jedweder Art, Briefmarken, Souvenirs, Ceylon-Tee und Gewürze hätten sich unverhältnismäßig verteuert. Hein Seemann sagte sich: „Ich bin doch nicht blöd“, stand entweder mittellos da oder wich vom rechten Weg der sozialistischen Moral ab und verlegte sich auf das Schmuggeln. Kein Wunder, dass die Janmaaten alles daran setzten, in Hamburg so viel wie möglich Bares in die Hand zu bckommen. Freilich bestand dabei die Gefahr, die gute Westmark in einer finsteren Ecke von Colombo blauäugig gegen alte Lotteriescheine eingetauscht zu bekommen. Dieses überwältigende Erfolgserlebnis konnte ich beim abendlichen Landgang auf meiner Haben-Seite verbuchen. Nicht viele Momente eines Seefahrerlebens graben sich tiefer im Gedächtnis ein als dieser. Vor allem die Blamage vor der lieben Gattin, die mitbekam, dass Colombo in einem Überangebot an „precious stones“ (Edelsteinen) schwamm, von denen sie gerne einige abbekommen hätte. Nun musste sie sich statt mit Aquamarinen, Amethysten und Achaten mit den alten Lottoscheinen begnügen.

Sri Lanka entpuppte sich einmal mehr in seiner Geschichte als ein innenpolitischer Unruheherd. Plötzlich setzten landesweite Streiks ein. Es bestand keine Aussicht, die restliche mit LKW schleppend angelieferte Fracht bis an die Pier zu bringen. Auf das Gelände der amerikanischen Botschaft warf jemand eine kleine Bombe. Obwohl wir erst die Hälfte der avisierten Ladung übernommen hatten, verließ das Schiff nach fünf Tagen fluchtartig den Hafen. Nach mehr als drei Jahrzehnten mit Bombenattentaten aller Spielarten gegen Amerikaner und ihre Verbündeten hat sich die

Welt inzwischen an die herausfordernde Ignoranz der Amerikaner gewöhnt, die Bomben magisch anzieht.

Appell zum 1. Mai auf dem Brückendeck

Der Internationale Frauentag nahte, ich musste nach den vielen Landgängen zu zweit mal wieder an die Arbeit denken. Über Bordfunk pries ich die Tugenden der daheim weilenden lieben Frauen, Mütter, Freundinnen und Geliebten und machte die Besatzung auf ihre verdammte Pflicht und Schuldigkeit aufmerksam, sie zu ihrem Ehrentag zu beglückwünschen. Die Reise dauerte schon zu lange. Ich stach in ein Wespennest. Die Sehnsucht erreichte bereits ungeahnte Dimensionen. Binnen einer Stunde stapelten sich fünfzig Telegramme auf meinem Schreibtisch. Anlässlich des 25. Jahrestages der FDJ traf ein Dutzend offizieller Telegramme mit den üblichen Durchhalteparolen auf dem Dampfer ein. Nicht auszudenken, welche Propagandawelle über uns hinweggerollt wäre, säßen wir zu Hause vor der Glotze oder mit dem ND bei der Frühstücksmarmelade. Seefahrt hatte schon etwas für sich.

Endlich ging das Schiff gemäß den sehnlichsten Wünschen der Besatzung, denen ich mich diesmal nicht anzuschließen vermochte, auf Heimreise, quer über den Indischen Ozean hinüber zum Kap der Guten Hoffnung. Von Colombo bis zu den Kanarischen Inseln gehörte die Reise wettermäßig zu den reinsten Sonntagskaffeefahrten, wie geschaffen für mitreisende Ehefrauen und ihre Männer, die auf mehr Zuwendung hoffen konnten als bei permanentem Brechreiz ihrer angetrauten Zimmerlinden. Der Südatlantik zeigte sich von seiner besten Seite. Querab Dakar gingen Wasser- und Lufttemperatur steil bergab. Die Badesaison für meine Begleiterin fand noch vor den Kanarischen Inseln ein abruptes Ende. Von den Kanaren bis auf Höhe Gibraltar wehte zur Abwechslung eine steife Brise 7 bis 8 von vorn. So ein Kuhsturm kam uns zu dieser Zeit überhaupt nicht recht. Das Schiff stampfte zum Unmut der Crew mühsam gegen an. Sie sehnte sich danach, recht bald nach Hause zu kommen, zu ihren Frauen und den inzwischen geborenen Kindern.

Im Verlaufe dieser Tage gingen nach und nach alle Getränke aus, bis nur noch der gute Pfefferminztee aus der Kombüse auf der Back stand. Den traute sich niemand mehr so kurz vor dem Heimathafen zu trinken. Er sollte gerüchteweise die Kraft der Lenden auf äußerst nachteilige Art lähmen. Immerhin hielten mit seiner Hilfe die drei Stewardessen 35 junge, wildentschlossene Männer über Monate hinweg in Schach. Dem Weinblattsiegel weinte so mancher schon lange nach, keine Flasche Wein stand mehr in der Transitlast. Wer Sorgen hat, hat auch Likör. Der Likör fiel während der Reise Flasche für Flasche den genusssüchtigen Bordfrauen zum Opfer, obwohl sie, von allen hofiert, die wenigste Veranlassung besaßen, sich auf diesem alten Ofen zu sorgen. Der letzte Sekt perlte pietätlos im Zahnputzbecher. Die Crew genoss ihn als einzig verbliebenes süffiges Getränk. Nicht jeder Matrose stellte sich ein Champagnerglas in den Spind, um frühmorgens mit seinem Spiegelbild anzustoßen. Kämen wir doch bald nach Rotterdam und dort an eine Familienflasche Coca Cola heran!

Neben den Trinkern standen auch die Raucher seit Indien völlig neben sich. Keine einzige Stange F6, Cabinet oder Duett harrte in der Transitlast mehr auf ihren Lungenkrebs. Mancher hätte in seiner Not gar Bidis geraucht, diese in Zeitungspapier verpackte spottbillige indische Mischung aus Zahnstocher und Zigarre. Eine ganze Schiffsbesatzung stand auf Entzug. Es zählte eher zur Regel als zur Ausnahme, dass gegen Reiseende diese oder jene Reserven aus den Lasten zur Neige gingen, vor allem wenn die Reisen länger als geplant dauerten. Aber dass bis auf die Schiffspresse alle gängigen Drogen aus waren, das gehörte zu den absoluten Ausnahmesituationen.

Am Ostersamstag des Jahres 1971 traf das Motorschiff RONNEBURG wieder im Überseehafen Rostock ein. Die Zeit für die nächste Südostasienabfahrt wurde knapp. Deshalb tauschte das Schiff die Abfahrten mit der MAGDEBURG. Ich schickte die mir Liebste nach Hause und fuhr Ende April die nächste Reise wieder alleine in den Fernen Osten, aufregenden Abenteuern im nordkoreanischen Chungjin entgegen.

Homeward bound

12. Akt von Arbeits-, Gaumen- und Männerfreuden – oder: Im Liniendienst an Südamerikas Ostküste

Nach den Jahren in Asien fuhr mein Brotschiff 1972/73 sechs aufeinander folgende Reisen zwischen dem Kontinent und der südamerikanischen Ostküste. Für alle, die damals dort hinfuhren und heute daran zurückdenken, werden damit die angenehmsten Erinnerungen an ihre Fahrenszeit verbunden sein. Welchen Reiz die Südamerikafahrt auf die Besatzung ausübte, zeigte sich schon allein darin, dass beim Auslaufen zur ersten Reise aus Wismar fast alle Crew-Mitglieder, die die vorangegangene Südostasienreise mitmachten, an Bord blieben. Es fehlten lediglich zwei Matrosen, die dem Ruf zur Landesverteidigung Folge leisten wollten, obwohl sie in Santos eher an ihr Ziel gelangt wären, ins Schwarze zu treffen. Der Storekeeper der vergangenen Reise wurde wieder durch den der Stammbesatzung abgelöst. Sonst hatte in der Musterrolle immer ein großes Kommen und Gehen zwischen den Fernostreisen geherrscht, das oft die Hälfte der Besatzung erfasste. Nicht zuletzt wegen des während jener Zeit geschlossenen Suezkanals erfreuten sich diese durch ihre Dauer und die daraus resultierenden familiären Belastungen keiner allzu großen Beliebtheit. Südamerika gehörte zu den Attraktionen, die der Flottenbereich Asien/Amerika bieten konnte.

Auch Passagiere interessierte die Route, weil nicht lang und langweilig. Zahlende Gäste buchten fast jede Reise alle für sie bereitstehenden Kammern, obwohl diese derartig dünne Wände besaßen, dass deren Bewohner die Flöhe von nebenan husten hören konnten. Über den Gang lagen die Gemeinschaftstoilette und das einzige Bidet auf dem Schiff, deren Benutzerinnen vor dem Auftauchen von Seeschlangen aus dem Beckenabfluss nicht gefeit waren. Dieser Wahn stellte sich bei den Damen beständig nach dreimal schto Gramm Wodka in den Offizierskammern ein. Trotzdem zogen diese Passagiere die intime Atmosphäre einer Frachtschiffreise jeder ordinären Kreuzfahrt vor. Dafür sprachen vielerlei Gründe: Weil sie in der Messe nicht im Dinner Jacket erscheinen mussten, weil sie eine Kabine mit freier Sicht nach voraus auf die Deckel von Luke Vier und die Schwergutmasten besaßen, weil am Pool jederzeit ein Platz auf den Grätings für sie frei gehalten wurde, weil sie unter jungen Menschen lebten, die teilweise noch im krisenhaften Alter der Pubertät steckten, aber wiederum einen Grad geistiger Reife erlangt hatten, um sie nicht wie Kleinkinder auf Traumschiffen gegen das Schienbein zu treten, weil die Stewardessen nicht die Hand für Trinkgeld aufhielten, weil der Obersteward den Passagieren keine Uhr aus Ruhla oder einen Urlaub in der Gartenlaube seines Onkels in Graal-Müritz aufschwatzen wollte, weil sie sich sicher sein konnten, dass die Nautiker der DSR ihre seefahrerischen Meriten nicht als Chormitglieder im „Fliegenden Holländer“ erworben hatten oder mit einem Patent aus dem Souk von Algier zur See fuhren. Worüber Passagiere auf Kreuzfahrtschiffen grübelten, dessen waren sie sich auf einem DSR-Frachter gewiss: Die Crew schlief mit an Board. Aus diesem ungezwungenen Miteinander entwickelte sich später das Clubschiff-Konzept auf AIDA-Schiffen.

Meistens handelte es sich um ehemalige Reichsdeutsche, die irgendwann aus mehr oder weniger guten Gründen dem Land ihrer Väter den Rücken gekehrt hatten. Oder es handelte sich um junge selbstbewusste Frauen, die meinten, unbedingt das gelobte Land finden zu müssen, in dem Milch und Honig fließt, jedoch Schussverletzungen scheuten und darum raffiniertere Wege beschritten. Letzteres traf diesmal auf ein Pärchen aus Berlin zu, das sich zwar nicht in einen israelischen Kibbutz, immerhin jedoch in das Chile des Salvadore Allende abzusetzen gedachte. Vor einer Frau, die sich so durchtrieben anstellte, um einen Ehemann aus der Dritten Welt mit ihren Waffen zu erlegen, mussten selbst die deutschen demokratischen Behörden kapitulieren. Er stammte aus Guatemala, wo immer noch eine Militärjunta jeden Kommunisten in Stücke hackte, und lebte seit zehn Jahren in der geteilten Hauptstadt. Sie gehörte als 28jährige Bühnenbildnerin zur Phalanx opponierender Kunstschaffender. Der Zöllner in Wismar dachte überhaupt nicht daran, ihr deshalb eine Träne nachzuweinen. Beide fuhren reichlich unbedarft in die weite Welt hinaus. In Chile besaßen sie keine Bleibe. Sie spekulierten wohlmöglich auf ein Unterkommen in der Colonia Dignidad. Mit ähnlichen Herausforderungen wurde einige Jahre später Erich Honecker konfrontiert, Politiker, ehemaliger Vorsitzender des Zentralrates der Freien Deutschen Jugend, Generalsekretär des Zentralkomitees der Sozialistischen Einheitspartei Deutschlands und Mitglied dessen Politbüros, Vorsitzender des Staatsrates der Deuschen Kratschen Reblik, als oberster Kriegsherr in der Tradition des Führers Vorsitzender des Nationalen Verteidigungsrates, Träger des Vaterländischen Verdienstordens mit Ehrenspange und anderer hoher staatlicher Auszeichnungen, als Jachtbesitzer Träger der Verdienstmedaille der Seeverkehrswirtschaft in Bronze ehrenhalber, abgebrochener Dachdecker, Mauerbauer und begeisterter Jäger auf Hasen und Republikflüchtige. (Nachfolgenden Generationen zur Erinnerung) Der Zöllner am Flughafen Berlin-Schönefeld weinte ihm keine Träne nach.

Die Reisen erfreuten sich ebenfalls bei Rentnern beiderseits des Eisernen Vorhanges großer Beliebtheit, die sich diesen Ausflug auf ihre alten Tage noch gönnten. Allerdings kamen jene aus dem Osten mit durchgewetzten Knien an Bord. Zwei Jahre mussten sie vor den Schreibtischen der Staatsorgane darum kämpfen. Trotzdem taten sie recht daran, sich ihren Kindheitstraum von der Seefahrt auf einem Frachter und nicht auf der VÖLKERFREUNDSCHAFT zu verwirklichen. Ausnahmslos alle Passagiere fühlten sich innerhalb kürzester Zeit an Bord sauwohl. Sie stellten eine echte Bereicherung für den politischen und manch anderen Horizont des Seemannes dar. So lud auf einer unserer Reisen ein deutscher Passagier in Porto Alegre im Süden Brasiliens zum Abschied ein Dutzend Besatzungsmitglieder zu einem nächtlichen Landgang ein. Wo landeten sie? Natürlich in einer höchst zweifelhaften Umgebung, in einem privaten Club (eine Empfehlung des Agenten) mit sehr vielen federleichten Mädchen. Gegen Mitternacht begannen unmotiviert drei Dias von einer weißen Wand auf diese Szene herab zu scheinen, bevor sich jeder wieder in seine Arbeit vertiefte. Darin vermuteten wir einen kulturellen Beitrag, ohne den der Laden seine Lizenz nicht bekommen hätte. Anfangs wirkten die ebenfalls anwesenden weiblichen Besatzungsmitglieder etwas hemmend auf die Tatkraft ihrer männlichen Kollegen, doch bald gewöhnten sich diese an das Handicap und gingen zum Geschäftlichen über. Da ich auf dieser Reise, wie auf vergangenen und folgenden auch, mein teures Eheweib mitführte, besaß ich als einziger männlicher Gast den zweifelhaften Vorzug, dieses unsittliche Treiben aus der Warte des stillen Beobachters genießen zu dürfen.

Für mich hatte sich das seefahrerische Umfeld inzwischen grundlegend verändert. Meine Holde konnte ich nach der Vermählung und zwei faulen Mitreisen im Liegestuhl, sozusagen als ruhender Pol unserer Beziehung, dazu überreden - halb zog ich sie, halb sank sie hin - es doch einmal professionell mit der Seefahrt zu versuchen. Sie lernte nun nach zwei Fernost-Reisen im Bereich Wirtschaft die Lords von einer bisher unbekannten Seite kennen, von der noch zu lesen sein wird.

Gegen die Attraktivität der Südamerika-Linie sprach, dass die Leute an Deck einen erheblich höheren Arbeitsaufwand bewältigen mussten als auf den Reisen nach Asien, allein schon bedingt durch die kurze Reisedauer über den Atlantik von zirka zwölf Tagen, wodurch die Werterhaltung des Schiffes, sprich das Rostklopfen und Malen, ziemlich kurz kam. Bedeutende Mehrarbeiten resultierten aus der transportierten Ladung. Ausreisend luden wir stets Kali von Wismar nach Santos, der so fein wie Staubzucker sich überall ausbreitete und sich jedem Besenstrich widersetzte. Rückreisend übernahmen wir in Santos meistens Futtermittel, die ebenso staubten wie das Kali. Auf jeden Fall musste das Schiff während der Reise einem mehrmaligen Großreinemachen unterzogen werden. Die Decksgang wusch die Luken nach dem Löschen des Kali sauber und begann sie zu „föhnen“, um Schüttgutladung übernehmen zu können. Nach dem Ende der Beladung mit Futtermitteln stank es bei ungünstiger feuchter Witterung in manchen Ecken des Schiffes wie in einer Großmastanlage für Schweine. Getoppt wurde dieser Duft der großen weiten Welt nur, wurden nasse Felle von Argentinien nach Europa verschifft, die bestialisch stanken. Oft stand gefährliche Ladung an Deck oder das Asiatenklo mit der Hocktoilette wurde gar für den Transport von Dynamit zweckentfremdet. Die Tür mit dem Herz wurde jedoch nie ramponiert und kein Ankerspill flog mit einem lauten Knall über Bord. Wenn die an Deck gestauten Gefahrgutfässer rosteten oder leckten, verursachten die Chemikalien an der Außenhaut hässliche rostige Rotznasen, die keinen Seemann kalt und ihn spontan zur Bambusstange mit der Farbrolle greifen ließen. Das machte das Schiff schön neu und ihm brachte es den Spitznamen Bambuse ein.

Oftmals haperte es, im Gegensatz zum indischen Subkontinent, in den südamerikanischen Häfen mit der Postzustellung. Nur die dicken Zeitungsrollen mit dem NEUEN DEUTSCHLAND und der JUNGEN WELT, die riefen wie Herr und Frau Igel meistens schon: „ Ik bin all hier!“ Diese Journaille las der Seemann auch viel lieber als seine private Post, in der beständig über die ungezogenen Kinder und das knappe Haushaltsgeld lamentiert wurde oder dass der Hund immer noch nicht stubenrein sei. Nichts stand in diesen Pamphleten, was den Seemann wirklich interessierte – ob die Gemeinde bei Abrissarbeiten 2500 Mauerziegel für den Um- und Ausbau des neuen Spritzenhauses gewann oder ob die Sparte der Geflügelzüchter vierzig weiße Birken an den Straßenrain setzte.

Und schon wären wir wieder bei der Politik. Auf den Südamerikareisen bewältigte die Besatzung das gleiche Pensum gesellschaftlicher Arbeit wie auf den Fernostreisen. Allerdings erstreckten sich letztere über die doppelte Zeit. Jeder deutsche demokratische Erdenbürger ahnte, wie sich die Höhepunkte im Reiseverlauf überschlugen, ganz abgesehen von den zahlreichen Höhepunkten der Lustempfindung in Santos. Eigentlich wäre es dringend notwendig gewesen, am Reiseende noch einige Tage vor Rostock zu kreuzen, um die Programme abzuarbeiten, zu denen diverse Institutionen den Kapitän verdonnerten. Zudem bahnte sich ein sozialistisches Großereignis an, die Weltfestspiele der Jugend und Studenten in unserer Hauptstadt.

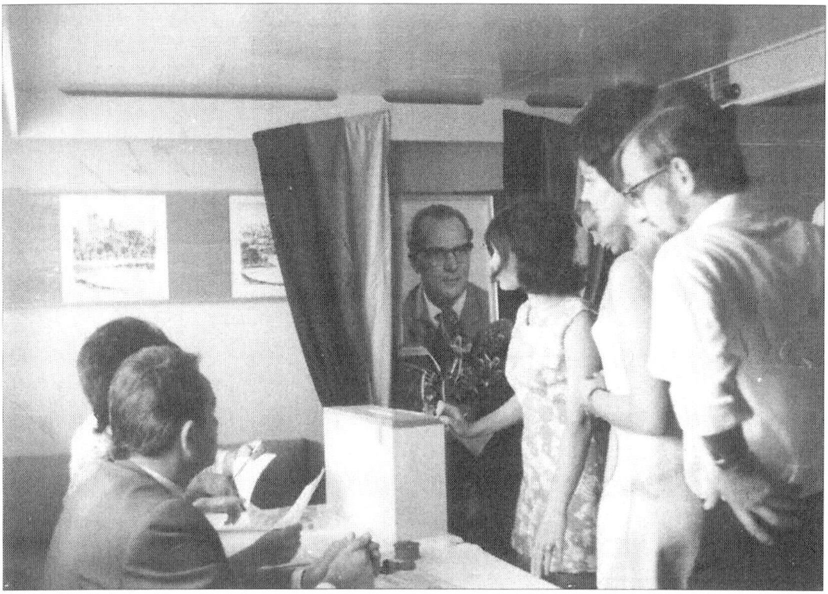

Volkskammerwahl in der Offiziersmesse

Unter den dort erwarteten Teilnehmern befanden sich auch Mitglieder der Jungen Union und der Jungsozialisten, die vor allem zum Agitieren kommen würden und die deshalb die Partei- und Staatsführung wie der Teufel das Weihwasser fürchtete. Die agitatorischen Gegenmaßnahmen kamen selbstverständlich längst vorher in die Gänge, auch auf den Schiffen der DSR mit dem „Studienjahr der FDJ" und den „Zirkeln junger Sozialisten". Jedes FDJ-Mitglied erfuhr in einem „persönlichen Gespräch" mit erfahrenen Genossen der Parteiorganisation zur Vorbereitung der Weltfestspiele eine politische Läuterung. So stand es in den Arbeitsplänen der Reisen. Auf einer der Südamerikareisen, die am 22. Februar 1973 kurz vor dem großen Ereignis begann, wurden die Agit-Prop-Bemühungen forciert. Kaum hatte das Schiff den Stress des Hafendurchlaufes in Westeuropa hinter sich, fand zu diesem Thema eine Versammlung der FDJ-Leitung des Schiffes statt. Die Jugendfreunde schoben meiner Angetrauten, die als einziges weibliches Mitglied der FDJ-Gruppe des Schiffes angehörte, die „ehrenvolle" Aufgabe zu, mit einer Liste an Bord herumzugehen und die Besatzungsmitglieder zur Spende eines ihrer freien Tage zu Ehren der X. Weltfestspiele zu bewegen. Die Leitung meinte wohl, niemand könne einer schönen Frau diesen dämlichen Wunsch abschlagen. Die Schiffspresse „Voll Voraus“ begann sich zunehmend in einer hysterischen Festival-Kampagne zu überschlagen und als Höhepunkt der Schlacht um das Bewusstsein organisierten unsere FDJ-ler vor dem Hintergrund von Vietnam und Kambodscha, Palästina und Chile sowie des geforderten Freispruchs für Angela Davis, der schwarzen Bürgerrechtlerin aus Alabama, am 12. März eine Solidaritätstombola. Unter dem Einfluss einer aufgelockerten Bordfest-Atmosphäre, um den euphorischen Zustand der Massen diplomatisch zu umschreiben, der nach heftiger Nachfrage der Bargetränke einsetzte, spülte sie mehr als 1300 Mark in die Soli-Kasse.

Während der Liegezeit in Rio Grande im Süden Brasiliens setzten wir eine Art Vor-Festival in Szene. An einem Samstagmorgen lief das Schiff dort ein. Am Abend wurde die Crew auf dem Steuerbord-Brückendeck zu einem großen Rostbrätl-Essen zusammengerufen. Wie immer schmeckte das Gegrillte unter freiem Himmel ganz hervorragend und die gemäßigten Temperaturen trugen zum allgemeinen Wohlbefinden bei. Der Abend wurde vielmehr mit zunehmender Stunde unangenehm frisch, fast wie zu Hause vor der Gartenlaube. Bis gegen 22 Uhr setzte sich ein Großteil der Gesättigten nach und nach ab und schoss beschwingt an Land. Am Morgen gab es in der Mannschaftsmesse allerhand zu erzählen und einige schienen noch immer schwer im Tran zu sein, wie es das schöne Gedicht vom WBS treffend beschreibt. Schuld war nur der BACARDI, der war schuld daran. Zu allem Übel wollten sich am Sonntagmorgen um zehn Uhr Crew und Agentur zu einem Fußballspiel treffen. Die Bordmannschaft stand die Belastungen nur bis zur Halbzeit durch und ging dank König Alkohol danach mit 1:5 sang- und klanglos unter. Das Mittagessen an Bord fiel offiziell aus, statt dessen folgte die versammelte Mannschaft einer Einladung der Agentur zu einem großen brasilianischen Churrasco-Essen mit noch mehr Fleisch als am Vorabend in einem eigens für diese Zwecke reservierten Hain mit Blockhütte am Ufer der Lagoa dos Patos (Enten-Lagune). Zu den Häppchen von einem riesigen Holzkohlegrill gehörten bisher noch nie gesehene riesige T-bone-steaks. Unmengen von schwarzen und grünen Oliven als würziges Beiwerk, die ordentlich Appetit machten, standen im Überfluss auf der langen Back zum Verzehr bereit und der Rotwein floss in Strömen. Ein wenig vom Lebensgefühl der Gauchos, wie das gesamte Völkergemisch dieses südbrasilianischen Landstriches der weiten Pampas genannt wird, kam zu uns herüber. Zur Vorbereitung des Magens auf die Fleischportionen wurde zu Beginn des Gelages nach Art jener Gauchos Zuckerrohrschnaps kredenzt. Der wirkte. Singenderweise, die Avenidas des Städtchens dabei mit dem Rennsteig verwechselnd, an dem wir jetzt so gerne entlang gewandert wären, zog die ganze Truppe gegen 17 Uhr quer durch Rio Grande zum Dampfer zurück. Um 21 Uhr lief das Schiff aus. So wurde wahre und nicht verordnete Völkerfreundschaft gelebt!

Die RONNEBURG traf erstmalig vor der Küste Brasiliens auf der Reede von Recife ein. Mit 657 Tonnen für Recife, 469 für Rio de Janeiro, 4059 für Santos, 796 für Montevideo und 1664 für Buenos Aires lief das Schiff von Antwerpen ab. Die Überreise gestaltete sich anfangs recht beschwerlich. Vom Englischen Kanal bis zu den Kanarischen Inseln kämpfte sich das steife Schiff mit einer Rollzeit von elf Sekunden durch eine hohe Dünung aus Nordwest mühselig voran. Es fuhr einen Zick-Zack-Kurs wie die Einzelfahrer im Zweiten Weltkrieg, die vor U-Booten auf der Hut sein mussten. Mehrfach wurde der Kurs geändert. Aus der Biscaya heraus gegen an in den Atlantik, auf Höhe Finisterre wieder Kurs auf die Iberische Halbinsel, dann Kursänderung auf die Kanarischen Inseln. Die Nachtruhe konnte drei Tage lang als Ulk verbucht werden und in den Kammern sah es aus wie nach der Schlacht auf dem Lechfeld. Alle Leute versicherten sich gegenseitig, dass sie so eine beschwerliche Überreise in ihrer Fahrenszeit bisher noch nicht erlebt hätten.

Anfangs wollte der Kapitän an Madeira vorbeigehen. Wir kamen einfach nicht in diese Richtung voran und die Matrosen kamen nicht aus den Arbeitsklamotten heraus. Laufend musste Ladung nachgelascht werden. Letztlich brachte uns das Schlechtwetter einen Tag Verspätung im Fahrplan ein. Ab den Kanaren nahm der Spuk ein Ende, wir schaukelten jetzt mehr auf die gemütliche Tour in Richtung Südamerika und der Sommer setzte sich durch. Liegestühle und luftige Kleider wurden hervorgeholt.

Die Schaukelei schien auch ein Pferdchen leidlich überstanden zu haben, dessen enger Verschlag auf Luke Fünf gelascht war. Daneben stand ein großer Käfig mit drei Löwen. Alle vier gehörten zu einer Zirkusnummer, die aus unerfindlichen Gründen von Rotterdam nach Recife reiste. Beim fünften im Bunde handelte es sich um einen 22 Jahre alten holländischen Kunststudenten, der nach seinem Habitus das 1969er Woodstock Festival zur Lebensmaxime gemacht zu haben schien. Sein deutscher Wortschatz rankte sich um das Wörtchen „Scheiße“. Dieser langhaarige Jüngling betätigte sich als Tierpfleger. Nach drei Tagen der Anwesenheit in der Offiziersmesse, Passagieren ließ das Schiff diesen Vorzug selbstverständlich ungeachtet ihrer Konfession und Rasse angedeihen, fühlte sich Studiosus Stuivenberg fehl am Platze und mehr zum lockeren Umgang mit der Mannschaft hingezogen. Mit seinen Barmitteln etwas knapp dran, konnte er bald darauf setzen, dass er dank der Spendierhosen der Matrosen dem sozialistischen Gerstensaft bis zu seinem oberen Eichstrich zusprechen konnte. „Amstel“ und „Heineken“ schmeckten ihm danach nie wieder. Es gab keinen Abend, an denen er in den Kammern auf dem Hauptdeck nicht abgefüllt wurde. Dann schlief unser Gammelpäckchen öfter in Gottes freier Natur irgendwo an Deck zwischen den Luken.

Mit der Wetterbesserung entfaltete sich das kulturelle Leben an Bord. Mitten zwischen den Kapverdischen Inseln zelebrierte der Bereich Wirtschaft einen Grillabend mit zwei Fass Bier. Es folgte die Äquatortaufe mit einem abendlichen Bordkarneval - der Höhepunkt einer Überfahrt nach Südamerika. Sieben Täuflinge spendierten so viel Erfüllungsprämie, dass jeder Janmaat am Abend an der Bordbar für zehn Mark Freigetränke in sich hineinschütten konnte. Die mit zunehmendem Alkoholpegel immer wieder erlebte Randale bei solchen Festen hielt sich in Grenzen und die Pflanzen in den raumteilenden Blumenkästen überlebten. Viel gab es allerdings nicht mehr zu ruinieren, nachdem Jan Maat während der letzten Silvesterfeier, auf die wir noch zu sprechen kommen, in den Rabatten Freischwimmübungen veranstaltet hatte.

Da selbst Goethe sich im mit Gleichnissen beladenen Faust Zwei von einer Äquatortaufe inspirieren ließ, gebietet es der gute Ton, nun endlich etwas näher auf dieses heidnische Ritual einzugehen. Jeder Landbewohner hat wohl schon einmal davon gehört, es solle auf See seit ewigen Zeiten den Brauch der Taufe bei erstmaliger Äquatorüberquerung geben. Dieser Tradition fühlten sich auch die Besatzungen auf Schiffen der Deutschen Seereederei verpflichtet. Nach heftigen menschenunwürdigen Schindereien und Quälereien der Täuflinge in den frühen Jahren der Company, um so genannten Mannesmut zu proben, untersagten höchste Stellen diese Akte zeitweilig. Worüber in heutigen Sado-Maso-Kreisen nur mit vorgehaltener Hand getuschelt wird, das galt auf manchen DSR-Schiffen seit Jahren als guter Brauch. Aber dieses Verbot verwässerte bald wieder. Natürlich wurde jeder nur einmal im Leben getauft und nicht schon wieder, wenn das Schiff von Süd nach Nord zurück fuhr, obwohl es manchmal ratsam gewesen wäre. Auf der Südhalbkugel ging es genauso schmutzig zu wie auf der nördlichen Hälfte. So mancher südamerikanische Gonokokkus wäre zur seelischen Erleichterung des Täuflings einer solchen rituellen Reinigung zum Opfer gefallen.

Die Annäherung an die berühmte Linie gestaltete sich immer wieder spannend oder sie wurde künstlich spannend gemacht, um die Täuflinge in eine lockere Stimmung zu bringen. Auf der Reise vom Kap der Guten

Hoffnung nach Singapore erlebten wir im Indischen Ozean jedoch einmal eine ganz seltsame, unglaubliche Geschichte. Seit Mauritius keine Wolken, tiefblauer Himmel, es war unsäglich heiß. Kurz vor der Insel We, wo es rechts rum in die Malacca-Straße geht, saß ich bis 23 Uhr meine Wache auf der Seenotwelle ab. Plötzlich hörte ich aus der Backbord-Nock den Wachmatrosen rufen: „Warschau, haltet euch fest, der Äquator kommt!" Und schon donnerte unser Dampfer mit dem Schwergutmast dagegen. Der kippte auf Luke Vier, beinahe in die Passagiersmesse rein. Der Alte kam auf die Brücke gestürzt: „Verdammich, was war denn das jetzt?" „Kaptein, wir sind in der Finsternis gegen den unbeleuchteten Äquator gefahren." Die tagelange Hitze ließ den Wasserspiegel im Indischen Ozean dermaßen stark sinken, sodass der Äquator völlig trocken lag und über die Wasseroberfläche rausgekommen war. Keiner konnte sich erinnern, jemals ähnliches vorher erlebt zu haben. Am nächsten Vormittag war der blaue Himmel wie weggeblasen, regenschwere Wolken türmten sich auf, aus denen es wie aus Eimern zu gießen begann. Der Wolkenbruch hielt den ganzen Tag an. Am späten Abend erreichte der Wasserspiegel wieder seine alte Höhe. Wir kamen gefahrlos über die Linie hinweg. Diesen glücklichen plötzlichen Wetterumschlag verdankten wir nur unserem tapferen Politoffizier, der einst auf der Parteischule lernte, das Blaue vom Himmel herunter zu lügen, jawohl.

Nach dieser eindringlichen Einstimmung soll nun das gar schreckliche Abenteuer einer Linien-Taufe in der „light"-Version folgen, von wegen der Jugendfreiheit des Textes. Zwar existieren in der Deutschen Bibliothek bereits 4711 Versionen dieses Spektakels, aber warum nicht noch eine weitere hinzufügen? Im allgemeinen wurden zu Reisebeginn nur die Stewardessen interessiert gemustert. Sollte die Reise über den Äquator hinweg führen, galt jedoch allen Neuaufsteigern männlichen und weiblichen Geschlechts ungeteiltes Interesse. Ob sie wohl schon mit einem Schiff die Gewässer der Südhalbkugel durchfurcht haben? Stellte sich heraus, sie waren vorher im Fernost- oder Südostasiendienst eingesetzt, brachten Fracht in den Persischen Golf oder an Indiens Küste, fielen sie in den Zeiten des geschlossenen Suezkanals meist schon nicht mehr unter die nördlichen Schmutzfinken. In jenen Jahren mussten Schiffe nach diesen Bestimmungshäfen zwangsläufig das Kap der Guten Hoffnung umrunden und dabei den Äquator passieren, an dem selbst marxistische Politoffiziere das heilige Sakrament der Taufe empfingen.

Nach Eingang der Bewerbungen, alles drängte sich schlimmer als heutzutage um eine gute Lehrstelle, musste ein hochwohllöbliches Taufkomitee ins Leben gerufen werden. Auf einer geheimen Sitzung, sie besaß einen derartigen Geheimhaltungsgrad, dass die Teilnehmer nach Vorgriff auf die honorablen hochprozentigen Spenden der Täuflinge an deren Ende nicht einmal mehr ihren eigenen Vornamen wussten, schritt man zur Wahl des Taufkomitees. Für die Wahl Neptuns fiel logischerweise alle Zuneigung auf ein recht korpulentes Besatzungsmitglied aus der Maschine, der mühelos ein Tablett blumiger Biertulpen auf seinem Bauchansatz jonglieren konnte und aus Liebe zum großen Sowjetvolk angesichts seines Körperumfanges immer den Beatles-Song „I am the wahlruss" trällerte. Das Amt der Neptunsbraut wurde aus Mangel an weiblichen Bewerbern einem ungemein dürren Matrosen übertragen, der an die Kleiderständer auf den Mailänder Modewochen spielend heranreichte. Aus dem Rest des Komitees wurde das Fußvolk Neptuns rekrutiert. Es handelte sich um einen Barbier, den Feldscher Eisenbart, den obligatorische Hilfsseelsorger von Neptuns Gnaden und eine reichliche Anzahl von niederen Trabanten als Kampfreserve der Partei, die wie üblich die Drecksarbeit zu besorgen hatten. An Land räumten solche Spießgesellen die Ochsenkopf-Antenne für das Westfernsehen vom Dach oder rissen den Leuten vor dem Palast der Republik Luftballons aus der Hand, die von Westberlin herüber geflogen kamen. Für die Täuflinge wurden Namen aus der Fauna der Fische, Lurche und Kriechtiere nach dem letzten Stand der Wissenschaft zusammengesucht. Sie sollten möglichst den Charakter des Einzelnen auf den Punkt treffen. So hatte sich der Politnik seinen „Rotbarsch" redlich verdient. Bei einer Stewardess, die gerade die Matrosenkammern auf der Steuerbordseite abzuarbeiten schien, bevor sie sich endgültig festlegte, schwankten die Juroren zwischen den Kosenamen „El-Ritze" oder „Seepferdchen". Auf den Plätzen folgten „Ölsardine" und „Heringssalat".

Es schloss sich auf gute sozialistische Art die Plandiskussion über Höhe der einzutreibenden Spenden und die Abgrenzung der Verantwortung jedes Akteurs an. Zum Schluss wurde eine Denkschrift über das Treffen dieser Brüder verabschiedet und im Anhang der Schiffspresse veröffentlicht, in der verlautbarte, demnächst würde Neptun, der Herrscher der Meere, die Oberaufsicht über die allein selig machende heilige Äquatortaufe führen. Eine Abordnung des Taufkomitees brach anschließend zur Gesichtskontrolle der Taufschein-Besitzer auf, um sicherzustellen, dass sich auch niemand den Greifern Neptuns entziehe. Ein daheim vergessener Taufschein wäre unverzeihlich gewesen. Dieses Versäumnis konnte nur mit Blut und Tränen gerächt werden.

Der Storekeeper wurde mit der Herstellung der Äquatortaufscheine beauftragt. Er richtete über dieser Arbeit in seiner Maschinenwerkstatt das reine Chaos an. Nachdem er mit Schweißbrenner und Vorschlaghammer kurz vor dem Scheitern stand, bekam er den wertvollen Tipp, es doch mal mit einem Blatt Papier zu versuchen. Auf derbem Karton, mit angekohlten Rändern und einem Siegel in Form einer Westmark besaßen die Urkunden am Ende doch noch ein recht ansprechendes Äußeres. Die Täuflinge konnten verlangen, für ihr heimliches Bangen und Zagen einen würdigen Beleg zu erhalten, der sie als nunmehr mit allen Wassern der nördlichen und südlichen Erdhalbkugel gewaschene alte Hasen legitimierte.

Der Tag rückte näher. Fieberhafte Vorbereitungen im ganzen Schiff. In der Messe stand von einer Positionslampe angestrahlt eine große Opferkiste bereit, die einige Vorboten Neptuns an Bord brachten. Mit kleinen schriftlich eingereichten Zusagen für Opfergaben, die bei manchem zum privaten Bankrott beitrugen, konnten die Täuflinge sich schon hier das Wohlwollen Neptuns erkaufen und ihn milde stimmen. Ein Lehrling missverstand diese Aufforderung. Er legte eine Tonband-Kassette mit dem Geräusch des Zähneklapperns hinein. Die Lehrlinge verabredeten darüber hinaus, der Schinderei nach dem Motto „Sinkt die Welt in Scherben, ich steh' für zwei, und geht's ans Sterben, ich bin dabei“ gefasst ins Auge zu blicken. Dies stellte sich allerdings erst während der Taufhandlungen heraus, als die wilden Gesellen Neptuns anfänglich vor ihnen förmlich auf den Knien lagen, um wenigstens ein kleines Almosen für die Mühe, die sie sich machten, aus ihnen heraus zu kitzeln. Die jungen Genossen dachten immer noch, die ganze Sache wäre ein Jux. Nachdem die Prozedur kurzerhand in Jugendweihe umbenannt wurde, sagten sie: „Aha, wir haben verstanden“ und ließen routiniert alles weitere mit sich geschehen.

Die Beschaffung der Kostüme bereitete größte Schwierigkeiten. Die Täufer vergaßen, sich mit Kittelschürzen aus der Sommerkollektion im ZENTRUM-Warenhaus in der Rostocker Langen Straße einzudecken. Schließlich beschieden sie sich mit dem, was sonst für eine Reise nach Bangladesh aus der Putzlappenkiste aussortiert worden wäre. Die Stewardessen trimmten mit Hilfe ihrer Make-up-Utensilien, ein Indianerhäuptling in Kriegsbemalung wäre vor Neid erblasst, den schlaksigen Matrosen für seinen Job als Neptuns Braut auf „Lady“. Lange blonde Zöpfe aus einer Sisalleine, ein knackiger Busen aus Putzwolle, lackierte Nägel, ein rotes Schmollmündchen – manche Dame hätte neidisch und mancher Jüngling schwach werden können. Neptun mutierte zum Werg-Tätigen, nachdem ihm ein Ballen Hanffasern in den schon vorhandenen Vollbart geflochten wurde. Der Storekeeper musste danach um so mehr mit Argusaugen über seine letzten Hanfreserven wachen. Auf dem ganzen Schiff ließ sich kein einziger Hanfstrick mehr zu finden. Die Lehrlinge rauchten sie stückweise als Feinschnitt in der Pfeife. Mit Rotwein und Eierlikör gemischt, wurde der durch sein dichtes Aroma und den cremigen Geschmack unwiderstehlich. Und so glaubten sie fest daran, dass sie mit Hanfstrick inne Taschen imma waschu naschen hätten. Sie wollten nun auf Sisal umsteigen, weil ihnen zu Ohren kam, aus jener Pflanze würde auch Tequila produziert.

Mit einem langen Ton aus dem Schiffshorn wurde die Taufe eröffnet. Der Chief Mate stürzte daraufhin von seiner Backskiste auf die Brücke und trug ein Lecksicherungsmanöver ins Schiffstagebuch ein. Die Täuflinge hatten sich schon vorher am Ort des Geschehens einfinden müssen. Auch die Statisten des Taufaktes, Gaffer und Fotofans, mit Regenschirmen und Gummischürzen ausgestattet, um diverse Rundumschläge abzuwehren, bevölkerten schon die Ränge. Nun mussten die Täuflinge erst einmal zur Räson gerufen werden. Sie schauten Neptuns Gefolge hämisch grinsend frech ins Gesicht. Eins, zwei, drei, der letzte verbliebene Hanfstrick sauste zur Abschreckung durch die Lüfte und sie wussten, dass die Stunde Neptuns gekommen und ihr Stündchen geschlagen hatte. Reumütig und in sich gekehrt, vernahmen sie auf Knien wie der Kapitän den Schwanz einkniff und den achteren Teil seines Schiffes kampflos dem Regime Neptuns überließ. Gnädig dankte Neptun für dieses Entgegenkommen. Eine Stewardess kredenzte allen Beteiligten einen Kelch Sekt, mit dem diese auf das Gelingen des Taufaktes, auf den Herrscher der Meere nebst Braut und den freundlichen Kapitän anstießen. Neptun hielt genügend Abstand zu seiner Holden, um sich nicht an deren spitzen Knochen zu verletzten. Sodann begaben sich seine Exzellenz Neptun mit Braut und der Kapitän zur Ehrentribüne, um von hier aus den Täuflingen huldvoll zuzuwinken, denen vorher Plakate mit schwer verständlichen Parolen sowie überdimensionale Bilder des Kapitäns und seiner Offiziere aus deren Jugendzeit in die Hand gedrückt worden waren. „Sie lebe hoch, die! – internationale! – Solidarität!" Damit gerieten die Claqueure aber diesmal an den falschen. Neptun ließ sich durch berufsmäßige Jubelknechte nicht beeindrucken. Mit einem Toast auf den Kapitän sowie auf seine Braut und seine weiteren Gespielinnen, die sich nie einander begegnen mögen, eröffnete er das Zeremoniell.

Neptun hatte als Hilfsseelsorger einen heruntergekommenen Schmutzwasser-Adeligen engagiert, den die Trabanten unter vorgehaltener Hand Sudel-Ede nannten und der behauptete, er sei über schwarze Kanäle an Bord gekommen. Eine Bibel war verständlicherweise nicht an Bord, ebenso wenig wie das Kommunistische Manifest. Er zelebrierte daraufhin einige Kalauer aus dem Lehrbuch „Politische Ökonomie" und begann danach, Kübel verbalen Unrates über den Täuflingen auszukippen. Tief gebeugt lauschten sie andächtig, angefüllt mit dem Glücksgefühl, endlich von all dem Schmutz der nördlichen Halbkugel erlöst zu werden, als da waren Plandiskussionen, Personenkult, Kampftage, Kreisleitungen, Gegenpläne, Titelkämpfe, Aufbaustunden, Fünfjahrplan-Direktiven, Initiativschichten. Plötzlich kippte ein Taufgenosse vornüber mit der Stirn auf das heiße Deck. Zisch, machte es. Er meinte auf einer Parteiversammlung zu weilen und war gewohnheitsmäßig entschlummert. Mühsam wurde er mit einem ins Ohr geflüsterten Wettbewerbsaufruf wieder ins wahre Leben zurückgeholt. Nachdem die von Sudel-Ede besoffen gequatschten Proletarier aller ostdeutschen Länder in einer wahren schöpferischen Atmosphäre den Leibhaftigen beim Subbotnik sahen, als der im Rahmen der Substituierungsmaßnahmen die Ölheizung in der Hölle wieder auf Braunkohlenbrikett umstellte, stimmten sie einen Choral an: „I believe in angels when I know the time is right for me" (ABBA). Von allen guten Geistern verlassen, glaubten sie plötzlich an unschuldige Engel. Recht taten sie daran, denn ihre Zeit sollte bald kommen. Nach dem Amen wurden diesen unbeleckten Angehörigen der sozialistischen Völkerfamilie des hohen

Nordens noch ein Friedensrat sowie einige Verhaltensregeln für die im wesentlichen kommunistenfreie südliche Halbkugel verklickert. Sofort brüllten die Täuflinge, die nun wussten worauf es ankam, gemeinsam drauflos: „Ja, das geloben wir!“ Eine mitreisende Ehefrau gelobte, unauffällig in die Hamburger Mönckebergstraße einzusickern und dort vor jedem Schaufenster einen Krampf in die Wade zu bekommen. Ihr Partner gelobte, sie dann als Erste-Hilfe-Maßnahme ins KARSTADT vor den Stand mit den Preziosen zu hieven. Nachdem noch einige solcher Lippenbekenntnisse routiniert gelobt worden waren, wurde der propagandistische Teil abgeschlossen und Neptuns himmlische Heerscharen bereiteten den tätlichen vor. Der ganze schon ziemlich demoralisierte Haufen wurde des Decks verwiesen und höflichst ersucht, in einer Lodge Platz zu nehmen, in der sonst die Wäsche der Besatzung zum Trocknen baumelte. Bis zu ihrem Aufruf harrten sie hier bei saunamäßigen Hitzegraden dem Ende eines Tests entgegen, der ihre Tropentauglichkeit unter Beweis stellen sollte. Wer diese Stunde überlebte, besaß ausgezeichnete Chancen, nach dem Entzug des Seefahrtsbuches als Gleisbauer bei der Deutschen Reichsbahn eine glänzende Karriere zu starten.

Auf dem Achterdeck waren inzwischen verschiedene Stationen installiert worden, die die Taufgenossen bei ihrem langen Marsch durch die Instanzen bis hin zum Taufbecken anzulaufen hatten. Der erste Bewerber wurde mit viel Hallo wieder an Deck in Empfang genommen. Einige Richtung weisende Rippenstöße und bohrende Fußtritte zeigten ihm den Weg zur ersten Station, dem Wassersack, an. Durch diesen beliebten Behördengang quälte er sich mit Mühen hindurch, angefeuert von den Flüchen der 601er Trabanten Neptuns, die ihm am Ende mit einem kräftigen erfrischenden Strahl Seewasser aus der Feuerlöschleitung in Empfang nahmen. Er durfte ein derartiges Frustgefühl schon einmal kennen lernen, als er stundenlang in einer Warteschlange ausharrte und als er endlich dran kam, die Weißkrautköpfe ausverkauft waren. Ein fußristschwingender Trabant ermunterte ihn, gleich weiter zum Barbier zu kriechen. Mit Hingebung unterzog sich der Täufling hier einer intensiven Gehirnwäsche. Fitlösung mit der Wirkung einer Parteitagsrede brachte selbst Seewasser zum Schäumen (im Protokoll wurde „Stehende Ovationen des Täuflings“ vermerkt) und mit Hilfe von wasserlöslichen Plakatfarben ließ sich der Schmutzfink während der Behandlung dreimal von oben bis unten widerspruchslos grün und blau schönfärben. Ruckediezuck wurde aus einem Roten ein Schwarzer – fast wie nach der Maueröffnung. Ordnungsliebend wie der Barbier vorgab zu sein, musste auch diese und jene asoziale Locke, die allzu lang in Stirn und Nacken von einem mäßigen Arbeitselan kündete, sich von ihrem Besitzer trennen. Vollgepumpt mit schöpferischem Ehrgeiz blieb der Haarkünstler immer noch unzufrieden mit seiner Arbeit. Schließlich entschloss er sich, seiner kreativen Eingebung freien Lauf zu lassen und er versuchte sich mit dem „Stern der Völkerfreundschaft“ im dichten Haupthaar seines Kunden. Verschiedene Essenzen und Enzyme aus dem VEB Berlin-Chemie, abfällig als Seperatordreck bezeichnet, wurden noch auf seinem unwürdigen Haupte verschwendet, bis der Täufling mit einem abschließenden Strahl Seewasser wieder das Aussehen eines im Produktionsprozess um neue Erfolge ringenden Werktätigen zurückgewann.

Schon hieß man ihn, sich in Richtung Sterngucker zu trollen, der ihm mit zwei zusammengebundenen Bierflaschen ohne Verschluss vor Augen, aber ausgesucht salzigem Seewasser als Inhalt, den Äquator im Lichte der Weltrevolution zeigen wollte. Hin und wieder fand sich jemand, der tatsächlich in der Bierflasche die mit roten Fähnchen geschmückte Linie sah, allerdings erst, nachdem er den Originalinhalt einer Batterie derartiger Flaschen zur Bekämpfung des Lampenfiebers gelenzt hatten. Die Damen sahen meistens nur einen roten Strich, auf den sie von einem Zuhälter mit viel Fingerspitzengefühl einmal um Luke Fünf herum geschickt wurden.

Voller Sehnsucht schaute bereits der Feldscher seinem Patienten entgegen. Zu Beginn seiner prophylaktischen Gesinnungsprüfungen visitierte er mit einem großen Spatel, ob der Täufling die Parolen von vorhin geschluckt hatte. Nach intensivem Abklopfen des Achterstevens und dem Abhören der Verdauungsgeräusche kam Eisenbart zur Diagnose: Schwere physische und psychische Erschöpfungszustände, hervorgerufen durch die Bürde der letzten Parteitagsbeschlüsse auf 52 Grad Nord. Gott sei Dank hatte er seinen Medizinkanister zur Hand. Zur physischen Stärkung verabreichte er einen kräftig nachgewürzten Linseneintopf vom Vortage, der bei SUPPINA in die Dauerproduktion gehen sollte, aber dem verwöhnten Gaumen des Täuflings nicht zu schmecken schien, ebenso wenig wie die ihm zur Stärkung und Festigung gereichte bittere Pille der Wohnraumlenkung in Boulettengröße, die mit solch wertvollen Nervenanregungsmitteln wie Pfeffer, Senf und Chilly sowie sozialistischem Bewusstsein gedreht worden war.

Die Verleihung des Taufnamens

Der Werterhaltung diente ein kräftiger Schwapp Unterbodenpflege auf das Hinterteil. Zum Schluss und zum Nachspülen aus der großen Kelle noch ein tüchtiger Schluck Heringslake, pur, gänzlich unverfälscht, absolut naturrein. Mit einem Fußpilzmittel aus der Bordapotheke erhielt schließlich die Nase zum Abschied eine Sonderbehandlung, sodass sie noch nach Tagen im Dunkeln rot wie die Fahnen der Arbeiterklasse leuchtete. Die nächste Woche musste der Täufling stets drei Schritte vorweg zur Arbeitseinteilung gehen, weil sich die jungen Matrosen noch an ihren Pionierauftrag erinnern konnten: „Folgt dem Weg des roten Sterns!“. Wirklich um das Wohl seines Patienten besorgt, verabreichte der Doc ihm auf dem Marsch zum Masseur noch einen halben Salzhering als Wegzehrung. Zwar meinte das Opfer, bescheiden wie es sei, könne es diese Erfüllungsprämie wirklich nicht annehmen, aber es schien doch angeraten, Neptun nicht durch Ablehnung dieser wirklich großherzigen Geste zu verstimmen.

Bereitwillig ließ sich der Delinquent anschließend mit seinen bisher noch unerfüllten Lebensplänen am Massagetisch festnageln. Da weder Zicken noch liebreizende Jungfrauen, was sich einander nicht ausschloss, für das gefühlvolle Lecken der Fußsohlen zur Verfügung standen, übernahm diese Vorzugsbehandlung ein Trabant mittels einer antiquarischen Klobürste, die es im Handel schon seit langem nicht mehr zu kaufen gab. Mit dem Toilettensauger wurde eine genau dosierte Massage zur Anregung der Blutzirkulation unter der Haut verabreicht. Eine Stewardess stellte nach der Taufe erstaunt fest, dass sich durch die Vakuum-Wirkung dieses Werkzeuges ihr linker Busen erheblich vergrößert hatte. Sie meldete nach der Reise das Verfahren bei der Messe der Meister von morgen als Patent an.

Sich neugeboren fühlend wie nach der Einführung des Westgeldes, trat unser Taufgenosse schließlich seinen letzten Gang an, den zur Verleihung seines Taufnamens. Voller Andacht vernahm er aus dem Munde Neptuns, wie er von nun an bis in alle Ewigkeit auf den Meeren der Welt geheißen werde. Deli-Hering. Sudel-Ede gab dazu seinen Segen, Neptun senkte den Daumen und beförderte ihn danach mit einem wohlwollenden kräftigen Tritt wie am 3. Oktober 1990 in die Schlangengrube, wo schon die Trabanten warteten, um ihn kräftig einzuseifen und auch den letzten Glaubensrest an das Gute im Menschen vom Leibe des nunmehr Getauften abzuschrubben. Der Täufling rief nur noch: „Ich diene der Deutschen Seereed....", der Rest ging in einem gurgelnden Geräusch unter. Die Trabanten leisteten ganze Arbeit. Unserem Freund fiel nur die Aufgabe zu, ab und zu tief Luft zu holen, um sich zu überzeugen, dass sein Dampfer noch da war.

So flog einer nach dem anderen in die große Badewanne. Dem Chief als ranghöchstem Überflieger wurde der anspruchsvolle Name Rundschwanzmakropode verliehen, den kein Schwein kannte. So glatt wie er gegenüber dem Kapitän stets taktierte, hätte er lieber Aal heißen wollen. Das Taufkomitee jedoch kam mit dessen Schreibweise nicht klar. Die Duden-Kommission strich diesen Begriff nach 1961 aus dem deutschen demokratischen Wortschatz. Zu solchen illegalen Einwanderern aus der westlichen Hemisphäre, die sich ohne Zollkontrolle in unseren Staat einschlichen und im Dunkeln am liebsten im Unrat wühlten, gingen wir gehörig auf Abstand.

Neptun und seine Trabanten gehen am Schluss der Taufe selbst baden

So weit die Geschichte einer real existierten Äquatortaufe. Jeder Seefahrer erlebte sie anders, doch jederzeit stellte sie einen unübertroffenen Nonsens dar, zu dem sich der phantasiebegabte Beobachter seinen Teil hinzudenken konnte, denn wie bereits eingangs erwähnt orientierte sich das Leben an Bord am reinen sozialistischen Alltag. Unter heutigen Bedingungen erschiene Neptun als Finanzminister und jeder Trabant würde versuchen, mit etwas subtileren Methoden auf eigene Kasse so viel wie möglich aus den Täuflingen herauszuschinden.

Es trug sich auf den Südamerikareisen auch zu, dass sich niemand im Schiff mehr für den Taufakt rekrutieren ließ. Alle konnten ihren Passaporte äquatorialamente vorweisen. Das Schiffsvolk hielt trotzdem am Äquatorpflichtfest während der Überreise fest und betrank sich eben nur ein bisschen. Unsere Sadisten sahen trüben Zeiten entgegen. Selbst für diesen Mummenschanz fehlten die Leute, schlimmer als in jeder Reederei-Verwaltung.

Ein Fass Bier lag nun noch im Keller, welches demnächst rollen würde, wenn die Lords zwischen den Landgängen, die gemäß Mundpropaganda nach der Losung „Proletarier aller Länder vereinigt euch“ höchst genüsslich werden würden, dazu Zeit fänden.

Kaum lag das Schiff auf Reede Recife ruhig vor Anker, fiel ein Matrose einen Niedergang herunter und blieb mit klaffender Kopfwunde in einer großen Blutlache bewusstlos davor liegen. Von der langen Überfahrt schwankte ihm noch der Boden unter den Füßen oder ein kleines Flaschenteufelchen schubste ihn. Später behauptete er, er habe gerade geistesabwesend, wie wohl sonst, über ein Wort des großen Vorsitzenden in spe, unser aller Erich, sinniert. „Abwärts immer, aufwärts nimmer", habe er sich von der Idee, die bald eine ganze Republik erfasste, anstecken lassen. Wegen dieses Zwischenfalles mussten wir einen Arzt anfordern. Daraufhin erreichte gegen 23 Uhr ein Lotse das Schiff. Sonst wurde um diese Tageszeit vor Recife nicht mehr gelotst. Der Matrose wurde ins Krankenhaus verbracht, die Wunde genäht. Am nächsten Tag sollte er näher untersucht werden. Auslaufen musste der Dampfer ohne ihn. Die Liegezeit reichte nicht aus, um ihn wieder an Bord nehmen zu können und um sich einen tiefergehenden Eindruck von der Millionenstadt Recife, der Hauptstadt des brasilianischen Bundesstaates Pernambuco zu verschaffen. Die Stadt lag auf mehreren durch Brücken verbundenen Inseln. Diese Brücken überspannten bei Ebbe einen morastigen Pfuhl. Die bunten Postkarten, die es überall zu kaufen gab, zeigten die Stadt im besten tiefblauen Flut-Licht. Sie täuschten gewaltig über diesen Tummelplatz von Moskitos, Pest und Cholera hinweg.

In einem leidlich gepflegten Park, der sich wohltuend von der übrigen recht trostlosen Umgebung abhob, roch es nach frischem Gras. Ein irrer Duft, der mir schon lange nicht mehr unter die Nase gekommen war. Dies gehörte jedoch nicht zu den Merkwürdigkeiten des Landganges, sondern der Umstand, dass die Möglichkeit der Verständigung mit den portugiesisch sprechenden Eingeborenen wieder einmal gegen Null tendierte. Auch die Nautiker stöhnten. Sie meinten, in Nordkorea wären sie noch besser hingekommen mit der Kommunikation. Selbst unser spanisch sprechender Guatemalteke bekam Schwierigkeiten, als er ihnen unter die Arme greifen wollte. Er habe ein solches Dilemma zuletzt erlebt, als er einen Volkspolizisten in Dresden um Auskunft nach dem Weg zum Zwinger bat, nu.

Für die Einklarierung musste ein wüster Haufen Papierkram bewältigt werden. Die Behörden sammelten eine große Anzahl Listen ein. Ansonsten gaben sie sich sehr locker. Auch die DDR-Passagiere durften mit ihrer Billigung ohne weiteres an Land, obwohl sie nach der damaligen Hallstein-Doktrin eigentlich gar nicht existierten, den Status der Staatenlosigkeit besaßen wie der Seemann Gale auf dem Totenschiff. Die Landgangsscheine brauchten Zeit bis zu ihrer Ausstellung. Sie trugen in Brasilien wie dann auch in Argentinien ein Passfoto. Als Notbehelf steckten die Lords zum Landgang den deutschen demokratischen Personalausweis ein, um wenigstens ein Papier falls erforderlich in der Hand zu haben. Der Ausweis musste damals noch nicht für die Dauer der Reise beim Kapitän im Panzerschrank neben den Pistolen hinterlegt werden. Die Seefahrtsbücher durften während der Reise schon nicht mehr ausgegeben werden, wenn es nicht von den Landesbehörden zwingend gefordert wurde. Es hätte ja jemand damit auf einem Seelenverkäufer wie der alten YORIKKE, jenem Totenschiff, anmustern und zuvor nur allzu leicht in jedem Hafen dieser Welt bewusst achteraus segeln können. Die Genossen im Reedereisilo oder ihre dunklen Hintermänner ließen sich immer etwas Neues einfallen, damit es dem Seemann nicht langweilig wurde.

Was sich von Olinda, der nur sechs Kilometer entfernten ehemaligen pernambucanischen Hauptstadt von Reede her im Fernglas zeigte, schien ein viel versprechendes tropisches Paradies ähnlich dem portugiesischen Alt Goa in Indien zu sein. Die Spitzen der Kirchtürme lugten einladend hinter Palmen hervor. Schade, dieser Flecken wäre einer Stippvisite wert gewesen.

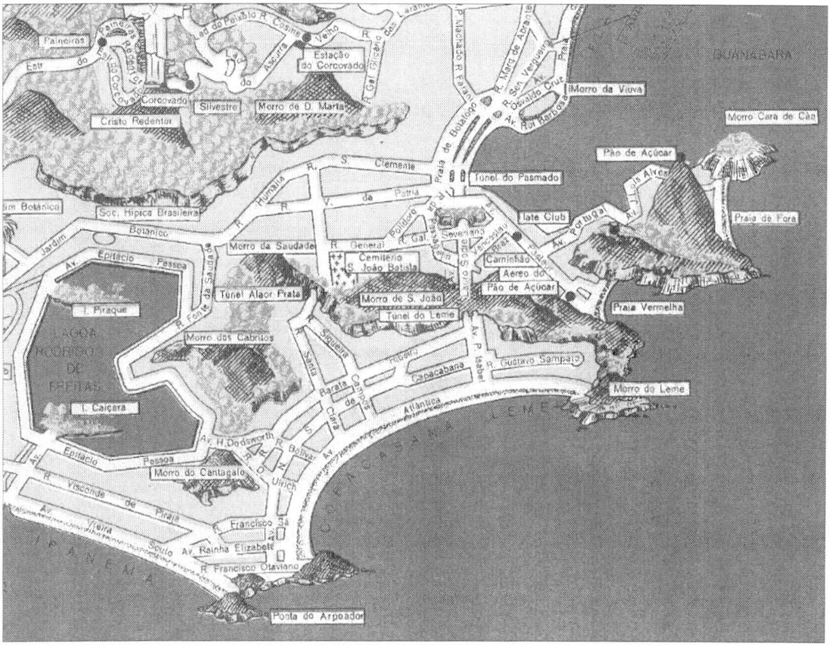

An einem Samstagabend gegen 19 Uhr lief der Dampfer bei strömendem Regen in Rio de Janeiro ein. Ein dunkler Schatten vom Zuckerhut und die verwischte Lichterkette der Copacabana, mehr zeigte sich nicht von der Traumstadt mit ihren noch traumhafteren Stränden. Die Einklarierung ging zügig voran, nachdem sich jede Amtsperson eine Stange Zigaretten hatte aufdrängen lassen, die in der stets aufnahmebereiten Aktentasche verschwand. Der in Recife verunglückte Matrose stieg gleich nach dem Einlaufen wieder auf. Er war mit dem Flugzeug vorausgeflogen. Frisch auf den Kopf gefallen, suchte ihn auf dem Flug von Recife nach Rio so nahe bei seinem Schöpfer eine himmlische Erleuchtung heim. Kaum zurück an Bord, stellte er den Antrag, Kandidat der Partei zu werden. Das träumte dreimal hintereinander der Parteisekretär.

Zum Glück seiner Deckskollegen konnte er wieder voll zutörnen. Die Gang war unterbesetzt. Der Obersteward hockte während der Liegezeit in Luke Vier und ging Raumwache. Der Zweite Koch stand sich an der Gangway die Füße platt. In Santos sollten Kolben gezogen werden, dort musste ein Teil der Decksgang mit ran. Meistens gab es aber an Deck mehr zu tun und die Maschinen-Assis durften dort mit rum wühlen, Komplexbrigade sei Dank.

Blick vom Liegeplatz des Schiffes zum Corcovado

Um die Stadt bei diesem erstmaligen Besuch näher kennen zu lernen, organisierte die Agentur drei Bustouren für je acht Leute. Die erste wurde von Dauerregen begleitet, bei der zweiten ging an der Copacabana der Bus in die Brüche und die dritte Gruppe wartete am nächsten Tage drei Stunden vergeblich vor dem Hafentor auf das Gefährt. Und dieses Land möchte 2014 die Fußballweltmeisterschaft ausrichten! Während der kommenden Reisen bestand zum Glück noch genügend Gelegenheit die geographischen und weiblichen Schönheiten von Rio zu erkunden. Die Girls von Ipanema trugen damals schon atemberaubende Bikinis, die der Männerwelt mehr imponierten als die tosende Atlantikbrandung an den Stränden. Allerdings stand vor diesen das Herz erfreuenden Anblicken von wogenden Wellen und Busen der Schweiß. Der Linienbus brauchte vom Dampfer bis an den Strand eine geschlagene Stunde. Die Amigos fuhren sehr rasant und stoppten auch so. Es stand am Ende der Tour selbst dem wellenumtosten Seemann das Mittagessen bis zur Halskrause, Wogendes hin oder her.

Der Blick vom Corcovado mit der Christus-Statue auf die Bucht von Guanabara und den Zuckerhut gehört zu den beeindruckendsten Momenten in einem Seefahrerleben. Dies schien der Abschiedsblick gewesen zu sein, bevor sich Adam und Eva aus dem Paradies trollen mussten und in einer Favelha zwischen Rostock und Warnemünde strandeten. Zum touristischen Pflichtprogramm zählten ebenfalls die Seilbahnfahrt auf den Pao de Acucar mit einem beeindruckenden Blick durch die Bodenbretter der Seilbahnkabine, ein Blick für Fußballbegeisterte ins Maracana-Estadio oder ganz bescheiden ein abendlicher Spaziergang auf der Einkaufsstraße Avenita Rio Branco oder der Av. Presidente Vargas, jener Paradestrecke der Sambaschulen im Karneval von Rio und der Flaniermeile von Straßenräubern. Der Blick auf die bunten Häuser an den Berghängen erinnerte sehr an Lissabon, obwohl elektrisches Licht dort schon sehr verbreitet ist. Von oben herabschauend kam unwillkürlich ein Vergleich mit Hongkong auf. Hier in Rio kraxelten die Hochhäuser allerdings nicht so elegant an den Hängen empor wie in der Kronkolonie. Dafür grünten die Berge viel grüner, ihr Bewuchs ein wahrhaftiger tropischer Dschungel, nur übertroffen von der Körperbehaarung mancher Muchachas.

An den Straßenrändern drängten sich Scharen von Fleißigen Lieschen. Hoppla, woran denkt der durch seinen Pimmelinus erectus fremdbestimmte Gemeine homo sapiens aus der Familie der Hochseeschwalben globalia germanicum bei diesem Begriff? Natürlich an Vertreterinnen der Gattung Bordsteinschwalbe brasiliensis copacabanum und nicht an ein unschuldiges Pflänzchen auf dem Fensterbrett aus der Gattung der Balsaminengewächse. Und er lag damit nicht ganz so verkehrt.

Um neunzehn Uhr, zum Leidwesen aller Dia-Einrahmer wiederum in der Dunkelheit, passierte der Dampfer auslaufend den Zuckerhut und versegelte mit einem Katzensprung von zwölf Stunden nach Santos. Hier lief das Schiff am nächsten Tage mittags ein. In Santos zog sich die Einklarierung über Stunden hin. Offensichtlich schien jeder brasilianische Bundesstaat eigene Einwanderungs- und Zollbestimmungen wie die Lehrbücher an deutschen Schulen zu besitzen. Unser Magdeburger Rentnerehepaar stieg ab, ohne vorher zu versäumen, seiner Begeisterung über das Zusammenleben mit der Crew Ausdruck verliehen zu haben. Wir empfanden ihre Anwesenheit ebenfalls als angenehm. Es handelte sich stets auf beiden Seiten um ein Geben und Nehmen. Wir zehrten von ihrer Altersweisheit, sie von unseren geistigen Getränken. Die Rückreise wollten sie im Juni mit der SCHWARZBURG antreten. Die hatte zwei Tage zuvor in Santos ein Besatzungsmitglied mit Blinddarmbeschwerden im Krankenhaus zurücklassen müssen, das sich jetzt über Anschlussbesuche von der RONNEBURG freuen durfte. Der Chiefmate und der Zweite Nautische Offizier zogen unter vereinten Kräften an der genähten Kopfhaut des Matrosen die

Fäden. Damit konnte dieser Krankheitsfall endgültig zu den Akten gelegt werden.

Blick auf den Hafen von Santos, recht voraus am Fluss das Barviertel

Während der Liegezeit zogen die Komplexbrigadisten tagsüber nichts dergleichen, sondern Kolben an der Hauptmaschine. Die Leute waren gut aufeinander eingespielt und konnten selbst nach Feierabend nicht von diesem zügellosen, ausschweifenden Treiben lassen. Dabei trennten sich allerdings ihre Wege und jeder zog seinen Kolben für sich allein. Über Santos lag ein atmosphärischer Hochkeil – und so fühlten sich auch die jungen Genossen. Kaum fand die Tagesarbeit ihr Ende, sagten sie sich: „Lieber fünf vor zwölf als keine nach eins." Die Mühen der Berge ließen sie sprichwörtlich hinter sich, vor ihnen lagen die Mühen in der Ebene. Jeden Abend hingen ihre Kondensstreifen über der Gangway, begaben sie sich solidarisch und geschlossen auf den langen Marsch zu den willigen Mädels in das Barviertel der „Rue de Galopp", um am frühen Morgen Mann für Mann wankend und abgekämpft, nicht nur vom zwei Kilometer langen Fußmarsch, aber glücklich, nicht nur von Wein und Gesang, zum Arbeitsantritt wieder zu erscheinen. Kein rechtschaffener Seemann konnte dagegen ankämpfen, wenn der Gedanke an eine mit Chillysoße servierte kaffeebraune Juanita auf seinem Hormonspiegel Schaumkronen verursachte. Hein Seemann verhielt sich dabei nicht wählerisch. Lieber eine Stumme in der Koje als 'ne Taube auf'm Vormast. Zum Glück rief die FDJ gerade den „Monat der verstärkten Jugendinitiativen“aus, sonst hätte kein Mensch die Tage in Santos durchgestanden.

Ich umschiffte galant den Sündenfall. Dadurch blieb mir die Bekanntschaft mit Dr. Schwager, dem Beichtvater vieler Seeleute in der Rostocker Klinik für Haut- und Geschlechtskrankheiten, erspart. Vielmehr brach ich mit meinem Eheweib zu einer preiswerten Busfahrt nach Sao Paulo auf, das sich in gut eineinhalb Stunden für 2,50 Valutamark erreichen ließ. Der Bus musste auf der Autobahn einen beachtlichen Höhenunterschied überwinden, der die Fahrt zu einem überwältigenden Ereignis machte, sofern sich alle Bremsen in bester Ordnung befanden. Oben angekommen im Hochland-Kaffee-Anbaugebiet wurde das Land wieder flach. Sao Paulo besaß keine Chance, als ein touristischer Höhepunkt wahrgenommen zu werden. Sein weltweit guter Ruf als VW-Schmiede und Verbrecher-Hochburg ließ auch noch auf sich warten.

Auf dem einstündigen Fußmarsch am späten Nachmittag von der Busstation in Santos zurück zum Dampfer, vorbei am Barviertel, wo die Mädels gerade frisch renoviert zur Schicht eilten, kam schon unser Bäcker wie ein geölter Blitz um die Ecke geschossen, um sich seine nächste Portugiesisch-Lektion abzuholen – und den Tripper gleich mit. Im Vorübergehen begründete er seine Eile mit dem Bibelspruch: „Siehe, ich komme gleich.“ (Offenbarung des Johannes 22.7) Der Gesundheitsoffizier ging förmlich in seiner Berufung als Abstreicher auf, derartig intensiv wurde er gefordert. Er fühlte sich fortan mit dem Ziehen bakterieller Proben aus der Harnröhre und dem Verabreichen von Penicillinspritzen überaus gut ausgelastet.

Vor allem in der Amerikafahrt wurde dem Seemann das Maul vor dem Landgang so richtig wässrig gemacht. Wenn er es nicht schon vorher wusste, konnte er sich beim Lesen von diversen Werbeprospekten, die bald nach dem Einlaufen auf seine Back flatterten, ungezügelten Appetit bis hin zum Kreislaufkollaps holen.

Alle folgenden Zitate in der Original-Grammatik:

Visit MI RANCHITO CLUB, Veracruz. Ver., Mexico
Das Natchlokal für den Seemann, in welchem schoene Medchen heitere Stunden mit Ihnen verbringen. Eiskaltes Bier, Mexikanisches Essen auf Wunsch. Aufmerksamkeit und maessige Preise. Geoeffnet von 19.00 Uhr bis 3.00 Uhr morgens. (1965)

★ VISIT MI RANCHITO CLUB ★

PROLONGACION DE CUAUHTEMOC No. 14
ENTRE JALAPA Y ORIZABA
VERACRUZ, VER.

Das Natchlokal für den Seemann, in welchem schoene Medchen heitere Stunden mit Ihnen verbringen. Eiskaltes Bier, Mexikanisches Essen auf Wunsch.

Aufmerksamkeit und maessige Preise. Geoeffnet von 19.00 Uhr bis 3.00 Uhr morgens. Verbindlichkeit von: Corona und Coronita Biererzeuger.

CLUB BELLE – Nette und freundliche madchen, siud allerzeit fur sie da!! Annehmbare preise fur jedermann!! Im Zentrum der stadt!! Im herzen von Kobe!! 6-5 Chome-Hachiman-Dori, Fukiai-Ku, Kobe (1970)

Welcome to OKEY BAR – Enjoy your stay here in Montevideo with young beautiful girls, just outside the main gate, drinks, fun, good music and moderate prices. Colon 1594, Montevideo (1973)

Welcomme to SWEDEN BAR – Girl's – Girl's – imported drink's, moderate price, money exchange, attended by charming girl's. 25 de Agosto 528, Montevideo.(1973)

HERZLICH WILLKOMEN in der Bar "Moulin – Rouge". Besuchen Sie einmal unsere Show-s, Sie kommen auf Ihre Kosten! - Tag und Nacht geoeffnet – Gutes Essen, eine vorzuegliche Bar, Lotterie-Spiele, Billard, Manicure, Souvenirs, Geld-Umtausch – Wechselstube, Avenida Rio Branco 66, Recife. (1972)

STAR BAR – NIGHT CLUB - Heute der beste und der preishafte lokal in Buenos Aires, wo können Sie eine wahrhafte gute stimmung haben und während Sie tanzen und eine gute musik anhören, die schönsten fraülein werden Ihnen die ausgelesene getränke servieren. Der einzige Skandinavische night club in Buenos Aires, Juan Dias de Solis 1337, Dock Sud, Buenos Aires (1972)

Und noch etwas Seriöses zum Schluss:

Norwegian Govt. Social Welfare Office for the Merchant Marine and Seamen's Club, 93, Yamashita-cho, Naka-ku, Yokohama Port
Die norwegische, soziale Betreuungsstelle wünscht Ihnen einen netten Aufenthalt in Yokohama. Besuchen Sie uns in unserem Club! Wir haben anzubieten: Bar und Lunchraum, Swimming pool, Billard und Tischtennis, Souvenirshop, Bibliothek mit neuen Zeitungen, Öffnungszeiten taglich von 0900 Uhr bis 2300 Uhr. (1970)

Natürlich kamen auch Kärtchen mit Shopping-Angeboten an Bord, wobei hier eines für alle stehen soll:

EL LIBANO
Kaufen Sie erste Qualität in bester Verarbeitung
Koffer – Mappen – Handtaschen Aus Echtem Krokodil – Strauss – Und Ungeborenem Kalb Leder – Teppiche Aus Chromgegerbtem Zebu Und Ochsenfell – Skunks – Lama – Fuchs – Und Wildkatzenfelle – Mäntel – Kostüme – Jacken. ALLES AUSGESUCHTE PELZE; ERSTKLASSIG GEGERBT. GROSSE AUSWAHL IN TYPISCHEN ARGENTINISCHEN GESCHENK ARTIKELN. Av. L. N. Alem 606, Buenos Aires (1972)

Und mehrere Dienstleister der besonderen Art buhlten um die Gunst des Seemannes in Bombay:
PRINCE STORES, Naval Tailors & Outfitters (SCHNEIDER), 257 Frere Road, Fort, Bombay. Unsere Spezialitaet: Freizeithemden, Madrashemden, Kashmir Seiden Hemden, Brokat Hemden, Sportliche Baumwoll Hemden, Ausgehhemden, Handgewebte Hemden, Frottier Hemden, Schlaf Anzuege, Frottier Bademaentel, Seidene Morgen Roecke Und Twist & Shake Hosen (1968)

Außer in den Hosen ereignete sich auch anderenorts Aufregendes, denn während der Liegezeit in Santos fiel das Schiff einem organisierten Ladungsdiebstahls zum Opfer. Unser Stauplan musste den Tätern bekannt gewesen sein. In Luke Eins knackten sie 21 Kisten mit Kugelschreibern im Wert von ca. 60 TDM und räumten sie komplett aus, ohne dass jemand an Bord etwas davon gemerkt hätte. Die Luke ließ sich von den Aufbauten her schlecht einsehen und durch das Löschen aus Luke Zwei hing darüber hinaus noch eine Kalifahne davor, so dass sich die Diebe in Sicherheit wiegen konnten. Nach dem erfolgreichen Superklau besaß die Bande wie zum Hohn noch die Frechheit, in den Lukeneinstieg zu kacken. Als Konsequenz daraus wurden die Einstiege zukünftig in kritischen Fällen verschweißt. Genau zu jenem Zeitpunkt bekamen wir aus Rostock die Information, das Schiff habe im sozialistischen Wettbewerb den 5. Platz im Flottenbereich Asien/Amerika belegt. Alle Besatzungsmitglieder dürften sich auf 50 Mark Prämie freuen. Zusammen mit den Ladungsschäden der Ausreise sah es nun gar nicht gut aus, diese Position zu behaupten. Die nächste Tankfüllung Benzin außer der Reihe sahen wir in weite Ferne rücken.

Das Denkmal für die ADMIRAL GRAF SPEE in Montevideo

Montevideo, Hauptstadt von Uruguay, hieß der nächster Zielhafen des Schiffes. Den Berg mit der guten Aussicht, Monte Video, eine kegelartige Anhöhe in der sonst flachen Landschaft, ansteuernd, glitt der Frachter am nassen Grab der ADMIRAL GRAF SPEE vorüber. Der deutsche Schwere Kreuzer hatte sich im Dezember 1939 angesichts einer englischen Übermacht in der La Plata-Mündung selbst versenkt. An die Tragödie erinnerte ein Monument mit einem Anker des Kreuzers am Hafenkai, an dem die RONNEBURG längsseits ging. Die Zeiten, als Uruguay die Schweiz Südamerikas genannt wurde, gehörten längst der Vergangenheit an. Vom einstigen Wohlstand kündete nur das komplett aus Marmor bestehende Parlamentsgebäude. Der Straßenverkehr erinnerte mit seinen Straßenkreuzern der 1950er Jahre eher an Havanna. Durch Mundpropaganda an Bord besaßen geschäftstüchtige Kaufleute der Stadt, die sich in der Lederschneiderei versuchten, einen gewissen Bekanntheitsgrad unter den Seeleuten der DSR. Sie wollten damit an die harte Deutsche Mark von Hein Seemann herankommen, der diese auch bereitwillig verteilte. Nach Befriedigung der Urtriebe in Santos wurde nun anderen menschlichen Bedürfnissen Genüge getan. Binnen zwölf Stunden bekam meine treue Teure einen maßgeschneiderten wildledernen Hosenanzug geliefert, mit dem sie wenig später in Hamburg in der Elbe mal kurz auf Tauchkurs ging.

Felle allen Ursprungs wechselten den Besitzer, von der ausgewachsenen Kuh bis zum ungeborenen Kalb. Die Lederhäuptlinge rissen sich für dieses Business schon mal ein Bein aus und kutschierten die kaufwilligen Interessenten für eine Sightseeing-Tour im alten Chevi durch die Stadt. Die kamen sich wie umsorgte Westverwandtschaft vor. Abgeschlafft aus Santos kommend machten die an Bord gebrachten Werbeprospekte für die schönen Mädchen von Monte wenig Eindruck auf die Lords. Sie befanden sich für die nächsten Tage noch in der Rekonvaleszenz.

Zehn Stunden lief das Schiff weiter den La Plata hinauf bis zur Hauptstadt Argentiniens Buenos Aires, kurz Baires genannt. Das Fahrwasser besaß seine Tücken. Auf der folgenden Rundreise lagen wir mit dem Schwesterschiff SCHWARZBURG zusammen in Santos. Die hatten auf jener Reise ausgesprochenes Pech gehabt. Nachdem sie zehn Tage wegen eines Maschinenschadens in Las Palmas zubrachten, fuhren sie sich auslaufend Buenos Aires im La Plata fest und wühlten fünfzehn Stunden im Schlamm herum, bevor sie ohne fremde Hilfe wieder freikamen. Auch auf der RONNEBURG wurden später während der Werftzeit in Göteborg Schleifspuren am Unterboden entdeckt, die vermutlich im La Plata entstanden, schlimmer als jene, die uns während der Grundausbildung zum MP-Schützen in Markgrafenheide einst zugefügt wurden.

In Baires scheuerte das Schiff steuerbord- und backbordseitig durch eine äußerst enge schleusenähnliche Durchfahrt in ein Hafenbecken hinein, das genau gegenüber der historischen Plaza de Mayo lag, und machte dort an einem für den Landgang äußerst günstigen Liegeplatz fest. Evita Peron sang hier ihr „Don't cry for me Argentina" von einem Balkon der „Casa Rosata", dem rosaroten „Weißen Haus" von Baires, auf die auf jenem Platz versammelten Volksmassen herab. Mithin hatten wir mitten im historischen Zentrum von Argentiniens Hauptstadt die Leinen festgemacht.

Auch hier winkten im Hafenviertel viele Frauenhände aus den Bars heraus. Die Probleme Odysseus mit den Sirenen stammten wohl doch nicht aus dem Bereich der Fabel. Aber selbst wenn sie wie die Loreley gezogen hätten und wir halb dahin gesunken wären, diese Begegnung hätte niemals durch einen *final count down* gekrönt werden können. Keiner von uns fühlte einen müden Cent in seinen Taschen. Wie so oft wurde der DSR-Seefahrer auch in diesem Land durch den unrealistischen Umtauschkurs zusätzlich zu seinem geringen Budget übers Ohr gehauen. 87 Pfennige wurden uns für einen Neuen Peso abgebucht. Beim Tauschen von Deutschmark, an jeder Straßenecke boten sich die einschlägigen Wechselstuben dafür an, gaben sich die Händler schon mit 35 Pfennigen zufrieden. Der Run auf harte Währungen hielt angesichts einer galoppierenden Inflation in Argentinien an. Und so konnten für Deutsche Mark noch wesentlich mehr Pesos herausgeholt werden, als draußen vor der Tür offiziell ausgezeichnet war, dann allerdings ohne Quittung. Der Händler machte sein Geschäft wie der heutige Handwerker an der Steuer vorbei. Bei diesem günstigen Umtauschkurs kostete der Brief nach Hause gerade einmal 20 Pfennige. Auf diese Weise ließ sich durch eine Ansichtskarte mit einem Antarktis-Motiv, die aus Nationalstolz an jeder Straßenecke in den Ständern steckten, daheim mehr Eindruck schinden als mit einer halb Nackten aus dem Sündenbabel St. Pauli. Argentinien erhebt neben den britischen Falklandinseln auch auf Teile der Antarktis territoriale Ansprüche. Wohl an, im Zuge der Klimakatastrophe könnten dort die ertragreichsten Erdölvorkommen unter dem Eis auftauchen.

Blick vom Liegeplatz des Schiffes auf die Regierungsgebäude mit der „Casa Rosata“

Drei Tage später erhörte ein weiser Seeleute-Versteher in Rostock offensichtlich unser Flehen. Der Wechselkurs wurde tatsächlich angepasst. Doch durch die Inflation folgte kurz darauf eine Abwertung und der Wechselkurs der Staatsbank der DDR hielt über Monate wieder nicht mit. Erst musste ein Parteitagsbeschluss abgewartet werden, der verschleiern sollte, dass wir wieder einen großen Schritt auf dem Weg in die Pleite vorangekommen waren. Hein Seemann geriet bald wieder ins Hintertreffen. Auf Nachfrage einer Bord-Parteigruppe erteilte die Politabteilung einmal die ehrliche Auskunft, die Staatsbank habe insofern Schwierigkeiten, die Wechselkurse realistisch festzusetzen, weil die Valutamark nur an der New Buckower Rohstoffbörse gehandelt würde. Für eine VM wurden dort seinerzeit exakt 3,14159 Tomatenmark gezahlt.

Jetzt aber bot sich Baires erst einmal als überaus preiswertes Einkaufsparadies an. Eine LP-Schallplatte ließ sich schon für sieben Mark erstehen, darunter deutsche Originalplatten, in Argentinien in Lizenz gepresst, die meisten mit nationalistischem Inhalt, pfui Teufel: Militärmärsche, Volkslieder, Stimmungslieder, Seemannslieder, Egerländer Musikanten, Freddy Quinn, Heino. Das Paradoxe daran, der Zoll in Rostock ließ dieses Liedgut anstandslos passieren, weil auf der Platte „Industria Argentina“ und nicht „Made in Germany“ geschrieben stand. Da gab es wohl eine Lücke in den Zollvorschriften, zumal sich diese Tonträger offensichtlich bei jenen höchster Beliebtheit erfreuten, die sich nach 1945 wohlweislich in Richtung Argentinien absetzen mussten.

Nebenbei förderten diese interessanten Objekte die spanischen Sprachkenntnisse. Wer wusste sonst schon was „Navegamos despacio doblando el Kap Horn“ auf Deutsch heißt: „Un denn segelt wi so langsam rund Kap Horn“ oder noch besser: „Navegante, donde esta tu patria?“, „Seemann, wo ist deine Heimat“. Das Studium deutschsprachiger Tageszeitungen, von denen kamen während der Liegezeit täglich zwei Ausgaben an Bord, ermöglichte einen weiteren Einstieg in die Kenntnis der Landeskultur. Darinnen stand eines Tages zu lesen, eine Bande mit einem Stülpner-Karl-Verschnitt an der Spitze habe einen Linienbus überfallen und von den Passagieren das Bargeld der Herren und den Schmuck der Damen gefordert. Dann mussten sich alle bis auf die Feinripp-Unterhosen und die Satin-Dessous ausziehen. Die Räuber fuhren mit dem Bus in die Ferien davon und ließen die nackten Leute in der Pampa am Straßenrand zurück. Ich mochte mir ähnliches auf der Linie Gehlsdorf – Überseehafen gar nicht vorstellen. Die armen Menschen wären ebenso erst nach drei Tagen vermisst worden.

Um die rechtschaffenen, aber barttragenden Seeleute nicht mit jenen Buschräubern oder den Tumpamaros, der Stadtguerilla von Buenos Aires und Montevideo, zu verwechseln, wurde jedem Landgänger ein DIN A4 großer Landgangsausweis ausgestellt. Um den Häschern nicht in die Hände zu fallen, schien es angeraten, den FICHA INDIVIDUAL hoch erhoben zu schwenken oder vor der Brust zu tragen, bevor sie schossen. Der Zettel trug ein Passfoto, Angaben über die Namen der Eltern, den Personenstand, über Nasenform und Augenfarbe, Auskünfte über die Schulbildung, nämlich ob des Lesens und Schreibens kundig, damit das Einverständnisprotokoll hieb- und stichfest war, bevor die Kommunisten oder solche, die man dafür hielt, über dem offenen Atlantik ohne Fallschirm aus dem Flugzeug gekippt wurden. Als Krönung des ganzen grinsten alle zehn Fingerabdrücke des Besitzers, um die sich heute der deutsche Innenminister reißt, vom Papier herab. Größte Probleme bereitete dem Aussteller die Beschreibung der Nasenform der Stewardessen, schließlich sollte selbst in fernen Landen kein Rufmord betrieben werden, der nur noch die Ehe mit einem Seemann in Betracht kommen ließ. Ein überaus bemerkenswertes Dokument, das die meisten Südamerikafahrer zur Erinnerung aufbewahrt haben werden. Ohne jenes in einer finsteren Ecke von Baires aufgegriffen, bestanden gute Aussichten, auf dem geheimnisvollen Gefängnisschiff im Hafen in Pension zu gehen. So mancher Seefahrer erinnerte sich noch nach Jahren dieses Anblicks und 1990 riet jemand von denen dem Runden Tisch in Rostock, die Genossen von der Industriekreisleitung Kombinat Seeverkehr und Hafenwirtschaft bis zum Jahre 2000 auf dem Massengutschiff GOTHA bei Sport und Spiel vor Warnemünde unterzubringen.

In der Regel wurde dem Seefahrer der Landgang entsprechend den internationalen maritimen Gepflogenheiten in allen Ländern für die nähere Hafenumgebung ohne Probleme gewährt. Das Seefahrtsbuch stellte den Reisepass dar, ohne für die Einreise ein Visum beantragen zu müssen. Die Gestaltungsfreiheit dieses Privilegs lag beim Gastland, das diese manchmal phantasievoll ausschöpfte.

In einigen Häfen stellten die Behörden vor Erteilung der Landgangserlaubnis sehr unterschiedliche Landgangsausweise oder –scheine aus. Ein guter Teil davon trug zur besseren Identifizierung das Passbild des Besitzers. Für die brasilianischen Häfen wurde im ersten Anlaufhafen ein Papier mit dem Titel *Tripulante Maritimo*, was mit „Seemann“ übersetzt werden könnte, ausgestellt, das für alle weiteren Häfen galt, auch auf den Folgereisen. Die Passfotos stammten aus dem bordeigenen Fotolabor und konnten so bereits während der Überfahrt angefertigt werden. Der Zettel besaß modernes Personalausweis-Format und trug als Besonderheit komischerweise auch die Namen beider Elternteile. Wahrscheinlich wurde in Brasilien während der Karnevalszeit kreuz und quer kopuliert, so dass diese Aussage den Behörden notwendig erschien. Als Zugabe enthielt die Plastehülle gleichzeitig die brasilianischen Verkehrszeichen. Die deutschen blauen Gebotszeichen existierten nicht, der Rest konnte in seiner Bedeutung eindeutig identifiziert werden, einschließlich der Rinderherde auf einem der Hinweiszeichen. Vorsicht, Almabtrieb oder 1. Mai-Umzug!

An Deck wird ein Asado-Essen vorbereitet

In Buenos Aires gehörten wir stets zu den gern gesehenen Gästen. Eines Tages lud der Chief-Tallyman in eine Lagerhalle einige Crew-Members zum Asado-Essen ein. Wer bei diesem argentinischen Nationalgericht ähnliche Genüsse wie beim Verzehr einer knackigen Thüringer Rostbratwurst oder einer lecker gewürzten Kammscheibe, Marke Vatis Schrebergarten, erwartete, dem stand bald die Enttäuschung ins Gesicht geschrieben. Die Argentinier standen offensichtlich den Neandertalern kurz nach der Entdeckung des Feuers noch recht nahe. Als ersten Gang reichten sie gefüllten Darm, wobei es mehr auf den Darm als auf dessen Füllung ankam. Dabei hasste ich Piepen und Kuddeln schon seit Kindesbeinen. Es folgte eine gegrillte Rinderdrüse, möglicherweise eine Prostata, die sich noch verkraften ließ, nachdem der Gastgeber sie vorgegessen und überlebt hatte. Daran reihten sich Grill-Nieren und schließlich die lang erwarteten Bratwürste aus Rindfleisch, tiefrot in der Farbe. Denen sah jeder das Fleisch als Bestandteil schon eher an als den blassen gebrühten echt Thüringer Rostbratwürsten, deren Herstellung sich der Genießer in natura lieber nicht vorstellen sollte. Den Abschluss bildeten Rippchen und Blutwürste, alles auf Holzkohle gegrillt. Sämtliche Zutaten kamen vom Rind, von Hammel und Ziege. Zeitweise brauchte mancher viel Vino tinto zum Herunterspülen und er schaute das Dargereichte recht scheel an. Den kaum vorgewürzten Fleischbergen verlieh die Gewürzmischung Chimichuri einen exotischen Geschmack, eine Kräutermarinade, ohne die ein argentinisches Asado nicht authentisch ist. Ihre brasilianische Entsprechung fanden diese Köstlichkeiten im Churrasco. Den Nachtisch bildete ein italienisches Eis. Dieses Produkt erfreute sich besonders in Montevideo und Buenos Aires vor allem bei unseren seefahrenden Frauen wegen seines hervorragenden Geschmacks größter Beliebtheit. Heute an jeder Ecke erhältlich, genossen wir Seeleute diesen Vorzug schon etwas früher. Den konnte uns niemand wie das SPIEGEL-lesen verbieten.

In Argentiniens Hauptstadt ließ sich bei gemäßigten Temperaturen abends viel unternehmen, ohne gleich in die einschlägig verrufenen Lokalitäten einzufallen. In der Rue Lavalle stand ein Kino neben dem anderen. Die Preise in den Restaurants hielten sich im Rahmen des Machbaren, um auch einmal ein „bife de lomo", ein pfundschweres Lendensteak zu genießen, sofern nicht gerade eine Sperrzeit den Verzehr von Rindfleisch verbot. Die Argentinier hätten sonst in ihrer maßlosen Fleischeslust den überlebensnotwendigen, wertvollen Export total aufgefressen. Wir konnten dies nachvollziehen, waren uns derartige Regulierungsmaßnahmen doch nicht unbekannt, wenn zum Wochenende die züchtige Hausfrau in die HO-Kaufhalle zog und dort von einer leeren Fleischtheke angegähnt wurde, deren Verkäuferinnen jedes Schnitzel einzeln von hinten vorholten.

Das Schiff bekam in Baires die erste wenige Rückladung – Birnen in die Kühlräume und einige Partien Felle. Ansonsten waren alle Luken leer und der Dampfer tanzte bei rauer See auf der Überreise zum nächsten Ladehafen wie ein Kork auf den Wellen. Wir trösteten uns, wo keine Ladung drin, dort konnte auch keine verrutschen oder musste nachgelascht werden. Die Tankfüllung Benzin rückte wieder in greifbare Wettbewerbsnähe.

Am Dienstag vor Ostern lief der Dampfer in den größten Hafen des brasilianischen Bundesstaates Parana, Paranagua, ein. Da das Schiff früher als geplant festmachte, kam die Ladung erst nach und nach heran und es brauchte fünf Tage, um 1300 Tonnen Kaffee für Rostock zu laden. Der Seemann sah mit eigenen Augen, was in den volkseigenen Büros so an Kaffee weggesoffen wurde.

Der Hafen war groß, das Städtchen klein. Deshalb zogen es die Freiwachen vor, zum Füße vertreten zu einer ganztägigen Bootsfahrt in die nähere Umgebung aufzubrechen. Die tief ins Landesinnere reichende Bucht ähnelte einer Mischung aus Fjord und Schären, gesäumt von hohen Bergen. Der Ausflug entwickelte sich wesentlich interessanter als in Port Swettenham oder im Gangesdelta Flussläufe hoch- und runter zu schippern. Es blühte und grünte eine üppige tropische Vegetation, wie sie sich der Pauschaltourist in seiner Phantasie so recht ausmalt. Die Orchideen hingen wie die Ampeln von den Bäumen, kahle Steine wurden von Teppichen aus Bromelien bedeckt. Eine maritime Baumfällerbrigade schlug sich mit Äxten und Sägen eine Bresche in den Wald. Den Eingeborenen klappte die Kinnlade herunter, als wir begannen, ihren naturnahen Vorgarten aufzuräumen Am Ende des Ausfluges trug der Kahn bis oben hin Grünzeug für die Blumentöpfe in den Kammern: Palmen, Bogenhanf, Bromelien, die viel gesuchten Wunderhölzer und anderes Unkraut. Alles erfuhr an Bord liebevolle Pflege bis der Dampfer einen unerwarteten Schlenker wie San Francisco beim nächsten absehbaren großen Erdbeben machte, wodurch sich die Botanik raumgreifend verteilte, in der Koje, unter dem Waschbecken oder zwischen den Kaffeetassen.

Die Handelsflagge der Republik weht über der Bucht von Paranagua

Verschiedene Kollegen testeten zwischendurch das Einbaumfahren der ansässigen Fischer, bis der Chief sich an einer Kenterrolle versuchte. Er schaffte sie bis auf 180 Grad. Das langte gerade mal zu einer unpolitischen Wende. Zur Mittagspause schmeckten die mitgebrachten Rostbratwürste besonders lecker in dieser idyllischen Natur. Alle Teilnehmer sprühten vor Begeisterung und versicherten sich gegenseitig, den Ausflug auf der kommenden Reise zu wiederholen, wenn es die Zeit erlauben würde und die Eingeborenen nicht inzwischen einen Schutzwall errichtet hätten, von dem sie mit der Armbrust auf uns schossen.

Karfreitag entwickelte sich der Hafen zum beliebten Familienausflugsziel. Das Schiff öffnete seine Pforten zur Besichtigung für deutschsprachige Landeier, die aus der in den Bergen gelegenen Hauptstadt Curitiba an die Küste herunterkamen. Zur Belohnung spendierten diese für die Bärenführer des Schiffes im besten Haus am Platze ein zartes Steak. So hoch wie lang und zart auf der Zunge zergehend hob sich sein Genuss wesentlich von dem der zähen Schuhsohle aus der verflossenen Feiertagsmahlzeit an Bord ab. Dieser Lappen ließ sich am ehesten als Lockspeise für fliegende Fische an den Mast nageln. Wer zur See fuhr, der mochte eines Tages einfach nicht mehr glauben, dass es an einem Rindvieh auch etwas Essbares gäbe.

In Paranagua entdeckten wir den BACARDI mit den niedrigsten Preisen im Lande, so preiswert, dass die Besatzung den nächstgelegenen Laden leerkaufte. Sie hebelte damit die restriktiven Termine für die Transitausgabe harter Sachen hinterhältig aus. Der Kapitän machte dicke Backen.

An einem warmen Nachmittag betrieb dieses Geschäft auch eine Rettungsinsel, die sich auf dem Brückendeck plötzlich mit lautem Knall ihrer Plastehüllen entledigte und wie ein hauptamtlicher Funktionär gewaltig aufblies. Die Umstehenden mussten hilflos mit ansehen, wie sie statt sich auf dem Brückendeck breit zu machen über die Reling krabbelte und sich zwischen Schiffsrumpf und Gangway verklemmte. Offensichtlich kannte sie den ihr vorbestimmten Weg. Kein Mensch an Bord konnte sich erklären, welche Umstände die Insel in den rituellen Selbstmord trieben. Es erwies sich auf alle Fälle nervenschonender, dieses groteske Schauspiel trockenen Fußes als im Wasser paddelnd zu beobachten.

Zur Coffeetime am Ostersonntag traf das Schiff wieder vor Santos ein. Der Hafen ließ sich Zeit über die Feiertage, wir gingen auf Reede. In der Bucht stand eine Dünung, die selbst dem abgebrühtesten Seefahrer graue Haare wachsen ließ. Zwanzig Grad Krängung nach Back- und Steuerbord und diese Schaukelei vor Anker empfanden wir als sehr unangenehm. Zwei Tage später machte der Frachter an dem kilometerlangen Kai fest. Es regnete ohne Unterlass. Die Luken wurden jeweils fünf Minuten geöffnet, bevor der nächste Schauer heranzog. Nur Recife verschonte bisher den Dampfer mit Regen. Das Schiff lud Rohkaffee, löslichen Kaffee, Rizinusöl, Erdnüsse, Zinkbarren und ein gerütteltes Maß an staubender Schüttgutladung, die das Verriegeln und Verrammeln aller Schotten erzwang. Nach sieben Tagen befand sich alles unter Dach und Fach und der Dampfer begann vor sich hin zu stinken, so wie der ganze Hafen bestialisch roch. Durch den Regen vergor das verwehte Schüttgut zu Alkohol. Den ganzen Hafen entlang stank es wie in einer LPG, Abteilung Tierproduktion, wo gerade die Miete mit den Zuckerrübenschnitzeln abgedeckt wird. In der Rattenpopulation drang die Kunde bis ins Hochland, im Hafen von Santos gebe es beim Anfressen des neuen Jahrganges etwas zu feiern.

Das Schwesterschiff MS ALTENBURG lief ein. Die darauf folgenden gegenseitigen Besuche bewirkten, dass die Lords ihre ehemaligen Favoritinnen schneller vergaßen, die ihnen den Stuhl vor die Tür setzten, als das Bargeld zur Neige ging. Mit Schimpf und Schande wurden sie aus dem Tempel der Sünde verjagt. Futsch waren schöne Lederjacko und auch teure Ticketacko.

Die Konkurrenz von der Hamburg-Süd läuft in Santos ein

Bis dahin jedoch wussten sie sich standhaft gegen alle Konkurrenten zur Wehr zu setzen, kreuzten ein devisenschwerer Norweger, Engländer oder Amerikaner auf: *„Mensch sailorman, take you in eight. That can I you vertellen: hands off from my Braut or I hau you in the Snut and kick you vor'n Wanst, that you never look the Teelicht again!"* Diese klare Sprache verstand jeder Seemann dieser Welt. Ja, die DSR-Seeleute waren *heavy on wire,* mit ihnen war *not good cherry eat* und jeder Rivale machte sich umgehend *out of the powder.* Wenn allerdings die Stammbar die Bierpreise erhöhte, bedeutete dies das Ende der Vorstellung. Anschließend konnte der brave Seemann nur dreimal die Niedergänge rauf und runter springen, um sich mal wieder keuchen zu hören.

Lagen mehrere DSR-Schiffe gemeinsam in Santos, was öfter vorkam, holten sich signifikant weniger Leute den Tripper, weil die Freizeit mehr mit gegenseitigen Besuchen verbracht wurde. Außerdem besaß man teilweise die gleichen Favoritinnen. Derartige Vergnügungen genossen seinerzeit auch die Besatzungen der ALTENBURG, SCHWARZBURG, EILENBURG und MAX REICHPIETSCH. Auch „Schütten" und Bananenjäger von der Deutfracht liefen südamerikanische Häfen an. Ab und zu verirrte sich auch mal ein „Afrikaner" nach Brasilien, wenn es vom schwarzen Kontinent nichts wegzufahren gab. Im Verlauf der ausgedehnten Besuche bei teilweise alten Bekannten von früheren Reisen, nach denen man fröhliche Wanderlieder singend an der Pier wieder heimwärts zog, kam immer wieder zum Ausdruck, ein junger Mensch muss einfach zur See gefahren sein. Was hier in Santos abging, erlebte er an Land nie und nimmer. Im gleichen Atemzug machte man seinem Unwillen über die Rahmenbedingungen Luft. Wir gewannen den Eindruck, die Konkurrenz von der Deutfracht bemühe sich wesentlich mehr um ihre Leute. Ob wir recht hatten oder nicht, im allgemeinen wurde mehr auf das Drumherum als auf die Seefahrt an sich gewettert.

Die jungen Genossen mussten es ja wissen. Bei den meisten überschritt das aktuelle Guthaben auf dem Devisenkonto nicht die 50 Pfennige, den üblichen zehntägigen Vorschuss schon berücksichtigt. Der Rest war für Wein, Weib und Gesang drauf gegangen, wovon wie bei diesem Kalauer üblich der Gesang wohl das wenigste kostete. Nicht so oft erlebten die Jugendfreunde einen „Zirkel junger Sozialisten", dessen Öffnungswinkel der Schenkel sich durch Bargeld beeinflussen ließ.

Die Liebe hatte ihren Preis, die Arbeit leider ebenso: Beim Verholen zutschte eine Leine über den Spillkopf und riss einem Matrosen quasi die Hand aus Elle und Speiche heraus. Der Unfall ging glimpflich aus. Nach dem Einrenken musste er sie lediglich vierzehn Tage in Gips tragen.

Zwischen den Wachen bestand manchmal Zeit, sich allerhand Humbug auszudenken. Mein Hang, den jungen Genossen von der FDJ zu beweisen, dass eine Wandzeitung durchaus einen künstlerischen Anspruch erfüllen konnte und nicht nur aus aufgeklebten Zeitungsschnipseln bestehen musste und mein Bemühen, Bordfesten wenigstens einen humorvollen Hauch von Kultur zu verleihen und nicht in pure Besäufnisse ausarten zu lassen, wurden mir fast zum Verhängnis. Sofort stellten tapfere Parteistrategen im Heimathafen die Gretchenfrage, wieso ein derartig engagiertes Besatzungsmitglied nicht aus den Reihen der Partei der Arbeiterklasse heraus agiere. Nur Parteigenossen dürften edel, hilfreich und gut sein. Der Kapitän sprach mal wieder vor und versuchte, mir ein Spendenabo für die Waldsiedlung Wandlitz aufzuschwatzen. Ich träumte noch immer den Traum von Freiheit, Gleichheit, Brüderlichkeit, doch brauchte ich dafür diese Partei? Konnte die einen Kompromissler wie mich überhaupt verkraften? Um nicht in Versuchung zu geraten, schien es angebracht zu sein, ohne großes Engagement in der Masse mit zu schlittern, um nicht rechts oder links anzuecken wie Stefan Raab in seinem Wok.

In Luke Vier wird mit viel Staub Schüttgut geladen

Angesichts des Getöses, mit dem das volkseigene Staatswesen später zusammenbrach und wie schnell sich daraufhin so mancher Saulus zum Paulus wandelte, verdient das Geschehen, das gemäß den politischen Vorgaben an Bord ablief, den Titel: „Die Stunde der Komödianten". Jeder spielte irgendwie Theater. Schlimm für den, der glaubte, alles wäre echt. Zumindest wurden dadurch Mannschaften und Offiziere auch außerhalb ihrer Arbeit beschäftigt. Die Monotonie des Lebens an Bord wurde unterbrochen. Schon Teilnehmer an Polarexpeditionen des 19. Jahrhunderts versuchten sich deshalb als Laiendarsteller. Diese schöne Tradition wurde bei der DSR wiederbelebt. Trat an solchen Abenden der Chiefmate vor den parteilosen Ungläubigen als Spaßvogel und Märchenerzähler auf, hieß dieses Schauspiel „Schule der sozialistischen Arbeit".

In Santos tauchte plötzlich und unerwartet Tierpfleger Stuivenberg wieder auf, fortan als Leo Löwe im Gangwaybuch geführt. Er hatte sich von Recife bis hierher als Vagabund durchgeschlagen. Immer noch arm wie eine Kirchenmaus wollte er händeringend wieder mit zurück nach Europa und an seine Amsterdamer Käsetheke. Die große Freiheit, in der alle Menschen Brüder wurden, er hatte sie nicht gefunden. Der Kapitän mochte diesen an fernen Gestaden Gestrandeten nicht seinem Schicksal überlassen und nahm ihn als Überarbeiter wieder an Bord. Er durfte als Äquivalent für seine Arbeitsleistung inclusive Kost und Logis zurück nach Rotterdam reisen. Er wäre wohl in Brasilien nie mehr zu einer Barschaft gekommen, die es ihm auf anderem Wege erlaubt hätte, in die Heimat zurückzukehren. Leo Löwe fügte sich schnell als akzeptiertes Mitglied in die Decksgang ein. Er konnte nach Auslaufen gleich mal einsteigen, um den ganzen Dreck vom Dampfer zu spülen, der sich in Santos angesammelt hatte. Zentimeterdick lag der Ladungsstaub aus Meals and Pellets in allen Ecken und wurde in den Aufbauten breit getreten. Bald darauf entwickelte unser Student hervorragende Fähigkeiten beim Labsalben von laufendem Gut und dem Gangbarmachen rostiger Schrauben. Die Arbeitsplünnen dazu erhielt er von den Lords. Erfüllte er den Plan zu ihrer Zufriedenheit, erhielt er eine Schachtel Zigaretten als Belohnung. Diese Arbeit an Deck gehörte sicherlich zu einer der wertvollsten Erfahrungen auf seinem Selbstverwirklichungstrip.

Gut zwei Tage später lag das Schiff auf der Reede von Salvador de Bahia de Todos o Santos vor Anker. Salvador zeigte sich von See her betrachtet als eine beeindruckende Stadt mit ihrer Lage auf den Hügeln, den vielen Kirchen und der Gliederung in die Unter- und Oberstadt. Beide Stadtteile verband vom Hafen her ein großer Lift, der lange Fußwege beim Landgang ersparte. Von den 1000 Tonnen avisiertem Sisal konnten tatsächlich nur 500 Tonnen gebucht werden. Sisal lag sehr niedrig im Preis und den Shippern wiederum lag nichts daran, zu diesen Preisen zu verkaufen. Sie ließen den Rohstoff lieber auf Lager. Unsere Lehrlinge als weltweit die einzigen, die sich mit dem Gedanken trugen, das Zeug in der Pfeife zu rauchen, würden den Absatz nicht sonderlich fördern. Mit 1686 Tonnen Ladung für Rotterdam, 623 Tonnen für Hamburg und 4220 Tonnen für Rostock ging das Schiff auf Heimatkurs.

Die Überfahrt über den Atlantik bescherte der Besatzung eine ruhige See. Nur vor Kap Finisterre fing es arg aus Backbord an zu blasen. Bei Luke Vier kam eine Sturzsee angerauscht, die einen an Deck stehenden Container, *DSR-lines world wide, quickly, safely and very cheap,* so arg zerbeulte, dass die Ladung die Containertür herausdrückte und die große Kiste an Deck Schlitten fuhr.

Die Reise endete für mich tragisch. Noch nie im bisherigen Leben konnte ich beobachten, in welch hohem Bogen Versandstücke von den Rollbehältern der Deutschen Post in die Bahnpostwagen zur Weiterbeförderung verfrachtet wurden. Ein mit großem Gottvertrauen auf der Poststelle im Überseehafen aufgegebener Weinflaschenkarton aus der Transitlast voller Buddeln mit dem preiswert-wertvollen Bacardi-Rum und noch billigerem Zuckerrohr-Schnaps gelangte als unförmiger, nicht mehr handhabbarer Pappmachè-Klumpen in einem nach Alkohol stinkenden Postsack an die Heimatadresse. Keine Flasche blieb heil. Seither schnüffelnde Reichsbahner denken noch heute an diesen narkotisierenden Duft gerne zurück. Die phantasiebeschwingte Teilhabe der Verwandtschaft an den südamerikanischen Reiseabenteuern musste ausfallen.

Doch Ende gut, alles gut. Der für mich zuständige Inoffizielle Mitarbeiter (IM) namens „Max" hatte während der Reise eine Charakterstudie von mir entworfen, die bei Mielke aktenkundig wurde. Mit der bewarb ich mich nach der Wende erfolgreich im Öffentlichen Dienst.

13. Akt von Taj Mahal, Fatehpur Sikri und Qtab Minar – oder: Eine Versorgungsreise in das Herz Indiens

Die Schiffsbesatzungen der DSR und die Auslandsvertretungen der Republik bildeten eine Art Symbiose. Sie profitierten voneinander. Die Vertretungen nahmen fast jede Gelegenheit wahr, DSR-Frachter aufzusuchen, befanden sich diese in erreichbarer Nähe. An Bord bekamen sie Gelegenheit, an lange entbehrte typisch heimatliche Lebensmittel zu gelangen. Jeder, der nach längerem Weißbrotverzehr mal ein Schwarzbrot vom Dampfer abstauben konnte, wird es mit Andacht gegessen haben. Die Besatzungen ihrerseits empfanden es wohltuend, durch das Engagement der Vertretungen mehr als gewöhnlich über das Gastland zu erfahren, entweder bei einer Veranstaltung in der Messe des Schiffes oder bei einer Ausflugsfahrt durch Städte und Landschaften. Manchmal lenkte Rostock die Kontakte, öfter kamen die freundschaftlichen Beziehungen auch auf spontane Art und Weise zu Stande. Besonders innig wurden die Bindungen, wenn das Schiff im Liniendienst fuhr und möglicherweise die Schiffsleitung auch noch über längere Zeit in persona die gleiche blieb.

Persönliche Kontakte zwischen den niederen Chargen an Bord und den Repräsentanten des Staates im Ausland gehörten nicht zur Regel, kamen aber hin und wieder in verschiedener Intensität vor. Ansonsten blieb die Pflege der Beziehungen im wesentlichen der Schiffsführung vorbehalten. Vielfach hing die Stärke der Verbindungen von der Beweglichkeit des Kapitäns ab, sich entsprechend zu engagieren. War er kein Kind von Traurigkeit, verstanden sich die Repräsentanten völlig verschiedener beruflicher Ausrichtung spätestens nach einer Flasche Rachenputzer auf Anhieb. Auch die diplomatischen Vertretungen wussten den schon auf der Weltausstellung 1867 in Paris prämierten und mit Leipziger Messe-Gold überhäuften Weinblattsiegel von Schilkin zu schätzen. Die Kontakte mit der übrigen Besatzung beschränkten sich meist auf logistische Begegnungen. Der Gangwayposten empfing die Damen und Herren, die erleichtert aufatmeten, diese klapprige Treppe überwunden zu haben, ein Matrose führte sie zum Kapitän oder in die Messe, die Stewardessen servierten die deutschen Gerichte Eisbein mit Sauerkraut, Schweinebraten mit Thüringer Klößen oder andere handfeste Kalorienbomben, der Elektriker warf den Kinoapparat an. Natürlich trug besonders der Koch zu einem guten Verhältnis zwischen dem Kapitän und den Diplomaten bei, wenn er seine Lasten nach Pumpernickel und sauren Heringen durchforstete, bevor sich diese die Crew hinter die Kiemen steckte.

Zwischen Frühjahr 1974 und Herbst 1977 bediente die RONNEBURG die Linie Indien/Pakistan/Bangladesh. Hier entwickelten sich die Kontakte zwischen dem Schiff und den Konsulaten in Karachi und in Bombay unter den oben genannten Vorzeichen besonders vorteilhaft. Das Schiff belieferte die dort ansässigen Bürger der Republik gegen Rupies, für die der Koch wiederum Frischkost einkaufen konnte, mit größeren Mengen Proviant aus den Lasten. In Karachi langten die Repräsentanten des Konsulates beim Eisbein-Essen verbunden mit einem winzigen Verdauungsschnaps immer kräftig zu. In Bombay wurden für Kinder und Erwachsene öfter Kinovorstellungen aus dem Repertoire veranstaltet, was die DEFA an Neuem von Gojko Mitic zu bieten hatte. Die Vertretungen organisierten Stadtrundfahrten oder in Bombay trat das Generalkonsulat im Freizeit-Resort Breach Candy zu Volleyball-Vergleichen gegen unsere Crew an. Die Beziehungen entwickelten sich binnen zweier Reisen dermaßen gedeihlich, dass der in Delhi ansässige Handelsrat als Revanche das Angebot unterbreitete, auf der kommenden Reise einige Leute auf Kosten der Botschaft nach Neu Delhi einzuladen. Ob er wohl zu seinem Wort stehen würde?

Bei einer ähnlichen Gelegenheit, so wurde kolportiert, ereignete sich einstmals ein kleines Missverständnis. Eines schönen Tages ließ sich der Kapitän neue Visitenkarten ausstellen, mit der farbigen DSR-Flagge im Kopf. Bei einem Empfang zur Eröffnung einer neuen Konferenzlinie oder einem ähnlichen Anlass, beschloss er die Karten gleich an der Gangway aushändigen zu lassen. Die ankommenden Herrschaften sollten seinen typisch sächsisch-seemännisch klingenden Namen, Zschaschelwitz, klang wie eine sich brechende Bugwelle, von Anfang an richtig aussprechen. Er dachte erst wieder an diesen Vorsatz, als er sich schon fleißig ins Händeschütteln vertiefen musste und ließ dem Gangwayposten ausrichten: „Auf meinem Schreibtisch liegen die Karten, die holen Sie bitte und geben jedem neuen Gast eine ab.“ Kaum hatte er seinen Toast auf die anwesenden Damen ausgesprochen: *„Gentlemen, upon the ladies!“*, von allen Herren heftig beklatscht, da rief der Gangwayposten an: „Genosse Kapitän, nun kriegen wir mit den Karten aber ein echtes Problem. Ich hab' nur noch die Schell Zehne!“

Nach dieser Vorgeschichte nunmehr hin zur Beantwortung der Frage wie ein Seemann ans Taj, gesprochen Tadsch, die Krone der Paläste im Herzen Indiens, kommt. Die RONNEBURG verließ den letzten westeuropäischen Hafen und lief das letzte Mal vor Wiedereröffnung des Suezkanals um das Kap der Guten Hoffnung herum gen Indien. Mein an eben diesem Kap gezeugter Sohn entwickelte sich prächtig und ich fuhr wieder allein zur

See. Meine frühere Begleiterin wandte sich alsbald erneut ihrer eigentlichen Berufung zu – diversen Steinbrucharbeiten im Mundbereich.

Gleich nach dem Auslaufen öffnete das bordeigene Schreibbüro gleich neben der Brücke seine Pforten, wo sonst als im Funkraum. Der Alte konnte diesmal nicht Schreibmaschine schreiben, der Koch wollte den wöchentlichen Speiseplan vervielfältigt haben, der Dritte Nautische Offizier kam mit Schiffstagebuchauszügen angezogen, der Chief Mate hätte gerne Claim-Antworten ins Reine geschrieben gehabt, mein Weib wartete auf Post und der Funkoffizier machte allen diese Freude. Nur einmal weigerte ich mich, den Speiseplan abzuschreiben, als der Koch zum Sonntag Rumsteak darauf setzte. Musste denn selbst das Essen noch gesoffen werden?

Nach langem wohl überlegten Anlauf langte in Bremen das Handgeld für den Erwerb einer mechanischen „Schlackertaste“ aus. Von der Steuer ließ sie sich leider wie heutzutage nicht absetzen. Die Liebesgrüße aus Bombay konnte ich nach etwas Training fortan zwischen Daumen und Zeigefinger der linken Hand, mit einer Pinke-Pinke-Bewegung, in den Äther schicken. Fleißig wie ich mich nun einmal von Natur aus gebärde, hätte ich damit während der Überfahrt eine Funk-Quali-Spange erworben, wäre ich bei der „Fahne“ gewesen. Seine Sache mit links zu machen, die Rechte zum Abwinken eindringender Gäste in den Funkraum frei zu haben, war wesentlich cooler, als sich mit dem althergebrachten „RFT-Hammer“ herum zu schinden, der sich am ehesten als Wurfgeschoss eignete, sollte sich der Teufel an der Wand oder der Steward mit der Transitrechnung im Schott zeigen.

Nach der Afrika-Umschiffung rollte das Schiff gemächlich über das Arabische Meer seinem Ziel entgegen. Die während dieser Zeit anhaltende Schaukelei ließ bald nach. Nur hin und wieder rauschte der Vorhang vor dem Waschbecken in der Kammer noch selbsttätig auf und zu. Das war ein dringender Hinweis darauf, sich ordentlich festzuhalten. Während der Überfahrt fanden alle Besatzungsmitglieder genügend Zeit, einen ihnen überreichten Fragebogen für eine wissenschaftliche soziologische Untersuchung auszufüllen. Darin ging es um die Verbesserung der Arbeits- und Lebensbedingungen für das fahrende Volk. Sehr erstaunlich, dass sich dafür tatsächlich jemand interessierte, bestimmt nur ein abgehobener Professor. Immerhin sagte in jedem Jahr von zehn Seefahrern einer der Company Ade. Auch auf unserem Schiff plagten sich wieder einmal drei Seeleute mit dem Gedanken, nach dieser Reise zu kündigen.

In der Umfrage wurde nach Meinungen über das Ansehen des Seemannes in der Gesellschaft geforscht. Welche Schlussfolgerungen von wem letztlich daraus gezogen wurden, blieb den Probanden bis zum bitteren Ende verborgen. Die Ergebnisse schlummern immer noch unberührt in irgend einem Archiv der Uni Rostock und Konsequenzen werden nie daraus gezogen worden sein. Eher regten sie politisch Verantwortliche dazu an, dem Seemann das Leben noch schwerer zu machen, weil es dem offensichtlich nach eigenen Aussagen noch immer viel zu gut zu gehen schien.

Seefahrer in der Mitte der 2. Hälfte des 20. Jahrhunderts

Stellvertretend sei hier das Ergebnis einer Umfrage gleichen Inhalts unter westdeutschen Seeleuten in den '60er Jahren erwähnt, das mir während meines Studiums in die Hände fiel. Es erschien mir wert, aufbewahrt zu werden. Dort ergänzten 68 Prozent der Befragten den Satz „Als Seemann wird man immer behandelt als ob ..." im negativen Sinne mit den Worten: „man ein Mensch 2. Klasse, der letzte Dreck, Casanova, Vagabund, Gestrauchelter, ein Frachtstück, Straßenfeger, Playboy, Taugenichts, Verbrecher, Gangster, Schwein, Ganove, Rabauke, Außenseiter, Seeräuber, Abenteurer, Mädchenverführer, Walross, Luftikus, Sittenstrolch sei, man dumm, verwahrlost, oberflächlich, versoffen, verkommen, nicht gesellschaftsfähig, anrüchig sei, man aus der Gosse käme, nicht bis drei zählen könne, dreißig Jahre zurück sei, ein Arbeitstier mit abgestumpften Sitten, ein geistig unterernährter Mensch, ohne Charakter sei, man zu den Halbidioten gehöre, von der Müllabfuhr käme, seine Frau hinterginge, den Alkohol literweise tränke, schon einige Gefängnisse kennen gelernt hätte, man die jungen Damen ausnutze, an Land nichts werden konnte, den Beruf als letzte Rettung ergriffen hätte." Viele Klischees, aus denen sich jeder seinen Teil heraussuchen kann.

Der Rest der Befragten ergänzte im positiveren Sinne mit: „man ein guter, normaler Mensch ist, der viel von der Welt wüsste, man etwas Besonderes, Gott in Frankreich, ein Held, ein Pascha, ein König, der Mann im Mond, ein Fürst, der liebe Gott sei, man vom Mars käme, die Seemannsschlager Tatsachen behandelten, es der schönste Beruf sei, es ein Leben ohne Arbeit wäre, man die ganze Nation vertritt, man ein richtiger Mann sei und Geld in Massen hat." Die Vorurteile gegenüber dem Seefahrer waren vielfältig. Kein Wunder, dass auf bundesdeutschen Schiffen schon bald Pakis und Phillipinos in die Bresche sprangen. Die positiven, teilweise vom Neid seiner Mitmenschen geprägten Aussagen hätten zweifellos beim DSR-Seemann überwogen, wie: er im monatelangen Urlaub immer nur MARLBORO rauche und FIRST-CLASS-Hochland-Kaffee trinke, zum Beispiel.

In diesem Zusammenhang verkündete der Kapitän auf einer Bordversammlung, die Reederei suche Personal für die Kombinatsverwaltung. In den Räumen des Verwaltungsgebäudes am Überseehafen waren noch Stühle zu vergeben, auf denen der Platznehmer bis zur Rente angenagelt werden sollte. Vermutlich ließ sich ein solcherart vom Schicksal Gezeichneter in einem Neuerer-Vorschlag aus purer Rache darüber aus, es doch einmal mit kompetenten Seeleuten zu versuchen, die nicht mehr fahren wollten. Bisher ließ die Company dieses Fachwissen sang- und klanglos ziehen. Lieber stellte die Firma einen Treckerfahrer aus Trinwillershagen ein, der einst Walter Ulbricht die Hand schüttelte. Die politische Weitsicht der Reederei betrug manchmal nicht mehr als anderthalb Seemeilen. Leichter Seerauch lag über ihren Aktivitäten. Jetzt sollten also vorrangig scheidende Seeleute für die Landbereiche gewonnen werden. Laut veröffentlichter Statistik, man staune, dass diese nicht als streng vertraulich galt, hingen jährlich knapp eintausend Seeleute die Seefahrt an den Nagel. Kaum mehr als einhundert davon wurden aus diesen oder jenen Gründen in Rostock ansässig oder wollten sich dort niederlassen. Das sollte anders werden. Fragte sich nur wie – so ganz ohne Wohnung. Andererseits stellte eine Plattenwohnung in Lütten-Klein oder Schmarl auch nicht die Erfüllung eines Lebenstraumes dar, obwohl die Stadtplaner aus Sorge um den

Menschen schon so wenig Gaststätten wie möglich in die „Wohnkomplexe“ integrierten. Es fiel einem ja schon im nüchternen Zustand schwer, seine heimische Platte wieder zu finden.

Die beschaulichen Seetage dienten ebenfalls dazu, das Wettbewerbsprogramm auszuarbeiten. Es wurde wieder und wieder vom Schiffsrat durchgekaut. Das Schiff verpflichtete sich letztlich mit großem Tamtam und Schnäderengdeng, im nächsten Planjahr anderthalb Prozent an Verbrauchsmaterialien einzusparen. Dabei handelte es sich um Putzlappen und Schmierseife im Gegenwert von 900 Mark. Die Ings sollten ihre Hände zukünftig mehr in Unschuld waschen. Mit größeren Beträgen hätte der Chief die stillen Reserven für den nächsten Wettbewerb angegriffen. Alle Beteiligten nahmen die Sache sehr, sehr ernst und redeten sich über die 900 Mark tagelang die Köpfe heiß. Mangelwirtschaft machte vorsichtig und lieber legte sich der kluge Mann etwas auf die hohe Kante, Wettbewerb hin, Wettbewerb her, als zu viel von seinem Besitz preis zu geben. Es verhielt sich an Bord mit den Besenstielen so wie im Privaten mit den Autoersatzteilen, die jeder kaufte, befanden sie sich gerade im Angebot. Später wurden sie nie gebraucht. Beim LADA oder Trabbi ging immer das Falsche kaputt. Die einst pures Gold werten Reserven flogen schließlich mit den Autos zusammen in den Schrott, ebenso wie ein Großteil der DSR-Flotte mitsamt den Besenstielen.

Wieder einmal traf mein Brotschiff auf Reede Bombay ein und machte gegen 22 Uhr im Indira Dock, früher Alexandra Dock, fest. 2700 Tonnen waren zu löschen. Wie sich im Ergebnis der geschäftlichen Absprachen bald herausstellte, schien der Handelsrat zu seinem Wort zu stehen, sich für den stets freundlichen hochprozentigen Empfang auf unserem Dampfer zu bedanken und seinerseits eine Einladung auszusprechen. Vorerst wurden anlässlich des Frauentages die weiblichen Besatzungsmitglieder durch die Handelsvertretung zu einem Betriebsausflug mit anschließender Party eingeladen. Der Kapitän als väterlicher Begleiter besaß nachts um drei Uhr auf dem Rückweg das Vergnügen, seine Stewardessen auf deren inbrünstiges Verlangen hin durch die Falkland Road, der Art der dortigen sportlichen Betätigung nach auch Fuckland Road genannt, kutschieren zu lassen. Den Damen des Schiffes dürstete es danach, zu erfahren, wo sich nachts die Lords herumdrückten, die sie am darauf folgenden Morgen in der Messe bedienen durften.

In jenen Zeiten wurde von Sittenwächtern mit erhobenem Zeigefinger berichtet, ein unbescholtener, braver DSR-Seemann habe in dieser Straße jüngst seinen Skalp eingebüßt. Er zog nach dem Abendbrot mit einem Kumpel los, um sich nach des Tages Mühen in einer der Rammelboxen Erleichterung zu verschaffen. Nach dem erfolgreichen Abschluss seiner Yogaübungen verlockte ihn der Gedanke, doch mal über die halbhohe Mauer zu schauen, die die Stallungen voneinander trennte, wie weit sein Nachbar mit der Stoßarbeit sei. Dabei kam er mit dem darüber rotierenden Miefquirl, poing, poing, ernsthaft in Konflikt.

Seltsame Begegnung auf See mit einem halben Schiff

Die Verpflegung ließ mit zunehmender Dauer der Reise wieder einmal nach, ohne dem Koch allein daran die Schuld zu geben. Vieles von dem, was er in Rostock bestellte, konnte nicht geliefert worden. Die Schiffsversorgung hatte die letzten Bestände an Edelgemüse-Konserven (feine Erbsen mit jungen Möhrchen und Spreewälder Sauerkraut) sowie andere Delikatessen der Nouvelle Cuisine auf die VÖLKERFREUNDSCHAFT verschoben. Auf diesem Musikdampfer befanden sich die deutschen demokratischen Olympiateilnehmer nach Kuba unterwegs. Und somit brauchten wir diesmal keine weltweit bekannten Halberstädter Würstchen zu essen. Ruhm und Ehre liebten Partei und Regierung mehr als die Devisen, die Hein Seemann einfuhr. Andererseits wurden wir uns dadurch wieder unserer einmaligen uneingeschränkten Privilegien bewusst. Halberstädter wurden sonst nur noch in Ulbrichts Wucherbuden (UWUBU) und in den abgeschotteten Quartieren der Machthaber in Pankow gehandelt.

Mit vier Tagen Liegezeit kamen wir in Bombay schnell über die Runden. Ein Westberliner Paar mit VW-Bus und ohne Trauschein stieg auf. Sie hatten sich über ein Inserat in einer Zeitung zur Reise quer durch Asien zusammengefunden. Hier konnte selbst der Seemann neidisch werden, dass sich so etwas jenseits des Brandenburger Tores problemlos arrangieren ließ. Menschlich näher gekommen schienen sie sich während der abenteuerlichen Fahrt durch den Orient offensichtlich nicht zu sein. Sie schrieb ihren Reisebericht für eine Westberliner Tageszeitung in die Schreibmaschine und er zog in den Kammern bei einem Bierchen über sie her. Wahrscheinlich gab es Streit um die oder auf der Matratze. Wenn es Devisen einbrachte, spielte die Abgrenzung noch keine Rolle. Wir durften sogar am gleichen Tisch mit ihnen essen. Für die politische Festigung des Bordkollektivs bedeutete diese Konfrontation mit dem Klassenfeind natürlich ein gewaltiges Handicap, denn diskutiert wurde trotz aller weltanschaulichen Differenzen, und wie! Nach drei Bierchen kamen wir zu dem dialektischen Fehl-Schluss, wir lägen total auf einer politischen Welle. Der Politnik hätte sich daraufhin wohl am Schwergutmast erhängt, wäre er an Bord gewesen. Wie bereits betont integrierten sich alle Passagiere schnell in die Bordgemeinschaft. So fiel es einem Schweizer Madel, das wir in Bremen einluden und die uns in Bombay wieder verließ, um im Bhagwan-Ashram von Poona dem Yoga und noch anderen schönen Dingen zu frönen, verdammt schwer, von Bord zu scheiden. Sie vergoss zum Abschied bittere Tränen. So eine solidarische familiäre Atmosphäre, die sie bei uns an Bord erlebte, hatte sie bei ihren Eidgenossen noch nie kennen gelernt. Wir impften ihr den Bazillus „Sozialistische Menschengemeinschaft“ ein. Sie dachte nun, sie hätte sich die lange Reise nach Indien sparen können. Mit einem Studienaufenthalt im Kombinat „Schwarze Pumpe“ wäre es auch getan gewesen, um zu innerem Gleichgewicht und totaler Selbstverwirklichung zu finden. Eine werktätige Mutter mit zwei minderjährigen Kindern hätte ihr dabei gewisslich auf die Sprünge helfen können. Sie betonte, die nächste Reise wieder mit nach Hause zu kommen, falls sie die Nase von den Gurus voll habe. Wir hörten nichts mehr von ihr. Also war sie sowohl für die westliche Zivilisation als auch für unser großes Ziel, der Verwirklichung der 9. Symphonie von Ludwig van Beethoven, wohl doch für immer verloren.

Wenn der Lesekundige den Häuserwänden glauben mochte, ging es in Indien unter Indira Gandhi steil aufwärts. Überall prangten Vorwärts-Parolen von den Wänden. *„Work more, talk less“*. Mehr arbeiten, weniger reden, - diese Losung hätte auch der Republik gut zu Gesicht gestanden. Und von Rostock bis Karl-Marx-Stadt könnten die meisten Eingeborenen diese Worte im Gegensatz zu den Indern sogar lesen, nur verstanden hätten sie sie nicht. Aber so plakativ brutal ging die Partei mit den schaffenden Menschen nicht um und das „*Talk less*" kam schon gar nicht in Frage. Mit großen Reden verdienten sich zu viele ihr Brot.

Wenigstens ging es für den Seemann bei der DSR voran. Ab diesem Sommer zahlte die Reederei mehr Tropenzulage. Sie wurde nun auch für den Rest der Besatzung von 2,80 Mark auf 3,50 Mark erhöht. Deck und Maschine bekamen die Erhöhung schon früher zu spüren. Noch weitere Verbesserungen der Lebensbedingungen seien in Arbeit, schrieb die „Voll Voraus". Damit wurde vermutlich der kidnapping-feindliche Gruppen-Landgang in Aussicht gestellt.

Das Schiff steuerte Sri Lanka an. Die Gedanken gingen zurück. Auf der vorangegangenen Reise trafen wir im November 1974 kurz vor Colombo die RUDOLF BREITSCHEID. Damals ließ die BREITSCHEID ein Boot zu Wasser, um Ersatzteile zu holen und Filme zu tauschen. Gesprächsstoff am Rande der Übergabe lieferte die NIENBURG. Kommen wir der Sache auf den Grund, hatte wohl deren Steuermann just in der vorangegangenen Nacht gedacht, als er den Dampfer auf das Bombay Riff bei den Paracel Inseln im Südchinesischen Meer setzte. Jüngst schlugen sich noch die Vietnamesen und die Chinesen um diese Eilande. Unter ihnen wurde Erdöl vermutet. Glück für die NIENBURG, sie stieß mit dem Bug nicht auf die bewusste Ölquelle. Es wäre unweigerlich zu internationalen Verwicklungen gekommen. Den einsetzenden Telegrammverkehr konnte ich teilweise mitverfolgen. Demnach sah es recht böse aus. Das Schiff lag in der Brandung und konnte kein Boot zu Wasser lassen. Für eine Evakuierung hätte die Besatzung nur mit Hubschraubern geborgen werden können. Es herrschte Monsun Stärke 6. Das Schiff wurde laufend durch die anstürmende See erschüttert. Wie durch ein Wunder zeigte sich der Dampfer ansonsten völlig unbeschädigt. Ruder und Schraube waren klar, die Stromversorgung funktionierte, die Hauptmaschine drehte, alle Peilungen lagen im normalen Bereich. Vorn war das Schiff vier Meter und achtern mehr als einen halben Meter aus dem Wasser gekommen. Nachteilig für das Abkommen wirkte sich aus, dass die NIENBURG drei Stunden nach Hochwasser auflief bei einem Stand von nur dreißig Zentimeter unter Hochwasser. Am 21. November befasste sich ihre Besatzung damit, Ladung außenbords zu werfen. Vier Schlepper befanden sich im Anmarsch und die ALTENBURG wollte am nächsten Morgen vor Ort sein. Außerdem standen etliche Schiffe ringsum in Warteposition. Die Crew war die letzten 48 Stunden nicht aus den Arbeitssachen gekommen. Zwei Tage später traf ein amerikanischer Schlepper ein, der die Lage sondierte und zu dem Schluss kam, momentan sei ein Abschleppversuch zwecklos. Davor müssten erst einmal 2700 Tonnen Ladung in den Bach geworfen werden. Bisher schaffte die Crew 120 Tonnen. Eventuell sollten Schauerleute aus Manila herangeschafft werden, aber es kam niemand wegen der Brandung heran an den Dampfer. Eine Teilevakuierung konnte auch noch nicht durchgeführt werden.

Hafenanlagen in Madras an einem der längsten Sandstrände der Welt

Am 28. lief die RONNEBURG in Madras ein und die NIENBURG war mittlerweile vom Riff abgekommen. Sie lief mit halber Fahrt, um das Schiff so wenig wie möglich zu erschüttern, nach Singapore. Der Dampfer besaß alles im allem großes Glück im Unglück. Keinerlei Leckagen, nur an der Schraube hatte sich ein Flunken verbogen und Taucher stellten Dellen unter Luke Eins fest. Unter den anderen Luken wurde ähnliches vermutet. Wenn das kein Qualitätszeugnis für den DDR-Schiffbau war! Der Kapitän, der die Abbergung meisterlich bewältigte, ließ sich zwei Reisen später zum Chief Mate auf unserem Dampfer „befördern". Die ganze Geschichte schien ihm sehr auf den Magen geschlagen zu sein. Seiner Abneigung gegen den neuen Job machte er mit exorbitanten Rülpsern während der Brückenwache Luft. Der Master stand auf der Brücke angesichts dieser augenscheinlichen Missachtung seiner Autorität wutschnaubend daneben, mochte aber seinen obercoolen Gevattersmann nicht zurechtweisen. Für jeden anderen Offizier hätte es für das Ausleben asiatischer Umgangsformen Punktabzug im sozialistischen Wettbewerb gegeben! Es wird für beide starke Persönlichkeiten schwierig gewesen sein, mit dieser Konstellation klarzukommen.

Wir liefen in Colombo ein. Der Landgang in Colombo gestaltete sich wie immer angenehm, ohne großes Backschisch-Palaver und durchaus dem Erlebnis- und Erwartungshorizont naiver westlicher Pauschaltouristen angemessen. Nur ein altes Mütterchen, in einen Stofffetzen gehüllt, folgte den Landgängern mit ausgestreckter Hand auf dem Fuße. Offensichtlich besaß sie keine hellseherischen Fähigkeiten und konnte somit dem DSR-Seemann nicht in die leeren Taschen gucken. Vor dem Seemannsclub legte sie sich auf die Lauer und sobald jemand das Lokal verließ, galoppierte sie im gestreckten Galopp hinterher. Wesentlich unangenehmer blieben ähnliche Erfahrungen in Erinnerung, wenn in den indischen Häfen dem Seemann stürmisch von hinten auf die Schulter geklopft wurde, er heftig erschrak, sich umdrehte und eine Gestalt mit jammervollem Gesicht erblickte, die Backschisch erheischend die Hand ausstreckte und etwas von „no papa, no mama, no telewischen, no aircondischen" flüsterte. So zeigte sich Indien von einer Seite, wie es der Seemann nicht gerne in Erinnerung behielt. Dieses Elend zu erwähnen, schrammte in der Republik hart am Rande der politischen Korrektheit entlang, weil frei nach Christian Morgenstern „nicht sein kann, was nicht sein darf." Auf die jungen Nationalstaaten ließ unsere freie Presse nichts kommen und jeder, der dort zufällig mal vorbeischauen durfte, rieb sich erst einmal verdutzt die Augen. Mancher JUNGE WELT- verwöhnte Leser vermutete der Berichterstattung nach selbst im afrikanischen Busch ein Schlaraffenland wie in seiner HO-Kaufhalle. Dieses gehobene Niveau zu erreichen, ging aber wohl selbst bei unseren engsten Freunden nicht so schnell. Als wir uns mit den Kolonialherren trösteten, die das alles verbockten, als sie den Eingeborenen Pfeil und Bogen verboten und sich dafür eine Elefantenbüchse hinterher tragen ließen, befanden wir uns schnell wieder auf dem Pfad der ideologisch reinen Lehre.

Ohne Reedezeit lief der Dampfer in Madras ein. Allerdings sollte sich hier die Liegezeit verzögern, sehr zum Verdruss des Kapitäns. Das Land feierte ein großes hinduistisches Fest, das Deepavali. Vergleichbar des an die Wintersonnenwende angelehnten Weihnachtsfestes kündete es vom Sieg des Lichts über die Dunkelheit. Der Landgang war beschwerlich, der Weg in die Stadt zog sich. Der Golf von Bengalen hingegen brandete querab des Liegeplatzes in etwa 150 Meter Entfernung an den Strand. Von einer günstigen Badegelegenheit konnte leider nicht gesprochen werden. Wir wurden vor der starken Brandung und dem verschmutzten Wasser gewarnt. Bei einem Spaziergang entlang des Strandes von Madras kam sich der Seemann vor lauter Unrat wie in den holländischen Vorstädten vor, deren Fußwege sich total bekackt präsentierten – voller Hundedreck. Irgendetwas brauchten die Holländer scheinbar zum Schlittern, wenn schon die Grachten nicht mehr zufroren.

Hunderte von großen Libellen schwirrten um den Dampfer herum. Morgens klopften die Krähen über der Funkerkammer einen Parademarsch auf das Deck, wenn sie die verunglückten Insekten der letzten Nacht aufsammelten. Dieses Intermezzo vermittelte uns einen kleinen Vorgeschmack auf Bangladesh.

Nach der Abfertigung in Madras lief das Schiff quer über den Golf von Bengalen nach Chittagong in Bangladesh. An der Ansteuerung zu diesem Hafen kam uns ein feldgrauer großer US-Frachter entgegen, mit dem sich die RONNEBURG zwischen Colombo und Madras über einen Tag lang ein Wettrennen lieferte. Das gab ein freudiges Wiedersehen auf beiden Seiten. Die ganze Crew machte Front nach Backbord, es wurde aus Leibeskräften gewinkt und beide Dampfer drückten auf das Typhon. Der Ami wahrscheinlich mit etwas Schadenfreude, weil er es uns nun doch zeigen konnte, wer der Schnellere ist. Diese symbolische Umarmung des Klassenfeindes tat der Seele richtig gut. Der proletarische Internationalismus auf See, er lebte noch.

In die Liegezeit fiel der vierte Jahrestag der Unabhängigkeit des jungen Nationalstaates Bangladesh. Alle einheimischen Dampfer flaggten über die Toppen und unser Schiff bekam die Weisung, aus Anlass des Feiertages um Mitternacht fünf Minuten lang drauflos zu tuten. Die gesellschaftlichen Verhältnisse hatten sich im Vergleich zum früheren Ostpakistan gewaltig gewandelt. Der Kapitän wollte in Erinnerung an frühere Aufenthalte ein Fußballspiel arrangieren, aber das am Seemannsclub befindliche Fußballfeld existierte nicht mehr. Scheich Mujibu Rahman hatte angewiesen, nach der Staatsgründung alle Reserven zu mobilisieren und so wuchs dort jetzt Reis für den Export.

An ein baldiges Auslaufen konnten wir nicht denken. Es fehlte an Ladung, die erst mit Schuten über Flüsse aus dem Hinterland der Chittagong Hill Tracts kommen sollte. 1900 Tonnen hatte man uns avisiert, davon riesige Mengen an Tee, faktisch eine ganze Luke voll. Als besondere Ladung wurden Shrimps und Froschschenkel in die Kühlluken gestaut. Wenn der Koch die Schenkel, groß wie Kaninchenkeulen, in die Pfanne haute, machten diese Dehnungsübungen, als würden sie noch leben.

An der Achterkante Aufbauten werden die Bäume gestellt

Eine große Sause mit sowjetischen Genossen fand während der Liegezeit statt. Wir pflegten den Erfahrungsaustausch, denn wir standen gerade im Begriff, eine neue sowjetische Neuerer-Methode an Bord einzuführen. Mit Slopin und Bassow ließ sich Hein Seemann nicht mehr hinter dem Ofen hervorlocken. Wir machten uns nun die Ideen des großen sowjetischen Neuerers Alexej Tomorrow zu eigen. Der erfand den Arbeitsstil „Komm ich heut nicht, komm ich morgen" . Wir konnten schon einige Erfolge damit erzielen. Etwas seltsam erschien es uns allerdings, kamen wir auf die hervorragenden sowjetischen Neuerer zu sprechen, zuckten unsere Russen nur mit den Schultern. Die kannte dort kein Trüffelschwein.

Zwei Herren aus Berlin standen beim Einlaufen an der Pier. Schlapphut und Ledermantel hatten sie zu Hause gelassen. Anschließend wurden unter ihrer Aufsicht 200 Tonnen Landeswährung aus Luke Eins gelöscht, welche die Wertpapierdruckerei Leipzig herstellte. Das bürgte für die Qualität der

Banknoten aus unserer Republik. Eine andere Begebenheit bewies haargenau das Gegenteil: Der Lotse, der bei Einlaufen an Bord kam, zeigte dem Kapitän 70 Mark der DDR und bat ihn, sie in Dollar umzutauschen. Irgendein Hein Seemann hatte jemanden an Land mit unserer „harten" Währung mächtig angeschmiert. Der Alte schüttelte sich ob dieses Ansinnens und wandte sich angewidert ab. Der Lotse konnte gar nicht begreifen, wieso jemand sein eigenes Geld wie Pest und Cholera abwehrte.

Während der Liegezeit in Chittagong suchte sich der Master, ich begleitete ihn, einen Teil der Rückladung persönlich auf dem Hafengelände zusammen. „Die Kiste hier ist unser und die dort drüben packen wir auch noch ein." Es handelte sich um Collies mit Druckereimaschinen für die Presse der kommunistischen Partei von Bangladesh. Die Ausrüstung gehörte ursprünglich zu einer Spende der Bruderpartei aus unserer Republik. Als die Ladung den Hafen seinerzeit erreichte, war die Partei gerade mal wieder verboten worden und somit konnte der Postbote keinen Empfänger ermitteln. Die wertvollen Maschinen lagen monatelang herum, wuchsen in die Vegetation ein und dann erhielten sie den Aufdruck: Return to sender. Wir transportierten sie zurück. Der erstbeste Dampfer würde sie von Rostock aus wohl in das nächste Entwicklungsland karren und das Spielchen konnte von vorn beginnen.

Zwischenzeitlich liefen auf diplomatischem Parkett die Vorbereitungen einer Reise zur Botschaft nach Delhi. Nebenbei ließ der Alte durchblicken, er habe den Chief und den Funkoffizier bei der Embassy avisiert. Die beiden fühlten sich während der Hafenliegezeit am ehesten entbehrlich. Ein Political Adviser weilte nicht an Bord. Das sei an dieser Stelle ausdrücklich betont. Der wäre zwar auch entbehrlich gewesen, hätte sich aber nicht so gefühlt.

Einer der beiden sehe aus wie Karl Marx, ließ der Kapitän die in Delhi noch wissen. Ob diese Information über mein Aussehen der Dienstreise ein gesellschaftspolitisches Mäntelchen überstülpen oder nur dem Empfangskomitee am Flughafen als Hilfe dienen sollte, sei dahingestellt. Wie umfangreich die Bemühungen hinter den Kulissen verliefen, uns in die Mitte des Subkontinentes zu verschicken, ließ sich nicht weiter ergründen. Seeleute besitzen ja mit ihrem Seefahrtsbuch nicht gleichzeitig das Einreisevisum für das gesamte Land in der Tasche. Vielleicht musste hie und da mit Backschisch etwas nachgeholfen werden. Letztlich schienen die Rollmöpse, das Schwarzbrot und die Bratheringe, deren Mengen die zugelassene Begrenzung für das Handgepäck hart tangierten, der Botschaft alle Anstrengungen und die 350 Valutamark je Flug wert zu sein. Obwohl wir beiden glaubten, von stattlicher Gestalt zu sein, flüsterte man sich in der Vertretung derweil unter der Hand zu: Haltet euch bereit, saure sozialistische Heringe im Anflug!

In Calcutta machte das Schiff im Dock längsseits eines heruntergekommenen indischen Frachters fest. Beim Versuch, zum Landgang darüber hinweg zu klettern, achtete jeder streng darauf, nicht durch die Rostschicht in den Laderaum einzubrechen. Einen Tag später verholten wir zum nächsten Inder, um dort zu warten, bis ein Russe vom Kai auf ersteren Liegeplatz verholte. Ähnliche permanente Verholmanöver wie im Überseehafen durfte ich schon zehn Jahre zuvor mit der HALBERSTADT hier erleben.

Erst nach dem endgültigen Festmachen rückte der Zoll an, der sich stundenlang beim Zigaretten zählen aufschoss. Die Oberstewardess hatte mit ihren deklarierten Zahlen Mist gebaut und die Zöllner konnten nicht kopfrechnen. Mit zwei Stangen Zigaretten und zwei Flaschen Whisky, die der Alte widerwillig herausrückte, ließen sie sich schließlich besänftigen. Die Moral von der Geschichte: In den nachfolgenden indischen Häfen zählten auf Weisung des Kapitäns zwei hochgestellte Schiffsoffiziere die Transitlast durch, um seinen Repräsentationsfonds zu schonen.

Das Schiff hatte 2625 Tonnen zu löschen. 4000 Tonnen wollten wir laden. Die EILENBURG brauchte für die gleiche Menge kurz zuvor drei Wochen. Unsere Liegezeit würde also ausreichen, um eine Sightseeing-Tour über den indischen Subkontinent hinweg zu wagen. Im Frühdunst des 1. April 1975 brachen die beiden willigen Repräsentanten in einem klapprigen „Ambassador“, dem Volkswagen aus indischer Eigenproduktion, nach einer halsbrecherischen Fahrt durch das erwachende Calcutta, der Fahrer der Agentur verspätete sich ein wenig, mit einer Boeing 737 in die Hauptstadt des Landes auf. Trotz einem Dutzend Beinahe-Kollisionen mit Kraftfahrzeugen und Lebewesen aller Art ging es auf den Straßen erstaunlich gelassen zu, ohne jegliches Hupkonzert. Der Fahrer hängte seinen Arm aus dem Fenster und gab mit ihm geheimnisvolle Handzeichen, denen sämtlicher Straßenverkehr folgte. Der Stinkefinger auf deutschen Straßen ist wesentlich ineffizienter. Die Stadt erweckte in ihrer gesamten Ausdehnung den Anschein, als stünde der Termin für eine Sperrmüllabfuhr unmittelbar bevor. Letztlich erwies sich der Höllenritt durch Rikschas, heilige Kühe und Autolawinen gar nicht als notwendig, lagen doch noch die Morgennebel über dem Rollfeld. Der Start verspätete sich um eine Stunde. Nach dem Schock der Anreise begann diese ewige Warterei die Verdauung anzuregen. Auf was hatten wir uns da eingelassen! Es rumorte ganz fürchterlich im Gedärm. Mein Partner meinte, das wäre nur die Flugangst. So also machte die sich bemerkbar. Zukünftig fühlte ich mich nach jedem Erbseneintopf, als würde ich gleich fliegen müssen.

Endlich hob die Boeing 737 der Indian Airlines Flug 264 ab. Das Ganges-Delta, von Bord aus immer als grüne Hölle vermutet, entpuppte sich aus der Luft als braune, verbrannte Erde. Dafür entschädigte das schneebedeckte überwältigende Panorama des Himalaya, das den zweistündigen Flug begleitete, bis die Maschine in den Dunst über Neu Delhi eintauchte. Eine Mitarbeiterin der Vertretung empfing uns am Flughafen. Drei messingglänzende, elsterglanzgeputzte Schilder an einer Gartenmauer im Villenviertel der Stadt kündeten in Deutsch, Englisch und Hindi davon, hier befinde sich die Botschaft unserer Republik in diesem Riesenland. Uns überwältigte unbändiger Stolz auf unser Vaterland. Wir dachten spontan an dessen Errungenschaften, an Trabbi, Erbswurstsuppe und MUX, den ökologischen Fliegentöter aus der Hustensaftflasche, mit Blasrohr, ohne PCB und völlig treibgasfrei. Als wir die Zimmer im Gästehaus, einer Anmietung vom damaligen Gesundheitsminister Singh, wohl jeder zweite Inder heißt so, bezogen hatten, schaute der Handelsrat auf einen Sprung vorbei und erläuterte das Besichtigungsprogramm. Darin fanden sich für die nächsten drei Tage keine Lücken. Zum kantinenmäßigen Mittagessen versammelte sich die gesamte Belegschaft, einschließlich Botschafter. Allzu oft wird es wahrscheinlich nicht vorgekommen sein, dass Seeleute hier mit am Tisch saßen und ein Karl Marx mit Bart und wallender Mähne wie ein Berber aus der Mönckebergstraße schon gar nicht. Der wurde von dieser adretten hochkarätigen Runde verstohlen bestaunt. Sie glaubten einfach nicht, dass ihr Chef aus christlicher Nächstenliebe und Barmherzigkeit einen einheimischen Fakir zu Tisch bat, dürr wie ich aussah.

Um die bisherigen ermüdenden Auslassungen über das ätzende Bordleben und die fragwürdigen Lustbarkeiten in den Hafenspelunken aufzulockern, soll nunmehr als Kulturbeilage und Anregung für künftige Rucksacktouristen auf die Höhepunkte der kommenden drei Tage auf den nächsten für Nichtseefahrer einzig seriösen Seiten kurz eingegangen werden.

Kaum angekommen krabbelten wir in den TOYOTA des Handelsrates, um Alt und Neu Delhi einer Sichtkontrolle zu unterziehen. Sehr angenehm, in dem Auto herrschte gerade Winter. Der Wagen verfügte über eine Klimaanlage, eine luxuriöse Ausnahme, jedoch schon damals in Indien sehr empfehlenswert. Die Fahrt führte hin zum Qtab Minar, einem 73 Meter hohen Sandsteinturm aus dem 13. Jahrhundert, der als Siegeszeichen der Moslems über die Hindus errichtet, eine beliebte Adresse für den letzten Schritt von Selbstmördern darstellte. Unsere Begleitung berichtete, Horst Sindermann, Vorsitzender des Ministerrates, habe kürzlich bei seinem Besuch ebenfalls über eine Leiche klettern müssen, die ihm vor die Füße krachte. Hätte der lebensmüde Dussel nicht drei Sekunden später springen können? Das sozialistische Staatsvolk hätte sich die gesamte Regierung mit den Ruf „Zugabe!" nach Indien gewünscht.

An der berühmten eisernen Säule

Weiter führte unser Weg zu Fuß zur unmittelbar benachbarten „Moschee der Macht des Islam", um 1200 erbaut, mit der berühmten Iron Pilar (Eiserne Säule) aus dem 14. Jahrhundert, hergestellt aus 99,75 Prozent nicht rostendem reinen Schmiedeeisen. Dort versuchten wir das Spielchen, an die Säule gelehnt diese nach hinten zu umfassen. Wer das fertig brächte, bekäme im Leben einen Sack voll Kinder, ging im Lande die Sage. Obwohl Indien vor Kindern überquillt, schaffte dieses Kunststück letztmalig 1923 ein Orang Utan. Meine Gliedmaßen hingegen befanden sich noch nicht im Stadium altersbedingter Knochenweiche und der Kindersegen blieb bescheiden.

Das Rote Fort aus der Zeit der Großmogule um 1650 am östlichen Stadtrand besichtigten wir ebenso wie die größte Moschee Indiens, die Freitagsmoschee, die um 1658 unter Shah Jahan vollendet wurde. Wir mutierten erstmalig im Leben zum Bildungsreisenden. Quer durch Alt Delhi führte die Fahrt in das von den Briten in den 20er Jahren des vorigen Jahrhunderts großzügig errichtete Regierungsviertel und an das Grabmal Nehrus. Anschließend lud die Frau Handelsrat zum Shopping in die Basare von Chandni Chowk und zur Coffeetime am Connaught Circle ein. Den Abend krönten wir durch den Besuch einer Freiluft-Gaststätte, in die bereits alle hohen Tiere aus dem Staatsapparat und sonstigen Apparaten der Republik, die jemals in Delhi zu Besuch weilten, geleitet worden waren. Diese Feinschmecker ließen sich dort Tandoori chicken und Fladenbrot aus dem Lehmofen schmecken. Es musste nicht immer wie zu Hause Kaviar sein.

Am nächsten Morgen brachen wir in aller Frühe auf. Mit einem FIAT 124, unklimatisiert wie mein heimischer Abkömmling namens LADA, dem Botschaftsfahrer und einem Bündel Bargeld, das uns der Handelsrat in die Hand drückte, führte die Reise 196 Kilometer entlang der Straße Richtung Bombay und Calcutta übers Land. In der Geografie Indiens nicht sonderlich bewandert, mussten wir später an Bord erst einmal recherchieren, wieso ein und dieselbe Straße in diese entgegengesetzt gelegenen Hafenstädte führen konnte. Es handelte sich keineswegs um ein geographisches Wunder. Delhi liegt hoch im Norden. Die Straße teilt sich erst weiter im Süden nach Ost und West. Den aus Delhi kommenden Reisenden bot sich als erstes Monument vor dem Zielpunkt Agra das Grabmal Kaiser Akbars dar, ein vierstöckiges Gebäude aus rotem Sandstein in einem 61 Hektar großen gepflegten Park, dessen oberstes Geschoss aus weißem Marmor besteht. Seine künstlerische Ausführung beeindruckte uns bereits gewaltig. Bar aller Kenntnisse über die geschichtlichen Hintergründe ließen wir uns zum nächsten Ziel kutschieren, der 42 Kilometer entfernt im Südwesten liegenden ehemaligen kaiserlichen Hauptstadt Fatehpur Sikri. Diese Ansammlung von verlassenen Moscheen und Palästen wurde 1569 begonnen. Wenige Jahre nach ihrer Gründung gab man die Stadt wegen Wassermangels wieder auf. Gigantische ökonomische Fehlplanungen gehören offensichtlich nicht zu den Erfindungen der Neuzeit. Leider fehlte die Zeit, durch dieses imponierende Ruinenfeld zu streifen und der Phantasie freien Lauf zu lassen, was dessen Bewohner wann und wo oder wie mit wem getrieben haben, wären wir Frauen am Telefon gewesen.

Die Ruinen von Fatehpur Sikri

Das Taj Mahal – das Symbol Indiens an sich und eines der neuen sieben Weltwunder – bedeutete den absoluten Höhepunkt des Landausflugs. Unweit der Stadt Agra im indischen Unionsstaat Uttar Pradesh erhebt es sich aus den Weiten einer dürren, khakifarbenen, unendlichen, fast baumlosen Ebene, in der mittelalterliche Turmbauten wie überdimensionale Kilometersteine einst dem Wanderer den Weg zwischen Delhi und Agra wiesen. Heute folgt dieser alten Route nicht weit entfernt die befestigte Straße, auf der wir uns zwischen Kuhherden, Arbeitselefanten, bunt bemalten Lastwagen und herumlungernden Tagedieben mühselig heran kämpfen mussten.

Das Taj wäre das zu Stein gewordene Sinnbild einer unsterblichen Liebe, stand im Reiseprospekt zu lesen. Wahrlich zu beneiden diese Leute, bei meiner reichte es gerade einmal zu einer bescheidenen Hütte aus Porenbeton. Kaiser Shah Jahan, der vierte in der berühmten Linie der Mogulherrscher Indiens, ließ es als Mausoleum für seine Gemahlin Mumtaz Mahal in einer Bauzeit von 22 Jahren errichten. Nun ja, da bekam er wohl im Gegensatz zu mir in der Zwischenzeit ein bisschen Trouble mit den Handwerkern, die ihm unter den Händen wegstarben. Die sterbliche Hülle von Mumtaz Mahal wurde unter dem Scheitelpunkt der gewaltigen Kuppel des

Mausoleums beigesetzt. Viele Jahre später, in den frühen Morgenstunden des 23. Januar 1666 starb Shah Jahan. Am folgenden Tage wurde sein Leichnam in das Mausoleum überführt und neben seiner Gattin, von der er glücklich und zufrieden 36 Jahre getrennt gewesen war, zur letzten Ruhe beigesetzt.

Im Bewusstsein dieser berührenden Liebesgeschichte, die wir uns just aus einem Reiseführer schnell erlasen, näherten wir uns der Stätte mit der gebührenden Ehrfurcht und Andacht. Die umgebenden Mauern, welche durch eine Moschee im Westen, einen moscheeähnlichen Bau im Osten zur Aufrechterhaltung des architektonischen Gleichgewichts, das dreistöckige Eingangstor im Norden und den Flusslauf des Jumna im Süden unterbrochen werden, umschließen eine siebzehn Hektar große Parkanlage. Wie mag der Groß-Mogul zur Monsunzeit seinen englischen Rasen im Zaum gehalten haben?

Durch den Bogen des dreißig Meter hohen Eingangstores wurde uns ein erster Blick auf das Taj Mahal gewährt. Wahrhaftig beeindruckend. Umrahmt von dem im Schatten liegenden dunkelroten Sandstein des Torhauses, erhob sich das Taj im gleißenden Sonnenlicht als schimmerndes, schneeweißes Bauwerk, das von den Reizen dieser eindrucksvollen Parklandschaft umgeben wurde. Ein langes, von bunten Sandsteinintarsien umsäumtes und von zwei Reihen Zypressen flankiertes Wasserbassin teilte den Garten in zwei Hälften. In dessen Spiegel schimmerte das Mausoleum in leuchtenden Farben. Auf einem niedrigen Marmorsockel erhob sich der Bau wie eine traumhafte Erscheinung. Seine weißen Kuppeln, Zinnen und schlanken Minarette stiegen wie zarte Gebilde in das Blau des Himmels empor, fast wie bei der ehemaligen Tabakmoschee Yenidze in Dresden, aus der die gute alte SALEM stammte.

Vorbei an lärmenden, am Ärmel zupfenden Händlern vor dem Torhaus traten wir beiden Seeleute der Deutschen Seereederei hinaus ans Licht und in die Stille dieser erhabenen Landschaft. Diese Stille wurde nur unterbrochen und gleichzeitig betont durch das Rascheln der seidenen Sari stolz voranschreitender Inderinnen. Die Anwesenheit europäischer Touristen, von Italienern oder ähnlichen Schnatterern, die einem die ganze Stimmung vermiesen konnten, hielt sich sehr in Grenzen.

Unter der Wölbung der mächtigen Kuppel stand hinter einem achteckigen Marmorgitter von unerreichbarer Schönheit das Heiligtum des Taj, die beiden Sarkophage. In stiller Ergriffenheit wie vor seiner Hauptmaschine verweilte mein Chief vor diesem Wunderwerk indischer Handwerkskunst. Ein Rankenwerk von Edelsteinen war in den Marmor eingelassen. Dämmerschein erhöhte die stimmungsvolle feierlicher Ruhe, die unter dem Gewölbe herrschte. Das Tageslicht, welches spärlich durch die durchbrochenen Marmorfenster herein flimmert, brach sich hundertfach an den blütenweißen Wänden des Innenraumes. Träge wälzte sich der Jumna, die Elbe in Dresden bei Niedrigwasser ist dagegen ein reißender Strom, an den Grundmauern des Taj entlang. Vom gegenüberliegenden Ufer grüßte in der Ebene Sikandra mit dem Grabmahl Kaiser Akbars. Wahrhaftig, nur um einzig und allein an dieses Ziel zu gelangen, dafür hatten sich die Jahre der Seefahrt gelohnt!

So erhaben wie uns der Gang vom Eingangstor entlang des von Zypressen flankierten Wasserbeckens zum Taj auch erschien, umso befriedigender empfanden wir den Anblick der wenigen europäischen Touristen, die matt aus ihren Bussen jumpten und ein Vermögen investierten, um an diesen berühmten Ort der Erde zu gelangen. Wir jumpten in unser Auto mit dem Diplomatenlogo und weiter ging es.

Vor den Toren von Neu Delhi

Vier Jahre später besuchte unser Staatsratsvorsitzender Indien und zum Programm gehörte auch das Taj Mahal. Den Turm Qtab Minar ließ er im Besichtigungsprogramm vorsichtshalber aus. Ob auch er in Socken oder barfuß die Stufen zu dieser Grabstätte erklommen hat wie wir? Und schlurfte das Politbüro ebenso bloßgestellt hinterher? Drehte sich Kaiser Akbar in seinem Sarkophag auf die andere Seite? Man wird es nie erfahren, ebenso wenig, ob der große Staatenlenker als Beleg seiner Anwesenheit ein aus Marmor geschnittenes Schmuckkästchen mit Intarsien aus Halbedelsteinen oder eine geschnitzte orientalisch duftende Sandelholzfigur für sein spärliches Handgeld erwarb. „Du, Hermann Axen, alter Genosse, Freund und Kupferstecher, kannst du mir mal zehn Rupse borgen?" Oder ob er einen golddurchwirkten Sari für seine Gemahlin mit nach Hause brachte? „Lass dich einwickeln, Margot!" Trainiert haben sie fleißig, mit dem Einpacken ging es später recht zügig voran.

Das Rote Fort von Agra, das von vier aufeinander folgenden Mogul-Kaisern erbaut wurde, schloss diese Rundreise ab. Wieder zurück in Delhi tauschten wir am Abend mit dem Handelsrat aus Madras, der sich gerade in Delhi auf Dienstreise befand, bei einer Flasche Whisky beiderseitige Erfahrungen über Indien aus. Alle Gesprächspartner aus der Botschaft hielten sich nicht mit ihren Meinungen zurück. Ein Grund zum Grübeln, warum solche Leute nicht in Berlin das Sagen bekamen.

Am dritten Tag warteten Wagen und Fahrer, um mit uns in die nähere Umgebung von Delhi aufzubrechen. Es gab noch so viel zu sehen. Acht Kilometer südlich der jetzigen Stadtgrenze lag das sehenswerte Ruinenfeld der seinerzeitigen dritten Stadtgründung. Der Fahrer hatte ein Bündel Bananen eingepackt, mit denen sich dort die Affen von den Bäumen locken ließen. Uns fiel es wie Schuppen von den Augen. Daher hieß es „Affinität", wenn vom Verhältnis der Bananen zu den Konsum-Kunden gesprochen wurde!

Kuhfladenstapel am Stadtrand von Delhi für winterliche Hüttenabende

Im Schatten dieser zyklopischen Festungsmauern ging ein Bauer wie vor 500 Jahren seinem Tagewerk nach. Mit einem Ochsengespann, das sich im steten Kreis drehte, drosch er sein Getreide und sein Weib, das trennte im Wind mit kräftigen Würfen die Spreu vom Weizen. Eines der beeindruckendsten Bilder, die Indien bei mir hinterließ. Während der Mittagshitze fanden wir am Pool des Holiday Inn eine leichte Erholung, um einem drohenden Kreislaufkollaps vorzubeugen. Am Nachmittag lud Frau Handelsrat zum Bowling ein, einer uns bisher unbekannten westlich-dekadenten Sportart. Alle Programmpunkte der Stippvisite wurden damit abgearbeitet. Abends am Flughafen folgte verbunden mit einem Dank für die überwältigende Gastfreundschaft ein herzlicher Abschied, leider auf ein Nimmerwiedersehen, wie es dem Seemann nur zu oft widerfuhr. Wandersmann, kommst du heute nach Delhi, die drei elsterglanzgeputzten Messingschilder im Villenviertel suchst du vergeblich.

Letztlich hatte die Wirtschaftsabteilung an Bord diese schöne Tour auszubaden, denn am nächsten Tag durfte sich der Dampfer als Ausrichtungsort einer Party für fünfzig Persönlichkeiten aus Handel und Wandel revanchieren. Ein solches Fest schlug stets beträchtliche Kerben in die Proviantlasten. Daran knabberten die Massen für den Rest der Reise, wenn es nichts mehr zu knabbern gab. Während das Schiff vor lauter Völkerfreundschaft rein besoffen wirkte, hielten Diebesbanden die Party für eine günstige Gelegenheit, eine große Partie Maschinenersatzteile aus der Ladung zu entwenden, so dass die Polizei eingeschaltet werden musste. Nachdem er die Reste vom kalten Büfett leergeräumt hatte, machte sich der Chief Mate ans Claim-Schreiben.

Nach vierzehn Tagen Liegezeit verließ das Schiff die Hauptstadt von Bengalen und steuerte einen weiteren Flussarm im Ganges-Delta, den Pussur River, an. Die Versegelung stellte sich gezeitenbedingt als sehr beschwerlich heraus. Mittags erfolgte das Ausschleusen aus dem Dock in Garden Reach. Bis Mitternacht lag das Schiff vor dieser Schleuse im Hoogly River. Anschließend lief es zwei Stunden flussabwärts. Dem folgte bis zehn Uhr morgens ein erneutes Vor-Anker-liegen. Nachdem dic dcutlich erkennbare Flut-Welle am Dampfer vorbei gerauscht war, ging es Anker auf. Am Abend gaben wir endlich den Lotsen vor der Flussmündung auf den Sandheads ab. Sechs Stunden Fahrt bis zur Ansteuerungstonne Pussur River schlossen sich an. Dann lagen wir vor der Lotsenstation Chalna und warteten darauf, dass mit dem Hochwassser früh um acht Uhr irgend etwas passiert. Mit der Tide kam unser Schiff bei seinem Tiefgang dann über die Barre hinweg. Das Schiff ging auf der Flussreede vor Anker.

Die nächsten Tage schien die Sonne unbarmherzig auf das Deck hernieder. Die ganze Zeit umlagerten uns Boote, in denen ganze Sippen mit Kind und Kegel nach Backschisch auf der Lauer lagen. Wir streiften die Spendierhosen über. Das sprach sich im Lande schnell herum. Kurz vor Ablaufen lagen schließlich sechs Boote längsseits, in denen umgehend ein infernalisches Geschrei losbrach, wenn ein Maschinen-Assi den Kopf über das Schanzkleid hängte und dann aus dem riesigen Putzlappenballen in der Maschine ein altes Hemd über Bord segeln ließ. Wer etwas aus seinen privaten Beständen entbehren konnte, trennte sich leichten Herzens und für diesen guten Zweck von den alten Klamotten. Zum Dank dafür, dass wir die muslimische Weiblichkeit von Bangladesh mit String-Tangas und anderen Dessous ausstatteten, schickte Allah seine himmlischen Heerscharen, getarnt als Myriaden irdischer Kleinlebewesen, gegen das Schiff. Zuerst kamen als Wegbereiter in losen Verbänden die Schmetterlinge, kleine weiße, den Motten ähnlich, die eine heiße Spur legten. In der folgenden Nacht flogen das Schiff in mehreren Wellen tausende, ja zehntausende Käfer der Al-Kaida-Kampftruppen an. Ihre Anflugrichtung ließ sich klar erkennen, von dort her färbten sich die Masten schwarz. Sie eroberten das Schiff im Handstreich, entsprachen in ihrer Größe den Coloradokäfern, die die Amerikaner einst aus der Stratosphäre herab auf unsere genossenschaftlichen Kartoffelfelder streuten, trugen einen imponierenden Nahkampfrüssel und waren feldmarschmäßig in eine grau-grüne Uniform gekleidet. Ihr Panzer erwies sich als äußerst widerstandsfähig. Suchte sich jemand ihrer zu erwehren und hieb mit seinem Latsch drauf, rasten sie unbeeindruckt weiter, nur ein Ziel vor Augen, uns fertig zu machen. Beim Heraustreten aus den Aufbauten fiel jedem, der sich diesen Schritt erdreistete, beim Öffnen des Schotts eine ganze Schwadron von hinten in den Kragen, die sich auf ein Fanfarensignal hin am Körper verteilte. Stoßtrupps drangen bis in die entferntesten Ecken der Aufbauten vor. Sie hatten es auf das Herz unseres Schiffes, die Hauptmaschine, abgesehen. Auf den Ansaugsieben für die Maschinenluft im Schornstein klebte die Schicht lebender und toter Käfer zentimeterdick. Nur Waterloo erlebte in der Geschichte jemals ein ähnliches Gemetzel. Schließlich erging es den Käfern wie der deutschen 6. Armee vor Stalingrad. Im Grund wussten sie nicht, was sie eigentlich bei uns wollten, fast wie die britischen Bomberpiloten, als sie über dem Dresdner Zwinger standen. Es führte für sie kein Weg zurück. Ihr Selbstmordkommando endete in einem Fiasko und die letzten fahnenflüchtigen Überschmuggler gingen nach Tagen des Widerstandes gegen unsere Klimaanlage vor die Hunde.

Nach den Käfern kamen ihre Totengräber - die Krähen. Diese taten sich an den Käfern gütlich und bekoteten den Dampfer von oben bis unten. Die Käfer gehörten wegen ihrer starken Chitinpanzer wie ein mit Reißzwecken panierter gebratener Scheuerlappen wohl eher zur schwer verdaulichen Sorte. Dem entsprechend sahen die Exkremente aus. Wir verlegten uns anschließend auf eine einträgliche Nebeneinnahme – das Guano-Stechen. Auf den Fortgang der Entwicklung, nämlich dass jemand herab käme, der die Krähen fraß, wartete die Crew vergeblich. Den Indern sind die Krähen nämlich heilig. Wir überlebten diese dreisten

Invasionen ohne bleibende Schäden. Seeleute können alle Plagen, aber keinen Durst ertragen, Prost.

Im Pussur River wird der Schwergutbaum gewartet

Während der Fahrt über den Golf von Bengalen befanden wir uns just am Rande eines tropischen Wirbelsturmes mit einem ausgeprägten Auge, das etwa 160 Meilen weit entfernt vorüberzog. Die Reederei hatte erst kurz zuvor eine Mitteilung zur Schlechtwetternavigation verbreitet. Darin wies sie an, in derartigen Fällen strikt mit der Fahrt herunterzugehen. Manche Kapitäne hatten es in der Vergangenheit im jugendlichen Übermut mit den Naturgewalten zu risikofreudig aufgenommen. „Ohne Gott und Sonnenschein bringen wir den Dampfer heim." Glücklicherweise zog der Sturm über die indische Küste Richtung Westen weiter, so dass wir ihn nicht passieren mussten. Nur der Regen stürzte in den Randlagen hernieder wie aus Gießkannen.

Colombo und Tuticorin nannten sich die nächsten Ladehäfen, bevor die Heimreise begann. Die Massen hatten die Schnauze voll und wollten so schnell wie möglich weg aus Indien. Nur die Hauptmaschine konnte uns auf der Heimreise noch einen üblen Streich spielen und unsere Einlaufpläne in Rostock durcheinander werfen. Von drei Einspritzpumpen waren die Fundamente gerissen. Die letzte Reservepumpe wurde eingebaut. Die gehörte zur gleichen Serie wie die bereits gewechselten. Wenn die auch noch wegfliegen sollte, könnten wir nur noch 110 Umdrehungen mit der Maschine machen.

Landwirtschaft in Südindien nahe Madras

Offensichtlich gehörten die Pumpen neben Lachsschinken und Aal in Aspik zur ausgesprochenen Mangelware. Unsere eigenen mussten wir bereits vor der Werft an BERNBURG abgeben und hatten vor Auslaufen mit Müh und Not vier neue bekommen. Die Pumpen aus Aken flogen weiterhin fröhlich auseinander. Die Reederei hüllte sich auf Anfrage nach Ersatz in eisiges Schweigen. Um die Pumpenhersteller ein bissel zu ermuntern, Qualitätsarbeit abzuliefern, wurde schließlich ein Schiff auf AKEN getauft. Ohne Reservepumpe erfüllten wir eigentlich gar nicht die Seetüchtigkeit. Vielleicht konnte uns eine Pumpe retten, die wir beim MAN Service in Colombo bestellten. Dort stießen wir auf die BÄSTLEIN, die schon seit einer Woche im Hafen lag. Sie war zwei Monate vor uns ausgelaufen mit Kurs auf den Persischen Golf. Gottseibeiuns und verschone unser Schiff mit derartigen Reisen!

Knapp zwei Monate brachte das Schiff rund um den indischen Subkontinent zu. Obwohl die Botschaft keinen weiteren Bedarf an typisch heimischen Produkten anmeldete, gingen einige Artikel für den Bordbetrieb bereits aus. Die Maschinengang verfügte über keine Handwaschpaste für ihre dreckigen Pfoten mehr. Man hatte die Wettbewerbsverpflichtung für das nächste Jahr schon vorfristig erfüllt. In der Pantry fehlte das Fit zum Tellerwaschen. Davon war vor der Ausreise eigentlich genügend bestellt worden. Man vermutete, in Rostock hatten sich einige Springer mit den 10-Liter-Ballons eingedeckt, um bis zur Jahrtausendwende damit ihre Hände in Unschuld zu waschen. Das sarkastische Wort vom Lockruf „Reederei, zu mir!“ fiel, das in Rostocker Laubenkolonien verheerende Verwüstungen hätte anrichten können. Dort wurde jede Menge Dieb-Stahl verbaut. Ausbaden mussten es die Leute, die mit den Schiffen ausliefen. Als besonders schlimmer und bedauerlicher Fall kam einmal eine nagelneue Softeismaschine für die Besatzung der RONNEBURG im Überseehafen „abhanden“. Nur die Lieferpapiere trafen an Bord ein.

Und so schließt sich der Kreis. In jenen fernen Tagen mit einer schlappen Währung versuchten viele Zeitgenossen auf legale oder illegale Weise, meist im Rahmen solidarischer Gemeinschaften, die unter dem wohlklingenden Namen „Vitamin B“ jeder zu schätzen wusste, ihr kleines Schäflein ins Trockene zu bringen oder es trocken zu halten. Wer nicht an der Quelle saß, handelte nach dem ethischen Prinzip: Sage mir, wen du zum Freund hast und ich sage dir, was er mir besorgen kann. Die großen unsolidarischen Gaunereien begannen erst nach dem 3. Oktober 1990, wenn auch glücklicherweise keine russischen Zustände anbrachen. Dort hätte sich der 1. Sekretär für seine Verdienste mit einer kleinen Containerschiff-Flotte belohnt. An der mecklenburgischen Ostseeküste mussten sich zwei unbescholtene hanseatische Spielbuden-Besitzer mit dem ganzen Schiffsschrott herumärgern. Aus den zusammengeklauten Wellasbest-Datschen entstanden zwar dadurch keine blühenden Landschaften, aber immerhin. Ein frischer Wind blies in die Segel, die gesamte Flotte verschwand mit ihm wie der kleine Häwelmann hinter dem Mond und ward nie mehr gesehen.

Die Zeitläufe haben sich geändert und es wird kaum wieder vorkommen, dass sich deutsche diplomatische Vertretungen über ein unbedingt erforderliches dienstliches Maß hinaus derartig um einen Seemann gleich welchen Ranges bemühen werden, es sei denn, jener möchte sich unbedingt für anderthalb Millionen Euro bei seinen Kidnapping- Gastgebern auslösen lassen.

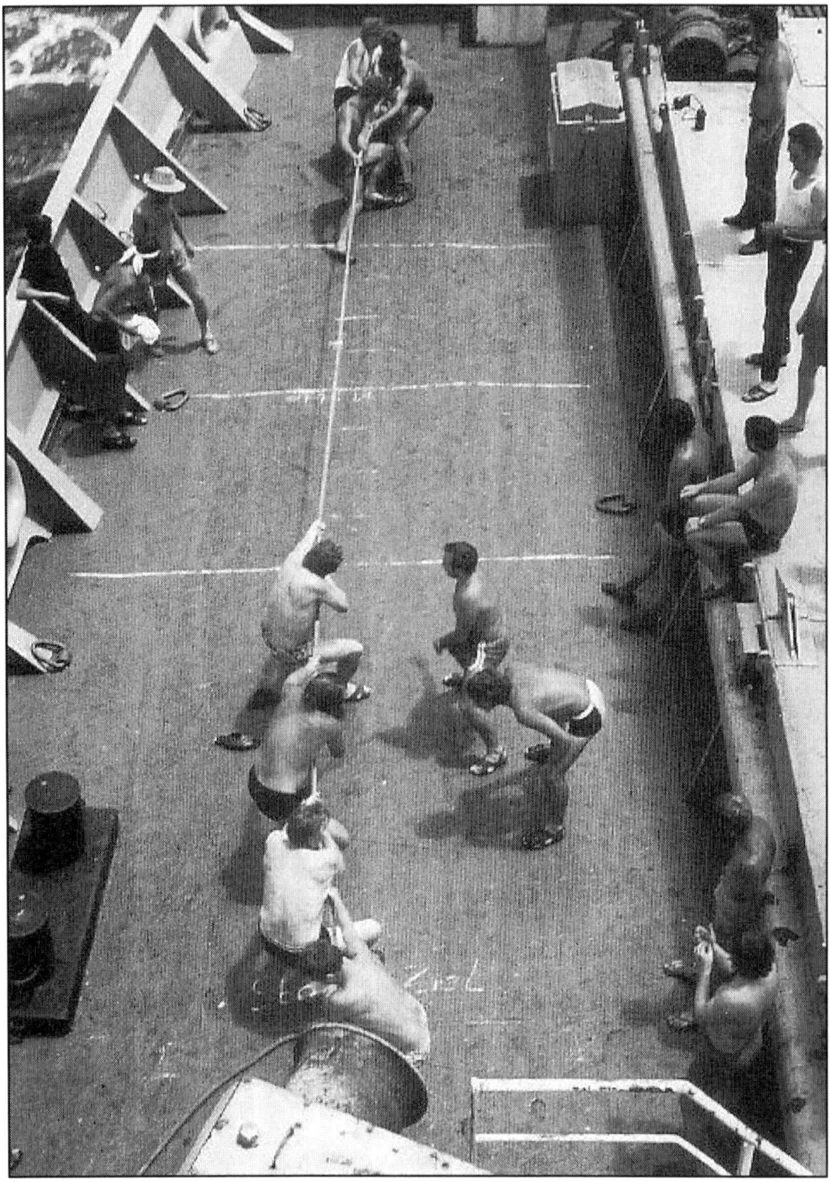

Selbst Sport treiben hielt uns gesund

14. Akt von Abschied und Anschiet – oder: Eine Kurzreise in den Persischen Golf ohne Ende

Es sollte nicht sein, auch die Besatzung der RONNEBURG musste alsbald wie die der BERNHARD BÄSTLEIN das karge Brot der Golfreisen essen. Die folgenden Randbemerkungen zu einer Reise von Rostock in den Persischen Golf schildern auch die für Seefahrer wenig spektakulären Selbstverständlichkeiten und von den damaligen Bordkameraden mit den Jahren vergessenen Belanglosigkeiten aus dem alltäglichen Bordleben. Diese bildeten das Salz in der Suppe eines ansonsten gleichförmigen arbeitsreichen Seemannsdaseins. Sie boten den Stoff für die in der Bord-Kommunikation psychologisch wichtigen und allerseits so beliebten Klatsch- und Tratsch-Geschichten. Jeder konnte sie vernehmen, der sein Ohr dicht genug an den Kombüsenlüfter legte.

Gleichzeitig entwickelte sich diese Reise zu einem Lehrbeispiel dafür, mit welchen Unwägbarkeiten der Seemann konfrontiert wurde, die letztlich bei vielen ehemals glühenden Verehrern der Seefahrt dazu beitrugen, jener den Rücken zu kehren.

Geduldig ließ die Besatzung in Rostock die üblichen Ausklarierungszeremonien über sich ergehen. Der Seemann machte neuerdings freudig dem Zoll seine Aufwartung in der eigenen Kammer. Er wurde nicht mehr vor dem Auslaufen in der Mannschaftsmesse zur Gesichtskontrolle zusammengetrieben. Offensichtlich lohnte sich der Check nicht mehr. Wir sahen durch die viele gesellschaftliche Arbeit inzwischen alle gleich alt aus. Gegen fünfzehn Uhr das Tages passierte das Schiff die Mole Warnemünde. Laut Segelliste sollte der Dampfer am 20. April wieder in den Heimathafen einlaufen. Ein eher frei erfundener Termin, jedoch besser als die Reisevorgabe der ROSTOCK mit 225 Tagen, die unsere ursprünglich geplante Vietnam-Reise übernahm. So dachten wir Naiven. Im Golf würde es zudem keine Wartezeiten auf Reede mehr geben, sprach es sich herum.

Inzwischen zählte das Schiff seit neun Jahren als mein zweiter Wohnsitz und auch nach längerem Urlaub fühlte ich mich gleich wieder heimisch. Nur den speziellen Geruch empfand ich immer wieder als unangenehm, weilte ich längere Zeit nicht an Bord. Er erinnerte jedes mal an die längst verflossenen Tage, als ich noch mit gemischten Gefühlen auf so einen Dampfer kletterte. Innerhalb eines Tages gewöhnte sich die Nase an diese intensive Geruchsmischung aus Schweröl, Sauerkraut, Männerschweiß, Veilchenparfüm, Bohnerwachs und allen anderen mehr oder minder fragwürdigen Düften des Orients und Okzidents.

Wer als Funkoffizier ein Stammschiff sein eigen nannte und nach einer ausgesetzten Reise wieder aufstieg, fühlte sich unangenehm berührt, hatte die Urlaubsvertretung eigenmächtig Neuerungen eingeführt. Es handelte sich um das diffuse Gefühl, jemand habe die Intimsphäre verletzt, ähnlich der Gefühlslage, die jemand empfindet, der heim kommt und feststellt, ein Einbrecher hat in seinem Bettchen geschlafen und mit seinem Löffelchen gegessen. Jeder FO baute in den Monaten auf See eine persönliche Beziehung zu seinem Funkschapp ebenso wie zu seinem Filzlatschen auf und begrüßte seine Allwellen-Empfänger zum Wachbeginn mit einer tiefen Verneigung. Diesmal hatte der liebe Kollege nur die seit Jahren wie meinen Augapfel gehütete Wäscheleine zum Paketpacken verwendet. Ich konnte auf der Elbe beim Einlaufen Hamburg vor Willkommhöft Schulau nicht einmal mehr die langen Unterhosen auf dem Peildeck dippen.

Der erste Eindruck, den ich mir von der Offiziersriege machen konnte, stellte mich zufrieden. Auch mit dem Alten schien es ein Auskommen zu geben. Es handelte sich um einen Leipziger, längst im Rostocker Stadtteil Lütten Klein assimiliert, mit der Figur von Heinz Quermann, der seine Gemahlin als Ballast mitführte. Die Wirtschaft rekrutierte sich aus lauter Damen. Die Hackordnung vom Hühnerhof ließ grüßen. Nur eine regulierende männliche Hand hätte Ordnung in den Haufen bringen können. Der E-Ingenieur, kaum erschien er an Bord, verkündete, seine Frau erwarte im

Februar ein Baby. Er trat mir schon mal vorsorglich auf die Füße, damit ich es nicht versäume, rechtzeitig die Ohren zu spitzen.

Insgesamt bestand die Crew aus 42 Besatzungsmitgliedern, darunter sechs Lehrlinge, zwei mitreisende Ehefrauen und ein Badegast. Bei letzterem handelte es sich um einen braven unbedarften, aber umgänglichen Gesellen aus einer Mecklenburger Klitsche, der Backbord nicht von Steuerbord unterscheiden konnte. Als Alibi für seine himmelschreiende Unkenntnis führte er einen Parteiauftrag ins Feld. Frisch von der Straße weggefangen stand er als Politoffizier in der Musterrolle. In der Besatzungsliste tauchten Leute seiner Provenienz immer noch als Vollmatrosen oder andere vollwertige Mitglieder der Crew auf. Dieser Klingone in der Reihe normal Sterblicher hatte in seiner frühen Jugend an einem Sonntagnachmittag mit den Großeltern eine Dampferfahrt auf der Saale von Bad Kösen zur Rudelsburg unternommen. Er fühlte sich daher berufen, fortan ein gewichtiges Wort in der Schiffsführung mitzureden. Es war der erste Fremdling seiner Art an Bord dieses Schiffes, war doch der vorangegangene PO langjährig befahren aus den Reihen der Stammbesatzung in diese Position gelangt. Er begann uns zu lehren, die parteiische Weisheit mit dialektischen Löffeln zu fressen. Nicht umsonst hieß bei der Kaiserlichen Marine eine große Suppenkelle „Politikus". „Genossen", sagte der unsrige auf der ersten Bordversammlung, „um unsere hehren Wettbewerbsziele zu erreichen, können wir uns an Bord keinen Müßiggänger leisten." Die Seeleute verhielten sich fair oder sie ließen sich nichts anmerken. Sie würden ihm seinen nun bevorstehenden monatelangen gut bezahlten Urlaub auf See nachsehen. Solange die Politoffiziere tatsächlich die führende Rolle der Partei der Arbeiterklasse verkörperten und sich wie seinerzeit Adolf Hennecke, der Bergmann, und Frida Hockauf, die Weberin, mächtig ins Zeug knieten, mochte ihnen jeder Seemann gerne folgen. Dieser seltene Fall trat dann ein, wenn ihnen ein gewisser Grad an Intelligenz verbunden mit gesundem Menschenverstand und fachlichem Knoffhoff nicht abgesprochen werden konnte. Doch davon konnte noch nicht einmal an der Spitze der Kreisleitung die Rede sein. Geschnitten wurde kein Politnik nur wegen seiner Funktion. Schließlich stammten sie wie wir von hier und mancher kam ohne eigenes Verschulden zu dieser Profession wie Schneewittchen zum vergifteten Apfel. Auch Politoffiziere waren nur Menschen – mit einem hervorstechenden Merkmal. Sie redeten wie die Priester im Schlaf anderer Leute!

Fern der Republik und seiner Ehefrau packte unseren Politikus bald wie jeden Seemann ein unbändiger Freiheitswille. Er schaute sich unter den

Damen an Bord intensiv um und eines Tages brachte er von irgendeinem nicht-sozialistischen Dampfer Filmrollen für das Bordkino angeschleppt, die unsere eherne Kampfeskraft schlimm zersetzten. Ihm wurde daraufhin erstmalig ein uneingeschränktes Lob der Besatzung zuteil. Wir erkannten in ihm die Schwalbe, die noch keinen Sommer macht. Die Werke von Marx und Lenin zu studieren gehörte zu der einen Seite der Medaille, den Verlockungen des Weibes und des Westens nicht zu erliegen, das war eine ganz andere Geschichte. Bevor er an Bord weitere Dummheiten machen konnte, wurde er in die 5. Etage des Reedereigebäudes abgeordnet und unter Kuratel gestellt. Wem die Partei im Nacken saß, dem schiss sie in den Kragen (Alte Spruchweisheit).

Der Schiffsrat tagte erstmalig gleich nach dem Auslaufen. Danach verkündete der Master mit stolz geschwellter Brust, voller Optimismus und Weltfremdheit, da die Reedeliegezeiten im Golf geschrumpft seien, könne die Reise schnell werden und - gut merken - Mitte April der Dampfer wieder in Rostock sein.

Dieser Alte besaß einen entscheidenden Makel. Er schien im Gegensatz zu verschiedenen seiner Vorgänger schwerer Anti-Alkoholiker zu sein und jeder fragte sich, wie er wohl unter diesen Umständen zu seinem Bauch gekommen sei. Er führte umgehend ein strenges Regime ein. Bis zum Auslaufen Antwerpen durfte der Steward keine einzige Flasche Weinblattsiegel und auch kein Bierchen herausrücken, ausgenommen zu den Mahlzeiten. Auf früheren Reisen wurden in diesen Zeiten aus Weltschmerz schon mehrere Fass Bier angestochen, sodass die Crew bei Einfahrt in die Straße von Dover bereits aus einem fest gefügten Kollektiv bestand. Nach außen hin ließen sich bei niemandem Entzugserscheinungen feststellen. Im stillen Kämmerlein wird wohl mancher vor Wut und Enttäuschung über die eingeschränkte Nierenspülung in den Bettvorhang gebissen haben. Ob das Verbot ein kluger Schachzug war? Wohl kaum. Seinen Image-Verlust konnte er nie mehr aufholen. Er machte es auch nicht lange und stieg zur allgemeinen Erleichterung bald wieder ab. Reisende Anti-Alkoholiker soll man nicht aufhalten. Die Besatzung zeigte dem Kapitän auf ihre Art den ausgestreckten Mittelfinger. Zwanzig Geburtstage im Reiseverlauf konnte er nicht negieren. Die dazugehörigen Leute befanden sich nun einmal an Bord. Damit würden diese gestrengen Zeiten der Prohibition schon noch aufgebrochen werden, wenn er nicht wie Kapitän Blight enden wollte.

Außerdem begann er umgehend durchzusetzen, dem Tragen der Uniform auf dieser Reise wieder einmal höchste Priorität zu verleihen. Mit dem Charakter der Kapitäne ging das Uniformwesen an Bord auf und ab. Zum Glück ließ ich mir kurz zuvor das Uniformgeld-Guthaben von zwei satten „Riesen“ nicht komplett auszahlen und konnte aus der Kleiderkammer noch schwarze Schlipse bunkern. Sie bewähren sich noch heute. Inzwischen haben wir mehr als unsere Jugend darinnen zu Grabe getragen.

Auf der Elbe passiert das Schiff auslaufend den Hamburger Fischmarkt

Die Reise versprach im Gegensatz zu vielen vorangegangenen um das Kap der Guten Hoffnung herum recht kurzweilig zu werden. Auslaufend Antwerpen standen keine vier Wochen bis zur Ankunft in Singapore fast ohne Land in Sicht bevor, sondern immer wurde entlang der Küsten geschippert. Zwei Seetage nach Bilbao, drei Seetage nach Tarragona, anderthalb Seetage nach Livorno, drei Seetage zum Suezkanal und etwa sechs bis sieben Seetage, ehe der erste Hafen im Golf erreicht wurde. Diese Schlickrutscherei hatte mit der Seefahrt kaum noch etwas zu tun, als wir zwischen 1967 und 1975 Atlantik und Indik fast komplett von Nord nach Süd und umgekehrt durchpflügten.

Die Liegezeit in Hamburg betrug gerade einmal 28 Stunden. Der Chief betätigte sich als Bärenführer und bugsierte den Politoffizier gleich mal zur Reeperbahn, um ihm den dekadenten Kapitalismus so richtig deftig vor

Augen zu führen. Das Tete-à-tete mit den Hundertschaften tapferer werktätiger Frauen, welche die Klasse der Ausbeuter in Familie und Beruf Nacht für Nacht nachhaltig schwächten, ließ ihn optimistisch in die Zukunft schauen. Mit ihrem selbstlosen Einsatz befand sich der Sozialismus auch im Feindesland auf einem guten Wege. Unser Polit brauchte sich um sein Kurzarbeitergeld auf DSR-Schiffen bis hin zur Rente keinerlei Sorgen zu machen. Und wenn er danach zur Hölle führe, wäre er so damit beschäftigt, die Hände seiner alten Genossen zu schütteln, dass er auch dort keine Zeit finden würde, sich Sorgen zu machen. Einziger Wermutstropfen – die Besatzung versuchte trotz seiner Indoktrination einen klaren Kopf zu bewahren.

Im Ysselhafen von Rotterdam sollten 300 Tonnen geladen werden. Die Herren Schauerleute verspürten traditionell keine Lust, eine zweite Schicht zu fahren, um ihre Hungerlöhne aufzubessern. So verzögerte sich das Auslaufen wegen einer geringen Restmenge um einen ganzen Tag. Gegen dreizehn Uhr des darauf folgenden Tages machten wir in der Zandvliet-Schleuse Antwerpen fest, nachdem zehn Stunden auf der Schelde wegen dichtem Nebel geankert werden musste.

Die Heimfahrer, die mit dem Zug von Brüssel in Richtung Berlin-Friedrichstraße aufbrechen wollten, wurden schon das dritte Mal in Folge ganz nervös. Sie mussten befürchten, nicht mehr rechtzeitig zum Weihnachtsfest daheim einzutreffen, wenn die Grenzer im Tränenpalast bei der Einreise ins Land der Verheißung Schwierigkeiten machen sollten.

Was sollte der Rest der Besatzung von diesem Egoismus halten! Den plagten wahrlich andere Sorgen, nicht nur weil sich die in Rostock übernommenen Weihnachtsbäume schon zu Quirlen verarbeiten ließen. Sie standen bereits nackig da, hatten ihr grünes Kleid gänzlich abgestreift und prostituierten sich. Die Oberstewardess, die dank ihrer allgemeinen polytechnischen Bildung natürliche Bäume von künstlichen nicht zu unterscheiden vermochte, hatte sie in Rostock in irgendeine warme Ecke des Maschinenraumes stauen lassen. Die Jockel sollten auch mal weihnachtliches Flair abbekommen oder sie wollte verhindern, dass ihr in der Bierlast die Zweige allzu arg unterm Rock krabbelten. Hier konnte nur noch der Bootsmann helfen, der auf jedem Schiff darin schon genügend Erfahrung besaß. Er ließ sie mit Lackfarbe decksgrün spritzen und schon sahen sie so neu aus wie der Trabbi beim fünften Nachbesitzer. Der das auch verlangen durfte, bezahlte er doch den Neupreis.

Es war wieder einmal Heiligabend. Der wievielte auf See? Seit null Uhr lag das Schiff bei Vlissingen auf Reede vor Anker. Wegen des starken

Windes war der Lotsendienst durch das Westgatt eingestellt worden. Gegen sieben Uhr morgens begann das Schiff zu vertreiben und wir schickten uns an, mit einem anderen Ankerlieger eine Ramming zu fahren. Anker auf, hieß es in letzter Minute.

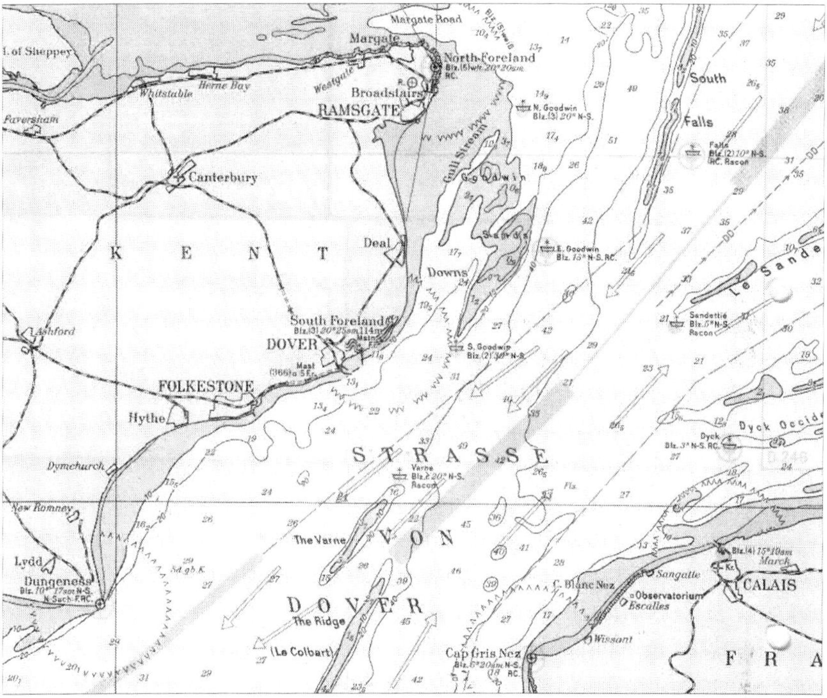

Die Straße von Dover, Detail aus einer Seekarte der British Admiralty

Danach dampfte das Schiff bei Windstärke 10 mit vierzig Umdrehungen bis sechzehn Uhr gegen an. Schließlich hatte der Alte die Nase voll und riskierte ohne Lotsen das Ablaufen. Um zweiundzwanzig Uhr passierten wir die Straße von Dover. Es stand eine hohe Dünung von vorn, die Schraube machte nur 100 Umdrehungen. Parallel zu diesen unfreundlichen Wetterbedingungen ging eine schöne Bescherung in der Offiziersmesse nach dem Lied: „Oh Tannebaum, wie grün du bist, obwohl du keine Blätter mehr hast", über die Bühne. Und Frau Kaptein spielte dazu auf dem Schifferklavier ihre Lieder. Es hagelte Geschenke und Grußbotschaften. Neunzig Weihnachtstelegramme von den Lieben daheim kamen aus dem Funkraum. Es machte sich bemerkbar, dass das Schiff erst vor kurzem Rostock verließ und Ehefrauen und Bräute ihre Männer in der Zwischenzeit nicht schon wieder vergessen hatten. Die reedereieigene Agentur Sogemar Antwerpen bescherte den Herren Rasierwasser „Old Spice“ und hatte für die Damen je eine Büchse mit belgischen Pralinen an Bord bringen lassen, alles beim Discounter auf Rabatt gekauft. Jedes Besatzungsmitglied erhielt den Fotoband „Unsere Ostseehäfen“ von Hein Wenzel, welche die Gewerkschaft bereits in Rostock beschaffte. Was heißt hier Gewerkschaft, ich handelte als SGLer aus Eigeninitiative, ließ am Neuen Markt zwei hundeschwere Pakete schnüren und wuchtete sie mit öffentlichen Verkehrsmitteln bis an Bord. Dieses Begehren Gewerkschaftern in der Reederei anzuvertrauen, konnte glatt vergessen werden. Mit deren Hilfe hätte sich jeder am ersten Weihnachtsfeiertag Klassen-Literatur von Otto Gotsche oder Arkadi Gaidar unters Kopfkissen legen können, für die kein Antiquariat auch nur fünfzig Pfennige mehr hergab.

Während einer solchen Weihnachtsfeier versuchte ich einmal als Knecht Ruprecht dem Volke in Metaphern zu verklaren, aus welchen Zutaten ein Kollektiv der sozialistischen Arbeit zusammengerührt wurde. Einen solchen Aufstand, als wäre eine Konterrevolution niederzuschlagen, habe ich danach erst wieder erlebt, als ich treu der Losung von der immer siegreichen Sowjetunion die von Glasnost durchdrungenen 95 Thesen über einen sozialistischen Leiter aus der Zeitschrift SPUTNIK an das Schwarze Brett des Funkamtes Leipzig nagelte. Prompt landete der SPUTNIK auf dem Index.

Der Weihnachtsmann verteilte die gegenseitigen Präsente an die per Los ermittelten Empfänger. Hart wie ein Thüringer Landgraf hielt der Alte die Tür zur Transitlast immer noch geschlossen. So fehlte in den Päckchen die sonst obligatorische Flasche Weinblattsiegel. Die Leute sahen sich dadurch genötigt, allen möglichen Plunder aus ihren Kammern in den Paketen zu verstauen, welchen der Vormieter beim Absteigen vergaß, über Bord zu schmeißen. Aus meinem förderte ich ein bemaltes Frühstücksbrettchen zutage, das sicherlich einmal den Renner in den Kunstgewerbeläden der Republik darstellte, mir aber nur einen kalten Schauer über den Rücken jagte. Hoffentlich bemerkte den nicht der edle Spender! Durch die verordnete Abwesenheit jeglicher Spaßmacher mit Umdrehungen verlockte lediglich der Weihnachtsteller der Kombüse mit Nüssen, Lebkuchen und Schokoladenweihnachtsmann, natürlich alles reine Westware, zum Naschen. Oh Wunder, eine einsame Weinbrandbohne fand sich darunter.

Heiligabend, von puren Selbstzweifeln zernagt, nüchtern in die Koje zu gehen, das war das Schlimmste, was dem Seemann passieren konnte. So konnte es einfach nicht weitergehen. Das sah schließlich selbst der Kapitän ein. Die Prohibition wurde erst einmal ausgesetzt. Ein Frühschoppen zum 1. Weihnachtsfeiertag in der Messe gab dazu die rechte Veranlassung. Es blieb abzuwarten, wie die Massen den Tag überstehen würden und ob sie am Abend zum Bordfest noch stehen konnten, wo sie den Alkohol so lange entbehren mussten. Einigen war schon zum Heiligabend eine ganz ordinäre Erdbeerbowle zum Verhängnis geworden. Deren Braumeister überschritt das Maß aller Dinge, als er dem Kapitän zum Trotz beim Kombinieren der Zutaten mit den harten Sachen nicht allzu zögerlich umging und das Gesöff ziemlich weit nördlich ansiedelte.

Der Second weist die Crew in das Verschießen von Signalmunition ein

Derartige Vergnügungen gehörten zur Kultur an Bord. Dazu zählten im weiten Sinne alle Aktivitäten außerhalb der täglichen Wach- und Tagesdienstzeiten und im engeren Sinne jene, die über die Befriedigung der Grundbedürfnisse wie Schlafen, Essen und Körperpflege, eben der Reproduktion der Arbeitskraft, des Proleten einziger Besitz, hinausgingen. Die Aufnahme von Flüssigkeiten jedweder Art ließ sich hingegen differenzierter betrachten. Es existierte eine eigenständige Kultur des Trinkgenusses an Bord. Wenn auch auf vielen Schiffen der große Durst im wesentlichen der körperlich anstrengenden Arbeit unter klimatisch schwierigen Bedingungen in den südlichen Breiten geschuldet werden musste, so wurde darüber hinaus ein bedeutender Teil der dienstfreien Zeit dieser gesundheitsfördernden Beschäftigung aus unterschiedlichen Gründen gewidmet, auch wenn das Schiff nach Murmansk fuhr. Das begann ganz harmlos und dezent beim Zelebrieren einer Tasse Bohnenkaffee oder schwarzem Tee während der „Smoke time"-Runde der Ingenieure in dieser oder jener Kammer, woraus mancher Kenner ein wahres Ritual entwickelte. Es endete im exzessiven Besäufnis einzelner Leute oder sogar der gesamten Besatzung, Wachhabende in der Regel ausgenommen, im Ergebnis von ausgelassenen Bordfesten. Dazwischen lagen die vielfältigsten Nuancen. Manche Bordkameraden zogen das stille Kämmerlein vor, um sich genüsslich ihrer eben aus der Transitlast erstandenen Flasche Schweineblattigel, ups, zu entledigen. So mancher Seemann litt unter dem Burn-out-Syndrom. Ausgebrannt und innerlich völlig leer, ließ er sich langsam wieder volllaufen. Der Webs diente manchmal auch zu therapeutisches Zwecken, wenn das Zittern der Hände mit einem halb vollen Zahnputzbecher dieses Lebenselixiers bekämpft werden musste. Gleichwohl hatten sich die meisten der stillen Genießer sehr unter Kontrolle. Vor dem Frühstück kam denen grundsätzlich nichts Stärkeres über die Lippen als Weinbrandverschnitt.

Seefahrt und geistige Getränke pflegten schon immer eine enge Verbindung einzugehen, da beißt die Maus keinen Faden ab. 1687 erklärte die Britisch Royal Navy ein Pint Rum, etwa einen halben Liter, offiziell zur Tagesration, die jedem Matrosen zustand. Im Vergleich zu diesem Verbrauch gehörten wir zu den „anonymen Alkoholikern", die absolut „trocken" standen. Möglicherweise verwendete der Sailor seinerzeit diese Ration nicht alltäglich für den Eigenbedarf und er tauschte sie in fremden Häfen zur Befriedigung ganz natürlicher Bedürfnisse, wie Glasfliesen, Benzinpumpen oder Schweinslendchen ein.

Meistens fand der Trinkgenuss in geselliger Runde statt. Offizielle Anlässe dazu gab es viele und wenn nicht, wurden sie einfallsreich kreiert. In der gepflegten Atmosphäre der Offiziersmesse mit weißen Tischdecken und Polsterstühlen ließ sich zu den Mahlzeiten ein kühles Bierchen angenehm genießen. Mittags reichte der Steward nichts anderes zu trinken herüber und der Pfefferminztee am Abend schien nicht von dieser Welt zu sein. Anschließend zogen sich die Wachfreien mit dem Rest im Glase in die Polsterecke zu einem zwanglosen Gespräch, zu einem halben Meter

NEUES DEUTSCHLAND oder dem Studium der Schiffspresse zurück. Oder sie staunten das Radio an, das auf dem Atlantik hartnäckig vor sich hin schwieg.

An erster Stelle der Gelage rangierten die ganz gewöhnlichen Geburtstage, mit denen während einer Fernostreise in günstigen Zeiten die halbe Besatzung beglückt werden konnte. Auf solchen Reisen gab es stets mehr als fünfzehn Gelegenheiten, dem Steward die Getränkelast auf Kosten der Geburtstagskinder zu leeren. In Mannschaftskreisen fand die Party meistens in den Kammern der Glücklichen auf engstem Raume statt. Es erstaunte immer wieder, wie viel Leute in solch ein Kabuff hineinpassten. Der zuletzt gekommene Gast saß bereits draußen vor der Tür auf dem Gang und lachte mit, obwohl er gar nicht verstand, worum es drinnen ging. Die Offiziere empfingen ihre Gäste des öfteren in der räumlich nicht so beengten Offiziersmesse. Sie verabsäumten nicht, die Stewardessen als weibliche Komponente einzuladen. Daraus entwickelte sich der Begleitservice heutiger Tage. Allerdings hing deren Entgegenkommen im starken Maße davon ab, mit wem sich die Stewardess außer mit dem Sowjetvolk verbunden fühlte. Die Offiziere wurden öfter als die Leute aus der Mannschaft von ihren mitreisenden Ehefrauen begleitet, die dann die Szene beherrschten. Schon aus diesem Grunde uferten die Feiern nicht aus oder endeten im allgemeinen Chaos. Die Frauen brachten in der Regel neben einem Koffer Make-up-Utensilien auch für ihre Männer die Pantoffeln von zu Hause mit auf den Dampfer.

Äußerster Beliebtheit erfreute sich das Einrücken um Mitternacht, um bei einem ersten Geburtstagsbierchen bis früh um fünf Uhr auszuhalten. Dabei besaß das Klönen und nicht das Saufen den Vorrang, schließlich wartete um acht Uhr der Tagesdienst auf die Gratulanten. Vor allem die Ingenieure konnten sich aus diesem Anlass immer wieder ihres zutraulichen Personals erfreuen. Im Verhältnis der Mannschaften zu den Nautikern, so der nachhaltige Eindruck, lag mehr Distanz. Kontakte existierten hier mehr über die Befehlsebene beim Dienst auf der Brücke oder auf den Manöverstationen. Beim Kolbenziehen hingegen fielen alle Klassenschranken. Die Sit in's in den Kammern der Maschinisten wurden zusätzlich durch den wachfreien Betrieb der Maschine auf modernen Schiffen befördert. Späterhin umgab sich der Leitende Ingenieur als Chef der Komplexbrigade mit sämtlichen Decksleuten, Vollmatrosen, Motorenhelfern und Maschinenassistenten. Der elitäre Nautikus stand mit seinem Wachmatrosen allein auf der Brücke. Der Funkoffizier spielte einen absoluten Solopart und versuchte, in diesen Kreisen irgendwo Fuß zu fassen.

Aber zurück zu den Anlässen, die den Trinkgenuss beförderten. Konnte Hein Seemann stolz verkünden, seine Gene erfolgreich weitergereicht zu haben, ließen die dazugehörigen Jubelfeiern nicht lange auf sich warten. In den geburtenfreudigen Zeiten der 1970er fielen diese Feiern bis zu fünf mal pro Reise an. Der Seemann liebte es unkonventionell. Viele seiner Sprösslinge erblickten das Licht der Welt „auf der Wildbahn“, sofern er überhaupt von deren Existenz erfuhr.

Brachte der Steward in Rostock genügend Fassbier in seiner Getränkelast unter, begannen die kleinen Gelage schon kurz nach dem Auslaufen. Solch ein Fassbierabend machte den hektischen Hafendurchlauf in Westeuropa etwas erträglicher. Wer täglich sein Feierabendbier auf der Couch konsumiert, kann das dem Seemann nicht verdenken. Das Fassbier schien sich nicht lange zu halten. Es musste schleunigst vertilgt werden, denn führte die Fahrt um das Kap der guten Hoffnung herum, erlebte kein volles Fass die Ankunft in Asien. Zaghaft sprach niemand diesem Gerstensaft zu, war er doch süffiger als das berühmt-berüchtigte Hafenbräu. Jenes von Leuten in den höchsten Tönen gepriesene Getränk, die es nicht trinken mussten, unterlag offensichtlich keiner Qualitätskontrolle. Wer lange genug zur See gefahren ist, konnte mit der „Hafenbrühe“ die unterschiedlichsten Erfahrungen machen. Begann das Bier gegen Reiseende oder auch schon früher auszuflocken, goss Hein Seemann das labende Getränk durch den Zwickel einer Nylonstrumpfhose, die die Stewardess schnell mal abstreifte.

Unsere Besatzung und die der ORANIENBURG, mit der wir auf einer unserer Reisen gemeinsam in Rotterdam an der Pier lagen, gelangten im Indischen Ozean nach reiflicher Prüfung zu der Feststellung, das vor kurzem in Rostock an Bord gelieferte Hafenbräu war Plärre, aber kein Bier. Die Brühe floss wie Urin ins Glas, ohne im geringsten zu schäumen. Beide Schiffe setzten in gegenseitiger Absprache Protestschreiben an die Schiffsversorgung auf. Doch es half ja alles nix, eine Ersatzlieferung stand außerhalb jeglicher Erwägung. Auf den anstehenden Geburtstagsfeiern becherten alle ganz höllisch und unter Toilettenpapier-Girlanden und aufgeblasenen Präservativen wurde das bemängelte Bier gnadenlos vertilgt. In der Regel herrschte bei der Versorgung mit Gerstensaft auch kein großer Mangel. Fünfhundert Kästen warteten in der Bierlast auf durstige Kehlen. Für eine Kiste pro Mann und Woche reichte die Menge aus. Dieses Quantum ist bekanntlich für einen deutschen Mann das untere Limit seines Verbrauchs. Unterhalb dessen stirbt er an Ausdörrung, Vitaminmangel und einer Überproduktion von Nervenzellen im Gehirn.

Gegen Reiseende reichte oft schon eine Flasche aus, um beide Hälften dieses Organs heftig nach außen streben zu lassen. Manchmal, nicht immer, stellte sich eine dreitägige Nackensteife ein. Kurzum, das Bier war miserabel, der sich einstellende Kater von allererster Güte. Die prophylaktische Wirkung des Hafenbräu hingegen stellte niemand in Abrede. Eine Flasche intus und jeder Malaria-Mücke, die andockte, fielen binnen dreieinhalb Sekunden alle Zähne aus. Dieser Makel vererbte sich in der Mückenpopulation bis ins vierte Glied. So brauchte sich der Steward nie über mangelnden Absatz zu beklagen und mancher Fahrensmann glaubt heutzutage in Erinnerung an die mit diesem Gesöff verbrachten vielen schönen Stunden, es sei ein gutes Bier gewesen.

Dass das Hafenbräu jedoch schon nach der zweiten Flasche impotent machen sollte, gehört zu den übelsten Gerüchten, welches durch die vielen Geburten, zu denen Hein Seemann bewusst oder unbewusst sein Schärflein beitrug, ganz eindeutig widerlegt ist. Der Durchhänger kam bei allergisch auf Warnowwasser reagierenden Leuten erst nach der dritten Flasche.

Um diese bisher durch nichts bewiesenen Behauptungen mit Leben zu erfüllen, seien an dieser Stelle einige Beobachtungen während einer Südostasienreise eingeschoben, die wiederum um das Kap der Guten Hoffnung geführt hatte. Auf der vierwöchigen Überfahrt wurde trotz Langeweile keine Trübsal geblasen. Das sei jedem versichert, der schon einmal diese Zeit im Strafvollzug erlebte. Das Schiff passierte bald mit Kurs auf Südostasien die Insel We an der Nordspitze der Insel Sumatra hinein in die

Malacca-Straße. Damit fand die Lockerheit der Überfahrt ein Ende. Port Kelang (Port Swettenham), Singapore, Bangkok, Hongkong, Singapore, Penang und wieder Port Kelang forderten den vollen Einsatz der gesamten Besatzung ehe das Schiff wieder auf Heimatkurs ging. In Bangkok hielten sich gar andere durstige Gesellen an die Vorräte des Schiffes. Die erste Amtshandlung der an Bord strömenden Behörden bestand darin, aus den Kühlschränken in den Messen, in denen die Mannschaft ihre privaten Getränke aufbewahrte, ohne viel zu fragen, alle Alkoholika zu vertilgen. Die Brüder kannten den Weg dorthin schon ganz genau. Der Obersteward hielt einen durch die Gänge Wankenden an und fragte, wo er denn den Alk herhabe. Der meinte, es wäre ein Präsent vom Chiefsteward gewesen. „Nanu," sagte der Obersteward, „der bin doch ich!"

„Das wäre mein Preis gewesen!"

In Bangkok brauchte der Seemann nicht unbedingt den Brandewein, um glücklich zu werden. Dazu reichte schon ein Fallreep aus, das achtern über das Schanzkleid gehängt wurde. An dem kletterte das Glück in der irdischen Hülle bezaubernder junger exotischer Mädchen behände an Bord. Einige Hauptdeckbewohner warteten nur auf die Gelegenheit, das im FDJ-Studienjahr Gelernte umzusetzen und taten nach dem Motto „Seid umschlungen, Millionen" in ihren Kammern zusammen mit den Hübschen einiges für die Völkerverständigung. Es mussten doch nicht immer nur anonyme Vietnamspenden sein. Viel lieber brachte Janmaat sein Geld und was sich an Naturalien sonst noch im Beutel befand direkt an die Frau. Der Zentralrat der FDJ konnte sicher sein, wer einmal die Liebe in Santos, Bangkok oder Monte Carlo am eigenen Leibe spürte, der triftete nicht nach rechts in den Fremdenhass ab.

Auf jener denkwürdigen Reise stieg der Kapitän in Singapore ab und der Chief Mate wurde zum Alten gekürt. Fachlich stand der neue dem alten nicht nach, privat entwickelte er sich zu *everybodies darling,* vor allem der anwesenden Frauen. Noch Junggeselle und Ende Zwanzig erklomm er die Karriereleiter bei der Reederei von der Pike auf. Der Weinblattsiegel von der Firma Schilkin in Berlin für 3,43 Mark war ihm aus diesem Grunde kein Fremdwort mit den drei Buchstaben WBS. Das Bordleben ging noch lockerer vom Hocker.

Die Hafendurchläufe in Südostasien lagen gut in der Zeit, um während der vierwöchigen Überfahrt um das Kap herum zurück zum Kontinent die Feierlichkeiten zum Jahresende mit genügend Vorlauf in Angriff nehmen zu können. Alle wünschten sich die Weihnachtsfeiertage für eine Abwechslung im Bordalltag sehnlichst herbei. Am 1. Feiertag feierten wir bei ruhigem Wetter im Indischen Ozean kräftig ab. Danach versicherten sich die Genossen, so eine tolle Weihnachtsfeier hätten sie noch nie erlebt. Für Silvester stand nun als nächster Höhepunkt ein Kostümfest im Programm. Zum Abendbrot befand sich der größte Teil der Besatzung schon mächtig in voller Fahrt voraus. Die Stimmung steigerte sich mehr und mehr. Um Mitternacht ging eine Polonaise mit viel Lärm rauf und runter durch den ganzen Dampfer. Nun lagen sich die in den Armen, die sich das ganze Jahr über ansonsten in die Haare kriegten. Die keuschen oder vergebenen Stewardessen zählten plötzlich nicht mehr zu den blöden Zicken, die etwas liederlichen Offiziere gehörten in deren Augen nicht mehr zu den elenden Schmuddelpäckchen. Es herrschte Friede, Freude, Eierkuchen und man wünschte sich von Herzen das Beste. Was wäre die Seefahrt, gäbe es nicht solche Feste!

Mit der Maskerade, jeder fühlte sich nicht mehr als er selbst, fielen nun bei zwei Milchkannen Bowle die letzten Hemmungen. Alles schmückende Beiwerk landete auf dem Boden der harten Tatsachen, deshalb wahrscheinlich auch Gir-landen genannt. Ein Hobby-Botaniker schickte sich an, den Raumteiler mit dem robusten Bogenhanf, der bisher allen Stürmen des Lebens getrotzt hatte, auszuräumen. Mit dessen schlanken Blättern fochten Deck und Maschine mittelalterliche Schwertkämpfe aus. Sektflaschen und sämtliche Gläser gingen den Weg alles Irdischen. Der Vorrat an Trinkgefäßen hatte sich an Bord damit erschöpft. Die Biertulpen gingen schon bei den Fassbier-Feten während der Ausreise allesamt in die Brüche. Der Steward dachte darüber nach, für die nächste Reise in Hamburg robustere Halbe-Maß-Krüge zu bestellen.

Die Gläser klirrten, der Gerstensaft floss. Verschüttetes Hafenbräu bekam nach dem Eintrocknen die Eigenschaften von Kittefix. Ein letztes „Prost!“, dann „ Klebe wohl!“ - die Party war zu Ende.

Am Neujahrsmorgen sah die Messe aus, als wären die Nordmänner über Paris hereingebrochen.

„Was ist das für ein Schiff?“, „Ein Zehn De, Liebes!“

Die Silvesterparty unter dem Kreuz des Südens ging nahtlos in die Neujahrsfeier über. Um acht Uhr morgens knallten schon wieder die Korken. Die Mannschaftsmesse - inzwischen unbewohnbar. In der geräumigen Kammer des Chiefs ließ es sich noch prima feiern. Sie sah die schlimmste Orgie in ihrer Geschichte, als sich etwa dreißig Leute darin drängten. Die Ausstattung seiner Schränke mit Gläsern reduzierte sich danach auf Null. Von den Weihnachtskugeln am Adventsstrauß blieb nur noch ein verräterisches Glitzern auf dem Teppichboden der Kammer zurück. Die große

Glasplatte der Back überlebte das Zuprosten nicht lange. Am nächsten Morgen stand der Chief bis zu den Knöcheln in Scherben und Pfefferkuchen. Doch er verhielt sich dabei wie ein Gentleman der alten Schule. Er mistete seine Kammer selbst aus, ohne diese Drecksarbeit den Stewardessen zu überlassen.

Der Vorläufer der sozialistischen Schiffspresse zu ähnlichen Anlässen

Der Alte besaß das Vergnügen im Zweierpack, seine Besatzung nun endlich etwas näher kennen zu lernen. Durch seine Kammer zog die Völkerwanderung zweimal im Tagesverlauf von Ost nach West hindurch. Der Koch hatte schon am Vorabend seine Kombüse zugeschlossen und den Schlüssel von sich geworfen. Die Steaks zum Mittagessen briet der Eisbär (Kühlanlagenmaschinist). Er gehörte neben den Wachen zu denen, die das Tohuwabohu leidlich nüchtern betrachteten, weil er sich bereits am Silvesterabend um siebzehn Uhr auf Grund der ausgiebigen Vorfeiern in seine Koje verholt hatte. Das Abendbrot wurde einstimmig der deutschen Gemütlichkeit geopfert. Auf den Gängen vor der Mannschaftsmesse entfalteten die vorüberziehenden Vandalen ein fröhliches Jugendleben auf den Matratzen ihrer Kojen. Auf einem Elektrokocher brutzelten Spiegeleier für den kleinen Hunger vor sich hin. Alle Menschen werden Brüder, erklang es gerade einmal wieder zu Silvester. Im Freudentaumel darüber bekam die Crew die Nase voll von ihren abgeschotteten Kammern, sie wollte endlich auch wie die Kommunarden Rainer Langhans und Uschi Obermeier in der Kommune Eins ohne bürgerliche Schranken leben. Gregorianische Gesänge von der freien Liebe klangen durch das Schiff. Nur die verheirateten Stewardessen, darunter die mir Angetraute, wollten dabei nicht so richtig mitziehen.

Eine Party, die sich Reservistentreffen nannte, mit Stierblut und Schaschlik

Und während in den Gängen der Mob tobte, passierte das Schiff die südafrikanische Küste unter Wetterverhältnissen, wie sie der Seefahrer hier nur einmal erlebt. Bei tiefblauem Himmel, klarster Sicht und sommerlichen Temperaturen herrschte eine absolute Flaute, die manchen Segelschiffer in die Verzweiflung getrieben hätte. Der Kapitän hatte den Kurs relativ nahe an der Küste abgesetzt. Jeder, der an Deck stand, konnte das Küstenpanorama rechts und links von Port Elizabeth ausgiebig bewundern. Die sonnenden Robben, die bäuchlings alle Flossen von sich strecken, hoben sich deutlich von der spiegelglatten See ab. Ein Bild, das für immer im Gedächtnis haften geblieben ist. Leider hat es außer der Brückenwache keiner der Lords bei klarem Verstand wahrgenommen.

Einerseits erschien die Nötigung der Besatzung, für die Arbeit aller möglichen gesellschaftlichen Organisationen Arbeitspläne auszuarbeiten und während der Reise mit geselligem Leben zu erfüllen, als eine über den täglichen Arbeitsstress hinausgehende unliebsame Belastung. Andererseits erwies sich die Abarbeitung der Liste während der Reise als eine willkommene Gelegenheit, die Festivitäten nicht abreißen zu lassen. Es ist schwer vorstellbar, wie öde das Bordleben ohne Feten unter dem Deckmantel von FDGB, FDJ, DFD, DSF, Reservistenkollektiv oder anderen volksnahen Brauchtumsfesten unter Berücksichtigung der dem einzelnen ansonsten zugeteilten wahrhaftig bescheidenen Schnapsration abgelaufen wäre. Selbst die puritanische, plüschige Partei mit ihrem Alleinvertretungsanspruch kam manchmal vom vorgezeichneten Weg des 8. Parteitages ab. Ihre Mitglieder ließen sich dann vor Glück und Optimismus einfach nur volllaufen. Die Mitglieder der gesellschaftlichen Organisationen besaßen deshalb bei einem eventuellen Schiffsuntergang weit größere Überlebenschancen als der Rest der Besatzung. Sie waren ganz einfach viel besser darauf trainiert, sich mit Alkohol über Wasser zu halten.

Auch der „Flotten-Bummi“ widmete sich dem Thema und bemerkte treffend, jeder Werktätige wisse, dass der Alkoholgenuss die Folge von Betriebs- und anderen Unfällen sei.

Und wieder wurde in den Messen gefeiert. Mancher, der draußen vorbei ging, fühlte sich niedergeschlagen und enttäuscht, dass er nicht dieser oder jener saufenden Vereinigung angehörte. Kein Wunder, dass der so genannte Organisationsgrad unter den Seeleuten hoch lag. Mit Speck fing man an Land Mäuse, an Bord DSF-Mitglieder. Speck, Wodka und ein Brotkanten gehörten zur Entschädigung für den sanften Druck, neues Mitglied der Gesellschaft für Deutsch-Sowjetische-Freundschaft geworden zu sein. Deren Arbeitsplan erschöpfte sich zumeist in einer „Russenparty“, selbst wenn selten Gelegenheit bestand, in den Häfen oder auf Reede Kontakte zu sowjetischen Besatzungen zu knüpfen. Der Bäcker steigerte sich bei solchen Gelegenheiten in einen Rausch hinein. Er buk ein ganz hervorragend schmeckendes knuspriges Brot, was seltsamerweise sonst nie auf die Back kam. Meistens konnte der Speck die Wirkung des Wodka nicht kompensieren, die Freunde beider Seiten füllten sich gegenseitig ordentlich ab und begannen plötzlich in der ihnen bisher nicht geläufigen Brudersprache zu lallen, was im Reisebericht als „Argumentationswettstreit“ deklariert wurde..

Befremdlich erschien nur, wenn der Kapitän mit gutem Beispiel bei der selbstlosen Vernichtung der Alkoholvorräte des Schiffes voranging und im

Verlaufe des Abends mit einer vollständigen motorischen Lähmung oder aufgeweichtem Gehirn in seinem Sessel hing. Wer sollte mit einer derartigen Situation unvoreingenommen umgehen, sah er sich plötzlich seiner Respektsperson beraubt? Trotz aller eifrigen Dementis, es war wie es war, mancher sonst aller Ehren werte Mitgenosse ersoff im Schnapsglas eher als bei einem Schiffsuntergang.

Nach 1990 gab es für einen Rest ehemaliger DSR-Seeleute reichlich Gelegenheit, die neue Art von Bordleben kennen zu lernen. Oft erinnerte man sich dann an das zuvor gelebte Borddasein mit Wehmut. Es bewies sich wieder einmal: Erst wenn etwas verloren gegangen ist, wird sich der Mensch des eigentlichen, nun unwiederbringlichen Wertes bewusst. „Man weiß selten, was Glück ist. Aber man weiß meistens, was Glück war." (Francoise Sagan)

Die Kultur erschöpfte sich nicht nur in Trinkgewohnheiten. Nicht zuletzt gehörten auch regelmäßige Vorträge über Geschlechtskrankheiten dazu, vor allem in der Südamerikafahrt. Die erlösenden Rostbrätl-Wettessen, die mit der Kombüse für manche ihrer Missetaten aussöhnten, fanden öfter im Anschluss an ein seemannssonntägliches Sportfest statt. Die sportliche Betätigung an Bord erreichte ein großes Spektrum: Tauziehen zwischen Deck und Maschine, FDJ und Senioren, Offiziere gegen Mannschaften, nicht nur im übertragenen Sinne, Sackhüpfen und Eierlauf ganz ohne Hintergedanken, Wetttauchen nach Kronkorken und Zahnkronen im Pool, Volleyball und Ping-Pong, Stärkung der Kampfbereitschaft beim Schießen mit dem Luftgewehr. Mit dieser schrecklichen Waffe stolzierte der Wachmatrose manchmal stolz an Deck entlang. Sein Anblick sollte der Abschreckung gemeiner Diebe von Tauwerk und der Abwehr aufdringlicher Überträgerinnen von Geschlechtskrankheiten dienen. Hin und wieder holten die beiden einzigen Intellektuellen, es handelte sich um Maschinenmenschen, das Schachbrett aus dem Schrank und zu Weihnachten lagen sich diejenigen, die es deftiger liebten, bei einem Skatturnier in den Haaren.

In den meisten Häfen kamen mit der Dienstpost dicke Zeitungspakete an Bord. Nachdem der Master die Rosinen, die nannten sich NBI und WOCHENPOST, herausgepickt hatte, lag der ganze Stapel von NEUES DEUTSCHLAND und TRIBÜNE in der Plauderecke der Offiziersmesse zur Einsicht aus, bis es den Stewardessen leid wurde, die auseinander gepflückten Zeitungen wiederholt zu ordnen. Sie beförderten das Altpapier über Bord, noch ehe wir die Sex-Kolumnen von Jutta Resch-Treuwerth in der JUNGEN WELT fertig studiert hatten. Öfter kam die FDJ mit einer

Rumpelmännchen-Idee daher und führte die sozialistische Presse im Heimathafen dem ebenso sozialistischen Altstoffhandel zu, wo sie endlich ihre Bestimmung fand. Den anderthalb bis zwei DIN A4-Seiten der täglichen Schiffspresse, wurde sie per Telegrafie in solider Handwerksarbeit empfangen, galt trotz aller banalen Erfolgsmeldungen und stereotyper politischer Floskeln das Interesse der meisten. Hin und wieder ließ sich neben dem schrecklich ermüdenden Partei-Jargon, der Zweitsprache im sozialistischen Alltag, doch Interessantes erfahren über Eisenbahnunglücke, Schiffsuntergänge und Flugzeugabstürze. Die Presse unterhielt am besten, wurde sie wie jede andere Zeitung auch von hinten gelesen. Dort stand an erster Stelle das Heimatwetter. Die nächsten Artikel von Interesse gaben die Schiffspositionen der DSR und die Fußballergebnisse preis. Bis hierher kam jeder Leser und selbst der gewiefteste Funkoffizier widerstand bei schlechten Empfangsbedingungen und seiner Ehre der Versuchung, bei den Fußballergebnissen seiner Dichtkunst freien Lauf zu lassen, um nicht unnötige landsmannschaftliche Auseinandersetzungen herauf zu beschwören. Die Besatzung konnte sich meistens darauf verlassen, dass das, was dort geschrieben stand, auch tatsächlich von Rügen Radio gesendet worden war. Kaum jemand hätte es gemerkt, wären die anderen Beiträge gebetsmühlenartig aller zehn Tage wiederholt worden wie eine Neujahrsrede des Bundeskanzlers. Manch andere Druckerzeugnisse besaßen genauso wenig Anspruch auf die absolute Wahrheit wie die Schiffspresse, die einst freizügig wie am FKK, später IM-mäßig verdeckt, an Bord kursierten. Die kamen meistens in Hamburg an Bord oder wurden in Rotterdam und anderswo an der Pier entlang von DSR-Dampfer zu DSR-Dampfer getragen. Was galt doch in jungen Jahren ein „Jerry Cotton“ und manches Heftchen mit rauchenden Colts auf der Titelseite als aufregende Lektüre, nachdem vorher in der Schule „Timur und sein Trupp“ keine Spuren hinterließ. Bis an das Ende meiner Tage bei der DSR wurde das Informationsbedürfnis schon bestens befriedigt, bekam ich konspirativ einen SPIEGEL in die Hand.

Mit ein wenig Glück wurde der Bücherwurm auch in der Bordbibliothek fündig, deren Bestand mehr oder weniger regelmäßig in Rostock ausgetauscht wurde. Es handelte sich meistens um ein inhaltlich recht ausgewogenes Sortiment von etwa 300 Bänden. Neben zeitgenössisch-sozialistischem Schrott barg es manche Perle an schöngeistiger oder populärwissenschaftlicher Literatur, die liebend gerne in der wachfreien Zeit auf den langen Überreisen im Liniendienst nach Fernost verschlungen wurde. Victor Hugo und Emile Zola oder die Abenteuer der Josephine Mutzenbacher zu lesen, dafür reichte die Zeit nur an Bord aus.

Für die Ausführung von Fotoarbeiten stand auf Typ XD ein gut ausgestattetes Fotolabor auf der Backbordseite Bootsdeck zur Verfügung. Sofern sich jemand fand, der die Initiative in die Hand nahm, unterstützte die Reederei diese Freizeitbeschäftigung mit der Bezahlung der entsprechenden Verbrauchsutensilien sehr freigiebig. Offiziell existierte meistens ein Fotozirkel, in der Regel handelte es sich um Individualisten, die dort ihre privaten Schwarz-Weiß-Filme entwickelten. Wer Interesse zeigte, konnte bei diesen in die Lehre gehen und sich in die Geheimnisse der Dunkelkammerpraxis einweisen lassen, um dann dort selbst für seine Interessen aktiv zu werden. Für mehr als zwei Personen reichte der Platz in dem engen Schapp eh nicht aus. Leider verspürten nur wenige Stewardessen das Bedürfnis, sich dort in verschiedene Praktiken einweisen zu lassen.

Einerseits bestand während der Seetage relativ viel Muße, sich kulturellen Dingen zu widmen, zum Beispiel Fußmatten zu flechten oder an Legenden zu weben, andererseits ließen sich die Hafenliegezeiten trotz erhöhten Arbeitsaufwandes an Deck oder in der Maschine vielseitiger gestalten, um den Arbeitsstress hinter sich zu lassen. Und wie die jungen Hunde, die von der Leine gelassen übermütig auf der grünen Wiese toben, so rannten sich die Lords auf den hafennahen, meist staubigen Fußballplätzen dieser Welt die Seele aus dem Leib. Rotterdam, Paranagua, Colombo, Karachi, Shanghai, Chungjin – von jedem Seefahrer beliebig zu ergänzen – gehörten zu den Stätten des Triumphes und der Niederlage. Bei der Suche nach sportlichen Gegnern spielten Ideologien mindestens bis Mitte der 1970er Jahre keine Rolle. Mannschaften von Schiffen der eigenen Reederei, von westdeutschen, eidgenössischen, griechischen, polnischen und sowjetischen Schiffen der Eismeer-, Schwarzmeer- und Fernostflotte zählten dazu, bis sich viele dieser Gegner leider als hinterhältige, arglistige Klassenfeinde entpuppten, die nicht unser Tor, sondern einzig und allein die Republik treffen wollten.

Das alles hatte etwas mit Unternehmenskultur im heutigen Sprachgebrauch zu tun, wobei jeder Noch-Seemann vergleichend sein eigenes Urteil fällen mag. „Das Schönste an der Seefahrt sind die Lieder“, legte einst Hans-Georg Stengel einem seiner Buchhelden in den Mund. Das Schönste an unserer Seefahrt bestand darin, falls jeder seinen kleinen Beitrag für ein angenehmes Bordklima leistete (die Rolle des Kollektivs – hier ist sie wieder), dass dieser ganze Kulturreigen „free of charge“ zu haben war. Nur für Knuff und Puff musste gelöhnt werden!

Nach diesem kleinen Ausflug in das Bordleben zurück zu unserer Golfreise. Wir besaßen das überaus seltene Glück, auf dieser Reise wie auf einem amerikanischen Flugzeugträger neben dem nautischen Kapitän noch einen militärischen Kommandanten zu besitzen. Dabei handelte es sich um die mitreisende Ehefrau des Alten. Als Lehrerin verwechselte sie ihre tobende Kindermeute aus einem Rostocker Neubau-Ghetto mit der gesetzten, disziplinierten, kein hochprozentiges Wässerchen trübenden Schiffsgang. Der Master bemühte sich redlich, die Bordgemeinschaft im vorauseilenden Gehorsam nach den Vorstellungen seiner Frau zu trimmen. Er wollte seine Führungsqualitäten in das beste Licht setzen, um später damit aus der Deckung heraus auch daheim zu punkten. Wehe dem, der zur Weihnachtsfeier mit kariertem Hemd oder in der Offiziersmesse mit Filzlatschen erschienen wäre. Vor allem zwischen der Weiber-Wirtschaft und der Frau Kaptein stellten sich gleich zu Beginn unterkühlte Beziehungen ein. Letztere pochte auf ihren Status und kroch nicht vor den Miezen zu Kreuze. Diese sahen sich in ihrem berechtigten Stolz verletzt. Die Waffen der Frauen sind manchmal vergiftet, besonders wenn sie eine Geschlechtsgenossin treffen sollen. Wer sich die Wirtschaft zum Feinde machte, dem drohte Ungemach.

Der Hafen von Santurce in Baskenland

Die Transitlast blieb nach dem weihnachtlichen Kampftrinken an Bord und in den Tavernen von Santurce, dem Vorhafen von Bilbao, das inzwischen hinter uns lag, auf der Reise nach Tarragona wieder einmal geschlossen. Die Getränkeauswahl zum Jahreswechsel wurde dadurch erheblich eingeschränkt. Es regte sich verhaltener Protest unter der Besatzung. Glücklicherweise brachte der etwas naive Agent in Santurce zum Unwillen des Kapitäns zwei große Ballons Vino tinto caracho zur Ausgestaltung der Silvesterfeier vorbei und die Bierlast blieb offen. So musste niemand Hunger leiden. Mancher konnte auch mit seinen aus besseren Tagen herübergeretteten persönlichen Rotkäppchen-Reserven aufs neue Jahr anstoßen.

Gibraltar passierten wir zu Silvester kurz vor Mitternacht. Am frühen Neujahrsmorgen schrillte die SOS-Alarmglocke. Ein Grieche trieb mit Maschinenschaden oder einer noch betrunkenen Mannschaft auf den Felsen von Gibraltar zu. Unser Schiff befand sich bereits zu weit entfernt und die Mannschaft fühlte sich physisch außerstande, um eingreifen zu können.

Trotz aller Restriktionen musste der Kapitän das erste Alkoholverbot der Reise aussprechen. Ein Matrose bedrohte frühmorgens um fünf Uhr den Reinschiffmann im Gang und im Suff mit einem Messer. Der stieß den Angreifer unsanft in seine Kammer zurück. Das Ergebnis seiner harten Landung unter der Back bestand aus einer Platzwunde am Kinn.

Seit Hamburg fuhr eine Ärztin als Passagierin mit. Die übernahm sehr zur Freude des Gesundheitsoffiziers die Wundversorgung. Sie bekam bald noch mehr zu tun. In Tarragona fiel während einer zehnstündigen Liegezeit die mitreisende Ehefrau des Bootsmannes aus dem Linienbus einem spanischen Caballero vor die Füße. Nach dem Röntgen in Livorno kehrte sie mit einem Gipsarm an Bord zurück. Sturz in Spanien, Behandlung in Italien, Invalidenrente in Deutschland – es ging zu wie bei der Interflug: Frühstück in Berlin, Mittagessen in Moskau, Koffer in Kairo. Mancher hätte schon ganz gerne etwas näher an seinem Gepäck landen mögen. Zu ärgerlich, während sie sich widerstrebend eingipsen ließ, amüsierten sich ihre Geschlechtsgenossinnen aus der Besatzung bei einer Rundreise durch die Toskana in Florenz vor dem Standbild des David von Michelangelo prächtig.

Zwischen Sizilien und der Ansteuerung von Port Said herrschte raue See. Im Ergebnis dessen fiel ein Lehrling in der Maschine einen Niedergang herunter, als die Treppe plötzlich neunzig Grad Steigung bekam. Er musste mit einem Bänderriss am Knie von Port Said nach Hause geschickt werden. Bei der Organisation seines Rückfluges wurden wir mit einem Haufen Trouble eingedeckt. Glücklicherweise verfügten wir über genügend Zeitreserven. Sechzehn Stunden Wartezeit auf die Kanalpassage und die Anwesenheit einer Kapitänsfrau, die sich unbedingt den Johnny-Walker-Mann über den Dächern von Port Said aus der Nähe angucken musste, ermöglichten sogar einen Barkassendienst für den Landgang.

An der Südküste der Arabischen Halbinsel empfing ich eine interessante Navigationswarnung. Sie stammte vom Schilfboot TIGRIS des norwegischen Forschers Thor Heyerdahl.

navigational warning to all ships

the thor heyerdahl expedition reed ship tigris callsign li2b (lima india two bravo) stop the latest reported position at 0800 lt/ 19 jan – 0500 gmt – is latitude 24 degrees 32 mins north and longitude 59 degrees 59 mins east stop her course is 130 degrees stop the reed ship tigris maybe identified by her red strobe flashing light (once every few seconds) mounted over standard mast head white navigation light stop red port and green starboard running lights stop the reed ship tigris is now sailing down the arabian sea and ships are requested to keep sharp lookout for her and give her wide berth (approximately 3 nautical miles) during the daytime as well as during the night as wakes from huge ships are very damaging to the tigris stop the tigris is not very manouverable – regards – bahrain radio/ a9m

Die Küstenfunkstelle Bahrain Radio/A9M strahlte diese Navigationswarnung am 19. Januar 1978 um 13.30 Uhr GMT aus. Diese Nachricht für Seefahrer hob sich von den üblichen Mitteilungen über abgetriebene Tonnen und erloschene Befeuerungen auf der Reise von Livorno zum Persischen Golf deutlich ab. Die Crew des Schilfbootes bat alle Schiffsbesatzungen darum, gut nach ihrem Fahrzeug Ausschau und weiten Abstand zu halten, weil die Bugwellen der großen Frachter und Tanker das Schilfboot beschädigen könnten. Jeder Kapitän wollte vermutlich sehen, was da Seltsames auf dem Meer herumtrieb und nahm Kurs darauf, um zu retten, was noch zu retten schien.

In seinem späteren Buch „Tigris“ beschreibt Heyerdahl, dass er Maskat verlassend sein ursprüngliches Vorhaben änderte, nach Afrika und weiter nach Ägypten zu segeln und stattdessen aus dem Golf von Oman heraus Kurs über das Arabische Meer zum Indus-Delta nahm. Jener Gesinnungsänderung des Forschers war es zu danken, dass für uns diese Geschichte kein Happy End nahm. Unser Schiff hätte die TIGRIS sonst am Tor der Tränen passiert. So aber standen wir an diesem Tag vor der Passage der

Straße von Hormus, während die TIGRIS weiter nach Osten vorstieß. Die Zeit um dieses Datum herum bedeutete für die TIGRIS ruhige Seetage im Vergleich zu den vorangegangenen auf den Schifffahrtswegen rund um die arabische Halbinsel mit dröhnenden Schiffsmotoren hinter Wänden aus Stahl, immensen Bugwellen und aufgewühlten Heckseen, die dem Schilfboot schwer zu schaffen machten. Für unsere Besatzung hingegen begann ein arbeitsintensiver vierwöchiger Törn durch die Golfhäfen.

Nach dem Erreichen des ersten Löschhafens Dammam an der Ostküste der Arabischen Halbinsel brodelte die Gerüchteküche. Die Besatzung wollte zu gerne wissen, wie es nach dem Löschen aller Ladung mit der Reise weitergehen würde. Der Reedereiagent aus Basra informierte telefonisch, dort lägen 2000 Tonnen Bohrausrüstungen, bestimmt für Italien, bereit. Die nächste Abfahrt in den Golf ab Rostock wäre dann im März. Einige Stunden später kam das Dementi aus Rostock: Heimreise über Indien und zwar mit Volldampf, das Schiff würde für einen Nordkontinent-Einsatz gebraucht. Gleichzeitig informierte die Frau des Leitenden Ingenieurs per Telegramm, die Befrachtung in Rostock sei der Meinung, das Schiff führe im Ballast von Basra nach Rostock. Schließlich kam die neueste telegrafische Meldung: Geladen wird in Indien und die nächste Reise geht ab Rostock nach Indien. Kommt Zeit, kommt vielleicht auch eine definitive Information aus Rostock. Statt dessen kam mit der nächsten Dienstpost ein geheimnisvolles Päckchen an Bord, auf dem stand: Knüppel aus dem Sack.

In Dammam setzten die Saudis alle finanziellen Hebel in Bewegung, um sich von Kulis aller Herren Länder einen exquisiten Hafen mitten ins Meer bauen zu lassen. Bis zur eigentlichen Küste betrug die Entfernung etwa fünf Meilen. Landgang gewährten sie solchen ideologisch verbohrten Commies, wie wir es waren, nicht. Vielmehr stand wie in Korea an der Gangway ein Wüstensohn mit einer verrosteten Maschinenpistole, der uns in Schach halten sollte. Komisch, wie sich manchmal die entgegengesetzten Gesellschaftsordnungen doch ähneln. Kannten wir ja schon vor und nach 45.

Auch als der Kapitän über Bahrein Radio nach Basra telefonieren wollte, fragte der dortige Operator ganz misstrauisch: "Communist?", als wären wir Menschenfresser und keine Heilsbringer. Er machte dann aber doch die Leitung frei. Rot angelaufen wird sie deswegen wohl nicht sein.

Einige Tage später nach drei Tagen Reedezeit vor der Mündung des Shatt el Arab schwoite das Schiff im Fluss mitten auf der Grenze zwischen Iran und Irak vor den Hafenanlagen von Khorramshar um die Kette. Vor nicht allzu langer Zeit mussten die Schiffe vor diesem Hafen noch Reedezeiten von einhundert Tagen in Kauf nehmen. Auch hier langten die Südkoreaner tüchtig zu, um in einer strategisch äußerst ungünstigen Lage einen neuen Hafen aus dem Boden zu stampfen.

Unsere Hauptmaschine stand auf Bereitschaft und musste hin und wieder angelassen werden, um zu verhindern, dass sich das Schiff einem der beiden verfeindeten Ufer zu sehr näherte. Schon seltsam, diese hochbrisante Grenze mitten durch die Offiziersmesse laufen zu sehen anstatt einer kurzberockten Stewardess.

So etwas nannte sich: „Schiff macht krumm"

Ein Jonas schien sich auf dieser Reise an Bord zu befinden. Der verdarb uns die gute Freiheitsbilanz - lediglich was Unfälle betraf. Zwei Tage zuvor trat sich ein Matrose beim Säubern der Luke drei rostige Nägel in den Fuß. Wer sich Jesus am Kreuz in Erinnerung ruft, kann sich den Horror dieses Arbeitsunfalles gut vorstellen, nachdem der herbeistürzende Bootsmann als Erste Hilfe die Nägel oben krumm gebogen hatte.

Der Elektro-Ingenieur erhielt ein Telegramm. Die freudige Nachricht erklärte ihn überraschend zum Vater von Zwillingen. Der Junge wog 2400 Gramm und das Mädchen 3400 Gramm, wie typisch. Selbst im Mutterleib ließ sich die Männerwelt schon übervorteilen. Der glückliche Vater wusste nicht, sollte er lachen oder weinen. Seine gerade mit Hilfe von Peter Stuyvesant neu eingerichtete 2-Raum-Wohnung mit fließend Wasser aus Wand und Winter im Schrank platzte nun schon wieder aus allen Nähten.

Wenn seine Frau schon unwissend einen Haufen Kinder für unsere stolze Republik in die Welt setzte, so sollte der E-Ing. deshalb zukünftig nicht am Hungertuch nagen. Wir organisierten eine mildtätige Sammlung. Die Besatzung machte für das Zwillingspärchen über 300 Mark locker. Unser guter E-Ing. brach darüber vor Rührung in Tränen aus. Als Kinderärztin und Großmutter von ebenfalls Zwillingen spendierte ihm selbst unsere Passagierin dreißig harte West-Mark für die Penaten-Creme und zum Abschied. Sie flog ohne uns vom Iran nach Ostafrika weiter. Ja, West-Rentner musste man sein. Als die Transitlast nach den Liegezeiten in den prohibitionistischen islamischen Gewässern wieder ihre Pforten öffnete, erhielt jedes Besatzungsmitglied nachträglich eine Flasche Johnny Walker von ihr. Damit fand sie das rechte Maß, sich für die angenehmen Tage in unserem Kollektiv zu bedanken. Ihre großzügige Treffsicherheit erkannten alle an. Später hieß es aus gut informierten Kreisen, sie sei vom Bundesnachrichtendienst beauftragt worden, uns mit der Flasche Whisky zu zersetzen. Passagiere kamen uns nicht mehr an Bord!

Während der Liegezeit im Shatt al Arab rief der Kapitän nach einer donnerstäglichen Coffee-time eine Bordvollversammlung zwecks Abstimmung über das Wettbewerbsprogramm 1978 ein. Das musste wohl so sein, obwohl es dank guter Vorbereitung erstmalig in der Reederei passierte, dass schon vor dem Votum alles klar war. Anschließend fand eine kurze Zusammenkunft des Schiffsrates statt, um über sozialistische Auszeichnungen zu entscheiden, die bei der Reederei nach dem Querschlägerprinzip verteilt wurden. Es hätte jeden treffen können, doch manche standen besonders oft in der Flugbahn. Die verhängte Alkoholsperre wurde aufgehoben. Der Amnestierte durfte wieder einen zur Brust nehmen. Das erschien zumindest ihm gesünder, als sich an eben diese einen Orden heften zu lassen.

Von Basra kommend, das siebzehn Seemeilen flussaufwärts um die nächste Flussbiegung lag und dessen erste Häuser zwischen Dattelpalmenhainen vom Peildeck her schon im Sichtfeld lagen, passierte uns die MATTHIAS THESEN mit Kurs auf Indien. Darauf angesprochen konnten ihre Leute uns aus dem Munde des dortigen Reedereivertreters keine neuen Informationen über unser weiteres Schicksal vermelden. Trotzdem waren wir besser dran als viele vor uns.

Eine damalige Statistik besagte, die Reedezeiten im Golf seien fast völlig abgebaut. In einigen persisches Häfen lagen diese noch zwischen 6 und 10 Tagen, in Doha bei 15 Tagen, in Kuwait nur noch für Zementfrachter bei 75 Tagen, Karachi meldete Reedezeiten von 20 und Bombay 4 bis 6 Tagen. Selbst in Jeddah mussten die Schiffe nur noch drei Tage vor dem Loch warten. Hodeidah schlug in der Statistik noch mit 150 Tagen und Lagos bis zu 200 Tagen zu Buche. Zwei Jahre zuvor lagen Schiffe teilweise bis zu zwei Jahren auf Reede. Ohne diese Wartezeiten mauserte sich die Golf-Linie zu einem attraktiven Fahrtgebiet. Die Reisen dauerten nun nicht allzu lange, in Europa wurden angenehme Häfen angelaufen und im Golf lagen alle Häfen wie in Westeuropa dicht beieinander. Somit konnten die Nautiker auf Sicht fahren.

Die BERLIN, viertes Typ IV-Schiff der Reihe, auf der Reede von Suez

Der Radioempfang ähnelte dem in Europa, es kam eine große Anzahl von UKW-Sendern herein, die rund um die Uhr Musik aus allen Sparten sendeten. Auch Country, obwohl die paar anwesenden Amerikaner noch gar nicht motiviert werden mussten, irakische Türen einzutreten. Eines Morgens waren sie plötzlich alle verschwunden, die Sender. In der Nacht hatte es geregnet, darum. Der Regen wusch den ganzen Staub aus der Atmosphäre, an dem sich sonst die Radiowellen entlang hangelten. Das ist wie die Geschichte von den fliegenden Fischen kein Witz! Es gehörte zur

Regel, in der Straße von Hormus Gespräche von Schiffen mitzuhören, die auf Reede vor Kuwait lagen. Außergewöhnliche UKW-Reichweiten, die für den Fachmann eine neue Erfahrung darstellten.

Um diese Jahreszeit herum lagen die Temperaturen im angenehmen Bereich, nachts bei zehn Grad, tagsüber zwischen 20 und 25 Grad. Keine Klimaanlage lief. Der Tropenzuschlag ließ sich spielend verdienen. Kaum vorstellbar, dass hier im Sommer Temperaturen bis zu 50 Grad im Schatten herrschen sollten. Infolge der offenen Fenster und Schotten erschloss sich den Stewardessen ein reiches Betätigungsfeld zum Staubwischen. Mit der Zeit wedelten sie ein gutes Teil der arabischen Wüste aus ihren Tüchern über die Reling.

Am Rosenmontag sollte nach vielen mühevollen Vorbereitungen ein großer Faschingslumpenball steigen. Das Schiff lag immer noch in iranischen Gewässern. Die Transitlast blieb verschlossen. Das bedeutete das Aus für den Lumpenball. Ohne Webs wäre sich mancher zu blöd in seinem Kostüm vorgekommen. Man würde das Fest irgendwann nachholen. Die Wirtschaft konnte die Zeit bis dahin nicht abwarten. Die lustigen Schwestern feierten für sich, gänzlich ohne jedes Kostüm, nur in ihren geblümten Kittelschürzen. Die Damen betranken sich die Reise über wie die Wismutkumpel und suchten dabei die Kammern ihrer vermuteten Verehrer heim. Die ließen sich angesichts dieser unerwarteten Ehre nicht lumpen. Bei fortgeschrittener Stimmung klang dann kein liebliches glockenhelles Lachen, sondern Gejuchze und Gequiecke durch den Dampfer. Angesichts solcher Exzesse bewahrheitete sich der Spruch: „Früher bekam man eine Frau, die kochen konnte wie Mutter. Heute bekommt man eine, die saufen kann wie Vater."

Jede der Kolleginnen besaß ihre Eigenheiten, die von der Männerwelt aufmerksam registriert wurden. Die Köchin trug nie einen BH, stand in ihrer Kombüse nur in Hose und T-Shirt gekleidet und zeigte im Profil ein Relief, an dem sich sonst nur der Wanderer in der Sächsischen Schweiz erfreuen durfte. Dieser Anblick widerfuhr uns zu einem Zeitpunkt, als die weiblichen Besatzungsmitglieder sowieso schon mit jedem Tag der Reise schöner wurden. Alle ausgezeichneten Köchinnen sind schwer abnorm, sagte bereits Sigmund Freud. Und so musste nicht immer der Klabautermann dran schuld sein, wenn es in der Kammer der Köchin rumpelte. Die Bäckersfrau zählte blutjunge zwanzig Lenze. Sie bekam von ihrer Chefin lautstark die Leviten gelesen, weil sie einmal das Brot und einmal die Brötchen ungenießbar auf die Back brachte. Anschließend gedachte sie zumindest die Haie von ihren Künsten zu überzeugen, aber die stellten sich im Roten Meer gerade erst recht zögerlich auf Reformhauskost um. Der einzige Vegetarier unter ihnen verlor durch ein misslungenes Mischbrot postwendend die drei ersten unteren Zahnreihen.

Die Prognosen für die Rückreise trübten sich weiter ein. Aus dem Kombüsenlüfter verlautbarte das jüngste Kommunique: Volles Schiff mit Expeller aus Indien für Rijeka und von dort eventuell über Italien wieder in den „Perversen“ Golf. Keiner brach über diese Aussichten in Begeisterungsstürme aus. Der Knüppel aus dem Sack fing an, in seinem Säckel verdächtig zu rumoren.

Was sich von der Stadt Khorramshar vom Schiff her in Augenschein nehmen ließ, konnte sich an Unattraktivität mit kaum einer anderen Hafenstadt messen. Die Stadt präsentierte sich von der Hafenseite her als ein ganz lausiges Nest. Die ganze Landschaft flach, nichts erhob sich über die Dattelpalmen hinaus, höchstens ein Radiomast. Mein Sightseeing ins Persische entwickelte sich zum Abenteuer. Bis zum Hafentor marschierte ich etwa drei Kilometer, immer inmitten einer riesigen Staubwolke, die der starke Fahrzeugverkehr aufwirbelte. Der Hauptausgang zur Stadt lag noch weiter entfernt. So landete ich erst einmal zwischen Lehmhütten, Dattelpalmen und Schlammpfützen. Nach vielen Fragereien und zwei Stunden des Herumsuchens fand ich dann doch noch eine Poststelle für die Aufgabe meiner Briefe. Auf dem Rückweg hielt ein Auto an. Der Fahrer gestikulierte, ich solle getrost einsteigen, er wäre ein friedliebender Vertreter des Islam. Er öffnete den Kofferraum – keine Bombe drin. Ich dachte, na, der ist Kumpel, nimmt den Koran wörtlich und weiß, dass du zum Hafen willst. Er fuhr auch bis vor das Hafentor. Plötzlich regte sich in ihm doch noch seine südländische Backschisch-Seele. Er wollte eine erkleckliche Summe Geldes für seine Liebesdienste bei mir erwirken. Ich schüttelte ihm die Hand, er wunderte sich, darinnen kein Geld zu finden, klopfte ihm auf die Schulter, beteuerte, er sei auf ewig und alle Zeiten mein teurer Freund und Genosse und weg war ich. Das haute ihn um. Vermutlich haderte er noch tagelang mit seinem Schicksal, unter Millionen Menschen ausgerechnet auf einen sozialistischen Hungerleider getroffen zu sein.

Im Hafen selbst verhielten sich die Perser sehr freundlich und aufgeschlossen. Sie nahmen den Seemann selbstlos ein Stück mit, wenn er des Weges kam. Ein Motorrollerfahrer erbarmte sich meiner, als ich inzwischen mit einer großen Blase am Fuß und völlig verdreckt dem Liegeplatz des Schiffes entgegen wankte. So endete einer jener Landgänge, um die der Seemann zu Hause ganz toll beneidet wurde. Von derartigen Unternehmungen leitete die Industriekreisleitung eine unmittelbare Gefahr für den

Aufbau des Sozialismus ab. Sie argumentierte, der Seemann fühle sich nach so einem erlebnisreichen Landgang darin bestärkt, sich für immer in einer der Lehmhütten niederzulassen. Um ihm diesen Qualitätssprung aus der WBS-70-Betonplatte mit Dampfsperre in das kamelmistverstärkte atmungsaktive Lehmziegel-Chalet zu verbauen, durften die Lords zukünftig mindestens zu zweit durch persische Schlammpfützen stolpern. Wenigstens konnten sie sich dabei nun gegenseitig stützen.

Querläufer recht voraus! (nur im Feldstecher oder mit Lupe!)

Zur ideologischen Festigung der Massen wies Rostock die Funkoffiziere an, täglich probehalber die zweistündige fernschriftliche ADN-Presse zu empfangen und in der Messe auszulegen. Der Witz an der Sache bestand darin, bei kaum jemandem an Bord reichten die Englischkenntnisse aus, sie zu lesen. Mithin blieb ihr Inhalt genauso rätselhaft wie die zusammen gebastelte deutsche Fassung der Schiffspresse. Dort erforschten gerade die Jungen Pioniere der Lenin-Oberschule Treuenbrietzen in der Pionieraktion „Salut Pobeda“ das Leben des sowjetischen Oberleutnants F. I. Schartschinsky, wozu auch immer das der Seemann wissen musste.

Der Politnik entwarf einen Maßnahmeplan zur Erziehung der wenigen Jugendlichen an Bord durch die rechthaberische Partei. Spaß muss sein, sagte er und kitzelte die Jugendfreunde mit der Mistgabel. Womöglich machten bereits einige jugendliche oppositionelle Gruppen dem Friede-Freude-Biedermeier-Land die Hölle heiß. Hier an Bord konnte der Polit seinen Plan beruhigt stecken lassen. Hier lebten und arbeiteten Persönlichkeiten, die fest auf den Lukendeckeln des Sozialismus standen, soviel ihnen auch am Zeug geflickt wurde. Nur die Standfestigkeit der Deckel erwies sich als trügerisch. Jemand haute '89 an der Hydraulik den verkehrten Schalter rum und ab ging die Fuhre.

Einige Tage später, nachdem wir auf dem Fluss vor Khorramshar zwei Tage auf den irakischen Lotsen warten mussten, die telegrafische Anforderung wurde scheinbar über das UNO-Hauptquartier in New York geroutet, lief das Schiff zwei Stunden flussaufwärts und lag dann weiterhin im Fluss inmitten von Dattelpalmenhainen. Nachts herrschte tiefste Finsternis, keine einzige Lampe brannte am Ufer, nur die im Fluss liegenden Schiffe wie nebenan die STURMFELS der HANSA-Reederei drehten sich mit uns um ihre Kette. Nach dem Mittagessen kam der Reedereivertreter mit einem Boot längsseits, das die alten Sumerer vergaßen abzuwracken, und teilte mit, hier vor Ort solle gelöscht werden und nicht im etwa zwanzig Kilometer weiter entfernten Basra. Den Matrosen wurde zugleich geheißen, das Schiff über die Toppen zu flaggen. Vermutlich feierte Sadam Hussein Geburtstag. Wir gehörten zu seinen dicksten Freunden, bevor sich Sadam auf die Seite der Amerikaner schlug. Mit Hilfe der deutschen Industrie stellte er ein paar chemische Waffen her, von den Freunden jenseits des Atlantik kaufte er Raketen. Beides setzte er gegen die Kurden und die iranischen Mullas ein. Man konnte ihn gar nicht schnell genug hängen, um endlich Gras über die unangenehme Sache wachsen zu lassen. Die Welt der Erwachsenen, eine Welt von Heuchelei und Lügen. Doch das wussten wir schon. Wir schienen auf See nur irgendwie weit davon entfernt zu sein.

Wir erreichten Basra gerade noch zum rechten Zeitpunkt. Der Reedereivertreter erklärte, die Wartezeit für Basra betrüge schon wieder drei Wochen. Syrien habe die Grenzen zum Irak geschlossen, der Eisenbahnverkehr sei lahm gelegt und aller Umschlag für das Zweistromland müsse über Basra abgefertigt werden. Mal schlugen sie sich, mal vertrugen sie sich, unsere arabischen Brüder. Täglich liefen angeblich acht Schiffe den Hafen an. Der Ladungsumschlag ging äußerst schleppend voran. Die Iraker handhabten zudem die Ladung extrem fahrlässig. Dieses laxe Gebaren erzeugte heftiges Kopfschütteln unsererseits. Wozu hüteten wir die Ladung wie unseren Augapfel, wenn sie hier zu Schrott verarbeitet wurde? Auf die freundliche Ermahnung eines Ladungsoffiziers, Sorgfalt im Umgang mit der Ladung walten zu lassen, ließ ein Iraker den Karton in seinen Händen dem Offizier absichtlich vor die Füße fallen. „Uns kann keiner." Es wäre schon interessant gewesen zu erfahren, wie viel Ladung heil bei den Empfängern ankam. Seither hat sich nicht viel geändert. Die bewusste Frage stellen sich nun die Amerikaner für die Anzahl ihrer Gliedmaßen, patrouillieren sie quer durch Bagdad. Wenn in der fernen Türkei die Völker aufeinander schlugen, wir Seeleute waren immer nahe am Geschehen.

Inzwischen brach der 65. Tag der Reise an. Individueller Landgang in Richtung Basra lag zwar im Bereich des Möglichen, aber letztlich nutzten einige Leute nur eine von der Agentur angebotene Busfahrt. Vorher setzte ein Ansturm auf meine Devisenkasse ein. Bei der halben Besatzung brach der Goldrausch aus. Jeder glaubte schon einmal etwas von den überquellenden Goldbasaren im Morgenland gehört zu haben. Bei näherer Besichtigung wurden auf dem Markt nur von Grobschmieden handgeschnitzte überteuerte Pretiosen angeboten. Das Wissen um deren Fertigung hatte einst der Genosse Feilewitsch aus Irkutsk dagelassen, der eine Lok für die Bagdad-Bahn aus einem einzigen Stück Schmiedeeisen herausarbeitete. Die Valuten flossen sämtlich in meinen Schoß zurück. Es mangelte in dieser Relation an weiblichen Schößen, in die sie sonst hätten fließen können, eine moralisch absolut saubere Reise.

An der Pier in Khorramshar lag inzwischen die BOIZENBURG, die wir mit allen guten Wünschen endlich flussabwärts laufend passierten. Unser Schiff passierte die Straße von Hormus, verließ den Golf nach fast vier Wochen und nahm Kurs auf Indien. Als Zielpunkte der Reise wurden uns Reedehäfen im nördlichen indischen Bundesstaat Gujarat genannt. In Porbandar sollten 3750 Tonnen und in Bedibunder 4150 Tonnen Expeller geladen werden, dazu eventuell 500 Tonnen Rizinusöl in Bombay, falls die Süßöltanks von einem Besichtiger abgenommen würden. Am arbeitsfreien Donnerstagnachmittag fand nach dem Kaffeetrinken ein großer Subbotnik zum Säubern der Luken statt. Das Schiff musste in zwei Tagen in Porbandar ladebereit sein. Die Besatzung widmete sich in ihrer Freizeit dieser Aufgabe ohne großes Knurren und Murren. Die ideologisch-subversive Einflussnahme des Politnik begann sich bereits auszuzahlen. Niemandem fiel es ein, nach der Gewerkschaft zu rufen. Mittlerweile hatte der Polit mit sich selbst ein Agitatorenkollektiv gegründet und den Dampfer politisiert. Selbst an den Toilettentüren klebte die Losung: „Jeden Tag mit guter Bilanz".

Auf der Reede von Porbandar fand sich die Besatzung zur ersten Grillparty dieser Reise unter tropischem Himmel rund um Luke Fünf ein.

Bisher verhinderte Gefahrgutladung an Deck derartige Aktivitäten. Das Ereignis entwickelte sich wieder einmal zu einer der reedereiweit beliebten, für Veggies, die sich mit Salatblättern zustopfen und meinen, Wurst sei schlimmer als Heimweh, völlig ungeeigneten Fressorgie. Steaks wurden in den Schlund gestopft bis sie zu den Ohren raus quollen. Wer durch diese harte Schule ging, gibt sich heute selbst mit einem Sieben-Gänge-Menü nicht zufrieden - aus einer Bockwurst und einem Six-Pack Bier vor der Imbiss-Bude neben dem Arbeitsamt.

Auf Reede Porbandar Mittagsmahl der indischen Stauer an Deck

Am nächsten Tag schaffte ein Telegramm definitiv Klarheit. Es lautete: „nach entloeschung rijeka wiedereinsatz ab adria nach pers golf vorgesehen stop bitte dring aufgebet sämtliche bestellungen". Peng, da hatten wir den Anschiet! Der Knoten löste sich und der Knüppel aus dem Sack begann auf dem Seelenleben der Besatzung zu tanzen. Der Schiffsrat trat zu einer dreistündigen Krisensitzung zusammen. Wie sagen wir es den Genossen, damit sich deren Heulen und Zähneklappern in Grenzen hält? Darüber hinaus wurde der Bestimmungshafen Bombay als relativer Landgangshöhepunkt der Reise gekanzelt, ade Falkland Road. Die Süßöltanks verwarf der Besichtiger als nicht ladetauglich. Zum Glück brachte der Reedereivertreter die bereits in Bombay eingetroffene Post mit. Bei dem ganzen Packen handelte es sich um zwei Briefe für mich. Der Rest der Besatzung hatte nie erfahren, dass wir ursprünglich noch nach Bombay wollten.

Inzwischen legte sich die MATTHIAS THESEN, aus Goa kommend, zwei Schiffslängen von uns entfernt vor Anker. Dieser Umstand verschaffte uns mit Besuchen und Filme tauschen etwas Ablenkung von den trüben Aussichten. Mein dortiger Funker-Kollege machte die erste Reise allein. Er konnte sich vor Begeisterung über die Seefahrt gar nicht einholen. In Mittweida zum Elektronikingenieur ausgebildet fand er an Land keinen Job, der ihm das Überleben gesichert hätte. Verheiratet und mit einem Kind von fünf Jahren gehörte schon allerhand Mut zu seinem späten Schritt in Richtung Seefahrt, empfand ich, bewegten mich doch just Überlegungen in die entgegengesetzte Richtung. Auch bei ihm würde irgendwann das große Heulen und Zähneklappern einsetzen.

Unser Schiff übernahm in Indien rund achttausend Tonnen Ölfrucht-Expeller als reine Sackladung und verließ vollbeladen den Reedehafen Bedibunder in Richtung Rijeka in der Kvarner Bucht. Vor Assab traf sich unser Dampfer mit einem Schwesterschiff. Die NEUBRANDENBURG lag dort mit Solidaritätsgütern für das sozialistisch orientierte Äthiopien seit einem Monat auf Reede. Ihr Proviant in den Lasten ging zur Neige. Sie beneideten die BERNBURG, die zwischenzeitlich ankam, sofort einlief und den Hafen nach zwei Tagen in Richtung Rostock wieder verließ. Es tobte der 2. Ogaden-Krieg zwischen Äthiopien und Somalia. Jeder konnte sich ausrechnen, dass die BERNBURG keine Wolldecken als Solidaritätsfracht beförderte. Die NEUBRANDENBURG teilte uns ihre Wünsche telegrafisch mit. Alle ließen sich erfüllen. Binnen drei Stunden übergaben wir die Lebensmittel mit dem Rettungsboot. Was hatten wir davon? Unsere Besatzung durfte sich einen Tag Kriegszulage anschreiben, im Gegensatz zu vielen Vietnam-Fahrern der einzige Tag Krieg in meinem ganzen Seefahrerleben. Welch friedlicher Anblick hingegen von der Brücke. In Luke Vier wohnte ein Erdhörnchen. Das verpasste in Indien den Absprung und begab sich nun mit der Sackladung wie Nils Holgerson mit den Wildgänsen auf große Reise. Wurde die randvolle Luke bei günstigem Wetter zum Lüften geöffnet, beneideten wir das niedliche Tierchen, konnte es sich doch auf einen der Säcke hauen und sonnen.

In Suez herrschte auf Grund eines vorangegangenen Sandsturmes ein größeres Chaos, welches vornehm mit Konfusion umschrieben wurde. Nach dem Bunkern gelang uns trotzdem die Eingliederung in den nächsten Konvoi. Zusammen mit der SCHWARZBURG als 22. Schiff passierte die RONNEBURG als Nummer 15 den Suezkanal. Ein kleines Missgeschick passierte uns. Das Schiff erlebte während der Passage zwei sehr unangenehme Blackouts. Der Vorausfahrer mit vermutlich dem gleichen Schicksal fuhr in die Böschung und legte sich erst einmal im Kanal quer. Die bei uns mitfahrenden ägyptischen Festmacher traten mit viel Palaver in Aktion. Wir machten im Kanal fest, brachen aber bald wieder auf, nicht erst nach acht Jahren wie die letzten Kanallieger.

Das Nachrichtenkarussell drehte sich weiter. Rostock telegrafierte, neuer Löschhafen statt Rijeka wäre nun Koper. Das Schiff solle dort innerhalb von sechs Tagen gelöscht werden, ganz großes Ehrenwort. Der Knüppel tanzte, die potentiellen Kurzurlauber stöhnten auf. Wird sich ihr Heimaturlaub realisieren lassen? Alle weiteren Termine, die dem Schiff übermittelt wurden, erwiesen sich nach zwei Tagen bereits als Wahrsagungen aus dem Kaffeesatz. Angesichts dieser Situation zeigte auch der Kapitän Einsicht in die Notwendigkeit, die Versorgung mit Alk zu stabilisieren. Die Mannschaft hielt sich fortan mit täglich fröhlichen Gelagen und Partys über Wasser.

Das idyllische Koper im Frühlingserwachen

Am 100. Tag der Reise lag das Schiff seit fünf Tagen in dem 15000-Einwohner-Städtchen Koper (ital. Capodistria), „in Istrien ganz oben“

versicherte die Tourismuswerbung, mit herrlichem Blick auf die schneebedeckten Julischen Alpen. Auch das Karstgebirge hinter der Stadt zeigte sich noch im Winterkleid. Die Stauer begannen, sich ordentlich ins Zeug zu legen.

Bereits vor dem Einlaufen herrschte erneut Aufregung unter der Besatzung. Rostock telegrafierte, alle Flüge von Zagreb nach Berlin-Schönefeld über die nächsten sieben Tage hinweg seien ausgebucht. Eine Volkskammer-Delegation besuchte gerade Jugoslawien. Die riss sich die Flieger unter den Nagel. Die Ablöser aus Rostock kämen mit der Bahn. Sie schienen sich beim Umsteigen in München im Hofbräuhaus verlaufen zu haben. Es traf die nächste Gallionsdepesche ein: Die Springer sind leider in den Alpen verschollen. Erneut verbreitetes Haare raufen und Magenkrämpfe, als sich die Heimfahrt der ausgesuchten Kandidaten weiter verzögerte. Das Drama nahm auch auf der Gegenseite seinen Lauf. Die Ehefrauen zwischen Rostock und Plauen hatten bereits von ihren Männern die Order bekommen, zu den Bahnhöfen zu eilen, auf denen sie nun mit ihrer freudigen Erwartung dumm rumstanden. Es herrschte eine Stimmungslage, die mancher Seemann mit „Zustand“ umschreibt. Dann steht irgendwer an Bord kurz vor der Explosion wie nach einem schwierigen Festmachemanöver. Auf der Brücke werden hektische Befehle zum Durchholen der Vor- und Achterleinen ausgeteilt und der Lotse meint nur lakonisch dazu: „Jo, Kaptein, länger ward dat Schipp ja wohl nich.“

Der E-Ingenieur wusste immer noch nicht, ob und wann er seine neugeborenen Zwillinge kennen lernen dürfe. Die würden bestimmt schon „Onkel“ sagen, wenn er einträfe. Schließlich trudelten die ersten Ablöser ein, die sich genauso schlau wie wir gaben, obwohl sie aus dem Hauptquartier heran eilten. Die Kurzurlauber machten sich auf den langen Weg in die Heimat. Die Dauer ihres Urlaubes blieb weiterhin ungewiss. Die Nachrichtenlage änderte sich stündlich. Als verlässlichste Quelle galt immer noch das tägliche Kombüsenbesteck. Alle Häfen rund um Italien wurden als Ladehäfen für weiß Gott welche Ladung angekündigt. Es schien so, als würde das Schiff auf dieser Welt gar nicht gebraucht und irgendwelche Fracht müsse mühsam zusammengeklaubt werden. Die im Sommer geplante Werftzeit sollte nun wegen fehlender Werftkapazitäten in Warnemünde um einige Wochen verschoben werden. Spannend wie ein Freitagskrimi, unter solchen Umständen zur See zu fahren.

Bekannte und Unbekannte trafen an Bord ein. Von einem Matrosen, der wieder aufstieg, wusste bald jeder, er würde im Laufe der Reise Vater werden. Auf der vorangegangenen Reise schwängerte er eine Stewardess.

Die neue 23jährige Oberstewardess brachte zu diesem Behufe gleich ihren aktuellen Freund mit. Damit würden dem Schiff auf der kommenden Reise die sonst absehbaren Hahnenkämpfe erspart bleiben. Der neue Dritte Nautische Offizier war eigentlich ein Zweiter, der in der Funktion des Dritten fuhr, aber die Heuer vom Zweiten erhielt, weil echte Dritte knapp waren. Klasse! Der Nautikernachwuchs ging zwar durch alle Munde, nur bei der Arbeitskräftelenkung der Reederei kam er nicht an. Zu wenig Jungmatrosen wollten die Last eines Studiums auf sich nehmen, nur um danach in eine ebenso unsichere Zukunft zu blicken wie bisher. Die fetten Jahre waren vorbei, als man mit 26 Lenzen Kapitän eines 10.000-Tonners werden konnte.

Es passierten weitere Ungereimtheiten. Der Erste Ingenieur wollte nicht absteigen. Für ihn kam eine Ablösung. Vermutlich ließ irgend jemand in Rostock seine Beziehungen spielen, der dringend ein Schiff brauchte, um von seinen miesen Tagen runter- oder von seiner Alten loszukommen. Der Chief Mate der Stammbesatzung wunderte sich bei Eintreffen an Bord, dass das Schiff nicht weiter nach Rostock fahre. Er hatte sich von seiner Frau nur für drei Wochen verabschiedet. Spannend verliefen die nächsten Tage. Mit dem neuen alten Chief Mate brach die Heimsuchung der Offizierskammern durch die weibliche Wirtschaft erst einmal zusammen. Er hofierte die Damen nicht. Sie schrieben nun an dessen Vorgänger Grußbotschaften „von den fetzigen Stewardessen von MS RONNEBURG“, wofür sich seine Frau herzlich bei ihnen bedankte.

Der Ostersonntag zog ins Land. Nach dem feiertäglichen Mittagessen verließ das Schiff den Hafen Koper. Die Luken gähnten in ihrer Leere vor sich hin, das Erdhörnchen hatte ein Hafenarbeiter mit nach Hause genommen. Diese Reise war vorüber, unsere Odyssee noch nicht. Das Schiff begann die nächste Golf-Rundreise mit den Ladehäfen Marina di Carrara, Livorno und Marseille. Der Besatzungstausch hielt in allen Häfen an. Auch der Politoffizier befand sich im Heimaturlaub. Der hatte sich bei seinem nervenaufreibenden Job den Urlaub nach den ersten drei Monaten ununterbrochener Fahrenszeit redlich verdient. Die Besatzung atmet auf. Mehr als eine Woche lang keine Versammlung.

In Marina di Carrara lud das Schiff vor dem herrlichen Panorama der Apuanischen Alpen und deren Marmorbrüchen 3000 Tonnen Carrara-Marmor für Kuwait. Früher bauten die Beduinen dort ihren Wigwam aus Kamelhäuten, heute musste es unbedingt Marmor sein. Der Chief wollte den Scheichs nicht nachstehen. Er kaufte sich für seine ausbaufähige mecklenburgische Tagelöhnerkate in einem Anfall von Größenwahn

Fensterbänke aus Carrara-Marmor. Er schöpfte damit das Privileg voll aus, welches dem Seemann zum Neid seiner Umwelt noch blieb. Hein Seemann kam an Wohlstandsmüll heran, worüber in der kleinen Republik jemand selbst beim schönsten Kopfstand nicht mal träumen konnte.

Die Arbeit schienen unsere italienischen Klassenbrüder von der IKP nicht erfunden zu haben. Um sieben Uhr begann die Schicht, erst um acht Uhr legten sie los. Um zwölf Uhr läutete die Mittagsglocke, sie verließen den Dampfer halb zwölf. Nach der Siesta kamen sie um vierzehn Uhr zurück, begannen um vierzehn dreißig mit der Arbeit und begaben sich um siebzehn Uhr in den Feierabend. Halb fünf suchte man sie bereits vergeblich an Bord. Unsere Regierung wusste schon, warum sie unsere fleißigen Werktätigen nicht zum Erfahrungsaustausch an die italienische Riviera schickte.

Wer nicht in den Urlaub ausbüxte, wurde in Livorno mit einer organisierten Rundfahrt durch die herrliche Toscana entschädigt. Dieses einmalige Erlebnis trübte ganz heftig ein neu aufgestiegener Assi, der sich in Siena verlief und erst nach Stunden des Suchens gerade noch vor einer Vermisstenanzeige durch den Chief aufgegriffen wurde. Der zog ihn an den Ohren zum Bus zurück. Einen derartig mit weiblicher Desorientierung Geschlagenen erlebte das Schiff zum ersten Mal. Offensichtlich fühlte er sich trotzdem wohl in seiner Rolle. An Bord gab er an wie eine Lore nackichter Affen. Dank seiner guten Erfahrungen als Irrläufer soll er sich angeblich als Fürsprecher verwendet haben, bald darauf den Gruppenlandgang durchzudrücken.

Mit drei Lastzügen aus Oberbayern karrte die Schiffsversorgung das Rostocker Hafenbräu nach Livorno, angesichts dessen Qualität eine irre Leistung. Proviant erreicht das Schiff doppelt und dreifach. Für mehr als sieben Mark pro Tag durften wir trotzdem nicht essen. An technischer Ausrüstung, Klopapier zum Wischen, Besenstielen zum Fressen und ähnlichem Kleinkram mangelte es hingegen gewaltig. Alles vorrangig Bevölkerungsbedarf, hieß es. Wozu brauchten Schiffe aus Eisen plötzlich Klopapier?

In der Straße von Messina – Blick nach Sizilien

Während der vorangegangenen Wochen sammelten die FDJ-ler in der „Aktion Materialökonomie“ das ausgelesene Zentralorgan NEUES DEUTSCHLAND und jede erlesene leere Schnapsflasche. Der bornierte italienische Zoll verbot deren Rückführung an den deutschen demokratischen Altstoffhandel mit den Lastzügen aus Oberbayern. Welch eine

Tragik, Rumpelmännchen ging am Stock. Auch die Effekten der Urlauber, abgesehen vom Handgepäck, durften nicht von Bord, bis das Schiff irgendwann einmal wieder in Rostock einlaufen würde. Der italienische Zoll befürchtete, ein Bewohner der kargen Po-Ebene würde sich bei einem Autobahnstopp des Lastzuges dort bedienen, sich des Großrundstrickanzuges vom Chief bemächtigen und damit dem Binnenmarkt in der EG schweren Schaden zufügen. Mit dem Zentralorgan fütterten wir schließlich die Fische rings um Korsika. Die einheimischen Fischer wunderten sich, dass auf drei Jahre die Erträge einbrachen.

In Marseille beklagte das Schiff den ersten Achteraussegler seiner zehnjährigen Geschichte. Dieser Maschinenassistent stieg erst in Koper auf. Er konnte in dieser kurzen Zeit durch unser hervorragendes Bordkollektiv, kurz darauf erhielt das Schiff den Orden „Banner der Arbeit", noch nicht genügend ideologisch gefestigt werden. Sein Verschwinden blieb absolut rätselhaft. Seinem Kammergenossen tat er beim Weggehen kund, er wolle sich mal wieder so richtig ausvögeln. Logischerweise suchte der wieder an Bord zurückgekehrte Politnik nach Landgangsende die Bars rund um den Alten Hafen ab. Unser Adviser bestand seine Bewährungsprobe beim Zusammensuchen von abhanden gekommenen Besatzungsmitgliedern leider nicht. Der Assi blieb verschwunden. Mancher Ewiggestrige glaubte nun, in seinem verschlissenen Ledermantel habe ihn die Resistance als Versprengten des Reichssicherheitshauptamtes gekidnappt. Das westdeutsche Konsulat wusste angeblich von nichts. Das Schiff lag noch wartend zwölf geschlagene Stunden auf Reede vor Anker und lief dann Richtung Port Said ab. Viel später wurde bekannt, unser Freund brach doch von Marseille zu einer Pilgerfahrt ins Aufnahmelager Gießen auf. 1990 soll ihn die Reederei für die zwölf Stunden Überliegezeit auf Schadenersatz verklagt haben. Sie müsse damit die vielen Rehabilitierungen bezahlen, wurde auf dem Tankreinigungsschiff MOLCH gemunkelt. Auf diesem Schiffchen fingen gerade zwei vom Erzengel Gabriel aus dem Paradies Vertriebene ihren neuen Job an, die vorher in der 5. Etage wegen des unter Primaten gängigen und ausnehmend beliebten Sekretärinnen-Abtastens rigide Parteiverfahren einzuleiten pflegten. Sie fühlten sich in ihrer neuen Tätigkeit, so schmierig und schmutzig sie auch schien, sofort heimisch.

Kurz vor meinem seefahrerischen Finale handelte ich mir den ersten Funkverstoß meiner Karriere ein. Ich rief eines Tages kurz nach fünf Uhr morgens in der Plattfußwache die Küstenfunkstelle Rügen Radio auf einer Kurzwellenfrequenz innerhalb von 45 Sekunden regelwidrig dreimal an. Die Deutsche Post, Funkdirektion, ermahnte mich nachdrücklich, die zutreffenden funkbetrieblichen Bestimmungen einzuhalten. Keiner sonst an Bord bekleidete eine Funktion, in der es täglich auf Bruchteile von Sekunden ankam. Es sei denn, eine mitreisende Ehefrau hatte ihre Pillen zu Hause vergessen. Ein Vierteljahr später gehörte ich zur Deutschen Post, Funkdirektion, und nahm diesen Rüffel meinen nunmehrigen Kollegen nicht weiter übel.

Zusammen mit BERNBURG und SONDERSHAUSEN lief die RONNEBURG wieder durch den Suezkanal von Nord nach Süd. Es handelte sich um einen großen Konvoi. Insgesamt sechzig Schiffe lagen zur Mittagszeit im Großen Bittersee und warteten auf die Vorbeifahrt des nordgehenden Zuges.

Zusammengeschossene Ruine am Suezkanal bei Ismailia

Mitte April durchfurchte das Schiff wieder das Rote Meer. Um diese Zeit hatten uns eigentlich die Familien ursprünglich in Rostock zurückerwartet. Der Alte als strenggläubiger Optimist rechnete damit, wir könnten nun Ende Mai in Rostock sein. Im Golf unterschied sich das Wetter grundlegend von dem der Vorreise, vor allem die Luftfeuchtigkeit stieg an. Morgens dachte man, es habe geregnet, so schwappte der Tau an Deck herum. Die Klimaanlage schaffte es gerade mal so, meine Kammer kühl zu halten.

Diese erfreute sich durch ihre Lage größter Benachteiligung. Beim Öffnen des Kleiderschrankes entströmte diesem eine Gluthitze, sodass er als Sauna gut zu gebrauchen gewesen wäre. Er wurde vom darüber liegenden Peildeck her aufgeheizt. Die Werft hatte es nicht für nötig befunden, den Schrank ebenfalls zu dämmen und darauf gebaut, dass dies meine Unterhosen täten. Selbst im Funkraum lief der Schweiß in Strömen, ich klebte an der Tischplatte fest. Aus diesem Grunde beantragte die Gewerkschaft für die Komplexbrigade Tropenarbeitszeit, es sollten statt acht Stunden nur noch sechs gearbeitet werden, natürlich für das gleiche Geld. Die Jungs an Deck und in der Maschine hatten es wahrhaftig nicht leicht, ganz ehrlich.

Wir erreichten unseren ersten Löschhafen im Golf, Sharjah im gleichnamigen Scheichtum. Obwohl die Stadt nur einige hundert Meter vom Schiff entfernt lag, entzog sie sich einem Besuch. Zwischen Hafen und Stadt lag eine Lagune, die fast bis nach Dubai reichte. Die Hafenanlagen befanden sich noch in der Aufbauphase. Beim Vertreten der Füße stieß ich auf einen riesigen Platz mit ausgedienten, schrottreifen LKW, die dem stürmischen Aufschwung der Golfregion zum Opfer gefallen waren. Nur der WISMUT in Ronneburg hätten sie beim Uranabbau noch zur Ehre gereicht. Sharjah entpuppte sich als ein Hafen von Weltniveau mit einer unkomplizierten Einklarierung und Südkoreanern als Hafenarbeiter. Khorramshar und Basra hielten keinem Vergleich stand. Ein wenig unerwartet kam es schon, in diesem Landstrich lauter solche Schlitzaugen an Deck herumspringen zu sehen, die wir bisher nur von Nordkorea her kannten.

Dammam und Kuwait hießen die nächsten Löschhäfen im Golf. In Dammam löschten wir gemeinsam mit WERNER SEELENBINDER. In Kuwait lief das Schiff just in dem Moment ein, zu dem die Feierstunde für den 1. Mai geplant war. Das kreideten wir den kuwaitischen Behörden als unfreundlichen Akt an. Zeitgleich ging ein kräftiger Gewitterschauer nieder. Die Massen auf den Manöverstationen wurden ordentlich eingeweicht. Da erschien es nur natürlich, am Abend einer Erkältung mit Alkohol von innen kräftig gegenzusteuern. Kuwait verhielt sich diesbezüglich moderat.

Der Politnik bekam während der Liegezeit seine ersten grauen Haare. Die Besatzung zeigte ideologische Schwächen und Ausfallerscheinungen. Sie verhökerte Bier an die Wüstensöhne, die das Gesöff aus dem Stand heraus konsumierten und in der Mittagshitze trunken über Deck torkelten. Für schnöde 80 Silberlinge verkaufte mancher sein sozialistisches Herzblut als angebliche Blutspende für die palästinensischen Widerstandskämpfer an die Kapitalisten. Zu allem Überfluss gab der Zweite Ingenieur für einige

Pseudo-Scheichs in seiner Kammer eine unangemeldete rauschende Party. Das Thermometer zeigte 38 bis 41 Grad im Schatten an, daran mag es wohl gelegen haben.

Mit einem strammen Fußmarsch, Marke Wüstenfuchs, überwand ich die knapp vier Kilometer vom Schiff bis in die Stadt in einer guten halben Stunde. So wie der Schweiß auf die Stirn trat, so verdunstete er auch schon. Wer Singapore und Hongkong kennen lernen durfte, den enttäuschte Kuwait gewaltig. Vom Marmor, der anscheinend reichlich hierher floss, ließ sich im Stadtbild noch nichts entdecken. Eine Stadtplanung existierte offensichtlich nicht. Die Bürgersteige erwiesen sich als erbärmliche Stolperfallen.

Die Stimmung an Bord passte sich diesem Niveau an. Die Oberstewardess brachte mit ihrem Pulli die Lage auf den Punkt. Auf dem stand in großen Lettern und auf englisch: „Dieses Kleidungsstück ist aus garantiert reiner Scheiße hergestellt". Ob sie sich dessen bewusst war, was sie da auf ihrem alabasterfarbenen, wohlgefälligen Busen trug, wer weiß das schon. Auch die Besatzung verblieb in allgemeiner Unwissenheit. Sie wusste nicht, wie es weitergeht. Wieder begannen einige Leute um ihre Urlaubstermine zu fürchten, andere um den ihrer Hochzeit. Die Reederei telegrafierte, das Schiff sei rückreisend über die Westküste Indien geplant, wir sollten in Bombay nachfragen. Einige Stunden später schon war das alles nicht mehr wahr. Auf Grund des schnellen Hafendurchlaufs im Golf fehlte in Indien ein Ladungsangebot. Jeder gute Genosse musste sich fragen, ob Linienschifffahrt unter diesen Bedingungen noch etwas mit Planwirtschaft zu tun hatte. Das Schiff lief im Ballast zurück nach Italien. Alle zwei Tage wurde eine neue Reiseorder telegrafiert. Schließlich lud der Dampfer in Marina di Carrara, Crotone und Venedig für den nächsten Golftörn. Die kommenden Golfhäfen hießen anfangs Basra und Khorramshar, dann Khorramshar, Kuwait und Abu Dhabi, später Bushir, Khorramshar, Kuwait und Abu Dhabi und letztendlich Basra, Kuwait, Abu Dhabi und Sharjah. Alle zwei Tage belagerte die Crew den Funkraum, um den Ehefrauen die richtigen Adressen zum Briefe schreiben zu übermitteln. Die kommende Werftzeit sollte nun planmäßig in Rijeka durchgeführt werden. Tatsächlich schloss sich Mitte Juli eine Werftliegezeit in Bijela in der Bucht von Kotor an, der eine weitere Golfrundreise folgt. Ende Oktober 1978 traf das Schiff wieder in Rostock ein. Das hatte sich wahrlich keiner von jenen träumen lassen, die vor fast einem Jahr in Erwartung einer Blitzreise frohen Mutes die Mole Warnemünde passierten.

Ohne den Hauch individueller zeitlicher Planungssicherheit ließen sich

Beruf und Familie nicht mehr länger vereinbaren. Der Jugendtraum, der sich vor fünfzehn Jahren zu erfüllen begann, war ausgeträumt. Die Erinnerungen an jene Tage blieben und bleiben zwiespältig. Manchmal wünschte ich mir, ich wäre statt Seemann Sklave geworden. Bei denen handelte es sich um Menschen, die sich in den Augen ihrer Befehlsgeber noch einer gewissen Wertschätzung erfreuten. Einen Sklaven zu verlieren, das tat richtig weh. Beim Seemann passierte das nur, blieb der in Hamburg hängen.

Begegnung mit dem Erz/Öl-Frachter ZWICKAU auf hoher See

Ich vermisste inzwischen die Seefahrt, wie ich sie in den '60ern noch kennen lernen durfte. Ich vermisste die Zeit Anfang der '70er, als ich mit meiner Frau gemeinsam zur See fuhr. Ich würde es sehr vermissen, die Mole Warnemünde auslaufend innerlich befreit passieren zu können. Den nun in der sozialistischen Seefahrt sich Bahn brechenden ordentlichen Zuständen würde ich keine Träne nachweinen, den Kameraden an Bord um so mehr. Ich bedauerte die zunehmend repressive Entwicklung. Die Leute, die ich dafür verantwortlich zu machen glaubte, lernte ich nie kennen. Eines Tages versicherte mir ein indiskreter Genosse unter vorgehaltener Hand, es handele sich um die überall präsente geheimnisvolle Gruppe „Ida“. Pardon? Ja, erklärte er, schuld an allem wären schon „Immer die anderen“ gewesen.

Viele Seefahrer brachte unser fürsorglicher Staat von ihrem bedauerlichen Irrweg in der Berufswahl gewaltsam ab. Geld verdienen und reisen dürfen fast wie die da drüben wäre zwar schön und gut, wurden jene getröstet, ein Lebensziel könne das auf die Dauer nicht sein. Bleibt mal schön im Lande, dann dürft ihr auch Westverwandtschaft haben und ein ganz klein wenig meckern, nährt euch redlich und fettarm, macht Kinder und keine Schwierigkeiten. Ich zog den Schlussstrich selbst und ging freiwillig, zwar mit Bedauern, aber ohne Groll. Warum auch, gehörte ich doch (noch) nicht zu den Opfern, sondern zu den vielen Angepassten, die das Schwert der Partei irgendwann aus heiterem Himmel einmal treffen konnte. Im politischen Widerstand verbrachte ich die Jahre an Bord nicht. Wohl dem, der das Gegenteil von letzterem behaupten darf und trotzdem zur See gefahren ist.

Was ist von allem geblieben? Ein lachender Buddha aus Rosenholz auf der Fensterbank, eine aus Sperrholz laubgesägte Brieftasche aus Nordkorea und die Erinnerung.

Seefahrt und Jugend – der ewige Traum.

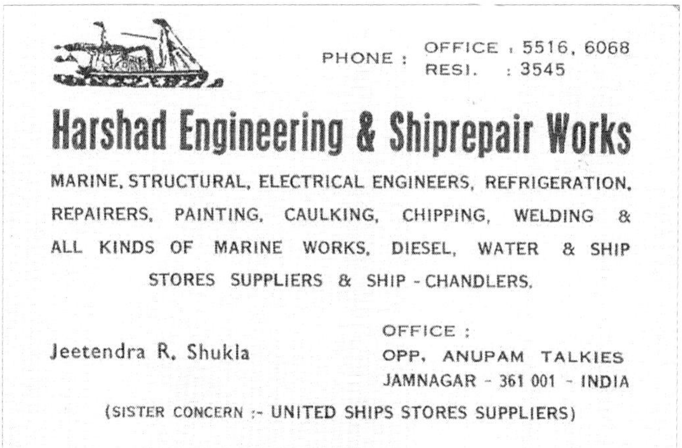
PHONE : OFFICE : 5516, 6068
RESI. : 3545

Harshad Engineering & Shiprepair Works

MARINE, STRUCTURAL, ELECTRICAL ENGINEERS, REFRIGERATION, REPAIRERS, PAINTING, CAULKING, CHIPPING, WELDING & ALL KINDS OF MARINE WORKS, DIESEL, WATER & SHIP STORES SUPPLIERS & SHIP - CHANDLERS.

Jeetendra R. Shukla

OFFICE :
OPP. ANUPAM TALKIES
JAMNAGAR - 361 001 - INDIA

(SISTER CONCERN :- UNITED SHIPS STORES SUPPLIERS)

Epilog von der Freiheit, die ich meinte – oder: Wer hat mein Lied so zerstört?

Welche Emotionen lösen diese Jahre in der Rückschau immer noch aus, was bleibt als Resümee?

Anfang 1970 durfte mich meine wenige Monate zuvor Geehelichte das erste Mal auf einer Reise nach Südostasien begleiten. Kaum hatte das Schiff in Hamburg-Waltershof festgemacht, schon brauste die angeheiratete Verwandtschaft aus dem Oldenburger Land heran. Herzliche Begrüßung und darf man wohl einmal das Schiff besehen? Es ging locker zu wie bei Kuddel Daddeldu: „Fürst oder Lord – Scheiß Paris! Kommt nur an Bord". Das Schiff wurde treppauf, treppab vom Peildeck bis zum Maschinenraum beschnarcht. Ende 1971 unterlagen in Hamburg Privatbesuche an Bord bereits einem strikten Verbot. Das galt irrwitzig auch für Passagiere, die vorher mit nach Südamerika gefahren waren.

Doch noch war es nicht so weit und mit „Heidewitzka, Herr Kapitän", entführte uns die Verwandtschaft für drei Tage zum Einkaufsbummel ins Oldenburger Land. Stolz wurden wir der Bekanntschaft präsentiert. Wir fühlten uns nicht minder stolz darüber, so viel Freiheit zu genießen, dass wir unser Heil nicht in der Flucht suchen mussten. Die Leute, die bisher nur von entbehrlichen Ost-Rentnern als überflüssige Esser heimgesucht worden waren, rieben sich verdutzt die Augen, als ihnen zwei leibhaftige junge Menschen aus der „Zone" gegenüberstanden.

Angesichts der ihm gewährten Freiheiten schaute der DSR-Seemann lange etwas herablassend auf die Trupps sowjetischer Seeleute herab, die in schwarzen Hosen und weißen Hemden gemeinsam durch die Häfen zogen. Auch die Kraftfahrer von der Deutrans in ihren grauen Uniformen, die in Rotterdam seinen Weg kreuzten, konnten ihm nicht das Wasser reichen. Deren Weg führte nicht viel weiter in die Welt hinaus. Ein Angehöriger der Deutschen Seereederei besaß lange Zeit die Möglichkeit, selbstbestimmt an Land zu gehen, soweit er mit seinem Tagessatz an Devisen kam. Genutzt wurde dieses Privileg nicht immer. Es war wie Essen und Trinken zu selbstverständlich. Vielmehr gehörte es nicht zu den Ausnahmen, dass Hein Seemann während einer mehrmonatigen Indienreise aus Behäbigkeit, Rassendünkel oder weil er nach des Tages Mühen einfach keine Lust dazu verspürte, keinen einzigen Fuß an Land setzte. Mancher mochte aus Trägheit, Orientierungsmangel oder was für Gründen auch immer nicht allein an Land gehen. Jene brauchten sich später nicht umzugewöhnen.

Die Erosion der kleinen Freiheiten ging schleichend voran. Lange Zeit noch wurde an Bord oftmals nicht so heiß gegessen wie an Land gekocht wurde. Eine Wende zum Schlechteren zeichnete sich ab, als wir begannen, STERN und SPIEGEL unter der Jacke von Kammer zu Kammer zu tragen. Warum nur pflegte jeder gegen jeden dieses Misstrauen? Vorbei die Zeiten, als der Makler in Hamburg schwere Sendungen mit Illustrierten und Herz-Schmerz-Romanen, die Tante Frieda in einem Dorf in Bayern als Care-Paket zusammenpackte, die Gangway hoch wuchten musste.

Konträr zur viel bejubelten Entspannungspolitik zwischen beiden deutschen Staaten in den 1970er Jahren verschärfte sich der „kalte Krieg" um den Seemann herum. Irgendwann hieß es, das Fernbleiben über Nacht in Hamburg sei nicht mehr gestattet, das Pflaster wäre zu unsicher. Auf jeden verkappten Freiheitskämpfer von der anderen Feldpostnummer würde zwischen Mönckebergstraße und Reeperbahn durch Drogendealer und Mädchenhändler ab sofort geschossen. Die wollten sich ihr Business durch den an die Tür klopfenden Sozialismus nicht kaputt machen lassen, glaubte der Kapitän die Maßnahme begründen zu müssen. Diese Schulmeisterei schien einem Ferienausflug von Pennälern angemessen zu sein. „Komm doch, süße Kleine, sei die Meine, sag nicht Nein" – damit war es nun vorbei, sofern die Valutamittel für solche Ausflüge überhaupt gereicht hätten. Verwandte und Bekannte fassten sich wie der Seemann selbst irgendwo hin und wenn es nur der Kopf war. Die dafür Verantwortlichen versuchten, dem Druck im Kessel mit untauglichen Mitteln zu begegnen. Die Tragik bestand darin, dass sie meinten, eine Berufsgruppe, die tagtäglich ihre Loyalität mehr als jeder Bannerträger an Land unter Beweis stellte, „disziplinieren" zu müssen, wenn sich schon kein Stacheldrahtverhau hinterher schleppen ließ. Auf MS RONNEBURG verließ trotz noch fehlender „Ordnung und Sicherheit" neun Jahre lang kein einziger Seemann das Schiff „ungesetzlich". Die unfreien Radikalen dachten überhaupt nicht daran, unsere Treue zu diesem Land, das die überhaupt nicht verdiente, mit Vertrauen zu honorieren.

Je mehr sich die beiden deutschen Staaten miteinander arrangierten, desto mehr wurde dem Seemann ans Bein gepinkelt. Schuld waren die zentralen Direktiven und so mancher lokale Betonkopf, der im vorauseilenden Gehorsam noch einen draufgab und glaubte, allein von seiner unterwürfigen Dienstbarkeit hinge die Sicherheit des Staates ab. Es wäre die Erfüllung für manchen Ideologen gewesen, hätten die Seeleute mit verbundenen Augen um die Welt fahren können. Es bedrückte, seit der weltoffenen Reise mit MS HALBERSTADT 1965 über die Jahre hinweg erleben zu müssen, wie die Freiheiten bei der DSR systematisch ausgehöhlt wurden. Hilflos konnte diesem Niedergang nur ein Wort aus der Bibel entgegen gestellt werden: „Vater vergib ihnen, denn sie wissen nicht was sie tun."

Noch blieb der Umgang an Bord bis auf die kleinen überall vorkommenden Intrigen von Offenheit und Ehrlichkeit geprägt. Auch Nautik und Maschine sagten sich ironisch und wenig nachtragend weiterhin, was sie voneinander hielten. Frotzeleien zwischen Fischköppen und Schluchtenjodlern blieben nicht aus. In diesem Umfeld fiel es auf, wenn bei einem harmlosen politischen Witz, bei dem sich selbst die höchsten Parteifunktionäre auf die Schenkel schlugen, manchem das Visier herunterklappte. Vielleicht hatte jener den staatstragenden Tinnef zusammengeschrieben, der für manchen Seefahrer gefährlich und existenzbedrohend wurde? Bald konnte Hein Seemann nicht mal mehr seinem eigenen Arsch einen Furz anvertrauen. Auf das Gute im Menschen bauend, sollte mein Anlass darüber nachzudenken noch Jahre auf sich warten lassen.

Auch als ich der Deutschen Seereederei 1978 Valet sagte, blieb die Seefahrt außerhalb jeder Politik weiterhin eine Schule fürs Leben und meine Sehnsüchte begleiteten meine ehemaligen Kollegen über die Meere. Stand auch diesen Seeleuten das Schlimmste noch bevor, die Welt begann sich schon zu verändern. Die Republik stand dank KSZE bereits mit dem Rücken zur Wand. Der Seemann spürte ihre zunehmende Legitimitätskrise am eigenen Leibe.

Die Freiheit der Meere, sie war nur auf der Back stehend leibhaftig zu spüren – von Ushant zum La Plata, zwischen Kap Agulhas und der Insel We, vom Tor der Tränen zur Java See. Es war die Art von Freiheit, von der Daheimgebliebene träumten: „des weiten, offenen Raumes, der Wildheit, des unzähmbaren Rauschens, die uns freier atmen und unser Herz schneller schlagen lässt." (Elisabeth Mann Borgese) Mit dem Niedergang der Freiheit auf den Planken meines Schiffes begann ich mich wie jeder andere Seemann wohl oder übel abzufinden. Selbst der Hering gewöhnt sich an seine Tonne. Viele wussten es in den 1980er Jahren nicht besser und verwiesen manche frühere Freizügigkeit in den Bereich der Märchen und Sagen.

Der Schlussstrich unter diese meine Lebensetappe war erlösend und bedrückend in einem. Der exotische Vogel kehrte an seinen Futternapf im Käfig zurück. Das Türchen wurde hinter ihm geschlossen. „Wer hat mein Lied so zerstört", sang einst Daliah Lavi, „wer hat den Sinn so verdreht, jedes Wort, das legten sie falsch aus und dafür gab es Applaus, wer hat mein Lied so zerstört".

Aus Gram darüber hätte ich mich fast mit einem 10-Liter-Kanister Grubenfusel in die Luft gesprengt, doch ich wurde beobachtet. In jener Zeit sandte die Bezirksverwaltung für Staatssicherheit Leipzig, Kreisdienststelle Altenburg, an die Bezirksverwaltung für Staatssicherheit Rostock, Abteilung Hafen, ein amtliches Schreiben:

Seibicke fuhr als Funkoffizier auf der MS „Ronneburg" und hat inzwischen abgemustert. Durch die Abteilung wurde bekannt, daß er bei Aufenthalten in Hamburg Kontakt zu der Familie B., wohnh. 2102 Hamburg 95, Finksweg ... unterhielt. Der Vater des S. steht ebenfalls in Verbindung mit den B`s. In seinem Brief empfiehlt Seibicke der Familie B. einen weiteren Seemann als Gast. Es handelt sich um einen H., der als 3. Ingenieur auf einem Schiff nach Kuba fahren sollte. Die Reise mußte wegen Ausbruch einer Ruhrepidemie abgebrochen werden. Überprüfungen in der Abteilung XII wurden von uns nicht durchgeführt.

Das Schreiben nahm Bezug auf die „Schieteritis-Reise" der J.G.FICHTE im September 1978 und der darin erwähnte Brief lag in Kopie meiner Stasi-Akte bei. Eine dumpfe Ahnung, die den Abschied von der Seefahrt erleichterte, bestätigte sich nach vielen Jahren. Es wäre wohl nicht mehr lange gut gegangen mit mir und meinem Sichtvermerk. Diese Erleuchtung kam zu jener Zeit, als plötzlich und unerwartet die große Freiheit nicht mehr nur auf St. Pauli in aller Munde war. Es kam schlicht weg andersrum, eine Redewendung, die vorher voller Fatalismus nur scherzhaft gebraucht wurde. Geschichte wiederholte sich seltsamerweise – unter einem anderem Vorzeichen. Aus treuen Kommunisten wurden potzblitz stramme Steigbügelhalter des Kapitals. Diese Bilderstürmer warfen allen Stolz zusammen mit ihrer Vergangenheit über Bord und erklärten sich und ihre Umgebung nachträglich zu „Herren"-Menschen, als wären wir, die wir uns „Genossen" nannten, mit einem unauslöschlichen Makel belegt. Die Selbstmordrate nach all dem Getöns der vorangegangenen Jahre lag auf äußerst niedrigem Niveau. „Sorry, war alles nicht so ernst gemeint. Kann ja mal vorkommen."

Vorher mit den größten Tabus belegt, gehörte nun auch für die größten Betonköpfe alles früher Verbotene zu den Selbstverständlichkeiten, die sie gerne in Anspruch nahmen. Mancher von ihnen, der den Seemann vorher in die Wüste schickte, mag gar seine dreimal verleugnete Westverwandtschaft wiederentdeckt haben, flog ohne einen Sichtvermerk zu beantragen nach Mallorca oder stellte sich am Wochenende für eine „Bild am Sonntag" an der Tankstelle an.

Mit dem DSR-Seemann zog die neue Zeit und befreite ihn von all den kleinen und großen Repressalien sowie über kurz oder lang auch fast alle Seefahrer ihres Berufes und ihres angestammten Arbeitsplatzes.

Und die Moral von der Geschichte? Mit einem immer weiteren Abstand zu den damaligen Ereignissen und Erlebnissen entsteht ein Bild der politischen Bedingungen, unter denen wir ab Mitte der '70er zur See fuhren, das den Titel „Nachrichten aus Absurdistan“ tragen könnte. Lauter kleine DDRs fuhren um die Welt. Selbst die wachsende Militarisierung des Landes in den '80er Jahren ging an dem Seemann vor den Küsten Arabiens oder mitten im Atlantik nicht vorbei. Aus den Selbstschutzmanövern entwickelte sich die militärisch-maritime Ausbildung (MMA). Doch je weiter sich diese Zeit entfernt, desto mehr unterscheiden sich die Auffassungen darüber. Sie sind unter uns, die humorlosen Ewig-Gestrigen, die auf Väterart die Vergangenheit nicht antasten, alles Kritikwürdige unter den Teppich kehren und sich auf das ein bissel Verklären beschränken möchten. Mancher, der im Kinderbettchen vor sich hinbetete: „Ich bin klein, mein Herz ist rein“, wusch und wäscht noch immer sein Gewissen dreimal hintereinander in der Waschmaschine, für ein reines Weiß statt mit Chlorbleiche und Fleckensalz mit dem seelentrösterischen Wort: „Ich bin mir nichts bewusst.“

Denn, es folgt ein Zitat, „sehr sinnreich ist der Mensch in dem Auffinden von Entschuldigungen bei jeglicher Anklage und Beschwerde gegen ihn. Schon das Kind, welches wenig überlegen kann, weiß Wörter aufzufinden, um zu beschönigen und zu rechtfertigen, was an ihm getadelt wird. Mit zunehmenden Jahren steigt auch diese Fertigkeit, in welcher es einige so weit bringen, dass sie die offenbaren Untugenden und fehlerhaften Gewohnheiten, die ihnen eigen sind, in das Gewand der Unschuld einzukleiden, oder in die Reihe des Verdienstvollen selbst zu stellen vermögen.

Wir brauchen uns wohl kaum daran zu erinnern, dass diese Gewohnheit das Fehlerhafte, das man an sich hat, es sei welcher Art es wolle, entschuldigen und rechtfertigen zu wollen, die wirkliche Erkenntnis und Bereuung desselben ungemein erschweret und deswegen wollen wir uns die Frage beantworten: Was ist von dem Worte zu halten: Ich bin mir nichts bewusst? Oft ist es ein Wort leichtsinniger Selbsttäuschung, oft ein Wort vorsätzlicher Falschheit, oft aber auch ein Wort wohlgeprüfter Rechtschaffenheit.

Sicherlich haben wir schon Menschen gekannt, die einen ausschweifenden Lebenswandel führten, aber dabei manches Gute bewirkten, in ihren

Geschäften nichts versäumten, gefällig und dienstfertig bis zur Selbstverleugnung waren. Solche Menschen gehören unter die Zahl derer, welche mit leichtsinniger Selbsttäuschung das Wort aussprechen: 'Ich bin mir nichts bewusst.' Sie bleiben bei dem Blicke auf sich selbst bei dem Guten stehen, was unleugbar ihnen eigentümlich ist, und sind sehr bald der Meinung, dass dadurch jeder Flecken, der sonst in ihrem Leben bemerkt werden möchte, völlig verschwindet.

Aber dieses Wort entspringt nicht immer bloßer Selbsttäuschung, sondern ist oft, und dieses ist weit schlimmer noch zu nennen, ein Wort vorsätzlicher Falschheit. Weit mehr noch als jene, die in bloßer Selbsttäuschung befangen sind, sind solche Falsche bemühet, ihre schändlichen Taten den gesetzlich bestehenden Strafen zu entziehen; was sie täglich sich zu Schulden kommen lassen, keck abzuleugnen, und dann mit verwegener Stirn zu sprechen: 'Ich bin mir nichts bewusst.' Sie sind die niedrigsten Schmeichler, wenn es darauf ankommt etwas zu erschleichen oder eine drohende Strafe von sich abzuwenden, und sie begegnen wiederum mit Stolz und Rohheit, oftmals mit empörender Härte denen, die niedriger stehen als sie und von denen sie nichts zu fürchten haben. Und bei dem allen sprechen sie mit heuchlerischer Miene: 'Ich bin mir nichts bewusst.'

Jedoch das Wort, 'Ich bin mir nichts bewusst', kann auch endlich als ein Wort wohlgeprüfter Rechtschaffenheit gesprochen werden und da ist es sicher das beseligendste Wort, das sich nur denken lässt. In dieser Welt, wo so viele verschiedene Ansichten, Meinungen und Beurteilungen sich durchkreuzen, so viele Missverständnisse herrschen, kann es gar nicht fehlen, dass oft unsere besten Unternehmungen falsch gedeutet, und Beweggründe derselben uns zugeschrieben werden, woran unser Herz nicht gedacht hat. Wer will es leugnen, dass die Erfahrung solcher Missdeutungen schmerzlich und niederbeugend ist? Allein welche Beruhigung, welche Zufriedenheit kehrt wieder bei uns ein, wie hebt sich aufs Neue unser Mut, wenn nach redlicher Prüfung wir sprechen dürfen: 'Von dem, was man mir Schuld gibt, bin ich mir nichts bewusst!'

Oder wir machen die Erfahrung, dass Menschen nach deren Beispiele wir bisher uns gerne richteten, die vielleicht in gleichen Verhältnissen, in ähnlichen Lebensverbindungen mit uns stehen, keineswegs die guten Menschen sind, wofür wir sie bisher hielten, dass ihre Tugend bloß Scheintugend war, ihr guter Wille eigennützige Triebfedern hatte, da ergreift uns plötzlich der Gedanke: 'Wie ist es mit dir? Haben andere Ursache, sich zu beklagen, sich in dir auch geirrt zu haben; ist deine Tugend auch nichts als bloßer Schein?' Und wenn dann, nach sorgfältiger Untersuchung unseres

Herzens und unseres Wandels, wir mit heiterem Blicke nach oben sprechen dürfen: 'Ich bin mir nichts bewusst', so ist es ein Wort der Rechtschaffenheit."

Diese in unsere Zeit so recht passende Wortpassage ist einer kirchlichen Predigt des Jahres 1832 entliehen, die sich auch mancher DSR-Seefahrer hinter den Spiegel stecken könnte. Voller Stolz, denn wir alten Frontschweine im Kampf der Gesellschaftssysteme, rechtschaffen bis auf die Knochen, gehören alle der dritten Kategorie an! Auch wenn wir auf atheistischen Schiffen fuhren, auf denen nur der Koch während der Arbeit manchmal betete, lehrt uns diese Predigt noch eines: Die unschuldigen Engel mit den blauen Augen sterben nicht aus – solange sie außer der Nase noch keine anderen Körperrundungen besitzen. Doch das hat mit Seefahrt schon rein gar nichts mehr zu tun.

Eine Ansprache von der Kanzel herab dient auch heute noch immer der geistigen Erbauung. Mögen diese „Nachrichten für Seefahrer" es ebenfalls darin allen Lesern recht getan haben. Mögen diese Geschichten dem kommunikativen Erinnern der Dabeigewesenen dienen, wenn sie mit steifen Knien, krummen Rücken und gebrochenen Herzen am Lagerfeuer ihre alten Lieder singen.

„Damals vor Mauritius, als unser Chiefmate beim Grillfest an Luke Fünf dreiundzwanzig Steaks verschlang, weißt du noch?"

„Heut' bin ich über Rungholt gefahren,
die Stadt ging unter vor fünfhundert Jahren.
Noch schlagen die Wellen da wild und empört
wie damals, als sie die Marschen zerstört.
Ein einziger Schrei – die Stadt ist versunken,
und Hunderttausende sind ertrunken.

Heut' bin ich über Rungholt gefahren,
die Stadt ging unter vor fünfhundert Jahren.
Trutz, blanke Hans."

Detlev von Liliencron

MS J.G.Fichte rollt über den Atlantik

MEIN DANK

geht an alle hartleibigen Klassenkämpfer, die den moderaten Kurs, den die DSR noch in den '60ern steuerte, auf Gefahr des Unterganges mitten in die Klippen absetzten. Er geht an jene, welche die den Menschen vorgegaukelten Hoffnungen auf eine Gesellschaft sozialer Gerechtigkeit in Grund und Boden wirtschafteten, die damit für einen harten Schnitt und eine harte Mark sorgten. Ich hätte sonst diese Erinnerungen nie öffentlich machen können.

Ich bedanke mich bei allen Akteuren, die hinter dieser Tragikomödie stehen, mit denen ich gemeinsam zur See fuhr und die es dort mit mir aushielten, darunter besonders die damaligen oder späteren Kapitäne Martin Bach, Dieter Frase, Lothar Flögel, Manfred Glauer, Ulrich Günther, Günter Haase, Ernst Labjon, Gerhard Locke, Bernd Peters, Gerd Peters, Rüdiger Schmolinske, Hans Sorge und Gerhard Strübing.

Danke an alle Herren der Maschine, the Masters of the Universe, die mich beim Besuch im Maschinenkontrollraum unbehelligt in einer Ecke stehen und staunen ließen, vor allem an Bernd Beier, Lothar Deppner, Walter Richter und Peter Schaufel.

Mein Dank richtet sich an die Köche Joachim Pogorzalek und Horst Wünsche, die mir mit ihrer Kunst viele Reisen das Überleben sicherten. Nicht jeder Koch war ein Master of Desaster. Nehmt die Nörgeleien nicht persönlich, wie auch jene, die sich zufällig zu erkennen glauben. Die meisten Namen sind nach vierzig Jahren Schall und Rauch, nur ihrem Handeln sei hiermit ein Denkmal gesetzt. Ein Dankeschön für das Verständnis.

Ich bedanke mich bei meinen Studienkollegen, den zwei besten Teams, auch „Kollektiv" genannt, denen ich zur zeitgemäßen Verwirklichung gesellschaftlicher Erfordernisse je angehören durfte, besonders bei Walter Jangel, der dank seiner drei Jahre größeren Lebenserfahrung manches an mir gerade zu rücken wusste und trotzdem ein treuer Freund blieb.

Bei Berndt Gückel bedanke ich mich dafür, dass er mich davor bewahrte, einen Aufsatz im Duktus einer Seite Schiffspresse abzuliefern und als erster das Werk rezensierte.

Last not least bedanke ich mich bei Christine, die mir über Jahre hinweg im Wellengetose tapfer zur Seite stand.

Danke, danke euch allen!

Quellen- und Literaturverzeichnis

Autorenkollektiv: Die Bibel, Jerusalem Anno Domini

Das lachende Deck, Berlin 1975

Eiffe, Peter Ernst: Splissen und Knoten, Magdeburg 1938

Gerds/Gehrke: Vom Fischland in die Welt, Rostock 1984

Germanischer Lloyd: Containerships, Hamburg 2006

Hessel, Manfred: Trauriges Ende einer Kapitänsschule, in Das Parlament, Dezember 1993

Jangel, Walter: Filmriss auf der Plaza, unveröffentlichtes Manuskript

König, Georg Otto Diedrich: Predigten, Göttingen 1832

Mao Tse-Tung: Worte des Vorsitzenden Mao Tse-Tung, Peking 1968

Peters, Gerd: Typ IV, Hamburg 1998

Peters, Gerd: Vom Urlauberschiff zum Luxusliner, Hamburg 2005

Schneider, Wolfgang: Vom Flüchtlingsjungen zum Kapitän, Berlin 2004

Seibicke, Fritz: Prisoner of War, unveröffentlichtes Manuskript

Uboatarchive.net: Homepage/U-1229

Welk, Ehm: Mutafo, Berlin 1955

Wolf, Dieter: Der Teufel schlug den Takt, in ND vom 25.09.1967